भारत - पाक
संबंध

(विभाजन से अब तक)

भारत - पाक संबंध

(विभाजन से अब तक)

डॉ0 कृष्णानन्द शुक्ल

राज पब्लिकेशन्स
नई दिल्ली- 110002 (भारत)

भारत - पाक संबंध : (विभाजन से अब तक)

प्रथम संस्करण: 2012

आई.एस.बी.एन. 978-81-86208-82-3

प्रकाशक : **राज पब्लिकेशन्स**
108, 4855/24, अंसारी रोड़,
दरियागंज, नई दिल्ली- 110002
दूरभाष- 011-23250939, 9811010939
ई मेल- rajpublications@yahoo.co.in

शब्द संयोजक : अंजीता ग्राफिक्स, दिल्ली - 110084

मुद्रक : बालाजी ऑफसेट प्रिन्टर्स, दिल्ली- 110052

भारत से मुद्रित

विषयानुक्रमणिका

प्राक्कथन

परम्परागत रूप से अबतक कट्टर शत्रु रहे भारत और पाकिस्तान इक्कीसवीं शताब्दी के आगाज के साथ ही दोस्ती की नित नई पींगें बढ़ाने की अभिलाषा में है और इस दिशा में कुछ सार्थक प्रयास भी किये गये है, जिनके अच्छे परिणाम भी देखने को मिले हैं। तेजी से परिवर्तित होते विश्व के वातावरण और दक्षेस जैसे संगठनों ने भी भारत–पाकिस्तान के सम्बंधों को बेहतर बनाने में अपनी अच्छी भूमिका निभायी है। सम्बंधों को सुधारने तथा और बेहतर बनाने की दिशा में दोनों देशों ने बस सेवा तथा रेल सेवा शुरूआत कर दी है। वीजा नियमों को उदार बनाने, कैदियों की रिहाई, विवादों के शान्तिपूर्ण समाधान, परमाणु विश्वास बहाली, सहयोग, साटा आदि के क्षेत्र में आशाजनक प्रगति हो रही है। आज दोनों ही देश परस्पर निर्भरता पर आधारित व्यापार की ओर बढ़ रहे हैं। न केवल व्यापारिक एवं सांस्कृतिक आदान–प्रदान, अपितु सामरिक क्षेत्र में भी विश्वास बहाली के उपाय किये जा रहे हैं। वर्ष 2005 में हुए एक समझौते के तहत दोनों देश अपने मिसाइल परीक्षणों की पूर्व सूचना एक दूसरे को देंगे तथा दोनों ही पक्षों ने "युद्ध दुबारा न हो" ऐसा संकल्प भी दिखाया है। इन सबको दखकर तो देखकर ऐसा लगता है कि दोनों देश पिछली सारी कड़वाहटों को मिटाकर "दोस्ती की नई मिठास" इस नई शताब्दी में घोल देंगे और

उनकी आपसी दुश्मनी एक इतिहास बनकर रह जायेगी, किन्तु इतिहास का जिक्र होते ही एक प्रश्न एकाएक उठकर खड़ा हो जाता है कि जिस पाकिस्तान का निर्माण लाशों के ढेर पर और धार्मिक उन्माद के फलस्वरूप हुआ हो, वहाँ भारत के प्रति नेक नियति कितने दिनों तक चल सकती है?

पाकिस्तान के मशहूर शायर डॉ0 अहमद फराज़ ने 3 फरवरी 1996 को प्रगति मैदान में बारहवें अन्तर्राष्ट्रीय पुस्तक मेले का उद्घाटन करते हुए कहा था, 'हमें किताबें चाहिए, बम नहीं। दो देशों के बीच आपसी संवाद बनाने में किताबें ही सार्थक भूमिका निभा सकती है, हथियार नहीं'। इसके साथ ही उन्होंने कहा, कि 'कला न केवल व्यक्ति, समाज व राष्ट्र के रूप में हमारी अभिव्यक्ति का माध्यम बनती है, वल्कि हमें यह अहसास भी कराती है, कि पूरी मानवता एक है। किताबें शान्ति की दूत हैं। बुरी से बुरी किताबें भी हथियारों से बुरी नहीं हो सकती। पता नही क्यों आपसी विवाद सुलझाने के लिए सरकारी खजाने खाली किये जाते हैं, जबकि आपसी बातचीत से सभी समस्याओं का समाधान किया जा सकता है। अतः अब भारत–पाक सम्बंधों को मधुर बनाने के लिए आम जनता के साथ दोनों देशों के राष्ट्र नेताओं, बुद्धिजीवियों एवं वैज्ञानिकों को तहे–दिल से विचार करने व अमल करने का समय आ गया है। इस बात से कदापि नकारा नहीं जा सकता, कि जब तक भारतीय उप महाद्वीप के इन दोनों देशों के बीच मित्रतापूर्ण सम्बंध स्थापित नहीं होंगे, तब तक इस भूखण्ड में न तो वास्तविक शांन्ति की अपेक्षा की जा सकती है और न ही आम जनता की वास्तवित प्रगति व मानवीय मूल्यों की सुरक्षा।'

अतः वर्तमान परिस्थितियों में दोनों देशों के बीच मित्रतापूर्ण सम्बंधों की स्थापना के अवसर चाहे जितने कम हो, लेकिन जो भी हो उनका लाभ अवश्य लिया जाना चाहिए। अगर विभाजन की त्रासदी उठाकर एक लम्बी की नींव डाली जा सकती? इसके लिए यदि विभाजन पर भी पुनर्विचार करना पड़े तो भी हमें तैयार रहना होगा और दोनों राष्ट्रों को वास्तविक रास्ते तलाशने होगें, ताकि दोनों मे सहमति–असहमति, शत्रुता और भिन्नता

बोध को सह–अस्तित्व, सह संस्कृति और साहचर्य के रूप में देखा जा सके। यह कटु सत्य है, कि कहना एवं लिखना अत्यन्त सरल है, किन्तु वास्तविकता में इसका उपयोग बहुत कठिन एवं समस्याग्रस्त अवश्य है। इस सबके बावजूद जब भी मानवीय मूल्यों की सुरक्षा के लिए कदम उठाये जाते हैं, तो अनेक जटिलतायें सामने आती है, किन्तु लगातार प्रयास ही सफलता के निकट पहुँचाते हैं। भारत–पाक सम्बंधों को सुधारना असम्भव नहीं, बशर्ते कि दोनों राष्ट्र एक दूसरे के हितों को ध्यान में रखते हुए खुले दिल से बातचीत करें।

वर्तमान अन्तर्राष्ट्रीय राजनीतिक स्थिति की अवधारणा है, कि इस उपमहाद्वीप में शांति स्थापित हो। शीत–युद्ध की समाप्ति के बाद अब ऐसा समय आ गया है, कि सबके यही प्रयास होने चाहिए कि इस क्षेत्र की शांति एवं विकास के लिए एक वातावरण बनाया जाये। इजराइल व फिलिस्तीन विवाद भी आखिर विराम की ओर पहुँच चुका है। इधर 'हेंग ब्राउन' संशोधन के तहत प्रेसलर कानून में राष्ट्रपति के हस्ताक्षर के बावजूद अब भी पाक हेतु हथियारों की अमेरिकी आपूर्ति अधर में लटक रही है। अतः पाकिस्तान को अपने विवेक से विचार करते हुए यह समझना चाहिए कि बदली हुई अन्तर्राष्ट्रीय परिस्थितियों में युद्ध दोनों ही देशों के हित में नहीं है। जर्मनी एवं कोरिया जैसे देशों से भी हमें सबक सीखने की जरूरत है। अगर सचमुच सम्बंध सुधारने हैं, तो सबसे पहले उस 'द्विराष्ट्र सिद्धान्त' पर ही चोट करनी होगी, जो भारत विभाजन का एक प्रमुख कारण था। विभाजन के समय जिस 'द्विराष्ट्र सिद्धान्त' का प्रतिपादन हुआ, वह हमारी संस्कृति, परम्परा, राजनीतिक मूल्य और तात्कालिक सामाजिक परिस्थितियों पर एक करारा थप्पड़ था। 1940 में जिन्ना ने मुस्लिम लीग के लाहौर अधिवेशन में 'द्विराष्ट्र सिद्धान्त' पर बोलते हुए कहा था कि "हिन्दू और मुसलमान दो अलग–अलग राष्ट्र हैं। इन्हें एक राष्ट्र के अन्दर एक साथ रखना सम्भव नहीं है। दोनों के आदर्श अलग–अलग हैं और दोनों एक दूसरे के शत्रु। इनके भाषा, धर्म, संस्कार, आचार–विचार सभी अलग हैं। इसलिए हिन्दुओं को मुसलमानों से अलग

रखना चाहिए।'' बाद में यही सोच विभाजन के समय धार्मिक उन्माद और एक दूसरे के प्रति घृणा का कारण बनी। अविश्वास में जीना पाकिस्तान की नियति बन चुकी है। अतः जब भारत–पाकिस्तान के सम्बंधों में विश्वास नाम की जब कोई चीज रह ही नहीं गयी है, तब किसकी बहाली की बातें हम करते हैं। विश्वास तो तब पैदा होगा, जब अविश्वास की मूल जड़ धर्मान्धता, घृणा एवं आपसी विवाद समाप्त हों। लेकिन पाकिस्तान इसे समाप्त करना ही नहीं चाहता। पाकिस्तान के जाने–माने न्यायविद एवं संयुक्त राष्ट्र में विशेष दूत डॉ0 फारूख हसन का कहना है कि ''पाकिस्तान की सैनिक सरकार की वास्तव में भारत के साथ कश्मीर समेत विभिन्न मुद्दों को हल करने में कोई रूचि नहीं है, क्योंकि अगर वह ऐसा करेगी, तो उसके वजूद का तर्क ही खत्म हो जायेगा।''

मेरी राय में पाकिस्तान के साथ बेहतर सम्बंधों की राह में दो सबसे बड़े रोड़े हैं–घृणा एवं कट्टरपंथ तथा कश्मीर की समस्या। शुरू से लेकर आजतक पाकिस्तान की नियति ही रही है,–'भारतीयों से घृणा एवं भारत का विरोध करना।' इस्लाम में काफिर उसे माना जाता है, जो इस्लाम को नहीं मानता, लेकिन पाकिस्तान में काफिर उसे समझा जाता है, जो भारत के वजूद को मानता है। यह एक प्रवृति है, जो धीरे–धीरे समाप्त हो सकती है। अर्थशास्त्रियों सहित पाकिस्तान में भारत के पूर्व उच्चायुक्त जी0 पार्थसारथी का मानना है कि व्यापार इस दिशा में एक पुल का कार्य कर सकता है। धीरे–धीरे जब जरूरतें एक–दूसरे के पूरक और परस्पर निर्भरता का साधन बनेंगी, तब दोनों देशों के बीच अविश्वास की खाई अपने आप पट जायेगी। समस्याओं के समाधान में भी मदद मिलेगी।''

लेकिन पाकिस्तान सारी समस्याओं के साथ कश्मीर का मुद्दा भी चिपका देता है। कश्मीर समस्या के समाधान के लिए तमाम विचार एवं सुझाव सामने आये हैं, लेकिन मेरा मानना है कि कश्मीर को एक 'बफर स्टेट' के रूप में स्थापित कर देना चाहिए। इससे आर्थिक क्षेत्र एवं राष्ट्रीय विकास में काफी संसाधन भारत को अतिरिक्त मिल जायेंगे। एक अनुमान

के अनुसार आर्थिक दृष्टि से देखा जाय, तो 1947 से आज तक अकेले जितना सियाचिन ग्लेशियर पर भारत ने खर्चा किया है, वह कश्मीर के कुल मूल्य से अधिक हो सकता है। यदि सम्पूर्ण कश्मीर पर हो रहे सैन्य व्यय को मिला लें, तो ये और भी अधिक हो सकता है। यदि कश्मीर किये जा रहे पुर्नवास, रक्षा, शिक्षा, रोजगार व विकास के अन्य मद बिजली, पानी आदि सभी मदों के खर्चो को मिलकार देखा जाये, तो शायद यह सकल राष्ट्रीय विकास की आवश्यकता के 33 प्रतिशत के आस–पास बैढ़ेगा। यानी कश्मीर के नाम पर हम अपने एक तिहाई राष्ट्रीय विकास की तिलांजलि दे रहे हैं और बदले में कश्मीर से हमें क्या मिल रहा है–आतंकवाद, अस्थिरता और जलालत?

भारत–पाक सम्बंधों की समस्या एवं परिणाम कश्मीर का मसला ही है। अतः सम्बंधों को सुधारना है तो 'द्विराष्टसिद्धांत' को तोड़ना होगा और विभाजन पर पुनर्विचार करना होगा। पाकिस्तान के साथ–साथ हमें भी अपने दोष देखने होंगे, ताकि इस समस्या को हल किया जा सके। भारत–पाक सम्बंधों में सुधार दोनों देशों के हित में ही होगा। हम सब जानते हैं कि जब शत्रुता स्थापित की जा सकती है, तो मित्रता के नये आयाम भी तलाशे जा सकते हैं। हाँ इसके लिए नेक नियति के साथ ही त्याग एवं बलिदान की भावना होनी जरूरी है। भारत–पाक के सम्बंध सुधरने में जितनी दिक्कतें हैं, उससे भी कहीं अधिक लाभ सम्बंध सुधरने से दोनों देशों को मिल सकते हैं। अतः दोनों देशों के वैज्ञानिकों, बुद्धिजीवियों एवं आम नागरिकों को खुलकर समस्या के निराकरण हेतु पहल करनी होगी। दोनों देशों के सम्बंधों को सुमधुर बनाने के लिए आवश्यक है कि समस्या के प्रत्येक पहलू का अध्ययन, मनन एवं चिन्तन किया जाये और निर्धारित मापदण्डों का दृढ़ता से पालन किया जाय, तभी दोनों देशों को प्रगति व अमन चैन की राह में लाया जा सकता है और मानवीय मूल्यों की सुरक्षा की जा सकती है। भारत–पाक सम्बंध सुधरने की बात भारतीय उपमहाद्वीप में सदैव ही सामयिक विषय रही है, क्योंकि जब से भारत पाक विभाजन

हुआ है, तब से अब तक दोनों के मध्य कटुता एवं तनाव का सिलसिला जारी है। इस तनाव को रोकने के जो भी प्रयास किये गये, उन्हें अभी तक विराम नहीं मिला। कहा जाता है कि भाई के बराबर न तो कोई सहयोगी नहीं हो सकता और न ही दुश्मन। यही बात दोनों मुल्कों पर भी चरितार्थ होती है। भारत के साथ निरन्तर तनाव बनाये रखना पाकिस्तान की नीति एवं नियति बन चुकी है और अमेरिका से इस कार्य के लिए उसे सतत् सहायता भी मिलती रहती है। दोनों देशों के सम्बंध सदैव संन्देहात्मक रहे है या यों कहें कि सम्बंधों की बात अभी तक वास्तविक पटल पर सही रूप से सामने ही नहीं है। भारत ने जब भी अपनी दोस्ती का दायाँ हाथ आगे बढ़ाया है, तो पाक ने उसे अपने बायें हाथ से मिलाने का ढ़ोंग किया है और इसी दौरान दांये हाथ से चुटकी काटने में भी कोई कोर कसर नहीं छोड़ी है। इससे दोनों देशों के हाथ मिले नहीं, बल्कि निरन्तर तने हैं। पाकिस्तान की राजनीति ही ऐसी है, जो निरन्तर 'भारत–विरोध' पर टिकी है।

'इस्लाम में काफिर उसे कहा जाता, जो खुदा को मानता है लेकिन पाकिस्तान में काफिर उसे कहते है, जो भारत के वजूद को मानता है। इसका सीधा–सीधा अभिप्राय यह भी है कि आपसी दुश्मनी की मानसिकता इतनी जल्दी दूर नही हो सकती, क्योंकि दोनों देशों के मध्य दोस्ती की बनती हुई तस्वीर अभी जितनी स्पष्ट है और धुँधली है; दुश्मनी की तस्वीर उतनी ही अमिट, स्पष्ट और साफ है। एक सहोदर की भाँति जन्मे इन दोनों देशों के सम्बंधों में ऐसी स्थिति क्यों बनी? इसका उत्तर तलाशने के लिए इतिहास के पन्नों के पलटना होगा। क्योंकि किसी भी राष्ट्र के द्विपक्षीय सम्बंधों के भविष्य का आधार इतिहास ही होता है। भारत और पाकिस्तान भी इससे अलग नहीं हो सकते। अतः भविष्य टटोलने के लिए उनके सम्बंधों के पृष्ठ भूमि का अध्ययन आवश्यक है, जिनकी यहाँ आगे विस्तार से चर्चा की जायेगी।

— डॉ० कृष्णानन्द शुक्ल

1

विभाजन की समस्या एवं भारत-पाक युद्ध 1947-48

"23 मार्च 1940 को मुस्लिम लीग ने लाहौर में एक प्रस्ताव पारित किया था, जिसमें ये माँग की गयी थी कि मुसलमानों को हिन्दुस्तान से अलग किया जाय............ हिन्दुओं और मुसलमानों के दो अलग–अलग राष्ट्र हैं। ये सपना है कि हिन्दू और मुसलमान कभी एक राष्ट्र का फार्मूला बन सकते हैं। वह न तो आपस में शादियाँ करते हैं। और न साथ बैठकर खा सकते हैं। ये दोनों अलग–अलग सभ्यताओं से सम्बंध रखते है। उनके अलग–अलग विचार है। उनके जीवन का अलग–अलग दृष्टिकोण है उनकी अलग–अलग वीरगाथाएँ है। उनके हीरो भी अलग–अलग हैं, जिनके भिन्न–भिन्न कारनामे हैं। एक का हीरो दूसरे के हीरो का दुश्मन है। इस तरह उनकी जीत और हार एक दूसरे पर भारी पड़ती है। ऐसे दो राष्ट्रों को एक साथ चलाना एक राष्ट्र के भीतर मुश्किल है, क्योंकि एक अल्पसंख्यक है और दूसरा बहुसंख्यक।............ मुसलमानों की एक अलग संस्कृति है, भाषा व साहित्य भी अलग–अलग है। इसलिए ये राष्ट्र अन्तर्राष्ट्रीय कानून के अन्दर आता है"[1] भारत विभाजन के लिए जिन्ना के इस प्रस्ताव को जिम्मेदार माना जाय अथवा 1932–33 में कैम्ब्रिज विश्वविद्यालय के छात्र रहमत अली के 'पाकिस्तान राष्ट्रीय आंदोलन[2] को। इस सम्बंध में इतिहासकारों की राय

एक समान नहीं है। पाकिस्तान में पढ़ाई जाने वाली इतिहास की कुछ पाठ्य पुस्तकों में यह बताया गया है कि पाकिस्तान का जन्म भारत में इस्लामिक राज्य की स्थापना के साथ कई वर्ष पूर्व ही हो चुका था।[3] इन पुस्तकों में यह तिथि सन् 712 ई0 बतायी गयी है, जब मोहम्मद बिन कासिम ने सिंध पर कब्जा किया था। 13वीं शताब्दी तक पाकिस्तान का विस्तार सम्पूर्ण उत्तर भारत और बंगाल तक हो गया था।[4] समूचे मुगल साम्राज्य के काल खण्ड को पाकिस्तान (इस्लामिक राज्य) की संज्ञा दी गयी है। जब इन क्षेत्रों (पाकिस्तान) में अंग्रेजी सत्ता का वर्चस्व स्थापित हुआ, तब अंग्रेजों ने हिन्दुओं के साथ मिलकर मुसलमानों के साथ सौतेला व्यवहार करना प्रारम्भ कर दिया।[5] पाकिस्तान में पढ़ाई जाने वाली इतिहास की इन पुस्तकों ने वहाँ के युवा वर्ग पर एक ऐसा प्रभाव डाला है, जो भारत (हिन्दू) विरोध को हवा देती है। यद्यपि कि किसी भी देश में लिखा व पढ़ाया जाने वाला इतिहास निष्पक्ष नहीं होता है। यह कहीं न कहीं किसी न किसी रूप से स्थानीय स्वदर्शन तथा सरकार के दृष्टिकोण से प्रभावित होता है। भारत में भी इतिहास के कुछ ऐसे ही स्वरूप देखने को मिलते है। "भारत का इतिहास तो चार रूपों –हिन्दू भारत, मुस्लिम भारत, ब्रिटिश भारत और स्वतंत्र भारत में स्पष्टतः वर्गीकृत दिखायी पड़ता है, जो विभिन्न काल खण्डों के अन्तर्गत यहाँ के लोगों की स्थिति और उन पर किये गये शासन प्रणाली के सम्बंध में लोगों को बताने का प्रयास करती है।[6] पाकिस्तान में पढ़ायी जाने वाली ऐसी इतिहास की पाठ्य पुस्तकें वहाँ के युवाओं पर गहरा प्रभाव डालती है कि पाकिस्तान का वजूद सदियों पूर्व से था और कालान्तर (17वीं सदी) में अंग्रेजों ने उस पर कब्जा जमाया तथा 15 अगस्त 1947 को पाकिस्तान का बँटवारा करके भारत का निर्माण किया गया।

पाकिस्तान में पढ़ायी जाने वाली इतिहास की पुस्तकों से उत्तर भारत में पढ़ायी जाने वाली इतिहास की पाठ्य पुस्तकें "राष्ट्रीय शैक्षिक अनुसंधान एवं तकनीकी परिषद (NCERT) द्वारा स्वीकृत होती है और इसमें पढ़ाये

जाने वाले दृष्टांत ब्रिटिश इतिहास के उदाहरणों से मेल भी खाते हैं। हालाँकि यह सच है कि जब अंग्रेज भारत आये, तब भारत में मुस्लिम साम्राज्य का पैर पूरी तरह से पसरा हुआ था, किन्तु सन् 712 ई0 में जब मोहम्मद कासिम का सिंध में विजेता के रूप में आगमन हुआ, तब वहाँ हिन्दू साम्राज्य था। गजनवी बनाम सोमनाथ, ग़ोरी बनाम पृथ्वीराज, अकबर बनाम महाराणा प्रताप ये सभी लड़ाइयाँ इस्लाम बनाम हिन्दू (सनातन) की थीं, जो यह साबित करती हैं कि हिन्दुस्तान या भारत का वजूद पाकिस्तान से पहले था और इसे पाकिस्तान में पढ़ाये जाने वाले इतिहास के उदाहरणों से भी सिद्ध किया जा सकता है। वस्तुतः पाकिस्तान में पढ़ाये जाने वाले भ्रामक इतिहास के पीछे जो सच्चाई है, वह है चन्द बड़े नेताओं का मानसिक चिड़चिड़ापन, जिसने इस प्रकार के कथानको को तैयार किया। हालाँकि में कथानक पहले ब्रिटिश हुक्मरानों के विरूद्ध इस्लाम को उग्र बनाने के लिए तैयार किये गये थे, किन्तु में कालान्तर में ये भारत के विरूद्ध इस्तेमाल इस्तेमाल किये जाने लगे। 1858 में स्वाधीनता के प्रथम संघर्ष के विफल होने के बाद, जब भारत का शासन सीधे ब्रिटिश साम्राज्य के अधीन हो गया, तब से मुगलों की विक्षिप्रता बढ़नी शुरू हो गयी जिसका कारण था मुगलों का अपनी संस्कृति के विलुप्त हाने अथवा उसके मौलिक स्वरूप के क्षरण का।[7] इसकी वजह थी अंग्रेजों द्वारा भारत में नई शिक्षा नीति को लागू करना, जिसमें अंग्रेजों को फारसी के मुकाबले विशेष महत्त्व दिया गया। इससे मुगलों को इस बात की चिंता सताने लग गयी थी कि कहीं अंग्रेजी उनकी पर्सियन सभ्यता और संस्कृति को निगल न जाये।

Replacement of persian by English as the new official langauage put them at a serious disadvantage. Since the Muslim population was conversant mainly with persian, the introduction of new language (English) made their participation in public life difficult,[8] मुसलमानों की तुलना में हिन्दुओं को अंग्रेजी अंगीकार करने में कोई विशेष कठिनाई इसलिए नहीं थी, क्योंकि उर्दू–फारसी

उनके लिए कहीं ज्यादा कठिन था अतः मुसलमानों के अंग्रेजी विरोधी अभियान में हिन्दुओं की शतप्रतिशत भागीदारी होनी सम्भव नहीं थी और ऐसा हुआ भी। अंग्रेज अंग्रेंजी और अग्रेंजियत से भयभीत मुसलमानों की चिढ़ तब और बढ़ी, जब हिन्दुओं द्वारा अंग्रेजी को अंगीकार करना प्रारम्भ कर दिया गया। फलस्वरूप अंग्रेज, अंग्रेजी और अंग्रेजियत से हिन्दुओं की नजदीकी भी बढ़ी। इसी नजदीकी ने हिन्दुओं और मुसलमानों के बीच दूरियाँ बढ़ानी शुरू की। शायद यही वजह थी कि हिन्दू और मुस्लिम सम्प्रदाय का आपस में मोह भंग हुआ और इसी ने काँग्रेस और मुस्लिम लीग के बीच अविश्वास की खाई भी तैयार की, जो भारत के विभाजन का कारण बना। भाषा, संस्कृति, कला साहित्य, जीवन शैली आदि के आधार पर दोनों ही वर्गों ने अपने आपको एक दूसरे से अलग मानना शुरू कर दिया। "Among the verious social groups of mankind, it is difficult to imagine a more striking contrast than that between Hindu and Muslim social orgenisation."[9]

बँटवारे के पक्ष और विपक्ष में आंदोलन चलाते नेताओं के सामने देश के बँटवारें का सत्य तो जैसे अचानक खुला। आशंका तो बहुत दिनों से थी, लेकिन बँटवारे की माँग एक मजबूरी हो जाएगी, ऐसा नही सोचा गया था। बँटवारा हो या न हो, के असमंजसपूर्ण वातावरण के दौरान जब विभाजन आ ही गया तो सहमति–असहमति का प्रश्न दरकिनार कर इसे जैसे मिला वैसे ही स्वीकार कर लिया गया, लेकिन जब सर रेडक्लिफ ने लाइन खींचनी शुरू की तो उस उत्तेजनापूर्ण वातावरण के मद्देनजर आगे आने वाले घटनाक्रम का किसी ने अंदाजा भी न लगाया। बर्बरता की आदिम भावनाएँ इसी दिन के इंतजार में थी। कटे हुए लोगों की ट्रेनों का आना–जाना शुरू हुआ। जिंदा बचे लुटे–पिटे बरबाद लोगों के काफिले आने लगे। वे रेडक्लिफ को नहीं जानते थे। वे गाँधी और नेहरू को भी जानते थे। इन्होनें बीच का रास्ता लिया। बँटवारा अनिच्छा से स्वीकार कर लिया। स्थितियों पर नियंत्रण करने, घटनाक्रम से जूझने की बजाय इन लोगों ने

रेत में सिर देना पसंद किया।[10]

विभाजन की गलतियों की शुरूआत 1916 के कांग्रेस–लीग पैक्ट से होती है, जिसमें मुसलमानों के लिए अलग मताधिकार पर सहमति दी गयी थी। आजादी के आंदोलन के प्रारंभिक दिनों में सभी को साथ लेकर चलना जरूरी था, इसीलिए तुष्टीकरण का शार्टकट अपनाया गया। इसी क्रम में आगे खिलाफत आंदोलन आता है। दक्षिण अफ्रीका के अनुभवों के धनी गाँधी जी ने इसे मुस्लिम मानसिकता में प्रवेश के अवसर के रूप में देखा और अली बंधओं के साथ मिलकर इसे असहयोग आंदोलन का एक हिस्सा बनाया। यही मानसिकता अंत में पाकिस्तान बनने का कारण बनी।[11] इसी मानसिकता ने मुस्लिम समाज को राष्ट्रीय मुद्दों से अभी तक दूर ही रखा है। दंगे व तनाव के माहौल के बीच 15 अगस्त को कलकत्ता में हैदरी हाउस के खंडहर में दिन भर के मौन उपवास में गाँधी जी को नागपुर में दिसंबर 1920 में काँग्रेस अधिवेशन का वह समय याद आया होगा जब उन्होने खिलाफत को असहयोग आंदोलन का एक मुख्य बिन्दु बनाया था। इस आंदोलन ने मुसलिमों का रूख समाज की आधारभूत समस्याओं से हटाकर धार्मिक मुद्दों की ओर कर दिया। जन आंदोलन खड़ा करने की जल्दी में मुस्लिम सहयोग के लिए तुर्की से संबंधित धार्मिक मुद्दा उठाने का यह कदम इतिहास के टेढ़े–मेढ़े रास्ते से गुजरता हुआ आखिरकार विभाजन और पाकिस्तान की ओर चला गया। राष्ट्रीय आंदोलन को ऐसे एजेंडे से बचाया जाना चाहिए था जिनका प्रथम उद्देश्य आजादी नहीं था। सवाल यह है कि क्या यह कत्लेआम रोका जा सकता था। अवश्य रोका जा सकता था, लेकिन उसके लिए पहले से ही आवश्यक तैयारियाँ करनी पड़ती। सीमाओं का तार्किक रूप निर्धारण करना पड़ता। आबादी स्थानान्तरण की कार्ययोजना बनानी पड़ती। छोड़ी जा रही सम्पतियों का हिसाब करना पड़ता। यह सम्पूर्ण प्रक्रिया छः माह से एक वर्ष का समय लेती, लेकिन इतना वक्त किसके पास था? माउण्टबेटेन ने प्रशासनिक दायित्व की भावना नहीं दिखाई। गाँधी जी ने अपनी समस्त नैतिक व आध्यात्मिक शक्तियों का उपयोग कर बंगाल को दंगों

की विभीषिका से बचा लिया, लेकिन पंजाब में किसी ने उनके उदाहरण का अनुसरण नहीं किया। इस ऐतिहासिक समस्या के घटनाक्रम का गहन परीक्षण करने पर यह स्पष्ट हो जाएगा कि उपलब्ध संसाधनों व समय के अनुरूप जो व्यवस्थाएँ की जा सकती थीं वे नहीं की गई। विभाजन, आजादी व सत्ता हस्तांतरण की कौन सी तिथि पहले होनी चाहिए थी। सेनाओं की भूमिका का उपयोग किस प्रकार आदर्श के रूप में किया जा सकता था? रेडक्लिफ पंजाब और बंगाल में कहाँ गुजरती हुई लाइनें खिंच रहा है, इस पर किसी ने सवाल नहीं पूछे। किसी ने यह नहीं पूछा कि असम आदि राज्यों को जिस तिस्ता कोरिडोर से जोड़ा जा रहा है उसकी सुरक्षा कैसे होगी? चटगांव के समुद्री तट पर भारतीय हिस्सा क्यों नही माँगा गया? न माँगने से पूर्वोत्तर भारत 'लैण्डलाक्ड' रह गया ओर के संसाधनों का उपयोग नहीं हो पाने से समस्त पूर्वोत्तर का विकास बाधित है। इतने बडे पैमाने पर भारत व पूर्वी पाकिस्तान की सीमाओं में 'एनक्लेव' क्यों छोड़ दिए गये? आजाद हम हो रहे थे, लेकिन आजादी की तारीख लार्ड माउंटबेटन नियत कर रहे थे। आजादी की तिथि नियत करने पर उतना भी विचार नहीं हुआ जितना शादी विवाह की तारिखें तय करने में होता है। माउंटबेटन ने जून 1947 के पहले सप्ताह में एक प्रेस कांफ्रेस में ही 15 अगस्त 1947 की तिथि नियत कर दी।[12]

अगर व्यवस्थाएँ पूर्ण नहीं थी, तो 15 अगस्त की तिथि को आगे क्यों नहीं बढाया गया ? कौन था जो लाशों पर चलकर आजादी के उतावला था। दुर्भाग्य से इतिहास के एकाउंट बुक मे बट्टे-खाते का कोई कालम नहीं होता, जिसमें विभाजन के दौरान मारे और लूटे गए लाखों लोंगों का हिसाब डाल दिया जाए। हिटलर, स्टालिन की जिम्मेदारियाँ तो इतिहास ने नियत कर दी है। अपने यहाँ अभी तक सबूत जुटाने का कार्य भी अधूरा है। हमें जानना जरूरी है कि विभाजन की मौंतों और उस दौरान सीमाओं के गलत निर्धारण के लिए कौन जिम्मेदार था? यह जरूरी है कि महानता के आवरण में छिपे लोगों के कार्यो की बेबाक समीक्षा की जाए।[13]

यदि काँग्रेस और मुस्लिम लीग में परस्पर विश्वास की भावना होती तो भारतीय उपमहाद्वीप के लाखों लोग विभाजन की त्रासदी, भयावह अनुभव और आपसी सम्बंधों में आज तक घुली कुनैन से भी कड़वी कड़वाहट से बच जाते, लेकिन दोनों ही पार्टियों के आपसी अविश्वास ने विभाजन जैसे कुकृत्य को अंजाम दिया, जिसे इंसानियत कभी माफ नहीं कर सकती।

कोलम्बिया विश्वविद्यालय से मानद प्रोफेसर और भारत विद् एंसली थॉमस एंब्री ने 23 अगस्त 2004 के 'आउट लुक साप्ताहिक' के अंक में अपने लेख में लिखा है कि "कांग्रेस और मुस्लिम लीग यदि महासंघ पर राजी होते, तो देश नहीं बँटता।" उन्होंने लेख में आगे भी लिखा है कि आजादी से पहले भारत विभाजन के पक्ष और विरोध में तरह–तरह के तर्क दिये जा रहे थे। मौजूदा समय में इन तर्कों पर गौर करें, तो यह पूछा जा सकता है कि क्या उस समय विभाजन के अलावा और कोई दूसरा फैसला लिया जा सकता था या नहीं।

ब्रिटेन में लेबर पार्टी की सरकार ने 1946 में अपने एक दल को भारत भेजा, जिसे 'कैबिनेट मिशन' के नाम से जाना गया। इसमें ब्रिटिश सरकार में भारतीय मामलों के मंत्री लार्ड पेथिक लारेंस, नौकाधिकरण के प्रथम लार्ड ए0 वी0 अलेक्जेंडर और व्यापार बोर्ड के अध्यक्ष सर स्टेफोर्ड क्रिप्स शामिल थे। कैबिनेट मिशन को इस बात की सम्भावना तलाशनी थी कि स्वतंत्र भारत के हाथों किस तरह की सत्ता हस्तांतरित की जाय? कैबिनेट मिशन संविधान सभा के गठन के सवाल पर भारतीय नेताओं के साथ बातचीत में वॉयसराय की मदद के लिए आया था। कैबिनेट मिशन अपने साथ सत्ता के विकेन्द्रीकरण के ढाँचे का कोई प्रस्ताव नहीं लाया था, लेकिन उसके पास दो प्रस्ताव थे, जिसे स्कीम ए और स्कीम बी के नाम से जाना जाता है। इन दोनों प्रस्तावों के प्रावधान इस प्रकार से थे।[14]

स्कीम ए :– इस प्रस्ताव में 'एकीकृत भारत' को सत्ता हस्तांतरित

किये जाने का प्रावधान था। इसमें कहा गया था कि एकीकृत भारत एक ढीला–ढाला सिंध होगा ओर संघीय विधायिका के पास मुख्य रूप से रक्षा, विदेश मौलिक अधिकार, संचार जैसे विभाग होंगे तथा इन विभागों के संचालन के लिए उसे 'कर' उगाही का अधिकार होगा। शेष अधिकार प्रांतों के पास होगें। यही केन्द्र सरकार और ब्रिटिश सरकार और ब्रिटिश इण्डिया के प्रांतो की जगह लेने वाली त्रिस्तरीय प्रणाली थी।

स्कीम बीः– इस प्रस्ताव में विभाजित भारत को सत्ता सौंपने का प्रावधान था। इसमें ब्लूचिस्तान, सिंध, उत्तर–पश्चिम सीमांत प्रांत, पश्चिमी पंजाब और पूर्वी बंगाल को मिलाकर एक सम्प्रभु राष्ट्र 'पाकिस्तान' बनाने की बात कही गयी थी।

कैबिनेट मिशन स्कीम–ए लागू करने के पक्ष में था। तभी तो उसने अपनी रिपोर्ट में कहा था कि वह ब्रिटिश सरकार को दो संप्रभु देशों (भारत और पाकिस्तान) को सत्ता सौंपने के सिफारिश नहीं कर सकता। इसके पूर्व कैबिनेट मिशन ने भारतीय राष्ट्रीय कांग्रेस और मुस्लिम लीग के नेताओं के साथ कई सप्ताह तक बातचीत की, लेकिन यह बातचीत विफल रही। न कांग्रेस मुहम्मद अली जिन्ना के नेतृत्व में कार्य करने के लिए तैयार थी और न ही जिन्ना 'द्विराष्ट्र प्रणाली' से पीछे हटने को तैयार हुए। अविश्वास से जन्मी इस जिद ने अंततः देश का विभाजन करा दिया, जिसकी तात्कालिक शिकार हुई दोनों देशों की जनता तथा दूरगामी परिणाम के रूप में सामने आया दोनों देशों का बिखरा हुआ भविष्य। यदि देश का विभाजन नहीं हुआ होता, तो परस्पर कटुता के बीज नहीं बोये जाते और न ही दोनों देशों की विदेश नीतियाँ एक दूसरे से प्रभावित होती। एकीकृत भारत का विश्व राजनीति एव अर्थव्यवस्था में पूर्ण प्रभाव होता। लेकिन यह सब परस्पर विश्वास के अभाव में नहीं हो सका।

अमिताभ कुमार ने अपनी पुस्तक 'हसबेंड आफ ए फेनेटिक' में लिखा

है ''यदि मोहम्मद अली जिन्ना की बीमारी के बारे में पता होता, तो विभाजन टाला जा सकता था'' ज्ञातव्य हो कि जिन्ना तपेदिक से बुरी तरह पीड़ित थे और 1948 में ही उनकी मृत्यु हो गयी। अधिसंख्य मुसलमानों के विरोध के बावजूद भी जिन्ना 'द्विराष्ट्र प्रणाली' पर अड़े हुए थे, जो विभाजन का कारण भी बना। लैरी कोंलिंस व डोमोनिक लेपियर ने अपनी पुस्तक ''फ्रीडम एट मिड नाईट'' में लिखा है– ''लुइस माउण्टेबेटन, जवाहर लाल नेहरू या महात्मा गाँधी को यदि अप्रैल 1947 में जिन्ना की बीमारी के बारे में पता होता, तो भारत विभाजन के खतरे को टाला जा सकता था'' इस रहस्य के बारे में केवल डॉ0 जे0ए0एल0 पटेल को ही पता था, जिन्होंने जिन्ना के फेफड़े का एक्स–रे निकाला था। यहाँ प्रश्न यह उठता है कि यदि काँग्रेस को पता होता कि जिन्ना सिर्फ एक साल के मेहमान है, तो क्या वे जिन्ना के नेतृत्व और उनकी शर्तो को मान लेती? इस प्रश्न के उठने से काँग्रेस का जिन्ना के प्रति अविश्वास भी करवटें लेने लगता है, जबकि जिन्ना का कांग्रेस के प्रति अविश्वास के अंकुर 1942 के गोलमेज काफ्रेंस से ही फूटने लगे थे। उनका ऐसा मानना था कि ब्रिटिश हुकूमत और काँग्रेस के बीच कोई ऐसी कूट सहमति बन रही है,जो उन्हें नेतृत्व से वंचित कर देगी। शायद यही वजह थी कि कैबिनेट मिशन स्कीम–ए पर लगभग सहमत होने के बावजूद जिन्ना 'उपसंघ' बनाने की शर्त लागू कराने पर आमदा थे, जो न कांग्रेस को स्वीकार था और न ही कैबिनेट मिशन को। अतः जिन्ना ने अपनी 1940 की स्वतंत्र देश के निर्माण की डोर को पकड़े रहना ही उचित समझा।

इतिहासकार सुगत बोस और आयशा जलाल ने लिखा है कि ''भारत के संघीय असमंजस, उनकी धर्मनिरपेक्ष विचारधारा के खतरों, वर्ग, जाति और साम्प्रदायिक झगड़ों तथा पाकिस्तान के साथ सैन्य विवादों का सीधा सम्बंध 1947 में स्वार्थवश किये गये फैसले से है। एकीकृत भारत राज्यों के संघ या महासंघ की तरह ही काम करता। कैबिनेट मिशन 1946 की योजना के तहत मुस्लिम लीग अलग होने का अधिकार छोड़ने के लिए राजी हो गयी

थी, बशर्ते अखिल भारतीय महासंघ के भीतर पाकिस्तानी प्रांतों के उप–संघ बनने की इजाजत दी जाती। नेहरू इस समझौते से पीछे हट गये। विभाजन के मुद्‌दें पर की गई सौदेबाजी में काँग्रेस ने दिल्ली को अपना केन्द्र बनाने और भारत के तीन चौथाई हिस्से पर शासन करने का दावा पेश कर दिया।'' इतिहासकार शायद मेरे इस मत से सहमत होंगे कि यदि विभाजन नहीं हुआ होता, तो शायद भारत और पाकिस्तान दोनों को मुसीबतों के पहाड़ नहीं उठाने पड़ते और इन सबके मूल में है अविश्वास।

अमिताभ कुमार ने अपनी पुस्तक 'हसबेंड आफ ए फेनेटिक' में लिखा है ''यदि विभाजन नहीं होता तो पाकिस्तान पहचान के संकट में न फँसा होता तथा अपने लिए इस्लामी पहचान बनाने के व्यर्थ कोशिश न कर रहा होता।'' इसी पुस्तक मे उन्होने यह भी लिखा है कि ''यदि कांग्रेस और मुस्लिम लीग के बीच शांतिपूर्ण समझौता हो जाने से विभाजन टल गया होता, तो लगभग 1.70 करोड़ लोगों को मजबूरन सामूहिक पलायन नहीं करना पड़ता। भारत का विभाजन नहीं हुआ होता, तो हम साम्प्रदायिक विध्वंस, हजारों निर्दोषों की हत्याओं, बलात्कारों और अपहरणों के उन्माद से बच जाते।''

यशपाल के प्रसिद्ध उपन्यास 'झूठा सच' में भी विभाजन के बाद के वीभत्स दृश्यों का वर्णन किया गया है। धार्मिक कट्‌टरता के कारण सहयोग को बर्बरता में बदलने, रिश्तों के स्वरूप को बदलने, अविश्वास का ज्वालामुखी फूटने आदि का वर्णन सभी अध्येताओं की पुस्तकों, आलेखों आदि में किसी न किसी रूप में उपलब्ध है। प्रो0 डी0डी0 खन्ना की शोध पुस्तक ''डायलाग आफ दी डेफ, दी इंडिया–पाकिस्तान डिवाइड'' तथा रत्ना टिकू की किताब ''इण्डिया–पाकिस्तान रिलेशन्स, पालिटिक्स आफ डायवरजेंस एण्ड कन्वरजेंस'' में विभाजन के बाद उमड़े धार्मिक उन्माद और उसके फलस्वरूप हुए नरसंहार का जिक्र मार्मिक ढंग से किया गया है।

विभाजन के तत्काल बाद और उसके पूर्व के वृतांतों को पढ़ने के बाद मन में ये विचार उथल–पुथल मचाते हैं कि आखिर वह कौन सी बात

थी, जो सदियों से साथ–साथ रहने वाले हिन्दु–मुसलमानों को एक ही झटके में जुदा कर डाला। जाति धर्म से परे जिन माताओं के आंचल की छांव में जिन धर्म पुत्रों ने कभी शरण लिया था, उन्होने उन्ही माताओं की कोख उजाड़ दी और मांग सूनी कर दी। जाति–धर्म से परे जिन धर्म भाइयों ने अपनी धर्म बहनों से राखियाँ बँधवायी थी, उन्ही भाइयों ने उनके साथ बलात्कार किया। जो क्षण भर पहले अपने अजीज हुआ करते थे, अगले ही पल बैरी हो गये और इन सबके पीछे एक ही वजह थी–धार्मिक उन्माद। बरसों का प्यार एक ही झटके में रेखांकित हो गया। तुम हिन्दू हो, मै मुसलमान या फिर तुम सिंख हो मै मुसलमान। तुम सब काफिर हो, हमारी कौम के दुश्मन और इसी के साथ शुरू हो गया ट्रेनों में बोरों की मानिन्द क्षत–विक्षत लाशों की आपूर्ति का सिलसिला। और यह एक ऐसा धार्मिक उन्माद था, जिसकी शह पर पाकिस्तान साकार हुआ, जिसकी नींव लाशों के ढेर पर रखी गयी और जिसे तथा कथित काफिरों के खून से सींचा गया। हालांकि यह उन्माद भी आपसी अविश्वास की देन थी, जिसका कुपरिणाम आने वाली कई पीढ़ियाँ अभी और भुगतेंगी। डॉ0 अशोक कुमार सिंह ने अपनी पुस्तक 'राष्ट्रीय सुरक्षा' में लिखा है– ''प्रारम्भ से ही पाकिस्तान के अस्तित्व का आधार यह था कि मुसलमान एक अलग राष्ट्र है और हिन्दुओं के साथ उसका सह अस्तित्व सम्भव नहीं है। इस प्रकार पाकिस्तान निर्माण का आधार हिन्दुस्तान और हिन्दू की नकारात्मक विरोध की भावना थी।'' विभाजन की घटना ने दो समुदायों के बीच घृणा, अविश्वास और परस्पर बैर को बड़े ही क्रूरतम ढंग से उजागर कर दिया। वे कड़वी यादें दोनों देशों को विरासत के रूप में मिली।[15]

बँटवारे के बाद से उपजे धार्मिक विषाणुओं ने दोनों देशों के बीच मौजूद अविश्वास और घृणा को और भी बढ़ा दिया। पाकिस्तान ने तो भारत की हर गतिविधि को प्रतिद्वंद्विता की निगाह से देखा और भारत के खिलाफ जमकर प्रचार भी किया। अपने आपको मुसलमानों का देश कहने वाले पाकिस्तान की सच्चाई यह थी कि अखण्ड भारत के कुल मुसलमानों में से

लगभग पचपन प्रतिशत मुसलमानों ने पाकिस्तान के वजूद को ही नकार दिया और भारत में अपनी पूर्ण आस्था व्यक्त की, जबकि केवल 45 प्रतिशत ही मुसलमान पाकिस्तान गये। पाकिस्तानी नेतृत्व के मन में आजादी के बाद अविश्वास की यह पहली डोर थी, जिसने उसको सदैव सशंकित रखा कि कहीं मुस्लिम बहुमत के आधार पर पाकिस्तान निर्माण पर प्रश्नचिन्ह ही न लगा दिया जाय। यही कारण था कि उसने भारत स्थित मुस्लिम बहुल क्षेत्रों के राजवाडों को प्रलोभन दे–देकर पाकिस्तान में विलय का न्यौता दिया। यही कार्य उसने जम्मू और कश्मीर राज्य में भी किया, लेकिन जम्मू कश्मीर में अपनी दाल न गलती देख, पाकिस्तान ने कबायलियों के भेष में अपने सैनिकों को भेजकर कश्मीर में अतिक्रमण प्रारम्भ कर दिया। बाद में जब कश्मीर का विलय भारत में हुआ, तब पाकिस्तान ने इसे राष्ट्रीय अपमान की संज्ञा देते हुए बकायदा घोषित युद्ध छेड़ दिया। कश्मीर आज भी दोनों देशों के बीच एक गम्भीर विवाद का विषय है।

व्यक्तिगत रूप से शासन की बागडोर अपने हाथों में बनाये रखने के दृष्टिकोण से मोहम्मद अली जिन्ना ने जब 'द्विराष्ट्र सिद्धान्त को रखा, तो इसके पूर्व उन्होंने मुसलमानों में असंतोष और असुरक्षा की भावना उत्पन्न की। उस समय पैदा की गयी कृत्रिम भावना विभाजन के बावजूद भी पाक के जनमानस में अब तक व्याप्त है। भारत एवं पाक के मध्य व्याप्त कटुता के लिए यह निर्धारण तत्व है। इस संदर्भ में डा0 राम मनोहर लोहिया के यह कथन भी उल्लेखनीय है–'भारत–पाक समस्या को गलत धारणाओं और पूर्वाग्रहों में अलग करना चाहिए स्वभावतः हिन्दू और मुसलमान एक–दूसरे पर शक करते हैं और उनमें से ज्यादातर एक दूसरे के प्रति अव्यक्त बैर रखते हैं। क्या शक या बैर को मिटाया जा सकता? लगभग 800 वर्षों से हिन्दू मुसलमान रिश्तें में सादृष्यता और बैर की गाड़ियाँ साथ–साथ चली हैं। पठानों के आखिरी दौर में यह सादृष्यता तादात्मय में पहुँच रही थी, लेकिन इस प्रक्रिया को मुगलों ने गड़बड़ाया और जटिल कर

दिया। खान अब्दुल गफार के अनुसार अफगानिस्तान ही नहीं, उससे आगे और हिन्दुस्तान में भी पठान एक ही थे और अब भी एक ही है। यह सिलसिला बहुत पहले से चला आ रहा है, पठानों के पूर्वज बौद्ध या हिन्दू थे।'[16]

"पाकिस्तान नफरत से पैदा हुआ'। इसके लिए मै पाकिस्तानियों या मुसलमानों को दोष नहीं देता। हिन्दू भी उतने दोषी है। जब मै यह कहता हूँ कि पाकिस्तान नफरत से पैदा हुआ। तब इन बातों को ध्यान में रखना चाहिए। लेकिन निर्णयात्मक प्रश्न यह है कि क्या नफरत के बिना पाकिस्तान जिन्दा रह सकता है? इस व्यापक प्रश्न को मैने उठाया है। मुझे इस बात की परवाह नही, कि भारत और पाकिस्तान स्वंय अपनी समस्याओं का समाधान नहीं कर सकते और दूसरे लोग ऐसा करने नही देंगे। विश्व की शक्तियों को यह दिखला देना चाहिए, कि भारत व पाकिस्तान एक ही पक्ष पर चलेगें। भारत– पाक के मामले में तो हमको वज्र से भी कठोर होना चाहिए, लेकिन हिन्दू–मुसलमान के मामले में फूल से भी ज्यादा मुलायम होना चाहिए।"[17]

भारत की सांस्कृतिक समृद्धि एवं राज चिंतन की छाया से जब पाकिस्तान टूटा, तो अपनों से अलग होने का अहसास एवं पीड़ा तो अभी तक दोनों देशों के दिलों में है, परन्तु राजनीतिक संवेदनाओं ने एक दूसरे के प्रति इतना जालिम बना दिया है, कि सद्भावना के सेतु बनते–बनते टूट जाते है। खेल एवं संस्कृति से बनाया गया अपनेपन का परिवेश भी क्षण भर में ध्वस्त हो जाता है। दोनों राष्ट्रों के नेता मुस्कराकर मिलते तो हैं? परन्तु अपने वतन लौटते ही क्यों जहर उगलने लगते है। क्या कोई तीसरा है? जो कल तक एक थे, इनको अब आगे किसी भी मुद्दे पर एक मत होतें नहीं देख रहा है वह तीसरा कौन है? मोहम्मद अली जिन्ना ने 'द्विराष्ट्र सिंद्धांत' से इस्लाम एवं मुस्लिम उम्मत को नुकसान ही पहुँचाया। उन्होंने इस्लाम को नकारात्मक धर्म में बदल दिया। एक ऐसा धर्म बना दिया, जिसको हिन्दुओं से नफरत करने से शक्ति मिलती है। यही कारण है कि पाकिस्तान में जितनी भी सरकारें आयी उनका झगड़ा, भारत से ही रहा, जिसमें अन्दरूनी और बाहरी शान्ति भंग हुई है।

मोहम्मद अली जिन्ना के 'द्विराष्ट्र–सिद्धांत' ने मुसलमानों को तीन भागों मे विभाजित कर दिया–भारतीय मुसलमान, पाकिस्तानी मुसलमान और बाँग्लादेशी मुसलमान। पाकिस्तानी आंदोलन के लिए जिन्ना के साथ जो मुस्लिम काम कर रहे थे, वह भी जिन्ना की इस दार्शनिकता से खुश नही थे। यहाँ तक कि मोहम्मद अली जिन्ना की अपनी बहन फातिमा ने श्री प्रकाश जो पाकिस्तान में भारत के पहले राजदूत नियुक्त हुए थे, उनसे कहा था –'मुझे समझ में नहीं आता कि कायदे आजम कैसे यह सोचते है, कि हिन्दू मुसलमान एक साथ इकट्ठे नहीं रह सकते'। उन्होने तत्कालीन राजदूत श्रीप्रकाश से अनुरोध भी किया था, कि वह अपने स्तर से ऐसे प्रयास करे जिससे भारत एवं पाक में अच्छे सम्बंध बने रहें। जिस समय पाकिस्तान बना उस समय प्रश्न उठाया गया, कि पाकिस्तान इस्लामिक राज्य है या मुस्लिम राज्य? इसका जबाब पाकिस्तानी बुद्धिनीवियों ने दिया, कि वह राज्य जिसमें मुसलमानों का बाहुल्य हो, समस्त व्यापार, रक्षा–संस्थान तथा प्रशासनिक पकड़ मुसलमानों के आधीन हो। स्वयं जिन्ना जब पाकिस्तान बन गया, तो अक्सर कहते थे, कि अब कोई मुसलमान या हिन्दू नहीं रहा, अब सब पाकिस्तानी है।[18]

पाक–सियासत में निरन्तर अस्थिरता की स्थिति उसकी जन्मकुण्डली में ही शायद लिख दी गयी है। इसके जन्मांक में ऐसे ग्रह व नक्षत्र है, जो न तो उसको स्वयं सुख, शान्ति से रहने देते है और न ही भारत को। अमन चैन जैसे–नसीब में ही नही और दगाबाजों, छल–कपट तथा शगूफा वहाँ की सियासत में लाइसेंसी हथियार की भाँति प्रयोग हो रहे हैं। पाकिस्तान की अस्थिर राजनीति के इतिहास में अनेक तत्वों का तालमेल रहा है, जिसने वहाँ की पाक सरजमीं पर लोकतंत्र की जड़ों को पनपने नही दिया और बोनसाई पेड़ों की तरह बौना बना रखा है, जिसने दोनों देशों के सम्बंधों को कभी भी सामान्य नहीं होने दिया तथा जहाँ के शासकों ने सिर्फ इस बात की परवाह की, कि किस तरह से भारत को अनवरत अस्थिर और अशांत रखा जाये। आवाम और हुक्मरान के सम्बंधों को कभी भी तरजीह नहीं दी

गयी। आवाम ने अगर चाहा भी कि दोनों देशों के सम्बंधो में सुधार लाये और पड़ोस में ही फल–फूल रहे लोकतंत्र का निरन्तर अनुकरण हो, लेकिन पूर्वाग्रहों से क्षुब्ध सत्तासीनों ने चाहे, वे सेना के हों या जनता के प्रतिनिधि, उन्होने दोनों देशों के बीच सम्बंधो के सामान्यीकरण की दिशा में सदैव अपनी जनता को भ्रमित किया तथा भड़काया है।[19]

विभाजन पश्चात् की समस्याएँ

साम्प्रदायिक आधार पर यद्यपि कि भारत और पाकिस्तान नामक दो राष्ट्रों का निर्माण ब्रिटिश हुक्मरानों द्वारा कर तो दिया गया, लेकिन राष्ट्र को चलाने वाली सम्पदाओं के विषय में कोई स्पष्ट निर्णय नहीं लिया गया, जिसके सम्बंध में दोनो देशों को स्वयं ही प्रयास करने पड़े। इन प्रयासों के दौरान दोनों ही देशों को अनेक दिक्कतों का सामना करना पड़ा और कई मुद्दों पर दोनों ही देशों के राष्ट्रीय हित भी आपस में टकराने लगे, जिसने परस्पर कटुता के बीजो को अंकुरित होने के अवसर प्रदान किये।

भारत तथा पाकिस्तान के मध्य पाई जाने वाली शत्रुता की यह खाई, जिसे भरने के सभी प्रयत्न असफल होते रहे है।, उन परिस्थितियों का परिणाम है जिनमें कि पाकिस्तान का जन्म हुआ। भारत के विभाजन का जनता की मनःस्थिति पर गहरा प्रभाव पड़ा। वे लाखों करोड़ों व्यक्ति जिनको विभाजन ने सामाजिक, एवं आर्थिक दृष्टि से तबाह कर दिया, कभी भी विभाजन को स्वीकार न कर सके। वास्तविकता तो यह है कि पाकिस्तान की परिकल्पना घृणा के आधार पर की गयी। उस कल्पना को साकार रूप देने के लिए घृणा को भड़काया गया तथा उसकी स्थापना ने इस घृणा को अधिक तीव्रता प्रदान की।[20]

वैसे भी यदि भारत–पाकिस्तान संबंधों व उससे जुड़ी समस्याओं की दृष्टि से देखा जाय तो यह निष्कर्ष निकलता है कि भारत का विभाजन साम्प्रदायिक आधार पर होना ही गलत था। पर लोगों ने अपने नेताओं के इशारे पर चल कर जो घृणा के बीज भारत में बोये। उनके द्वारा खड़े किये गये दो राज्य

आज भी कड़वे फल लिये खड़े हैं। इसलिए कुछ भारतीयों ने अखण्ड भारत का नारा लगाया था, जबकि पाकिस्तान में यह नारा अभी तक चल रहा है ''हँस के लिया पाकिस्तान'', लड़ कर लेगें हिन्दुस्तान।[21] पाकिस्तान के मन में भारत के प्रति भय, घृणा, जातीय, वैमनस्य, प्रतिस्पर्द्धा एवं शत्रुतापूर्ण दृष्टिकोण दोनों देशों के बीच तनाव का कारण रहा है। भारत का भय सदैव ही पाकिस्तान की विदेश नीति पर हावी रहा है और उसी पृष्ठभूमि में पाकिस्तानी नेताओं ने अपनी विदेश नीति का निर्धारण किया है। इसमें भी संदेह नही कि ब्रिटिश सरकार की ''फूट डालो और राज्य करो'' संबंधित नीति ने भी दोनों राष्ट्रों के बीच कुछ ऐसे बीज बो दिये थे, जिसके फल कड़वे ही हो सकते थे।[22] आरम्भ से ही भारत और पाकिस्तान के संबधों में तनाव पाया जाता रहा है। दोनों के विभाजन के समय की कड़वी यादें विरासत में प्राप्त हुई थी। साथ ही इन दोनों देशों के समक्ष ऐसी अनेक गम्भीर समस्याएँ निराकरण के लिए प्रस्तुत थी।[23]

क्योंकि विभाजन के समय कुछ ऐसी समस्याएँ रह गयी थी जो कि तनाव के उद्‌भव का प्रमुख कारण रही।[24]

(अ) **सेना के पुर्नगठन की समस्या** :–स्वाधीन भारत से अंग्रेजों की वापसी के साथ ब्रिटिश सेना एवं अधिकारियों की वापसी भी स्वाभाविक थी। अतः सर्वप्रथम हमारी रक्षा समस्याओं में सेना के पुर्नगठन की समस्या आ गयी। भारत–पाक बँटवारे के साथ ही सेनाओं का विभाजन किया जाना था। पैदल सेना के रेजीमेण्ट का विभाजन 15(भारत) तथा 8(पाक) के अनुपात में किया गया। चूँकि रेजीमेंटो में बटालियन की संख्या भिन्न थी, इसलिए भारत के हिस्से में 65 बटालियन तथा पाकिस्तान के हिस्से में 45 बटालियन प्राप्त होनी थी। सिक्ख और हिन्दू सैनिक को स्थानान्तरित कर देने के बाद भारत को 76 बटालियन में 12 गोरखा बटालियन जोड़ कर 88 बटालियन पैदल सेना हो गयी। सेनाओं एवं साज सामग्री का विभाजन इस प्रकार किया गया।[25]

1–स्थल सेना की यूनिट	भारत	पाकिस्तान
पैदल सेना रेजीमेन्ट	15	08
कवचित सेना कोर	12	06
तोपखाना रेजीमेन्ट	18.5	8.5
इंजीनियरिंग कोर	61	34
सिगनल व सप्लाई यूनिट	जिसके क्षेत्र में जितनी मौजूद थी	
इलेक्ट्रीकल व मैकेनिकल यूनिट	10	04
पायोनियर कोर कम्पनियां	09	02
यन्त्रीकृत परिवहन	34	17
पशु परिवहन रेजीमेन्ट	04	03
ए.एम.सी अस्पताल	82	34
एम्बुलैंस प्लाटून	15	07
2–नौसेना		
स्लूप्स	09	03
फ्रिगेट्स	02	02
सुरंग साफ करने वाले जलयान	12	04
कारवेट्स	01	00
सर्वेपोत	01	00
ट्रालर्स	04	02
मोटर लांच नौका	01	00
मोटर सुरंग साफ करने वाली नौका	04	02
बन्दरगाह रक्षा मोटर लांच नौका	04	04
3–वायु सेना		
लड़ाकु वायुवान स्कवाड्रन	07	03
परिवहन वायुवान स्कवाड्रन	01	01

इस विभाजन के साथ ही एक बहुत बड़ी समस्या आर्डनेन्स फैक्ट्रियों को लेकर आयी, क्योंकि अधिकांश फैक्ट्रियाँ भारत की सीमा में आ गयी। अतः इसके बदले मे भारत ने लगभग 6 करोड़ रूपये मुआवजा के रूप में देना मंजूर किया।

ब–नहरी जल विवाद– पाकिस्तान में जाने वाली सिंचाई योग्य नदियाँ भारत से ही जाती हैं। भारत के द्वारा भाखड़ा बांध आदि योजनाएँ कार्यान्वित की गयी, तो पाकिस्तान को भय हो गया, कि भारत नदियों का बहाव रोक कर पाकिस्तान की कृषि को क्षति पहुँचाना चाहता है। जिसके फलस्वरूप दोनों देशों के बीच जल–विवाद आरम्भ हो गया। दिसम्बर 1947 में दोनों देशों के मध्य हुए समझौते के अनुसार पाकिस्तान की सरकार भारत की रावी तथा सतलुज नदी से प्राप्त जल के भुगतान के लिए तैयार हो गयी लेकिन अन्य समझौतों को पाकिस्तान ने अस्वीकार कर दिया। इस पर भारत ने पूर्वी पंजाब की ओर से पाकिस्तान के लिए जलापूर्ति काट दी।[26] इस कारण आपसी तनाव और बढ़ गया।

स्वतंत्रता के उपरान्त भारत–पाक संबंधों में तनाव का एक कारण नहरी पानी विवाद रहा। पंजाब के राजनीतिक विभाजन के कारण यह नहरी पानी विवाद उठ खड़ा हुआ। ये नहरें आर्थिक दृष्टिकोण से उस समय बनायी गयी थी जब विभाजन का विचार तक किसी के मस्तिष्क में न था। विभाजन के कारण नहरों के पानी का असंतुलित विभाजन हो गया।[27] पंजाब के विभाजन के कारण रावी, सतलुज और व्यास नदियों के मुख्यालय भारत में रह गये। इनसे निकलने वाली 25 में से 20 नहरें भारत में आयी। एक नहर दोनों देशों में बहने लगी। झेलम और चिनाव के कुछ भाग ही भारत में बहकर शेष पाकिस्तान में बहती है।[28] विभाजन के बाद पाकिस्तान को यह भय हुआ किया यदि भारत से पाकिस्तान का संबंध कटुतापूर्ण रहा तो भारत इन नदियों के बहाव को रोककर अपने भू–भाग में मोड़ सकता

था जिससे सिंचाई के पानी के अभाव में पाकिस्तान की कृषि को बहुत नुकसान पहुँच सकता है। भारत को आर्थिक विकास के लिए भाखड़ा नांगल बाँध बनवाना आवश्यक था। ऐसी स्थिति में दोनों देशों के बीच नदियों के पानी के प्रश्न को लेकर मतभेद उत्पन्न होना आवश्यम्भावी था।[29] इन नदियों के कारण ही पंजाब प्रान्त बड़ा हरा भरा तथा उपजाऊ है। इन नदियों से अनेक नहरें निकलती है। ये नदियों एवं इनकी नहरें संसार की सबसे बड़ी सिचांई व्यवस्था है। आरम्भ में समस्या का संबंध सिंध तथा उसकी सहायक नदियों द्वारा सींचे जाने वाले क्षेत्र में था। तदुपरान्त फरक्का बांध गंगा नदी से संबंधित हो गया।[30]

पंजाब, सतलुज आदि नदियों के पानी बगैर जीवित नहीं रह सकता था और पाकिस्तान न केवल उन नदियों के पानी को अपने काम में ला रहा था अपितु वह माँग भी कर रहा था कि भारत को उन नदियों के पानी को रोकने तथा दूसरी तरफ काम में लाने का कोई अधिकार नहीं है।[31] सिंधु तथा उसकी सहायक नदियों के क्षेत्र में पायी जाने वाली नहरों का एक बहुत बड़ा भाग बंटवारे के फलस्वरूप पाकिस्तान को प्राप्त हुआ, जिसका परिणाम यह था कि एक और भारतीय पंजाब में अकाल की स्थिति का भय उत्पन्न हो गया, दूसरी ओर पाकिस्तान जितनी नहरी पानी का प्रयोग करता उससे कही अधिक पानी बर्बाद होता रहता था। इस तरह यह एक कानूनी प्रश्न नहीं बल्कि मानवीय समस्या थी।[32]

दिसम्बर, सन् 1947 में हुए एक समझौते द्वारा पाकिस्तान भारत सरकार को रावी तथा सतलुज नदियों द्वारा जल के भुगतान को तैयार हो गयी थी। परन्तु अन्य समझौतें पर पाकिस्तान सरकार ने हस्ताक्षर नहीं किये ऐसी परिस्थति में भारत सरकार ने पूर्वी पंजाब की ओर से जलापूर्ति रोक दी। पाकिस्तान इससे भयभीत हो गया कि भारत पश्चिमी पाकिस्तान के उपजाऊ क्षेत्रों को नष्ट करने पर तुला है।[33] परन्तु दोनों देशों के बीच बाद में हुए अन्य समझौतों में पाकिस्तान ने अपनी शर्त को मानने से इंकार

कर दिया। इस पर भारत सरकार ने 1 अप्रैल, सन् 1948 को[34] पूर्वी बंगाल की ओर से पाकिस्तान को जल आपूर्ति काट दी। पश्चिमी पंजाब के किसानों व पाकिस्तान की सरकार को भय हुआ कि भारत पश्चिमी पंजाब के उपजाऊ क्षेत्रों को नष्ट करना चाहता है।[35]

समस्या पर विचार करने हेतु मई, सन् 1948 में भारत तथा पाकिस्तान के नेताओं ने दिल्ली में वार्ता की तथा यह निश्चित किया कि भारत पूर्वी पंजाब से होकर निकलने वाली नदियों के पानी का प्रयोग करने का अधिकार रखता है। किन्तु वह पाकिस्तान को इतना समय देखा कि वह अपने क्षेत्र के लिए दूसरी व्यवस्था कर ले।[36] पाकिस्तान को यथाशीघ्र अपने सिंचाई के साधनों का विकास करना था और भारत द्वारा धीरे–धीरे जल आपूर्ति रोकनी थी परन्तु इस समझौते को पाकिस्तान के तत्कालीन प्रधानमंत्री लियाकत अली ने अस्वीकार कर दिया पाकिस्तान भारत की ओर से आने वाली नदियों के पानी को त्यागने के लिए तैयार नहीं था, किन्तु भारत पूर्वी पंजाब और राजस्थान में सिंचाई हेतु पानी की आपूर्ति नहीं रोकना चाहता था। पाकिस्तान का यह विचार था कि यह मामला अन्तर्राष्ट्रीय न्यायालय द्वारा सुलझा लिया जाये, परन्तु भारत इस शर्त को मानने के लिए तैयार नही था।[37] यह भी तय किया गया कि दोनों के इंजीनियर मिलकर विचार करेगें कि नदियों के पानी का अधिक प्रयोग दोनों देशों के हित में किस प्रकार किया जा सकता है। समझौता व्यवहारिक तथा बुद्धिमत्तापूर्ण था किन्तु दुर्भाग्य से उसे व्यवहारिक रूप नहीं दिया गया।

पाकिस्तान ने 23 अगस्त, सन् 1950 को[38] मई, सन् 1948 के समझौते को मानने से इंकार कर दिया। पाकिस्तान ने यह कह कर इस समझौते को व्यवहारिक रूप देने से इंकार की कृषि किया कि इस समझौते पर पाकिस्तान ने भारत के दबाव में आकर हस्ताक्षर किये थे। पाकिस्तान ने फिर भारत से आग्रह किया कि वह अन्तर्राष्ट्रीय न्यायालय की मध्यस्थता में इस समस्या के समाधान के लिए कदम उठाये। भारत ने पाकिस्तान के इस

प्रस्ताव को अस्वीकार कर दिया।[39]

जब दोनों देश अपने–अपने प्रयासों में असफल रहे तब सन् 1949 में एक अमेरिकी विशेषज्ञ "डेविड लिलियेन्थल" ने इस समस्या को राजनीतिक स्तर से हटाकर तकनीकी एवं व्यापारिक स्तर पर सुलझाने की सलाह दी। तथा इसके लिए विश्व बैंक की मदद लेने की सिफारिश की।[40] 27 मई, सन् 1952 को इस विवाद को विश्व बैंक के अध्यक्ष "यूनीन ब्लैक" को सौपा गया[41] विश्व बैंक की मध्यस्थता में एक समिति का गठन किया गया। जिसमें 1–1 इंजीनियर भारत तथा पाकिस्तान का था तथा एक इंजीनियर इन दोनों की सलाह से चुना गया। इस समिति ने सभी पहलुओं पर विचार किया तथा अपनी रिपोर्ट फरवरी, सन् 1954 को दी।[42]

भारत इस बात पर सहमत हो गया कि किसी निर्णय के पूर्व तक वह पाकिस्तान को जल प्रदान करता रहेगा। विश्व बैंक की योजना द्वारा यह सुझाव दिया गया कि रावी, व्यास तथा सतलुज के जल का उपयोग भारत को करने दिया जाना चाहिए तथा सिन्धु, झेलम और चिनाव नदियों के जल का उपयोग पाकिस्तान की सिंचाई के उपयोग के लिए होना चाहिए। बैंक ने यह भी सुझाव दिया था कि पाकिस्तान को सिन्धु तथा झेलम का जल चिनाव तथा रावी में स्थानान्तरण करने हेतु नवीन नहरों का निर्माण करना चाहिए। बैंक के सुझाव के अनुसार भारत द्वारा पाकिस्तान को सिंचाई योजनाओं हेतु आर्थिक भुगतान दिया जाना चाहिए। भारत सरकार तो विश्व बैंक के इस प्रस्ताव से सहमत था, परन्तु पाकिस्तान सरकार को कुछ आपत्तियाँ थी।[43] पाकिस्तान टाइम्स में छपी खबर के अनुसार यह प्रस्ताव पाकिस्तान के हित में नहीं था।[44] इतना ही नहीं पाकिस्तान के विदेश मंत्री ने यह घोषणा की कि "हम न तो इस प्रस्ताव को स्वीकार करते है और ही अस्वीकार"[45] समिति ने पुनः अध्यक्षता का कार्य अपने हाथ में लिया और लम्बी अवधि के बाद अपनी दूसरी रिर्पोट पेश की। रिपोर्ट के अनुसार ऊपरी

तीन नदियों का पानी पाकिस्तान को मिलता तथा निचली तीन नदियों का पानी भारत को। पाकिस्तान उपरी नदियों के क्षेत्र में नहर की स्थापना कर सके, इससे भारत द्वारा उसे वित्तीय सहायता दी जायेगी। विश्व बैंक द्वारा यह निर्धारित किया गया कि सहायता की धनराशि क्या हो। यद्यपि इस प्रस्ताव को स्वीकार करने पर भारत को अत्यधिक आर्थिक भार उठाना पड़ता, किन्तु यह विचार करके कि समस्या का समाधान इस भार से ही अधिक महत्वपूर्ण है, भारत ने इस प्रस्ताव को स्वीकार कर लिया। आरम्भ में पाकिस्तान द्वारा इन प्रस्तावों के प्रति भी टाल–मटोल की नीति अपनायी गयी। इस पर भारत ने स्पष्ट कर दिया कि वह अधिक समय तक पाकिस्तान के उत्तर की प्रतीक्षा न करके प्रस्तावों को अमान्य कर स्वतन्त्र कार्यवाही कर देगा। जब पाकिस्तान ने देखा कि इस तरह से उसे भारत से निर्माण कार्य हेतु धन मिलने की सम्भावना भी समाप्त हो रही है, तो उसने सभी प्रस्तावों को स्वीकार कर लिया। प्रस्तावों की स्वीकृति से भी समस्या का समाधान न हो पाया। सिद्धान्त संबंधी विस्तृत विवरण पर तथा पाकिस्तान को प्राप्त होने वाली धनराशि पर सहमति स्थापित होने में बहुत समय लग।[46]

जून, सन् 1954 में भारत द्वारा भाखड़ा बाँध के निर्माण को सतलुज नदी पर प्रारम्भ करने पर विवाद में तीव्रता आ गई तथा विश्व बैंक को हस्तक्षेप करना पड़ा।[47] विश्व बैंक के द्वारा इस क्षेत्र में किये गये प्रयासों से दोनों देश में किसी भी तरह से समझौता करने के लिए तैयार हो गये। इसकी घोषणा विश्व बैक के अध्यक्ष द्वारा 7 अप्रैल, सन् 1960 को की गयी।[48] 9 दिसम्बर, सन् 1960 को भारत व पाकिस्तान सरकार ने करॉची में इस समझौते पर हस्ताक्षर किये।[49] नहरी पानी संबन्धी दो अन्य समझौते पर भी 19 सितम्बर, सन् 1960 को दोनों सरकारों ने हस्ताक्षर किये।[50] नहरी पानी समझौता मुख्य रूप से सन् 1950 के सिद्धान्तों पर आधारित था तथा इसके मुख्य प्राविधान इस प्रकार थे।[51]

1 पाकिस्तान, सिन्धु, झेलम तथा चिनाव नदी के पानी को तथा भारत

सतलुज, रावी और व्यास के पानी को प्रयोग में लायेगा।

2 एक निश्चित समय (साधारणतः दस वर्ष) के अन्दर पाकिस्तान अपने भाग की नदियों से पानी प्राप्त करने की व्यवस्था कर लेगा, इतने समय तक उसे भारत की नदियों से पानी प्राप्त होता रहेगा।

3 नई नहरों के निर्माण कार्य हेतु भारत पाकिस्तान को आर्थिक सहायता देगा, जिसकी राशि 87 करोड़ 60 लाख डॉलर होगी।

4 एक स्थायी सिन्धु आयोग की स्थापना की जायेगी जिसमें भारत तथा पाकिस्तान के प्रतिनिधि होंगे।

5 संधि की व्याख्या को लेकर उत्पन्न होने वाले मतभेदों पर विचार करने हेतु पंचाट न्यायालय की स्थापना की गई।[52]

भारत के सरकारी क्षेत्रों में इस संधि पर संतोष तथा प्रसन्नता की भावना व्यक्त की गयी। नेहरू की दृष्टि में यह एक स्मरणीय समझौता था जो कि दोनों देशों की आर्थिक सम्पन्नता का आधार बनने के साथ ही उसके मध्य एक गम्भीर विवाद का अन्त किया।[53] इस समझौते की प्रस्तावना में कहा गया था दोनों देश सद्भावना और भिन्नता के वातावरण में संधि कर रहे है। इस समझौते पर टिप्पणी करते हुए पाकिस्तान के तत्कालीन राष्ट्रपति अयूब खान ने कहा जो समाधान हमें मिला है वह आदर्श नहीं है। परस्पर वार्ता में कभी आदर्श समाधान उपलब्ध नहीं होता परन्तु वर्तमान परिस्थितियों में हमें जो भी मिल सकता था यह उनमें सर्वश्रेष्ठ है।[54] आगे जाने वाला युग नेहरू की इस आशा को भ्रामक कल्पना सिद्ध करने जा रहा था, किन्तु उस समय यही प्रतीत हुआ कि भारत–पाक समस्याओं का समधान हो सकता है। पाकिस्तान का विचार करने का ढंग इसके विपरीत था। पाकिस्तान के नेताओं के लिए सिन्धु पानी समझौता इसलिए महत्वपूर्ण नहीं था कि वह एक विवाद का अन्त करता था बल्कि इसलिए था कि उसका प्रयोग वह दूसरे विवाद के क्षेत्र में करना चाहता था। अतः आज भी समस्या का समाधान नहीं हुआ है। सिन्धु प्रदेश का स्थान पूर्व के प्रदेश ने ले लिया। फरक्का बाँध और गंगा पानी के प्रयोग को लेकर भारत–पाकिस्तान के बीच समस्या पुनः उठ खड़ी हुई।[55]

उक्त समझौते पर अपना मत व्यक्त करते हुए पं0 जवाहर लाल नेहरू ने कहा था कि ''यह वास्तव में एक अपूर्व अवसर है और रूपों में एक विस्मरणीय दिन है'' स्मरणी है कि इस समझौते के माध्यम से कई वर्षो से भारत –पाक के समक्ष प्रस्तुत एक अत्यंत कठिन एवं जटिल समस्या को अत्यंत संतोषजनक रूप से सुलझा दिया गया है। यह दोनों देशों एवं विश्वबैंक के सामूहिक प्रयत्नों का एक अनुपम उदाहरण है। इस समझौते से दोनों देश के संबंधों का एक नया अध्याय प्रारम्भ होना था। यह समझौता इस बात का भी प्रतीक था कि भारत–पाक नहरी पानी विवाद की भाँति अपनी अन्य समस्याओं का भी हल ढूंढ निकालेगा और दोनों देश एक अच्छे पड़ोसी की भाँति रहेगें। पर सारी आशाओं पर उस समय कुठाराघात हुआ जबकि सहमति को संपन्न हुए एक महीना भी नहीं हुआ था कि दोनों देशों के नेताओं ने कश्मीर प्रश्न पर अपने दृष्टिकोण में कोई परिवर्तन न होने का संकेत दिया। पुराने तनाव कटुता ने दोनों देशों के संबंधों को पुनः जकड़ लिया।[56]

12 जनवरी, सन् 1961 से सन्धि की शर्त लागू कर दी गयी। समझौते का दोनो देशों ने पालन किया। सन् 1965 में भारत–पाक युद्ध के समय विरोधी दलों ने भारत सरकार पर दबाव डाला कि भारत द्वारा निर्धारित राशि का भुगतान नहीं किया जाना चाहिये। परन्तु भारत सरकार ने ऐसा करना उचित नहीं समझा। भारत द्वारा हुगली नदी का बहाव सुधारने हेतु जब फरक्का बाँध के निर्माण का कार्य प्रारम्भ किया गया, तो जल विवाद प्रारम्भ हो गया। इस योजना से लोअर गंगा पर प्रभाव पड़ने की सम्भावना थी जो पूर्वी पाकिस्तान में पहुँचती थी, परन्तु द्विपक्षीय वार्ता द्वारा इस विवाद का भी समाधान कर लिया गया था। 22 जुलाई, सन् 1970 के हुए समझौते के अनुसार भारत ने सिद्धांत रूप में पूर्वी पाकिस्तान में फरक्का नामक स्थान पर गंगा का पानी देना स्वीकार किया। इस प्रकार यह कहा जा सकता है कि कम से कम जल विवाद एक ऐसा विवाद था जो दोनों देशों द्वारा लगभग हल कर लिया गया था।[57]

ख–आर्थिक समस्या :–सन् 1947 के वित्तीय समझौते द्वारा यही निर्णय किया गया, कि सम्पूर्ण ऋण का भुगतान भारत करेगा तथा पाकिस्तान अपने हिस्से का भुगतान भारत को देगा। इस सम्बंध में भारत के लिए तीन सौ करोड़ रूपये का भुगतान पाकिस्तान द्वारा पाँच किश्तों में किया जाना था। पाकिस्तान की सरकार शुरू से ही बहाने बाजी करती रही, जबकि भारत ने पाकिस्तान को दिया जाने वाला 55 करोड़ रूपया चुका दिया। इससे दोनो राष्ट्रों में अविश्वास की भावना और बढ़ गयी।[58]

वास्तव में स्वतंत्रता के उपरांत भारत–पाक संबंधों में तनाव का एक प्रमुख कारण ऋण अदायगी का प्रश्न रहा। विभाजन के उपरान्त पाकिस्तान और भारत के बीच कई आर्थिक समस्यायें थी। दोनों देशों के बीच आमदनी तथा कर्ज का बँटवारा एवं लागत धन के संबंध में भी तानातनी शुरू हुई, क्योंकि पाकिस्तान ने तुरन्त ही जूट के निर्यात पर प्रतिबंध लगा दिया। मुद्रा के अवमूल्यन को लेकर भी दोनों देशों में तनाव उत्पन्न हुआ। कुछ दिनों के बाद आर्थिक संबंध को सुधारने में सबसे कठिन विस्थापितों की समस्या की समस्या थी। जो हिन्दू शरणार्थी पाकिस्तान में अपनी सम्पत्ति छोड़कर गये थे।[59] स्वतंत्र राष्ट्र के अस्तित्व में आने पर निर्णय के अनुसार पाकिस्तान ने भारत को 300 करोड़ रूपया देना था। यह भी तय हुआ था कि पाकिस्तान पाँच वर्षों में वार्षिक किस्तों द्वारा उसे अदा कर देगा। जो कि हिन्दू तथा सिक्ख पाकिस्तान छोड़कर भारत आये थे।[60] जबकि भारत को पाकिस्तान को 55 करोड़ रूपये देने थे। इसके अतिरिक्त पाकिस्तान में हिन्दुओं की लगभग एक करोड़ एकड़ से अधिक भूमि रह गयी थी। जबकि मुसलमानों की मुश्किल से आधी करोड़ एकड़ भूमि भारत में रह गयी थी।[61]

विभाजन के बाद भारत और पाकिस्तान दोनों सरकारों में दायित्व और लेनदारी को समान अनुपात में बाँटा जाना चाहिए था परन्तु संयोगवश भारत सरकार ने ब्रिटिश सरकार के सारे ऋण भार को स्वीकार किया। इसके बदले भारत को 300 करोड़ रूपया पाकिस्तान से मिलना था। और

यह पाँच वर्ष में दिया जाना तय हुआ था। परन्तु पाकिस्तान सरकार इस ऋण को देने में टालमटोल करने लगा।[62] जब भारत सब बातों पर कार्यवाही की जा रही थी या उन्हे मूर्तरूप प्रदान करने की व्यवस्था हो रही थी, उसी समय कश्मीर में युद्ध आरम्भ हो गया। अतः ऐसी स्थिति में भारत सरकार ने रूपये की अदायगी को स्थगित करने का निर्णय लिया, पर गाँधी जी के विरोध ने भारत सरकार को अपने इस निर्णय पर पुनः विचार करने के लिए बाध्य कर दिया तथा यह निश्चित करना पड़ा कि भुगतान जारी रखा जाये। इस संबंध में अपने विचार व्यक्त करते हुये पं0 जवाहर लाल नेहरू ने कहा थाः–

> "हम इस निश्चय पर पहुँचे है कि हमारे इस उदार रवैये से, जो भारत के उच्च आदर्शो और गाँधी जी के पुनीत मापदण्डों के अनुरूप है विश्व को विश्वास हो जायेगा कि हम पूर्णतः शान्ति और सद्भावना के इच्छुक है"

पर पाकिस्तान को भारत को उच्च आदर्शो पर भरोसा नहीं हुआ। थोड़े ही दिनों के पश्चात व्यापारिक संबंधो में तनाव उत्पन्न हो गया। जूट का अधिकांश क्षेत्र विभाजन के उपरान्त पाकिस्तान के क्षेत्र में चला गया और कल–कारखाने भारतीय क्षेत्र में स्थापित थे। पाकिस्तान ने जूट के निर्यात पर प्रतिबंध लगा दिया। मुद्रा के अवमूल्यन के कारण भी दोनों देशों के मध्य तनाव की स्थिति निर्मित हुई। यद्यपि यद्यपि भारत ने आर्थिक संबंधों को सुधारने हेतु अनेक प्रयत्न किये और इस क्षेत्र में उसे थोड़ी बहुत सफलता भी मिली पर समस्या का निदान स्थायी ढंग से नहीं हो पाया। आर्थिक समस्याओं में सर्वाधिक जटिल समस्या विस्थापितों की सम्पत्ति की समस्या थी।[63]

सन् 1949 से सन् 1950 के मध्य भारत और पाकिस्तान के प्रतिनिधियों के मध्य इस सन्दर्भ में कई सम्मेलन हुए परन्तु शरणार्थियों द्वारा छोड़ी गयी सम्पत्ति का कोई समाधान न निकल सका।[64] 8 अप्रैल सन् 1950 को साम्प्रदायिक उपद्रवों को रोकने के लिये तथा अल्पसंख्यकों में सुरक्षा की

भावना उत्पन्न करने के लिए भारत व पाकिस्तान के प्रधानमंत्रियों के मध्य "नेहरू–लियाकत" समझौता सम्पन्न हुआ।[65] किन्तु पाकिस्तान सरकार ने कभी भी इस समझौते का हृदय से पालन नहीं किया।[66]

ग–राज्य सम्पत्ति का बँटवारा:– भारत विभाजन के समय सबसे जटिल समस्या दोनो देशों मध्य सम्पति के विभाजन की थी, जब दोनों देशों के लिये सामूहिक सेना का विचार स्वीकार होना असम्भव हो गया, तो भारतीय एवं पाकिस्तानी सेनाओ के सर्वोच्च कमाण्डर फील्ड मार्शल क्लाइड औकनेक के नियंत्रण मे एक संयुक्त सुरक्षा सलाहकार को दोनो देशों में सशस्त्र सेनाओं के विभाजन तथा पृथक–पृथक सेनायें खड़ी करने का दायित्व सौंपा गया। सेना की मुस्लिम यूनिटें पाकिस्तान को तथा गैर–मुस्लिम यूनिटें भारत का सौंप दी गयी। सैनिक सामग्री का बड़ा भाग तथा लगभग सभी आयुध कारखाने विभाजन के समय भारतीय क्षेत्र में आये। सैनिक सलाहकार ने अविभाजित भारतीय सैनिक सामग्री का एक तिहाई भाग पाकिस्तान को देने का निर्णय किया, लेकिन कश्मीर तथा हैदराबाद के सैनिक अभियानों के कारण भारत ने पाकिस्तान की इस मांग को अस्वीकार कर दिया। इससे भारत विरोधी कार्यवाही में पाक सदैव से ही रूचि लेता रहा और दोनों के मध्य तनाव की खाई और गहरी होती गयी।

घ–सम्पत्ति की क्षतिपूर्ति समस्या:–विभाजन के उपरान्त भारी संख्या में दोनों देशों के अल्पसंख्यकों का स्थानान्तरण हुआ। इससे दोनों देशों की सरकारों के समक्ष इन शरणार्थियों की छोड़ी हुयी सम्पत्ति की क्षतिपूर्ति की समस्या खड़ी हो गयी, जिसकी दोनों देशों ने अपनी–अपनी सुविधानुसार अपने यहाँ आये शरणार्थियों को भूमि तथा सम्पत्ति देकर क्षतिपूर्ति की। अनुमानतः पाकिस्तान में भारतीयों ने तीन सौ करोड़ रूपये की तथा मुसलमानों ने भारत में केवल तीन करोड़ रूपये की सम्पत्ति छोड़ी। भारत ने पाकिस्तान के समक्ष प्रस्ताव रखा था, कि दोनों देशों की सरकारों अपने

–अपने देश से गये हुए अल्पसंख्यकों की सम्पत्ति को अपने नियंत्रण में ले, जो अन्तर हो उसे भुगतान के लिए अन्तर्राष्ट्रीय स्तर के अनुसार कम दावे वाला, राष्ट्र अधिक दावे वाले राष्ट्र को दे, लेकिन जुलाई 1948 में पाकिस्तान ने भारत के इस प्रस्ताव पर आपत्ति की तथा सुझाव दिया, कि अचल संपत्ति के व्यक्तिगत आधार पर हस्तांतरित किया जाये।[67]

भारत–पाक का विभाजन अनेक समस्याओं के साथ हुआ, किन्तु आपसी तनाव की इस विश बेल के बीज निरन्तर पल्लवित तथा पुष्पित होते रहे। पाकिस्तान भारत का वह कटा हुआ हुआ अंग है, जो कटकर भी पूरी तरह अलग नहीं हो पाया और इसका घाव निरंतर नासूर बनकर रिसने लगा है। इसका सैनिक एवं राजनीतिक हल भी एक कठिन कार्य है, क्योंकि एक दूसरे के प्रति द्वेष–भाव की नियति बन चुकी है। पाकिस्तान की सत्ता में जो बना रहना चाहे, उसे भारत विरोधी राग अलापना आवश्यक है, अन्यथा अब वहां के कट्टरपन्थी सत्ता में क्षण भर टिकने नहीं देंगें।

ड़–शरणार्थियों की समस्याः– स्वतंत्रता के उपरान्त भारत–पाक संबंधों में तनाव का कारण शरणार्थियों का प्रश्न रहा। विभाजन के बाद मुस्लिम लीग ने पाकिस्तान में साम्प्रदायिक दंगे करवायें जिससे हजारों की संख्या में शरणार्थी भारत भागकर आ गये। पाकिस्तान में हिन्दूओं का जीवन और इज्जत सुरक्षित नही था। हजारों व्यक्ति वहाँ मौत के घाट उतार दिये गये। हजारों महिलाओं के साथ बलात्कार हुआ जिससे भारत में भी प्रतिक्रिया स्वाभाविक थी। भारत में भी कई स्थानों में दंगे हुए। और मुसलमान भागने लगे भारत सरकान की धर्मनिरपेक्ष सरकार उनकी रक्षा करती थी। विस्थापित पाकिस्तान से हिन्दू शरणार्थी अनवरत आते रहे। ये शरणार्थी पाकिस्तान में अपनी जमीन और सम्पत्ति छोड़ आये थे। भारत ने पाकिस्तान से क्षतिपूर्ति की मांग की जिसे वह देने में आना कानी करता रहा।[68]

मुख्य समस्या एक राज्य से दूसरे राज्य को जाने वाले शरणार्थियों

की सम्पत्ति से संबंध रखता है। इस समस्या के प्रति पाकिस्तान की स्पष्ट नीति यह रही कि भारत से पाकिस्तान में आकर बसने वाले शरणार्थियों की पूर्ण सम्पत्ति उनकें दिलाई जाये तथा पाकिस्तान से भारत जाकर बसने वाले शरणार्थियों को उनकी सम्पत्ति प्राप्त करने से रोका जाये। इस तरह शरणार्थी चाहे पाकिस्तान में आये अथवा पाकिस्तान से जाये, उसकी सम्पत्ति पाकिस्तान में ही रहे। जनवरी, सन् 1949 को एक समझौते के अनुसार यह तय किया गया कि नगर की अचल सम्पत्ति को व्यक्तिगत रूप से बेचा तथा आपस में विनिमय किया जा सकता है। भारत सरकार के द्वारा इस प्रकार के कानून बनाये गये कि भारत में आकर बसने वाले शरणार्थियों के लिए अपनी सम्पत्ति को उचित मूल्य पर बेचना असंभव हो गया। उदाहरण के लिए पाकिस्तान छोड़ कर आने वाले व्यक्ति की सम्पत्ति के किराये में शरणार्थियों के सम्बंध में 88 प्रतिशत तथा अन्य व्यक्तियों के लिए 33 प्रतिशत की कटौती कर दी गयी जिससे उसका मूल्य बहुत अधिक गिर गया।[69]

इस जटिल समस्या को निपटाने हेतु भारत एवं पाकिस्तान के अधिकारियों के मध्य कई वार्ताएँ भी हुई पर कोई समझौता नहीं हो सका। अल्पसंख्यकों की रक्षा के प्रश्न को लेकर विवाद की स्थिति आ गई और समस्या निरन्तर जटिल होती चली गयी। विभाजन के बाद ही अल्पसंख्यकों की रक्षा का प्रश्न गम्भीर रूप से उपस्थित हुआ। दोनों ही देशों के मध्य साम्प्रदायिक तनाव और दंगों के कारण इस समस्या का सुलझाना और कठिन हो गया।[70] विस्थापितों की सम्पत्ति के बारे में पाकिस्तान ने भारत के प्रत्येक प्रस्ताव को अस्वीकार कर दिया तथा अप्रैल सन् 1950 में साम्प्रदायिक उपद्रवों को रोकने तथा अल्पसंख्यकों में सुरक्षा की भावना उत्पन्न करने के उद्देश्य से भारत–पाक प्रधानमंत्रियों के मध्य "नेहरू–लियाकत" समझौता हुआ, किन्तु पाकिस्तान सरकार ने इस समझौते का कभी हृदय से पालन नहीं किया और पाकिस्तान से पीड़ित हिन्दू शरणार्थियों का भारत आना जारी रहा।[71] इस समझौते के द्वारा दोनों देशों के प्रधानमंत्रियों ने अपने देश के संविधान

तथा उसके उद्‌देश्य प्रस्ताव का हवाला देते हुए बताया कि अल्पमतों को बहुमत के समान ही मौलिक अधिकार प्रदान किये गये है जिनका पालन करते हुए उनके साथ समानता का व्यवहार किया जायेगा तथा वे स्वतंत्र नागरिक के अधिकारों का पूर्ण उपभोग कर सकेगें।[72]

समझौते के अनुसार दोनों देशों के प्रधानमंत्रियों को अपने–अपने देशों में साम्प्रदायिक सद्भााव का वातावरण तैयार करना था, ताकि लोग अपना देश छोड़कर न भागे। दोनों ने यह भी उत्तरदायित्व अपने उपर लिया कि वे अपने देश में आये हुए विस्थापितों का पुर्नवास करेगें। एक वर्ष तक तो समझौता ठीक प्रकार से क्रियान्वित होता रहा। मगर मुसलमानों के मन में गैर धर्म वालों के प्रति जो घृणा भरी हुई थी वह फिर उभर आयी। पाकिस्तान में फिर भी हिन्दुओं पर अत्याचार प्रारम्भ हुआ।[73] सन् 1950 का यह समझौता कागज पत्र तक ही सीमित रहा। इसके बावजूद दोनों देशों की सरकारों ने एक दूसर पर अल्पमत के प्रति पक्षपात पूर्ण नीति अपनाने का आरोप समय–समय पर लगाया। इस सत्य से इंकार नहीं किया जा सकता कि दोनों ही राज्य साम्प्रदायिक समस्या का समाधान खोजने में असफल रहे। किन्तु जहाँ पाकिस्तान में साम्प्रदायिक सरकारी स्तर पर प्रोत्साहित होती रही वहाँ भारत सरकार सदैव ही निष्पक्ष दृष्टिकोण अपनाने में सफल रही।[74]

सन् 1965 के भारत–पाक युद्ध के पश्चात् पाकिस्तान ने हिन्दू अल्पसंख्यकों की समस्या को "शत्रुओं की सम्पत्ति" कहकर अपने अधिकार में कर लिया। 1 मई, सन् 1970 को भारत सरकार ने इस संबंध में विरोध पत्र भेजा, परन्तु उसका कोई उत्तर प्राप्त नहीं हुआ।[75]

त्र–देशी राज्यों के विलय का प्रश्नः–स्वतंत्रता प्राप्ति के समय अनेक पेचीदा समस्याओं के साथ–साथ एक मुख्य सवाल छोटी–छोटी 562 देशी रियासतों के भविष्य का था, जिन्हे ब्रिटिश राज ने विशेष संधियों के

अन्तर्गत शरण दे रखी थी। ब्रिटिश राज के पक्षधर इन राजा महाराजाओं को आशा थी कि उनकी सरकार उन्हे कभी अनाथ बनाकर नहीं जायेगी। ब्रिटिश राज को दी गई सेवाओं को देखते हुए यह उपेक्षा अनुचित भी नही थी, क्योंकि भारत गुलाम बनाये रखने, स्वतंत्रता को कुचलने, भारतीय ग्रामीण समाज को सामन्ती ढांचे में जकड़े रखने का श्रेय इन्हीं को था। ब्रिटिश राज इनका आरक्षक था। अतः जब अंग्रेज सरकार की विदाई होने लगी तो इस मंडली में खलबली मचनी स्वाभाविक थी।[76]

इण्डिया इंडिपेडेंस एक्ट 1947 के अन्तर्गत ब्रितानी भारतीय साम्राज्य के देशी राज्यों पर ब्रिटेन की समप्रभुता सत्ता हस्तातरण के साथ समाप्त हो जाती थी। अतः 15 अगस्त के पूर्ण तथा उसके बाद राजवाड़े के साथ सुदीर्घ वार्ताएँ करके दोनों देशों के राजनेताओं ने यथावत स्थिति की व्यवस्था की थी।[77] 3जून को माउण्टबेटन योजना की घोषणा के बाद इन राजवाड़ों को भी दोनों राज्यों में से किसी एक के साथ विलय की राह दी गई। हालाँकि उन्हें अपना स्वतंत्र अस्तित्व कायम रखने का भी अधिकार था। वैसे तो अधिकांश रियासतों ने भारत के साथ विलीन होने का निर्णय कर लिया था किन्तु माउण्टबेटन के शब्दों में "जूनागढ़, हैदराबाद और कश्मीर ये तीनों क्षेत्र भारत के पिटारे से बाहर रह गये"[78] इस सिलसिले में भारतीय संघ के अन्तर्गत के राज्य भारत के साथ संबंध हुए और पाकिस्तान के अन्तर्गत के राज्य उसके साथ किन्तु ये तीन राज्य उसके अपवाद थे[79]

क– जूनागढ़

ख– हैदराबाद

ग– जम्मू–कश्मीर

क–जूनागढ़ का विलयः–स्वतंत्रता के पश्चात् भारत–पाक संबंधों में तनाव एक कारण जूनागढ़ विवाद रहा। जूनागढ़ (काठियावाड़ प्रान्त का एक छोटा सा राज्य) जो वर्तमान में गुजरात में स्थित है, की जनसंख्या

750000 और क्षेत्रफल 4000 वर्गमील था, जहाँ की 80 प्रतिशत जनता हिन्दू तथा 20 प्रतिशत जनता मुसलमान, एवं राजा मुसलमान था।[80]

25 जुलाई सन् 1947 को वायसराय लार्ड माउण्टबेटन ने चेम्बर ऑफ प्रिंसेज के समुदाय में भाषण करते हुये यह कहा था कि देशी राज्यों को दोनों अधिराज्यों में से किसी एक में शामिल होना का अथवा स्वंतत्र रहने का अधिकार होगा, परन्तु इसके साथ ही उन्हें विलयन संबंधी निर्णय लेते समय अपनी भौगोलिक स्थिति को ध्यान में रखना चाहिए।[81]

सन् 1935 के भारत सरकार कानून तथा सन् 1947 के स्वतंत्रता कानून में व्यवस्था की गयी थी कि किसी भी रियासत का राजा अपनी इच्छा के अनुसार विलयपत्र पर हस्ताक्षर करके भारत अथवा पाकिस्तान में सम्मिलित हो सकता है। रियासतों के राजाओं को यह भली–भाँति हृदयंगम करा दिया था कि उन्हें 15 अगस्त सन् 1947 तक दोनों राज्यों में से किसी एक में मिलने का निर्णय कर लेना चाहिए।[82] फलस्वरूप हैदराबाद, जूनागढ़ और कश्मीर तीनों रियासतों को छोड़कर शेष 559 रियासतों ने अपनी भौगोलिक एवं धार्मिक सुविधानुसार भारत अथवा पाकिस्तान में अपने को मिला लिया, जिसमें विशेष कर सरदार पटेल की दूरदर्शिता और कूटनीतिक चातुर्य की भूमिका रही।[83]

जूनागढ़ के नवाब ने अपनी भौगोलिक स्थिति की उपेक्षा करके पाकिस्तान में शामिल होने का निश्चय किया। उसका यह निर्णय वहाँ की जनता के सर्वधा प्रतिकुल था। अतः भारत सरकार ने जहाँ नवाब के निर्णयों का विरोध किया वहीं जनता ने उसके विरूद्ध विद्रोह कर दिया।[84] जबकि दूसरी ओर बबरी, बबरीगढ़ तथा मगरौल की रियासतें, जिन्हें जूनागढ़ के नवाब अपनी आसामी रियासतें मानते थे, भारत के साथ मिल गयी। जूनागढ़ के नवाब अपनी इच्छा के विरूद्ध इनके भारत में विलय से असंतुष्ट होकर बवरीगढ़ तथा मगरौल के विरूद्ध सैनिक टुकड़ियाँ भेजी। दूसरी ओर कठियावाड़ी

क्षेत्र के कई राज्यों के निवेदन पर भारतीय थल, जल तथा वायु सेना की टुकडियाँ पोरबन्दर में उत्तरी ओर जूनागढ़ के चारों ओर फैल गयी। जूनागढ़ के नवाब ने जिन परिस्थितियों में अपने राज्यों की पाकिस्तान में विलय की घोषणा की थी, भारत सरकार उसे मानने को तैयार नहीं थी।[85] इस विकट परिस्थिति को देखकर तत्कालीन प्रधानमंत्री पं0 जवाहर लाल नेहरू ने पाकिस्तानी प्रधानमंत्री लियाकत अली खान को एक तार भेजकर जन विरोधी निर्णय को अवगत कराते हुये जनमत संग्रह के आधार पर इस संदर्भ में निर्णय लेने की माँग की।[86]

जनता ने भी जागरूकता का परिचय देते हुये इतना सशक्त विरोध किया कि जूनागढ़ का नवाब भयभीत होकर सरकारी खज़ानें सहित पाकिस्तान भाग गया। परिस्थिति को बदलती देखकर जूनागढ़ के तत्कालीन दीवान शाहनवाज भुट्टो ने 8 नवम्बर सन् 1947 को भारत में विलय किये जाने के लिए एक पत्र लिखा। शाहनवाज भुट्टो की इस प्रार्थना को स्वीकार कर लिया गया।[87] भारत सरकार ने 9 नवम्बर, सन् 1947 को जूनागढ़ का प्रशासन अपने हाथों में ले लिया और फरवरी, सन् 1948 को वहाँ जनमत संग्रह आयोजित किया।[88] भारत के पक्ष में 180870 मत तथा पाकिस्तान के पक्ष में 91 मत पड़े।[89] पाकिस्तान ने चैन की सांस नहीं ली और इस मामले को पुनः सुरक्षा परिषद में उठाने का असफल प्रयास किया। इसे भारत का आन्तरिक मामला माना गया जिससे पाकिस्तान की चाल नाकामयाब हो गई। आधुनिक भारत में जूनागढ़ गुजरात प्रदेश में स्थित है। इस प्रकार बिना किसी सैनिक कार्यवाही के ही जूनागढ़ की समस्या हल हो गयी।[90]

ख–हैदराबाद का विलयः– हैदराबाद भारत का एक प्रमुख विकसित देशी राज्य था जिसके राजा निजाम थे। भारतीय उपमहाद्वीप में ब्रिटिश सत्ता की स्थापना के पूर्व इसका यूरोपीय शक्तियों, जिनमें फ्रांस और इंग्लैण्ड भी थे, सन्धि संबंध स्थापित था।[91] हैदराबाद दक्षिण प्रांत का एक राज्य था, जिसकी

कुल जनसंख्या 163 लाख थी, जिसमें मुसलमानों की संख्या केवल 12 प्रतिशत थी।[92] यहाँ की अधिकांश जनसंख्या हिन्दू थी। परन्तु नवाब मुसलमान था। इसका क्षेत्रफल 82,000 वर्ग मील था, हैदराबाद को हिन्दू–मुस्लिम एकता का परम्परागत स्थल माना जाता है, क्योंकि जब ब्रिटिश भारत के अन्य भागो में हिंसा का दौर चल रहा था तब यहाँ शान्ति थी।[93]

हैदराबाद भौगोलिक दृष्टि से भारत में ही मिल सकता था। रियासत के निजाम का रवैया बहुत ही स्पष्ट था। पाकिस्तान ने हैदराबाद को एक भ्रम में रखा कि मुसीबत से समय वह उसके साथ है। हैदराबाद का निजाम एक स्वतन्त्र राज्य स्थापित किये जाने का स्वप्न संजाये था। किन्तु भ्रम बनाये रखने के लिए वह भारत के साथ विलय की बातचीत करता रहा।[94] 12 जून, सन् 1947 को हैदराबाद के निजाम ने एक फरमान जारी करके यह घोषणा की कि वह अपने राज्य का विलय भारत अथवा पाकिस्तान किसी के साथ नहीं करेगा। वह अपने रियासत को स्वतंत्र रखने के पक्ष में था। अतः 15 अगस्त सन् 1947 को उसने हैदराबाद के लिए स्वतंत्र राष्ट्र की मांग की।[95] भारत सरकार और हैदराबाद के निजाम में कई दौर में बातचीत भी हुई। किन्तु हैदराबाद के निजाम ने अपने कड़े एवं विरोधी रूख में कोई परिवर्तन नहीं किया। निजाम के पृथकतावादी नीति पर अडिग रहने से भारत ने उसके चिन्तित होना स्वाभाविक था। नवम्बर सन् 1947 को निजाम ने भारत के साथ एक समझौता किया जिसमें यह व्यवस्था की गयी–"जब तक कोई नया समझौता नहीं होता, तब तक समान हित के मामलों जैसे विदेश संबंधी, सुरक्षा तथा संचार साधनों के सम्बंध उन्ही समझौतों एवं प्रबंधों के अनुसार निर्धारित होगें, जो 15 अगस्त सन् 1947 से पूर्व निजाम तथा गर्वनर जनरल के संबंधो को निर्धारित करते थे "किन्तु निजाम ने सन् 1939 की सन्धि का उलंघन करके अपनी सेना में पाकिस्तानी सैनिकों को भर्ती करने लगा, जबकि सन्धि के अनुसार हैदराबाद की रक्षा का भार भारत के उपर था।[96]

भारत के तत्कालीन गृहमंत्री सरदार पटेल को यह संदेह था कि निजाम इस समझौते का इमानदारी से पालन नहीं करेगा, पर पं० नेहरू का विचार था कि यह समझौता अल्पकालीन हैं। अतः निजाम इसका उल्लंघन करता है, तो कोई युक्ति सोची जायेगी। पं० नेहरू आशावादी थे, उन्हें पूर्ण आशा थी कि निजाम समझौते के तहत ही चलेगा, और बाद में निजाम भारत में विलय के लिये तैयार हो जायेगें। सरदार पटेल की शंका सही निकली हैदराबाद के निजाम ने एक कुटिल व्यक्ति "लायक अली" को सन् 1947 में रियासत का प्रधानमंत्री बनाया। लायक अली कुछ दिन संयुक्त राष्ट्र संध में पाकिस्तान का प्रतिनिधित्व कर चुका था। अतः स्वाभाविक ही था कि वह हैदराबाद को पाकिस्तान में मिलाना चाहता था। उसने भारत सरकार से किये गये समझौते का उल्लंघन करना शुरू कर दिया।

लायक अली को इस प्रकार की कार्यवाही से भारत सरकार कब तक चुप रहती। 23 मार्च, सन् 1948 को भारत के गृह मंत्रालय के सचिव बी0पी0 मेनन ने लायक अली को एक पत्र लिखा, जिसमें हैदराबाद की सरकार पर "तत्कालीन समझौते के उल्लंघन का" आरोप लगाया गया था इस पत्र में अन्य आरोप निम्नलिखित थे।[97]

1 भारत सरकार के बिना अनुमति के पाकिस्तान को 30 करोड़ रूपये का ऋण दिया एंव भारत सरकार के बिना पूछे उसकी प्रतिभूतियाँ पाकिस्तान को दी।

2 हैदराबाद सरकार ने भारत के बिना अनुमति के पाकिस्तान में अपना जन सम्पर्क अधिकारी नियुक्त किया था, जबकि समझौते में साफ लिखा था कि हैदराबाद की विदेश नीति का संचालन भारत करेगा।

3 हैदराबाद पाकिस्तानियों को अपनी सेना में भर्ती कर रहा है जो कि सन् 1939 की संधि के विरूद्ध है, जबकि हैदराबाद की रक्षानीति का दायित्व भारत के पास है।

4 भारत की अनुमति के बिना हैदराबाद अपनी सेना में वृद्धि कर रहा है।

5 हैदराबाद ने भारत को वार्षिक पुलिस रिर्पोट नहीं भेजी।

6 हैदराबाद ने अमेरिका के संयुक्त प्रेस संचार साधनों के विषय में एक समझौता किया है। यह भारत के बिना अनुमति के किया गया है।

7 हैदराबाद ने भारत की मुद्रा को अवैध घोषित किया है।[98]

इसी बीच विभाजन के द्वारा उत्पन्न डाँवाडोल की स्थिति का लाभ उठाकर एक मुस्लिम साम्प्रदायिक संगठन "मजलिसे – इत्तहाद– उल– मुसलमीन" ने अपने सैनिक स्वयंसेवक रजाकारों की सहायता से आतंकवादी गतिविधियों का सूत्रपात कर दिया। फलतः वहाँ का सामान्य जीवन असुरक्षित हो गया। इस काल में रजाकार ही हैदराबाद के वास्तविक शासक बन गये। वे जिन्हें नामजद करते थे। उन्हीं को निजाम अपना मंत्री नियुक्त करता था।[99]

इस प्रकार हैदराबाद में रजाकारों की एक अनियमित सेना गठित हो गयी थी, जिसने हिन्दू जनता पर हमला करके उन्हे आतंकित करना आरम्भ कर दिया। यही नहीं, इन रजाकारों ने भारतीय सीमा में घुसकर दिन दहाड़े लूटपाट तथा आगजनी की वारदातें भी शुरू कर दी। स्थिति बड़ी भयानक हो उठी। उधर भारतीय सेनाएं भी 23 अक्टूबर सन् 1947 को कश्मीर पर पाकिस्तानी हमलावरों के आक्रमण से निपटने के लिए कश्मीर में उलझी हुई थी। भारत सरकार ने रजाकारों के संगठन के भंग करने तथा शांति व्यवस्था बनाये रखने के लिए सिकन्दराबाद में भारतीय सेना को प्रवेश कराने की माँग की। निजाम ने इस मांग को ठुकरा दिया।

स्थिति को अनियन्त्रित होते देखकर भारत सरकार ने हैदराबाद रियासत में सेना को शांति एवं नियन्त्रण बनाये रखने के आदेश दिये। 13 सितम्बर, सन् 1948 को मेंजर जे0 एन0 चौधरी की कमान में भारतीय सेनाओं ने हैदराबाद रियासत की सीमाओं में प्रवेश किया। केवल पाँच दिनों के भीतर ही हैदराबाद की अनियमित सेना के छक्के छूट गये। अन्ततः 18 सितम्बर, सन् 1948 को उन्होनें आत्मसमर्पण कर दिया।[100]

हैदराबाद सरकार ने पुलिस कार्यवाही के पूर्व ही इस मामले को सुरक्षा परिषद में भी प्रस्तुत कर दिया था। परन्तु यह प्रश्न 13 सितम्बर, सन् 1948 को ही उस समय समाप्त हो गया जब भारतीय प्रतिनिधि ने इस समस्या पर किसी भी वाद–विवाद में भाग लेने से इंकार कर दिया था। पाकिस्तान ने समस्या कों पुर्नजीवित करने का प्रयास किया, परन्तु इसका कोई लाभदायक परिणाम नहीं मिला।[101] सेना की इस सफलता पर तत्कालीन उप प्रधानमंत्री तथा गृहमंत्री सरदार पटेल ने कहा था "इन सक्रियाओं, गतिशीलता एवं निपुणता की प्रशंसा हमारा कटुतम आलोचक करेगा। इसलिए इतिहास इन संक्रियाओ को क्षमता, संगठन ओर सर्वोमुखी सहयोग के अन्यतम उदाहरण के रूप में स्मरण करेगा। भारतीय सेना ने अपनी उपलब्धियों की गौरवपूर्ण परम्परा में एक अध्याय और जोड़ दिया।" इसी के साथ हैदराबाद का भारत में पूर्णतः विलय हो गया।[102] और भारत सरकार ने निजाम को 50 लाख रूपये प्रिवीपर्स के रूप में देना तय किया। पाकिस्तान ने इस प्रश्न को कई बार संयुक्त राष्ट्र संघ में उठाया, किन्तु अमेरिका के सिवाय किसी राष्ट्र ने भी इसमें दिलचस्पी नहीं ली।[103] विश्व की अनेक राजधानियों में भारत की इस कार्यवाही के विरूद्ध कई वर्षो तक प्रचार कार्य चलता रहा, किन्तु उनका भी कोई परिणाम नहीं निकला। पाकिस्तान शासक इसे भी कई दिनो तक नहीं भूल सके।[104]

ग–जम्मू–कश्मीर राज्य और विलयः–ऋषि दधीचि की तपोभूमि, पृथ्वी का स्वर्ग को और भारत का नंदन वन कश्मीर हमेशा से ही भारतीय संस्कृति और हिन्दू जीवन–दर्शन का एक प्रमुख केन्द्र एवं प्रेरणास्रोत रहा है। वहाँ का बारामूला नामक प्रसिद्ध स्थान आज भी हमें इस सनातन और पुरातन राष्ट्र के दशावतारों में भगवान बराह का स्मरण कराता है, क्योंकि उसका वास्तविक नाम 'बराहमूल' है। किंवदन्ती है कि कश्मीर की वर्तमान घाटी के स्थान पर पहले एक विशालकाय झील का पानी निकल जाने के बाद उसका तल एक मनोरम घाटी में परिवर्तित हो गया, उस घाटी को

महर्षि कश्यप की स्मृति में कश्यपमर्ग कहा जाने लगा। आज के कश्मीर का नाम कश्यपमार्ग का ही बदला हुआ रूप है।[105] तत्पश्चात् कश्यप ऋषि ने कश्मीर घाटी को बसाना शुरू किया। कश्मीर के प्रारम्भिक इतिहास का वर्णन करने के लिये सभी विद्वानों ने कल्हण की 'राजतरंगिणी' को ही आधार बनाया है। इस ग्रन्थ के अनुसार जब महाराजा युद्धिष्ठिर का राजतिलक हुआ तब कश्मीर के सिंहासन पर गोनन्द नामक राजा विराजमान था।[106] गोनन्द की तीन पीढ़िया गुजरने पर पांडव वंशी नरेशों ने कश्मीर पर शासन किया। 250 ईसा पूर्व अशोक के अधिकार में कश्मीर रहा। उसी समय अशोक ने श्रीनगर बसाया। आठवीं शताब्दी में कश्मीर आद्यशंकराचार्य की दिग्विजय का महत्वपूर्ण पडाव रहा। इसी शताब्दी में कश्मीर के राजा ललितादित्य मुक्तापीड ने बहुत प्रसिद्धि पायी। उनका बनाया मार्तण्ड मंदिर (सूर्य मंदिर) आज भी कश्मीर में मौजूद है।

सन् 1301 ई0 में कश्मीर का राजा सहदेव नामक शासक ने संभाला। किन्तु सहदेव अधिक दिनों तक राज्य नहीं कर सका। उसके बाद उसके भाई उदयन देव ने राज्य संभाला। किन्तु वह भी कुछ ही समय जीवित रहा। फलतः सहदेव की विधवा कोटारानी ने अपने पुत्र के नाम पर स्वयं शासन संभाल लिया।[107] सन् 1337 ई0 तक कश्मीर की भारतीय संस्कृति को मुस्लिम संस्कृति के प्रभाव में आना ही पड़ा जब महारानी कोटा ने आत्महत्या द्वारा अपने आत्मसम्मान की रक्षा कर कश्मीर का शासन अपने सेवक के अधीन कर दिया और इस प्रकार शाह मीर शमसुद्दीन के शासन से कश्मीर में मुस्लिम धर्म ने अधिपत्य स्थापित कर लिया। शाहमीर को राजा सहदेव के समय दरबार में सम्मिलित किया गया था।[108]

14 वीं शताब्दी के अन्त में सिकन्दर नामक मुसलमान आक्रमणकारी ने कश्मीर घाटी और आस–पास के भाग पर अधिकार जमाने के बाद सुप्रसिद्ध मार्तण्ड मंदिर सहित सहस्त्रों श्रेष्ठ मंदिर एवं बौद्ध बिहार नष्ट कर दिये।

16वीं शताब्दी में मुगलों ने कश्मीर पर अपनी सत्ता स्थापित कर ली। लेकिन जब 18वीं शताब्दी के अन्त में मुगल साम्राज्य छिन्न–भिन्न होने लगा, तब अफगानिस्तान ने इसे अपने अधिकार में ले लिया।

सन् 1820 में सुप्रसिद्ध सेनापति हरिसिंह नवला ने सम्पूर्ण कश्मीर पठानों से छीनकर महाराजा रणजीत सिंह के राज्य में मिला दिया, लेकिन महाराजा रणजीत सिंह के निधन के बाद कश्मीर उनके राज्य का भाग नहीं रह सका।[109] लेकिन सन् 1846 में राजपूत वीर महाराजा गुलाब सिंह ने अपने रणकौशल, राजनयिक, विलक्षणता तथा वार्तालाप की निपुणता के कारण ब्रिटिश सरकार से 75 लाख रूपयों की धनराशि देकर जम्मू और कश्मीर पर अपनी प्रभुत्ता स्थापित की । शीघ्र ही महाराजा गुलाब सिंह ने समीपवर्ती क्षेत्रों पर अपना अधिपत्य स्थापित किया।[110]

महाराजा गुलाब सिंह के उत्तराधिकारी रणवीर सिंह थे। महाराजा रणवीर सिंह के बाद[111] सन् 1905 मे लार्ड कर्जन ने राज्य परिषद को भंग कर महाराजा प्रताप सिंह को प्रभुता सम्पन्न शक्तियां सौंप दी लेकिन बदले में गिलगिट का सीमान्त क्षेत्र छीन लिया। सितम्बर, सन् 1925 में राजा अमर सिंह के पुत्र महाराजा हरिसिंह का राजतिलक हुआ।[112]

जूनागढ़ तथा हैदराबाद का विलय किसी भी तरह से भारत में हो गया लेकिन तीसरी रिसासत कश्मीर जो कि दोनों देशों के बीच विवाद की दृष्टि से उतनी ही नहीं है, जितनी कि स्वतंत्रता प्राप्ति के समय थी।[113] इस राज्य की स्थिति अन्य देशी राज्यों से सर्वथा भिन्न थी। इसके दो तरफ पाकिस्तान, एक तरफ भारत ओर दो तरफ चीनी सीमान्त थे। उत्तर पश्चिमी कश्मीर का गिलगिट दर्रा भारतीय उपमहाद्वीप से मध्य एशिया होते हुए सोवियत संघ जाने का एक मात्र सुगम रास्ता है। गिलगिट से सोवियत सीमा बहुत दूर नहीं। स्वभावतः यह क्षेत्र अन्तर्राष्ट्रीय शक्ति राजनीति की दृष्टि से अत्यंत संवेदनशील कहा जा सकता है। कश्मीर के शासक राजा हरिसिंह जम्मू के

डोगरा राजपूत थे। उसके एक खण्ड जम्मू में 60 प्रतिशत से कुछ उपर हिन्दूओं की आबादी थी। दूसरे क्षेत्र लद्दाख में बौद्ध रहते थे, मुख्य कश्मीर तलहटी एवं बालिदान में मुसलमानों की आबादी 90 प्रतिशत से अधिक थी,[114] किन्तु कश्मीर नरेश हिन्दू थे। इस प्रकार अन्य देशी रियासतों की अपेक्षा इस राज्य की स्थिति जटिल थी। कश्मीर नरेश इस असमंजस में थे कि यदि वे अपने राज्य का भारत में विलय करते है तो मुस्लिम जनसंख्या सहमत नहीं होगा और यदि पाकिस्तान में विलय करते है तो हिन्दू एवं बौद्ध जनसंख्या के साथ अन्याय होगा। इसी असमंजस के कारण इस राज्य का, स्वतंत्रता के उपरान्त तक कोई निर्णय नहीं हो सका। भौगोलिक दृष्टि से भी यह राज्य भारत व पाकिस्तान के मध्य स्थित है। इसके अतिरिक्त कुछ अन्य कारण भी थे जिनसे यह राज्य अधिक संवेदनशील हो गया और आज भी लगभग वही स्थिति बनी हुई है।[115]

यद्यपि भारत एवं पाकिस्तान दोनों ही राष्ट्र कश्मीर को अपने–अपने राष्ट्र में मिलाने का प्रयत्न कर रहे थे परन्तु कश्मीर के तत्कालीन नरेश हरिसिंह ने भारत एवं पाकिस्तान के साथ ''यथा स्थिति समझौता'' करना उचित समझा, क्योंकि सभी राज्यों के पास भारत या पाकिस्तान में शामिल होने के लिए ''विलय पत्र'' भेजे गये थे। इन विलय पत्रों में प्रार्थना की गयी थी कि वे 14 अगस्त से पूर्व अपनी राय प्रेषित करें।[116] इसके उत्तर में कश्मीर नरेश हरिसिंह ने पाकिस्तान और भारत दोनों ही की आन्तरिक सरकारों को 12 अगस्त सन् 1947 को ''यथा स्थिति समझौता'' के आशय का तार भेज दिया था।

अपने 15 अगस्त के उत्तर में पाकिस्तान ने कश्मीर सरकार के ''यथा स्थिति समझौता'' को स्वीकार कर लिया साथ ही परिवहन, सप्लाई, डाक तार व्यवस्था को ज्यों का त्यों चालू रखने का वचन दिया। भारत ने अपने उत्तर में कश्मीर सरकार को तार दिया कि जम्मू–कश्मीर की सरकार अपने

किसी प्रतिनिधि को ''यथा स्थिति समझौते'' पर बात करने के लिए शीघ्र भेजे, लेकिन कश्मीर नरेश के किसी प्रतिनिधि के भेजने से पूर्व ही कबाइलियों ने कश्मीर पर आक्रमण कर गम्भीर स्थिति उत्पन्न कर दी।

''यथा स्थिति समझौते'' के उपरान्त ही पाकिस्तान कश्मीर पर अपने राष्ट्र में सम्मिलित करने के लिए दबाव डालने लगा। उसने न केवल समझौते को भंग किया, बल्कि अपने उदय के मात्र 15 दिनों के बाद ही कश्मीर सरकार को धमकी देने लगा। इसके अतिरिक्त उसने आवश्यक सामग्रियों का निर्यात बन्द कर दी तथा संचार व परिवहन व्यवस्था में बाधा उत्पन्न की। पाकिस्तान ने कबाइलियों को सुसज्जित कर कश्मीर में घुसपैठ करने के लिए प्रोत्साहित किया। 31 अगस्त, सन् 1947 को सशस्त्र कबाइलियों ने राज्य में प्रवेश कर लूटमार प्रारम्भ कर दी। इसी क्रम में 27 सितम्बर को 400 सशस्त्र पाकिस्तानियों ने राज्य में प्रवेश कर लूट मार आरम्भ कर दी। 10 अक्टूबर तक पाकिस्तानी सेना के दस्तों ने लगभग 20 हजार सशस्त्र कबाइलियों के साथ जम्मू के अनेक गाँवों पर धावा बोला। इन सभी दस्तों का नेतृत्व पाकिस्तान के सैन्य अधिकारी कर रहे थे। तथा पाकिस्तान सरकार आजाद कश्मीर में सेना को रणसामग्री दे रही थी। कश्मीर नरेश ने पाकिस्तान की इन हरकतों का प्रारम्भ में ही कड़ा विरोध किया विरोध पत्रों के उत्तर में पाकिस्तान की सरकार अपनी इस समस्त कार्यवाही के लिए इन्तजार करती रही।

26 अक्टूबर, सन् 1947 तक पाकिस्तान ने जम्मू कश्मीर के अधिकांश भू–भागों पर अधिकार कर लिया और दिन शाम के समय वे श्रीनगर से केवल 4 मील की दूरी पर थे। युद्ध के विशेषज्ञों का कहना है कि यदि भारतीय सेना को मात्र 12 घण्टे का विलम्ब हो जाता तो श्रीनगर पाकिस्तान के कब्जे में हो जाता शायद वह स्थिति न होती जो आज है। इस गंभीर स्थिति में भी कश्मीर के राजा ने पाकिस्तान या भारत में मिलने से मना कर

दिया। 24 अक्टूबर तक राज्य की सारी सेना युद्ध में काम आ चुकी थी, चारो ओर सर्वनाश हो रहा था। कश्मीर के प्रमुख नेता भारत में कश्मीर के विलय की मांग कर रहे थे। अंत में 26 अक्टूबर सन् 1947 को कश्मीर नरेश हरि सिंह ने "प्रवेश पत्रक" पर हस्ताक्षर कर जम्मू कश्मीर राज्य भारत को समर्पित कर दिया। कश्मीर नरेश ने भारत सरकार को लिखा[117]:– मैं भारत सरकार की सहायता चाहते हुए "प्रवेश पत्रक" पर हस्ताक्षर कर स्वीकृति के लिए भेज रहा हूँ, इसके अतिरिक्त मेरे पास दूसरा विकल्प यही हो सकता है कि मै अपने राज्य व प्रजा को आतताई लुटेरों के हाथ बेच दूँ। इस लूट के आधार पर संसार का कोई सभ्य राष्ट्र जीवित नहीं रह सकता। मैं आपकी सरकार से शीघ्र सैनिक सहायता भेजने के लिए निवेदन करता हूँ। मैं यह भी निवेदन करना उचित समझाता हूँ कि इस आपातकालीन समय मे शेख अब्दुल्ला के नेतृत्व में शीघ्र ही एक अतरिम सरकार की स्थापना की जाय। महाराजा हरि सिंह के विलय दस्तावेज पर हस्ताक्षर करने के साथ ही भारत सरकार ने 26 अक्टूबर को कश्मीर राज्य के भारत में विलय की स्वीकृति प्रदान कर दी। इसके साथ ही कश्मीर विधिवत रूप से भारत का अंग बना गया।[118]

भारत–पाक युद्ध 1947–48

कांग्रेस और जिन्ना के मध्य वैमनस्यता की सुलगती हुई आग को विभाजन के पानी से बुझाने की कोशिश तो की गयी, किन्तु दोनों देशों के मध्य अनेक ऐसी विवादित समस्यायें रह गयी थी, जिन्होंने इस वैमनस्यता को हवा देकर शत्रुता की चिनगारियों को पुनः प्रज्जवलित किया। रही–सही कसर 'कश्मीर के भारत में विलय' ने पूरी कर दी। स्थिति तो यहाँ तक बिगड़ गयी थी कि पाकिस्तान ने इसे राष्ट्रीय अपमान तक की संज्ञा दे डाली और कश्मीर किस प्रकार हड़पा जायें ? इन कोशिशों में लग गया। जिसे साम्प्रदायिकता ने और भी तीव्र कर डाला।

भारत के विभाजन के फल स्वरूप पाकिस्तान का जन्म 14 अगस्त, सन् 1947 को साम्प्रदायिकता के आधार पर हुआ। इस समय आशा यह थी, देश के विभाजन के बाद शांति स्थापित हो जायेगी परन्तु भारत की इन आकांक्षाओं पर पानी फिर गया। प्रारम्भ से ही पाकिस्तान ने भारत के प्रति घृणा के बीज बो दिये और धीरे–धीरे ऐसी स्थिति निर्मित कर दी, कि आज दोनों देशों के मध्य मैत्री की आशा बिल्कुल धुमिल पड़ गयी है।[119]

भारत और पाकिस्तान के मध्य संघर्ष होने के कुछ प्रमुख कारण इस प्रकार थे –

1 भारत का साम्प्रादायिकता के आधार पर विभाजन हिन्दू और मुसलमान दो खण्डो के सिद्धांत का गलत आधार अर्थात 'द्विराष्ट्र' सिद्धांत का गलत आधार, जिससे वातावरण सुधरने की बजाय जन भावना में उत्तेजना, वैमनस्यता, धार्मिक साम्प्रदायिकता, संघर्षो एवं झगड़ों को बढ़ावा मिला।

2 प्रारम्भ से पाकिस्तान का भारत के प्रति कटुता एवं शत्रुतापूर्ण व्यवहार व विरोधी कार्यवाहियों के कारण शांति एवं सद्भाव का वातावरण नहीं बन सका।

3 कश्मीर का प्रश्न और पाकिस्तान का कश्मीर के एक तिहाई भाग पर अनाधिकृत कब्जा ही दोनों के मध्य संघर्ष की मूल जड़ है।

4 पाकिस्तानी नेताओं की महत्वाकांक्षा व धर्म के आधार पर राजनीतिक महत्वाकांक्षा की पूर्ति।

5 पाकिस्तान में सैनिक एवं गुप्तचर एजेंसी की संदिग्ध भूमिका।

6 भारत की आर्थिक प्रणाली मिश्रित है। पाकिस्तान पूँजीवाद प्रणाली का पोषक है। भारत आत्मनिर्भरता का पक्षधर है, जबकि पाकिस्तान विदेशी निर्भरता में विश्वास रखता हैं।

7 'जमात–ए–इस्लामी' द्वारा कट्टरपंथ और धार्मिक उन्माद को निरंतर बढ़ावा देना।

8 भारत एक गुट निरपेक्ष राष्ट्र है जबकि पाकिस्तान का झुकाव आज भी अमेरिका और पश्चिमी गुटों की ओर है।

9 पाकिस्तान की शक्ति संरचना एवं शक्ति वितरण व्यवस्था।

10 पाकिस्तान द्वारा भारत के आंतरिक मामलों में हस्तक्षेप।

11 पाकिस्तान में निरंकुश वादी शक्तियां एवं बाह्य संवैधानिक दबाव।

भारत अपने विभाजन के तीन माह भी पूरे नहीं कर पाया था कि कश्मीर राज्य के विवाद को लेकर पाकिस्तान ने कश्मीर पर आक्रमण कर दिया। इस आक्रमण के पीछे अंग्रेजों की कूटनीतिक चालों की ही सक्रिय भूमिका रही। ब्रिटिश शासक सदैव से ही आपस फूट डालो एवं शासन करों की नीति का अनुसरण करते रहे। जिस समय मजबूरीवश भारत को दो उपनिवेशों में बाँट कर स्वतंत्र कर दिया था, उस समय कश्मीर जैसे अनेक मुद्दे अधूरे छोड़ दिये ताकि भारत इन्ही उलझनों में उलझा रहे, भारत–पाक संघर्ष की नीवं अंग्रेजों ने इसके जन्म के साथ ही रख दी थी। कश्मीर का मुद्दा आज भी अनिर्णित स्थिति में इसी कारण बना हुआ है। जिस आधार पर तथा जिन परिस्थितियों में भारत का विभाजन हुआ, उन्होंने ही भारत एवं पाकिस्तान को जन्मजात दुश्मन बना दिया। कम से कम पाकिस्तान तो यही समझता था और अपना अलग आस्तित्व कायम होने की घड़ी से ही उसने अपनी समस्त आंतरिक एवं बाह्य नीतियों को भारत पर चोट करने की दृष्टि से गठना प्रारम्भ किया।[120]

शेख अब्दुल्ला शुद्धता से यह अनुभव करते थे कि कश्मीर का सर्वोत्तम हित भारत संघ के अन्तर्गत स्वायतता प्राप्त स्थिति में था, कश्मीर के महाराजा द्वारा प्रस्तावित विलय को जब भारत सरकार ने स्वीकार कर लिया तबसे वह भारत का अखण्ड भाग हो गया और भारत ने अपने इस भू प्रदेश की रक्षा हेतु अपने सैनिक दस्ते भेजे और इस प्रकार प्रथम भारत–पाक युद्ध का विस्फोट हुआ। भारतीय सेना पूरे कश्मीर से, जिसमें पाक अधिकृत

कश्मीर भी शामिल है हमलावरों को खदेड़ देने की स्थिति में थी किन्तु इस मामले को संयुक्त राष्ट्र संघ को सौंपकर आज अधर में लटका दिया गया, जिसका लाभ पाक लगातार उठाता जा रहा है।

कश्मीर के संदर्भ में भारतीय तर्कः–

1. भारतीय स्वतंत्रता अधिनियम में यह व्यवस्था थी कि देशी रियासतों का शासक अपनी इच्छानुसार स्वतंत्रत रूप से किसी भी राष्ट्र के साथ मिल सकता है।
2. कश्मीर को भारतीय संघ का अभिन्न अंग वहां की जनता से स्वतंत्र रूप से निर्वाचित संविधान सभा के माध्यम से घोषित किया है।
3. पाक कश्मीर के मामले में सदैव नापाक इरादे दर्शाता रहा।
4. पाकिस्तान आक्रामक कार्यवाही करना और साथ ही साथ अपना दावा भी प्रस्तुत करना हास्यास्पद ही है।
5. कश्मीर के क्षेत्र को अवैध रूप से दबाने के बाद उसके इरादे और भी अधिक इस क्षेत्र के लिए लालयित है।
6. कश्मीर को पाक प्रशासकों ने प्रतिष्ठा का प्रश्न मानकर ही अवाम में अपनी पकड़ मजबूत बनाने का इरादा चुना है।
7. आज पाक–अधिकृत कश्मीर में पाकिस्तान के विरूद्ध जोरदार जनरोष है। जो मानवीय व संवैधानिक रूप से पाक की जोर जबरदस्ती का एक प्रमाण है।

कश्मीर के संदर्भ में पाकिस्तान के तर्कः–

1. कश्मीर का भारत द्वारा विलय शक्ति प्रर्दशन एवं भय का ही परिणाम है।
2. कश्मीर की जनता की इच्छा के विपरीत विलय करना उचित नहीं।
3. कश्मीर एक मुस्लिम प्रदेश है और इसके सीधे सम्बन्ध हमारे साथ हैं।

कश्मीर के भारत मे विलय के साथ ही पाकिस्तान द्वारा कश्मीर का

मुद्दा विभिन्न स्तरों पर और विभिन्न माध्यमों से उछाला जाने लगा। उसकी किसी भी प्रकार यही कोशिश बनी रही कि कश्मीर उसे मिल जाये। इसके लिए उसमें बहुमत प्रणाली की बात उठायी और उसने जूनागढ़ रियासत के भारत में विलय का उदाहरण सामने रखा, जहाँ जनता की मर्जी से विलय की कार्यवाही सम्पन्न की गयी। पाकिस्तान यह चाहता था कि चूँकि मुस्लिम आबादी कश्मीर में सर्वाधिक है, इसलिए कश्मीर उसे मिलना चाहिए। इस निमित्त उसने कश्मीर में हिंसक उपद्रव भी कबायलियों के माध्यम से शुरू करा दिये।

पाकिस्तान ने अपनी कूटनीतिक चालें चलनी शुरू कर दी और अपने नापाक इरादे का उजागर कश्मीर के यथा–स्थिति समझौते का उल्लंघन करते हुए, उसकी आर्थिक नाकेबन्दी कर दी और कश्मीर के अन्दर गिलगिट तथा पुंछ के क्षेत्रों में जनता को भड़का कर महाराजा हरि सिंह के विरूद्ध कार्यवाही भी शुरू करा दी। पाकिस्तान के जन्मदाता मोहम्मद अली जिन्ना ने जबकि स्वयं 17 जून, 1947 को स्वीकार किया था, कि संवैधानिक तथा विधिक रूप से भारतीय भारतीय रियासतें सर्वश्रेष्ठता की समाप्ति पर स्वतंत्र संप्रभु राज्य होंगी, वे अपने लिए हिन्दुस्तानी संविधान सभा अथवा पाकिस्तानी संविधान सभा अथवा स्वतंत्र होने का निर्णय कर सकती है।[121] इस कार्यवाही के साथ पाक एवं कश्मीर का मसला तेज हो उठा और 3 दिसम्बर, 1947 को लगभग 500 प्रशिक्षित तथा कुशल कबाइली व अनियमित पाकिस्तानी सेना ने श्रीनगर पर विधिवत आक्रमणात्मक कार्यवाही शुरू कर दी। पाकिस्तान ने जेहाद के नाम पर मुस्लिम जनता को महाराजा हरि सिंह के विरूद्ध गुमराह करने का प्रयास किया, जिसमें पाक को काफी हद तक सफलता भी मिली।

21 अक्टूबर, 1947 को कबाइली विशाल सेना के एक दूसरे दल ने पाकिस्तान की एबटाबाद छावनी से आकर कश्मीर के मुजफ्फराबाद पर

हमला कर दिया। कश्मीर की सेना की दो बटालियन सेना भी इस अभियान के समय कट्टरपंथी धार्मिक भावना के कारण पाकिस्तान के कबाइली सेना के साथ हो गयी, जिससे कश्मीर का अस्तित्व लगातार खतरे में पड़ता जा रहा था। पाकिस्तान कबाइली सेना ने डोमेल की ओर बढ़कर बारामूला पर अधिकार करने की एक कूटयोजना निश्चित बनायी। इस कूटियोजना के अन्तर्गत श्रीनगर की सड़कों पर सेना का शौर्य प्रदर्शन निकाला जाना भी तय हुआ था। जब पाक सेना ने दूसरी ओर बारमूला श्री नगर में प्रवेश करने का प्रयास किया, तो महाराजा की सेना का नेतृत्व करते हुए ब्रिगेडियर राजेन्द्र सिंह ने उन पर अंकुश लगाने का जोरदार प्रयास किया। इसके बावजूद भी दो दिन के बाद पाकिस्तानी सेना को बारामूला में प्रवेश पाने में सफलता मिल गई।

महाराजा हरी सिंह की प्रार्थना को भारत ने 27 अक्टूबर 1947 को स्वीकार करके आक्रमण का सामना करने के लिए सेना को हवाई जहाजों के द्वारा कश्मीर भेज दिया। राज्य के विलय की प्रार्थना स्वीकार करते हुए भारत ने यह कहा कि आक्रमणकारियों को खदेड़ देने के बाद विलय के प्रश्न पर राज्य की जनता की इच्छा पूछी जायेगी। पाकिस्तान ने भारत में कश्मीर के विलय को कभी स्वीकार नहीं किया। पाकिस्तान के प्रधानमंत्री लियाकत अली खान ने तो कहा कि कश्मीर का भारत में विलय राज्य की जनता पर एक धोखा था जो कि एक बुजदिल महाराजा ने भारत सरकार की आक्रमक सहायता से किया था। यह विचित्र बात है कि पाकिस्तान ने आक्रमण किया और उसने भारत को आक्रमक कहना शुरू कर दिया।

भारतीय सेना ने तेजी से मुकाबला करते हुए आक्रमणकारियों को खदेड़ना शुरू कर दिया। परन्तु कबायलियों को पाकिस्तान से प्राप्त हो रही सहायता के कारण भारतीय सेना को कुछ रूकावटें आई। भारत पाकिस्तान से सीधा युद्ध नहीं चाहता था। इसके साथ ही युद्ध की समाप्ति पर जनमत संग्रह कराने की घोषणा की गयी। भारत सरकार ने पाकिस्तान सरकार से

आग्रह किया कि वह कबायलियों को कश्मीर से हटा दें। परन्तु पाकिस्तान सरकार ने इस ओर कोई ध्यान नहीं दिया और अप्रत्यक्ष रूप से कबालियों की सहायता जारी रखा। भारतीय सेनाओं ने श्रीनगर से 20 मील की दूरी पर ही बारामूला नामक स्थान पर पाकिस्तानी सेनाओं को आगे बढ़ने से रोक दिया तथा कुछ ही दिनों में पाकिस्तानी सेना बराबर पीछे हटती गयी।[122] भारत के प्रधानमंत्री ने आक्रमण के इस प्रश्न को पाकिस्तान की सरकार के साथ उठाया। गर्वनर जनरल लार्ड माउन्टबेटन एवं प्रधानमंत्री श्री नेहरू ने पाकिस्तान की सरकार को कड़ा विरोध पत्र लिखकर आक्रमकों को वापस बुलाने का पुनः अनुरोध किया। इसके बदले में गवर्नर जनरल मो0 अली जिन्ना ने स्पष्ट कर दिया कि कबायलियों के आक्रमण को रोकने के लिए पाकिस्तान जिम्मेदार नहीं है और न ही वह इस मामले में कुछ कर सकता है।

यह सर्वविदित था कि यह सब कार्यवाही पाकिस्तानी सरकार के सहयोग से हो रही थी। भारत सरकार के बार–बार विरोध करने के जबाब में कबालियों की सेना के स्थान पर पाकिस्तान ने अपनी स्थायी सेनाओं को भेजना प्रारम्भ कर दिया। अन्त में बाध्य होकर भारत सरकार को इस प्रश्न को 1 जनवरी 1948 को सुरक्षा परिषद में ले जाना पड़ा।[123]

भारत ने सुरक्षा परिषद में यह शिकायत की कि पाकिस्तान से सहायता प्राप्त कबालियों ने भारत के एक भाग कश्मीर पर आक्रमण कर दिया है जिससे न सिर्फ भारत को बल्कि अन्तर्राष्ट्रीय शान्ति व सुरक्षा को खतरा है। अतः पाकिस्तान को अपनी सेना वापस बुलाने व कबालियों को सहायता न देने को कहा जाये तथा पाकिस्तान की इस कार्यवाही को भारत पर आक्रमण माना जाये।[124] पाकिस्तान ने भारत के 'आरोप' को गलत बताते हुए इस बात पर जोर दिया कि कश्मीर का भारत में विलय अवैध था। इस बीच भारत ने अपनी सेना की सहायता से आक्रमणकारियों के कब्जे से लगभग आधा क्षेत्र खाली करा लिया। आक्रमणकारियों ने जो इलाका अपने अधिकार

में ले लिया था पाकिस्तान ने वहाँ पर आजाद कश्मीर की स्थापना कर दी। साठ वर्ष बाद भी पाकिस्तान आज यही कहता रहा कि उसके कब्जे वाला प्रदेश आजाद है, जबकि राज्य का वह भाग जो भारत का प्रदेश है उसको पाकिस्तान भारत का वैध हिस्सा स्वीकार नहीं करता। जब मामला सुरक्षा परिषद के विचारधीन था, तब पाकिस्तान के प्रधानमंत्री ने कहा कि उनकी सरकार कश्मीर में कुछ शर्तो पर लड़ाई बन्द करने का प्रयास कर सकती हैं उन्होंने यह भी मांग की कि भारत अपनी सेनाएं कश्मीर से वापस बुला लें, राज्य के सुरक्षा बलों को शक्तिहीन कर दिया जाए, शेख अब्दुल्ला की सरकार को हटाकर एक मिली–जुली सरकार बनाई जाय जिसमें आजाद कश्मीर के प्रतिनिधि भी शामिल हों। इसके पश्चात अन्तर्राष्ट्रीय देख–रेख में जनमत संग्रह करवाया जाए। ये शर्ते भारत को बिल्कुल स्वीकार नहीं थी। इस प्रकार भारत और पाकिस्तान के बीच कभी समाप्त न होने वाला संघर्ष आरम्भ हो गया।[125]

सुरक्षा परिषद की भूमिका

भारत ने सुरक्षा परिषद के समक्ष अपना प्रार्थना पत्र पाकिस्तान के साथ संबंध बचाने के लिए प्रस्तुत किया था। परन्तु यह भारत के भाग्य की विडम्बना रही कि वह राजनैतिक दाँवपेचों के कारण अपने उद्देश्य को प्राप्त न कर सका। सुरक्षा परिषद ने किसी भी कार्यवाही को करने से पूर्व यह बिल्कुल भुला दिया कि कश्मीर विलय पत्र के द्वारा विधिवत रूप से भारत में शामिल हो गया है। सुरक्षा परिषद ने इस समस्या के समाधान के लिए जितने भी प्रस्ताव प्रस्तुत किये वे निष्पक्ष प्रतीत नहीं होते थे। उसने समस्त प्रस्ताव पाकिस्तान के पक्ष एवं भारत के विरूद्ध थे, क्योंकि यह प्रस्ताव पाश्चात्य देशों के प्रभाव में आकर पारित हुए थे। इसके अतिरिक्त समस्या के समाधान के लिए अनेक आयोगों का गठन किया गया, लेकिन कोई संतोषजनक हल न निकाल सका।[126]

सुरक्षा परिषद के काफी विचार–विमर्श के बाद 20 जनवरी 1948 को तीन सदस्यों का एक आयोग गठित किया। इसमें भारत और पाकिस्तान का एक – एक प्रतिनिधि था और तीसरा सदस्य इन दोनों के द्वारा चुना जाना था। भारत ने चेकोस्लोविया को और पाकिस्तान ने अर्जेन्टीना को अपना प्रतिनिधि नियुक्त किया। ये दोनों तीसरे नाम पर सहमत नहीं हुए। अतः सुरक्षा परिषद ने अमेरिका का तीसरा सदस्य मनोनीत किया। इस आयोग को कश्मीर विवाद निपटाने का कार्य सौपा गया। बाद में सुरक्षा परिषद ने बेल्जियम और कोलम्बिया को भी इसका सदस्य बना दिया। यह आयोग भारत और पाकिस्तान के लिए संयुक्त राष्ट्र आयोग कहलाया, सुरक्षा परिषद ने यह भी प्रस्ताव किया कि भारत के सैनिक और पाकिस्तानी कबायलियों दोनों ही वापस बुला लिये जाए। सुरक्षा परिषद द्वारा गठित आयोग जम्मू और कश्मीर की यात्रा करें तथा भारत और पाकिस्तान के बीच मध्यस्थता करके शान्ति स्थापित करें और स्वतंत्र जनमत संग्रह करवाए। इस प्रकार से कोई भी संतुष्ट नहीं हुआ।[127]

21 अप्रैल, सन 1948 को सुरक्षा परिषद द्वारा जो प्रस्ताव पास किया गया उसमें यह उल्लिखित था कि भारत आयोग की सहमति से कश्मीर में एक निष्पक्ष सरकार की स्थापना करें, जो राज्य में कश्मीर के निर्णय के लिए जनमत संग्रह करवायें। कश्मीर में अभी तक स्थिति सामान्य नहीं थी।[128] सन् 1948 में दोनों देशों के मध्य युद्ध फिर से छिड़ गया।[129] संयुक्त राष्ट्र संघ ने जिनेवा में इस समस्या पर विचार करने के लिए एक सम्मेलन बुलाया। आयोग ने 10 जुलाई सन् 1948 को कराची की यात्रा की।[130] इस कारण आयोग ने 13 अगस्त, 1948 को एक महत्वपूर्ण प्रस्ताव पास करके दोनों राष्ट्रों की सरकारों के समक्ष स्वीकृति हेतु रखा, इस प्रस्ताव के तीन भाग थे।[131]

1. युद्ध विराम

2. विसैन्यीकरण

3. कश्मीर प्रश्न हेतु जनमत संग्रह का आयोजन

इस प्रस्ताव पर जनमत संग्रह का आयोजन कश्मीर को पाकिस्तान में मिलाने का एक सुनियोजित कार्यक्रम था। कश्मीर का भारत में विलय राजा हरिसिंह ने स्वेच्छा से विलय पत्र पर हस्ताक्षर कर किया था। ऐसी स्थिति में कश्मीर प्रश्न के निर्माण के लिए पुनः जनमत संग्रह कराना औचित्यपूर्ण नहीं था।

सुरक्षा परिषद में भी पाकिस्तान ने कश्मीर को प्राप्त करने के लिए हर राजनैतिक चाल चली। उसने 15 फरवरी 1948 को सुरक्षा परिषद में इस बात से स्पष्ट इंकार कर दिया कि कश्मीर के आक्रमण में उसका कोई हाथ है। पाकिस्तान के कथन के आधार पर 17 जनवरी 1948 को सुरक्षा परिषद ने जो प्रस्ताव पास किया उसमें यह कहा गया कि 'परिस्थिति को कोई भी सरकार अधिक गम्भीर नहीं बनायेगी और न ''यथास्थिति'' में एक दूसरे के विरूद्ध परिवर्तन ही करेगी।' परन्तु ''यथास्थिति'' तो पहले भी वह नहीं थी जो सुरक्षा परिषद को बतायी गयी थीं आयोग के प्रस्ताव में कश्मीर समस्या के दृष्टिकोण से द्वितीय भाग अधिक महत्वपूर्ण है–यह भाग विसैन्यीकरण से सम्बन्धित है। इसके अनुसार पाकिस्तान अपनी सम्पूर्ण सेनाओं को कश्मीर से हटाने पर सहमत था पाकिस्तान ने इस बात पर भी सहमति व्यक्त की थी कि वह कश्मीर से पाकिस्तानी सैनिकों को वापसी हेतु प्रयास करेगा। प्रस्ताव के इसी भाग के तृतीय अनुच्छेद में यह व्यवस्था थी कि पाकिस्तान द्वारा खाली किये गये क्षेत्र में आयोग के तत्वावधान में स्थानीय निकायों द्वारा शासन चलाया जायेगा।[132]

संयुक्त राष्ट्र आयोग ने जाँच पड़ताल की, तथा भारत और पाकिस्तान के प्रतिनिधियों के बातचीत की ओर 11 दिसम्बर, 1948 को अपनी रिपोर्ट पेश की। इसमें शान्ति बहाल करने के लिए और जनमत संग्रह करवाने के लिए कुछ प्रस्ताव किये गए। वे थे – युद्ध विराम के बाद जितना शीघ्र संभव

हो पाकिस्तान कश्मीर से अपनी सेनाएं वापस बुला लेगा। यह कबायलियों और पाकिस्तानी नागरिकों को कश्मीर से बुलाने का भी प्रयास करेगा। दूसरे, जो प्रदेश पाकिस्तानी सेना से खाली करवाया जाएगा, उसका प्रशासन आयोग स्थानीय अधिकारियों के द्वारा करवायेगा। तीसरे जब ये दोनों शर्ते पूरी ही जायेगी और आयोग इसकी सूचना भारत को देगा, तब भारत भी अपने सैनिकों की बड़ी संख्या को वापस बुला लेगा। अन्त में समझौता होने तक भारत कानून और व्यवस्था बनाए रखने के लिए सीमित संख्या में सुरक्षा बल कश्मीर में तैनात करेगा।

शुरू में पाकिस्तान इन प्रस्तावों को मानना नहीं चाहता था। परन्तु अन्त में समझाने–बुझाने पर दोनों देशों ने एक युद्ध विराम समझौते पर हस्ताक्षर किए और 1 जनवरी 1949 की मध्य रात्रि को युद्ध विराम हो गया। समझौते के अनुसार संयुक्त राष्ट्र आयोग की शर्तों को माने जाने के बाद जनमत संग्रह करवाया जाना था। जिस समय युद्ध विराम लागू हुआ हमारी सेनाएं शत्रु को पूरी तरह निकाल फेंकनें वाली थी। ऐसे अवसर पर युद्ध विराम स्वीकार करना सेना को अच्छा नहीं लगा। यदि थोड़ा समय और मिल जाता तो भारतीय सेना सारा प्रदेश शत्रु से खाली करवा लेती।

युद्ध विराम रेखा, जो अब नियन्त्रण रेखा कहलाती है, और जहाँ युद्ध बन्द हुआ था। इसके, अनुसार कश्मीर का लगभग 32,000 वर्ग मील क्षेत्र पाकिस्तान के कब्जे में रह गया जिसे उसने आजाद कश्मीर का नाम दिया। राज्य की कुल 80 लाख जनसंख्या में से 7 लाख पाकिस्तानी के बीच कोई विवाद होगा तो उसका निर्णय चेस्टर निमिट्ज करेंगे। उन्हें जनमत संग्रह अधिकारी नियुक्त किया गया था।[133] परन्तु सुरक्षा परिषद कश्मीर विवाद का अब तक कोई स्थाई समाधान नही ढूंढ सकी है। तब से अब तक यह समस्या दोनों देशों के संबंधों को विशाक्त बनाये हुए हैं पाकिस्तानी लेखकों का कहना है कि यदि दिल्ली में कश्मीर सम्मान या सिद्धान्त का प्रश्न है

तो रावलपिंडी के लिए यह जीवनमरण का प्रश्न बना हुआ है।[134]

संदर्भ सूची

1. कुलदीप तलवार का लेख –'भारत पाक सम्बन्ध और वर्तमान परिदृश्य', मनोरमा ईयर बुक 2005, पृ0 76
2. डी0डी0 खन्ना एवं के0 कुमार 'डायलाग आफ दी डेफ, दी इंडिया पाकिस्तान डिवाइड, कोणार्क पब्लिशर्स प्रा0लि0, नई दिल्ली, 1992 पृ0 01
3. –वही–
4. शेखर गुप्ता, 'पाकिस्तान लॉपसाइडेड लेसंर्स, इंडिया टुडे, 31 जुलाई 1991 एवं एयर मार्शल के0डी0 चड्ढा, इण्डो पाक एण्टागानिस्टम्स हवाई दी इम्पैस?, इंडियान डिफेंस रिव्यू, नई दिल्ली जनवरी 1990 पृ0 114–115
5. –वही–
6. सुमित सरकार के नेतृत्व में भारतीय इतिहासकारों के एक समूह ने इस बात की पुरजोर वकालत की थी कि इतिहास का विश्लेषण आदि (शुरूआत) से होना चाहिए, न कि आगे से।
7. रत्ना टिकू, 'इंडो पाक रिलेशंस, पालिटिक्स आफ डाइवरजेंस एण्ड कनवरजेंस, नेशनल पब्लिशिंग हाउस, नई दिल्ली, 1987 पृ0 3
8. Lars Blinkenberg, India-Pakistan, the history of unsolved conflicts, Copenhangen, 1972, pp 29-30
9. Chaudhri Mohammad Ali, The Emergece of Pakistan (New York : Columbia University, Press, (1967) p-1
10. दैनिक जागरण, 3 मार्च 2007, आर0 विक्रम सिंह का लेख, पृ0 10
11. –वही–
12. –वही–

13. –वही--

14. तूणीर वर्ष–2, अंक–6 , 26 जनवरी 2006, कृष्णानन्द शुक्ल का लेख, पृ0 127

15. वही पृ0 130

16. राष्ट्रीय सहारा दैनिक, 12 फरवरी 1995 (हस्तक्षेप)

17. –वही–

18. डॉ0 सुरेन्द्र कुमार मिश्र एवं आकाश मिश्र, भारत–पाक सम्बन्ध (नई दिल्ली 2003) पृ0 4

19. राष्ट्रीय सहारा दैनिक, 15 अगस्त 1993 में तिल्लन रिछालिया का लेख।

20. डॉ0 के0के0 कुलश्रेष्ठ, अन्तर्राष्ट्रीय संबंध (1945–85) संस्करण 1986, पृ0 331

21. डॉ0 विष्णु राजोरिया एवं वी0आर0 भाटिया, अन्तर्राष्ट्रीय संबंध एवं विश्व राजनीतिक, संस्करण 1982, पृ0 76

22. वही

23. डॉ0 लल्लन जी सिंह, राष्ट्रीय सुरक्षा, संस्करण 1989 पृ0 337

24. डॉ0 विष्णु राजोरिया एवं वी0आर0 भाटिया अन्तर्राष्ट्रीय संबंध एवं विश्व राजनीति संस्करण 1992 पृ0 76

25. डॉ0 सुरेन्द्र कुमार मिश्र एवं आकाश मिश्र, भारत पाक सम्बन्ध (नई दिल्ली 2003) पृ 18–19

26. प्रो0 आर0पी0 सिंह, राष्ट्रीय रक्षा एवं प्रतिरक्षा (हापुड़–1994) पृ0 94

27. डॉ0 बी0एल0 फाडिया, अन्तर्राष्ट्रीय संबंध, संस्करण 1990, पृ0 570

28. डॉ0 जैन एवं मण्डोल, अन्तर्राष्ट्रीय संबंध, संस्करण 1991, पृ0 337

29. डॉ0 डी0एन0 वर्मा, अन्तर्राष्ट्रीय संबंध, संस्करण 1991, पृ0 406–407

30. डॉ0 के0के0 कुलश्रेष्ठ, अन्तर्राष्ट्रीय संबंध, (1945–85), 1986, पृ0 332

31. वही

32. वही
33. डॉ0 दया प्रकाश रस्तोगी, भारत एवं आधुनिक विश्व, पृ0 49
34. अजय सक्सेना, इण्डिया एण्ड पाकिस्तान दियर फारेन पालिसी,1988, पृ0 59
35. हाफीजुर रहमार खाँ, इण्डो पाकिस्तान चार्टर हिसपुट, पाकिस्तान हरीजन, संस्करण 1957, पृ0 236
36. डॉ0 के0के0 कुलश्रेष्ठ, अन्तर्राष्ट्रीय संबंध, (1945–85), 1986, पृ0 332
37. डॉ0 दया प्रकाश रस्तोगी, भारत एवं आधुनिक विश्व, पृ0 49
38. अजय सक्सेना, इण्डिया एण्ड पाकिस्तान दियर फारेन पालिसी, संस्करण 1988, पृ0 59
39. वही
40. डॉ0 वी0एल0 फाडिया, अन्तर्राष्ट्रीय संबंध, संस्करण 1990, पृ0 571
41. विष्णु राजोरिया एवं बी0आर0 भाटिया, अन्तर्राष्ट्रीय संबंध एवं विश्व राजनीति संस्करण, पृ0 85
42. जे0वी0 दास गुप्ता, इण्डो–पाकिस्तान रिलेंशन (1947–54), 1950, पृ0 171
43. डॉ0 दया प्रकाश रस्तोगी, भारत एवं आधुनिक विश्व, पृ0 49
44. पाकिस्तान टाइम्स, 16 मई 1954
45. द हिन्दू, 24 जून 1954
46. टाइम्स ऑफ इण्डिया, 8 अप्रैल 1960
47. डॉ0 दया प्रकाश रस्तोगी, भारत एवं आधुनिक विश्व, पश0 49
48. अजय सक्सेना, इण्डिया एण्ड पाकिस्तान दियर फारेन पालिसी, 1988, पृ0 63
49. वही
50. वही
51. पाकिस्तान रिव्यू, अक्टूबर 1960, पृ0 38

52. डॉ0 डी0एन0 वर्मा, अन्तर्राष्ट्रीय संबंध, संस्करण 1991, पृ0 406–407

53. द हिन्दू, 22 सितम्बर 1960

54. प्रो0 परमेश्वर पाण्डेय, भारत एवं आधुनिक विश्व, संस्करण 1992, पृ0 105

55. डॉ0 वी0एल0 फाडिया, अन्तर्राष्ट्रीय संबंध, संस्करण 1990, पृ0 371

56. प्रो0 परमेश्वर पाण्डेय, भारत एवं आधुनिक विश्व, संस्करण, 1992, पृ0 105

57. डॉ0 दया प्रकाश रस्तोगी, भारत एवं आधुनिक विश्व, पृ0 50

58. डॉ0 डी0एन0 वर्मा, अन्तर्राष्ट्रीय संबंध, संस्करण 1991, पृ0 406

59. डॉ0 वी0एल0 फाडिया, अन्तर्राष्ट्रीय संबंध, संस्करण 1990, पृ0 570

60. इण्डिया राज्य सभा डिबेट वोल्यूम–42, 19 मई 1963

61. अजय सक्सेना, इण्डिया एण्ड पाकिस्तान दियर फारेन पालिसी, 1988, पृ0 32–33

62. डॉ0 एल0एम0 शर्मा, प्रमुख देशों की विदेश नीतियाँ, 1983, पृ0 134

63. प्रो0 परमेश्वर पाण्डेय, भारत एवं आधुनिक विश्व, संस्करण, 1992, पृ0 105

64. वही

65. डॉ0 वी0एल0 फाडिया, अन्तर्राष्ट्रीय संबंध, संस्करण 1990, पृ0 570

66. विष्णु राजोरिया एवं पी0आर0 भाटिया, अन्तर्राष्ट्रीय संबंध विश्व राजनीतिक, संस्करण 1982, पृ0 76–77

67. डॉ0 जय प्रकाश प्रेमदेव, अन्तर्राष्ट्रीय सम्बन्ध (मेरठ–1993) पृ0 सं0 165

68. डॉ0 वी0एल0 फाडिया, अन्तर्राष्ट्रीय संबंध, संस्करण 1990, पृ0 571

69. डॉ0 के0के0 कुलश्रेष्ठ, अन्तर्राष्ट्रीय संबंध, (1945–85),1986, पृ0 334–335

70. प्रो0 परमेश्वर पाण्डेय, भारत एवं आधुनिक विश्व, संस्करण 1992, पृ0 104

71. डॉ0 जैन एवं मण्डोल, अन्तर्राष्ट्रीय संबंध, संस्करण 1989, पृ0 337

72. डॉ0 के0के कुलश्रेष्ठ, अन्तर्राष्ट्रीय संबंध, (1945–85), 1986, पृ0 335

73. अजय सक्सेना, इण्डिया एण्ड पाकिस्तान दियर फारेन पालिसी, 1988, पृ0 32–33

74. डॉ0 के0के कुलश्रेष्ठ, अन्तर्राष्ट्रीय संबंध, (1945–85), 1986, पृ0 335

75. डॉ0 दया प्रकाश रस्तोगी, भारत एवं आधुनिक विश्व, पृ0 50

76. डॉ0 के0के कुलश्रेष्ठ, अन्तर्राष्ट्रीय संबंध, संस्करण 1994, पृ0 240–241

77. डॉ0 अरविन्द नारायण सिन्हा, राष्ट्र राज्यों की परराष्ट्र नीति,1974 पृ0 875

78. डॉ0 अशोक कुमार सिंह, अन्तर्राष्ट्रीय संबंध तथा रक्षा एवं सामरिक अध्ययन, संस्करण 1994, पृ0 241

79. डॉ0 अरविन्द नारायण सिन्हा, राष्ट्र राज्यों की पर राष्ट्र नीति, 1974 पृ0 875

80. डॉ0 लल्लन जी सिंह, राष्ट्रीय रक्षा एवं सुरक्षा, संस्करण 1989, पृ0 337

81. डॉ0 डी0सी0 चतुर्वेदी, राष्ट्रीय रक्षा एवं सुरक्षा, संस्करण 1987–88, पृ0 512

82. डॉ0 लल्लन जी सिंह, राष्ट्रीय रक्षा एवं सुरक्षा, संस्करण 1989 पृ0 337

83. वही

84. डॉ0 डी0सी0 चतुर्वेदी, राष्ट्रीय रक्षा एवं सुरक्षा, संस्करण 1987–88, पृ0 512

85. डॉ0 अशोक कुमार सिंह, अन्तर्राष्ट्रीय संबंध तथा रक्षा एवं सामरिक अध्ययन, संस्करण 1994, पृ0 241–242

86. डॉ0 लल्लन जी सिंह, राष्ट्रीय रक्षा एवं सुरक्षा, संस्करण 1989 पृ0 338

87. डॉ0 अशोक कुमार सिंह, अन्तर्राष्ट्रीय संबंध तथा रक्षा एवं सामरिक अध्ययन, संस्करण 1994, पृ0 242

88. विष्णु, राजोरिया एवं पी0आर0 भाटिया, अन्तर्राष्ट्रीय संबंध विश्व राजनीति, संस्करण 1982, पृ0 76–77

89. महावीर सिंह त्यागी, भारत की विदेश नीति, संस्करण 1998–99, पृ0 83

90. डॉ0 अशोक कुमार सिंह, अन्तर्राष्ट्रीय संबंध तथा रक्षा एवं सामरिक अध्ययन, संस्करण 1994, पृ0 242

91. वही

92. डॉ0 डी0सी0 चतुर्वेदी, अन्तर्राष्ट्रीय संबंध, संस्करण 1987–88, पृ0 512

93. डॉ0 अशोक कुमार सिंह, अन्तर्राष्ट्रीय सबंध तथा रक्षा एवं सामरिक अध्ययन, संस्करण 1994, पृ0 242

94. डॉ0 वी0एल0 फाडिया, अन्तर्राष्ट्रीय संबंध, संस्करण 1990, पृ0 326

95. डॉ0 अशोक कुमार सिह, अन्तर्राष्ट्रीय संबंध तथा रक्षा एवं सामरिक अध्ययन, संस्करण 1994, पृ0 242–243

96. डॉ0 डी0सी0 चतुर्वेदी, अन्तर्राष्ट्रीय संबंध, संस्करण 1987–88, पृ0 512

97. विष्णु राजोरिया एवं पी0आर0 भाटिया, अन्तर्राष्ट्रीय संबंध विश्व राजनीति, संस्करण 1982, पृ0 77–79

98. डॉ0 वी0एल0 फाडिया, अन्तर्राष्ट्रीय संबंध, संस्करण 1990, पृ0 326

99. डॉ0 डी0सी0 चतुर्वेदी, अन्तर्राष्ट्रीय संबंध, संस्करण 1987–88, पृ0 512

100. डॉ0 अशोक कुमार सिह, अन्तर्राष्ट्रीय संबंध तथा रक्षा एवं सामरिक अध्ययन, संस्करण 1994, पृ0 243

101. डॉ0 डी0सी0 चतुर्वेदी, अन्तर्राष्ट्रीय संबंध, संस्करण 1987–88, पृ0 513

102. डॉ0 अशोक कुमार सिंह, अन्तर्राष्ट्रीय संबंध तथा रक्षा एवं सामरिक अध्ययन, संस्करण 1994, पृ0 243

103. डॉ0 वी0एल0 फाडिया, अन्तर्राष्ट्रीस संबंध, संस्करण 1990, पृ0 326

104. अरविन्द नारायण सिन्हा, राष्ट्र राज्यों की परराष्ट्र नीति, संस्करण 1974, पृ0 877

105. डॉ0 जगमोहन, धारा 370, संस्करण अप्रैल 2000, पृ0 35

106. राजेश माथुर, अनुच्छेद 370 और कश्मीर, संस्करण 1992, पृ0 21–22

107. डॉ0 जगमोहन, धारा 370, संस्करण अप्रैल 2000, पृ0 36

108. राजेश माथुर, अनुच्छेद 370 और कश्मीर, संस्करण 1992, पृ0 9

109. डॉ0 जगमोहन, धारा 370, संस्करण अप्रैल 2000, पृ0 36–37

110. राजेश माथुर, अनुच्छेद 370 और कश्मीर, संस्करण 1992, पृ0 9

111. डॉ0 जगमोहन, धारा 370, संस्करण अप्रैल 2000, पृ0 36–37

112. राजेश माथुर, अनुच्छेद 370 और कश्मीर, संस्करण 1992, पृ0 34

113. डी0सी0 झा, इण्डो पाकिस्तान रिलेशन (पटना 1972) पृ0 232

114. अरविन्द नारायण सिन्हा, राष्ट्र राज्यों की परराष्ट्र नीति, संस्करण 1974, पृ0 877

115. एन0के0 वर्मा, राजनीतिक निबन्ध 'कश्मीर का प्रश्न', संस्करण 1981, पृ0 176

116. वही

117. सतीश गन्जू – कश्मीर पालिटिक्स, संस्करण 1990, पृ0 29

118. डॉ0 के0के0 मिश्र, कश्मीर एण्ड इण्डिया फारेन पालिसी, इलाहाबाद 1979, पृ0 110

119. प्रो0 परमेश्वर पाण्डेय, भारत एवं आधुनिक विश्व (ग्वालियर–1990) पृ0 94

120. प्रो0 बी0एन0 चक्रवर्ती, इंडिया स्वीक्स टू अमेरिका (कोलकता–1986) पृ0 40

121. प्रो0 बलराज मधोक, भारत की सुरक्षा (नई दिल्ली) पृ0 62

122. डॉ0 जैन एण्ड मण्डोल, अन्तर्राष्ट्रीय संबंध, संस्करण 1998, पृ0 338

123. डॉ0 के0के0 मिश्र, कश्मीर एण्ड इण्डिया फारेन पालिसी, इलाहाबाद 1979, पृ0 110

124. मोहन कृष्ण तेंग, कश्मीर आर्टीकल 370, संस्करण 1990, पृ0 36–37

125. बी0एन0 खन्ना, लिपाक्षी अरोड़ा, भारत की विदेश नीति, संस्करण 1998, पृ0 90–91

126. डॉ0 के0के0 मिश्र, कश्मीर एण्ड इण्डिया फॉरेन पॉलिसी, इलाहाबाद 1979, पृ0 112

127. वही, पृ0 90–91

128. वही, पृ0 112

129. महाबीर सिंह त्यागी, भारत की विदेश नीति, संस्करण 1988–89, पृ0 88

130. सतीश गन्जू कश्मीर पालिटिक्स, संस्करण 1990, पृ0 29

131. डॉ0 के0के0 मिश्र, कश्मीर एण्ड इण्डिया फारेन पॉलिसी, इलाहाबाद 1979, पृ0 112

132. गजेन्द्र गड़कर, कश्मीर रिट्रेस्पेक्ट एण्ड प्रोस्पेक्ट, संस्करण 1980, पृ0 81– 82

133. बी0एन0 खन्ना, लिपाक्षी अरोड़ा, भारत की विदेश नीति, 1998, पृ0 90–91

134. डॉ0 अशोक कुमार सिंह, अन्तर्राष्ट्रीय सम्बन्ध तथा रक्षा एवं सामरिक अध्ययन (1994) पृ0 246

2

1949 से 1965 के दौरान भारत-पाक संबंध

भारत विभाजन की कीमत पर अगस्त 1947 में पाकिस्तान का अस्तित्व सम्भव हो सका। यह आशा की गयी थी कि देश के विभाजन से शांति तथा मैत्री को प्रोत्साहन मिलेगा, लेकिन दुर्भाग्यवश पाकिस्तान का रवैया जन्मकाल से ही भारत के प्रति शत्रुतापूर्ण रहा है।[1] पाकिस्तानियों की दृष्टि से 'अखण्ड भारत' की भावना से युक्त भारत पाकिस्तानियों को पुनः आत्मसात करने के लिए उपयुक्त अवसर की खोज में है।[2] पाकिस्तान इस्लामावाद की संकल्पना पर आधारित है, तो भारत की नींव धर्मनिरपेक्षता के आधार पर रखी गयी है। इस्लामिक कट्टरपंथी के कारण भारत विरोधी रवैया होना लाजिमी है। आपसी अविश्वास एवं वैचारिक मतभेद के कारण पाकिस्तान की भारत के साथ मित्रता उपरी तौर पर भी नहीं हो पाती।[3]

स्वतंत्रता के पश्चात् से लेकर पं0 नेहरू के काल (1964) तक दोनों देशों के सम्बंध तनावपूर्ण रहे हैं। यद्यपि अप्रैल 1950 में साम्प्रदायिक उपद्रवों को रोकने और अल्पसंख्यकों में सुरक्षा की भावना जागृत करने के लिए दोनों देशों के प्रधानमंत्रियों के बीच नेहरू–लियाकत समझौता हुआ था। 9 सितम्बर 1960 को भारत–पाकिस्तान में सिंध बेसिन पानी के बँटवारे के बारे में नहरी पानी समझौता सम्पन्न हुआ, जिसे कुछ शर्तो के साथ 12

जनवरी 1961 को लागू किया गया।[4] श्री लाल बहादुर शास्त्री के सत्तारूढ़ होते ही 15 अगस्त 1964 को पाकिस्तान के साथ मधुर संबंध बनाने और युद्ध न करने का निर्णय पाकिस्तान शासनाध्यक्षों के पास भेजा, लेकिन कोई जबाब नहीं मिला,[5] उलटे कच्छ एवं कश्मीर समस्या को लेकर पाकिस्तान ने भारत पर सितम्बर 1965 में आक्रमण कर दिया। पाकिस्तान ने यह युद्ध 1960 के दशक में अमेरिका से प्राप्त सैनिक व आर्थिक सहायता से मदांध होकर तथा 1962 में चीन के हाथों भारत की पराजय को दृष्टि में रखकर किया गया। उसका मान था कि यही वह सही अवसर है, जब युद्ध के जरिये कश्मीर व कच्छ को हड़पा जा सकता है। यह बात दीगर है कि वह अपनी साजिश में कामयाब नहीं हो सका।

भारत की ओर से पाकिस्तान के साथ सहयोग के गम्भीर प्रयास किये गये हैं, परन्तु वहाँ की सैनिक सरकार की ओर से इसका प्रभावी प्रत्युत्तर नहीं मिला। भारत–पाक की स्थिति इस बात के लिए विवश करती है कि दोनों राष्ट्र शांति व सहयोग के वातावरण को सुदृढ़ बनाये।[6]

1949 से लेकर 1965 के दौरान भारत–पाक सम्बंधों का अध्ययन करने के लिए इस काल अवधि को हम दो खण्डों में बाँट सकते हैं–

(अ) नेहरू काल (1949 से 1964 तक)

(ब) शास्त्री काल (1964 से 1966 तक)

(अ) नेहरू काल (1949 से 1964 तक) :–पं0 जवाहर लाल नेहरू का प्रधान मंत्रित्व काल भारत की विदेश नीति का आदर्शवादी युग था, यद्यपि चीनी आक्रमण के बाद इसने यथार्थवादी मोड़ लिया।[7] स्वतंत्र भारत के प्रथम प्रधानमंत्री पं0 जवाहर लाल नेहरू की सोच शांति एवं विकासवादी रही। उन्होनें विकासशील भारत को और अधिक उन्नत बनाने की ख्वाहिशें पाल रखी थीं। इसीलिए 1947–48 के भारत–पाक युद्ध के बाद भी उनका ध्यान सैनिक तैयारियों की बजाय कूटनीतिक एवं राजनीतिक दिशा में कहीं

अधिक रहा। उन्होने सैनिक तैयारियों की बजाय देश के बुनियादी ढाँचे को सुधारना ज्यादा जरूरी समझा। पड़ोसी देशों विशेषकर चीन और पाकिस्तान के साथ उन्होने सुलह समझौते को ही समस्या का समाधान का सहज मार्ग बनाया आर्थिक तनाव दूर करने एवं शरणार्थी समस्या का निपटारा करने के लिए पं० नेहरू ने 1950 में नेहरू–लियाकत समझौता किया। इसी तरह नहरी जल विवाद दूर करने के लिए भी पाकिस्तान के साथ सिन्धु बेसिन नहरी जल समझौता सितम्बर 1960 में किया गया। वस्तुतः पं० नेहरू ने अपने कार्यकाल के दौरान कोई भी ऐसा अवसर नहीं दिये, जिससे उनकी नीयत पर बदनीयति का आरोप लगाया जा सके। अलबत्ता पाकिस्तान अपनी बदनीयती को समय–समय पर जगजाहिर करता रहा और 1955 में सीटो और सेण्टो जैसी सैनिक संधियों की सदस्यता हासिल करके भारत को दुविधा में डाल दिया था।

(ब) शास्त्री काल (1964 से 1966 तक):–पं0 नेहरू के निधन के बाद उनके उत्तराधिकारी लाल बहादुर शास्त्री ने अपने प्रधानमंत्रित्व कार्यकाल में भारतीय नीति एवं सोच–विचार में क्रांतिकारी परिवर्तन ला दिये। 1962 के चीन युद्ध के सबक को सामने रखते हुए उन्होने 'जय जवान, जय किसान' का नारा दिया जिसका अभिप्राय था रोटी और गोली दोनों ही देश हित में पैदा किया जाय। भारतीय परमाणु कार्यक्रम को हरी झण्डी दिखाने का कार्य श्री शास्त्री ने काफी सकारात्मक रूप से अपने कार्यकाल में किया। दूसरी ओर पाकिस्तान के समक्ष अयुद्ध संधि का प्रस्ताव दुबारा रखकर यह भी जताने की कोशिश की, कि भारत अकारण युद्ध नहीं चाहता। कच्छ और कश्मीर मुद्दे को पाकिस्तान के साथ उन्होने बातचीत के द्वारा हल करने का प्रयास किया, किन्तु जब सितम्बर 1965 में पाकिस्तान ने भारत पर आक्रमण किया, तो शास्त्री के नेतृत्व में भारत ने पाकिस्तान को मुँहतोड़ जबाब भी दिया।

उक्त दोनों कार्यकालों पर संक्षिप्त दृष्टिपात करने के बाद आइये

नजर डालते हैं, उन कारको पर जिन्होने भारत–पाक सम्बंधों को इस दौर में प्रभावित किया। ये कारक निम्नवत् हैं–

1. **आर्थिक तनाव**:– विभाजन के उपरान्त भारत और पकिस्तान के बीच कई आर्थिक समस्याएँ भी दोनों देशों के बीच आमदनी और कर्ज का बटवारा एवं लागत धन के बीच संतोषजनक बंटवारा करना था। मुद्रा के सम्बंध में निर्णय लेना था। व्यापारिक सम्बंध में तनातनी शुरू हुई क्योंकि पाकिस्तान तुरन्त ही जूट के निर्यात पर प्रतिबंध लगा दिया। आर्थिक समस्याओं में सबसे कठिन विस्थापितों की सम्पत्ति की समस्या थी। जो हिन्दू शरणार्थी पाकिस्तान में अपनी सम्पत्ति छोड़कर आये थे उसका मूल्य 3 हजार करोड़ रूपये था। जबकि जो मुसलमान भारत में अपनी सम्पत्ति छोड़कर आये थे उसका मूल्य 300 करोड़ रूपये था। 1950 में नेहरू–लियाकत अली समझौते द्वारा इस समस्या का समधान किया गया।[8]

मुद्रा के अवमुल्यन को लेकर भी दोनों देशों में तनाव उत्पन्न हुआ। कुछ दिनों के बाद आर्थिक संबंध को सुधारने का यत्न किया गया और इसमें कुछ सफलता भी मिली, लेकिन अब भी आर्थिक क्षेत्र में इन दोनों पड़ोसी देशों बीच तनाव आ जाता है। आर्थिक समस्याओं में सबसे कठिन विस्थापितों की सम्पत्ति की समस्या थी। विभाजन के बाद पाकिस्तान के बहुत से हिन्दू भारत में तथा भारत के बहुत से मुसलमान अपनी–अपनी सम्पत्ति छोड़कर पाकिस्तान चले गये। अब प्रश्न था इन सम्पत्तियों हस्तांरण का, तो यह अत्यन्त ही कठिन कार्य था। पाकिस्तान में गैर–मुसलमानों की सम्पत्ति तीन हजार करोड़ से उपर छुटी थी और भारत में मुसलमानों की सम्पत्ति केवल तीन सौ करोड़ की ही थी। इस कठिन समस्या को सुलझाने के लिए भारत और पाकिस्तान में बहुत वार्ताऐं हुई।[9] स्वतन्त्र भारत ने पुरनी सरकार के पूरे ऋण का भारत सम्भाला जिसके अनुसार उसे पाँच वर्ष में पाकिस्तान से 300 करोड़ रूपये लेने थे, लेकिन पाकिस्तान ने ऋण चुकाने का नाम तक नहीं लिया जबकि भारत ने पाकिस्तान को दिए जाने वाले 55 करोड़ रूपये चुकता कर दिया।[10]

विभाजन के बाद भारत और पाकिस्तान दोनों सरकारों में दायित्व और लेनदारी को समान अनुपात में बाँटा जाना चाहिए था परन्तु सौजन्यवश भारत सरकार ने ब्रिटिश सरकार के सारे ऋ़ण भार को स्वीकार किया। इसके उपलक्ष्य में भारत को 300 करोड़ रूपये प्रतिवर्ष पाकिस्तान सरकार से मिलना था और यह 5 वर्ष बाद दिया जाना तय हुआ। परन्तु पाकिस्तान सरकार इस ऋण को देन में टालमटोल करने लगी। दूसरी तरफ भारत को 55 करोड़ रूपया रक्षा संग्रह का पाकिस्तान को देना था। गांधी जी ने दोनों देशों में मुधर सम्बंध बनाने हेतु यह रूपया भारत सरकार से पाकिस्तान को दिलवा दिया जबकि नेहरू और पटेल का मत था कि यह रूपया पाकिस्तान को नहीं दिया जाना चाहिए। उस समय कश्मीर में युद्ध चल रहा था और नेहरू व पटेल का विचार था कि इस धन का उपयोग पाकिस्तान और अधिक हथियार खरीदकर युद्ध तेज करने लिए करेगा।[11]

2. शरणार्थी समस्याः– जिस समय भारत एवं पाकिस्तान का बंटवारा हुआ, तो जनता को स्वेच्छा के आधार पर एक देश से दूसरे देश जाने की छूट दी गयी। जिस इस कारण पाकिस्तान के कुछ हिन्दू तथा भारत के मुसलमान वहीं के वहीं बसे रहे। इसका परिणाम यह हुआ कि भारत ने जहाँ मुसलमानों को अल्पसंख्यक घोषित करके भरपूर सहयोग दिया वही कट्रपंथी मुसलमानों ने पाक में बसे रहे हिन्दुओं का शोषण करना शुरू कर दिया जिससे वहाँ के हिन्दू भारत में आते गए। अतः इस सम्बंध में दोनों देशों के प्रधानमंत्रियों के मध्य 1950 में एक समझौता हुआ, जिसके अन्तर्गत दोनों देश अपने यहाँ के अल्पसंख्यकों के जीवन की सुरक्षा, सम्पत्ति के हस्तान्तरण, खोई हुई स्त्रियों को वापस दिलाने तथा शरणर्थियों को एक–दूसरे देश में आने–जाने की स्वतंत्रता को तय किया गया। लेकिन समझौते के बावजूद भी पाकिस्तान ने अपने यहाँ के अल्पसंख्यकों का शोषण जारी रखा जिससे हिन्दू शरणार्थी भारत आते गए। आज पाकिस्तान साम्प्रदायिकता के आधार पर भारत के मुस्लिमों को भड़काने में नहीं चूकता है। अतः दोनों के सम्बधों में बिगाड़ के

लिए यह तत्व भी प्रमुख रूप से उत्तरदायी है।[12] विस्थापित सम्पत्ति तथा अल्पसंख्यकों की रक्षा के सम्बंध में 1950 में जो नेहरू–लियाकत समझौता हुआ उसका पाकिस्तान की ओर से कभी पालन नहीं किया गया और पीड़ित हिन्दू शरणार्थी पाकिस्तान से भारत आते रहे।[13]

विभाजन के बाद मुस्लिम लीग ने पाकिस्तान में साम्प्रदायिक दंगे करवाये जिससे हजारों की संख्या में शरणार्थी भारत भागकर आ गये। पाकिस्तान में हिन्दुओं का जीवन और इज्जत सुरक्षित नहीं थी। हजारों व्यक्ति वहाँ मौत के घाट उतार दिये गये। हजारों महिलाओं के साथ बलात्कार हुए जिसकी भारत में भी प्रतिक्रिया होना स्वभाविक था। यहाँ भी कई स्थानों पर दंगे हुए और मुसलमान भागने लगे। भारत की धर्मनिरपेक्ष सरकार उनकी रक्षा करती थी, परन्तु पाकिस्तान की सरकार हिन्दुओ की रक्षा नहीं करती थी इसलिए जितनी बड़ी संख्या में विस्थापित पाकिस्तान से आये उतनी बड़ी संख्या में भारत से पाकिस्तान में अपनी जमीन और सम्पत्ति छोड़ आये थे। भारत ने पाकिस्तान से क्षतिपूर्ति मांगी जिसे वह देने में आनाकानी करता रहा। शरणार्थियों की समस्या आज भी बनी हुई है। जब भी पाकिस्तान में साम्प्रदायिक अत्याचार होते हैं तो हिन्दू अल्पसंख्यक भारत की ओर भाग खड़े होतें है।[14]

3. नहरी पानी विवाद–पंजाब के राजनीतिक विभाजन के कारण यह नहरी पानी विवाद उठ खड़ा हुआ। नहरें आर्थिक दृष्टिकोण से उस समय बनायी गयी थीं जब विभाजन का विचार तक किसी के मस्तिष्क में न था। विभाजन के कारण नहरों के पानी का असंतुलित विभाजन हो गया। पंजाब की पाँचों नदियों में से सतलुज और रावी दोनों देशों के मध्य से बहती है। झेलम और चिनाव पाकिस्तान के मध्य से और व्यास पूर्णतया भारत में बहती है। परन्तु भारत के नियंत्रण में वे तीनों मुख्यालय आ गये जिनसे दोनों देशों की नहरों को पानी की पूर्ति की जाती थी पाकिस्तान के पंजाब और सिंध प्रदेश सिंचाई के लिए इन नहरों पर ही आश्रित हैं। पाकिस्तान को आशंका प्रारम्भ से ही हो गयी थी कि भारत जब चाहे पानी बन्द करे उसकी

जनता को भूखों मर सकती है। अतएव विभाजन के तुरन्त पश्चात् से ही नहरी पानी को लेकर दोनों देशों में विवाद उत्पन्न हो गया।[15]

1949 में एक अमेरिकी विशेषज्ञ डेविड लिलियेन्थल ने इस समस्या को राजनीतिक स्तर से हटाकर तकनीकी एवं व्यापारिक स्तर पर सुलझाने की सलाह दी और इसके लिए विश्व बैंक से मदद लेने की सिफारिश की। सितम्बर 1951 में इस बैंक के अध्यक्ष यूजीन ब्लेक ने मध्यस्थता करना स्वीकार कर लिया। यूजीन ब्लेक और उसके बाद मि. इल्कि के सहयोग से वर्षों तक बातचीत चलने के उपरान्त 19 सितम्बर, 1960 को भारत और पाकिस्तान के बीच जल के प्रश्न पर एक समझौता हो गया। इसको 1960 का सिन्धु–जल संन्धि कहते हैं, जिस पर प्रधानमंत्री नेहरू और राष्ट्रपति अयूब खां ने स्वयं रावलपिंडी में हस्ताक्षर किये। 12 जनवरी, 1961 को इस संधि की शर्तें लागू कर दी गयी और इस प्रकार दोनों देशों के बीच का एक बहुत बड़ा झगड़ा शान्त हुआ।[16]

दोनों देशों के मध्य एक समस्या नदियों के पानी के सम्बंध में थी। विश्व बैंक की मध्यस्थता से सितम्बर, 1960 में सिन्ध बेसिन के पानी बंटवारें के बारे में दोनों देशों के बीच 'नहरी पानी समझौता' सम्पन्न हुआ। यह समझौता पाकिस्तान के लिए विशेष लाभदायक था। निष्पक्ष पर्यवेक्षको को भी भारत के उदार दृष्टिकोण से आश्चर्य हुआ, क्योंकि स्वयं उसका अपना उत्पादन बढ़ाने के लिए सिंधु के पानी की काफी आवश्यकता थी।[17]

"चूँकि भारत एव पाकिस्तान की एक ही भौगोलिक इकाई है इसलिए देश के कृत्रिम राजनीतिक विभाजन ने प्राकृतिक संसाधनों को दुश्कर बना दिया"[18] लेकिन इन सभी समस्याओं गम्भीर समस्या भारत और पाकिस्तान के बीच नदियों के पानी का झगड़ा था। सिन्धु नदी और उनकी सहायक अन्य सभी नदियाँ भारतीय क्षेत्र से निकलती हैं। विभाजन के बाद पाकिस्तान को यह भय हुआ कि यदि भारत से पाकिस्तान का संबंध कटुतापूर्ण रहा, तो भारत इन नदियों के बहाव को रोककर अपने भू–भाग में मोड़ सकता

है। जिससे सिंचाई के पानी के अभाव में पाकिस्तान को बहुत नुकसान पहुँच सकता है। भारत को भी अपने आर्थिक विकास के लिए भाखड़ा बाँध बंधवाना आवश्यक था। ऐसी हालत में दोनों के बीच नदियों के पानी के प्रश्न को लेकर मतभेद का उत्पन्न होना आवश्यम्भावी था।[19]

भारत–पाकिस्तान विभाजन भौगोलिक दृष्टि से संभव नहीं था, चूंकि राजनीतिक विभाजन था। अतः प्राकृतिक संसाधनों की साझेदारी भी विवाद को बढ़ावा देती रही। सिन्धु नदी तथा अन्य सहायक नदियां भारत भूमि से गुजरती हैं। बंटवारे के बाद पाकिस्तान को यह भ्रम हो गया। कि भारत इन नदियों के बहाव को मोड़ सकता है जिससे पाकिस्तान के लिए समस्याएँ खड़ी हो जाएंगी। इसलिए 1954 में सतलुज नदी पर भाखड़ा बांध बनने पर विवाद खड़ा कर दिया। विश्व बैंक के हस्तक्षेप पर सितम्बर, 1960 में दोनों देशों के मध्य एक समझौता हुआ।[20]

4. कच्छ का विवादः–कच्छ का रण पुराने गुजरात राज्य (अब भारतीय प्रदेश) और पुराने सिंध प्रदेश (अब पाकिस्तानी क्षेत्र) के बीच पड़ता है। यह सम्पूर्ण रण पहले कच्छ के राजा के अधिकार में था और 1947 में जब कच्छ का राज्य भारत के साथ मिल गया तो यह क्षेत्र भारतीय गणराज्य का अंग बन गया। सिंध प्रदेश और कच्छ के राजा से इस क्षेत्र को लेकर बहुत पहले कई बार झगड़ा हुआ था, लेकिन 1946 में तत्कालीन ब्रिटिश सरकार ने यह फैसला कर दिया कि यह क्षेत्र कच्छ के राजा के अधिकार में रहेगा। पाकिस्तान सरकार इस बात को नहीं मानती है। उनका कहना है कि 24 अक्षांस के उत्तर में पैंतीस सौ वर्ग मील का क्षेत्र पुराने सिंध प्रदेश के अन्दर था। देश–विभाजन के बाद यह पाकिस्तान को मिलना चाहिए था और भारत ने जबरदस्ती इस पर अपना अधिकार जमा लिया है। भारत सरकार इस मत से सहमत नहीं है। उनका कहना था कि सम्पूर्ण इलाका कच्छ के राजा के मातहत में था और इसलिए यह पूरा क्षेत्र भारतीय है।

1965 में अप्रैल में कच्छ के इस क्षेत्र को लेकर भारत और पाकिस्तान

के बीच संघर्ष हो गया। पाकिस्तानी सेना की दो टुकड़ी भारतीय क्षेत्र में घुस गयी और कच्छ के कई इलाकों पर अधिकार कर लिया। भारत को यह अनुमान नहीं था कि पाकिस्तान एकाएक इस तरह की कार्यवाई करेगा। 9 अप्रैल की यह लड़ाई अनियमित रूप से जून तक चलती रही। ब्रिटिश प्रधानमंत्री विल्सन की मध्यस्थता से 30 जून को युद्ध विराम हो गया और एक समझौते के द्वारा यह तय हुआ कि दोनों पक्ष 1 जनवरी, 1965 की स्थिति में वापस चले जाएँ तथा तीन व्यक्तियों को मिलाकर एक ट्रिब्यूनल बने जो (दोनों देशों के मन्त्रियों के स्तर पर कोई समझौता न हो सके तो) इस विवाद पर अपना फैसला दें। ट्रिब्यूनल का काम होगा कि दोनों पक्षों के दावों की जाँच करे, एक रिपोर्ट दे तथा इसके निर्णय दोनों पक्षों को मान्य हों। युद्धविराम के चार महीने बाद ट्रिब्यूनल के सदस्यों का चुनाव करने में कोई मतभेद हुआ, तो समझौते के अनुसार राष्ट्रसंघ के महासचिव को उनको मनोनीत करने का अधिकार दिया गया।

कच्छ के इस समझौते की भारत में कड़ी आलोचना हुई। यद्यपि आक्रामक को उस क्षेत्र को खाली कर देना पड़ा जिस पर उसने अधिकार कर लिया था, लेकिन भारत–पाकिस्तान मतभेद में पंचायती फैसले का सिद्धांत मानना गलत था। कुछ लोगो का ख्याल था कि पाकिस्तान कच्छ की तरह ही कश्मीर में स्थित उत्पन्न करके इसी नमूने पर कश्मीर समस्या को पंच – निर्णय के सिद्धान्त के आधार पर निर्णित करने की माँग कर सकता है।

29 जुलाई 1965 को भारत–पाकिस्तान के विदेश मंत्रियों नें यह तय किया कि वे दोनों कच्छ पर अन्तिम समझौते के उद्देश्य से 20 अगस्त को दिल्ली में मिलें, लेकिन तब तक पाकिस्तानी मुजाहिदों ने कश्मीर में गड़बड़ी पैदा कर दी और इस हालत में विदेश मन्त्रियों की वार्ता सम्भव नहीं रही। अतएव, भारत ने सुझाव दिया कि कच्छ का प्रश्न अब सीधा ट्रिब्यूनल में रख दिया जाय। पाकिस्तान ने ईरान के एक न्यायाधीश तथा भारत ने यूगोस्लविया के एक नागरिक को ट्रिब्यूनल मे अपना प्रतिनिधि मनोनीत किया। इस दोनों

ने मिलकर एक स्वेडिश को चुना। सितम्बर 1967 में ट्रिब्यूनल ने अपना काम शुरू किया। ट्रिब्यूनल द्वारा दोनों देशों को आदेश दिया गया कि वे कच्छ के सम्बंध में अपने–अपने दावे प्रस्तुत करें ताकि उन पर विचार करके वह अपना निर्णय दे सकें।[21]

19 फरवरी, 1968 को ट्रिब्यूनल ने अपना निर्णय दे दिया। इसने अपने निर्णय में विवाद ग्रस्त क्षेत्र का नब्बे प्रतिशत भाग भारत को दिया और शेष तीन सौ बीस वर्गमील का इलाका पाकिस्तान को दिया गया। इस इलाके में कन्जरकोट का वह ध्वस्त किला भी है जहाँ से 1965 की लड़ाई शुरू हुई थी। इसके अलावा छाड़वेट की ऊँची भूमि और नगर सरकार के क्षेत्र में भी पाकिस्तान को दिये गये इलाके में शामिल थे।

व्यापक दृष्टि से यह निर्णय भारत के पक्ष में होते हुए भी भारत में इसकी प्रतिक्रिया बहुत रोषपूर्ण हुई। रहीम के बाजार से दक्षिण इलाके को पाकिस्तान को देने का कोई कारण नहीं था। ट्रिब्यूनल के अध्यक्ष स्वीडन के जज गुन्नार लारग्रेन ने अपने फैसले में कहा कि इस इलाके में शांति और स्थायित्व बनाये रखने के लिए यह जरूरी है कि इस पर पाकिस्तान का दावा स्वीकार किया जाय। इसका मतलब यह था कि इस क्षेत्र पर पाकिस्तान का कोई कानूनी अधिकार नहीं है, लेकिन राजनीतिक दृष्टिकोण से उसको यह इलाका देना उचित होगा। प्रधानमंत्री इन्दिरा गाँधी ने इस निर्णय को 'राजनीतिक कारणों से प्रेरित' बताकर इसकी निन्दा की। भारत के कुछ राजनीतिक दलों ने यह स्पष्ट कर दिया कि उन्हे ट्रिब्यूनल का निर्णय मान्य नहीं है और वे इसके कार्यान्चयन का विरोध करेंगे, लेकिन युद्ध–विराम के दौरान में कच्छ के मामले को ट्रिब्यूनल को सौंपते समय भारत ने यह शर्त मान ली थी कि ट्रिब्यूनल का फैसला उसे मान्य होगा। इस कारण भारत के समक्ष कोई दूसरा विकल्प नहीं रह गया। भारत सरकार ने देश में प्रबल विरोध के बावजूद फैसले को मान लिया और उसे कार्यान्वित किया। ट्रिब्यूनल ने जिस क्षेत्र को पाकिस्तान माना वह क्षेत्र पाकिस्तान के अधिकार में चला गया।[22]

5. कश्मीर विवादः– कश्मीर की समस्या दोनों देशों के बीच एक ऐसे ज्वालामुखी की तरह है, जो समय–समय पर लावा उगलती रहती है। अलाप माइकल के शब्दों में ''कश्मीर समस्या अनिवार्यतः भूमि या पानी की समस्या नहीं, यह लोगों और प्रतिष्ठा की समस्या है'' कश्मीर की समस्या भारत और पाकिस्तान के बीच सबसे उलझी हुई समस्या है। स्वतंत्रता के बाद जहाँ भारत और पाकिस्तान दो नये राज्य बने वहाँ देशी रियासतें एक प्रकार से स्वतंत्र हो गयीं। ब्रिटिश सरकार ने घोषणा कर दी थी कि देशी रियासतें अपनी इच्छानुसार भारत अथवा पाकिस्तान में विलय हो सकती हैं। अधिकांश रियासतें भारत अथवा पाकिस्तान में मिल गयीं और उनकी कोई समस्या उत्पन्न नहीं हुई। भारत के लिए हैदराबाद और जूनागढ़ ने अवश्य समस्या उत्पन्न कर दी थी परन्तु वह शीघ्र ही हल कर ली गयी। कश्मीर की स्थिति कुछ विशेष प्रकार की थी। भारत की उत्तर–पश्चिम सीमा पर स्थित यह राज्य भारत अथवा पाकिस्तान दोनों को जोड़ता है। यहाँ की जनसंख्या का बहुसंख्यक भाग मुस्लिम धर्मी था परन्तु यहाँ का आनुवंशिक शासक एक हिन्दू राजा था, अगस्त 1947 में कश्मीर के शासक ने अपने विलय के विषय कें कोई में कोई तात्कालिक निर्णय नहीं लिया। पाकिस्तान इसे अपने साथ मिलाना चाहता था। 22 अक्टूबर, सन् 1947 को उत्तर–पश्चिम सीमा प्रान्त के कबायलियों ने एवं अनेक पाकिस्तानियों ने कश्मीर पर आक्रमण कर दिया। पाकिस्तान ने अपनी सीमा पर भी सेना का जमावड़ा भी कर लिया। 4 दिनों के भीतर ही हमलावर आक्रमणकारी श्रीनगर से 25 मील दूर बारामूला तक जा पहुँचे। 26 अक्टूबर को कश्मीर के शासक ने आक्रमणकारियों से अपने राज्य को बचाने के लिए भारत सरकार से सैनिक सहायता की मांग की और साथ ही कश्मीर को भारत मे सम्मिलित करने की प्रार्थना भी की। भारत सरकार ने इस प्रस्ताव को स्वीकार कर लिया। 27 अक्टूबर को भारतीय सेनाएँ कश्मीर भेज दी गयी तथा युद्ध समाप्ति पर जनमत संग्रह की शर्त के साथ कश्मीर को भारत का अंग मान लिया।[23]

भारत द्वारा कश्मीर की सुरक्षा के निर्णय के कारण और उधर पाकिस्तान

द्वारा आक्रमणकारियों को सहायता देने की नीति के कारण कश्मीर दोनों राष्ट्रों के बीच युद्ध का क्षेत्र बन गया। प्रारम्भ में भारत सरकार ने पाकिस्तान सरकार से प्रार्थना की कि कबायलियों का मार्ग बन्द कर दे, परन्तु जब इस बात के प्रमाण मिलने लगे कि पाकिस्तान सरकार स्वयं इन कबायलियों की सहायता कर रही है तो 1 जनवरी, 1948 को भारत सरकार ने सुरक्षा परिषद् में यह शिकायत की कि पाकिस्तान से सहायता प्राप्त करके कबायलियों ने भारत के अंग कश्मीर पर आक्रमण कर दिया है, जिससे अन्तर्राष्ट्रीय शांति और सुरक्षा को खतरा है। दूसरी तरफ पाकिस्तान ने भारत पर आरोप लगाया कि कश्मीर का भारत में विलय अवैधानिक है। सुरक्षा परिषद् ने इस समस्या का समाधान करने के लिए 5 राष्ट्रों– चेकोस्लोवाकिया, अर्जेण्टाइना, अमेरिका, कोलम्बिया और बेल्जियम को सदस्य नियुक्त कर मौके पर स्थिति का अवलोकन करके समझौता कराने के उद्देश्य से संयुक्त राष्ट्र आयोग की नियुक्ति की।[24]

संयुक्त राष्ट्र आयोग ने तुरन्त अपना कार्य प्रारम्भ कर दिया और मौके पर स्थिति का अध्ययन कर 13 अगस्त, 1948 को दोनों पक्षों से युद्ध बन्द करने और समझौता करने हेतु निम्नाकिंत आधार प्रस्तुत किये–

1 पाकिस्तान अपनी सेनाएं कश्मीर से हटाने तथा कबायलियों और सामान्य रूप से कश्मीर में न रहने वाले विदेशियों को भी वहां से हटाने का प्रयत्न करे।

2 सेनाओं द्वारा खाली किये गये प्रदेश का शासन प्रबंध स्थानीय अधिकारी आयोग के निरीक्षण में करें।

3 जब आयोग भारत को पाकिस्तान द्वारा, उपर्युक्त वर्णित शर्तों को पूरा करने की सूचना दे तो भारत भी समझौते के अनुसार अपनी सेनाओं का अधिकांश भाग वहां से हटा ले।

4 अन्तिम समझौता होने तक भारत सरकार युद्ध–विराम के अन्दर उतनी ही सेनाएं रखे जितनी कि इस प्रदेश में कानून और व्यवस्था बनाये रखने के कार्य में स्थानीय अधिकारियों को सहायता देने के लिए वांछनीय हों।

इस सिद्धांत के आधार पर दोनों पक्ष एक लम्बी वार्ता के बाद 1

जनवरी, 1949 को युद्ध–विराम के लिए सहमत हो गये। कश्मीर के विलय का अंतिम फैसला जनमत संग्रह के माध्यम से किया जाना था। जनमत संग्रह की शर्तों को पूरा करने के लिए एक अमेरिकी नागरिक एडमिरल चेस्टर निमित्ज को प्रशासक नियुक्त किया गया। उन्होनें जनमत संग्रह के सम्बंध में दोनों पक्षों से बातचीत की, किन्तु उसका कोई परिणाम नहीं निकला। अन्त में उन्होने अपने पद से त्यागपत्र दे दिया।

युद्ध विराम रेखा निर्धारित हो जाने पर पाकिस्तान के हाथ में कश्मीर का 32,000 वर्गमील क्षेत्रफल रह गया। इसकी जनसंख्या 7 लाख थी। पाकिस्तान ने इस क्षेत्र को 'आजाद कश्मीर' कहा । युद्ध विराम रेखा के इस पार भारत के अधिकार मेम 53,000 वर्गमील क्षेत्रफल था, जिसकी जनसंख्या 33 लाख थी।

नेहरू जनमत संग्रह के लिए तैयार थे किन्तु संयुक्त राष्ट्र संघ ने यह शर्त लगा दी कि पाकिस्तान द्वारा हस्तगत क्षेत्र से जब पाकिस्तान सेना एंव कबायली पूर्णतया हट जायेगें, तभी जनमत संग्रह होगा। पाकिस्तान 'आजाद कश्मीर' से अपनी सेनाएं हटाने के लिए तैयार न था और बिना सेनाएँ हटाये जनमत संग्रह नहीं हो सकता था। पाकिस्तान ने अमरिका से 1954 में सैनिक सन्धि कर ली। वह 1955 में बगदाद पैक्ट (सेण्टो) का भी सदस्य हो गया। उसने कुछ अड्डे अमरीका को दे दिये। इससे भारत ने खतरा अनुभव किया। भारत का मत था कि पाकिस्तान कश्मीर लेने के लिए अपनी सैनिक शक्ति बढ़ा रहा है। अतः परिवर्तित अन्तर्राष्ट्रीय परिस्थितियों में जवाहरलाल नेहरू ने अपनी कश्मीर नीति में परिवर्तन कर दिया। उन्होने निश्चय कर लिया कि अब कश्मीर में जनमत संग्रह कराना संभव नहीं है। इसी समय सोवियत संघ का कश्मीर के प्रश्न पर भारत को समर्थन मिल गया जिससे भारत की स्थिति मजबूत हो गयी। उसका भी अन्तर्राष्ट्रीय जगत तथा सुरक्षा परिषद् में एक शक्तिशाली मित्र हो गया। 1950 में पण्डित नेहरू ने पाकिस्तान से 'युद्ध–वर्जन संधि' करने का प्रस्ताव रखा परन्तु पाकिस्तान

ने उसे ठुकरा दिया। 6 फरवरी, 1954 को कश्मीर की संविधान सभा ने एक प्रस्ताव पास कर जम्मू–कश्मीर राज्य का विलय भारत में होने की पुष्टि कर दी। भारत सरकार ने भारतीय संविधान में संशोधन कर 14 मई, 1954 को अनुच्छेद 370 के अन्तर्गत कश्मीर को विशेष दर्जा दे दिया। 26 जनवरी, 1957 को जम्मू–कश्मीर का संविधान लागू हो गया। उसके साथ ही जम्मू–कश्मीर भारतीय संघ का एक अभिन्न अंग बन गया।

इसके बाद भी पाकिस्तान बार–बार कश्मीर का प्रश्न उठाता रहा। 2 जनवरी, 1957 को सुरक्षा परिषद् में इस प्रश्न को उठाया गया। ब्रिटेन, फ्रांस और अमेरिका नें सुरक्षा परिषद् में पाकिस्तान का समर्थन करते हुए कहा कि कश्मीर में संयुक्त राष्ट्र के तत्वाधान में जनमत संग्रह कराया जाय और संयुक्त राष्ट्र संघ की आपात सेना वहाँ भेजा जाय। भारत ने इस प्रस्ताव का घोर विरोध किया। भारत के समर्थन में सोवियत संघ ने इस प्रस्ताव पर अपने विशेषाधिकार (वीटो) का प्रयोग किया। भारतीय प्रतिनिधि कृष्णा मेनन ने अपने सात घण्टे 48 मिनट तक लम्बे ऐतिहासिक भाषण में कहा कि "मूल प्रश्न यह नहीं कि जम्मू–कश्मीर में सविधान लागू हो या न हो। मूल समस्या यह है कि जम्मू–कश्मीर से पाकिस्तानी सेनाएं अभी तक क्यों नहीं निकली। 1962 में सुरक्षा परिषद् ने पाकिस्तान नें कश्मीर में आत्म निर्णय की माँग दोहरायी, इस प्रस्ताव को सोवियत संघ ने वीटो द्वारा समाप्त कर दिया। जब–जब मौका मिलता है पाकिस्तान कश्मीर के प्रश्न को उठाता रहता है। मार्च 1983 में नई दिल्ली में आयोजित सातवें गुटनिरपेक्ष सम्मेलन में भी जनरल जिया ने कश्मीर को एक विवादास्पद मुद्दा बताया। सितम्बर 1992 में गुट निरपेक्ष शिखर सम्मेलन (जकार्ता) के पूर्ण अधिवेशन में पाकिस्तानी प्रधानमंत्री नवाज शरीफ ने कश्मीर का मुद्दा फिर से उठाया। पाकिस्तान ने कश्मीर मुद्दे का अर्न्तराष्ट्रीय करण करने तथा उसे साम्प्रदायिक रंग देने का अपना अभियान जारी रखा है। संयुक्त राष्ट्र मानवाधिकार आयोग के 50वें अधिवेशन (मार्च 1994) में पाकिस्तान ने जम्मू– कश्मीर में मानवाधिकारों की स्थिति पर एक प्रस्ताव लाने का निर्णय किया था और

उस पर समर्थन जुटाने के लिए एक सक्रिय अभियान छेड़ा, लेकिन बाद में कई मित्र देशों के कहने पर उसने अपना यह प्रस्ताव वापस ले लिया। संयुक्त राष्ट्र महासभा के 49वें अधिवेशन में भी पाकिस्तान ने प्रस्ताव रखने का एक और प्रयास किया, लेकिन उसका यह प्रयास भी असफल रहा।[25]

वस्तुतः भारत और पाकिस्तान के बीच कश्मीर तनाव का मुख्य कारण है। वह कश्मीर को अब भी एक समस्या मानता है। एक पाकिस्तानी पत्रकार के अनुसार, 'हमारी भावनाएँ अब भी कश्मीर के बारे में वैसी ही है जैसी की पहले थीं, परन्तु एक बात याद रखनी चाहिए कि हमनें 1972 में शिमला सम्मेलन के दौरान भी कश्मीर देना स्वीकार नहीं किया था।' भारत का मत है कि पाकिस्तान कश्मीर तथा अन्य कोई द्विपक्षीय मुद्‌दा संयुक्त राष्ट्र संघ के मंच से नहीं उठा सकता लेकिन पाकिस्तान इस दृष्टिकोण से स्वीकार नहीं करता।

उक्त कारकों के अतिरिक्त कुछ ऐसे घटनाक्रम रहे हैं जिन्होनें भारत – पाक सम्बंधों की प्रकृति और व्यवहार रूप को प्रभावित रखने का कार्य किया। ये घटनाक्रम इस प्रकार है :–

1 **अयुद्ध संधि प्रस्ताव**:– भारत के विरूद्ध पाकिस्तान की सबसे बड़ी शिकायत यह है कि उसने पाकिस्तान की स्थापना को पूर्णतया स्वीकार नहीं किया है और जब भी मौका मिलेगा भारत आक्रमण करके उसका नामोनिशान मिटा देगा, लेकिन यह धारणा बिल्कुल निराधार है। भारत के प्रधानमंत्री ने इसीलिए कई बार यह सुझाव रखा कि दोनों देश एक दूसरे के विरूद्ध युद्ध नहीं करने की घोषणा कर दें, लेकिन पाकिस्तान इसके लिए तैयार नहीं होता है। उल्टे उसने स्वयं 1954 में अमेरिका से एक संधि करके बहुत बड़े पैमाने पर अस्त्र–शस्त्र लेना शुरू किया और इसके कुछ दिनों के बाद सीटो तथा बगदाद पैक्ट जैसे आक्रामक संघटनों में सम्मिलित हो गया। इन घटनाओं को लेकर भारत और पाकिस्तान के संबधों मे बड़ी कटुता आयी है।[26]

2 **पाकिस्तान द्वारा सैनिक संधियों से आबद्ध होना**:– भारत–पाक सम्बंधों

में कटुता पैदा करने वाली एक प्रमुख समस्या पाकिस्तान की गुटीय और शस्त्रों की होड़ की नीति है। वस्तुतः पाकिस्तान ने सीटो (1955) और सेण्टो (1955) जैसे सैनिक संगठनों का सदस्य बनकर शीत युद्ध को भारत के दरवाजे पर लाकर खड़ा कर दिया। दूसरे पाकिस्तान ने अपनी सैनिक शक्ति बढ़ाने के लिए भारत विरोधी प्रचार का सहारा लेकर, अमेरिका से ही नहीं, बल्कि सेण्टो शक्तियों, विशेषकर इरान से प्रचुर मात्रा में सैनिक सहायता प्राप्त की। भारत–चीन सम्बंधो में बिगाड़ आने से पाकिस्तान ने चीन की हमदर्दी प्राप्त करने की कोशिश की और उससे अस्त्र–शस्त्रों को प्राप्त किया पश्चिमी शक्तियां भी इस उपमहाद्वीप में पाकिस्तान को भारत के बराबर बनाये रखना चाहतीं है। वे समझतीं है कि यदि भारत को शांति का समय मिल गया तो वह महान शक्ति बन जायेगा। अतः अमेरिका ने भारत के विरोध पर भी पाकिस्तान को अस्त्र–शस्त्र दिये।[27]

3 **भारत–चीन युद्धः**– 1962 में जब भारत और चीन का युद्ध शरू हुआ तो भारत और पकिस्तान के सम्बंध में फिर उथल–पुथल हुई पाकिस्तानी अखबार और राजनीतिज्ञों ने भारत को दोषी बतलाया। कराची भारत की परेशानी से नाजायज फायदा उठाना चाहता था इसलिए पेकिंग के साथ नये सिरे से उसने मित्रता शुरू की। नवम्बर में जब बहुत बड़े पैमाने पर चीन का हमला शुरू हुआ, तो भारत ने अमेरिका और ब्रिटेन से सैनिक सहायता की याचना की। तुरंत ही इन देशों से युद्धोपयोगी सामान भारत पहुँचने लगे। पाकिस्तान ने इसका बड़ा विरोध किया। उसने कहा कि चीन की ओर से भारत पर पाकिस्तान का ऐसा कोई हमला नहीं हुआ है कि इतने बड़े पैमाने पर उसे सैनिक सहायता दी जाये पर पाकिस्तान के विरोध का कोई असर नहीं पड़ा और भारत को सैनिक सहायता मिलती रही।

4 **स्वर्ण सिंह भुट्टो वार्ता** :–भारत को सैनिक आवश्यकताओं से परिचित होने के लिए अमेरिकी मंत्री एवरेल हैरिमन और ब्रिटिश मंत्री डनकड सैण्ड नवम्बर, 1962 में भारत आये। इस अवसर से लाभ उठाकर उन्होने पाकिस्तान और भारत में मेल–मिलाप कराने का यत्न किया। इसके फलस्वरूप प्रधानमंत्री नेहरू और राष्ट्रपति अयुब खाँ का 29 नवम्बर, 1962 को एक संयुक्त वक्तव्य

निकला। इसमें कहा गया था कि दोनों व्यक्ति उपयुक्त समय पर भारत पाकिस्तान मतभेद को सुलझाने के लिए वार्ताएं करेगें। साथ ही, यह तय हुआ कि इस शीर्ष सम्मेलन का मार्ग प्रश्सस्त करनें के लिए मंत्रियों के स्तर पर पहले कुछ वार्ताऐं हों। 29 दिसम्बर, 1962 को मंत्रियों के स्तर पर पहला सम्मेलन रावलपिंडी में हुआ। जनवरी और फरवरी, 1963 में भी सम्मेलन हुये और निश्चय हुआ कि मध्यमार्च में कलकत्ता में भारत और पाकिस्तान के मंत्रियों की वार्ता हो।[28] लेकिन आयोजित कलकत्ता सम्मेलन के पूर्व ही पाकिस्तान ने चीन के साथ एक समझौता कर लिया। दोनों देशों बीच जो समझौता हुआ, उसके फलस्वरूप पाकिस्तान द्वारा अधिकृत कश्मीर का एक बड़ा भाग चीन को दे दिया गया। भारत ने नये समझौते पर बड़ा विरोध प्रकट किया। इसी पृष्ठाधार में 10 मार्च 1963 को, कलकत्ता में भारत–पाक वार्ताऐं पुनः प्रारम्भ हुयीं पर उनसे कोई निष्कर्ष नहीं निकला। इसके बाद दोनों देशों के प्रतिनिधियों के दो और सम्मेलन हुए। अंतिम सम्मेलन दिल्ली में मई 1963 में हुआ पर यहाँ भी कोई समझौता नहीं हो सका और वार्ताओं का यह सिलसिला यहीं समाप्त कर दिया गया।

5. **पाकिस्तान का जासूसी षड़यंत्रः**–1963 में पाकिस्तान दूतावास द्वारा फैलाये गये एक जासूसी जाल का पता भारत सरकार को लगा। नयी दिल्ली में स्थित पाकिस्तानी दूतावास इस जासूसी षडयंत्र का एक केन्द्र था जिसका उद्देश्य भारत के सामरिक भेदों का पता लगाना था। इसमें दूतावास के उच्च पदाधिकारी भी सम्मिलित थे। जब षड़यंत्र का पता लग गया तो भारत सरकार ने जासूसी से सम्बद्ध अधिकारियों को भारत से हटाने का निश्चय किया लेकिन इसी समय भारत स्थित पाकिस्तान ने उच्चायुक्त के व्यक्तिगत अनुरोध पर भारत सरकार ने अपने निश्चय की घोषणा को 5 दिनों के लिए स्थगित कर दिया इसी बीच पाकिस्तान सरकार ने कराची स्थिति भारतीय दूतावास के कुछ प्रमुख अधिकारियों पर जासूसी करने का दोषारोपण करके उन्हें पाकिस्तान छोड़ देने की आज्ञा दी। पाकिस्तान की इस घोषणा के बाद भारत सरकार ने भी पाकिस्तानी अधिकारियों को भारत छोड़ने की आज्ञा दे दी। इन घटनाओं को लेकर दोनों देशों के बीच

खूब तनाव फैला। 4 अक्टूबर, 1963 को पाकिस्तानी सरकार के आदेश से ढाका और राजशाही में भारतीय पुस्तकालय बंद कर दिये गये। 21 दिसम्बर को राजशाही में भारतीय हाई कमीश्नर कार्यालय बंद कर दिया गया। इसी दिन पाकिस्तानी समाचार पत्रों ने यह समाचार छापा कि कश्मीर में 1949 की युद्ध विराम रेखा को पाकिस्तान मान्यता नहीं देता। 4 दिसम्बर को पाक अधिकृत कश्मीर के राष्ट्रपति श्री के.एच. खुर्शीद ने कहा कि युद्ध विराम रेखा के समीप बसने वाले नागरिकों के बीच 10 हजार राइफलें बांटी गयी है तथा और भी बांटी जायेगीं।

6 **हजरत बल घटना**ः–28 दिसम्बर, 1963 को श्रीनगर की हजरत बल मस्जिद से पैगम्बर मु0 शाहब का पवित्र बाल चोरी चला गया। इस घटना को लेकर पाकिस्तान के समाचार पत्रों ने भारत के विरूद्ध खूब प्रचार किया और साम्प्रदायिक तथा घृणा विद्वेष फैलाया। फलतः पूर्वी पाकिस्तान में बड़े पैमाने पर साम्प्रदायिक दंगा शुरू हो गया। इस दंगे में कई हजार व्यक्ति मरे और कई हजार शरणार्थी भारत भाग आये। इसके प्रतिक्रिया स्वरूप भारत में भी कुछ जगहों पर दंगे हुए इस कारण भारत और पाकिस्तान का सम्बंध और भी बिगड़ गया, लेकिन साम्प्रदायिक दंगे की आग को बुझाना उस समय सबसे अधिक आवश्यक था। अतएव, इस समस्या के समाधान के लिए फरवरी 1964 में भारत और पाकिस्तान के स्वराष्ट्र मंत्रियों का एक सम्मेलन दिल्ली में हुआ। इस सम्मेलन का कोई विशेष परिणाम नहीं हुआ, लेकिन अल्पसंख्यकों का उत्साह कुछ अवश्य बढ़ा। दिल्ली सम्मेलन में यह निश्चय हुआ कि स्वराष्ट्र मंत्रियों को एक दूसरा सम्मेलन सितम्बर, 1964 मे रावलपिंडी में हो जिसमें अल्पसंख्यकों की रक्षा के उपाय निर्धारित किये जायें।[29]

इसी बीच मई, 1964 में कश्मीर के नेता शेख अब्बदुल्ला को कश्मीर सरकार ने लगभग 10 वर्षों तक जेल में रखने के बाद मुक्त कर दिया। शेष अब्दुल्ला की मुक्ति के बाद भारत और पाकिस्तान के सम्बंध में एक नया अध्याय शुरू हुआ। जेल से बाहर निकलते ही शेख साहब ने भारत सरकार की कश्मीर सम्बंधी नीति की कड़ी आलोचना की और कश्मीर के लिए आत्म निर्णय के अधिकार की मांग रखी। पाकिस्तान की सरकार ने शेख अब्दुल्ला

का समर्थन किया। अपने विचारों के आधार पर कश्मीर समस्या के समाधान के लिए शेख अब्दुल्ला दिल्ली आये और पं0 नेहरू से वार्ताएं की। इन वार्ताओं की समाप्ति के बाद शेख साहब ने बतलाया की कश्मीर समस्या का समाधान तभी हो सकता है जब भारत और पाकिस्तान का सम्बंध अच्छा हो। इस सम्बंध में राष्ट्रपति अयूब खाँ से मिलने के लिए वे पाकिस्तान गये और इस बात पर उन्हें राजी कर लिया कि भारत और पाकिस्तान के सम्बंध में सुधार के लिए वे प्रधानमंत्री पं0 नेहरू से मिलने के लिए भारत जायें। इसी बीच 27 मई, 1964 को पं0 नेहरू की मृत्यु हो गयी और शेख साहब सारे प्रयास व्यर्थ हो गये।

7. **कच्छ और कश्मीर पर पाक आक्रमणः**–1965 में पाकिस्तान ने भारत पर दो प्रबल सैनिक आक्रमण किये, पहला मार्च अप्रैल, 1965 में कच्छ पर और दूसरा अगस्त सितम्बर, 1965 में कश्मीर पर। पाकिस्तान ने कच्छ क्षेत्र के उत्तरी हिस्से में पहले एक सड़क बना ली और बाद में भारतीय सीमा में अपनी स्थायी चौकियाँ स्थापित कर ली। उसने भारत के विरोध पत्रों की न केवल उपेक्षा कर दी, बल्कि गुजरात के एक बड़े क्षेत्र पर भी अपने अधिकार का दावा भी किया। पाकिस्तान का यह दावा ऐतिहासिक और वैधानिक रूप से अवैध था क्योंकि इस क्षेत्र में भारत और पाकिस्तान के बीच अन्तर्राष्ट्रीय सीमा पहले से ही निर्धारित हो चुकी थी। दोनों देशों के बीच वार्ता चालू थी कि 9 अप्रैल, 1965 को पाकिस्तानी सेना की एक टुकड़ी ने सरदार नामक भारतीय चौकी पर हमला बोल दिया।[30] 24 अप्रैल को कच्छ पर पाक सेना का आक्रमण हो गया। भारत–पाक संघर्ष को रोकने के लिए ब्रिटेन ने युद्ध विराम का प्रस्ताव रखा जिसे भारत ने मान लिया, लेकिन पाकिस्तान ने अस्वीकार कर लिया। अंत मे लंदन में होने वाले राष्ट्रमण्डलीय प्रधानमंत्रियों के सम्मेलन के अवसर पर ब्रिटिश प्रधानमंत्री विल्सन के प्रयत्नों से भारत और पाकिस्तान के बीच कच्छ के प्रश्न पर 30 जून, 1965 को एक समझौता हो गया जिसमे अग्रलिखित बातों का उल्लेख था– (1) 1 जुलाई, 1965 से युद्ध बंद कर दिया जाय (2) दोनों देशों की सेनायें 7 दिन के भीतर पीछे हटा ली जायें और अपनी 1 जनवरी,

1965 की स्थिति पर लौट जाये और (3) सीमा विवाद के प्रश्न का समाधान पहले मंत्रियों की वार्ता के द्वारा किया जाये और इस प्रकार की वार्ता सफल न होने पर यह प्रश्न एक निष्पक्ष न्यायाधिकरण को सौंपा जायें

सितम्बर, 1967 में न्यायाधिकरण ने अपना काम शुरू किया और 19 फरवरी, 1968 को उसने अपना निर्णय दे दिया। इस निर्णय के अनुसार विवादग्रस्त क्षेत्र का 90 प्रतिशत भाग भारत को दिया गया शेष 320 वर्गमील का प्रदेश पाकिस्तान को प्राप्त हुआ। पाकिस्तान को महत्वपूर्ण सामरिक क्षेत्र प्राप्त हो गया। यद्यपि न्यायाधिकरण का निर्णय कुल मिलाकर भारत के पक्ष में था तथापि पाकिस्तान के साथ विशेष रियायतें की गयीं थी। भारत सरकार ने इस निर्णय को 'राजनीतिक कारणों से प्रेरित' बताकर इसकी निंदा की तथापि भारत के सामने वचन निभाने के अलावा कोई विकल्प नहीं था। भारत सरकार कूटनीतिक चालबाजी की जगह नैतिकता को उच्च समझा और निर्णय स्वीकार कर लिया।

8 **भारत–पाक युद्ध 1965**–कच्छ के समझौते की स्याही सूखने भी न पाई थी कि अगस्त, 1965 में पाकिस्तान ने व्यापक तोड़–फोड़ करने, अराजकता फैलाने और सैनिक ठिकानों तथा उद्योग स्थलों को नष्ट करने के लिए कश्मीर में सशस्त्र घुसपैठिये भेज दिये। इस पर भारतीय सेना ने तेजी से घुसपैठियों का सफाया करके युद्ध विराम रेखा के उन महत्वपूर्ण पहाड़ी और जंगली प्रतिष्ठानों पर कब्जा कर लिया, जहाँ से घुसपैठिये भारत में प्रवेश करते थे। पाकिस्तान इस पर बौखला उठा। एक सितम्बर, 1965 को पाकिस्तान ने विपुल टैंक शक्ति के साथ कश्मीर के छम्ब क्षेत्र पर अचानक ही भीषण आक्रमण कर दिया । भारत ने पाक के विरूद्ध सम्पूर्ण सीमा पर नये मोर्चे खोल दिये अन्त में संयुक्त राष्ट्र संघ के हस्तक्षेप से 23 सितम्बर को युद्ध विराम हो गया। युद्ध समाप्ति पर लगभग 750 वर्ग मील पाकिस्तानी क्षेत्र भारत के अधिकार में और 240 वर्ग मील भारतीय क्षेत्र पाकिस्तान के अधिकार मे रह गया था।[31] सोवियत प्रधानमंत्री कोसीगिन ने दोनों देशों के शीर्षस्थ नेताओं की प्रत्यक्ष वार्ता द्वारा ताशकन्द समझौते की व्यवस्था की। 10 जनवरी, 1966 को 9 बजे रात्रि को श्री

अयूब खाँ और श्री शास्त्री ने समझौते पर हस्ताक्षर कर दिये, जो "ताशकन्द घोषणा" के नाम से विख्यात हुआ।

संदर्भ सूची

1 प्रो0 लल्लन जी सिंह, राष्ट्रीय रक्षा और सुरक्षा, पृष्ठ–514

2 राष्ट्रीय सहारा, 24 अक्टूबर, 1983, हस्तक्षेप

3 डॉ0 सुरेन्द्र कुमार मिश्र, मार्डन राष्ट्रीय रक्षा व सुरक्षा, पृष्ठ–193

4 प्रो0 लल्लन जी सिंह, राष्ट्रीय रक्षा और सुरक्षा, पृष्ठ–514

5 प्रो0 लल्लन जी सिंह, राष्ट्रीय रक्षा और सुरक्षा, पृष्ठ–514–515

6 चौ नरेन्द्र सिंह, भारतीय उपमहाद्वीप में शीतयुद्ध, पृष्ठ–5

7 डॉ0 मथुरा लाल शर्मा, अन्तर्राष्ट्रीय सम्बंध, पृष्ठ–99

8 डा0 बी.एल फाडिया, अन्तर्राष्ट्रीय राजनीति, पृष्ठ–351–352

9 डॉ0 दीनानाथ वर्मा, अन्तर्राष्ट्रीय सम्बंध, पृष्ठ–345

10 डॉ0 मथुरा लाल शर्मा, अन्तर्राष्ट्रीय सम्बंध, पृष्ठ–99

11 डा0 बी.एल फाडिया, अन्तर्राष्ट्रीय राजनीति, पृष्ठ–352

12 डॉ0 सुरेन्द्र कुमार मिश्र,मार्डन राष्ट्रीय रक्षा व सुरक्षा, पृष्ठ–193

13 डॉ0 मथुरा लाल शर्मा, अन्तर्राष्ट्रीय सम्बंध, पृष्ठ–99

14 डा0 बी.एल फाडिया, अन्तर्राष्ट्रीय राजनीति, पृष्ठ–352

15 डा0 बी.एल फाडिया, अन्तर्राष्ट्रीय राजनीति, पृष्ठ–352

16 डा0 बी.एल फाडिया, अन्तर्राष्ट्रीय राजनीति, पृष्ठ–352

17 डॉ0 मथुरा लाल शर्मा, अन्तर्राष्ट्रीय सम्बंध, पृष्ठ–99

18 चौधरी मु0 अली, ए इमरजेन्स आफ पाकिस्तान, न्यायार्क (1957), पृष्ठ–262

19 डॉ0 दीनानाथ वर्मा, अन्तर्राष्ट्रीय सम्बंध, पृष्ठ–345

20 डॉ0 सुरेन्द्र कुमार मिश्र,मार्डन राष्ट्रीय रक्षा व सुरक्षा, पृष्ठ–193

21 डॉ0 दीनानाथ वर्मा, अन्तर्राष्ट्रीय सम्बंध, पृष्ठ–347

22 डॉ0 दीनानाथ वर्मा, अन्तर्राष्ट्रीय सम्बंध, पृष्ठ–348

23 डा0 बी.एल फाडिया, अन्तर्राष्ट्रीय राजनीति, पृष्ठ–353

24 डा0 बी.एल फाडिया, अन्तर्राष्ट्रीय राजनीति, पृष्ठ–353

25 डा0 बी.एल फाडिया, अन्तर्राष्ट्रीय राजनीति, पृष्ठ–354

26 डॉ0 दीनानाथ वर्मा, अन्तर्राष्ट्रीय सम्बंध, पृष्ठ–345

27 डा0 बी.एल फाडिया, अन्तर्राष्ट्रीय राजनीति, पृष्ठ–357

28 डॉ0 दीनानाथ वर्मा, अन्तर्राष्ट्रीय सम्बंध, पृष्ठ–346

29 डॉ0 दीनानाथ वर्मा, अन्तर्राष्ट्रीय सम्बंध, पृष्ठ–346

30 डॉ0 मथुरा लाल शर्मा, अन्तर्राष्ट्रीय सम्बंध, पृष्ठ–101

31 डॉ0 मथुरा लाल शर्मा, अन्तर्राष्ट्रीय सम्बंध, पृष्ठ–102

3

भारत पाक युद्ध 1965 तथा ताशकन्द समझौता

भारत एवं पाकिस्तान के मध्य तनाव की शुरूआत उसी समय से हो गयी थी, जिस समय पाकिस्तान का जन्म हुआ था। इसका प्रमुख कारण है कि भारत–पाक विभाजन एक मतभेद के आधार पर हुआ था, वह आज भी पाकिस्तान के शासकों के दिलो–दिमाग में बैठा हुआ है। यही कारण है कि शान्तिपूर्ण वार्ता द्वारा कश्मीर समस्या सुलझाने के लिए भारत की पहल पर पाक ने अनेक समझौते किए और खुद ही उनका उल्लघंन करने में नहीं चूकता रहा। समझौते पर पाकिस्तान का बल प्रयोग ही तो था जिसने 1956 की पहल की युद्ध पहल की।

भारत–पाक (1965) का युद्ध एवं आपसी तनाव कश्मीर की समस्या से लेकर सदैव से बना रहा है और आज भी यह समस्या अधर में लटकी हुई है। पाकिस्तान प्रायः इसी समस्या को लेकर भारत की आलोचना तो करता ही है, यदि मौका मिलता है, तो भारत विरोधी कार्यवाही करने में कतई नहीं चूकता है। अमेरिका से बड़ी मात्रा में सैनिक सहायता प्राप्त करने के पीछे उसका नापाक इरादा सदा ही उभरता रहता है। भारत अभी चीन युद्ध

1962 से निपटा ही था कि पाकिस्तान के तानाशाह जनरल अयूब खाँ ने भारत की कमजोरी का लाभ उठाकर आक्रमण करने का इरादा बना लिया। कारण भारत–चीन युद्ध में सैनिक कमजोरी को उसने स्पष्ट रूप से महसूस कर लिया था। चीन के साथ समझौता करके उत्तर में कश्मीर का लगभग 400वर्ग मील क्षेत्र पाकिस्तान ने चीन को दे दिया और उसे अपना पक्का मित्र बना लिया। इसी दौरान अमेरिका से भी सैनिक सहायता प्राप्त कर ली।[1]

कच्छ के क्षेत्र को लेकर 1965 में पाकिस्तान ने एक नया सीमा–विवाद पैदा कर दिया और इसी आड़ में कश्मीर पर आक्रमण कर दिया। इसके पश्चात कच्छ के क्षेत्र पर भी एक आक्रमण कर दिया। इस प्रकार इस युद्ध का श्रीगणेश 1 सितम्बर,1965 में छम्ब और जोरिया क्षेत्रों पर टैंकों एवं तोपों से पाकिस्तान ने कर दिया।

(क) कारणः–भारत–पाक युद्ध 1965 के प्रमुख कारण विस्तृत रूप से इस प्रकार से हैं–

(1) **कश्मीर की समस्या**–पाकिस्तान ने कश्मीर पर अपने दावे को बरकरार रखा जबकि यह मामला संयुक्त राष्ट्र संघ के अधीन था। पाकिस्तान ने 1962 के भारत–चीन युद्ध में यह देखा कि भारत की सैनिक शक्ति कमजोर है। अतः ऐसे उपयुक्त समय में आक्रमण करना लाभकारी रहेगा। यही सोचकर पहले तो उसने अपने घुसपैठियों द्वारा वहाँ के मुसलमानों को अपने पक्ष में करना चाहा। जब इसमें सफल नहीं हुआ, तो आक्रमण की खुलकर स्थिति में आ गया। इस प्रकार इस युद्ध का प्रमुख कारण यह भी था, कि कश्मीर को पाकिस्तान सदैव से हथियाना चाहता रहा है।

(2) **कच्छ की समस्या**–पाकिस्तान ने 1965 में कच्छ के प्रश्न को लेकर नया सीमा विवाद खड़ा कर दिया जोकि भारत गुजरात राज्य का अभिन्न भाग है। स्वतन्त्रता के पूर्व कच्छ एक देशी रियासत थी और कच्छ का दलदल इसी रियासत के अधीन था। सन् 1965 में पाक ने 1909 के 'इम्पीरियल

गजेटियर' के आधार पर यह तथ्य प्रस्तुत किया कि यह क्षेत्र वास्तविक आन्तरिक समुद्र है। पकिस्तान ने कच्छ के दलदल को आन्तरिक समुद्र मान कर अन्तर्राष्ट्रीय नियमों के अधीन 24 अंश उत्तरी अक्षांश के उत्तर में 3500 वर्ग मील भारतीय क्षेत्र पर अपना दावा प्रस्तुत किया। इस प्रकार यह समस्या भी इस युद्ध का एक महत्वपूर्ण कारण बनी।

(3) **भारत–चीन युद्ध, 1962** – 1962 के भारत–चीन युद्ध में भारत को असफलता का सामना करना पड़ा था, क्योंकि भारत सैनिक दृष्टिकोण से काफी कमजोर था। भारत–चीन संघर्ष के समय पाकिस्तान में लोकतंत्र के स्थान पर तानाशाही का शासन था, जिसकी बागडोर जनरल अयूब खां ने संभाल रखी थी। जनरल अयूब खाँ ने इस कमजोरी का लाभ उठाने के लिए युद्ध का सर्वोच्च मौका तलाशा और 1965 में आक्रमण कर दिया जोकि इस युद्ध का एक महत्वपूर्ण कारण था।

(4) **पाकिस्तान में अयूब खां का शासन**–जनरल अयूब खां ने अपनी तानाशाही एवं शासन को सुरक्षित बनाये रखने के लिए भारत पर आक्रमण करके पास्तिान की जनता का ध्यान दूसरी ओर बदलना चाहा और इस स्थित के लिए इस समय भारत पर आक्रमण करने का उचित अवसर था। अयूब खां ने भारत कश्मीर और कच्छ की सीमा को हड़पने का आरोप लगाकर अपनी सैनिक कार्यवाही आरम्भ कर दी। इस प्रकार पाकिस्तान में तानाशाह जनरल अयूब खां का शासन भी इस युद्ध का एक विशेष कारण था।

(5) **मौके की तलाश**–पाकिस्तान का जन्म ही बदले एवं घृणा की भावन से हुआ था। वह सदेव से ही भारत से अपने को मजबूत बनाये रखने के प्रयास में रहा है और हमेशा से इस मौके की तलाश में रहा है कि उसे जब भी भारत की स्थिति कमजोर नजर आये तो तुरन्त ही अपनी कार्यवाही कर देनी चाहिए। 1965 का एक ऐसा समय था, जिस समय भारत–चीन युद्ध से भारतीय अर्थव्यवस्था एवं सैनिक शक्ति की कमर टूट चुकी थी। इसी अवसर की तलाश में लगा पाकिस्तान भला क्यों चूकने

वाला था और आखिर आक्रमण कर ही दिया।

(6) **पाकिस्तान एवं चीन मैत्री**–पाकिस्तान ने साम्यवादी चीन से दोस्ती का हाथ बढ़ाने के लिए मई, 1962 में कराकोरम के उत्तर कश्मीर का लगभग 400 वर्गमील क्षेत्र चीन सरकार को सौंप दिया। इस प्रकार पाकिस्तान एवं चीन की मित्रता तेजी के साथ बढ़ी और पाकिस्तान ने भारत के साथ कूटियोजना के आधार पर भारत के साथ युद्ध करने की नवीन योजना बना डाली और इसके परिणाम स्वरूप 1965 में भारत–पाक युद्ध हुआ।

(7) **पाक–अमेरिका गठजोड**–विश्व की बड़ी शक्तियां सदैव से यह नहीं चाहतीं कि भारत एक महान् शक्ति के रूप में उभरकर सामने आये। भारतीय विकास का क्रम तेजी के साथ बढ़ रहा था, जो उन्हें कब सहन होने वाला था। इस समय अमेरिका ने पाकिस्तान को अनेक प्रकार के हथियार उपहारस्वरूप तथा कुछ हथियार अत्यन्त आसान किस्तों पर दे दिया, जिसके कारण पाकिस्तान ने अपने को शक्तिशाली मानकर बड़ी शक्तियों की कठपुतली बनकर भारत पर आक्रमण कर दिया। अमेरिका एशिया महाद्वीप में गुटबाजी बनाये रखकर अपनी स्थिति को सदैव सुदृढ़ रखना चाहता है।

(8) **आपसी मदभेद**–भारत एवं पाकिस्तान के मध्य आपसी मदभेद बहुत ज्यादा बढ़ गये थे, क्योंकि भारत–पाक का बंटवारा ही घृणा एवं द्वेष की भावना से हुआ था। कश्मीर के प्रश्न को लेकर लगातार मतभेद रहे। इसी कारण अमेरिका से सैनिक सहायता प्राप्त करना, चीन को कश्मीर का महत्वपूर्ण क्षेत्र सौंपना, कूटनीतिक चालें चलना, झूठे आरोप लगाना, कच्छ के क्षेत्र को आन्तरिक समुद्र क्षेत्र घोषित करना तथा घुसपैठियों को भेजना आदि ऐसे प्रश्न थे, जिसमें राष्ट्रों के मध्य मतभेद बहुत अधिक बढ़ गये थे। इन्ही मतभेदों के कारण इस युद्ध का जन्म हुआ।

(9) **पाक का नापाक इरादा**–इस युद्ध का एक प्रमुख कारण यह भी था कि पाकिस्तान ने अपने अपवित्र इरादे का प्रदर्शन किया। पाकिस्तान समझता था कि इस समय भारत की स्थिति ऐसी है, कि वह आक्रमण का सामना नहीं कर सकेगा और कश्मीर एवं कच्छ के क्षेत्र को ऐसे समय में सुविधा

के साथ हथियाया जा सकता है। इन्हीं नापाक इरादों के कारण ही उसने जहां अमरीका से सैनिक सहायता प्राप्त की, वहां चीन के साथ भी 300 वर्गमील भूमि देकर सहानुभूति प्राप्त की। इस प्रकार पाक का नापाक इरादा इस युद्ध का कारण बना।

(10) **अमेरिकी इशारा**—अमेरिका ने पाकिस्तान को कठपुतली बनाये रखने के लिए एक कूटनीतिक चाल चली थी, क्योंकि एशिया महाद्वीप पर सोवियत संघ के बढ़ते प्रभुत्व को राकने के लिए यही एक सर्वोतम साधन था। साम्यवाद पर अंकुश लगाने के लिए पाकिस्तान को मोहरा बनाकर ही अमेरिका ने अपना इशारा करके पाक को इस आक्रमण के लिए उकसाया और अन्ततः 1965 का युद्ध भारत की झोली में डाल दिया गया, जिसका बोझ भारत को मजबुरीवश उठाना पड़ा। अमेरिका सोवियत संघ के निकट रहकर ही अपने उद्देश्य को पूरा करने के लिए सदैव से प्रयत्नशील रहता रहा है। यही कारण है कि लम्बे समय से और बहुत बड़ी तादात में आर्थिक एवं सैनिक सहायता अपने सहयोगियों को देता रहा है।

इस प्रकार उपर्युक्त महत्वपूर्ण कारणों ने ही भारत–पाक युद्ध 1965 को जन्म दिया। भारत और पाकिस्तान के बीच सितम्बर, सन् 1965 में जो युद्ध हुआ उसने यह सिद्ध कर दिया कि भारत प्रत्येक दृष्टि से पाकिस्तान से श्रेष्ठ था। कच्छ के संकट के समय सोवियत संघ ने तटस्थ दृष्टिकोण अपनाया था परन्तु इस युद्ध मे आम तौर पर सोवियत संघ का झुकाव भारत की ओर था, फिर भी सोवियत प्रधानमंत्री कोसीगन उस समय पाकिस्तान को भी खुश करने का प्रयास कर रहे थे। उन्होंने अयूब खाँ को सोवियत संघ की यात्रा पर बुलाया था और मित्रता का प्रयास किया था। कोसीगन ने कहा कि भारत–पाक संघर्ष का मूल कारण हथियारों की आपूर्ति नहीं थी, वरन् यह पश्चिमी देशों की साम्राज्यवादी नीति थी जिसने संघर्ष जारी रखा हुआ था। पाकिस्तान–सोवियत के वार्ता से भारत के नेतागण स्वाभाविक रूप से परेशान हुए। उस समय सोवियत संघ का दृष्टिकोण पाकिस्तान के साथ मैत्री करने का था और वह पाकिस्तान को हथियार देने की बात सोच रहा था।

इस पृष्ठभूमि में प्रधानमंत्री लाल बहादुर शास्त्री ने सोवियत संघ की यात्रा की। उन्होने सोवियत नेताओं को दक्षिण एशिया का वास्तविक स्थिति से अवगत कराया और भारत को सोवियत संघ द्वारा मिलने वाली सहायता को जारी रखने की प्रार्थना की। सोवियत नेताओं ने शास्त्री को विश्वास दिलाया कि पाकिस्तान के साथ सोवियत संघ के संबंध मधुर होने के बावजूद भी भारत के साथ उसकी मैत्री में कोई कमी नही आयेगी। शास्त्री की यह मास्को यात्रा अधिक सफल नहीं हुई। उसी समय पाकिस्तान ने शांति भंग करने और भारत के विरूद्ध युद्ध आरम्भ करने की योजना बनाई।[3]

1965 का भारत–पाक युद्ध

कच्छ के रण का संघर्ष पाकिस्तान द्वारा भारत के विरूद्ध मात्र एक पूर्वाभ्यास था। अभी कच्छ समझौते की स्याही सूखी भी नहीं थी, कि पाकिस्तान ने कश्मीर में अपनी हरकत प्रारम्भ कर दी। 5 अगस्त, 1965 को पाकिस्तानी मुजाहिदों ने नागरिक पोशाक में युद्ध विराम रेखा पार कर भारतीय कश्मीर में प्रवेश किया जिनके पास पाकिस्तानी सेना के हथियार थे। मुजाहिदों का समर्थन तथा कश्मीर समस्या के विकृत चित्रांकन हेतु मुजफ्फराबाद के निकट 'सादा–ए–कश्मीर' रेडियो स्थापित किया गया।[4] मुजाहिदों का मौलिक उद्देश्य कश्मीर में अव्यवस्था पैदा करना था, ताकि पाकिस्तान को यह कहने का अवसर मिल जाये कि भारतीय आतताइयों के विरूद्ध कश्मीर वालों ने विद्रोह कर दिया। वास्तव में यह योजना पूर्व नियोजित थी। भारत में संयुक्त राज्य अमेरिका के तत्कालीन राजदूत चेस्टर बोल्स की दृष्टि में कश्मीर में गुरिल्ला घुसपैठ कश्मीर को प्राप्त करने हेतु पाकिस्तान द्वारा सृजित नाटक का प्रथम कार्य था।[5] वास्तव में पाकिस्तानियों को विश्वास था कि कश्मीरी जनता उन्मुक्त हृदय से मुजाहिदों का स्वागत करेगी, परन्तु यह मात्र उनका भ्रम था। कश्मीरियों ने घुसपैठियों को घेरने में भारतीय सेना की भरपूर सहायता की। इस प्रकार पाकिस्तान का घुसपैठी–कुचक्र कश्मीर में बुरी तरह असफल हुआ।

पूर्व नियोजित गुरिल्ला घुसपैठी की असफलता के उपरान्त पाकिस्तान ने 1 सितम्बर, 1965 को भारत ने भी पाकिस्तान सीमा को पार कर भारत पर हमला कर दिया। भारत ने भी पाकिस्तान के विरूद्ध मोर्चा खोल दिये और युद्ध की ज्वाला में दोनों देश झुलसने लगे। यह युद्ध 23 सितम्बर, 1965 तक चला और महाशक्तियों के रचनात्मक सहयोग एवं संयुक्त राष्ट्र संघ के सद्प्रयत्नों से युद्ध विराम हुआ। युद्ध की समाप्ति पर लगभग 750 वर्ग मील पाकिस्तानी क्षेत्र भारत के अधिकारी में और 240 वर्गमील भारतीय क्षेत्र पाकिस्तान के अधिकार में था। डा0 पुष्पेश पन्त के शब्दों में 'इस सैनिक मुठभेड़ ने कई प्रचलित मिथक तोड़ डाले। सबसे पहला यह, कि चीन के हाथों के हार के बाद भारत इतना खोखला हो गया है कि पाकिस्तान तक उसको हरा सकता है। पाकिस्तान ने इण्डोनेशिया के साथ मिल कर यह सांठ–गांठ भी की थी कि अण्डमान–निकोबार पर कब्जा किया जा सके। यह मंसूबा भी पूरा नहीं हो सका। इसके विपरीत रण–क्षेत्र में सफलता के कारण भारत को 1962 की ग्लानि और मानहानि को धोने का अवसर मिला। बाहरी आक्रमण का सामना करने के लिए सारा राष्ट्र एक हो गया और राष्ट्रीय एकीकरण का काम अपेक्षाकृत अधिक सहज हो सका'।[6]

यदि गम्भीरता से देखा जाय तो हम पायेगें कि कच्छ में की गयी पाकिस्तानी कार्यवाही कश्मीर पर विशाल पैमाने पर आक्रमण करने का पूर्वाभ्यास थी। कच्छ समझौते से पूर्व से ही पाकिस्तान कश्मीर पर आक्रमण करने की योजना बना रहा था। कच्छ विवाद तो मात्र भारत का ध्यान कश्मीर की ओर से हटाने के लिए एक बहाना था। पं0 नेहरू की मृत्यु के उपरान्त पाकिस्तान के राष्ट्रपति जनरल अयूब खाँ यह अनुमान लगाने लगे थे कि अब वे कश्मीर को आसानी से अधिकृत कर लेगें। इस हेतु उन्होने चीन की सहायता से हजारों पाकिस्तानी सैनिकों को छापामार युद्ध का प्रशिक्षण शुरू कर दिया था। इन प्रशिक्षित छापामार सैनिकों ने कश्मीर में घुसपैठ प्रारम्भ कर दिया था और अब निकट भविष्य में योजनानुसार छापामार दस्ता अस्त्र–शस्त्रों से सुसज्जित

होकर असैनिक वेष में कश्मीर में घुसकर आन्तरिक रूप से तोड़–फोड़ द्वारा ऐसी स्थिति उत्पन्न करने की योजना को मुर्तरूप देने वाला था ताकि भारतीय सेना को कश्मीर से भागना पड़ें। कश्मीर की मुस्लिम जनता का पूर्ण सहयोग प्राप्त करने का विश्वास पाकिस्तान को हो रहा था। वह सोच रहा था कि कश्मीरी आवाम छापामारों का जनता साथ देगी। 4 और 5 अगस्त की रात्रि को हजारों पाकिस्तानी छापामार सैनिक कश्मीर में घुस आये। पाकिस्तानी घुसपैठियों को कश्मीर की जनता से सहयोग की जो अपेक्षा थी वह पूर्ण नहीं हुई। कश्मीर की मुस्लिम जनता ने इन घुसपैठियों की धर–पकड़ प्रारम्भ कर दी और भारतीय सेना ने उनका सफाया करना प्रारम्भ कर दिया।[7] योजना यह थी कि जब पाकिस्तान के सैनिक वर्दी में आक्रमण करेंगे तो ये घुसपैठिए उनकी सहायता के लिए उपस्थित रहेंगे। उन्हे कश्मीर की स्वतंत्रता का युद्ध शुरू करना था। जैसे ही घुसपैठिए कश्मीर में पहुँचे, पाकिस्तान रेडियो ने यह घोषणा की कि कश्मीर के लोगों ने विद्रोह कर दिया है, श्रीनगर रेडियो स्टेशन और हवाई अड्डा मुजाहिद्दीनों के नियंत्रण में आ गए थे और श्रीनगर का पतन होने वाला था। यह सब सफेद झूठ था सिवाय इसके कि घुसपैठियों ने हिंसा फैलाना शुरू कर दिया था। शीघ्र ही भारतीय सेना ने उनके विरूद्ध कार्यवाही शुरू की और बड़ी संख्या में उन्हें मार दिया या पकड़ लिया गया।[8] इस तरह जब भारतीय सेना घुसपैठियों के एक जत्थे का सफाया कर देती थी तो पाकिस्तान दूसरा जत्था कश्मीर भेज देता था। अतः इससे अब यह पूर्णतः स्पष्ट हो गया था कि पाकिस्तान का इरादा नापाक था और वह अपनी हरकतें बढ़ा रहा था।

घुसपैठियों का यह प्रवाह निरन्तर बना रहा और जब भारत सरकार ने पाकिस्तान से इन्हे रोकने हेतु कहा तो पाकिस्तान ने इनसे अपना कोई संबंध न होना बताया। जबकि उल्लेखनीय तथ्य यह है कि संयुक्त राष्ट्र संघ के पर्यवेक्षक जनरल निझो ने घुसपैठियों की कार्यवाही के लिए पाकिस्तान को पूर्णरूपेण दोषी ठहराया था। फिर भी पाकिस्तान सरकार अपनी हरकतों

से बाज नहीं आयी। उसने पाक अधिकृत कश्मीर, स्यालकोट, लायलपुर तथा पंजाब के अनेक स्थानों पर इनके भर्ती के लिए केन्द्र खोले तथा इन मुजाहिदों को धर्म के लिए युद्ध करने वालों की संज्ञा दी। पाकिस्तान सरकार ने इन्हें मर्री, सिंक्यारी, अफजलपुर और दुराजी नामक केन्द्रों में प्रशिक्षण प्रदान किया। घुसपैठियों के प्रत्येक दल की छः कम्पनियाँ थी और प्रत्येक कम्पनी में 110 सैनिक थे। प्रत्येक कम्पनी की कमान पाकिस्तानी सेना के मेंजर (टैंक दस्ते के एक अधिकारी) के हाथ में रखी गयी। इन घुसपैठियों को 120 रूपये से 150 रूपये तक मासिक वेतन दिया जाता था। भारत सरकार को बाद में एक गुप्त दस्तावेज प्राप्त हुआ जिससे यह पता चला कि इन घुसपैठियों की सम्पूर्ण प्रशिक्षण व्यवस्था पाकिस्तान की 12वीं डिवीजन के कमाण्डिग अफसर मेजर जनरल अख्तर हुसैन की देख–रेख में हुई।

भारत सरकार इन घुसपैठियों को रोकने हेतु निरंतर प्रयास कर रही थी पर इनको रोकने का एक ही उपाय था कि उस मार्ग पर अधिकार स्थापित किया जाय जहाँ से होकर ये घुसपैठिये आ रहे थे। अतः भारतीय सेना ने इसी निष्कर्ष के मद्देनजर युद्ध विराम रेखा पार करने का निश्चय किया। इस उचित एवं साहसिक निश्चय को मूर्त रूप देने हेतु 24 अगस्त, सन् 1965 को भारतीय सेना ने युद्ध विराम रेखा को पार किया तथा अधिकृत कश्मीर में पाकिस्तानी कब्जे से पीर साहिब और दो अन्य चौकियाँ छीन ली। इसके कुछ दिन बाद उड़ी क्षेत्र का ठिकाना बेदार भी छीन लिया। 28 अगस्त को प्रातः भारतीय सेना ने हाजीपीर दर्रे पर अधिकार कर लिया। तिफवाल और हाजीपीर पर नियंत्रण से वह मार्ग भारत के अधिकार में आ गया जहाँ से पाकिस्तानी घुसपैठिये भारत में निरंतर घुसपैठ कर रहे थे। यद्यपि भारतीय सेना को अपनी शानदार विजय के लिए बहुत बलिदान करना पड़ा, परन्तु उसने घुसपैठियों पर अंकुश लगाने में सफलता प्राप्त कर ली। ऐसी स्थिति में पाकिस्तान के सामने भारत पर खुले रूप से आक्रमण के अलावा अब कोई विकल्प अवशेष नहीं था कि वह अपने निहित उद्देश्यों

को पूरा कर सके, क्योंकि उसकी कूट योजना पूर्ण विफल हो चुकी थी भारतीय सेना के तीव्र प्रहारों के कारण घुसपैठियों का मनोबल टूट चुका था।[9]

संयुक्त राष्ट्र संघ में भारत के स्थायी प्रतिनिधि श्री पार्थसारथी ने संघ के महासचिव श्री उथांट का ध्यान कश्मीर की ओर दिलाते हुए पाकिस्तानी हरकतों को रोकने का अनुरोध किया, परन्तु अमेरिका तथा ब्रिटेन के पक्षपात पूर्ण रवैये के कारण संयुक्त राष्ट्र संघ कुछ करने में असमर्थ रहा।[10] जब पाकिस्तान की पूरी योजना विफल हो गई तब 1 सितम्बर, 1965 को पाकिस्तान ने औपचारिक रूप से कश्मीर पर आक्रमण कर दिया। इस बार पाकिस्तान की सेना ने न केवल युद्ध विराम रेखा का बल्कि अन्तर्राष्ट्रीय सीमा का भी उल्लघंन करके युद्ध शुरू कर दिया। भारत ने संयुक्त राष्ट्र संघ को स्पष्ट कर दिया कि जब तक पाकिस्तान की सेना और घुसपैठिए बाहर नहीं निकलते शांति सम्भव नहीं थी। भारत को यह पता लगा कि पाकिस्तान एक बहुत बड़ा आक्रमण करने वाला था। उस समय भारत ने 5 सितम्बर, सन् 1965 को पश्चिमी पंजाब के तीन सैक्टरों पर जबावी हमला किया। भारतीय सेना लाहौर की ओर बढ़ रही थी। इस बीच पाकिस्तानी हवाई सेना ने अमृतसर पर बमबारी करके एक नया अध्याय खोला। परिणाम स्वरूप भारत की वायुसेना ने भी थल सेना की सहायता के लिए कार्यवाही शुरू की।[11] यह पाकिस्तान द्वारा भारत पर किया गया एक खुला एवं नग्न आक्रमण था। पाकिस्तान इसकी तैयारी अनेक वर्षों से कर रहा था। छम्ब और जोरिया का क्षेत्र बहुत महत्वपूर्ण था। छम्ब क्षेत्र में ही अखनूर से होती हुई सड़क जम्मू कश्मीर से सम्पर्क स्थापित करती थी। पाकिस्तान इस सड़क को काटकर श्रीनगर घाटी का भारत से सम्पर्क समाप्त कर देना चाहता था। इसलिए उसने विशाल पैमाने पर आक्रमण कर दिया। प्रारम्भ में उसे इस आक्रमण में थोड़ी बहुत सहायता अवश्य मिली पर भारतीय सेना ने इस क्षेत्र में बड़ी वीरतापूर्वक लड़ाई लड़कर पाकिस्तानी सेना को आगे बढ़ने से विवश कर दिया। भारतीय वायु सेना का कार्य इस क्षेत्र में अत्यंत सराहनीय रहा

क्योंकि इसके हवाई आक्रमणों के कारण शत्रु आगे नहीं बढ़ सके। इस तरह पाकिस्तानी सेना को अखनूर से 5 मील दूर ही रोक दिया गया। जब भारतीय सेना ने पाकिस्तान की सेना को छम्ब और जोरिया क्षेत्र में बढ़ते हुए देखा तो उसी समय उसने अमृतसर, गुरूदासपुर और फिरोजपुर क्षेत्र में पाकिस्तानी सेना पर तीव्र प्रहार किया। भारतीय सेना ने सियालकोट के पास उस रेल लाइन पर अधिकार कर लिया जिससे पाकिस्तानी सेना को सहायता मिल रही थी। सर्वाधिक जोरदार लड़ाई लाहौर के मोर्चे पर हुई। लाहौर क्षेत्र में पाकिस्तानी सेना पीछे हटती हुई इच्छोगिल नगर तक पहुँच गयी। यह देखकर पाकिस्तान के नागरिक लाहौर शहर छोड़कर भागने लगे। लाहौर मोर्चे की विजय भारतीय सेना के लिए एक गौरवशाली दिन था।[12]

युद्ध के दौरान सुरक्षा परिषद निरन्तर इस समस्या पर विचार करती रही। कई सुझाव दिये गये, प्रस्ताव पारित किये गये और महासचिव उथांट ने पाकिस्तान और भारत की यात्रा की। युद्ध विराम के लिए पाकिस्तान की ये शर्तें थी कि समस्त कश्मीर से भारत और पाकिस्तान की ये सभी सेनाओं को वापस बुलाया। एशिया, अफ्रीका के देशों से गठित एक शांति सेना को कश्मीर भेजा जाए जो वहाँ जनमत संग्रह तक रहे, तथा तीन महीने के भीतर जनमत् संग्रह करवाया जाए। भारत ने इन तीनो शर्तों को अस्वीकार कर दिया। भारत के प्रतिनिधि एम0पी0 चागला ने सुरक्षा परिषद से प्रार्थना की कि वह पहले यह तय करे कि आक्रामक कौन था। उन्होने याद दिलाया कि स्वंय संयुक्त राष्ट्र के पर्यवक्षकों ने यह बताया था कि 5 अगस्त को पाकिस्तानी घुसपैठी कश्मीर आ गये थे। इस बीच चीन ने पाकिस्तान को पूरे समर्थन का वचन दिया और भारत को यह चेतावनी दी कि वह तिब्बत– सिक्किम सीमा पर अपने सैनिक अड्डे बन्द कर दें। भारत ने सुरक्षा परिषद में जनमत संग्रह की प्रार्थना को ठुकरा दिया और कहा कि कश्मीर की संविधान सभा विलय का अंतिम अनुमोदन कर चुकी है।

सुरक्षा परिषद ने 20 सितम्बर, सन् 1965 को भारत और पाकिस्तान

से युद्ध विराम करने और अपनी–अपनी सेनाओं को 5 अगस्त, सन् 1965 की स्थिति में वापस लाने के लिए कहा। प्रस्ताव पास होने के समय पाकिस्तानी सेना पर भारतीय जवान हावी हो रहे थे। इसलिए पाकिस्तान ने 23 सितम्बर, सन् 1965 प्रातः 3 बजकर 10 मिनट से युद्ध विराम स्वीकार कर लिया। इस प्रकार भारत–पाक युद्ध समाप्त हुआ और पाकिस्तान की आशाओं पर पानी फिर गया युद्ध में भारत की सेनाओं का मनोबल बहुत ऊँचा था और उन्हें सफलता मिली थी। भारत ने सन् 1962 में चीन के हाथों जो पराजय हुई थी, उसका बदला ले लिया। युद्ध के समय पाकिस्तान ने अनेक झुठे प्रचार किये जैसे कि पाकिस्तानी सेनाएँ दिल्ली में घुस गई थी और उन्होने चांदनी चौक को तहस–नहस कर दिया था।

23 दिनों तक चले इस युद्ध में भारत की सेनाएँ बहुत वीरता से लड़ी थी और उन्होने अमेरिका से मिले, पैटन टैंकों को, जिनका पकिस्तान प्रयोग कर रहा था बहुत हानि पहुँचाई। हमारे सैनिकों ने पाकिस्तान के लाखों हथियारों को, जो अमेरिका और चीन में बने हुए थे, भागते पाकिस्तानियों से छीन लिया। भारतीय रक्षा मंत्रालय के अनुसार हमारे 2,226 अधिकारी और जवान मारे गये। भारत के 300 टैंको को हानि हुई और दोनों देशों ने पचास–पचास विमान खो दिये। इस युद्ध में, बीच में ही युद्ध विराम हो जाने के कारण किसी की भी निश्चित विजय या पराजय नहीं हुई, फिर भी भारत अवश्य ही अधिक शक्तिशाली सिद्ध हुआ।

भारत की सेना का मुख्य उद्देश्य था अपनी श्रेष्ठता सिद्ध करना और पाकिस्तान के अधिक से अधिक शस्त्रों को हानि पहुँचाना। सेना ने ये उद्देश्य प्राप्त कर लिए और पाकिस्तान को पराजय के कगार पर ला खड़ा कर दिया। परन्तु भारत के जवान और आम जनता दोनों ही इस बात से अप्रसन्न थे कि जब भारतीय सेना लाहौर और सियालकोट क्षेत्रों में विजय की ओर बढ़ रही थी, उस समय भारत को युद्ध विराम स्वीकार करना पड़ा। इस प्रकार पाकिस्तान

बुरी तरह से हारने से बच गया। भारत ने पाकिस्तान का लगभग 750 वर्ग मील क्षेत्र छीन लिया था परन्तु सोवियत संघ के प्रधानमंत्री के सुझाव पर हुए ताशकन्द समझौते से उस जीती हुई भूमि वापस करनी पड़ी।[13]

युद्ध विराम हो गया पर 23 सितम्बर से 29 सितम्बर की समयावधि में पाकिस्तान ने 42 बार युद्ध–विराम रेखा का उल्लंघन किया। इसके बाद भी पाकिस्तानी सेना ने भारतीय सीमाओं का निरन्तर अतिक्रमण किया। पाकिस्तान के विदेशमंत्री जुल्फिकार अली भुट्टो ने कहा कि भारत और पाकिस्तान के मध्य तभी संबंध सुधर सकते है जबकि कश्मीर में जनमत संग्रह करा दें। 25 सितम्बर, सन् 1965 को भारत के राष्ट्रपति डॉ0 राधाकृष्णनन ने आकाशवाणी से राष्ट्र के नाम प्रसारित एक संदेश में कहा कि ''कश्मीर में जनमत संग्रह न तो व्यावहारिक है और न ही आवश्यक है क्योंकि पाकिस्तान ने संयुक्त राष्ट्र संघ के सन् 1948 के प्रस्ताव का पालन नहीं किया है। कश्मीर की संविधान सभा ने भारत में विलय का समर्थन कर दिया है। इसी संदर्भ में भारत के प्रधानमंत्री श्री लालबहादुर शास्त्री ने काँग्रेस वर्किंग कमेंटी के समक्ष भाषण देते हुए कहा कि ''पाकिस्तान की नीयत अच्छी नहीं है और उससे सर्तकता की आवश्यकता है।''

भारत और पाकिस्तान के कटु संबंधों के इतिहास में सितम्बर, सन 1965 का भारत–पाक युद्ध एक महत्वपूर्ण घटना थी। यह युद्ध पाकिस्तान की घृणात्मक एवं धर्मान्ध भावना का चरमोत्कर्ष था जिसे पाकिस्तान ने अपने जन्म के तत्काल बाद सन् 1947 में व्यक्त किया था। पाकिस्तान प्रारम्भ से ही भारत को कदम–कदम पर अपमानित कर नीचा दिखाना चाहता था और इस संबंध में उसने कोई कोर–कसर नहीं छोड़ी, पर इस युद्ध में पाकिस्तान की पराजय ने यह सिद्ध कर दिया कि अन्तर्राष्ट्रीय विवाद युद्ध एवं शक्ति के द्वारा तय करने का प्रयास व्यर्थ है। पाकिस्तान युद्ध में भारत के लिये यह विजय धर्म–निरपेक्षता समाजवाद और स्वंतत्रता के लिए सिद्धांतों की विजय

थी। इस युद्ध ने सिद्ध कर दिया कि भारत अपनी प्रादेशिक अखण्डता बनाये रखने हेतु कटिबद्ध है उसके अभिन्न अंग कश्मीर को उससे अलग करने का प्रयास पाकिस्तान के लिये निरर्थक एवं कष्टप्रद है।[14]

ताशकंद समझौता

सन् 1965 के भारत पाकिस्तान युद्ध समाप्त होने के पश्चात् भी स्थिति सामान्य नहीं हुई थी कि पाकिस्तानी घुसपैठिये कश्मीर में घुसकर उपद्रव मचा रहे थे। 25 अक्टूबर को जार्डन ने एक प्रस्ताव सुरक्षा परिषद में रखते हुए कहा कि समस्या का कोई राजनैतिक हल निकाला जाना चाहिए। भारत की ओर से बोलते हुए स्वर्ण सिंह ने कहा कि "जब तक पाकिस्तान पूर्ण रूप से युद्ध विराम के नियमों का पालन न करें, तब तक सुरक्षा परिषद में इस सम्बंध में कोई भी प्रस्ताव रखना व्यर्थ है" 5 अक्टूबर को सुरक्षा परिषद ने एक अन्य प्रस्ताव पास करके दोनों देशों से किसी भी प्रकार की कार्यवाही न करने की अपील की तथा उन्हें 20 सितम्बर के प्रस्ताव के अनुसार आचरण करने को कहा।

भारत–पाक सीमा पर मशीनगनें यद्यपि कि शान्त हो चुकी थी, तथापि चिरशांति हेतु समझौता अभी शेष था। इस परिप्रेक्ष्य में सोवियत संघ के प्रधानमंत्री कोसीगन, को भी जिनके सद्प्रयत्नों से सोवियत मध्य एशिया के उज्बेकिस्तान प्रान्त की राजधानी ताशकन्द में शान्ति सम्मेलन का आयोजन हुआ था। की मध्यस्थता में 10 जनवरी, 1966 को भारत की ओर से तत्कालीन प्रधानमंत्री लाल बहादुर शास्त्री और पाकिस्तान की ओर से तत्कालीन राष्ट्रपति अयूब खां ने एक समझौते पर हस्ताक्षर कर दिये। यह समझौता 'ताशकन्द–घोषणा' के नाम से प्रख्यात हुआ।[15]

ताशकन्द समझौते की मुख्य सहमति शर्तें इस प्रकार थी–

1. दोनों देश आपसी विवाद के निपटारे के लिए युद्ध का अब त्याग करते हैं।

2. भविष्य में समस्याओं के शांतिपूर्ण समाधान के लिये संयुक्त राष्ट्र संघ के सिद्धांतो के प्रति सम्मान दर्शाते हुए सदैव परामर्श का ही अवलम्बन करेगें।
3. दोनों देश एक दूसर के प्रति मैत्री भावना का प्रदर्शन करेंगे और पारस्परिक सम्बंधों को बिगाड़ने वाला कोई कदम नहीं उठायेगें।

युद्ध के पश्चात् स्थिति को सामान्य रखने में रूसी प्रधानमंत्री कोसीगन ने मध्यस्थता की महत्वपूर्ण भूमिका निभाई। रूस चाहता था कि भारतीय उपमहाद्वीप में शांति स्थापित हो जाये क्योंकि इस उपमहाद्वीप में अशांति रूसी हितों के विरूद्ध थी। इसके अतिरिक्त रूस पाकिस्तान का भी शुभ चिन्तक बनना चाहता था क्योंकि पाकिस्तान का रूझान पश्चिमी गुट की ओर होने से पाकिस्तान की भूमि से रूस विरोधी कार्यवाही हुआ करती थी। इस प्रकार की कार्यवाही को रोकने हेतु रूस पाकिस्तान को अपने पक्ष में करना चाहता था। इन अनेक परिस्थितियों से प्रेरित होकर रूसी प्रधानमंत्री कोसीगन ने दोनों देशों के प्रधानमंत्रियों को लिखे अपने पत्र में कहा कि उन्हें शान्ति के लिए कोई समझौता कर लेना चाहिए। 4 सितम्बर, सन् 1965 को लिखे पत्र में कोसीगन ने कहा कि "कश्मीर में सैनिक संघर्ष के कारण रूस को अपार चिन्ता हो रही है। यह वह समय नही है कि संघर्ष की उत्पत्ति के कारणों की खोज की जाय। युद्ध में अनेक मनुष्य व्यर्थ में अपने प्राण गवाँ रहे है ऐसी दशा में युद्ध का समाप्त किया जाना ही उत्तम है"। अपने पत्र में कोसीगन ने यह भी कहा कि दोनों देश चाहेगें तो रूस दोनों के मध्य सहयोग पूर्ण कार्य करने में अपना सहयोग प्रदान कर सकता है।

युद्ध की समाप्ति के पश्चात् 23 नवम्बर को भारत के प्रधानमंत्री लाल बहादुर शास्त्री ने राज्य सभा को सूचित किया है कि रूसी प्रधानमंत्री कोसीगन का पत्र भारत सरकार को प्राप्त हुआ है, जिसमें सुझाव दिया गया है कि एक सम्मेलन भारत तथा पाकिस्तान के नेताओं का ताशकन्द में आपसी समस्याओं को सुलझाने का हो। 1 दिसम्बर 1965 को भारत स्थिति रूसी राजदूत की भेंट लाल बहादुर शास्त्री से हुई। राजदूत ने प्रस्ताव रखा

कि भारत और पाकिस्तान का इस प्रकार का प्रस्तावित सम्मेलन जनवरी सन् 1966 के प्रथम सप्ताह में रूस के ताशकन्द में किया जाये। इस वार्ता के समय रूसी प्रधानमंत्री भी ताशकन्द होगें। तत्पश्चात् 8 दिसम्बर सन् 1965 को घोषित किया गया कि भारत और पाकिस्तान के प्रधानों का सम्मेलन जनवरी, सन् 1966 तक पूर्व सोवियत संघ के नगर ताशकन्द में एक सम्मेलन हुआ जिसमें औपचारिक रूप से भारत–पाक युद्ध समाप्त करके, शान्ति स्थापना का निर्णय किया। ताशकन्द शिखर सम्मेलन सावियत प्रधानमंत्री कोसीगन की पहल पर बुलाया गया था और उसमें प्रधानमंत्री लाल बहादुर शास्त्री तथा पाकिस्तान के राष्ट्रपति अयूब खाँ ने भाग लिया। युद्ध के दौरान ही दोनों महाशक्तियों ने शान्ति के प्रयास किये थे। चीन ने तो भारत को चेतावनी तक दे डाली थी, परन्तु सोवियत हस्तक्षेप के डर से, उसने पाकिस्तान के पक्ष में हस्तक्षेप नहीं किया था। युद्ध विराम के बाद भी तनाव बना रहा। ब्रिटेन और अमेरिका भारत पर बराबर दबाव डालते रहे थे। अतः केवल सोवियत संघ बचा जिसकी पहल पर कार्य किया जा सकता था। सोवियत प्रधानमंत्री ने सितम्बर, सन् 1965 के आरम्भ में शान्ति का असफल प्रयास किया था, इसको 13 सितम्बर को फिर दोहराया गया। इस बार सोवियत निमंत्रण को शास्त्री जी ने तो सिद्धान्त रूप से स्वीकार कर लिया था, परन्तु पाकिस्तान ने कहा कि इससे कोई लाभ होने वाला नहीं था। अयूब खाँ का यह अनुमान सही निकला कि अमेरिका उनके पक्ष में हस्तक्षेप करेगा। चीन–पाकिस्तान की बढ़ती मित्रता को देखते हुए अमेरिका ऐसा नहीं कर सकता था युद्ध बन्दी के पश्चात, नवम्बर, सन 1965 में अयूब खाँ ने सेवियत निमंत्रण स्वीकार किया। सम्मेलन में सोवियत प्रधानमंत्री भी मौजूद रहे ताकि आवश्यकता पड़ने पर मध्यस्थता कर सके।

ताशकन्द जाने से पूर्व शास्त्री और अयूब खाँ दोनों ने अपनी अपेक्षाएँ और उद्देश्य निर्धारित कर लिये थे। अयूब ने कहा था कि वह कश्मीर विवाद के उचित समाधान के लिए तैयार थे। परन्तु क्या उचित था यह

स्पष्ट नहीं किया– शायद कश्मीर का पाकिस्तान में विलय ही 'उचित' होता। भारत के प्रधानमंत्री ने स्पष्ट कर दिया था कि कश्मीर का भविष्य किसी बातचीत का विषय नहीं हो सकता था। कश्मीर तो भारत का अभिन्न अंग था। शास्त्री ने यह आशा व्यक्त की थी कि भविष्य में भारत और पाकिस्तान एक दूसरे के विरूद्ध बल प्रयोग नहीं करेगें। उन्होने यह भी साफ कर दिया थ कि भारत "पाकिस्तान की संप्रभुता और अखण्डता को पूरी तरह स्वीकार करता था"। यह पहली बार था कि सोवियत संघ ने दो गैर साम्यवादी देशों के बीच मध्यस्थता का प्रयास किया था। वास्तव में शायद चीन को छोड़कर समस्त संसार इस बैठक की सफलता का कामना कर रहा था। बैठक में 6 दिन तक दोनों देशों ने कठोर रूख अपनाया। अन्त में 10 जनवरी, सन् 1966 की प्रसिद्ध ताशकन्द समझौता पर इस आशा और विश्वास के साथ हस्ताक्षर किये गये कि दोनों देशों का भविष्य उज्जवल और सुन्दर होगा। कोसीगन की उपस्थिति में घोषणा पर हस्ताक्षर किये गये। उसके कुछ घंटे बाद, एक गम्भीर दिल के दौरे के फलस्वरूप शास्त्री जी का देहान्त हो गया।[17] भारतीय जनता शास्त्री जी की मृत्यु का समाचार सुनते ही शोकाकुल हो उठी। ताशकन्द समझौते में नौ (9) अनुच्छेद थे इन अनुच्छेदों की भूमिका में कहा गया था कि भारत के प्रधानमंत्री और पाकिस्तान के राष्ट्रपति ने दोनों देशों के मध्य अपने संबंधों को सामान्य बनाने और भिन्नता की भावना को प्रोत्साहित करने के लिये यह समझौता किया है। यह समझौता भारत और पाकिस्तान की 60 करोड़ जनता के लिए अत्यन्त महत्वपूर्ण उपलब्धि है। समझौते में दिये गए प्रावधान निम्नलिखित थे[18]

1. भारत के प्रधानमंत्री और पाकिस्तान के राष्ट्रपति इस पर सहमत हुए कि दोनों ओर से भारत और पाकिस्तान के बीच अच्छे पड़ोसियों का संबंध कायम करने के लिये संयुक्त राष्ट्र संघ के घोषणापत्र के अनुसार पूरे प्रयत्य किये जायेगें। इस घोषणा पत्र के अन्तर्गत वे अपनी इस जिम्मेदार

को फिर से स्वीकार करते है कि वे ताकत से काम नहीं लेगें, और अपने विवादों को शांतिपूर्ण तरीकों से सुलझायेंगे।

वे दोनों समझते है कि दोनों देशों के बीच तनाव, उनके क्षेत्र विशेषकर भारत–पाकिस्तान भूखण्ड की शांति और वस्तुतः भारत और पाकिस्तान के लोगों के हित में बाधक है। इसी पृष्ठभूमि में जम्मू कश्मीर के बारे में विचार हुआ और दोनो पक्षों ने अपनी–अपनी स्थिति को स्पष्ट किया है।[19]

2. भारत के प्रधानमंत्री और पाकिस्तान के राष्ट्रपति इस बात पर सहमत है कि दोनों देशों के सभी सशस्त्र व्यक्ति 5 फरवरी, सन् 1966 के पूर्व उस स्थान पर वापस बुला लिये जायेगें जहॉ वे 5 अगस्त, सन् 1965 के पूर्व थे और दोनों पक्ष युद्ध विराम रेखा पर युद्ध विराम की शर्तों का पालन करेंगे।

3. भारत के प्रधानमंत्री और पाकिस्तान के राष्ट्रपति राजी हुए है कि भारत और पाकिस्तान के बीच का सम्बंध एक दूसरे के आन्तरिक मामलों में अहस्तक्षेप के सिद्धांत पर आधारित होगा।[20]

4. दोनों देशों के नेता यह स्वीकार करते है कि वे अपने–अपने देश में एक दूसरे के विरूद्ध विषैले प्रचार को हतोत्साहित नहीं करेंगे और ऐसे प्रचार को प्रोत्साहित करेंगे जिससे दोनो देशों में मित्रतापूर्ण संबंधों का विकास हो सके।[21]

5. भारत के प्रधानमंत्री और पाकिस्तान के राष्ट्रपति सहमत हुए कि पाकिस्तान में भारत के उच्चायुक्त और भारत में पाकिस्तान के उच्चायुक्त अपनी–अपनी जगह पर लौट जायेगें और दोनों देशों में सामान्य राजनयिक संबंध फिर से कायम किये जायेगें। दोनो सरकारें अपने राजनयिक व्यवहार में सन् 1961 के वियना समझौते का पालन करेंगी।

6. भारत के प्रधानमंत्री और पाकिस्तान के राष्ट्रपति सहमत हुए कि वे भारत और पाकिस्तान के बीच आर्थिक संबंध, व्यापार, संचार और सांस्कृतिक सम्पर्क को फिर से कायम करने की कार्यवाही पर विचार करेगें। और भारत तथा पाकिस्तान के वर्तमान समझौते को अमल में लायेंगे।

7. भारत के प्रधानमंत्री और पाकिस्तान के राष्ट्रपति सहमत हुए कि वे अपने

अधिकारी को युद्धबन्दियों की वापसी का आदेश देगें।[22]

8. भारत के प्रधानमंत्री और पाकिस्तान के राष्ट्रपति सहमत हुए कि दोनों पक्ष शरणार्थियों की समस्याओं से तथा अवैध ढंग से व्यक्तियों की निकासी से सम्बंधित प्रश्नों पर आपस में विचार–विमर्श जारी रखेंगे वे इस बात पर भी राजी हुए कि दोनों पक्ष ऐसी स्थिति उत्पन्न करेगें जिससे जनता की भगदड़ रूकेगी। भारत–पाकिस्तानी संघर्ष के दौरान में एक पक्ष के द्वारा दूसरे पक्ष की ली गयी सम्पत्ति आदि को वापसी के बारे में वार्ता करने के लिए भी वे सहमत हुए।

9. भारत के प्रधानमंत्री और पाकिस्तान के राष्ट्रपति सहमत हुए है कि दोनों देशों से सन्धि संबंध रखने वाले मामलों पर विचार करने के लिए दोनों पक्ष सर्वोच्च स्तर पर तथा अन्य स्तरों पर आपस में मिलना जारी रखेगें। दोनों ने इस आवश्यकता को महसूस किया है कि भारतीयों और पाकिस्तानियों की संयुक्त समितियाँ बने जो अपने देशों की सरकारों को सूचना देगी कि आगे क्या कदम उठाये जाने चाहिए।

"भारत के प्रधानमंत्री और पाकिस्तान के राष्ट्रपति सोवियत संघ के नेताओं के प्रति और व्यक्तिगत रूप से प्रधानमंत्री कोसीगन के प्रति उनके रचनात्मक मित्रतापूर्ण और सुन्दर कार्यों के प्रति कृतज्ञता और प्रशंसा की गहरी भावना व्यक्त कर रहे हैं। इनके सद्प्रयत्नों से वर्तमान सम्मेलन हो सका और जिसका परिणाम दोनों पक्षों के लिए संतोषप्रद रहा।[23] वे उज्बेकिस्तान सरकार और वहाँ के लोगों को भी हृदय से धन्यवाद देते है जिन्होनें उनका इतना हार्दिक स्वागत और खातिरदारी की। वे सोवियत रूस के मन्त्रिपरिषद् के अध्यक्ष का इस घोषणा के लिए साक्षी होने को आमन्त्रित करते है।[24]"

भारतीय जनता ने इस अपेक्षा से कि ताशकन्द समझौता भारत–पाक संबंधो को सामान्य बनाने में सहायक होगा, इसका स्वागत किया। समझौते पर हस्ताक्षर करने के तुरन्त बाद प्रधानमंत्री शास्त्री ने कहा था कि यह

''अन्तर्राष्ट्रीय राजनय में एक अनूठा प्रयोग'' था। पश्चिमी जर्मनी के नेता कोनार्ड आडेनायर ने, जो कि सोवियत संघ के आलोचक थे सामान्यीकरण के लिए इस सोवियत पहल का स्वागत किया। इजरायल के प्रधानमंत्री अब्बा अबान ने आशा व्यक्त की कि ताशकन्द के सिद्धान्त और दृष्टिकोण अरब – इजराइल विवाद में भी अपनाए जा सकेंगे। गुलजारी लाल नन्दा ने जो शास्त्री की मृत्यु के बाद कुछ समय के लिए प्रधानमंत्री रहे थे, घोषणा की कि भारत पूरी निष्ठा से ताशकन्द समझौते को लागू करेगा, परन्तु पाकिस्तान में इसकी काफी आलोचना हुई। वहाँ के विदेशमंत्री ने कश्मीर समस्या का निदान किए बिना इस समझौते को निरर्थक कहा। कुछ पाकिस्तानियों ने इसे भारत के सम्मुख आत्मसमर्पण की संज्ञा दे डाली। अयूब खाँ ने जनता को भरोसा दिलाते हुए कहा कि संयुक्त राष्ट्र संघ के चार्टर के अनुसार कार्य करने का अर्थ यह नहीं था कि युद्ध किया ही जा सकता था। बल प्रयोग न करने का आशय केवल इतना था कि केवल शान्ति मार्ग खुला हो तो बल प्रयोग न किया जाए। एक सप्ताह के अन्दर ही पूरे राजनयिक संबंध स्थापित करने के लिये कदम उठाए गये। इस बीच विभिन्न शक्तियों में अलग–अलग प्रतिक्रियाएँ हुई। सोवियत संघ के लिए यह एक स्वर्ण अवसर था क्योंकि उसने यह समझौता करवाया था, अतः अमेरिका के प्रभुत्व मे कमी हुई। चीन को निराशा हुई कि भारत–पाक समझौता हुआ ही क्यों और ब्रिटेन की भी प्रतिष्ठा को धक्का लगा। चीन की निराशा का मूल कारण यह था कि इस समझौते का सारा श्रेय उसके प्रतिद्वन्द्वी सोवियत संघ को मिल गया।[25]

ताशकन्द समझौते का चीन को छोड़कर सर्वत्र स्वागत हुआ। यह सत्य है कि ताशकन्द समझौते से भारत और पाकिस्तान के मौलिक मतभेदों का अन्त नहीं हुआ, लेकिन उस समय यह उम्मीद करना कि भारत और पाकिस्तान के संबंधों कि सारी समस्याओं का समाधान हो जायेगा गलत था। ताशकन्द का महत्व इस बात में है। कि इसने पहले–पहल भारत और

पाकिस्तान ने नेताओं को अपने झगड़ों को शान्तिपूर्ण ढंग से सुलझाने के लिए प्रत्यक्ष वार्ता का अवसर दिया। इस बात की सम्भावना बढ़ गयी कि भारत और पाकिस्तान के संबंध में एक नया युग शरू होगा और दोनों देश अपनी शत्रुता भूलकर मैत्री का रास्ता अपनायेगें। ताशकन्द समझौते का स्वागत दुनिया में शांति की विजय के रूप में तथा चीन का आक्रमण और उग्रवादी नीति की पराजय के रूप में किया गया।

ताशकन्द समझौते के महत्व पर बोलते हुए सोवियत प्रधानमंत्री कोसीगन ने कहा था ''ताशकन्द घोषणा'' भारत तथा पाकिस्तान के संबंधों में एक नया मोड़ है। घोषणा से दोनों देशों के सैनिक संघर्षों का अन्त हो गया, इससे दो मुख्य एशियाई देशों के बीच विद्यमान कठिनाइयों को समाप्त करने का मार्ग प्रशस्त हुआ। मेरे विचार से एशिया के सर्वाधिक महत्वपूर्ण क्षेत्रों में शांति कायम रखने के लिए उक्त घोषणा ने एक वास्तविक आधारशिला की नींव रखी है।''

समझौते पर हस्ताक्षर करने के उपरान्त स्वर्गीय लाल बहादुर शास्त्री ने कहा था। कि अन्तर्राष्ट्रीय राजनीति में ताशकन्द सम्मेलन एक विशिष्ट प्रयोग है। उन्होने उम्मीद प्रकट की थी कि सम्पूर्ण विश्व, ताशकन्द घोषणा की काफी लम्बी अवधि की समस्याओं को सुलझाने का एक उदाहरण मानकर उसका स्वागत करेगा। स्तुतः ताशकन्द समझौता अन्तर्राष्ट्रीय राजनीति में लोकार्ना, जिनेवा, वियना और कैम्प डेविड की श्रृखंला में एक कडी है जिससे अन्तर्राष्ट्रीय सद्भावना के विकास में समय–समय पर काफी सहायता मिली है। यही कारण है कि यह सुझाव दिया जाता है कि समकालीन अन्तर्राष्ट्रीय समस्याओं का समाधान ''ताशकन्द की भावना'' में किया जाये। इसमें कोई सन्देह नहीं कि आने वाले वर्षो तक ''ताशकन्द की भावना'' में किया जाये। इसमें कोई सन्देह नहीं कि आने वाले कई वर्षो तक ''ताशकन्द की भावना'' अन्तर्राष्ट्रीय राजनीति को प्रभावित करती रहेगी।[26]

संसार के सभी शांति प्रेमी व्यक्तियों ने इसकी प्रशंसा की है और उसे स्वर्गीय श्री शास्त्री जी की बुद्धिमता और उसकी शांति की अभिलाषा की अभिव्यक्ति बताया है। ताशकन्द घोषणा न केवल भारत के पड़ोसी देश से अच्छे संबंधो और एक दूसरे देशों के प्रति शांतिपूर्ण सह–अस्तित्व की बुनियादी नीतियों के अनुरूप है बल्कि वह उन्हें और पुष्टि करती है। इन्हीं नीतियों के अनुसरण में भारत सन् 1949 के बाद हमेशा इस बात पर बल देता आया है कि दोनों के बीच अनाक्रमण सन्धि हो जानी चाहिए। वस्तुतः इस घोषणा का सबसे बड़ा महत्व यह है कि वह भारत के उद्देश्यों एवं नीतियों को पूरा करने की दिशा में एक आधार प्रस्तुत करती है।[27]

ताशकन्द घोषणा वास्तव में एक ऐतिहासिक समझौता था, इस समझौते के बाद पहली बार यह आशा की गयी थी कि भारत और पाकिस्तान अब संघर्ष का मार्ग छोड़कर शांति का प्रयास कर सकते थे। परन्तु यह आशा शीघ्र ही निराशा में बदल गई। पाकिस्तान अपनी सैन्य शक्ति बढ़ाता गया और भारत विरोधी प्रचार तेज करता गया। भुट्टो ने यहाँ तक कह डाला गया कि "हिन्दू संस्कृति इस्लामी संस्कृति का विनाश करने के लिए कृत संकल्प थी" और यह भी कहा कि सभी साम्राज्यवादी शक्तियाँ भारत का समर्थन कर रही थी। भारत ने ताशकन्द समझौते को लागू करने का पूरा प्रयास किया। यह ठीक है कि सैनिकों की अदला–बदली और वापसी हो गयी परन्तु मित्रता, संयोग और सद्भावना के प्रयास में सफल नहीं हुए भारत तो बल प्रयोग त्यागना चाहता था। परन्तु पाकिस्तान का एक मात्र उद्देश्य कश्मीर को प्राप्त करना था इस बीच पाकिस्तान ने सोवियत संघ के साथ संबंध सुधारने के लिए कदम उठाये पाकिस्तान का इरादा भारत और सोवियत संघ के बीच दरार पैदा करने का था। इसके विपरीत सोवियत संघ अमेरिका और चीन पाकिस्तान की निर्भरता कम करना चाहता था। शीघ्र ही पाकिस्तान ताशकन्द समझौते में किये गये वायदे तोड़ दिये। पाकिस्तान ने सन 1966–1969 की अवधि में सोवियत संघ को यह विश्वास दिलाना

चाहता था कि सोवियत संघ कश्मीर के प्रश्न पर पाकिस्तान का समर्थन करे तो पाकिस्तान अमेरिका पर निर्भरता कम कर सकता है। पाकिस्तान का विचार था कि उपमहाद्वीप में शांति तभी सम्भव हो सकती थी जब कश्मीर का प्रश्न सुलझ जाये और पाकिस्तान भारत की अपेक्षा अधिक शक्तिशाली बन जाये।

भारत और पाकिस्तान के बीच बढ़ते हुये तनाव के कई अन्य कारण भी थे। प्रथम, पाकिस्तान और चीन का वह समझौता जिसके अनुसार गिलगिट और सिक्याँग को जोड़ने वाली सड़क खोल दी गयी। यह कार्यवाही भारत के प्रदेश के सम्बंध में गैरकानूनी थी। द्वितीय पाकिस्तान भारत पर इस बात के लिए अमेरिका, सोवियत संघ और चीन के द्वारा दबाव डालता रहा कि वह कश्मीर के प्रश्न पर उसकी माँग मान ले। तृतीय भारत और पाकिस्तान के बीच गंगा के पानी के बँटवारें के बारे में तनाव बढ़ता जा रहा था। पाकिस्तान की आपत्ति थी कि यदि भारत में फरक्का बाँध बनाया गया तो इसके पूर्वी बंगाल में सूखा पड़ जायेगा।

भारत ने एक बार फिर युद्ध न करने के समझौते का प्रस्ताव किया जिसे पाकिस्तान ने ठुकरा दिया। अयूब खाँ ने भारत के प्रस्ताव को पाकिस्तान को धोखा देने वाला बताया1 इसी बीच भारत को अनेक ऐसे प्रमाण मिले जिससे यह पता लगाया था कि पाकिस्तान मिजो और नागा विद्रोहियों को सहायता दे रहा था। उधर अमेरिका पाकिस्तान की और अधिक सहायता करने लग गया था, जिससे भारत और पाकिस्तान के सम्बंधों में और भी अधिक गिरावट आयी।[28]

इस प्रकार हम कह सकते है कि ताशकन्द की भावना एक उच्च्च भावना थी और यदि ताशकन्द की भावना से काम होता, तो भारत और पाकिस्तान के सम्बंध अधिक मधुर रहते किन्तु ऐसा नहीं हुआ। फिर भी ताशकन्द समझौते ने कुछ समय के लिए दोनों देशों के बीच मौजूद वैमनस्यता की भावना को समाप्त किया।[29]

अभी इस समझौते की स्याही पूरी तरह सूखी भी नहीं थी, कि पाकिस्तान ने अपनी सैनिक तैयारी तेजी के साथ शुरू कर दी और पाकिस्तान ने भारत को अपना मूलभूत शत्रु मानने की भावना में परिवर्तन नहीं किया जिससे भारत–पाक सम्बंधों में सुधार वाली भारतीय नीति को भारी आघात लगा। पाकिस्तान अमेरिका एवं अन्य राष्ट्रों से प्राप्त सामरिक शस्त्रास्त्र तथा कूटनीतिक चालें भारत के विकास को रोकने के लिए निरन्तर चलता रहा।[30] पाक अपनी भारत विरोधी राष्ट्र नीति के अनुसार भारत के विरूद्ध सशस्त्र संघर्ष शुरू करने के लिए आधार रहित बहाने गढ़ने शुरू कर दिये। इसके लिए पाकिस्तान ने सीमा में सांप्रदायिक हिंसा एवं कट्टरतावाद को निरंतर बढ़ावा देना शुरू कर दिया और भारत की जनता के जनजीवन को अस्त व्यस्त करने के लिए निकृष्टतम तरीके भी अपनाने आरम्भ करे दिये। अमेरिका ने इस चाल को आर्थिक एवं सैनिक सहायता प्रदान करके दक्षिण एशिया में अपना एक अड्डा स्थापित कर लिया और अपनी दूरगामी कूटनीति के द्वारा पाक को कठ्पुतली बना लिया। यही कारण है कि आज भी अमेरिका की उँगली के इशारे पर पाक अपनी कार्यवाही करने को मजबूर एवं तत्पर रहता है।

सन्दर्भ सूची

1 डॉ0 एस.के मिश्रा, राष्ट्रीय रक्षा व सुरक्षा, (नयी दिल्ली), पृष्ठ–62

2 डॉ0 एस.के मिश्रा, राष्ट्रीय रक्षा व सुरक्षा,(नयी दिल्ली) पृष्ठ–63–64

3 बी0एन0 खन्ना, भारत की विदेश नीति, संस्करण 1998, पृ0 102.103

4 प्रो0 एम0एल0 गुजराल, यू0 एस0 ग्लोबल इन्वाल्वमेंट, नयी दिल्ली, पृ0 सं0–303

5 प्रो0 चेस्टर बोल्स–प्रोमिसेस टू की माइ इयर्स इन पब्लिक लाइफ, नई दिल्ली (1949) पृष्ठ 502

6 डॉ0 पंत व जैन अन्तर्राष्ट्रीय सम्बंध, नई दिल्ली, पेज –468

7 परमेश्वर पाण्डेय, भारत एवं आधुनिक विश्व, संस्करण 1992, पृ0 108–109

8 बी0एन0 खन्ना, भारत की विदेश नीति संस्करण 1998–99 पृ0 103

9 परमेश्वर पाण्डेय, भारत एवं आधुनिक विश्व, संस्करण 1992, पृ0 108–109

10 दया प्रकाश रस्तोगी, भारत एवं आधुनिक विश्व, पृ0 67

11 बी0एन0 खन्ना, भारत की विदेश नीति संस्करण 1998–99 पृ0 104

12 परमेश्वर पाण्डेय, भारत एवं आधुनिक विश्व, संस्करण 1992, पृ0109

13 बी0एन0 खन्ना, भारत की विदेश नीति संस्करण 1998–99 पृ0104–105

14 परमेश्वर पाण्डेय, भारत एवं आधुनिक विश्व, संस्करण 1992, पृ0110–111

15 डॉ एस0 के0 मिश्र, राष्ट्रीय रक्षा एवं सुरक्षा, नई दिल्ली, पृ0 185

16 दया प्रसाद रस्तोगी, भारत एवं आधुनिक विश्व पृ0 69–70

17 बी0एन0 खन्ना, भारत की विदेश नीति संस्करण 1998–99 पृ0 105–106

18 परमेश्वर पाण्डेय, भारत एवं आधुनिक विश्व, संस्करण 1992, पृ0110–111

19 दिनेश चन्द्र चतुर्वेदी, अन्तर्राष्ट्रीय संबंध, संस्करण 1990 पृ0 518

20 दीनानाथ वर्मा, अन्तर्राष्ट्रीय संबंध, संस्करण 2000 पृ0सं0 351

21 परमेश्वर पाण्डेय, भारत एवं आधुनिक विश्व, संस्करण 1992, पृ0110–112

22 दिनेश चन्द्र चतुर्वेदी, अन्तर्राष्ट्रीय संबंध, संस्करण 2000 पृ0 518–519

23 दीनानाथ वर्मा, अन्तर्राष्ट्रीय सबंध, संस्करण 2000 पृ0 351

24 दिनेश चन्द्र चतुर्वेदी, अन्तर्राष्ट्रीय सबंध, संस्करण 1990 पृ0518

25 बी0एन0 खन्ना, भारत की विदेश नीति संस्करण 1998–99 पृ0 107–108

26 दीनानाथ वर्मा, अर्न्तराष्ट्रीय सबंध, संस्करण 2000 पृ0 351–552

27 दिनेश चन्द्र चतुर्वेदी, अर्न्तराष्ट्रीय संबंध, संस्करण 1990 पृ0 520

28 बी0एन0 खन्ना, भारत की विदेश नीति संस्करण 1998–99 पृ0 108–108

29 दया प्रसाद रस्तोगी, भारत एवं आधुनिक विश्व पृ0 73

31 डॉ0 सुरेन्द्र कुमार मिश्र एवं आकाश मिश्र, भारत–पाक सम्बंध (नई दिल्ली) पृ0 28

4

1966 से 1971 के दौरान भारत-पाक सम्बन्ध

जनवरी 1966 के ताशकंद समझौते के बाद भारत और पाकिस्तान के बीच मौजूद तल्खी थोड़ी कम जरूर हुई, लेकिन ताशकन्द से लौटे पाकिस्तानी शासनाध्यक्ष अयूब खान के कथन की "वार्ता की मेज पर हम बाजी जीत गये हैं"[1] ने तैयार हो रहे मित्रता के वातावरण को काफी आघात पहुँचाया। इसी बीच भारतीय प्रधानमंत्री लालबहादुर शास्त्री की असामयिक मृत्यु हो गयी। श्री शास्त्री के अचानक निधन के बाद श्रीमती गाँधी (इंदिरा गाँधी) ने प्रधानमंत्री के रूप में आसीन होते ही पाक से दोस्ती का हाथ बढ़ाया, लेकिन अयूब खाँ के हटने और जनरल याह्या खाँ के पदासीन होने के नाते सारा मामला खटाई में पड़ गया। याह्या खाँ ने भारत के प्रति घोर शत्रुतापूर्ण नीति अपनाई, जिसके फलस्वरूप भारत–पाक युद्ध 1971 में सम्पन्न हुआ। दोनों राष्ट्रों में प्यार का वातावरण बनाने हेतु 3 जुलाई 1972 में शिमला समझौता हुआ, जिसे पाकिस्तान ने आजतक नहीं माना।[2] 1965 और 1971 के संघर्ष का जो परिणाम निकला, उससे भी पाकिस्तानी कर्णधारों ने कोई शिक्षा ग्रहण नहीं की। 1950 से लेकर 1978 तक नेहरू–लियाकत समझौते से लेकर ताशकन्द और शिमला समझौते से निकलते हुए जनता सरकार द्वारा पड़ोसी देशों के साथ संबंध सुधारनें के लिए हर सम्भव प्रयास किये गये, मगर

परिणाम निराशाजनक ही रहा।[3]

अभी कच्छ समझौते की स्याही सूखने भी न पायी थी कि पाकिस्तान ने कश्मीर में अपनी हरकत शुरू कर दी। इस बार की पाकिस्तानी योजना 1947 के आक्रमण से बढ़चढ़ कर थी। इसके लिए पाकिस्तान वर्षो से तैयारी कर रहा था। चीन की सहायता से हजारों पाकिस्तानी सैनिकों को छापामार युद्ध का पशिक्षण दिया गया था और योजना यह थी कि यह छापामार दस्ता असैनिक वेष में आधुनिक हथियार से लैस होकर कश्मीर में घुसेगा और कश्मीर के अन्दर उपद्रव तथा तोड़–फोड़ करके ऐसी स्थिति पैदा कर देगा जिससे भारतीय सेना को कश्मीर से भागना पड़े। पाकिस्तानी शासकों का विश्वास था कि कश्मीर की मुस्लिम जनता इन छापामारों के साथ सहयोग करेगी।

4 अगस्त की रात में इस तरह के हजारों पाकिस्तानी छापेमार कश्मीर में घुस गये। पाकिस्तानी रेडियों ने दावा किया कि कश्मीर ने बहुत बड़े पैमारे पर विद्रोह कर दिया है, मुजाहिदों ने रेडियों स्टेशन, हवाई अड्डा आदि स्थलों पर कब्जा कर लिया है और श्रीनगर का पतन होने ही वाला है। बात यह थी कि भारतीय अधिकारियों को पाकिस्तानी छापामारों की घुसपैठ की खबर बाद में लगी तबतक इन मुजाहिदों ने कश्मीर में उपद्रव शुरू कर दिया था। भारतीय सेना ने शीघ्र कार्यवाही शुरू कर दी और सैकड़ों मुजाहिद पकड़ लिये गये या मार डाले गये।[4]

जब भारतीय सेना ने घुसपैठियों के पहले जत्थे का सफाया कर दिया तो पाकिस्तान ने दूसरे जत्थे को भेजा। दूसरे जत्थे के प्रवेश ने इस तथ्य को स्पष्ट कर दिया कि विराम–रेखा के आस–पास ऐसे कितने पहाड़ी जंगल इलाके है जिनसे होकर पाकिस्तानी घुसपैठिये भारतीय कश्मीर में पहुँचते हैं। अतएव भारत सरकार ने यह निश्चय किया कि पाकिस्तान की इन हरकतों को सदा के लिए रोकने के लिए इन स्थलों पर अधिकार कर लिया जाये। इस निर्णय के बाद अगस्त के तीसरे सप्ताह में भारतीय सेना ने गारगी क्षेत्र में उन तीन पाकिस्तानी प्रतिष्ठानों पर आधिपत्य कर लिया जहाँ से घुसपैठिये

भारतीय क्षेत्र में घुसते थे। 15 अगस्त को टीथवाल क्षेत्र में भारतीय सेना दो और पाकिस्तानी प्रतिष्ठानों पर अधिकार कर लिया। इसके बाद उरी पूँजी क्षेत्र में सैनिक कार्यवाही की गयी और हाजीपीर के दर्रे पर भी भारतीय सेना का अधिकार हो गया। हाजीपीर पर कब्जा हो जाने से घुसपैठियों का रास्ता एकदम बन्द हो गया। संयुक्त राष्ट्रसंघ के अधिकारी इस समय युद्ध विराम रेखा का पहरा दे रहे थे। उन्होने इन सारी घटनाओं को देखा और जनरल निम्मों ने घटनाओं की सूचना महासचिव यू–थान्त को दे दी। स्थिति को बिगड़ते देख महासचिव ने भारत और पाकिस्तान दोनों को संयम से काम लेने को कहा, लेकिन इसका कोई परिणाम नहीं निकला। भारत द्वारा विराम रेखा को पार करने की प्रक्रिया पाकिस्तान में स्वभाविक रूप से हुई। 25 अगस्त के बाद से भारतीय और पाकिस्तानी सेनाओं में कई जगह प्रत्यक्ष मुठभेड़ हो गयी और यह निश्चय–सा प्रतीत होने लगा कि भारत और पाकिस्तान में अब युद्ध छिड़ जायेगा। अधिक पाकिस्तानी क्षेत्र को भारतीय अधिकार में जाने से रोकने के उद्‌देश्य से पाकिस्तान ने प्रत्यक्ष रूप से आक्रमण करने का निश्चय किया। छम्ब–जोरिया क्षेत्र इसके लिए बहुत उपयोगी था, क्योंकि पाकिस्तान इस क्षेत्र में आसानी से हमला कर सकता था। और अखनूर पर कब्जा करके उपरी कश्मीर का जम्मू से अलग कर भारतीय क्षेत्र पर अधिकार कर सकता था। हिटलर के विद्युत प्रवाह के ढर्रे पर 1 सितम्बर को तड़के ही टैंकों और आधुनिकतम शस्त्रास्त्रों से लैस पाकिस्तानी सेना ने अन्तर्राष्ट्रीय सीमा रेखा पार करके छम्ब–जोरिया क्षेत्र पर आक्रमण शुरू कर दिया।[5] पाकिस्तान का यह आक्रमण भारत के लिए जीवन मरण का प्रश्न हो गया, लेकिन शत्रु का दबाव घटा नहीं और ऐसा प्रतीत होने लगा कि इस क्षेत्र पर किसी भी क्षण पाकिस्तान का अधिकार हो सकता है।

5 सितम्बर वायु सेना ने अमृतसर पर हमला किया। इस घटना से यह निष्कर्ष निकालना कठिन नहीं था कि पाकिस्तान संघर्ष के क्षेत्रों को विस्तृत करके पंजाब पर आक्रमण करने का इरादा रखता है। पाकिस्तान की योजना को कुचलने और छम्बू–जोरिया क्षेत्र में पाकिस्तानी सैनिक दबाव को कम

करने के उद्‌देश्य से भारत ने 6 दिसम्बर को पाकिस्तान के पंजाब प्रदेश पर तीन तरफ से आक्रमण कर दिया और भारतीय सेना लाहौर की ओर बढ़ने लगी। पाकिस्तानी रेडिया से बोलते हुए राष्ट्रपति अयूब खाँ ने कहा हक "कि हम लोग अब युद्ध कि स्थिति में है।" यह सचमुच भारत और पाकिस्तान के बीच एक अघोषित युद्ध था, जो समस्त सीमांत पर बड़े पैमाने पर लड़ा जा रहा था। दोनों पूरी शक्ति के साथ युद्ध में जूझे हुए थे।

युद्ध की घटनाओं का विस्तृत वर्णन करना हमारे लिए आवश्यक नहीं। इतना ही कह देना पर्याप्त होगा कि यह युद्ध 23 सितम्बर तक चला और संयुक्त राष्ट्रसंघ के हस्तक्षेप से उस दिन साढ़े तीन बजे सुबह से युद्ध विराम हो गया। पाकिस्तान को यह आशा थी कि चीन उसकी सहायता करेगा, लेकिन उसे निराश होना पड़ा। उसने सीटो और सेण्टो के संगठनों से सहायता की याचना की, लेकिन वहाँ से भी उसे निराश होना पड़ा। भारतीय सेना ने पाकिस्तान के एक बहुत बड़े भू–भाग पर अधिकार कर लिया।[7] युद्ध खत्म होने पर सात सौ पचास वर्गमील का पाकिस्तानी क्षेत्र भारतीय कब्जे मे थे और लगभग दो सौ चालीस वर्गमील का भारतीय क्षेत्र पाकिस्तान के कब्जे में था। जन, धन और सैनिक साजो–सामान में दोनों पक्षों को अपार क्षति हुई। भारत और पाकिस्तान के कटु सम्बंधो के इतिहास में सितम्बर, 1965 का युद्ध एक महत्वपूर्ण घटना थी। यह उस मनमुटाव और कटुता की भावना का चरम विकास था जिसको धर्मान्ध पाकिस्तानी अधिकारी 1947 से पालतें आ रहे थे। पाकिस्तान के लिए एक "धार्मिक सीमा" स्थापित करने तथा भारत को नीचा दिखाने का यह प्रबल प्रयास था, लेकिन युद्ध में पाकिस्तान की पराजय ने यह सिद्ध कर दिया कि अन्तर्राष्ट्रीय झगड़े का निपटारा शक्ति द्वारा करने का प्रयास व्यर्थ होता है। भारत के लिए यह विजय धर्म –निरपेक्षता, समाजवाद और स्वतन्त्रता के सिद्धान्तों की पराजय थी। इसने सिद्ध कर दिया कि भारत अपनी प्रादेशिक अखडंता बनाये रखने के लिए कटिबद्ध है और संसार की कोई भी शक्ति उसके अभिन्न अंग कश्मीर को उससे अलग नहीं

कर सकती है। इसके अतिरिक्त इस युद्ध के निम्नलिखित परिणाम हुए[8]

1 पाकिस्तान हमेशा कहा कहता था कि यदि कश्मीर की समस्या का शान्तिपूर्ण ढंग से से समाधान नहीं हुआ तो यह "दूसरे तरीकों" को अपनायेगा। "दूसरे तरीके" का तात्पर्य शक्ति अर्थात् युद्ध का सहारा लेना था। इसलिए पाकिस्तान 1954 से ही अपनी सैनिक शक्ति बढ़ा रहा था। सितम्बर, 1965 में उसने इस 'दूसरे तरीके" का अवलम्ब किया, लेकिन उसकी मनोकामना पूरी नहीं हुई। अतः अब उम्मीद की जा सकती थी कि भविष्य में पाकिस्तान इस तरह की धमकी न दे।

2 पाकिस्तान के शासकों को विश्वास था कि भारत के साथ युद्ध छिड़ जाने की स्थिति में कश्मीर की मुस्लिम जनता उनका साथ देगी और भारत के खिलाफ विद्रोह कर देगी। उन्हें यह थी विश्वास था कि धर्म के नाम पर भारत के मुस्लिम पाकिस्तान का समर्थन करेंगे और पाँचवे रास्ते का काम करेंगें, लेकिन युद्ध के दिनों में भारत के मुसलमानों ने जिस देशभक्ति का प्रदर्शन किया उसने यह सिद्ध कर दिया कि पाकिस्तान की सारी उम्मीद बेकार थीं और भारत धर्मनिरपेक्षता का आधार अत्यन्त ठोस है।

3 इस युद्ध ने भारत में एक अपूर्व स्वाभिमान पैदा किया और देश को आत्म निर्भर बनाने की भावना बलवती हुई। पाकिस्तान युद्ध में अमेरिका द्वारा दिये गये हथियार, टैंक और बमवर्षकों का प्रयोग कर रहा था, लेकिन भारत के अधिकांश हथियार स्वदेशी थे। भारत में बने जेट विमान की उपलब्धियों ने प्रत्येक भारतीय का सिर ऊँचा कर दिया और सम्पूर्ण युद्ध की अवधि में नागरिकों तथा सैनिकों का मनोबल उँचा रखा।

4 भारत–पाकिस्तान युद्ध ने भारत को एक शक्शिाली नेतृत्व प्रदान किया। जवाहरलाल नेहरू की मृत्यु के बाद लाल बहादुर शास्त्री देश के प्रधानमंत्री बने लेकिन भारतीय जनता पर उनके नेतृत्व का प्रभाव नाम मात्र का था। पाकिस्तान के युद्ध के समय शास्त्री ने जिस दृढ़ नीति का अवलम्बन किया उसने यह सिद्ध कर दिया कि वे नेहरू के योग्य उत्तराधिकारी है और सम्पूर्ण देश का विश्वास उनमें जम गया।

5 पाकिस्तान के लिए यह युद्ध बड़ा घातक सिद्ध युआ। इसने पाकिस्तान के सभी विश्वासों और मान्यताओं को चकनाचूर कर दिया। 1964 से पाकिस्तान इसी दिन के लिए सभी चीजों का परित्याग कर अपनी सैनिक शक्ति बढ़ा रहा था, लेकिन युद्ध में पराजय ने सैनिक तानाशाही के खुलेपन को स्पष्ट कर दिया। जनता के मस्तिष्क में यह प्रश्न उठना स्वाभाविक था। क्या इसीलिए सभी स्वतन्त्रताओं का बलिदान किया गया? इसमें कोई सन्देह नहीं कि युद्ध में पराजय अयूब की सैनिक तानाशाही के लिए बड़ी घातक होगी। इसके अतिरिक्त पाकिस्तान का शासक वर्ग भी देश की विदेश–नीति के पुनर्निर्धारण के सम्बंध में सोचने लगा है– आश्चर्य नहीं कि पाकिस्तान की विदेश–नीति में निकट भविष्य में कोई परिवर्तन हो।

6 भारत –पाकिस्तान युद्ध पिंडी –पीकिंग–जकार्ता धुरी के बुझते हुए दीप की अन्तिम लौ थी। युद्ध के समय पाकिस्तान, चीन और एशिया की शाान्ति के लिए बहुत खतरनाक हो गया। इन देशों ने अपूर्व एकता और संगठन का परिचय दिया और यह सहयोग चलकर सीमा पर तब पहुँचा जब पाकिस्तान ने चीन और इंडोनेशिया के शत्रु राज्य मलयेशिया के साथ अपना सम्बंध विच्छेद कर दिया। पाकिस्तान का यह कदम सुरक्षा–परिषद् में मलेशियाई प्रतिनधि द्वारा अपनाये गये रूख के विरोध में अपनया गया था।

7 भारत –पाकिस्तान युद्ध ने आधुनिक विश्व–राजनीति में संयुक्त राष्ट्र संघ की उपयोगिता को सिद्ध कर दिया। इंडोनेशिया द्वारा संघ से निकल जाने से संघ के भविष्य के संबंध में तरह–तरह की आंशकाएँ उत्पन्न होने लगी थीं, लेकिन सुरक्षा परिषद् ने बहुत दृढ़तापूर्वक हस्तक्षेप करके इस युद्ध को बन्द कराया। इस घटना से यह भी सिद्ध हो गया कि यदि अन्तर्राष्ट्रीय मसलों पर महाशक्तियाँ सहयोग से काम करें तो संघ को पूरी सफलता मिल सकती है। भारत–पाकिस्तान युद्ध को बन्द कराने में सोवियत संघ और संयुक्त राज्य अमेरिका ने अपूर्व सहयोग का प्रदर्शन किया और इसी कारण परिषद् को शान्ति –स्थापना के कार्य में सफलता मिली।

8 भारत–पाकिस्तान युद्ध में सोवियत राजनय को एक नया मोड़ लेने का अवसर प्रदान किया। दो राष्ट्रों के झगड़ों को सुलझाने में सोवियत संघ

ने आज तक कभी अपनी सेवाएँ अर्पित नहीं की थीं। वस्तुतः सोवियत राजनय का इस सिद्धांत में विश्वास नहीं था, लेकिन भारत और पाकिस्तान के झगड़ों को सुलझाने में उसने अपनी सेवाएँ अर्पित की और ताशकंद में सम्मेलन का अयोजन किया। सोवियत राजनय के लिए यह बिल्कुल नवीन चीज थी और विश्व–राजनीति पर इसका प्रभाव पड़ना अवश्यभावी था।

संयुक्त राष्ट्रसंघ के हस्तक्षेप से 23 सितम्बर, 1965 को युद्ध–विराम हो गया तथा भारत और पाकिस्तान ने युद्ध बन्द कर दिये, लेकिन युद्ध के क्षेत्रों में पूर्ण शान्ति नहीं आयी। दोनों ओर से युद्ध विराम का उल्लंघन होता रहा। संयुक्त राष्ट्रसंघ का प्रेक्षक–दल उल्लंघनों को रोकने का प्रयास करता रहा, लेकिन यह सम्भव नहीं था। दोनों देशों की सेनाएँ आमने–सामने खड़ी रहती थीं और इस हालत में मामूली झड़प पर गोली चल जाना कोई आश्चर्य की बात नहीं। संघ के महासचिव ने इस उल्लंघन को बन्द करने के कुछ सुझाव दिये, पर उनका कोई परिणाम नहीं निकला और दोनों ओर से प्रतिदिन युद्ध विराम उल्लंघन होते रहे।

इस भयानक स्थिति को समाप्त करने के लिए सोवियत राजनय काफी सक्रिय था। सोवियत प्रधानमंत्री का विचार था कि इन सारे झंझटों का अन्त दोनों देश के नोता प्रत्यक्ष वार्ता करके कर सकते हैं। अतएव, सोवियत संघ ने विशेष रूचि लेकर ताशकन्द सम्मेलन की व्यवस्था की और 4 जनवरी को ताशकन्द में राष्ट्रपति अयूब खाँ तथा प्रधानमन्त्री लालबहादुर शास्त्री का ऐतिहासिक सम्मेलन प्रारम्भ हुआ, लेकिन ताशकन्द सम्मेलन में समझौता होना कोई आसान नहीं था। दोनों देशों की शत्रुता अट्ठारह वर्ष पुरानी थी और हाल ही में दोनों के बीच जीवनमरण का युद्ध हुआ था, लेकिन सोवियत राजनय का जादू दोनों के बीच समझौता कराने में सफल रहा और हाल ही में दोनों के बीच जीवनमरण का युद्ध हुआ था, लेकिन सोवियत राजनय का जादू दोनों के बीच समझौता कराने में सफल रहा और 19 जनवरी, 1966 को हर्ष और उल्लास के बीच ऐतिहासिक ताशकन्द समझौता पर हस्ताक्षर हुआ।[9]

ताशकन्द समझौते का चीन को छोड़कर सर्वत्र स्वागत हुआ। यह सत्य है कि ताशकन्द समझौते से भारत और पाकिस्तान के मौलिक मतभेदों का अन्त नहीं हुआ, लेकिन उस समय यह उम्मीद करना कि भारत और पाकिस्तान के संबंधों की सारी समस्याओं का समाधान हो जायेगा, गलत था। ताशकन्द का महत्व इस बात में है कि इसने पहले–पहल भारत और पाकिस्तान के नेताओं को अपने झगड़ों को शांतिपूर्ण ढंग से सुलझाने के लिए प्रत्यक्ष वार्ता का अवसर दिया। इस बात की सम्भावना बढ़ गयी कि भारत और पाकिस्तान के सम्बंध में एक नया युग शुरू होगा और दोनों देश अपनी शत्रुता भूलकर मैत्री का रास्ता अपनायेंगे। 'ताशकन्द समझौते का स्वागत दुनिया में शांति की विजय के रूप में तथा चीन का आक्रमण और उग्रवादी नीति की पराजय के रूप में किया गया।'

ताशकन्द समझौते के महत्व पर बोलते हुए सोवियत प्रधानमंत्री कोसिगन ने सत्य ही कहा था 'ताशकन्द घोषणा भारत तथा पाकिस्तान के सम्बंधों में एक नया मोड़ है। घोषणा से दोनों देशों के सैनिक संघर्षों का अन्त हो गया। इससे दो मुख्य एशियाई देशों बीच विद्यमान कठिनाइयों को समाप्त करने का मार्ग प्रशस्त हुआ। मेरे विचार से एशिया के सर्वाधिक महत्वपूर्ण क्षेत्रों में शांति कायम रखने के लिए उक्त घोषणा ने एक वास्तविक आधारशिला की है'।[10]

समझौते पर हस्ताक्षर करने के उपरान्त स्वर्गीय लाल बहादुर शास्त्री ने कहा था कि अन्तर्राष्ट्रीय राजनीति में ताशकन्द सम्मेलन एक विशिष्ट प्रयोग है। उन्होंने उम्मीद प्रकट की थी कि सम्पूर्ण विश्व, ताशकन्द घोषणा की काफी लम्बी अवधि की समस्याओं को सुलझाने का एक उदाहरण मानकर उसका स्वागत करेगा। वस्तुतः ताशकन्द समझौता अन्तर्राष्ट्रीय राजनीति में लोकार्नो, जेनेवा, वियना और कैम्प, डैविड की श्रृँखला में एक कड़ी है जिनसे अन्तर्राष्ट्रीय समस्याओं का समाधान 'ताशकन्द की भावना' में किया जाय। इसमें कोई सन्देह नहीं कि आने वाले कई वर्षों तक ''ताशकन्द की भावना'' अन्तर्राष्ट्रीय राजनीति को प्रभावित करती रहेगी।

ताशकन्द समझौते के बादः—ताशकन्द घोषणा के बाद दोनों देशों में इसको कार्यान्वित करने के लिए तत्काल कदम उठाये गये और दोनों देशों के सैनिक अपने स्थान पर लौट आये, जहाँ वे 5 अगस्त, 1965 को थे। दोनों ने एक–दूसरे के विरूद्ध प्रचार करना भी बन्द कर दिया। ऐसा प्रतीत हुआ कि भारत और पाकिस्तान के सम्बंध में सचमुच ही एक नया अध्याय प्रारम्भ हो गया।

श्री शास्त्री के आकस्मिक निधन के बाद श्रीमती इन्दिरा गाँधी भारत की प्रधानमंत्री बनीं। श्रीमती गाँधी ने भारतीय विदेश नीति की भ्रान्तियों को दूर कर उसे एक नई दिशा प्रदान की। अप्रैल, 1966 में पाकिस्तान कश्मीर समस्या को पुनः सुरक्षा परिषद् में ले गया। सुरक्षा परिषद् कुछ न कर सकी। 22 सितम्बर, 1969 में मोरक्को की राजधानी रबात में इस्लामी शिखर सम्मेलन आयोजित हुआ। पाकिस्तान के विरोध के कारण सम्मेलन के आयोजकों ने भारत को निमन्त्रण नहीं भेजा। इस पर भारत की ओर से कूटनीतिक प्रयत्न किए गए और अन्ततोगत्वा उसे सम्मेलन के आयोजकों द्वारा निमन्त्रण प्राप्त हो गया। पाकिस्तान ने सम्मेलन में भारत के भाग लेने पर सम्मेलन के बहिष्कार करने और लौट जाने की धमकी दी और मोरक्को, जोर्डन आदि उसके अरब मित्रों ने उसका पूरा साथ दिया । केवल संयुक्त अरब गणराज्य का ही समर्थन भारत के पक्ष में मिल सका।[11]

अभी ताशकन्द की स्याही सूखने भी न पायी थी कि सीमान्तों पर पाकिस्तानी सैनिकों की हलचल पुनः शुरू (जुलाई, अगस्त 1966) हो गयी। कुछ समय के लिए ऐसा प्रतीत हुआ कि ताशकन्द समझौते का अन्त होने वाला है, लेकिन दोनों ने बुद्धिमता से काम लिया। सितम्बर 1966 में भारत और पाकिस्तान के सैनिक अधिकारियों के बीच एक समझौता हुआ और यह निश्चय किया गया कि वे अपने सीमान्तों पर यदि कोई सैनिक गतिविधि करे तो इसकी पूर्व सूचना एक–दूसरे को दे दें। इस समझौते से वातावरण अवश्य कुछ शान्त हुआ। 1967 के प्रारम्भ में भारतीय क्षेत्र में एक पाकिस्तानी

हवाई जहाज को भारत द्वारा मार गिराये जाने से दोनों देशों के बीच फिर कुछ तनाव बढ़ गया लेकिन इससे भी महत्पूर्ण घटना मई, 1967 में घटी जब अखनूर क्षेत्र में भारत और पाकिस्तान के सैनिकों के बीच एक मामूली झड़प हो गयी, जिसके परिणाम स्वरूप सात भारतीय सैनिक मारे गये।

जुलाई, 1968 में सोवियत संघ ने पाकिस्तान को सैनिक सहायता देने का निश्चय किया। भारत में इसका विरोध हुआ, लेकिन पाकिस्तान में इस विरोध के प्रति कोई विशेष प्रतिक्रिया नहीं हुई। इसका एक कारण पाकिस्तान की आन्तरिक राजनीति में उथल–पुथल जो नवम्बर 1968 में शुरू हुई और अप्रैल 1969 में लगभग खत्म हुई। पाकिस्तान में अयूब खाँ के विरोध में जनजागरण हुआ, विद्रोह और बलवे हुए जिसने इतना भंयकर रूप धारण कर लिया कि अयूब खाँ को राष्ट्रपति के पद से हट जाना पड़ा उनका स्थान जनरल याह्या खाँ ने लिया। सम्भव नया प्रशासन विदेश नीति के क्षेत्र में केई परिवर्तन नहीं करें। भारत के राष्ट्रपति डॉ0 जाकिर हुसैन की मृत्यु पर पाकिस्तान ने दो दिनों के लिए राजकीय शोक मनाया।[12] वहाँ राष्ट्रीय झंडे झुका दिये गये और शव–यात्रा में शामिल होने के लिए मार्शल नूर खाँ स्वंय दिल्ली आये। इस घटना से दोनों देशों में सद्भावना बढ़ी, इसको माने से इंकार नहीं किया जा सकता, लेकिन जहाँ तक मौलिक प्रश्नों पर मतभेद है दोनों देश अपने–अपने स्थान पर अडिग रहे।

विमान अपहरण कांड और भारत–पाक संबंधः– 30 जनवरी, 1971 को इंडियन एयरलाइन्स का एक यात्री विमान श्रीनगर से दिल्ली के लिए चला। रास्ते में ही दो अपहरणकर्ताओं ने जहाज के चालक को बाध्य किया कि वह विमान को पाकिस्तान ले चले। विमान को जबरन लाहौर के हवाई अड्डे पर उतारा गया।[13] अपहरणकर्ताओं ने अपने को कश्मीरी अल फतह संगठन का सदस्य बताया। "कश्मीर मुक्ति मोर्चा" के नेता मकबूल अहमद बट ने दावा किया कि मुक्ति मोर्चे के आदेश पर ही विमान का अपहरण किया गया था। लाहौर में उतरने के बाद मोर्चे की ओर से वायुयान

को बिना क्षति पहुँचायें छोड़ने के लिए तीन शर्ते रखी गयीं। अपहरणकर्ताओं को पाकिस्तान में राजनीतिक शरण दी जाये, उनके परिवारों तथा मुक्ति मोर्चे के अन्य बन्दियों के परिवारों के साथ किसी प्रकार का दुर्व्यवहार न किया जाये तथा भारतीय विमान के बदले मुक्ति मोर्चे के बन्दी सदस्यों को मुक्त कर दिया जाये। पाकिस्तान ने राजनीतिक शरण की माँग तुरंत स्वीकार कर ली और अपहरणकर्ताओं की शर्तों की सूचना भारत सरकार को दे दी। भारत सरकार ने इन माँगों को स्वीकार करने से इंकार कर दिया। भारत के विदेश मंत्री सरदार स्वर्ण सिंह ने पाकिस्तान से माँग की कि भारतीय विमान को तुरंत लौटा दिया जाये, लेकिन पाकिस्तान सरकार ने इस पर जरा भी ध्यान नहीं दिया। एक दिन बाद विमान के यात्री तो लौटा दिये गये लेकिन 2 फरवरी को अपहरणकर्ताओं ने विमान में आग लगाकर ध्वस्त कर दिया।[14] जिस समय विमान को जलया जा रहा था उस समय पाकिस्तान सरकार के उच्च अधिकारी और सैनिक हवाई अड्डे पर खड़े होकर तमाशा देख रहे थे। इस घटना पाकिस्तान में टेलीविजन से प्रसारित भी किया गया।

इसमें कोई सन्देंह नहीं कि सम्पूर्ण अपहरणकांड के पीछे पाकिस्तान सरकार का प्रत्यक्ष हाथ था। कुछ दिन पहले जब पाकिस्तान में चुनाव हुआ था और और पूर्वी पाकिस्तान में अवामी लीग को अप्रत्याशित सफलता मिली थी। (आवामी लीग की सफलता पाकिस्तान में उभरते लोकतंत्र, समाजवाद और धर्म–निरपेक्षता की सफलता थी), तब पाकिस्तान के सैनिक तानाशाहों ने यह कल्पना नहीं की थी कि चुनाव का परिणाम इस प्रकार निकलेगा। अतएव उनका लक्ष्य अब यह हो गया कि किसी तरह आवामी लीग को सत्ता प्राप्त करने से रोका जाय। इनके लिए भारत के साथ तनाव और युद्ध जैसी स्थिति उत्पन्न करना आवश्यक था। इसी भावना से प्रेरित होकर पाकिस्तानी अधिकारियों ने विमान अपहरण का षड्यंत्र, रचा और सीमा पर तनातनी पैदा करने की पूरी कोशिश की।

लाहौर में भारतीय विमान के ध्वंस से भारत भर में आक्रोश का तूफान

उठ खड़ा हुआ। नयी दिल्ली स्थित पाकिस्तानी उच्चायुक्त के दफ्तर के सामने कई दिनों तक प्रदर्शन होते रहे। इसके प्रत्युत्तर में पाकिस्तान में भी भारतीय उच्चायुक्त के दफ्तर के सामने प्रदर्शन हुए। भारत सरकार ने विमान अपहरण और ध्वंस किये जाने के लिए पाकिस्तान सरकार को उत्तरदायी माना और पाकिस्तान की असैनिक विमान उड़ानें भारतीय आकाश में निषिद्ध कर दी। भारत सरकार ने यह भी स्पष्ट कर दिया कि भारतीय वायु प्रदेश के ऊपर होकर पाकिस्तानी विमानों की सीधी उड़ानों पर तबतक प्रतिबंध लगा रहेगा, जबतक पाकिस्तान ध्वंस किये गये विमान का मुआवजा नहीं दे देता तथा अपहरणकर्ताओं को लौटा नहीं देता। भारत का कहना था कि विमान–अपहरण अंतर्राष्ट्रीय विधि के अनुसार एक अंतर्राष्ट्रीय अपराध घोषित किया जा चुका है। 15 राष्ट्रों के टोकियो सम्मेलन में जिसमें पाकिस्तान भी शामिल था, इस पर निर्णय हो चुका है और पाकिस्तान अपहरणकर्ताओं को लौटाने के लिए वचनबद्ध है, लेकिन पाकिस्तान सरकार पर इन कार्यवाइयों तथा तर्कों का कोई प्रभाव नहीं पड़ा। वह मुआवजा देने तथा अपहरणकर्ताओं को भारतीय अधिकारियों के सुपुर्द करने से इंकार करती रही।

जिस दिन भारत सरकार ने पाकिस्तान की असैनिक उड़ाने भारतीय आकाश में निषिद्ध कर दी थी उसी दिन से सीमा के दोनों ओर प्रतिरोध का वातावरण और अधिक गहरा हो गया। लाहौर में नागरिक सुरक्षा के अभ्यास हुए जिन्हें हजारों लोगों ने देखा और पंजाब के गवर्नर ने लों बागें से युद्ध का प्रशिक्षण लेने आग्रह किया। साथ ही रेडियों पाकिस्तान की धमकियों को देखते हुए लगा कि दोनों देशों के बीच यदि कोई छोटी–मोटी झड़प हो जाय, तो ताज्जुब नहीं। इसी समय पूर्वी पाकिस्तान में गृह युद्ध छिड़ गया जिससे विमान अपहरण कांड को लेकर सीमा पर तनाव कम हो गया। पाकिस्तान सरकार का सारा ध्यान पूर्वी बंगाल पर केन्द्रित हो गया। इस बीच भारत सरकार ने कई बार यह स्पष्ट कर दिया कि भारत अपने उपर से पाकिस्तानी विमानों की इजाजत तबतक नहीं देगा जबतक ध्वंस विमानों का मुआवजा

और अपहरणकर्ताओं को भारतीय अधिकारियों के सुपुर्द नहीं दिया जाता।

बंगक्रांति और पाकिस्तान:– 31 मार्च, 1969 को पाकिस्तान के इतिहास में एक नया अध्याय शुरू हुआ जब राष्ट्रपति अयूब खाँ ने पदत्याग कर दिया और उनकी जगह पर याह्या खाँ पाकिस्तान के राष्ट्रपति बने। अयूब खाँ के सैनिक शासन के विरूद्ध पाकिस्तान में विशेषकर पूर्वी पाकिस्तान में भंयकर जन–आंदोलन हुआ था, जिसका उद्देश्य पाकिस्तान में प्रजातांत्रिक शासन–व्यवस्था स्थापित करना था। इस पृष्ठभूममि में अयूब खाँ को अपदस्थ करके जब याह्या खाँ ने पाकिस्तान के राष्ट्रपति का पद संभाला तो उन्होनें वादा किया कि वे शीघ्र ही देश में चुनाव की व्यवस्था करायेगें और शासन–सत्ता जनता द्वारा चुने गये प्रतिनिधियों को सुपुर्द कर देंगे। 7 दिसम्बर, 1970 को यह चुनाव सम्पन्न हुआ। 300 सदस्यीय राष्ट्रीय एसेम्बली में मुजीबुर्रहमान की अवामी लीग को 160 स्थान तथा जुल्फिकार अली भुट्टो की पीपुल्स पार्टी को 84 स्थान मिले। 17 दिसम्बर को प्रादेशिक विधान सभाओं के चुनाव हुए। इस चुनाव में भी पूर्वी पाकिस्तान में शेख मुजीर्बुहमान की अवामी लीग और पश्चिमी पाकिस्तान में भुट्टो की पीपुल्स पार्टी को सफलता मिली।[16] चुनाव के परिणामों के विश्लेषण से पता चलता है कि पन्द्रह वर्ष के सैनिक शासन से ऊबे मतदाताओं ने परिवर्तन, लोकतन्त्र, प्रगतिशीत नीतियों और जनता के प्रति उत्तरदायी राजनीतिक व्यवस्था के लिए मतदान किया।

राष्ट्रीय एसेम्बली में यद्यपि अवामी लीग को पूर्ण बहुमत प्राप्त हो गया, किन्तु पाकिस्तान का राजनीतिक भविष्य अन्धकार में ही पड़ा रहा। नव–निर्वाचित एसेम्बली को 150 दिनों के अन्दर पाकिस्तान के लिए संविधान तैयार करना था। राष्ट्रपति याह्या खाँ ने यह धमकी दी थी कि यह विधान देश की एकता नष्ट करने वाला हुआ तो वह उसे अस्वीकार भी कर सकते है। दूसरे अर्थो में वह चाहे तो अनिश्चित काल तक पाकिस्तान में सैनिक शासन बनाये रख सकते थे।

अवामी लीग के कार्यक्रम– शेख मुजीबुर्रहमान की अवामी लीग एक छह सूत्री कार्यक्रम के आधार पर चुनाव में कुदी थी। इसमें सबसे प्रमुख बात थी पूर्वी पाकिस्तान को स्वायत्ता प्राप्त करना पूर्वी पाकिस्तान की जनता यह महसूस करने लगी थी कि पश्चिमी पाकिस्तान के पूँजीपति वहाँ की साढ़े सात करोड़ आबादी का शोषण करते हैं और उनका दृढ़ विश्वास था कि इस शोषण का अन्त तभी हो सकता है जब पूर्वी पाकिस्तान को स्वायत्तता मिल जाय।

यह बिल्कुल स्वाभाविक था कि पाकिस्तान के निहित –स्वार्थवाले इस तरह की किसी भी प्रवृत्ति का विरोध करे। अतएव, पीपुल्स पार्टी के अध्यक्ष ने यह स्पष्ट कर दिया कि 3 मार्च, 1971 से ढाका में शुरू होने वाले राष्ट्रीय एसेम्बली के अधिवेशन का उनका दल बहिष्कार करेगा। स्थिति स्पष्ट थी। राष्ट्रीय एसेम्बली में अवामी लीग का बहुमत था और इस बहुमत के आधार पर वह अपने विचारों के अनुसार संविधान बना लेती। भुट्टो अवामी लीग के छह– सूत्री कार्यक्रम का कट्टर विरोध करते रहे। चुनाव के पहले ही शेख मुजीबुर्रहमान कहा करते थे कि यदि वे चुनाव में जीते, तो वह अपने पड़ोसी देशों के साथ अच्छा सम्बंध कायम करेगें, सीटो तथा सेन्टो से पाकिस्तान को निकाल लेगें और देश से गुरबत निकालने का हर सम्भव प्रयास करेगें।[17] शेख रहमान की पार्टी लोकतंत्र, समाजवाद और धर्म –निरपेक्षता के सिद्धान्त पर आधारित थी, लेकिन पीपुल्स पार्टी का वैचारिक आधार इससे एकदम भिन्न था। भुट्टो सशक्त केन्द्र और इस्लाम समाजवाद की हामी भरते थे। ऐसी दशा में गतिरोध का उत्पन्न हो जाना बिल्कुल स्वाभाविक था। उधर राष्ट्रीय एसेम्बली के लिए चुने गये अवामी लीग के सदस्यों ने शेख मुजीबुर्रहमान को सर्व सम्मति से अपना नेता चुन लिया तथा उन्हे देश का भावी संविधान तैयार करने की भी पूरी आजादी दे दी। नेता चुने जाने के बाद शेख ने अपने समर्थकों के समक्ष भाषण देते हुए देश की अखण्डता की बात कही। उन्होनें देश के पश्चिमी भाग द्वारा पूर्वी भाग के शोषण का जिक्र भी किया और कहा कि अवामी लीग अब इसको सहन नहीं करेगी। इसी बीच अवामी लीग ने संविधान

की रूपरेखा भी तैयार कर ली जो मोटे तौर पर छह सूत्री कार्यक्रम के अनुसार थी। दस्तावेज ने केन्द्रीय सरकार को प्रतिरक्षा, विदेशी मामले और वित्त की जिम्मेदारी दी गयी। विदेशी व्यापार और सहायता राज्यों के लिए छोड़ दिया गया। केन्द्र को कर लेने का अधिकार नहीं रहा। प्रान्तों को विदेशों से स्वाधीनता पूर्वक व्यापार करने की छूट दी गयी। यह संविधान पाकिस्तान के ''इस्लामी गणराज्य' का न होकर केवल पाकिस्तान संघीय गणराज्य का होता।

3 मार्च, 1971 से ढ़ाका में राष्ट्रीय एसेम्बली का अधिवेशन शुरू होने वाला था। अवामी लीग के रूख को देखकर पीपुल्स पार्टी के अध्यक्ष जुल्फिकार अली भुट्टो ने उसके बहिष्कार की धमकी देकर गतिरोध उत्पन्न कर दिया। भुट्टो की मांग थी कि एसेम्बली की बैठक स्थगित कर दी जाये और यह तब तक शुरू नहीं हो जबतक प्रमुख राजनीतिक दलों में कोई समझौता नहीं हो जाता। उन्होने यह भी धमकी दी कि यदि 3 मार्च से ऐसेम्बली का अधिवेशन शुरू हुआ तो पूरे पश्चिमी पाकिस्तान में हड़तालों का दौर शुरू हो जायेगा और एक ऐसा विस्फोटक वातावरण बन सकता है जिसमें आम वशर का जीना मुहाल हो जायेगा।[18] जानकार क्षेत्रों में यह आशंका व्यक्त की जा रही थी कि भुट्टो और याह्या में एक ऐसी साँठ–गाँठ और गठन होता जा रहा है जिसकी मंशा पूर्वी पाकिस्तान के हाथ में सत्ता न जाने देना है। राष्ट्रीय एसेम्बली को स्थगित करने का निर्णय लेने से पहले राष्ट्रपति याह्या खाँ ने भुट्टो से एक दिन पहले एक लम्बी वार्ता की थी। सम्भवतः उसी वार्ता में यह निर्णय लिया गया। 1 मार्च को राष्ट्रपति ने एक वक्तव्य दिया और कहा कि 3 मार्च को ढाका में शुरू होने वाले राष्ट्रीय एसेम्बली के अधिवेशन को अनिश्चित काल तक के लिए स्थगित किया जाता है। याह्या की इस घोषणा से आवामी लीग के नेता शेख मुजीबुर्रहमान ने अपनी नाखुशी का इजहार करते हुए कहा कि 3 मार्च को सारे पूर्वी पाकिस्तान में हड़ताल रहेगी और विरोध का स्तर हड़ताल तक ही सीमित नहीं रहेगा। 3 मार्च को हड़ताल हुई और उसके बाद हड़तालों का तांता लग गया। इतने व्यापक पैमाने पर लगातार कई दिनों तक हड़ताल होने की यह अद्वितीय

घटना थी। हड़ताल को दबाने के लिए सेना अपने बैरकों से निकली और कई बार गोलियाँ चलाकर सैकड़ों व्यक्तियों को मौत के घाट उतार दिया। फिर भी जनता का मनोबल नहीं गिरा। पूर्वी पाकिस्तान के व्यापक जनजागरण को देखकर याह्या खाँ को झुकना पड़ा। 6 मार्च को एक रेडियो प्रसारण में उन्होंने कहा कि राष्ट्रीय एसेम्बली का अधिवेशन अब 25 मार्च से शुरू होगा, लेकिन अधिवेशन कहाँ होगा इसका जिक्र उन्होने नहीं किया।

7 मार्च, 1971 को ढाका के रेसकोर्स मैदान में लाखों नागरिकों के बीच भाषण करते हुए शेख मुजीबुर्रहमान ने कहा कि 'राष्ट्रपति याह्या खाँ ने 25 मार्च को अधिवेशन बुलाया है। पर कहाँ? पता नहीं। लेकिन हम उसमें तभी शामिल होगें जब हमारी चार माँगे मान ली जायेगी: मार्शल लॉ की समाप्ति, सेना की बैरकों में वापसी, पिछले डेढ़ हफ्ते में पूर्व पाकिस्तान मे बेमौत मारे जानेवाले लोगों हत्या न्यायिक जाँच तथा शासन की बागडोर जनता द्वारा चुने गये प्रतिनिधियों को सौपनें का यकीन। 8 मार्च से सरकार को न करों की अदायगी होगी और न राजस्व मिलेगा। सरकारी दफ्तर, न्यायालय और स्कूल बन्द रहेंगे। सिर्फ दो घण्टे के लिए बैंक खुलेंगे। यदि हम पर एक गोली बरसायी, तो हम घर–घर को किला बना देंगे। शेख ने जनता के समक्ष एक असहयोग आन्दोलन का कार्यक्रम रखा। इसके द्वारा शेख ने यह आदेश दिया कि पूर्वी पाकिस्तान की सभी इमारतों पर काले झण्डे फहराये जायेंगे। सभी गाँवों और शहरों मे संग्राम समितियों का गठन होगा, सरकारी तथा अर्द्ध सरकारी दफ्तर एवं न्यायालय बन्द रहेंगे, रेल सेवाओं तथा बन्दरगाहों का सामान्य तौर पर संचालन होगा लेकिन सेना के लिए आये साजो समान को नहीं उतारा जायेगा। यदि सेना शक्ति का प्रयोग करेगी तो कर्मचारी काम करने से इन्कार कर देगें और बैकों में काम होगा लेकिन पूर्व से पश्चिम पाकिस्तान जानेवाली निधि का हस्तांतरण नहीं किया जायेगा। 8 मार्च से पूर्व पाकिस्तान में अवामी लीग के आदेशों से काम चलने लगा। पाकिस्तान रेडियो के ढाका केन्द्र ने अवामी लीग का समर्थन किया और शेख

मुजीहबुर्रहमान के भाषण का प्रसारण करने लगा। रेडियो ढाका का नाम बदलकर 'ढाका बेतार केन्द्र' कर दिया गया। पहली बार ढाका रेडियो से स्वाधीनता पूर्व के देशभक्ति के गीत गाये गये। गवर्नर के बंगाली रसोईये सरकारी गृह छोड़कर चले गये। पूर्वी पाकिस्तान के न्यायाधीशों ने मनोनीत गवर्नर टिक्का खाँ का शपथ ग्रहण कराने से इन्कार कर दिया। पूर्वी पाकिस्तान राइफल और बंगाल राइफल के सैनिकों ने अपने पाकिस्तानी हुकमरानों के आदेशों का उल्लघंन करना शुरू कर दिया। वस्तुतः पूर्वी पाकिस्तान में ''मुक्ति का संघर्ष'' शुरू हो चुका था।[19]

राष्ट्रपति याह्या खाँ पूर्वी पाकिस्तान में घटनेवाली घटनाओं की सम्भावना से पूर्णतया अवगत थे। 25 मार्च को अधिवेशन की नयी तारीख तय करने से पहले याह्या खाँ ने भुट्टो से एक लम्बी बातचीत की थी। शुरू से ही इस बात की आशंका की जा रही थी कि राष्ट्रपति याह्या खाँ ने भुट्टो से साँठगाँठ करके नयी तारीख का जो ऐलान किया था वह मात्र दिखावा था। प्रेक्षकों का कहना था कि पश्चिमी पाकिस्तान से पूर्वी पाकिस्तान जहाज से जाने के लिए लगभग उन्नीस दिन लगते है। याह्या खाँ चाहते थे कि इन उन्नीस दिनों के बीच पूर्वी पाकिस्तान को पश्चिमी पाकिस्तान की सेना से इस प्रकार भर दें कि यहाँ के लोग सिर नहीं उठा सकें। पूर्वी पाकिस्तान की सात करोड. की आबादी में सैनिकों की संख्या मात्र चालीस हजार थी। दंगो को काबू में करते—करते चालीस हजार सैनिक कभी भी हिंसक लोगों के गिरफ्त में आ सकते थे। अतएव् और अधिक सैनिकों को ले आना आवश्यक समझा गया। यह निश्चित था कि यदि बहुत बड़ी तादात मे पश्चिमी पाकिस्तानी सैनिक पूर्वी पाकिस्तानी पहुँच गये तो वही काफी रक्तपात होगा इसी डर को ध्यान में रखकर विदेशी नागरिकों ने ढाका छोड़ना भी शुरू कर दिया।[20]

5 मार्च को शेख मुजीबुर्रहमान ने स्वाधीन बाँग्लादेश की घोषणा कर दी और प्रशासन का कार्यभार संभालते हुए पैंतीस आदेश जारी किये। यह कदम उस समय उठाया गया जिस समय सैनिक सत्ताधिकारियों के हुक्मों

को कार्यरूप लेना इन हुक्मों के अनुसार 15 मार्च 1971 से जो असैनिक कर्मचारी अपने काम पर नहीं लौटता, उसे नौकरी से निकाला तो जाता साथ ही, साथ दस वर्ष की सजा भी दी जाती। उधर जैसे ही मुजीब ने सत्ता सम्भाली वैसे ही राष्ट्रपति याह्या खाँ कराँची से वार्ता लिए ढाका पहुँचे। दोनों नेताओं के बीच कई दौर में वार्ताएँ हुई। मुजीब ने स्वायत्ता की माँग दुहरायी और यह कहा कि पाकिस्तान के दोनों भागों के लिए संविधान सभा की बैठक अलग–अलग हो और वे पृथक् रूप से अपने संविधान की रचना करें। पश्चिमी पाकिस्तान के अन्य नेता भी ढाका बुलाये गये, लेकिन इन वार्ताओं का कोई नतीजा नहीं निकला। 23 मार्च को पाकिस्तान दिवस पर जहाँ याह्या ने अखंड पाकिस्तान की माँग की बुलन्द की वहाँ अवामी लीग ने यह दिन प्रतिरोध दिवस के तौर पर मनाया। उस दिन अवामी लीग की मुख्य इमारतों पर बाँग्लादेश के झण्डे फहराये गये। 25 मार्च को शेख याह्या वार्ता एकाएक भंग हो गयी और उसी रात मुजीबुर्रहमान पाकिस्तानी सैनिकों द्वारा कैद कर लिए गये। 26 मार्च को अवामी लीग की मुक्ति फौज तथा पाकिस्तानी के बीच संघर्ष युद्ध शुरू हो गया। शेख मुजीबुर्रहमान के सैनिकों ने चटगाँव, रंगपुर, कोमिल्ला होकर आगे बढ़ती हुई पाकिस्तानी फौजों को ढाका से बेदखल कर दिया। मार्शल लॉ प्रशासक अपने मुख्यालय से भाग खड़े हुये और मुजीब की मुक्ति फौज का पूरी तौर ढाका पर कब्जा हो गया। 21 इसके पूर्व युद्ध के दौरान पाकिस्तानी फौज ने ढाका को पूरी तरह बर्बाद कर दिया और ढाका बुलन्द इमारतों की जगह खंडहरों का नगर रह गया। ढाका विश्वविद्यालय को पाकिस्तानी सैनिकों अपना मुख्य निशान बनाया। विश्वविद्यालय के सैकड़ों शिक्षक और छात्र पाकिस्तानी मशीनगनों के शिकार बने। सम्पूर्ण पूर्वी बँगाल के समाचार पत्रों पर कड़ा प्रतिबंध लगा दिया गया। विदेशी पत्रकारों को उनके होटल में बंद कर दिया गया और कैदी की तरह उन्हे हवाई अड्डे पर लाकर देश से बाहर किया गया।

26 मार्च 1971 को राष्ट्रपति याह्या खाँ ने पाकिस्तान रेडियो से राष्ट्र के नाम अपने संदेश का प्रसारण किया। उन्होने मुजीब के असहयोग आन्दोलन

को गद्दारी का कार्य घोषित किया और आवामी लीग को एक गैरकानूनी संस्था घोषित कर दिया। इसके साथ ही मार्शल लॉ के नियम और कठोर कर दिये गये और मार्शल लॉ प्रशासक को आदेश मिला कि वह सभी साधनों का उपयोग करके पूर्वी बंगाल की बगावत को कुचल दे। इसके बाद पाकिस्तानी सैनिकों ने निहत्थे बंगाली जनता पर टैंक और हवाई जहाजों से हमले शुरू किये। हजारों की संख्या में लोग मारे जाने लगे। पूर्वी बंगाल में ऐसा नर संहार शुरू हुआ जिसकी मिसाल शायद ही सभ्य दुनिया के इतिहास में कहीं मिल सके। इतने बड़े पैमाने पर नरमेध होने पर भी संसार के विविध देश चुप्पी साधे रहे। अरब देशों ने तो इस घटना पर अपनी कोई प्रतिक्रिया भी नहीं व्यक्त की। ब्रिटिश पार्लियामेन्ट में विदेश सचिव का पूर्वी पाकिस्तान के सम्बंध में जो भाषण हुआ वही अत्यन्त निराशजनक रहा। अमेरिकी सरकार ने भी साफ – साफ शब्दों में अपनी प्रतिक्रिया जाहिर नहीं करने का निश्चय किया। केवल सोवियत संघ ने पाकिस्तान सरकार को पत्र लिखकर पूर्वी बंगाल में उसके द्वारा की जानेवाली कार्रवाई पर अपना खेद व्यक्ति किया और यह आशा व्यक्त की कि पाकिस्तान के सैनिक तानाशाह संयम से काम लेगें तथा जनता की जनतांत्रिक भावना का आदर करेंगे, लेकिन पाकिस्तान के तानाशाही पर इसका कोई असर नहीं पड़ा और वे बंगाल की जनता को कीड़े–मकोड़े की तरह मारते रहे। 12 अप्रैल, 1971 को स्वाधीन बाँग्लादेश की सरकार का गठन कर लिया गया, लेकिन किसी देश ने इस सरकार को राजनैतिक मान्यता प्रदान नहीं की। बाँग्लादेश का प्रश्न अन्तर्राष्ट्रीय प्रश्न न बनने पाये, इस प्रयास में पाकिस्तान सरकार को पूरी सफलता मिली। सैनिक दृष्टिकोण से भी पाकिस्तान ने तत्काल के लिए बंगाल के विद्रोहियों को कुचल दिया। इस हालत में लाखों–लाख की संख्या में बंगाली लोग भागकर भारत आये और भारत के समक्ष विस्थापितों ने एक भंयकर समस्या पैदा कर दी। चूँकि भारत ने शुरू से ही पूर्वी बंगाल के लोगों की आंकाक्षा के प्रति अपनी सहानुभूति दी थी, इस कारण पाकिस्तान तथा भारत का सम्बंध बहुत ही बिगड़ गया।

भारतीय नजरिया:– पूर्वी पाकिस्तान में एक अत्यंत ही विशाल

पैमाने पर नरमेध हुआ तथा लोकतंत्र का गला घोंट गया, लेकिन सोवियत संघ को छोड़कर किसी देश की सरकार ने इसकी आलोचना नहीं की। अरब देश इसे पाकिस्तान का आन्तरिक मामला मानते हुए मौन रहे तथा अमेरिका और ब्रिटेन ने इस घटना के प्रति तटस्थता का दृष्टिकोण ही अपनाया, लेकिन पड़ोसी देश होने के नाते भारत इन घटनाओं की उपेक्षा नहीं कर सकता था। पूर्वी पाकिस्तान के चुनाव में जब शेखमुजीबुर्रहमान के नेतृत्व में अवामी लीग को सफलता मिली थी, तो भारत ने इसका खुले दिल से स्वागत किया था। शेख लोकतंत्र, धर्मनिरपेक्षता, समाजवाद तथा पड़ोसी देशों के साथ मैत्री के प्रवक्ता थे और भारत को यह आशा थी कि उनके हाथ में सत्ता जाने पर भारत–पाकिस्तान संबंध में एक नया मैत्रीपूर्ण अध्याय शुरू होगा। इसलिए प्रारम्भ से ही भारत सरकार और प्रगतिशील भारतीय लोकमत की सहानुभूति अवामी लीग के साथ थी, लेकिन जब पाकिस्तान के सैनिकों ने लोकतंत्र का गला घोंटना शुरू किया और भुट्टो के साथ सांठ–गांठ करके इस्लामाबाद ने पूर्वी पाकिस्तान की जनता की आकांक्षाओं को कुचलना शुरू किया तो भारत में घोर निराशा और चिन्ता हुई। इसीलिए जब पाकिस्तान में गृहयुद्ध का सूत्रपात हुआ, तो भारत ने पूर्वी बंगाल को अपना पूरा नैतिक समर्थ दिया। भारतीय समाचार–पत्र राजनीतिक पार्टियों और सरकार सब ने एक स्वर में इस्लामाबाद की कार्यवाई की निन्दा की और पूर्वी बंगाल के लोगों के प्रति अपनी सहानुभूति प्रकट की। कुछ लोगों ने अवामी लीग की अस्थायी सरकार को तुरंत मान्यता देकर सैनिक सहायता देने की माँग की। भारतीय संसद् में इस विषय पर सर्व सहमति से एक प्रस्ताव स्वीकृत हुआ। इस प्रस्ताव में यह दृढ़ विश्वास व्यक्त किया गया कि बांग्लादेश की साढ़े सात करोड़ जनता का ऐतिहासिक मुक्ति–संघर्ष अन्ततः सफल होगा। प्रस्ताव में पश्चिमी पाकिस्तान पर यह आरोप लगाया गया था कि उसने दिसम्बर, 1970 में सम्पन्न आम चुनाव में पूर्वी बंगाल की जनता के अभिमत की सरासर उपेक्षा की और राष्ट्रीय एसेम्बली को अपने अधिकार और सम्पूर्ण प्रभुत्व–सम्पन्न भूमिका से वंचित रखा।[22]

इसके कुछ ही दिनों बाद दिल्ली में आयोजित अखिल भारतीय काँग्रेस

समिति की बैठक में श्रीमती इन्दिरा गाँधी ने कहा कि यद्यपि भारत के लिए न तो यह उचित है और न सम्भव ही है कि वह बाँग्लादेश में पाकिस्तान के सैनिक हुक्कमनामों के नृशंस कारनामें को मूक रहकर देखता रहे, किन्तु जल्दीबाजी में ऐसा कोई कदम नहीं उठाना चाहिए, जिससे मामला और पेचीदा हो जाये तथा बाँग्लादेश की जनता की समस्याएँ और उनका सन्ताप बढ़ जाये। भारत ने बाँग्लादेश की जनता पर ढाये गये जुल्म के खिलाफ अपनी आवाज बुलन्द की और आशा की कि संसार के अन्य देश भी पूर्वी बंगाल के स्वतन्त्रता सेनानियों को समर्थन देंगे। अखिल भारतीय काँग्रेस समिति द्वारा सर्व सम्मति से एक प्रस्ताव पास किया गया जिसमें बांग्लादेश पर ढाये गये जोरजुल्म की तीव्र भर्त्सना की गयी और विश्व भर की जनमत और सरकारों से यह अनुरोध किया गया कि वे बंग जनता के क्रमिक संहार से पाकिस्तानी सरकार को रोकने के लिए तुरन्त ठोस कदम उठावे। यह प्रस्ताव विदेश मंत्री स्वर्ण सिंह ने पेश की। इन्होनें आश्वासन दिया कि बाँग्लादेश की अस्थायी सरकार को मान्यता दिये जाने की माँग पर सरकार गम्भीता पूर्वक गौर कर ही है। इसी तरह के कई प्रस्ताव भारत की अन्य राजनीतिक पार्टियों ने पारित किये। बंगाल की घटनाओं की ओर विश्व का ध्यान आकर्षित करने के लिए ऑल इण्डिया रेडियो (आकाश–वाणी) ने प्रमुख भूमिका का निर्वाहन किया। पाकिस्तानी सैनिक शासकों ने इस बात का पूरा प्रबंध कर लिया था कि पूर्वी बंगाल में जन– विद्रोह और सेना द्वारा कुचले जाने की भनक दुनिया को नहीं मिले, लेकिन रेडियो और समाचार पत्रों के संवाददाताओं ने इस प्रयास को नाकामयाब कर दिया।[23]

ऐसी हालत में पाकिस्तान की सरकार ने भारत पर आरोप लगाया कि वह पाकिस्तान के अन्दरूनी मामले में हस्तक्षेप कर रहा है और इसके विरूद्ध कड़ा विरोध पत्र भेजा। पाकिस्तानी रेडियो और वहाँ के नियन्त्रित समाचार पत्र हमेशा यही राग अलापते रहे। ऐसी स्थिति मे दोनों देशों के सम्बंध में पुनः तीव्र का तनाव आ गया। यह तनाव तब और अधिक बढ़ गया जब कुछ पाकिस्तानियों ने दिल्ली स्थिति पाकिस्तानी उच्चायुक्तों से अपना संबंध–विच्छेद करके भारत मे राजनीतिक शरण की माँग की और और भारत सरकार ने उनके अनुरोध

को तत्काल स्वीकार कर लिया। इसके उपरान्त 18 अप्रैल, 1971 को कलकत्ता स्थित पाकिस्तानी उप–उच्चायुक्त तथा सत्तर अन्य कर्मचारियों ने पाकिस्तान से अपना सम्बंध विच्छेद कर लिया तथा अपने को स्वाधीन बॉंग्लादेश का दूतावास से घोषित कर दिया। पाकिस्तान सरकार भारत सरकार से यह अपेक्षा करती थी कि वह उप–उच्चायोग के भवन को पाकिस्तान सरकार के सुपुर्द करने में उसकी मदद करेगी, लेकिन यह संभव नहीं था। इसलिए ढाका स्थित भारतीय उप–उच्चायोग के साथ पाकिस्तान सरकार के बुरे वर्ताव की आंशका बढ़ गयी। इस भावना से बचने के लिए भारत सरकार ने ढाका स्थित अपने उप–उच्चायोग से कर्मचारियों और उनके परिवार के सदस्यों को निकालने का फैसला किया, लेकिन पाकिस्तान सरकार ने इसकी सुविधा नहीं दी तथा कलकत्ता स्थित पाकिस्तानी उप–उच्चायोग की इमारत के न मिलने पर भारत को गम्भीर परिणामों की धमकी दी। जब पाकिस्तान के नवनियुक्त उप–उच्चायुक्त मेंहदी मसूद कलकत्ता आये तो नगर के लोगों ने उनके विरूद्ध घोर प्रदर्शन किया। इस पर पाकिस्तान ने यह प्रस्ताव रखा कि भारत अपने ढाका स्थित उप–उच्चायुक्त के कार्यालय को बन्द करे दे। इसके तुरंत ही बाद भारतीय उप–उच्चायोग के पदाधिकारियों पर तरह–तरह के प्रतिबंध लगा दिये गये। इसके प्रत्युत्तर में भारत ने भी पाकिस्तानी राजनयिकों को देश से बाहर जाने पर प्रतिबंध लगा दिया। पाकिस्तान की अड़ंगेबाज के कारण ढाका स्थित भारतीयों को निकालने में बड़ी कठिनाई हुई। सोवियत संघ और स्विट्जरलैण्ड की सरकार की मध्यस्थता के फलस्वरूप भी इसका कोई समाधान नहीं हो सका। राजनयिक स्तर पर दोनों देशों का तनाव बढ़ता ही गया। इसी बीच पूर्वी पाकिस्तान से भारत आने वाले विस्थापितों की संख्या लगातार बढ़ती रही। इससे भारत का चिन्तित होना स्वाभाविक था।

17 अप्रैल, 1971 को बांग्ला गणराज्य की विधिवत स्थापना होते ही भारत में इस नये राज्य को मान्यता देने का प्रश्न और मुखर हो गया। भारत के सभी राजनीतिक दलों ने जोर–शोर माँग शुरू कर दी कि भारत सरकार को इस नवीन गणराज्य को तुरंत राजनीतिक मान्यता प्रदान कर देनी चाहिए।

भारतीय लोकमत का यह दृष्टिकोण था कि प्रभुसत्ता के लिए लड़ रहे कौम को बिल्कुल मान्यता न देने का अर्थ ही होता है कि आप इसे देशद्रोही मानते है और अन्तर्राष्ट्रीय विधि की भाषा मे वह उचित दण्ड का पात्र बन जाता है। कुछ कुछ लोगों ने यह मांग भी रखी कि यदि कानूनी मान्यता देनें में कठिनाई है तो कम से कम तथ्येन मान्यता तो दे देना ही चाहिए, लेकिन भारत सरकार इस प्रश्न पर संयम से काल लेती रही सरकारी न नीति का निर्धारण लोकमत के निर्धारण की तरह भवावेश से प्रेरित होकर नहीं किया जाता है व्यवहार में किसी देश को मान्यता न देने का मामला अन्तर्राष्ट्रीय विधि का न होकर राज्य की नीति का प्रश्न होता है। कई सरकारों को अस्तित्व में आने से पहले मान्यता दे दी जाती है और कई सरकारों के अस्तित्व में होन पर भी मान्यता नहीं दी जाती। निर्णायक बात किसी सरकार की अपनी नीति होती है। जहाँ तक बाँग्लादेश की मान्यता का सवाल था ऐसा कदम गम्भीर और गहन सोच–विचार के बाद ही उठाना था क्योंकि इससे चीन और पाकिस्तान के साथ हमारे भावी संबंध तथा युद्ध की आशंका सीधे जुड़े थे। भारत ने संसद् में अपने एक प्रस्ताव के माध्यम से यह घोषित कर दिया था कि वह बाँग्लादेश के साथ है, परन्तु यह मान्यता देने से इसलिए बचता रहा कि कहीं उसी का आश्रय लेकर पाकिस्तान को भारत को बदनाम करने और उस पर हमला करने का अवसर न मिल जाय। बदनाम तो वह यह कहकर पहले भी कर रहा था कि बाँग्लादेश की लड़ाई में भारत का हाथ है, परन्तु मान्यता देने से वह उसे उसके प्रमाण के रूप में पेश कर सकता था। भारत का सोचना था कि यदि बिना मान्यता दिये ही काम चल सकता हो और बाँग्लादेश में लोकतन्त्र एवं मानवता की जो हत्या हो रही है वह बन्द हो सकता हो तो मान्यता देकर इस उपमहाद्वीप में ऐसी स्थिति का खतरा मोल लेने का क्या फायदा? जो शान्ति को नष्ट कर दे और उसे दो राष्ट्रों के बीच युद्ध का अखाड़ा बना दे। इसलिए उसके प्रयत्न की दिशा निरन्तर यही रही कि पाक को झूठा बदनाम करने तथा उस पर हमला करने का बहाना न मिले और मामला आसानी से सुलझ जाये। इसके लिए उसने विश्व भर के बड़े देशों से सम्पर्क स्थापित किया और उनके

बीच एक ऐसा वातावरण बनाने की कोशिश की कि वे बाँग्लादेश की वास्तविकता से परिचित हो सकें और आर्थिक मदद एकदम बन्द कर दें। उसका यह ख्याल ठीक था कि आर्थिक दृष्टि से पंगु हो रही पाकिस्तान सरकार को वैसी स्थिति में बाँग्लादेश में नर–संहार बन्द करने और किसी राजनीतिक समझौते पर पहुँचने के लिए बाध्य होना पड़ सकता है। उसमें बहुत अधिक सफलता नहीं मिली।

सोवियत संघ को छोड़कर न किसी अन्य बड़े देश ने याह्या–सरकार के काले कारनामों की निन्दा की अपितु अमेरिका ने यह कहकर उसे सैनिक सहायता देना जारी रखा था कि इसकी पहले ही स्वीकृति हो चुकी है। इसके अलावा कुछ अरब देशों से भी उसे मदद का क्रम जारी रहा। विभिन्न देशों के प्रत्यक्षदर्शी संसद्–सदस्यों तथा लोगों के वक्तव्यों और लेखों का भी पाकिस्तान तथा उन देशों पर कोई असर नहीं पड़ा। उधर मान्यता देने के प्रश्न पर भारत का लोकमत भारत सरकार पर निरन्तर दबाव डालता रहा। सर्वोदय नेता जयप्रकाश नारायण ने विश्व लोकमत को मान्यता के पक्ष में करने तथा बाँग्लादेश में हो रहे भीषण नर–संहार की ओर संसार का धन आकृष्ट कराने के लिए कई देशों का भ्रमण शुरू किया तथा बाँग्लादेश के समर्थन में राष्ट्रीय एकता को प्रदर्शित करने के लिए दिल्ली में दस लाख लोगों की एक विशाल रैली हुई, लेकिन विश्वजनमत की प्रतिकूल प्रतिक्रिया की संभावना के डर से भारत सरकार मान्यता देने से कतराती रही। जो लोग मान्यता देने के पक्ष में आन्दोलन कर रहे थे वे भारत सरकार की ढुलमुल नीति से बड़े नाराज थे।[24] उनका कहना था कि यदि बाँग्लादेश पर पाकिस्तानी आक्रमण के तुरंत बाद ही शरणार्थियों को भारत में आने से रोकने के तर्क लेकर भारत ने अपनी फौजें पूर्वी बंगाल भेज दी होती तो समस्या इतना विकराल रूप धारण नहीं कर पाती। मगर विश्व जनमन के नाम पर निर्णय को बराबर स्थगित करने में अभ्यस्त भारत सरकार ने भारतीय जनमन की पूरी तरह उपेक्षा करते हुए इस अवसर को हाथ से निकल जाने दिया। उनका आरोप था कि राष्ट्रीय हित के प्रश्न पर विश्व –जनमत की दुहाई देना भारतीय जनमत का अपमान है। उनका यह भी कहना था कि

याह्या –सरकार ने अपने रूख़ और कार्यवाही से भारत के सामने बाँग्लादेश को मान्यता देने के सिवाय और कोई रास्ता नहीं छोड़ा था। वह वहाँ लोकतंत्र और मानवता की निरंतर हत्या कर रही थी। भारत की ओर शरणार्थियों का अथाह प्रवाह जारी था वह भारत पर आक्रांत होने का आरोप लगाकर हमला करने का बहाना ढूँढ रही थी। वह सोचती थी कि अमेरिका और चीन के हाथ उसकी पीठ पर हैं। यही कारण है कि सदर याह्या की ओर से न केवल यह व्यक्त किया गया कि युद्ध बहुत नजदीक है, अपितु पश्चिम और पूर्वी सीमा पर उसके लिए आवश्यक तैयारियाँ भी शुरू कर दीं। मतलब यह कि उसका मामला सुलझाने का नहीं अपितु किसी बहाने भारत से लड़ाई मोल लेने का था। जब ऐसी हालत थी तो मान्यता को अधिक देर तक रोकने का कोई अर्थ नहीं रह जाता। 2 अगस्त, 1971 को मास्को स्थित भारत के भूतवूर्व राजदूत डी0पी0 धर एकाएक रहस्यमय ढंग से मास्को गये। समाचार–पत्रों में अटकल बाजियाँ हुई कि वे बाँग्लादेश की मान्यता के प्रश्न पर विचार–विमर्श करने के लिए भारत–सरकार द्वारा भेजे गये हैं। इसी बीच राष्ट्रपति याह्या खाँ भारत को युद्ध की धमकी कई बार दे चुके थे। कम से कम तीन बार उन्होने यह वक्तव्य दे दिया था कि यदि भारत ने पूर्वी पाकिस्तान के विद्रोहियों का हौसला बढ़ाने का यत्न किया, तो भारत के साथ पाकिस्तान की पूरी लड़ाई छिड़ जा सकती है और इस युद्ध में 'हम अकेले नहीं रहेंगे'। इसका मतलब था कि पाकिस्तान को चीन का समर्थन प्राप्त होगा। इसी समय अमेरिका ने भी यह कह दिया कि भारत–पाकिस्तान में युद्ध छिड़ेगा और चीन ने पाकिस्तान का साथ दिया तो वैसी स्थिति में भारत को अमेरिकी सहायता की अपेक्षा नहीं करनी चाहिए। याह्या खाँ की धमकी तथा चीन और अमेरिका के भारत–विरोधी दृष्टिकोण से भारत उपमहाद्वीप की स्थित अत्यन्त नाजुक हो गयी और युद्ध की आशंका बेहद बढ़ गयी। इसी बीच पश्चिमी पाकिस्तान की सरकार ने पूर्वी बंगाल की घटनाओं पर एक श्वेत–पत्र का प्रकाशन किया। यह श्वेत– पत्र एक झूठ का पुलिन्दा था।[25] इसके पूरे एक अध्याय में बाँग्लादेश की समस्या का जनक भारत को बताने का प्रयास किया गया था। श्वत–पत्र में विमान–

अपहरण कांड के समय से ही भारत– पाकिस्तान संबंधों का विश्लेषण करके यह बताया गया कि भारत ने पाकिस्तानी विमानों को भारतीय क्षेत्र में पर से होकर उड़ाने पर प्रतिबंध लगाने और याह्या खाँ तथा शेख मुजीबुर्रमान के बीच हो रही राजनीतिक और संवैधानिक समझौता वार्ता में गतिरोध पैदा करने के उद्देश्य पर किया। पूर्वी बंगाल की घटनाओं के लिए भारत को उत्तरदायी ठहराते हुए यह कहा गया कि यह भारत–मुजीब सांठ–गांठ का परिणाम है जो 1968 के अगरतल्ला षड्यंत्र के समय से ही चल रहा था।

बाँग्लादेश में नरसंहार, शरणार्थियों की बाढ़ बाँग्लादेश की मान्यता का प्रश्न तथा पाकिस्तान की धमकियों के कारण भारत और पाकिस्तान का संबंध बहुत बिगड़ गया। भारत ने विश्व लोकमत को जागृत करने के लिए बड़ा प्रयास किया, लेकिन उसका कोई परिणाम नहीं निकला। पाकिस्तान की धमकियों के संदर्भ में भारत अपने को एकदम अकेला महसूस करने लगा और इस अकेलेपन को समाप्त करने के लिए सोवियत संघ के साथ एक संधि करने के सिवा उसके समक्ष कोई विकल्प नहीं रहा। एतएव, 9 अगस्त, 1971 को भारत और सोवियत संघ के बीच एक संधि हो गयी।[26] इस संधि से तत्काल लाभ यह हुआ कि भारत पर पाकिस्तान आक्रमण का भय कुछ समय के लिए टल गया।

इसी बीच 11 अगस्त, 1971 को भारतीय राजनयिकों और उनके परिवारों को वापस लाने के सम्बंध में पाकिस्तान से चल रहे विवाद का समाधान हो गया। पाकिस्तान के कलकत्ता स्थित उप–उच्चायोग बँगाली सदस्य बड़ी संख्या में बाँग्लादेश के प्रतिनिष्ठा की शपथ ले चुके थे। इस कारण पाकिस्तान ने ढाका में रहने वाले भारतीय उप–उच्चायोग के कर्मचारियों को रोक रखा था। स्विस तथा सोवियत सरकारों की मध्यस्थता से इस प्रश्न पर समझौता हो गया।[27] स्विस तथा सोवियत विमानों से ढाका में रहने वाले भारतीय राजनयिक एवं उनके परिवार तथा कलकत्ता में रहने वाले पाकिस्तानी राजनयिकों का प्रत्यावर्तन हो गया।

भारत–सोवियत संधि के बाद पाकिस्तान के सम्भावित आक्रमण का

खतरा टल गया और यह उम्मीद की गयी कि बाँग्लादेश को तुरन्त ही भारत सरकार की मान्यता मिल जायेगी, लेकिन संधि के बाद जो भारत–सोवियत संयुक्त विज्ञप्ति निकली उसने इस आशा पर पानी फेर दिया। इसमें बाँग्लादेश शब्द का प्रयोग नहीं पाया गया। पूर्वी–पाकिस्तान शब्द के प्रयोग से यह आशंका उत्पन्न हो गयी कि मान्यता के प्रश्न पर निर्णय अभी उतना ही कठिन था जितना कठिन वह भारत–सोवियत संधि के पूर्व था। इसी बीच पाकिस्तानी सेना के विरूद्ध मुक्तिवाहिनी का अभियान उत्तरोत्तर तीव्र होता रहा और उसके चौतरफा हमलों से संत्रस्त पाकिस्तानी सैनिक फिर छावनियों में सिमटने लगे। सिलहट, नोआखाली, मिल्लल, कुष्टिया,.राजशाही, चाँदपुर आदि इलाके मुक्ति वाहिनी की कार्यवाइयों के प्रमुख केन्द्र थे। इन इलाकों में उसने न केवल संचार साधनों को क्षतिग्रस्त करके पाकिस्तानी सेना को मुख्य छावनियों से अलग – अलग कर दिया, बल्कि छापामार लड़ाइयों में सैकड़ों पाक सैनिकों को मौत के घाट उतार दिया। इस सिलसिले में पाकिस्तानी प्रशासकों ने अपनी पूरी ताकत से यह प्रचार करना आरम्भ कर दिया कि मुक्ति वाहिनी को भारत केवल शस्त्रास्त्रों से ही सहायता नहीं करता बल्कि स्वतन्त्रता सेनानियों को प्रशिक्षण भी दे रहा है।

12 अक्टूबर, 1971 को राष्ट्रपति याह्या खाँ का महत्वपूर्ण वक्तव्य प्रकाशित हुआ जिसमें उन्होने 27 दिसम्बर को राष्ट्रीय एसेम्बली का अधिवेशन बुलाने की घोषणा की। इसके साथ ही उन्होनें एक नये संविधान की घोषणा की जिससे उन्हे निर्वाचित प्रतिनिधियों को अधिकार हस्तांतरित करने में सुविधा हो। याह्या खाँ ने जहाँ इस बात का दावा किया कि उन्होनें प्रस्तावित संविधान और भावी सरकार की रचना के बारे में राजनीतिक नेताओं से परामर्श किया है और वे प्रजातांत्रिक पद्धति में विश्वास करते हैं वही उन्होंने इस बात की धमकी दी कि पाकिस्तान की एकता का विरोध करने या उनके उद्देश्यों की आलोचना करने वाले व्यक्तियों को सहन नहीं किया जायेगा।[28] इस भाषण के दौरान पाकिस्तान के राष्ट्रपति ने दावा किया कि अन्तर्राष्ट्रीय जमात उनके

पक्ष में है। विशेषकर उन्होनें मुस्लिम देशों की सहायता और संयुक्त राज्य अमेरिका तथा जनवादी चीन के समर्थन के बारे में प्रसन्नता व्यक्त की उन्होनें भारत के विरूद्ध यह आरोप लगाया किया भारत लगातार पाकिस्तान के साथ दुश्मनी का बर्ताव करता रहा और पूर्व बँगाल में विद्रोह की जितनी भी घटनाएँ घटी है उनके पीछे भारत का ही हाथ है। याह्या खाँ के अनुसार भारत पाकिस्तान के बहुत से क्षेत्रों में तनाव पैदा करने की कोशिश करता रहा है और इस बात की योजनाएँ बनायी गयी है कि पूर्वी बंगाल को पाकिस्तान का वर्तमान संकट पूर्णरूप से भारत की कार्यवाइयों के कारण हुआ है, इसलिए उन्होनें 'इस्लाम' 'पैगम्बर' और 'इमाम' का तकाजा देकर पाकिस्तान की जनता को किसी भी समय के लिए तैयार रहने को कहा। जनरल याह्या खाँ ने धमकी दी कि पूर्व बंगाल में वह अपनी योजनानुसार सरकार बनाएंगे चाहे उसके लिए उन्हें भारत के साथ युद्ध भी क्यों न करना पड़े। याह्या खाँ के भाषण का महत्वपूर्ण अंश बाँग्लादेश से भारत आये हुए शरणार्थियों बारे में भी था, जिसमें पाकिस्तानी अधिनायक ने यह आरोप लगाया कि भारत शरणार्थियों की संख्या बढ़ा–चढाकर बता रहा है ताकि विश्व के अन्य देशों से अधिक से अधिक आर्थिक सहायता प्राप्त कर सके। याह्या के अनुसार भारत में केवल बीस लाख शरणार्थी थे।[29]

अक्टूबर, 1971 में मुक्तिवाहिनी की गतिविधि में अभूतपूर्व तेजी आयी। पाकिस्तानी सैनिक अधिकारियों के लिए एक बहुत बड़ी समस्या उठ खड़ी हुई। इसमें कोई संदेह नहीं कि मुक्ति वाहिनी के छापामार भारत की भूमि को अपना अड्डा बनाये हुए थे और वहीं से उन्हें प्रशिक्षण तथा हथियार मिलते थे। सीमान्त पर ही छापामारों को रोकने के उद्देश्य से पाकिस्तानी सेना का भारत–पूर्व बंगाल सीमा पर जमाव होने लगा। पश्चिमी सरहद पर भी बहुत बड़ी संख्या में पाकिस्तानी फौजें तैनात कर दी गयी। युद्ध की सम्भावना को देखते हुए भारत सरकार को भी कई रक्षात्मक कदम उठाने पड़े और उसने भी सीमाओं पर अपनी सेनाओं का जमाव शरू कर दिया। इस हालत में स्थिति अत्यन्त नाजुक हो गयी। सैनिकों के जमाव के फलस्वरूप भारत और पाकिस्तान

के बीच तनाव की स्थिति इस हद तक पहुँच गयी कि कभी भी दोनों देशों के बीच युद्ध छिड़ सकता था। इस नाजुक स्थिति में युद्ध को रोकने के उद्देश्य से प्रधानमंत्री श्रीमती इन्दिरा गाँधी ने कुछ पश्चिमी देशों की यात्रा की। इस विदेश–यात्रा का स्पष्ट उद्देश्य बाँग्लादेश की समस्याओं से उत्पन्न राजनीतिक, आर्थिक और प्रतिरक्षा संबंधी कठिनाइयों के बारे में भारत का दृष्टिकोण ऐसे देशों के सामने रखना था जो किसी–न–किसी नाते 'भारत उप महाद्वीप' के देशों में दिलचस्पी रखते थे। इसका कारण यह था कि पाकिस्तान बांग्लादेश के मुक्ति–संग्राम को भारत और पाकिस्तान के बीच 'परम्परागत दुश्मनी' के सन्दर्भ में प्रस्तुत करने की कोशिश कर रहा था। शरणार्थियों को भारत भेजकर पाकिस्तान ने जो आक्रामक कदम उठाया था उसे हल करने और भारतीय हितों की रक्षा करने के लिए कोई दृढ कदम उठाने से पहले प्रधानमंत्री दूसरे देशों को आगाह कर देना चाहती थीं जिससे कि बाद में यह नहीं कहा जाय कि इस समस्या को दूसरी तरह सुलझाया जा सकता था। श्रीमती गाँधी ने स्पष्ट कर दिया कि भारत को अपनी आजादी के लिए लड़ने वाले पूर्व बँगालियों के साथ सहानुभूति है और अबतक बाँग्लादेश को भारत ने मान्यता नहीं दी है तो उनका केवल एक ही कारण है कि हम पाकिस्तानी को भारत पर युद्ध छेड़ने का अवसर प्रदान करना नहीं चाहते।[30] मगर यदि कोई कारगर हल नहीं निकला तो आवश्यकता पड़ने पर भारत बाँग्लादेश को सर्वथा सर्वप्रभुसत्ता सम्पन्न राज्य के रूप में मान्यता प्रदान कर सकता है। श्रीमती गाँधी ने पश्चिमी राजनेताओं को बताया कि सीमा पर अत्यन्त तनावपूर्ण स्थिति है और जबतक बाँग्लादेश की समस्या का समाधान नहीं हो जाता तबतक सरहद से भारत अपनी सेना नहीं हटा सकता। भारतीय प्रधानमंत्री ने उन देशों के नेताओं को बताया कि पाकिस्तान जिस तरह की उत्तेजनात्मक कार्यवाई कर रहा है उसकी पृष्ठभूमि में युद्ध अब तक छिड़ गया रहता, लेकिन अभी तक ऐसा इसलिए नहीं हुआ कि भारत अपना दृष्टिकोण संसार को बता देना चाहता था ताकि पश्चिमी नेताओं को यह कहने का मौका नहीं मिले कि भारत ने उतावलेपन से काम लिया है। प्रधानमंत्री ने मुक्तिवाहिनी की गतिविधियों से भी पश्चिमी नेताओं

को अवगत कराया और यह बताया कि मुक्तिवाहिनी का दमन कर सकने में असमर्थ पाकिस्तान इस समूचे प्रश्न को भारत–पाक संघर्ष के रूप में परिणत करना चाहता है। श्रीमती गाँधी की विदेश–यात्रा का उद्‌देश्य पश्चिम के प्रमुख देशों के नेताओ को इन्हीं दृष्टिकोणों से अवगत कराना था कि बाँग्लादेश की समस्या के राजनीतिक समाधान के लिए याह्या खाँ पर दबाव डालकर युद्ध को भड़काने से रोक सकें, लेकिन इस उद्‌देश्य में कामयाबी नहीं मिली। संयुक्त राज्य अमेरिका को छोड़कर अन्य देशों ने भारतीय दृष्टिकोण पर सहानुभूति विचार अवश्य किया, लेकिन याह्या पर दबाव डालने में अपनी असमर्थता व्यक्त की। कुल मिलाकर श्रीमती गाँधी को निराश होकर ही इस दौरे से लौटना पड़ा।[31] प्रधानमंत्री की विदेश–यात्रा से युद्ध कुछ दिनों तक टल गया, लेकिन सीमा पर तनाव बढ़ता ही गया।

पाकिस्तान में युद्ध का उन्माद बढ़ाया जाने लगा। समूचे पश्चिमी पाकिस्तान में ''भारत का दमन करो'' की माँग की जाने लगी और जगह– जगह इसी आशय से पोस्टर लगाये गये। पाकिस्तानी नेताओं ने स्थिति को भड़काने मे कोई कसर नहीं छोड़ी। पाकिस्तानी पंजाब के गवर्नर ने लाहौर में एक रैली को सम्बोधित करते हुए कहा कि इस बार युद्ध अन्तिम होगा। याह्या खाँ ने भारत का नामोनिशान मिटा देने की धमकी दी। जैसे जैसे मुक्ति वाहिनी छापा मारों की गतिविधि बढ़ती गयीं, वैसे–वैसे गुस्से में पाक– नेताओं का उन्माद भी बढ़ता गया। इस तथ्य के बावजूद कि मुक्ति वाहिनी के पास पर्याप्त शस्त्रास्त्र तथा अन्य सामरिक साधन नहीं थे, वह उत्तरोत्तर अपनी स्थित सुदृढ करती जा रही थी। जो क्षेत्र उसके अधिकार में थे, वहाँ तो निर्द्वन्द्व बैठी हुई थी ही, पाकिस्तानी सेना द्वारा अधिकृत क्षेत्रों में भी उसका हौसला बुलन्द था और उसने अपनी छापामारों कार्रवाइयों से पाकिस्तानी सेना की नाक में दम कर रखा था। मुक्ति वाहिनी के संघर्ष के शुरू के चार–पाँच महीने ''मारो और भागो'' कार्रवाई करने में बीते, किन्तु अब स्थिति सर्वथा बदल गयी थी और यह एक व्यवस्थित सेना की तरह लड़ाई लड़ रही थी। उसका

उद्देश्य पाकिस्तानी सेना पर आकस्मिक हमला करके उसे परेशान करना ही नहीं रहा था, बल्कि उसे खदेड़कर अधिकाधिक क्षेत्र पर अधिकार करना अब उसका लक्ष्य बन गया था। वह बाँग्लादेश के किसी एक भाग में नहीं लड़ रही थी। सारे बाँग्लादेश में उसकी गतिविधियों की गूंज सुनाई पड़ती थी। यहाँ तक कि ढाका में भी वह पाकिस्तानी सेना की नाक के नीचे सफल कार्रवाइयाँ कर रही थी। इन सबका परिणाम यह हुआ कि पाकिस्तानी सेना न केवल अपने कमजोर ठिकानों को छोड़कर भागने लगी थी, बल्कि अब छावनियों से बाहर निकलकर कार्रवाई करने में उसे डर भी लगने लगा था।[32]

जिस समय मुक्तिवाहिनी का गठन हुआ था उस समय उसमें पच्चीस–तीस हजार सैनिक होने का अनुमान लगाया गया था। इन सैनिकों में अधिसंख्य पूर्वं बंगाल रेजीमेंट, पूर्व पाकिस्तान रायफल और पूर्व पाकिस्तान पुलिस के जवान थे, जो किसी तरह पाकिस्तानी सेना का शिकार होने से बच निकले थे। अब न केवल मुक्तिवाहिनी के सैनिकों की संख्या एक लाख से उपर पहुँच गयी थी, बल्कि उसमें सभी वर्गों के लोग भी शामिल हो गये थे। अब उसके सैनिकों में किसान भी थे, छात्र बुद्धिजीवी और मेहनत मजदूरी करके पेट भरने वाले मजूदर भी थे और यह सभी बाँग्लादेश की मुक्ति मे लिए बिना किसी भेदभाव के कंधे–से–कंधा मिलाकर पाकिस्तानी सेना से लोहा ले रहे थे। पाकिस्तान का आरोप था कि इतने विशाल पैमाने पर मुक्तिवाहिनी का संगठन भारत ने किया है। मुक्तिवाहनी के सैनिक बंगाली नहीं वरन भारतीय सेना के लोग हैं जो पोशाक बदलकर मुक्तिवाहिनी के नाम पर पाकिस्तान के खिलाफ युद्ध लड़ रहे हैं। पाकिस्तान का आरोप कुछ अंशों में ठीक था। इसमें कोई संदेह नहीं कि मुक्तिवाहिनी को गठित करने और शस्त्रास्त्रों से उसे लैस करने मे भारत ने अपना पूरा योगदान दिया। छापामारों को भारतीय भूमि पर प्रशिक्षण दिया गया और उन्हें आधुनिक अस्त्र भी दिये गये। राजकीय स्तर पर यह काम गलत था, लेकिन पाकिस्तान ऐसे किसी सलाह को मानने के लिए तैयार नहीं था। उधर एक करोड़ की संख्या में शरणार्थी भेजकर उसने भारत की स्थिति को

चौपट करने मे उसने कोई कसर नहीं उठा छोड़ी थी। ऐसी हालत में भारत के सामने एक ही रास्ता था कि मुक्तिवाहिनी को हर प्रकार की मदद दे और बाँग्लादेश की मुक्ति के लिए उनके साथ सहयोग करें।

1971 का भारत–पाक युद्ध– पाकिस्तान में प्रथम सामान्य निर्वाचन 7 दिसम्बर, 1970 को हुआ और राष्ट्रीय सभा में शेखमुजीबर्रहमान की पार्टी आवामी लीग को बहुमत मिला। पाकिस्तान सैनिक शासकों ने अवामी लीग की न्यायोचित मांग को बन्दूक के ज़ोर पर कुचलने प्रयास किया, जिससे पूर्वी पाकिस्तान में भगदड़ मच गई और भारत में शरणार्थियों की बाढ़ में लगभग एक करोड़ शरणार्थी भारत आ गए। पूर्वी पाकिस्तान की जनता ने सैनिक शासकों के शोषण के विरूद्ध 'मुक्ति वाहिनी' सेना खड़ी की। पाकिस्तान ने भारत द्वारा लोगों को शरण देना विरोधी करार करते हुए 3 दिसम्बर, 1971 को हवाई हमला कर दिया। यह युद्ध 17 दिसम्बर 1971 तक चला और 16 दिसम्बर, 1971 को ढाका में पाकिस्तानी सेना ने आत्मसमर्पण कर दिया। 12 नवम्बर को भारत–पाकिस्तान की पूर्वी सीमा पर स्थिति एकाएक विस्फोटक बन गयी। दोनों देशों की सेनाएँ आमने–सामने खड़ी थीं। मुक्तिवाहिनी से जूझते हुए कुछ पाकिस्तानी टैंक भारतीय सीमा में प्रवेश कर गये। भारतीय सेना ने जवाबी कार्यवाई की और पाकिस्तानी सेना के साथ एक मामूली झड़प में उसके तेरह टैंक नष्ट कर दिये। इसके बाद 22 नवम्बर को पाकिस्तान के चार सैवर विमान कलकत्ता के पूर्वोत्तर क्षेत्र में लगभग तीस मील की दूरी पर भारतीय सीमा में पाँच मील भीतर तक घुस आये। भारत के चार नेट विमान उसका पीछा करने उड़ चले। थोड़ी देर तक दोनों तरफ हवाई लड़ाई चली जिसमे भारतीय सैनिकों ने तीन सैवर विमानों को मार गिराया और उसके तीन हवाबाजों को गिरफ्तार कर लिया। 28 नवम्बर को एक अन्य मामूली झड़प में पाकिस्तान के तीन और टैंक नष्ट कर दिये गये। उस दिन प्रधानमंत्री सीमा क्षेत्रों का दौरा कर रहीं थी। युद्ध छिड़ने के आसार अब पूरी तरह नजर आने लगे थे।[33]

इस युद्ध के शुरूआत की एक दिलचस्प कहानी है। 25 नवम्बर को

पाकिस्तान के राष्ट्रपति याह्या खाँ ने घोषणा की थी कि वह दस दिनों के भीतर भारत के साथ निपट लेंगें। तीन दिसम्बर की शाम थी, यानी राष्ट्रपति याह्या की धमकी का नवाँ दिन था। संध्या समय भारत–सरकार ने सूचना दी कि भारत की पश्चिमी सीमा पर हमला करके पाकिस्तान ने युद्ध प्रारम्भ कर दिया है। एक सरकारी प्रवक्ता ने बताया कि ऐसा लगता है कि राष्ट्रपति याह्या खाँ ने अपना वादा पूरा कर दिखाया है। श्रीनगर से आगरा तक पश्चिम भारत के दस हवाई अड्डों पर पाकिस्तान की खुली बमबारी, जम्मू–कश्मीर के पूँछ अंचल से युद्ध–विराम रेखा पार कर बड़ी संख्या में पाकिस्तानियों के घुस आने तथा पश्चिमी सीमाओं की अनेक चौकियों पर गोलाबारी शुरू करने के साथ दोनों के बीच युद्ध शुरू हो गया। पश्चिमी–भारत के दस हवाई अड्डों पर एक ही साथ अचानक हमला करने का एक उद्देश्य था–भारतीय वायु सेना को पंगु बनाना। जिस तरह 1967 में इजरायल ने अरब राज्यों के हवाई अड्डों पर एकाएक आक्रमण करके उनकी हवाई सेना को पूर्णतया नष्ट कर दिया था। उसी तरह पाकिस्तान भी भारतीय वायुसेना को नष्ट करने का इरादा रखता था लेकिन इसमें उसके सफलता नही मिली। भारत सरकार एकाएक हमले की संभावना के प्रति पूर्ण रूप से सतर्क थी और अपने वायुयानों को सुरक्षित स्थान पर रख छोड़ा था, इसलिए पाकिस्तान की आरम्भिक मनोकामना पूरी नहीं हो सकी। जिस समय पाकिस्तान ने भारत पर आक्रमण किया, उस समय देश का कोई वरिष्ठ नेता राजधानी में नहीं था। प्रधानमंत्री कलकत्ता में थीं और रक्षामंत्री तथा वित्त मंत्री भी दिल्ली से बाहर थे। युद्ध छिड़ने के दिन वरिष्ठ नेताओं को दिल्ली से बाहर रहना ही इस बात का प्रमाण था कि युद्ध की पहल भारत ने नहीं की थी। समाचार मिलते ही प्रधानमंत्री शीघ्र ही दिल्ली से वापस आ गयीं। इसी बीच राष्ट्रपति ने आपातकालीन स्थिति की घोषणा कर दी। पर्याप्त विचार–विमर्श के उपरान्त यह निर्णय लिया गया कि न केवल पाकिस्तान के हमले का डटकर मुकाबला किया जाय बल्कि उसकी युद्ध मशीनरी को तबाह कर दिया जाय ताकि हमेशा के लिए बखेड़ा ही दूर हो जाये। अगरतल्ला में इकठ्ठी भारतीय सेनाओं को आदेश दिया गया कि बाँग्लादेश में प्रवेश कर

दुश्मन को परास्त करे। पश्चिमी क्षेत्र में भी सेना को इसी तरह के आदेश दिये गये। मध्यरात्रि के करीब भारतीय बमबारों ने पाकिस्तान की ओर उड़ानें शुरू की और पाकिस्तान के महत्वपूर्ण हवाई अड्डों और सैनिक ठिकानों पर बमबारी की। दो देशों के बीच बड़े पैमाने पर युद्ध छिड़ चुका था।[34]

जहाँ तक भारत का संबंध है, वह हमेशा की तरह पाकिस्तान के साथ अच्छे संबंध बनाना चाहता था, लेकिन पाकिस्तान की मनोवृत्ति और रवैये में विकृति पैदा हो गयी और फिर बाद की वे सब घटनाएँ घटी, जिनका दिसम्बर 1971 में सबसे अधिक दुर्भाग्यपूर्ण सैनिक युद्ध में अन्त हुआ। इस युद्ध में भारत की सशस्त्र सेनाओं को गौरवपूर्ण विजय प्राप्त हुई। इस सैनिक विजय ने भी भारत को विचलित नहीं किया और भारत ने स्वयं युद्ध विराम की घोषणा कर दी और 1971 के संघर्ष के दौरान विजित क्षेत्रों से अपनी सेनाएँ लौटाने को तैयार हो गया। जुलाई 1972 में शिमला समझौते पर हस्ताक्षर शान्ति के प्रति भारत की प्रतिबद्धता का एक दूसरा प्रमाण था।[35] सन् 1971 के भारत–पाक युद्ध के समय निक्सन प्रशासन (अमेरिका) ने पाक समर्थक कट्टर रवैया अपनाया, जिसका परिणाम बाँग्लादेश का उदय था। सन् 1971 के बाद अपनी 60 प्रतिशत जनसंख्या खोकर गम्भीर आर्थिक संकट के कारण तथा दो राष्ट्रों की विचारधारा बेकार हो जाने के कारण स्वर्गीय भुट्टो ने नया पाकिस्तान निर्मित करने का निश्चय किया, जिसका तीसरे विश्व के राष्ट्रों व मुस्लिम राष्ट्रों में सम्मानजनक स्तर हो। सन् 1971 के बाद अमेरिका की दृष्टि में पाकिस्तान का कूट योजनात्मक महत्व कम होता गया। पाकिस्तान ने जब सन् 1972 में सीटों से स्वयं को अलग किया, तो अमेरिका ने को प्रतिक्रिया व्यक्त नहीं की।[36] इस युद्ध (1971) ने पाकिस्तान को दो भागों में बाँट दिया और बाँग्लादेश के नाम से एक नया राष्ट्र बन गया। पाकिस्तान की इस युद्ध में अत्यन्त अपमानजक हार हुई, जिससे दोनों देशों के सम्बंधों में कटुता आ गयी और आज तक इस अपमान का बदला लेने के लिए पाकिस्तान हर प्रकार की हरकतें करता रहता है इस युद्ध के बाद शिमला समझौता 3 जुलाई 1972 को हुआ।[37] इस समझौते का

उद्देश्य भारत और पाकिस्तान के बीच परस्पर शांति व सौहार्द का वातावरण तैयार करना था। यह बात दीगर है कि भारत इस संधि के प्रति आज भी बचनबद्ध है, जबकि पाकिस्तान इसका उल्लंघन करने से बाज नहीं आता।

संदर्भ सूची

1 रत्ना टिकू, इंडो पाक रिलेशंस, पृष्ठ–46–47

2 प्रो0 लल्लन जी सिंह, राष्ट्रीय रक्षा व सुरक्षा, पृष्ठ–515

3 कृष्णानन्द शुक्ल, अयुद्ध संधि प्रस्ताव, पृष्ठ–10

4 डा0 दीनानाथ वर्मा, अन्तर्राष्ट्रीय संबंध, पृष्ठ–348

5 वही, पृष्ठ–349

6 दी हिन्दुस्तान टाइम्स (नई दिल्ली) 26 सितम्बर 1965

7 डॉन (कराँची), 26 सितम्बर 1965

8 जी. डब्ल्यू. चौधरी, पाकिस्तान रिलेशंस विद इंडिया, पृष्ठ–250–52

9 एम0एस0 राजन, दी ताशकंद डिक्लेयरेशनः रिट्रोस्पेक्ट एण्ड, प्रस्पेक्ट, इण्टरनेशन स्टडीज (नई दिल्ली) वोल्यूम–8,1966–1967, पृष्ठ–5,6

10 एस0एम0 बुके, पाकिस्तान फारेन पालिसीः एन हिस्टारिकल एनालिसिस, पृष्ठ–365

11 डॉ मथुरा लाल शर्मा, अन्तर्राष्ट्रीय संबंध, पृष्ठ–103

12 डॉ दीनानाथ वर्मा, अन्तर्राष्ट्रीय संबंध, पृष्ठ–352

13 डॉ दीनानाथ वर्मा, अन्तर्राष्ट्रीय संबंध, पृष्ठ–352

14 डॉ दीनानाथ वर्मा, अन्तर्राष्ट्रीय संबंध, पृष्ठ–353

15 डॉ दीनानाथ वर्मा, अन्तर्राष्ट्रीय संबंध, पृष्ठ–353

16 बाँग्लादेश डाक्यूमेंट्स, वाल्यूम–प्रथम, पृष्ठ–184

17 वही, 189

18 डान, 9 मार्च 1971 एवं बाँग्लादेश डाक्यूमेंट्स, वाल्यूम–प्रथम, पृष्ठ–198

19 डी0आर0 मंकेकर, पाकिस्तान कालोनियलिज्म इन ईस्ट बंगाल, पृष्ठ–222

20 बाँग्लादेश डाक्यूमेंट्स, वाल्यूम–प्रथम, पृष्ठ–280

21 प्राण चोपड़ा, दी चैलेंज आफ बाँग्लादेश, पृष्ठ–60

22 सतीश कुमार, दी इवोल्यूशन आफ इंडियाज पालिसी टुवार्ड्स बाँग्लादेश इन 1971, एशियन सर्वे, पृष्ठ–495

23 वही, पृष्ठ–496

24 डॉ0 दीनानाथ वर्मा, अन्तर्राष्ट्रीय संबंध, पृष्ठ–358

25 डॉ0 दीनानाथ वर्मा, अन्तर्राष्ट्रीय संबंध, पृष्ठ–359

26 डॉ0 दीनानाथ वर्मा, अन्तर्राष्ट्रीय सम्बंध, पृष्ठ–359

27 डॉ0 दीनानाथ वर्मा, अन्तर्राष्ट्रीय सम्बंध, पृष्ठ–359

28 डान (कराँची), 12 अक्टुबर 1971

29 बाँग्लादेश डाक्यूमेंटस, वाल्यूम–द्वितीय, पृष्ठ–711,712

30 एम0एस0राजन, बाँग्लादेश, क्वेशचन एण्ड वर्ल्ड पालिटिक्स, आई. डी.एस. ए. जर्नल, वाल्यूम–IV, जुलाई 1971 पृष्ठ–1 से 5

31 वही

32 डॉ0 दीनानाथ वर्मा, अन्तर्राष्ट्रीय सबंध, पृष्ठ–361

33 डॉ0 दीनानाथ वर्मा, अन्तर्राष्ट्रीय संबंध, पृष्ठ–362

34 दैनिक जागरण, 10 दिसम्बर 1971

35 डॉ0 बी0एल0 फाड़िया, अन्तर्राष्ट्रीय राजनीति, पृष्ठ–315

36 चौ0 नरेन्द्र सिंह, भारतीय उपमहाद्वीप में शीतयुद्ध, पृष्ठ–16

37 डॉ0 सुरेन्द्र कुमार मिश्र, माडर्न राष्ट्रीय रक्षा व सुरक्षा, पृष्ठ–196,197

5

भारत-पाक युद्ध- 1971

इस युद्ध की शुरूआत एक दिलचस्प कहानी है। 25 नवम्बर को पाकिस्तान के राष्ट्रपति याह्या खाँ ने घोषणा की थी, कि वह दस दिनों के भीतर ही भारत से निपट लेंगे। 3 दिसम्बर की शाम थी, यानि राष्ट्रपति याह्या खाँ की धमकी का नवां दिन था। इसी दिन शाम के समय भारत– सरकार ने सूचना दी, कि भारत की पश्चिमी सीमा पर हमला करके पाकिस्तान ने युद्ध प्रारम्भ कर दिया।[1]

इस युद्ध के कुछ मुख्य कारण थे, जो इस प्रकार से हैः–

1. पूर्वी पाकिस्तान का शोषण– इस युद्ध का यह प्रमुख एवं पहला कारण था। पाकिस्तान की सरकार ने प्रारम्भ से ही पूर्वी पाकिस्तान का धर्म के नाम पर निरन्तर शोषण करना आरम्भ कर दिया था। सन् 1961 की पाकिस्तान की अधिकारिक जनगणना के आँकड़ों के अनुसार पूर्वी पाकिस्तान के नागरिकों की वार्षिक आय प्रति–व्यक्ति केवल 89 रूपये और पश्चिमी पाकिस्तान ने नागरिकों की वार्षिक आय प्रति व्यक्ति 178 रूपये थी। पश्चिमी पाकिस्तान के लोगों को सशक्त सेनाओं, केन्द्रीय सेवाओं, विकास कार्यो, उद्योगों एवं अन्य महत्वपूर्ण क्षेत्रों में 90 प्रतिशत आरक्षण तथा शेष 10 प्रतिशत

में पूर्वी पाकिस्तान के लोगों को प्रतिनिधित्व दिया जाता था, जबकि पश्चिमी पाक में 6 करोड़ मुसलमान तथा पूर्वी पाकिस्तान में 7 करोड़ मुसलमान रहते थे। इस प्रकार पश्चिमी पाकिस्तान ने सदैव पूर्वी पाकिस्तान का शोषण किया, जो आगे चलकर युद्ध का कारण बना।

2. पाकिस्तान में याह्या खाँ का शासन – 25 मार्च, 1969 को अयूब खाँ के स्थान पर जब याह्या खां पाकिस्तान के नये राष्ट्रपति बने, तब आयूब खाँ के सैनिक शासन के विरूद्ध पाकिस्तान में विशेषकर पूर्वी पाकिस्तान में भयंकर जन आंदोलन हुआ था, जिसका उद्देश्य पाकिस्तान में प्रजातांत्रिक शासन व्यवस्था स्थापित करना था। जब याह्या खाँ ने पाकिस्तान के राष्ट्रपति का पद संभाला, तो उन्होंने वायदा किया, कि वे शीघ्र ही देश में चुनाव की व्यवस्था करायेंगें और शासन सत्ता जनता द्वारा चुने गये प्रतिनिधियों को सुपुर्द कर देंगे। 7 दिसम्बर, 1970 को यह चुनाव संपन्न हुआ। 300 सदस्यीय राष्ट्रीय एसेम्बली में मुजीबुर्रहमान की अवामी लीग पार्टी को 107 स्थान तथा जुल्फिकार अली भुट्टो को 84 स्थान मिले। 17 दिसम्बर, को प्रादेशिक विधान सभाओं के चुनाव हुए। इस में भी पूर्वी पाकिस्तान में शेख मुजीबुर्रहमान की अवामी लीग और पश्चिमी पाकिस्तान में भुट्टो की पीपुल्स पार्टी को सफलता मिली। राष्ट्रीय एसेम्बली में यद्यपि आवामी लीग को पूर्ण बहुमत प्राप्त हो गया, किन्तु पाकिस्तान का राजनैतिक भविष्य अन्धकार में ही पड़ा रहा। नव-निर्वाचित एसेम्बली को 150 दिनों के अन्दर पाकिस्तान के लिए संविधान तैयार करना था। राष्ट्रपति याह्या खाँ ने यह धमकी दी थी, कि वह संविधान देश की एकता को नष्ट करने वाला हुआ, तो उसे वह अस्वीकार भी कर सकते हैं। जब शेख मुजीबुर्रहमान के हाथों सत्ता जाती नजर आई, तो याह्या खाँ ने बाँग्लादेश एवं अवामी पार्टी पर अपनी सत्ता का शिकंजा जकडा, जिसके कारण एक बार बंगाल में क्रांति सी आ गई और पूर्वी पाकिस्तान अपने अधिकार के लिए संघर्ष पर उतर आया। इस प्रकार याह्या खाँ की तानाशाह नीति ने भी इस युद्ध को जन्म दिया।

3. पूर्वी एवं पश्चिमी पाकिस्तान में मतभेद– पूर्वी पाकिस्तान के मध्य अत्याधिक गहरे मतभेद हो गये थे, क्योंकि हर क्षेत्र में पूर्वी पाकिस्तान के लोगों का बहुत अधिक शोषण किया गया था। सन 1969–70 कि आंकड़ों के आधार पर इन दोनों का मतभेद स्पष्ट रूप से पता चल जाता है [3]

भाग (हिस्सा)	पश्चिमी पाकिस्तान	पूर्वी पाकिस्तान
सशस्त्र सेना में	90:	10:
केन्द्रीय सेवाओं में	85:	15:
विकास कार्यो में	60:	40:
विदेशी सहायता का कुल व्यय	80:	20:

इस प्रकार दोनों के मध्य भेदभाव बहुत अधिक बढ़ गया था, परिणाम स्वरूप दोनों भागों में असमानता की खाई दिन प्रति–दिन बढ़ती गई और अन्त में एक दूसरे के घोर विरोधी हो गये और यह भी युद्ध का एक कारण प्रमाणित हुआ।

4. भारतीय हवाई जहाज का अपहरण– 30 जनवरी, 1971 को भारतीय फोकर फ्रेन्डशिप नामक हवाई जहाज श्रीनगर से दिल्ली के लिए चला। रास्ते में ही दो अपहरणकर्ताओं ने जहाज के चालक को बाध्य किया, कि वह विमान को पाकिस्तान ले चले। विमान को जब्रन लाहौर के हवाई अड्डे पर उतारा गया। आपहरणकर्ताओं ने अपने को कश्मीरी अलफतह संगठन का सदस्य बताया। कश्मीरी मुक्ति मोर्चा के नेता मकबूल अहमद बट ने दावा किया, कि मुक्ति मोर्चे के आदेश पर ही विमान का अपहरण किया गया था। लाहौर में उतरने के बाद मोर्चे की ओर से वायुयान को बिना क्षति पहुँचाये छोड़ने के लिए तीन शर्ते रखी गई :–

1. अपहरणकर्ताओं को पाकिस्तान में राजनीतिक शरण दी जायें।

2. अपहरणकर्ताओं के परिवार वालों को तथा मुक्ति–मोर्चे के अन्य बन्दियों के परिवारों के साथ किसी प्रकार का दुर्व्यवहार न किया जाये।
3. भारतीय विमान के बदले मुक्ति मोर्चे के बन्दी सदस्यों को मुक्त कर दिया जाये।

पाकिस्तान ने राजनीतिक शरण की मांग तुरन्त स्वीकार कर ली और अपहरणकर्ताओं की शर्तो की सूचना भारत सरकार को दे दी। भारत सरकार ने इन मांगों को स्वीकार करने से इंकार कर दिया। भारत के विदेशी मंत्री सरदार स्वर्ण सिंह ने पाकिस्तान से मांग की, कि भारतीय विमान को तुरन्त लौटा दिया जाये, लेकिन पाकिस्तान सरकार ने इस पर जरा भी ध्यान नहीं दिया। एक दिन बाद विमान के यात्री तो लौटा दिये गये, परन्तु 2 फरवरी को अपहरणकर्ताओं ने विमान में आग लगा कर उसे ध्वस्त कर दिया। जिस समय विमान को जलाया जा रहा था, उस समय पाकिस्तान सरकार के उच्च अधिकारी और सैनिक हवाई अड्डे पर खड़े हो कर तमाशा देख रहे थे। इस घटना को पाकिस्तान द्वारा अपने टेलीविजन से प्रसारित भी किया गया।

लाहौर में भारतीय विमान के ध्वस्त होने से भारत भर में आक्रोश का तूफान खड़ा हुआ। भारत सरकार ने विमान अपहरण और उसके ध्वस्त किये जाने के लिए पाकिस्तान सरकार को उत्तरदायी माना और पाकिस्तान की असैनिक विमान–उड़ाने भारतीय आकाश में निषिद्ध कर दी। भारत सरकार ने यह भी स्पष्ट कर दिया, कि भारतीय वायु क्षेत्र के ऊपर से होकर पाकिस्तानी विमानों की सीधी उड़ानें पर तब तक प्रतिबन्ध लगा रहेगा, जब तक पाकिस्तान ध्वस्त किये गये विमान का मुआवजा नहीं दे देता तथा अपहरणकर्ताओं को लौटा नहीं देता। पाकिस्तान मुआवजा देने तथा अपहरणकर्ताओं को भारतीय अधिकारियों के सुपुर्द करने से इंकार करता रहा। जिस दिन भारत सरकार ने पाकिस्तान की असैनिक उड़ाने भारतीय आकाश में निषिद्ध कर दी थी, उसी दिन सीमा के दोनों ओर प्रतिरोध का वातावरण और अधिक गहरा हो गया। रेडियों पाकिस्तान की धमकियों को देखते हुए लगा, कि दोनों देशों के बीच

यदि कोई भी छोटी–मोटी झड़प हो जाये तो ताज्जुब नहीं। इसी बीच पूर्वी–पाकिस्तान में गृहयुद्ध छिड़ गया और परिणाम इस युद्ध के रूप में सामने आया।

5. दोषपूर्ण धर्मनीति :–पाकिस्तान की स्थापना जिन्ना ने जिस इस्लाम धर्म की दुहाई देकर की थी, वह प्रारम्भिक वर्षो में ही ढकोसला प्रमाणित होने लगा। पश्चिमी पाकिस्तान के पंजाबी मुसलमान पूर्वी पाकिस्तान के बंगाली मुसलमानों को इस्लाम धर्म के आधार पर भी कभी गले मिलकर ईद नहीं मना सके थे, क्योंकि दोषपूर्ण धर्म–नीति के कारण दोनों क्षेत्रों की जहाँ भौगोलिक दूरी थी, वही मानसिक दूरी और भी कहीं अधिक थी। कट्टरपंथी धर्मनीति के कारण ही बंगाली मुसलमान विद्रोह के लिए मजबूर हो गये और अन्ततः यह इस युद्ध एक महत्वपूर्ण कारण बना।

6. मानवता पर अत्याचार– मार्च, 1971 के अन्त में बाँग्लादेश की क्रान्ति को कुचलने के लिए लेफ्टीनेन्ट जनरल टिक्का खाँ ने बँगालियों को नियन्त्रण में करने के लिए 25 मार्च को रात्रि 11 बजे अचानक मशीनगनों, तोपों एवं टैंकों से आक्रमण करके वहां की जनता पर कहर ढ़ा दिया। इसमें लगभग 50,000 लोग मौत के मुँह में समा गये।[4] इस भयानक एवं भीषण नर–संहार में मुख्य रूप से हिन्दू एवं बुद्धिजीवी बंगाली मुसलमान मारे गये। मानवता के इस अत्याचार को भारत बर्दाश्त न कर सका और इसका कड़ा विरोध किया। भारतीय जनवादी नेता जयप्रकाश नारायण ने इसकी सहायता के लिए संसार के अनेकों देशों को हस्ताक्षेप करने के लिए अनुरोध किया। कोई अन्य विकल्प शेष न देख आख़िर भारत ने प्रत्यक्ष हस्तक्षेप किया और जो इस युद्ध का कारण बना।

7. भारत में शरणार्थियों का बढ़ता बोझ की बढ़ती संख्या :–पश्चिमी पाकिस्तान की सेना एवं शासकों ने पूर्वी पाकिस्तान की निरीह जनता पर कहर ढ़ाना शुरू कर दिया, जिसके कारण पूर्वी पाकिस्तान के लोग देश

छोड़कर भागने लगे फलस्वरूप भारत में शरणार्थियों की संख्या बहुत अधिक बढ़ गयी। अक्टूबर 1971 तक भारत में पहुँचने वाले शरणार्थियों की संख्या लगभग 1 करोड़ तक पहुँच चुकी थी। जिसने भारत की आर्थिक व्यवस्था को अस्त–व्यस्त कर दिया। इस मानवीय आक्रमण से उसको मुक्त कराना और शरणार्थियों को सम्मान से उनके घरों, में वापस भेजना भारत के लिये एक कठिन समस्या थी। अन्ततः 3 दिसम्बर, 1971 के दिन इस युद्ध का आरम्भ करने में इस समस्या ने भी अपना योगदान दिया।

8. मुक्ति वाहिनी का गठन– भयानक एवं भीषण अत्याचार के कारण पूर्वी पाकिस्तान के लोगों में आक्रोश भर गया, और इस अपमान एवं शोषण के विरूद्ध लड़ने के लिए एक स्वयंसेवी सेना के रूप में मुक्तिवाहिनी सेना का गठन किया गया। 25 मार्च, 1971 के पश्चात् कर्नल उस्मानी के नेतृत्व में पाकिस्तानी अत्याचार के विरूद्ध सशस्त्र संघर्ष के लिए ''मुक्तिवाहिनी'' के नाम से संगठित हो गये, और ये सेना विभिन्न क्षेत्रों में कार्य करने लगी। इस प्रकार लगभग एक लाख बंगाली नागरिक तथा कर्मचारी पाकिस्तान के विरूद्ध संघर्ष में खुलकर मैदान में आ गये। मुक्तिवाहिनी सेना ने इस अभियान को समाप्त करने के लिए हर संभव कदम उठाये, ताकि पश्चिमी पाकिस्तान घुटने टेकने के लिए मजबूर हो जाये। सितम्बर, 1971 तक मुक्तिवाहिनी ने लगभग 25,000 पाकिस्तानी सैनिकों को मार गिराया।

9. शेख मुजीबुर्रहमान का क्रांतिकारी नेतृत्व :– आम चुनाव में अवामी लीग के नेता शेख मुजीबुर्रहमान ने अपने छः सूत्रीय कार्यक्रम के आधार पर बहुमत प्राप्त किया। शेख मुजीब एक कुशल राजनीतिज्ञ एवं प्रशासक थे। इन पर जनरल याह्या खाँ ने कुछ ज्यादा ही ज्यादती की जिसके फलस्वरूप जन आन्दोलन ने शेख मुजीब का साथ दिया। उसने पश्चिमी पाकिस्तान की दमनकारी नीति के विरूद्ध लड़ने के लिये हर सम्भव कदम उठाये। आखिरकार अपने कुशल नेतृत्व एवं प्रतिभा के द्वारा सैनिकों एवं नागरिकों को इस अभियान

के विरूद्ध उकसाया और अन्ततोगत्वा बाँग्लादेश के रूप में एक नये देश का जन्म हुआ। और यह कारक इस युद्ध का महत्वपूर्ण कारण प्रमाणित हुआ।

10. ताशकन्द समझौते का उल्लघंन –पाकिस्तान ने कुछ ही समय पहले हुए, ताशकन्द समझौते का उल्लघंन का भारत के विरूद्ध तीव्र प्रचार अभियान छेड़ दिया। जिससे युद्ध की सम्भावना और अधिक बढ़ गयी। दोनों के बीच बढ़ते मतभेदों ने आखिर युद्ध का रूप ले लिया।

11. कश्मीर समस्या –याह्या खाँ ने कश्मीर प्रश्न को अपने हित में किया एवं पाकिस्तानी जनता में भारत विरोधी प्रचार तीव्र कर दिया। इसके साथ ही साथ पाकिस्तान के एक समाचार पत्र ने लिखा– "कश्मीरी जनता पाकिस्तान में विलय के लिय छटपटा रही है। हमें पूर्ण विश्वास है, कि युद्ध आरम्भ होते ही वह मैदान में कूद पड़ेगी।" इस प्रकार कश्मीरी जनता को अपने पक्ष में करने के लिए पाकिस्तान ने अफवाहों की आग उलगनी शुरू कर दी पाकिस्तान का यह मुगालता भी युद्ध का एक कारण रहा।

12. पाकिस्तान में गृह युद्ध :– याह्या शासन के निर्णयानुसार पाकिस्तान में, दिसम्बर, 1970 में राष्ट्रीय विधानसभा तथा प्रान्तीय विधान सभाओं के चुनाव हुए। इन चुनावों में शेख मुजीब के नेतृत्व में अवामी लीग को सफलता प्राप्त हुई। इस तरह की राजनैतिक परिस्थितियों को देखते हुए जनरल याह्या खाँ ने यह घोषणा कर दी कि निश्चित तिथि तक सत्ता मुजीब को सौंप दी जायेगी, लेकिन बाद में उसने पूर्वी बंगाल को स्वायत्ता देने की माँग को अस्वीकार कर दिया और याह्यां खाँ ने सेनाओं को सतर्क रहने की चेतावनी दे दी।

युद्ध की पृष्ठभूमि

3 मार्च, 1971 को बुलाये जाने वाले संसदीय असेम्बली के अधिवेशन को याह्या खाँ ने एक मार्च को ही निरस्त कर दिया। इसके विरोध में पूर्वी

बंगाल में हड़ताल प्रारम्भ हो गयी। 8 मार्च को शेख–मुजीब ने असहयोग आन्दोलन प्रारम्भ कर दिया तथा ढ़ाका रेडियों ने भी मुजीब का समर्थन प्रारम्भ कर दिया। 16 मार्च को शेख मुजीब ने स्वतंत्र बाँग्लादेश की घोषणा कर दी। शेख मुजीब से वार्ता करने के लिए याह्वया खाँ ढ़ाका गये, लेकिन याह्वया खाँ ने शेख की शर्तो को स्वीकार नहीं किया और 25 मार्च को शेख–मुजीब को गिरफ्तार कर लिया गया। 24 मार्च की रात से ही पाकिस्तानी सैनिकों ने बंगालियों पर योजनाबद्ध तरीके से नृशंस अत्याचार आरम्भ कर दिये थे। मुख्यतः वकीलों, डाक्टरों, बुद्धिजीवियों एवं विद्यार्थियों को लक्ष्य बनाया गया। शेख मुजीब के एक बयान के अनुसार "पाकिस्तानी सेना ने तीस लाख लोगों की हत्या एवं दो लाख महिलाओं से बलात्कार किया" 'दी हागंकांग स्टैन्डर्ड' नें 24 जून, 1971 को लिखा था, सैकड़ों वर्षो से चंगेज खाँ का नाम दुष्टता तथा नरभेध के पर्यायवाची के रूप में गूँजता रहा है। लगता है, बीसवीं शताब्दी में उस दुष्ट हत्यारे का पाकिस्तानी हम नाम, अपने क्रूर पूर्वज को पीछे छोड़ना चाहता है। टिक्का खाँ और उसके गलघोटू सैनिक गिरोह को आधे राष्ट्र की जनता का नाम मिटाने के कुप्रयास के लिये याद किया जायेगा।" इस अत्याचार के कारण प्रतिदिन लाखों शरणार्थी अपना जीवन बचाने के लिए पूर्वी बंगाल से भागकर भारत की सीमा में प्रवेश करने लगे। यही आगे चलकर युद्ध का प्रमुख कारण बना।

पश्चिमी पाकिस्तान ने पूर्वी पाकिस्तान का इतना अधिक शोषण किया था, कि वे क्रान्ति के पथ पर आगे बढ़ने के लिए मजबूर हो गये थे।

प्रमख राजनयिक घटनाक्रम :

1. 25 मार्च, 1971 को याह्वयां खां ने शेख मुजीबुर्रहमान को बन्दी बनाकर पश्चिमी पाकिस्तान भेज दिया और टिक्का खां को आदेश दिया, कि इस बंगाली मुसलमानों को सीधा कर दो।

2. 25 से 30 मार्च तक पूर्वी पाकिस्तान में नृशंस हत्याओं, बलात्कार और

लूटपाट का महाताण्डव बना रहा।

3. 31 मार्च, 1971 को भारतीय संसद ने सरकार से एकमत होकर मांग की, कि पूर्वी पाकिस्तान में मानवीय मूल्यों की सुरक्षा की जाये।

4. 3 अप्रैल, 1971 को सोवियत रूस के राष्ट्रपति पोवगोर्नी ने पाकिस्तान के राष्ट्रपति जनरल याह्या खाँ को सचेत किया पूर्वी पाकिस्तान के नरसंहार को रोका जाये।

5. 4 अप्रैल, 1971 को चीन ने रूस के जवाब में भारत को चेतावनी दी कि यदि भारत ने पाक पर आक्रमण किया, तो चीन खुल कर पाकिस्तान को सक्रिय सहयोग प्रदान करेगा।

6. भारत में स्थित अमेरिकी राजदूत जॉन कीटिंग्ड ने मुम्बई में कहा, कि बाँग्लादेश का मामला अब आन्तरिक मामला नहीं रहा। इसी कारण समस्त संसार में खलबली सी मच गई।

7. भारतीय जनवादी नेता जय प्रकाश नारायण ने मुक्तिवाहिनी सेना को सक्रिय सहयोग प्रदान करने के लिए भारत सरकार से हस्तक्षेप करने के लिए अनुरोध किया तथा भारत सरकार पर अनेक दबाव डाले जाने लगे।

8. पाकिस्तानी राष्ट्रपति याह्या खाँ ने बाँग्लादेश में स्थित 30 विदेशी पत्रकारों को वहाँ से निकाल दिया, जिस कारण बाँग्लादेश में हो रही बर्बरतापूर्ण नरसंहार की समस्या संसार के सामने खुलकर आ गई।

9. स्वतंत्र बाँग्लादेश की प्रथम घोषणा 10 अप्रैल, 1971 को की गई, जिसमें कहा गया, कि 26 मार्च, 1971 से बाँग्लादेश स्वतंत्र राष्ट्र बन गया। बंगवाणी रेडियो स्टेशन की भी गुप्त स्थान पर स्थापना कर दी की गई।

10. जननायक जय प्रकाश नारायण ने मानवीय मूल्यों की रक्षा के लिये अनेक राष्ट्रों की यात्रा की तथा बाँग्लादेश के लिये विश्व में जनमत तैयार किया।

11. पाकिस्तान के राष्ट्रपति याह्या खाँ ने बाँग्लादेश की स्थिति पर नियंत्रण कर लेने की भ्रामक घोषणा प्रसारित की, किन्तु सच को झुठलाया नहीं जा सका और इसी दौरान भारत ने पाकिस्तान को एक पत्र लिखकर सचेत

किया तथा शरणार्थियों पर होने वाले व्यय का भुगतान करने के लिए लिखा।

12. 24 मई, 1971 को प्रधानमंत्री श्रीमती इंदिरा गाँधी ने संसद में कहा, कि हम लोग जानते हैं, कि बाँग्लादेश की समस्या का कोई सैनिक समाधान नहीं हो सकता। जो लोग शक्ति रखते हैं, उन्हें राजनीतिक हल सामने लाना चाहिये। भारत की धरती पर आये शरणार्थी यहाँ पर अस्थाई रूप से है। उन्हे अपने घरों को जाना होगा और यह तभीं संभव होगा जब इस्लामाबाद शेख मुजीब और उनकी पार्टी अवामी लीग अर्थात् निर्वाचित प्रतिनिधियों को सत्ता सौंप दे।"

13. जून, 1971 में पाकिस्तान के राष्ट्रपति जनरल याह्या खाँ ने भारत को धमकी दी, कि इस मामले में भारत हस्तक्षेप न करें।

14. जुलाई, 1971 तक भारत में निरन्तर शरणार्थियों की संख्या बढ़ती गई जो भारत के लिए कि विशेष चिन्ता का विषय बन गया।

15. पाकिस्तान ने हालात से निपटने के लिए अमेरिका एवं चीन के साथ गुप्त–समझौता करके पाक–चीन एवं अमेरिका गठजोड़ करके एक नई रणनीति तैयार की ?

16. 9 अगस्त, 1971 को भारत–रूस मैत्री समझौते की घोषणा हुई तथा दोनों देशों ने एक दूसरें पर आक्रमण होने पर परामर्श एवं सहायता करने का निश्चय किया।

17. 15 अगस्त, 1971 को भारत की प्रधानमंत्री श्रीमती इंदिरा गांधी ने लाल किले से बोलते हुए कहा कि "हम लड़ाई नहीं चाहते। हम धमकियां भी नहीं देते, लेकिन भारत हर संकट का सामना करने के लिए तैयार है।"

18.. सितम्बर 1971 में पाकिस्तान के राष्ट्रपति याह्या खाँ ने भारत–पाक सीमा पर सैनिक गतिविधियाँ आरम्भ कर दी। भारतीय प्रधानमंत्री श्रीमती इंदिरा गांधी ने इसका विरोध किया और इस संबंध में रूस एवं पश्चिमी देशों की यात्रा की।

19. 2 दिसम्बर को श्रीमती इंदिरा गाँधी ने यह घोषणा की कि "भारत अब बदल चुका है और अब गुलामों का देश नहीं है।' आज हम वही करेंगे

जो हमारे राष्ट्रीय हित के लिये सर्वोत्तम होगा और अब हम वह नहीं करेंगे जो ये बड़े राष्ट्र चाहते है, कि हम करें।

20. 3 दिसम्बर, 1971 को पाकिस्तान ने भारत पर आक्रमण कर दिया और भारत ने भी इसकी जवाबी कार्यवाही आरम्भ कर दी। अंततः 6 दिसम्बर, को भारत ने बाँग्लादेश को मान्यता प्रदान कर दी।

भारत–पाकिस्तान संबंधों में सन् 1971 में पूर्वी पाकिस्तान में हुए विद्रोह और बाँग्लादेश के जन्म को एक अत्यन्त गंभीर संकट बताया जाता है। यह संकट पाकिस्तान के आन्तरिक राजनीतिक उतार–चढ़ाव का परिणाम था, परन्तु इसने भारत की विदेश नीति को बहुत प्रभावित किया। सन् 1947 में भारत के विभाजन के समय बंगला प्रान्त के धर्म के आधार पर दो भाग किए गये। मुस्लिम बहुमत वाला पूर्वी बंगाल पाकिस्तान का अंग बन गया। परन्तु पश्चिम और पूर्वी पाकिस्तान के बीच लगभग 1,200 मील भारतीय प्रदेश था। पाकिस्तान की स्थापना की मांग मूल रूप से उत्तर प्रदेश और बम्बई प्रान्तों के मुसलामानों ने की थी। परन्तु धर्म के आधार बने पाकिस्तान में उस देश की जनता की बहु संख्या 67 करोड़ मुसलमान पूर्वी पाकिस्तान में निवास करती थी, फिर भी देश की राजनीति का नियंत्रण पश्चिमी पाकिस्तान, विशेषकर पंजाब के नेताओं के हाथ में था। पाकिस्तान के दोनों भागों में धर्म के अतिरिक्त और कोई समानता नहीं थी। दोनों भागों की भाषाएं अलग, संस्कृति अलग और उनकी परम्पराएँ भी अलग थी। बजाय इसके कि दोनों भागों का भावनात्मक मिलाप करवाएँ, पाकिस्तान के शासकों (अयूब खाँ और याह्रया खाँ) पूर्वी पाकिस्तान का दमन करना शुरू किया। उर्दू भाषा को पूर्वी पाकिस्तान पर थोपा गया जो वहां के लोगों को बिल्कुल भी स्वीकार्य नहीं थी।[5] पश्चिमी पाकिस्तान द्वारा पूर्वी पाकिस्तान के आर्थिक, सामाजिक एवं राजनैतिक शोषण के कारण पूर्वी पाकिस्तान में जन अंसतोष बढ़ता ही जा रहा था। दिसम्बर 1970 में संपन्न आम चुनावों में पूर्वी पाकिस्तान की अवामी लीग को स्पष्ट बहुमत प्राप्त होने पर भी पश्चिमी

पाकिस्तानी सैन्य शासकों ने अवामी लीग को सत्ता नहीं सौंपी। इस कारण पूर्वी पाकिस्तान में गृह युद्ध आरम्भ हो गया। इसी समय शेख मुजीबुर्रहमान ने बांग्लादेश को प्रभुत्ता संपन्न स्वतंत्र गणराज्य घोषित कर दिया इस घोषणा के तत्काल बाद पाकिस्तानी सेना ने 7 मार्च, सन् 1971 को रात्रि के 11.30 बजे शेख मुजीबुर्रहमान को गिरफ्तार कर लिया।[6] इसके उपरान्त नजरूल इस्लाम को बाँग्लादेश का कार्यवाहक राष्ट्रपति, कर्नल एडसमनी को रक्षा मंत्री एवं बांग्लादेश सशस्त्र सेनाओं का प्रमुख बनाया गया।[7] हिंसा भड़क उठी और पाकिस्तान की सुरक्षा सेनाओं ने आंतक फैलाना शुरू कर दिया। हजारों लोग हताहत हुए और महिलाओं के साथ बलात्कार किया गया। लगभग एक करोड़ शरणार्थी भारत में आ गए जिसके कारण भारत पर आर्थिक और राजनीतिक दवाब बढ़ गया। अप्रैल, सन् 1971 में पूर्वी बंगाल के लोगों ने अपने प्रान्त को एक स्वतंत्र बाँग्लादेश घोषित कर दिया। इस परिस्थिति में भारत की भूमिका आवश्यक हो गई क्योंकि भारत की सीमा पर हिंसा चल रही थी और शरणार्थी भारत में आ रहे थे। अप्रैल सन् 1971 में स्वतंत्र बाँग्लादेश की घोषणा के बावजूद किसी भी देश में उसे मान्यता प्रदान नहीं की। यह पाकिस्तान की विदेश नीति की सफलता मानी जाती है। यहां तक की भारत ने भी बाँग्लादेश को इस डर से मान्यता प्रदान नहीं की कि कहीं पाकिस्तान इस आधार पर भारत के विरूद्व युद्ध न छेड़ दे। कलकत्ता में पाकिस्तान के उप–उच्चायुक्त और उनके 70 अधिकारियों ने पाकिस्तान से अपना संबंध विच्छेद करके, अपने आपको भारत में बाँग्लादेश उपउच्चायुक्त कार्यालय का कर्मचारी घोषित कर दिया।

भारत भी ढाका से अपने अधिकारियों व कर्मचारियों को वापस बुलाना चाहता था, परन्तु इस बीच पाकिस्तान ने अनेक कठिनाइयाँ उत्पन्न कर दीं। दूसरी ओर इस तनाव के वातावरण में पूर्वी बंगाल के युवकों ने मुक्तिवाहिनी नाम से अपनी एक सुरक्षा सेना गठित कर ली। पाकिस्तान ने यह आरोप लगाया कि वास्तव में सारी परिस्थिति के लिए भारत उत्तरदायी

था और भाड़े के सैनिकों को मुक्तिवाहिनी के रूप में संघर्ष करने के लिए भेजा गया था।

भारत की प्रधानमंत्री इन्दिरा गाँधी ने सभी प्रमुख देशों के साथ सम्पर्क स्थापित करके, पाकिस्तान पर इस बात के लिए दबाव डालने का प्रयास किया कि वह पूर्वी बंगाल में नरसंहार बन्द करे दे ताकि भारत से वहाँ के शरणार्थी अपने घरों को वापस चले जाएं। श्रीमती गांधी के प्रयास सफल नहीं हुए। अमेरिका के राष्ट्रपति निक्सन ने यह स्पष्ट कर दिया कि यदि भारत और पाकिस्तान के बीच में युद्ध हुआ, जिसमें चीन भी चाहे पाकिस्तान का साथ क्यों न दें, अमेरिका भारत को सहायता नहीं देगा। निक्सन ने यह धमकी अवश्य दी कि अमेरिका सम्भावित युद्ध में पाकिस्तान के पक्ष में हस्तक्षेप कर सकता था। याह्या खाँ ने भारत को चेतावनी देते हुए कहा कि यदि उसने बाँग्ला विद्रोहियों को प्रोत्साहन देना बन्द नहीं किया तो भारत–पाकिस्तान युद्ध शुरू हो सकता है। इस युद्ध में पाकिस्तान अकेला नहीं होगा।[8] इसका उत्तर देते तत्कालीन भारतीय विदेश मंत्री सरदार स्वर्ण सिंह ने कहा कि कोई यह न समझें कि भारत युद्ध में अकेला रहेगा। जगजीवन राम ने पाकिस्तान को धमकी देते हुये कहा कि युद्ध की स्थिति में पाकिस्तान की भूमि पर ही युद्ध लड़ा जायेगा। रूस ने पाकिस्तान को परामर्श दिया कि उसे बाँग्लादेश के नेताओं से वार्ता करके कोई शान्तिपूर्ण समाधान निकालना चाहिए, परन्तु कुछ सार्थक न होने के बजाय और सीमाओं पर सेना का जमाव प्रारम्भ हो गया।[9] इस परिस्थिति में भारत के लिए किसी शक्तिशाली देश के साथ मैत्री करना आवश्यक हो गया था।

3 अप्रैल, 1971 तक सोवियत संघ ने अपनी नीति में परिवर्तन करके भारत और पाकिस्तान को समकक्ष रखने की प्रक्रिया को समाप्त कर दिया। अब उसने पाकिस्तान के राष्ट्रपति याह्या खाँ की यह लिखा कि सोवियत संघ को यह सूचना मिली थी कि ढाका में चल रही बातचीत टूट चुकी है

और देश के सैनिक प्रशासन ने पूर्वी पाकिस्तान की जनता पर सैनिक बलों द्वारा कार्यवाही की थी। यह सूचना सोवियत संघ के लिए चिन्ता का विषय है। सोवियत राष्ट्रपति ने शान्तिपूर्ण समाधान के लिए प्रार्थना की परन्तु पाकिस्तान इस तरह की कोई सलाह मानने के लिए तैयार नहीं था और उसने बाँग्लादेश के आंदोलन को राष्ट्र विरोधी घोषित कर दिया था। भारत के लिए अगस्त, 1971 तक संकट बढ गया था। सोवियत संघ में भारत के पूर्व राजदूत डी०पी० धर अगस्त, 1971 में बातचीत के लिए मास्को गये। उसके तुरन्त बाद एक उच्चस्तरीय शिष्टमण्डल नई दिल्ली आया। दोनों देशों में शिखर वार्ता के बाद 9 अगस्त 1971 को बीस वर्ष के लिए, एक शान्ति, मैत्री और सहयोग की सन्धि पर हस्ताक्षर हुए। इस पर विदेश मंत्री सरदार स्वर्ण सिंह और सोवियत संघ के विदेश मंत्री ग्रोमिको ने हस्ताक्षर किए। भारत की स्वतंत्रता के पश्चात् यह अपनी प्रकार की यह पहली सन्धि थी। यह विश्वास किया जाता था कि एक गुटनिरपेक्ष देश के लिए किसी भी महाशक्ति के साथ संधि करना उचित नहीं था। परन्तु पाकिस्तान–अमेरिका–चीन गठबन्धन' को ध्यान में रखते हुए भारत के पास और कोई विकल्प बचा नहीं था। जब दिसम्बर, 1971 में भारत–पाकिस्तान युद्ध हुआ तब इस सन्धि के कारण ही अमेरिका और चीन दोनों को हस्तक्षेप करने से रोका जा सका। भारत–सोवियत संधि के प्रमुख प्रावधान निम्न थे :–

1. भारत–सोवियत संघ ने घोषणा की कि उन दोनों देशों के बीच स्थायी शान्ति और मैत्री स्थापित होगी। दोनों देश एक दूसरे की स्वतंत्रता, संप्रभुता और प्रादेशिक अखंडता की रक्षा करेंगे। दोनों देश एक दूसरे के आन्तरिक मामलों में हस्तक्षेप नहीं करेंगे उनके संबंध अच्छे पड़ोसियों के रूप में मैत्री पर आधारित होंगे।
2. दोनों देशों ने अपने इस निश्चय की घोषणा की कि वे एशिया और पूरे विश्व में शान्ति स्थापना के प्रयास करेंगे और सम्पूर्ण निःशस्त्रीकरण के लिए कार्य करेंगे।

3. भारत और सोवियत संघ दोनों ने सभी लोगों की समानता के उच्च आदर्श के प्रति अपनी निष्ठा व्यक्त की और उपनिवेशवाद और जातिवाद की पूरी निन्दा की।
4. भारत ने सोवियत संघ की शान्ति की नीति की सराहना की तथा सोवियत संघ ने भारत की गुटनिरपेक्षता की नीति की प्रशंसा की और संसार में शान्ति सुनिश्चित करने का वचन दिया।
5. दोनों देशों ने वचन दिया कि संसार में शान्ति और सुरक्षा के लिए उनकी प्रतिबद्धता को ध्यान में रखते हुए वे सभी प्रमुख अन्तर्राष्ट्रीय समस्याओं पर एक दूसरे से सम्पर्क करेंगे।
6. दोनों देशों ने यह प्रतिज्ञा की कि वे अर्थव्यवस्था, विज्ञान और प्रौद्योगिकी के क्षेत्र में आपसी सहयोग बनाए रखेंगे और अपने बीच व्यापार, यातायात और संचार का विकास करेंगे।
7. दोनों देश कला, विज्ञान, साहित्य, शिक्षा, जन–स्वास्थ्य, प्रचार माध्यमों, पर्यटन और खेलकूद के क्षेत्र में अपने सहयोग को और विकसित करेंगे।
8. एक अत्यन्त महत्वपूर्ण प्रावधान में दोनों देशों ने यह वचन दिया कि वे ऐसी सैनिक संधियों में शामिल नहीं होंगे जो दूसरे देश के हितों के विरूद्ध होगी और दोनों देश एक दूसरे के विरूद्ध आक्रमण भी नहीं करेंगे।
9. दोनों देशों ने यह वचन दिया कि उनमें से कोई भी किसी ऐसे तीसरे देश को सहायता नहीं देगा, जिसका कि दूसरे देश के साथ सैनिक संघर्ष चल रहा होगा, यदि दोनों मे से किसी एक पर 'आक्रमण होता है' या उसका डर होता है, तो वे आपस में परामर्श करेंगे।
10. दोनों देशों ने यह घोषणा की कि वे किसी ऐसी संधि पर हस्ताक्षर नहीं करेंगे, चाहे वह गोपनीय ही क्यों न हो, जो कि दूसरे मित्र के हितों के विरूद्ध हो।

भारत–सोवियत संधि ने भारत के लिए को यह विश्वास उत्पन्न की कर सकने में सफल रहा कि वह पाकिस्तान की किसी भी चुनौती का सामना

कर सकता है। चाहे यह संधि गुटनिरपेक्षता के साथ एक समझौता ही सही, फिर भी उस समय की परिस्थिति में यह आवश्यक थी और विश्व में इसने भारत की प्रतिष्ठा को बढ़ाया। यह संधि पाकिस्तान, चीन और अमेरिका के लिए एक धक्का सिद्ध हुई। देश के अनेक प्रमुख नेताओं ने इसका स्वागत किया। काँग्रेस के पूर्व अध्यक्ष कामराज ने कहा कि यह न केवल दोनों देशों की मित्रता को मजबूत करेगी बल्कि एशिया और समस्त विश्व में शान्ति स्थापना भी करेगी। सी०राज गोपालाचारी का अनुमान था कि इस घटना से पाकिस्तान के राष्ट्रपति अवश्य प्रभावित होंगे। लोकनायक जयप्रकाश नारायण ने इस संधि को शान्ति की निश्चित गारण्टी बताया। पूर्व विदेश मंत्री एम०सी० चागला के अनुसार यह एक लम्बे समय के बाद मिला शुभ समाचार था। अटल बिहारी वाजपेयी ने, जो कि विपक्षी दल के नेता थे, इस सन्धि का स्वागत करते हुए यह आशा व्यक्त की कि भारत बाँग्लादेश के संबंध में अपनी इच्छा से कोई भी निर्णय ले सकेगा। उस समय की परिस्थिति में भारत को इस संधि के द्वारा जो लाभ हुआ उससे अधिक मूल्यवान और कोई संधि नहीं हो सकती थी।[10]

12 नवम्बर को भारत–पाकिस्तान की पूर्वी सीमा पर स्थिति एकाएक विस्फोटक बन गयी। दोनों देशों की सेनाएँ आमने–सामने खड़ी थी।[11] प्रारम्भ में भारत ने बहुत संयम से काम लिया और हर संभव यह प्रयास किया कि युद्ध न हो। किन्तु पाकिस्तान के युद्ध के उन्माद ने अन्ततः भारत को युद्ध में घसीट लिया। चीन और अमेरिका से विपुल मात्रा में प्राप्त सैनिक सहायता का उपयोग करते हुए पाकिस्तान ने भारत के विरूद्ध जेहाद (धर्म युद्ध) छेड़ने की घोषणा करते हुए यह धमकी दी कि वह इस बार भारत का नामो निशान मिटा देगा।

तुलनात्मक सामरिक शक्ति[12]

भारत

(1). स्थल सेना (जनरल मानिक कुल सैनिक 828000

शाँ के नेतृत्व में)	इसके अन्तर्गत 13 पैदल डिवीजन, 10 पर्वतीय डिवीजन अनेक स्वतन्त्र ब्रिगेड तथा 2 पैरा ब्रिगेड थे।
टैंक	माध्यम रूसी टैंक 450 (टी० 559 टी० 56) विजयन्त, टैंक 300, 13 फ्रान्सीसी टैंक अनेक सेन्चुरियन टैंक तथा कवचित गाड़ी पी०टी०–76 भी शामिल थी।
पैदल सेना के शस्त्र	7.62 मि०मी० स्वचालित रायफल, 7,62 मि०मी० एल०एस०जी०, 81 व 120 मार्टर।
(2). वायुसेना	कुल वायुसैनिक 90,000
(एयर मार्शल पी०सी० लाल के नेतृत्व में)	625 सामरिक विमान (जिनमें मिग–2 सुखोई–7, नेट, हण्टर, मारूत व कैनबरा आदि प्रमुख रूप से थे।
	राडार व भू–वायु मिसाइल भी तैनात किये गये थे।
(3). नौ सेना	कुल नौ सैनिक– 40,000
(एडमिरल एस०एम० नन्दा के नेतृत्व में)	एक विमान वाहक पोत(आई०एन०एस० विक्रांत) दो क्रूजर, तीन विध्वंसक, पांच गश्ती–जलपोत, चार रूसी पनडुब्बियां कुछ अवतरण व कुछ सुरंगनाश जलपोत थे।

पाकिस्तान

(1). स्थल सेना	कुल सैनिक 392000
	इसके अन्तर्गत अनेक डिवीजनों को

	संगठित किया गया था।
टैंक	एक कवचित डिवीजन तथा एक कवचित ब्रिगेड था जिनमें पैटन टैंक डिवीजन चीन व रूस निर्मित टी०–50 तथा टी०–55 टैंक के साथ शर्मन टैंक भी थे।
पैदल सेना के शस्त्र	स्वचालित रायफल, लाइट मशीन गन, मार्टर तथा तोप खाना आदि।
(2). वायुसेना (एयर मार्शल पी०सी० लाल के नेतृत्व में)	कुल वायु सैनिक 15,000 एन०पी० 28.5 सामरिक विमान (जिनमें 17 स्क्वाड्रन, थे, मिग–19 तथा मिराज लड़ाकू वायुयान प्रमुख थे।
	राडार व्यवस्था भी उच्च श्रेणी की थी। कुल सैनिक 9500
(3). नौ सेना (एडमिरल एस०एम० नन्दा के नेतृत्व में)	चार पनडुब्बियां (जिनमें अमेरिकन 'गाजी' तथा 3 फ्रान्सीसी थी) एक हल्का क्रूजर, दो विध्वंसक, तीन विध्वंसक असुरक्षी, दो तीव्रगामी ब्रिगेड, नौ पोत तथा चार गश्ती नौकाएं थी।

वास्तविक आक्रमण

भारत के पूर्वी क्षेत्र में बाँग्लादेश की मुक्तवाहिनी, पाकिस्तानी सेनाओं का डटकर प्रतिरोध कर रही थी। 21 नवम्बर, 1971 की स्थिति बहुत भयानक हो गई क्योंकि पाकिस्तानी सेन मुक्तवाहिनी से लड़ती भिड़ती हुई भारतीय सीमा में प्रवेश कर गयी। उसने तुरन्त मुक्त वाहिनी पर टैंकों की सहायता से आक्रमण कर दिया। विवश होकर 23 नवम्बर, 1971 को भारत

को आत्मरक्षा के लिए अन्तर्राष्ट्रीय सीमा पार करने का आदेश दिया गया। जब भारतीय सेना ने मुक्तवाहिनी की टैंकों से सहायता की तो वह पाकिस्तान के टैंकों को नष्ट कर आगे बढ़ने लगी। 24 नवम्बर, सन् 1971 को पाकिस्तान ने संकट कालीन घोषणा कर दी[13] कि दस दिनों के भीतर भारत से साथ निपट लेंगे। तीन दिसम्बर की शाम थी के समय भारत सरकार ने सूचना दी कि भारत की पश्चिमी सीमा पर हमला करके पाकिस्तान ने युद्ध प्रारम्भ कर दिया। एक सरकारी प्रवक्ता ने बताया कि ऐसा लगता है कि राष्ट्रपति याह्या खाँ ने अपना वादा पूरा कर दिखाया है।[14] इस दिन पाकिस्तान ने 5 बजकर 45 मिनट पर भारत की वायु सेना को एकदम क्षीण करने के उद्देश्य से, एक साथ आठ हवाई अड्डों पर बमबारी की, जिसमें श्रीनगर भी शामिल था। आक्रमण की सूचना मिलने के बाद 4 दिसम्बर, 1971 को प्रधानमंत्री श्रीमती इन्दिरा गाँधी ने प्रातः राष्ट्र के नाम अपने प्रभावशाली प्रसारण में कहा कि– "आज बांग्लादेश में कोई भी युद्ध भारत के विरूद्ध है। हमें बिना किसी के पाकिस्तान को मुंह तोड़ जवाब देना है। अतः भारतीय नागरिक ऐसे समय में दृढ़ विश्वास, अनुशासन एवं पूर्ण एकता के साथ आक्रमण का सामना करें।[15] उधर पाकिस्तान का कहना था कि भारत ने पाकिस्तान पर बड़े पैमाने पर हमला कर दिया है। 4 दिसम्बर, 1971 के पाकिस्तानी गजट द्वारा घोषणा की गयी कि "पाकिस्तान भारत से युद्ध की स्थिति में है।" रेडियो पाकिस्तान से बोलते हुए पाक राष्ट्रपति याह्या खाँ ने कहा कि यह पाकिस्तान का भार से अन्तिम युद्ध है।[16]

भारत पर पाकिस्तान के आक्रमण के बाद पूर्वी सीमा पर भारतीय सेनायें मुक्तिवाहिनी को सहयोग करती हुई निरन्तर बाँग्लादेश के एक बड़े भाग पर नियन्त्रण कर चुकी थी और पश्चिमी सीमा में भी भारतीय सेनायें अपना रक्षात्मक युद्ध लड़ते हुए पाक सेनाओं को तहस नहस कर रही थी। 6 दिसम्बर, सन् 1971 को श्रीमती इंदिरा गाँधी ने बाँग्लादेश को मान्यता प्रदान करने के सरकार के निर्णय की घोषणा की।[17] श्रीमती इंदिरा गाँधी द्वारा मान्यता की

घोषणा भारतीय संसद के इतिहास का सर्वाधिक स्वर्णिम दिन था। बांग्लादेश की मान्यता के बाद शेष काम भारत की रण कूटनीति ने किया। युद्ध में सभी मोर्चे पर भारत सफल होता गया।[18] अमेरिकी राष्ट्रपति निक्सन ने अपना परमाणु लैस सातवाँ बेड़ा बंगाल की खाड़ी में भेजकर भारत को परमाणु युद्ध की धमकी दे डाली। परन्तु अगस्त,1971 की भारत–सोवियत संधि को ध्यान में रखते हुए अमेरिका और चीन के परम्परगत हथियारों का प्रयोग किया। पाकिस्तान की पूर्व और पश्चिम दोनों क्षेत्रों में भारी क्षति हुई।

3 दिसम्बर 1971 को सांयकालीन 5 बजकर 47 मिनट पर लगभग उत्तरी भारत के प्रमुख हवाई अड्डों जैसे– श्रीनगर, पठानकोट, अवन्तीपुर, उत्तर–काशी, अम्बाला, आगरा, जोधपुर, फरीदकोट तथा सिरसा आदि पर अचानक आक्रमण करके पाकिस्तान पूर्ण युद्ध आरम्भ कर दिया। रात्रि 8 बजे पुँछ व छम्ब क्षेत्र में पाकिस्तानी स्थल सेना ने भी अपनी कार्यवाही आरम्भ कर दी। भारत की तत्कालीन प्रधानमंत्री जो दिल्ली से बाहर थी, आकर रात्रि 12 बजकर 20 मिनट पर आपातकालीन बैठक बुलायी तथा राष्ट्र को सम्बोधित किया। भारतीय वायुसेना ने तुरन्त ही इस आक्रमण का जवाब दिया और पाकिस्तान को शेरकोट, सरगोधा, नियावाली, कराँची, चन्देरी, रावलपिण्डी तथा लाहौर आदि पर स्थित हवाई अड्डे को क्षतिग्रस्त कर दिया। इसी दिन भारतीय जल नौसेना के 'राजपूत' नामक विध्वंसक जलपोत ने विशाखापट्टनम की प्रवेश धारा से कुछ दूर पर एक शत्रु की पनडुब्बी का पता लगाया और तत्काल समुद्र में मार करने वाले बम का विस्फोट किया। लगभग 30 मिनट के बाद इसका विस्फोट हुआ, जिसके साथ ही पाकिस्तानी नौ सेना का गौरव 'गाजी' नामक पनडुब्बी नष्ट हो गई, जिसके साथ 200 पाकिस्तानी नौ सैनिकों की भी मृत्यु हो गई।

4 दिसम्बर भारतीय वायु सेना ने कराँची के पश्चिम में स्थित कियामारी तेल भण्डारों पर आक्रमण किया और इसी तीव्र आक्रमण करके पाकिस्तान की वायुसेना की कमर तोड़ दी तथा अपनी नभ–प्रभुता स्थापित कर ली।

भारतीय स्थल सेना ने लगभग 12 स्थानों से बाँग्लादेश की सीमा में प्रवेश कर लिया। इस पूर्वी मोर्चे का नेतृत्व लेफ्टीनेंट जनरल जगजीत सिंह अरोड़ा को सौंपा गया था और जिसे ढ़ाका की ओर आगे बढ़ना था। भारत ने अपनी जवाबी कार्यवाही करके पाकिस्तानी स्थल सेना को विस्मित आश्चर्यचकित कर दिया। इसी दिन प्रातः विमानवाही पोत (विक्रान्त) कावरा बाजार के निकट था, लगभग 10.30 बजे 6 सी–हॉक विमान 'विक्रान्त' के डेक से उड़े और कावरा बाजार के बन्दरगाहों में बड़े जलपोत, हैंगर में खड़े विमानों, तेल भण्डारों, तोप अड्डों तथा युद्ध पोतों आदि को नष्ट कर दिया। इसी दिन 3 बजे चटगांव की हवाई पट्टी, नौ सैनिक बन्दरगाह, वायरलैस केन्द्र भी आई०एन०एस० विक्रान्त' द्वारा नष्ट कर दिये गये। इसी प्रकार 'विक्रान्त' ने पाकिस्तानी नौ सेना, नौ सैनिक अड्डों, बन्दरगाहों व जलपोतों को अपनी विनाशक क्षमता द्वारा लगातार विनाश की ओर पहुँचा दिया।

5 दिसम्बर को पाकिस्तान की सेना के टैंक पहली बार सीमा पार करके लोंगोवाल (पंजाब) की ओर आगे बढ़े। प्रातःकालीन 7.30 बजे हमारी वायुसेना के लड़ाकू बम वर्षकों ने दुश्मन के टैंकों को अपना शिकार बनाना आरम्भ कर दिया और उन्हें सरलता के साथ नष्ट कर दिया, क्योंकि रेत में टैंक धंस गये थे। इसी दिन जैसोर कुश्तिया रेल मार्ग पर कोट चांदपुर पर अधिकार कर हमारी सेना ने रेल मार्ग को काट दिया और झेनडिया नामक महत्वपूर्ण संचार केन्द्र पर अधिकार कर लिया। भारतीय स्थल सेना ने पीरजंग व खानपुर पर भी अपना अधिकार जमा लिया। भारतीय नौ सेना की एक कार्यवाही टुकड़ी ;जें थ्वतबमद्ध नें पाकिस्तान के लड़ाकू जलयान विध्वंसक 'खैबर' तथा 'शाहजहाँ' को भी नष्ट कर दिया तथा शत्रु के तेल भण्डारों में आग लगा दी। पाकिस्तान की तीनों सेनाओं का सम्पर्क संसार के अन्य देशों से समाप्त कर दिया।

भारतीय स्थल सेना का नेतृत्व जनरल सैम हरमोस जी फ्रैमजी जमशेद जी मानिक शॉ कर रहे थे, उन्होंने अपनी कमाण्डों का उत्तरदायित्व

इस प्रकार सौंपा था–

1. पूर्वी कमाण्ड	लेफ्टीनेण्ट जनरल जगजीत सिंह अरोड़ा
2. पश्चिमी कमाण्ड	लेफ्टीनेण्ट जनरल के०वी० कैण्डेथ
3. केन्द्रीय कमाण्ड	लेफ्टीनेण्ट जनरल पी०एस० भग
4. दक्षिणी कमाण्ड	लेफ्टीनेण्ट जनरल जी०जी० बेबूर

भारतीय स्थल सेना ने पंजाब क्षेत्र में वायुसेना के सहयोग द्वारा दुश्मन की कार्यवाही का मुँह तोड़ जवाब दिया।

6 दिसम्बर को भारतीय वायुसेना के हण्टर विमानों ने अटक (पाकिस्तान) के तेल शोधक कारखाने पर आक्रमण करके उसमें आग लगा दी। सुई के गैस कारखाने में भी हवाई आक्रमण करके पाकिस्तानी वायुसेना को भारी आघात पहुँचाया गया। लगातार भारतीय हवाई आक्रमण के कारण कराँची की सुरक्षा के लिए भारी संकट उत्पन्न हो गया। 6 दिसम्बर के दिन ही भारत ने बाँग्लादेश की स्वतन्त्र सरकार को मान्यता दे दी। बाँग्लादेश पर भारत का प्रमुख आक्रमण शत्रु को धोखे में रखने के लिए त्रिपुरा की ओर से चौथी भारतीय कोर द्वारा किया गया। चौथी कोर ने सिलहट, चटगांव, ब्राह्मण–वारिया, अखौरा, भैरम बाजार, चांदपुर व मैनामती की ओर से भयंकर आक्रमण किये। भारतीय नौ सेना की पूर्वी कमाण्ड ने अपने तट पर पाकिस्तानी 60 तोप– नौकाएं तथा 9 जलयानों को नष्ट कर दिया। शत्रु की लगभग 20 तोप नौकाएं डर के कारण आगे नहीं बढ़ी। पाकिस्तान के दर्जनों जलयानों को नकली झण्डे लगाकर भागते हुए पकड़ लिया गया। 7 दिसम्बर को भारतीय वायुसेना ने पाकिस्तानी सेना के महत्वपूर्ण हवाई अड्डों एवं सामरिक श्रेष्ठता के स्थानों पर अपना प्रभुत्व स्थापित कर लिया। पुंछ तथा शंकर गढ़ के क्षेत्रों में जल सेना ने अपनी गौरवमयी परम्परा को बखूबी निभाया। जम्मू के क्षेत्र में भी शत्रु की स्थल सेना को काफी नुकसान पहुँचाया।

इसी दिन भारतीय नौ सेना ने पाकिस्तान के खुलना, चलना तथा मंगला नामक प्रसिद्ध बन्दरगाहों पर भीषण बमबारी करके भारी आघात पहुँचाया। दो पाकिस्तानी व्यापारी जलपोत 'अनवर बक्श' और 'बकीर' को अपने अधिकार में कर लिया तथा दूसरी ओर चलता फिरता जलदुर्ग 'विक्रान्त' जो अपने कारनामें दिखा रहा था, ने काक्स बाजार के बन्दरगाहों को अपना शिकार बना लिया। भारतीय स्थल सेना ने लाल मुनीर हाट पर जोरदार संघर्ष के बाद अपना अधिकार जमा लिया। पाकिस्तान के जनरल टिक्का खाँ द्वारा छम्ब क्षेत्र पर दबाव डालने के प्रयास के विरूद्ध भारतीय स्थल सेना के बिग्रेड और एक टैंक स्क्वैड्रन, जिसमें 3 पैदल सेना की कम्पनी द्वारा शत्रु पर जोरदार आक्रमण किया गया, परिणाम स्वरूप को छम्ब क्षेत्र खाली करा कर उसे मुनव्वर नदी के पार ढकेल दिया।

8 दिसम्बर को भारतीय वायुसेना ने पुनः कराँची बन्दरगाह के संस्थानों तथा कियामार के तेल भण्डारों पर हमला करके भारी नुक्सान पहुंचाया तथा टैमेल में पैराड्रापिंग की सफल कार्यवाही की गयी। अवरोधक कार्यक्रम के अन्तर्गत भारतीय वायुसेना ने अनेक जल मार्गों एवं महत्वपूर्ण स्थल पर अपना प्रभुत्व लगाये रखने की लगातार कोशिश बरकरार रखी। हमारी नौ सेना के पश्चिमी बेड़ें में अपना दूसरा आक्रमण 8 दिसम्बर को किया और पांच पाकिस्तानी जलयानों को नष्ट कर दिया तथा तेल के भण्डारों को भारी नुक्सान पहुंचाया। इस बेड़े ने ईरान की सीमा के निकट स्थित म्यावर बन्दरगाह तक आक्रमण किये। इसके पश्चात् भारतीय नौ सैनिक नाकेबन्दी के कारण पाकिस्तानी नौ सैनिक गतिविधि लगभग समाप्त की स्थिति में पहुँच गयी। भारतीय स्थल सेना ने 8 दिसम्बर को दुर्गापुर को पाकिस्तानी सेना से मुक्त कराकर अपना प्रभुत्व स्थापित किया इसके साथ ही शत्रु के जोरदार विरोध के बावजूद भी पलासवाड़ी पर अधिकार जमा लिया। 9 दिसम्बर को हमारी वायुसेना ने पूरी तरह से पाकिस्तानी सेना पर अपना नभ प्रभुत्व स्थापित कर लिया तथा अपनी स्थल व नौ सेना को हर सम्भव

सहायता प्रदान करने के लिए वह हर वक्त तैनात थी। आज के दिन वही हमारी नौ सेना के 1200 टन वाले पनडुब्बी मारक युद्धपोत 'खुखरी' जो कि शत्रु की टोह काठियावाड़ के तट पर ले रहा था, उस पर अचानक पाकिस्तानी तीन तारपीडों से हमला कर दिया, जो सफल भी रहा। 3 मिनट के अन्दर ही 'खुखरी' युद्धपोत जल–मग्न हो गया। इसके साथ ही कैप्टन महेन्द्र नाथ मुल्ला व 18 अधिकारी तथा 176 नौ सैनिक भी वीरगति को प्राप्त हुए। 9 दिसम्बर को मेघना नदी पर स्थित आशुगंज पर हमारी चौथी कोर का दस्ता पहुंच गया व 33वीं कोर के साथ, पद्मा, मधुमती नदी पार कर ढ़ाका की ओर आगे बढ़ गया।

10 दिसम्बर को ही जनरल फरमान अली संयुक्त राष्ट्र–संघ (यू०एन० ओ०) से शान्ति स्थापना की कोशिश हेतु याचना करने लगे। आज के दिन ही बाँग्लादेश तथा भारत की सेनायें लेफ्टीनेण्ट जनरल जगजीत सिंह अरोड़ा की संयुक्त कमाण्ड में सम्मिलित हो गईं।

आज के दिन ही भारत की प्रधानमंत्री श्रीमती इन्दिरा गाँधी ने दिल्ली में एक राजनीतिक सभा में कहा– "कब्जा करने वाली सेना को इलाके से बाहर निकाल देने और शान्ति तथा समृद्धि का जीवन बिताने में बाँग्लादेश की सहायता करने से कोई भी हमें नहीं रोक सकता।"

11 दिसम्बर को बंगाल की खाड़ी की ओर अमेरिका के सातवें बेड़े की एक टुकड़ी इण्टरप्राइज़ के आगे बढ़ने की सूचना मिली। इसी कारण पूर्वी कमाण्ड को आदेश दिया गया, कि वह बाँग्लादेश के सभी बन्दरगाहों के तटीय सुविधाओं को नष्ट कर दे। इसी के आदेशानुसार पूरे क्षेत्र को घेराबन्दी में ले लिया गया। आज के दिन ही लेफ्टीनेण्ट जनरल जगजीत सिंह अरोड़ा की योजना के अनुसार भारतीय पैरा बिग्रेड की एक बटालियन को पर्वतीय तथा धक्का रहित टैंक भेदी तोपों के साथ ट्रैंगल में उतारा गया। आज ही भैरव बाजार तथा नरसिंहदी में अधिकार कर लिया गया।

11 दिसम्बर से ही अनेक पाकिस्तानी सेनाओं ने आत्म समर्पण करना भी आरम्भ कर दिया था।

12 दिसम्बर को आई०एन०एस० 'विक्रान्त की तोपों एवं विमानों के द्वारा चटगाँव तथा काक्स बाजार के बन्दरगाहों को पूरी तरह से क्षति ग्रस्त कर दिया गया। आज के दिन ही ढ़ाका से 22 मील उत्तरपूर्व नरसिंहवी में 15 वीं तथा 39वीं बलूच और 30वीं पंजाब रेजीमेण्ट के 18 अधिकारी, 23 सूबेदार और 948 सैनिकों को पकड़ कर बन्दी बना लिया गया। लेफ्टीनेण्ट जनरल नियाजी को आत्म–समर्पण करके असंख्य पाकिस्तानी सैनिकों को व्यर्थ मौत से बचाने के लिए महत्वपूर्ण सुझाव दिया गया।[19]

13 दिसम्बर को मेजर जनरल नागरा के नेतृत्व में 101 संचार उपक्षेत्र तथा पैरा ब्रिगेड के सैनिक ढ़ाका की ओर एक नौका पुल द्वारा आगे को बढ़े। पूर्व, पश्चिम तथा उत्तर की ओर से की गयी, इस कार्यवाही का उद्देश्य वायु एवं नौसेना के सहयोग के द्वारा ढ़ाका का सम्बन्ध अन्य पाकिस्तानी परिस्थितियों से अलग करके उसे घेर लेना था। हमारी वायुसेना ने शत्रु पर भारी मनौवैज्ञानिक दबाव डालने में महत्वपूर्ण भूमिका अदा की। भारतीय सेना को नेतृत्व कर रहे जनरल मानेक शा ने पुनः पाकिस्तानी मेजर जनरल फरमान अली को आत्मसमर्पण करने की सलाह दी कि निर्दोष सैनिकों को युद्ध की ज्वाला से बचाना ही आपके तथा आपके सैनिकों के हित में होगा उधर हमारी नौ सेना ने जल सीमा से पूर्वी पाकिस्तान (बाँग्लादेश) को पूरी तरह से घेर कर अन्य देशों से अलग कर रखा था।

14 दिसम्बर को बाँग्लादेश में स्थित पाकिस्तानी गर्वनर डॉ० ए० एम० मलिक ने त्याग पत्र दे दिया। राज्यपाल तथा इंस्पेक्टर जनरल पुलिस एम०ए० चौधरी के नेतृत्व में 16 वरिष्ठ नागरिक प्रशासन अधिकारियों ने होटल कॉन्टीनेण्टल में शरण ली।

आज के दिन ही मेजर जनरल नागरा ने पाकिस्तानी लेफ्टीनेण्ट

जनरल नियाजी के पास यह सन्देश भेजा– "प्रिय अब्दुल्लाह! मैं यहाँ आ गया हूँ। खेल खत्म है। मेरा सुझाव है कि अपने आपको मेरे हवाले कर दो मै आपको तकलीफ नहीं होने दूँगा।" इस सन्देश पर वाशिंगटन तथा इस्लामाबाद में विचार किया गया।

15 दिसम्बर को लेफ्टीनेण्ट जनरल नियाजी ने अमेरिकी दूतावास के माध्यम से दिल्ली एक सन्देश भेज कर युद्ध विराम की सम्भावना के सन्दर्भ में पूछताछ की। आज के दिन ही सांयकालीन 5 बजे से 16 दिसम्बर प्रातः 9 बजे तक ढ़ाका पर बम–बारी स्थगित करने का आदेश भारतीय सेना को दिया गया। आज के दिन ही ढ़ाका की सक्रिया में अपना सहयोग देने के लिए 'विक्रान्त' कलकत्ता से एक व्यापारी जलयान 'विश्व विजन' द्वारा लाये गये 2000 सैनिकों को उनकी साज–सज्जा के साथ काक्स बाजार तक ले गया। 15 दिसम्बर को पाकिस्तानी सेना की 36वीं तथा 9वीं डिवीजन ने भारतीय स्थल सेना की चौथी और दूसरी कोर के सामने आत्म–समर्पण करने के लिए पूरी तरह से मजबूर कर दिया, क्योंकि इस समय उन पर मनोवैज्ञानिक दबाव बहुत ज्यादा था।

16 दिसम्बर को मेजर जनरल नागरा के नेतृत्व में 101 संचार उपक्षेत्र तथा पैरा ब्रिगेड के सैनिक प्राःत काल ढ़ाका सीमा पर पहुँच गये। आज का दिन भारतीय सैनिक इतिहास का एक अनूठा अध्याय जोड़ रहा था, क्योंकि 16 दिसम्बर को 4 बजकर 31 मिनट पर ढ़ाका के 'रेसकौर्स' मैदान में विधिवत् आत्म समर्पण की कार्यवाही सम्पन्न हुई। लेफ्टीनेण्ट जनरल नियाजी ने अपने अलंकरण उतार दिये और पिस्तौल की गोली निकाल कर अपना सिर लेफ्टीनेण्ट जनरल जगजीत सिंह अरोड़ा से सामने विनम्रता एवं अधीनता के साथ झुका दिया।

लेफ्टीनेण्ट जनरल नियाजी के आत्म समर्पण के साथ ही भारतीय प्रधानमंत्री श्रीमती इन्दिरा गांधी ने पश्चिमी मोर्चे पर भी युद्ध विराम की एक तरफा घोषणा कर दी, जिसे 17 दिसम्बर को पाकिस्तानी राष्ट्रपति जनरल याह्या खाँ ने विवशता के साथ स्वीकार कर लिया। इस प्रकार 14 दिन के इस संग्राम ने जहां भारत

को महत्वपूर्ण सफलता दिलाई, वहाँ पाकिस्तान को भारी आघात पहुँचा। इस युद्ध के परिणाम स्वरूप भारत ने अपनी सैन्य–शक्ति के बल पर संसार में एक नवीन राष्ट्र को जन्म दिया तथा विश्व की महाशक्तियों को यह सबक सिखा दिया, कि युद्ध या संघर्ष साधनों के द्वारा नहीं, बल्कि राष्ट्रीय एकता एवं मनोवैज्ञानिक दबाव के आधार पर सफल होते हैं।

	तुलनात्मक हानि[20]	
विवरण	पाकिस्तान	भारत
भू–क्षेत्र	समस्त पूर्वी पाकिस्तान का क्षेत्र तथा पश्चिम से 3600 वर्ग किलोमीटर	126 वर्ग किलोमीटर का क्षेत्रफल
टैंक	244	73
वायुयान	94	45
जलयान	चार रणपोत, 16 तोप नौकाएँ, दो पनडुब्बियाँ तथा अनेक जलयान नष्ट हुए।	'खुखरी' जलपोत
सैनिक	किसी का आंकड़ा प्रसारित नहीं किया गया	2307
सैनिक (घायल)	6133	–
सैनिक (लापता)	लगभग 4 डिवीजन	2163
सैनिक व अधिकारी बन्दी	91000	–
आत्म समर्पण	18000	–

बाँग्लादेश में पाकिस्तानी सेनाओं की कमान का का नेतृत्व नियाजी कर रहे थे। भारतीय सेना को, वायु सेना और नौसेना, दोनों की सहायता प्राप्त थी। पाकिस्तानी सेना 15 दिसम्बर तक अपना मनोबल खो चुकी थी,

परन्तु नियाजी समर्पण के लिए तैयार नहीं थे। उनके जवानों को भारतीय सेना ने घेर लिया था और उनके पास पलायन का कोई मार्ग नहीं रह गया था। नियाजी ने पश्चिमी पाकिस्तान चले जाने की अनुमति माँगी परन्तु भारतीय सेना के अध्यक्ष जनरल मानिक शा ने इसकी आज्ञा नहीं दी। 15 दिसम्बर को देर रात को नियाजी ने युद्ध विराम के लिए संदेश भेजा परन्तु भारतीय अधिकारियों ने उनसे बिना शर्त समर्पण की मांग की। अन्त में 16 दिसम्बर, सन् 1971 को नियाजी ने ले० जनरल अरोड़ा के सम्मुख बिना शर्त आत्मसमर्पण कर दिया। समर्पण के समय नियाजी की आँखों में आँसू थे, शायद इसलिए क्योंकि अरोड़ा और नियाजी दोनों ने एक साथ प्रशिक्षण प्राप्त किया था। लगभग 90,000 पाकिस्तानी सैनिकों ने समर्पण किया और उन्हें युद्ध बन्दी के रूप में भारत लाया गया।[21] युद्ध की समाप्ति पर भारतीय प्रधानमंत्री श्रीमती इन्दिरा गाँधी ने कहा था कि– "भारत की विजय शस्त्रों की नहीं वरन् आदर्शों की विजय है क्योंकि यह युद्ध मानवीय कारणों के लिए लड़ा गया। कुछ हासिल करने के इरादों से नहीं, वरन् पूर्व बंगाल के साढ़े सात करोड़ लोगों की स्वतंत्रता के लिए तथा खोई हुई प्रतिष्ठा वापस दिलाने के लिए लड़ा गया था।[22]

भारत का उद्देश्य पाकिस्तानी जमीन पर अधिकार करना नहीं था और इसलिए जैसे ही बाँग्लादेश स्वाधीन हुआ, भारत ने पश्चिमी मोर्चे पर युद्ध विराम की एकतरफा घोषणा करने का निर्णय लिया। 16 दिसम्बर को रात पौने आठ बजे यह घोषणा कर दी गयी और तुरन्त ही संयुक्त राष्ट्र संघ को इसकी सूचना दे दी गयी। यह घोषणा उस समय हुई जब कि पश्चिम मोर्चे पर भारतीय सेना शत्रु की भरपूर पिटाई कर रही थी और यदि थोड़ा समय और दिया गया होता तो वे पूरे पाकिस्तान पर अधिकार कर लेते। याह्या खाँ ने इस प्रस्ताव को तत्काल नामंजूर कर दिया। घोषणा के तुरन्त बाद राष्ट्र के नाम अपने संदेश प्रसारण में वे युद्ध को तब तक जारी रखने की घोषणा कर रहे थे जब तक कि "शत्रु को एक–एक इंच भूमि से

खदेड़ न दिया जाता"। बाँग्लादेश में पाकिस्तानी सेना की पराजय से दुःखी याह्या खाँ से उसी दिन घोषणा की कि "हम अपना जेहाद जारी रखेंगे– इंशा अल्लाह फतह हमारी होगी।" लेकिन कुछ ही घण्टों में याह्या खाँ को युद्ध विराम की बात मान लेनी पड़ी। युद्ध विराम के भारतीय प्रस्ताव को उन्होंने सहज ही स्वीकार कर लिया हो, ऐसी बात न थी। ऐसा प्रतीत होता है कि जिसके सहारे याह्या खाँ ने जेहाद जारी रखने की घोषणा की थी। उन देशों के द्वारा रूख बदल दिये जाने के कारण उन्हें ऐसा करना पड़ा। व्हाइट हाउस के एक प्रवक्ता ने युद्ध विराम के भारतीय प्रस्ताव को "उत्साहवर्द्धक" बताया। उसी दिन अमेरिका ने यह स्वीकार कर लिया कि पूर्वी पाकिस्तान तो हाथ से निकल गया अब पश्चिमी पाकिस्तान को वह बर्बादी से बचाना चाहता है। याह्या खाँ को उम्मीद थी कि चीन उनकी कुछ मदद करेगा, लेकिन चीन ने कोई सैनिक हरकत नहीं की। सम्भवतः अमेरिका ने याह्या खाँ पर दबाव डाला कि वह युद्ध विराम के भारतीय प्रस्ताव को स्वीकार कर ले। फिर हर मोर्चे पर पिट रही पाकिस्तानी सेना को बचाने का याह्या खाँ के पास कोई दूसरा विकल्प नहीं था। अतः भारतीय प्रस्ताव को स्वीकार करते हुए याह्या खाँ ने कहा कि उपमहाद्वीप में शान्ति और स्थिरता के लिए "मैं उसे स्वीकार कर रहा हूँ"। मैं हमेशा यह कहता हूँ कि "युद्ध समस्याओं का हल नहीं कर सकते" लेकिन वास्तविकता कुछ दूसरी ही थी जब भारत के साथ पराजय हुई और उन्हें यह समझ में आ गया कि युद्ध को और लम्बा खींचना बेकार है तो झेंप मिटाने के लिए याह्या खाँ ने कह दिया कि उपमहाद्वीप में शान्ति और स्थिरता को बनाये रखने के लिए ही भारत का प्रस्ताव माना जा रहा है।

एक तरफा युद्ध विराम की घोषणा को लेकर एक–दो दिलचस्प घटनाएँ भी घटी। पश्चिमी मोर्चे पर युद्ध विराम को लेकर अमेरिकी अधिकारियों ने यह प्रतिस्थापित करने की कोशिश की कि इसका श्रेय अमेरिका को है। उनका कहना था कि उन्हें विश्वस्त सूत्रों से पता लग गया था कि भारत का इरादा पश्चिमी पाकिस्तान का नामोनिशान मिटाना था।

अतः अमेरिकी सरकार ने सोवियत संघ से संपर्क करके भारत पर युद्ध बन्द करने के लिये दबाव डलवाया। भारत ने इस दावे को अविलम्ब खण्डन किया और कहा कि भारत ने युद्ध विराम की घोषणा स्वविवेक में किया था, किसी भी अन्य देश के दबाव में आकर नहीं। सम्भव है अमेरिका प्रशासन ने सोवियत संघ के माध्यम से भारत पर युद्ध विराम के लिये दबाव डलवाया हो लेकिन यह कोई महत्व नहीं रखता। युद्ध का उद्देश्य पूरा हो जाने पर पश्चिमी मोर्चे पर भारत को युद्ध बन्द करना ही था चाहे कोई देश इसके लिए सलाह देता या नहीं।

लेकिन अमेरिका अधिकारी बराबर इसको दोहराते रहे कि उन्होंने सोवियत संघ से दबाव डलवाकर भारत को रोका है कि वह समूचे पश्चिमी पाकिस्तान को खत्म न करें इस बात को निरन्तर प्रसारित करने के दो उद्देश्य हो सकते थे– राष्ट्रपति निक्सन पश्चिमी पाकिस्तान के नेताओं और जनता को यह समझाने की कोशिश कर रहे होंगे कि भारत–पाक युद्ध में अमेरिका ने पाकिस्तान की भरपूर सहायता की। ऐसा कह कर भविष्य के लिये पाकिस्तान और संयुक्त राज्य अमेरिका के बीच अधिक गहरे संबंध स्थापित करने की भूमिका तैयार की जा रही थी, इसलिए इस बात पर जोर दिया जा रहा था कि पाकिस्तान में प्रचारित हो कि भार का उद्देश्य पाकिस्तान के अस्तित्व को ही मिटाना था। दूसरा उद्देश्य इसमें संयुक्त राज्य अमेरिका के बौद्धिक और विचारशील लोगों के द्वारा निक्सन की नीतियों के प्रति रोष प्रकट करने से उत्पन्न प्रभाव को कम करना हो सकता है।[23]

यह युद्ध वास्तव में एक स्वतंत्रता संग्राम का परिणाम था जिसमें भारत की कोई भौमिक लोलुपता नहीं थी। बाँग्लादेश की स्वतंत्रता के उपरान्त भारत ने स्वतः तीन माह की अल्पावधि में वहाँ से अपनी सेनायें वापस कर ली।[24] एक तरफा युद्ध विराम की घोषणा कुछ क्षेत्रों में कड़ी आलोचना हुई। आलोचकों का कहना था कि भारत ने बिना अपने युद्ध उद्देश्य को पूरा किये ही युद्ध बन्द करके गलती की है। उनके अनुसार

पाकिस्तान को पूरी तरह बर्बाद कर देना चाहिए था, ताकि भविष्य में व फिर कभी अपना सर नहीं उठा सके, ऐसे ख्याली पुलाव पकाने वालों को निश्चय ही घोर निराशा हुई लेकिन ऐसे लोगों की आलोचनाओं में कोई दम नहीं है। जो लोग यह चाहते थे कि भारत पाकिस्तान को समाप्त कर दे वे यह भूल रहे थे कि आज के जमाने में यह सम्भव नहीं है। युद्ध बन्द कर देना सर्वथा उचित था क्योंकि इसका एकमात्र उद्देश्य बाँग्लादेश की स्वाधीनता पूरा कर चुका था। फिर अन्तर्राष्ट्रीय गतिविधि पर ध्यान रखना था। संयुक्त राष्ट्र संघ में भारत की स्थिति बिगड़ रही थी। संयुक्त राष्ट्र संघ साधारण सभा नें 104 मतों से युद्ध विराम का प्रस्ताव पास कर दिया था जिसकी अवहेलना अधिक दिनों तक नहीं की जा सकती थी। सुरक्षा परिषद में भी भारत की स्थिति अत्यन्त नाजुक थी। सोवियत संघ ने वीटो का इस्तेमाल नहीं किया होता तो भारत कही का नहीं रहता। यह वीटो चौथी या पाँचवीं बार भी इस्तेमाल होता, इसकी कोई गारण्टी नहीं थी, क्योंकि शक्ति सन्तुलन की दृष्टि से सोवियत संघ भी पश्चिम पाकिस्तान की पूर्ण बर्बादी की इजाजत नहीं देता। उधर अमेरिका और चीन का रूख भी कड़ा होता जा रहा था। अमेरिका का सांतवा बेड़ा बंगाल की खाड़ी में पहुंच चुका था। कुल मिलाकर परिस्थिति गम्भीर होती जा रही थी। ऐसे हालत मे युद्ध के मुख्य उद्दश्य की पूर्ति के बाद विराम की घोषणा सभी दृष्टियों से वांछनीय था। भारत सरकान ने ऐसा निर्णय कर अपूर्व दूरदर्शिता का परिचय दिया।[25]

युद्ध के परिणाम :–भारत–पाक युद्ध के समाप्त होने के उपरान्त निम्नलिखित परिणाम निकले, जो इस प्रकार से हैं–

1. पूर्वी भूखण्ड को पश्चिमी पाकिस्तान के अमानुषिक अत्याचारों आमानुविक से मुक्ति मिली।
2. बाँग्लादेश एक स्वतंत्र राष्ट्र के रूप में उदित हुआ।
3. बाँग्लावासियों ने शेख मुजीबुर्रहमान को अपने लोकतंत्र का प्रथम प्रधानमंत्री चुना और उनके नेतृत्व के प्रति विश्वास प्रकट किया।

4. पाकिस्तान में याह्या खाँ का सैनिक शासन समाप्त हुआ और जुल्फिकार अली भुट्टो प्रधानमंत्री बने।
5. युद्ध में भारत तथा पाकिस्तान द्वारा कब्जा लिये गये, क्षेत्र परस्पर लौटा दिये गये।
6. 2 जुलाई 1972 को श्रीमती इंदिरा गाँन्धी और जुल्फिकार अली भुटटो के बीच 'शिमला–समझौता' हुआ। दोनों नेताओं ने निःशस्त्रीकरण का समर्थन करते हुए समस्याओं को युद्ध की बजाय वार्ताओं से सुलझाना उचित समझा।
7. भारतीय विदेश नीति पर प्रभाव पड़ा।
8. भारत की आन्तरिक राजनीति पर प्रभाव पड़ा।
9. दक्षिण एशिया के सन्तुलन पर प्रभाव पड़ा।
10. पाकिस्तान में संकट।
11. बाँग्लादेश का अभ्युदय।

बाँग्लादेश का अभ्युदय

भारत–पाकिस्तान युद्ध 1971 का परिणाम यह हुआ कि पाकिस्तान के दो टुकड़े हुए और एक संप्रभुता संपन्न बाँग्लादेश का जन्म हुआ, जिसे भारत ने दिसम्बर, 1971 में मान्यता प्रदान की। पाकिस्तान में याह्या खाँ ने त्याग पत्र देकर भुट्टों को सत्ता सौंप दी। भुट्टों ने शेख मुजीबुर्रहमान को रिहा कर दिया। ढाका जाते हुए मुजीबुर्रहमान दिल्ली रूके और उन्होंने बाँग्लादेश की स्वतंत्रता के लिए भारत की भूमिका की सराहना की।[26] भारत की यह विजय ऐतिहासिक थी। यह युद्ध मानवीय और नैतिक उद्देश्यों के लिये लड़ा गया युद्ध था। पाकिस्तान के साथ हुए विगत तीन युद्धों की तुलना में यह युद्ध सर्वथा भिन्न रहा। एक ओर जहाँ मात्र 14 दिनों के संग्राम में पाकिस्तानी तानाशाही का सत्यानाश हुआ वहीं नौ मास के भीषण लूट, बलात्कार, नृशंसता एवं विनाश की राख में "सोनार बांग्ला" का अभियुदय हुआ।[27]

भारत का पड़ोसी राष्ट्र 'बाँग्लादेश' दक्षिण–पूर्व एशिया का महत्वपूर्ण राष्ट्र है। 1971 में अन्तर्राष्ट्रीय सम्बन्धों में जो दूरगामी परिवर्तन हुए, उसी के फलस्वरूप बाँग्लादेश का उदय हुआ था। बाँग्लादेश अपने उदय के पहले" पूर्वी पाकिस्तान" के नाम से जाना जाता था अर्थात् वह पाकिस्तान का एक महत्वपूर्ण अंग था, परन्तु वहाँ असन्तोष बहुत पहले से छाया हुआ था। पश्चिमी और पूर्वी पाकिस्तान में 1920 किमी० की स्थलीय तथा 4800 किलोमीटर की समुद्री दूरी थी। दोनों भागों में केवल धर्म की समानता थी– भाषा संस्कृति, वेशभूषा रहन–सहन, खान–पान आदि में ये एक दूसरे से पूर्णतया भिन्न थे। पूर्वी पाकिस्तान की जनता बंगाली थी, जबकि पश्चिमी पाकिस्तान की अधिकांश जनता पंजाबी थी। पंजाबी, बंगालियों को हेय दृष्टि से देखते थे और घृणा करते थे। पाकिस्तान में सत्ता का उपभोग पंजाबी करते थे और वे शासन में छाये हुए थे। इस प्रकार पाकिस्तान सरकार पश्चिमी पाकिस्तानियों की सरकार थी, जो पश्चिमी पाकिस्तानियों के द्वारा और पश्चिमी पाकिस्तानियों के लिए बनी हुई थी।[28] अन्ततः यह कहा जा सकता है, कि पश्चिमी पाकिस्तान और पूर्वी पाकिस्तान के सम्बन्ध शासक देश और शासित देश के सम्बन्धों को प्राप्त हो गये थे। शासन और शासित सम्बन्धों की छाप प्रत्येक क्षेत्र में दृष्टिगत होती थी। पंजाब की भाषा 'उर्दू', राष्ट्रभाषा घोषित की गयी थी, और पूर्वी बाँगाल की भाषा 'बंगाली' की उपेक्षा की जाती थी। पाकिस्तानी सेना में पंजाबी छाये हुए थे, बंगाली बहुत कम थे। प्रशासनिक क्षेत्र में 64 प्रतिशत पंजाबी थे, बंगाली केवल 36 प्रतिशत थे। वित्त, गृह, तथा मंत्रालयों के विशिष्ट पदों पर पंजाबी नियुक्त किये जाते थे, बंगालियों को कभी अवसर नहीं दिया गया। पाकिस्तानी सेना में मेजर जनरल और उससे ऊपर के पदों पर केवल पंजाबियों को ही नियुक्त किया जाता रहा, बंगालियों को यह सौभाग्य कभी नहीं प्राप्त हुआ था। इसी प्रकार विकास, उद्योग, परिवहन, संचार, आयात– निर्यात आदि सभी पहलुओं में पूर्वी पाकिस्तान की सदैव उपेक्षा की गयी थी। धीरे–धीरे बंगालियों में पश्चिमी पाकिस्तान के प्रति घृणा का भाव बढ़ता

गया। जागृत व प्रबुद्ध वर्ग इस औपनिवेशक स्थिति को सहने के लिए तैयार नहीं था।

1969 में पाकिस्तान के तानाशाह याह्या खाँ के सत्तारूढ़ होने पर यह असन्तोष विस्फोटक स्थिति तक पहुँच गया। 1970 के निर्वाचन में पूर्वी पाकिस्तान की शेख मुजीबुर्रहमान के नेतृत्व वाली आवामी लीग को निर्णायक सफलता प्राप्त हुई और पश्चिमी पाकिस्तान की भुट्टो के नेतृत्व वाली पाकिस्तान पीपुल्स पार्टी को बहुत कम मत प्राप्त हुए। इस निर्वाचन से यह प्रकट हो गया, कि पंजाबियों की चुनावी गणित अब बंगालियों पर आधिपत्य स्थापित न कर सकेगी अर्थात् पश्चिमी पाकिस्तान की प्रधानता समाप्त होने के लक्षण दृष्टिगत होने लगे। इससे भयभीत होकर याह्या खाँ ने 1 मार्च, 1971 को पूर्वी बंगाल में मार्शल लॉ लागू कर दिया। शेख मुजीब ने इसके विरोध में सविनय अवज्ञा आन्दोलन प्रारम्भ कर दिया, जो अत्यन्त सफल रहा। जनरल याह्या खाँ ने 25 मार्च, 1971 को सेना को अवामी लीग के आन्दोलन को कुचलने का आदेश दिया। शेख मुजीब को बन्दी बना लिया गया। पाकिस्तान ने 25 मार्च, 1971 से दिसम्बर, 1971 तक बंगालियों का क्रूरता से नर संहार किया। लगभग 30 लाख स्त्री–पुरूषों को मौत के घाट उतार दिया। लाखों महिलाओं के साथ बलात्कार, गांव शहरों की बर्बादी बंगाल के बुद्धिजीवियों की सामूहिक हत्याये आदि याह्या खाँ की क्रूरता के आंकड़े हैं।[29]

यह नृशंस अत्याचार इतना निर्मम था कि पूर्वी पाकिस्तान के लगभग एक करोड़ व्यक्ति अपना घर–बार छोड़कर भारत में शरण के लिए भाग आये। इतने पर भी शेख–मुजीब का आन्दोलन थमा नहीं। 17 अप्रैल, 1971 को बाँग्लादेश की अस्थाई सरकार की सार्वजनिक रूप से घोषणा कर दी गयी। नजरूल इस्लाम बाँग्लादेश के कार्यकारी अध्यक्ष और ताजुददीन अहमद प्रधानमंत्री बने। इस नवीन सरकार के नेतृत्व मे बाँग्लादेश की जनता ने पाकिस्तान शासन के विरूद्ध मुक्ति–संग्राम प्रारम्भ कर दिया। पाकिस्तान ने यह समझकर, कि भारत– बाँग्लादेश की जनता को सहायता

प्रदान कर रहा है, भारत पर 3 दिसम्बर, 1971 को आक्रमण कर दिया। इस आक्रमण के दौर में ही भारत ने पूरे बाँग्लादेश को मुक्त करा लिया।[16] दिसम्बर, 1971 को पराजित पाकिस्तान ने भारत के समक्ष आत्मसर्पपण कर दिया। इस प्रकार 9 महीने के कठिन संघर्ष और अप्रतिम बलिदान के बाद बाँग्लादेश का उदय हुआ 6 दिसम्बर, 1971 को ही भारत और भूटान ने बाँग्लादेश को एक स्वतंत्र देश के रूप में मान्यता प्रदान कर दी थी। जनवरी 1972 में शेख मुजीब पाकिस्तान जेल से मुक्त कर दिये गये और उन्होंने 12 जनवरी, 1972 को बाँग्लादेश के प्रधानमंत्री पद की शपथ ग्रहण की। इसके बाद विश्व के अन्य राष्ट्रों जैसे पूर्वी जर्मनी, बलगारिया, पोलैण्ड, मंगोलिया, बर्मा, नेपाल, सोवियत संघ आदि ने भी बंगलादेश को मान्यता प्रदान कर दी।

बाँग्लादेश की स्थापना में भारत की भूमिकाः बाँग्लादेश की स्थापना में भारत का महत्वपूर्ण योगदान रहा, जिस समय बांग्लादेश स्वतंत्र हुआ, उस समय उसके सामने अनेक समस्यायें थी पाकिस्तान द्वारा किये गये विनाश के कारण भी कई विकराल आर्थिक समस्यायें उठ खड़ी हुई थी। आरम्भ में उस समस्याओं के समाधान के लिये तत्काल विदेशी सहायता के अलावा और कोई उपाय भी नहीं था। इस समय तक भारत और भूटान के अलावा और किसी देश ने बांग्लादेश की सरकार को मान्यता नहीं दी थी। अतः उसे और कहीं से सहायता मिलना संभव भी न था। भारत ने बाँग्लादेश को 25 करोड़ रूपये की खाद्य– सामग्री और अन्य आवश्यक वस्तुयें देने की घोषणा की। इसके अलावा हमने उसे 50 लाख पाउण्ड की विदेशी मुद्रा देने का भी निश्चय किया। यह राशि ऋण के रूप में थी, जिसका भुगतान 15 किश्तों में किया जाना तय हुआ।[30] 16 मार्च, 1972 को प्रधानमंत्री श्रीमती इंदिरा गाँधी बाँग्लादेश की राजकीय यात्रा पर गई। उनका यहाँ अभूतपूर्व स्वागत हुआ। अपने भाषण में श्रीमती गाँधी ने आशा व्यक्त की, कि भारत और बाँग्लादेश सदैव मित्रता के अटूट बन्धन में जुड़े रहेंगे।

1. बाँग्लादेश के निर्माण में सहयोग :–भारत–पाकिस्तान युद्ध

1971 के बाद बांग्लादेश एक स्वतंत्र एवं सम्प्रभुता सम्पन्न राष्ट्र के रूप में अस्तित्व में आया। मुक्तिवाहिनी की व्यापक सहायता एवं सहयोग देकर बांग्लादेश को स्वाधीन कराने में भारत का बहुमूल्य योगदान रहा जब बाँग्लादेश का निर्माण हुआ था, उस समय उसका आर्थिक ढांचा पूरी तरह से ध्वस्त हो चुका था। भारत ने बाँग्लादेश को हर प्रकार की सहायता प्रदान की तथा उसके आर्थिक पुनः निर्माण में योगदान देकर उसके आर्थिक ढ़ाँचे को पुनः पैरों पर खड़ा कर दिया।

भारत एक सम्प्रभुता सम्पन्न लोकतन्त्रात्मक समाजवादी धर्म निरपेक्ष गण राज्य है। हमारी शासन प्रणाली संसदीय है। स्वाधीन बाँग्लादेश ने भी लोकतंत्र, समाजवाद धर्मनिरपेक्षता राष्ट्रवाद और संसदीय प्रणाली को अपनाया। भारत की तरह उसने भी योजनाबद्ध आर्थिक विकास का निश्चय किया। विश्व–राजनीति के महत्वपूर्ण मसलों पर दोनों के विचार समान थे। दोनों ने सह अस्तित्व, असंलग्नता की नीति को स्वीकार करते हुए प्रजातिवाद का हर रूप में विरोध करने की बात पर परस्पर सहमति भी जाहिर की।

यद्यपि शेख मुजीब की मृत्यु के बाद भारतीय राजदूत पर हमला और फरक्का–बाँध जमीनी विवाद जैसी घटनाओं के कारण भारत–बाँग्लादेश सम्बन्धों में तनाव का दौर चला, किन्तु जनता पार्टी के शासन काल में भारत द्वारा बाँग्लादेश को अत्यधिक रियायते दिये जाने के फलस्वरूप यह आशा की गई कि दोनों की मैत्री में कोई फर्क नहीं आयेगा। दोनों देशों के मध्य आर्थिक एवं व्यापारिक समझौते भी हुए। वैज्ञानिक, तकनीकी, सास्कृतिक आदान– प्रदान के अनेक समझौते हुए।

इस प्रकार बाँग्लादेश का उदय एक शक्तिशाली राष्ट्र के रूप में हुआ तथा उसने विश्व–राजनीति के समीकरणों को परिवर्तित कर दिया। नये राष्ट्र ने दक्षिण और दूसरे दक्षिण–पूर्वी एशिया के मानचित्र को भी परिवर्तित कर दिया। इस प्रक्रिया ने विश्व की अनेक महत्वपूर्ण शक्तियों की शक्ति

और पारस्परिक सम्बन्धों के स्वरूप को बहुत दूर तक प्रभावित किया। पश्चिमी शक्तियों के द्वारा भारत और पाकिस्तान को समानता के स्तर पर रखने की अवास्तविक नीति के आधार को बाँग्लादेश के उदय ने पूर्णतया नष्ट कर दिया।

बाँग्लादेश का अभ्युदय और भारतीय सुरक्षा

वर्ष 1971 का वर्ष भारतीय इतिहास में गृह और अन्तर्राष्ट्रीय राजनीति में महत्वपूर्ण स्थान रखता है। 1971 में अन्तर्राष्ट्रीय क्षेत्र में प्राप्त भारतीय उपलब्धियाँ ऐतिहासिक रूप से कही अधिक महत्वपूर्ण है और उनके मूल्यांकन को भावी इतिहासकारों पर छोड़ना बुद्धिमानी नहीं कहा जा सकता। पाकिस्तान के विघटन और बाँग्लादेश के उदय ने भारत को उस हानिप्रद वातावरण के घातक परिणामों से मुक्त कर दिया जो इस महाद्वीप के लोगों पर 1947 में जबरदस्ती थोपा गया था।[31] इस विश्व के बहुत कम राष्ट्रों पर पाकिस्तान सरीखे राष्ट्र के साथ शांतिपूर्ण ढंग से रहने का उत्तरदायित्व पड़ा और विश्व के कम ही लोगों को इस तरह की स्थिति का सामना करना पड़ा। अस्मिता (आइडेंटिटी) की समस्या के साथ जन्मा पाकिस्तान भारत के विरूद्ध द्वेष और घृणापूर्ण नीति से ही अपने अस्तित्व को बनाए रख सका। अंततः यह नीति आत्मघाती सिद्ध हुई। पाकिस्तान को यह तथ्य समझने में 25 वर्षों से अधिक समय नहीं लगा कि भारत के प्रति वैमनस्यपूर्ण रूखा पर उनके देश का अन्यायपूर्ण और सामाजिक तथा राजनीतिक रूप से अनीतिमूलक ढ़ांचा खड़ा नहीं रह सकता।[32]

भारत के लिए कष्ट का विषय यही नहीं था कि उसे चार–बार एक पड़ोसी राष्ट्र के साथ संघर्ष में उलझना पड़ रहा था, बल्कि यह भी था कि इस प्रकार के समस्त झगड़े मूलतः भ्रातृघातक थे। जो कभी पाकिस्तान था, उसकी जनता के अतिरिक्त भारत के सम्बन्ध और किसी भी राष्ट्र की जनता के साथ इतने नजदीकी और प्रगाढ़ नहीं थे। फिर भी उसी राष्ट्र के विरुद्ध

स्वतन्त्रता प्राप्ति के 25 वर्षों के भीतर ही भारत को तीन बार युद्ध करना पड़ा। पाकिस्तान के साथ अन्तर्राष्ट्रीय विग्रह में उलझने के गम्भीर प्रतिफल और तजन्य जबरदस्त मनोवैज्ञानिक तनाव से सभी अवगत है। भारत को बाध्य होकर इतिहास के इस घोर यंत्रणादायक दौर से गुज़रना पड़ा।

1971 में बाँग्लादेश की जनता ने न केवल पाकिस्तानी सैनिक गुट के विरुद्ध विद्रोह किया वरन् उन समस्त आदिम और असभ्य राष्ट्रवादी धारणाओं के विरुद्ध भी जिन पर एक ऐसे इस्लामी राज्य की नींव पड़ी थी जो दो भौगोलिक अंगों में विभक्त था। बाँग्लादेश की जनता ने अपने रक्त से इतिहास में एक नया अध्याय लिखा। बाँग्लादेशवासियों को स्वतन्त्र सत्ता दिलाने में उनकी सहायता करना भारत के लिए लाज़मी हो गया था।[33]

ऐसा करके भारत स्वयं अपनी सहायता भी कर रहा था। बांग्लादेश में जो कुछ भी घटित हुआ उसने उन मूल्यों और मान्यताओं को सुदृढ़ बना दिया जिनके आधार पर भारत अपना आधुनिकीकरण तथा साथ ही अपने समाज का निर्माण करना चाह रहा था। इस कार्य को संपादित करने में भारत को संकट के जिस दौर से गुजरना पड़ा, उसकी गम्भीरता के परिणाम का अनुमान वे लोग लगा ही नहीं सकते जो स्वयं उस स्थिति से नहीं गुजरे। यह स्मरणीय है कि पाकिस्तानी सैनिक गुट का उद्देश्य अपने संकट के समय सारे उप महाद्वीप में ऐसा संकट उत्पन्न करना था जिससे पाकिस्तान के पतन के साथ–साथ भारत का भी पतन हो जाये।

बाँग्लादेश के स्वतन्त्र राष्ट्र के रूप में उदित होने के दो परिणाम सामने आये। प्रथम इसने हानिप्रद द्विराष्ट्र सिद्धान्त को समाप्त कर दिया और इस क्षेत्र में अवस्थित तीनों राष्ट्रों में धर्मनिरपेक्ष समाज की स्थापना का मार्ग प्रशस्त किया। बाँग्लादेश में कोई भी व्यक्ति अपने 'राष्ट्रवाद' को अत्यन्त आधुनिक परिभाषा के अतिरिक्त और किसी तरह व्यक्त नहीं कर सकेगा। दूसरी प्रतिक्रिया निश्चय ही पश्चिमी पाकिस्तानियों पर यह पड़नी चाहिए

थी कि वे भी अपनी राष्ट्रीय पहचान को धर्म निरपेक्षता का ही रूप देते।[34]

जहां तक भारत का प्रश्न है, इसका यही लाभप्रद परिणाम निकल सकता था कि हम देश में रहने वाले हिन्दू और मुसलमान, दोनों अपने दृष्टिकोणों को बदलते। विगत वर्षों में अनेक भारतीय मुसलमान खंडित मानसिकता (स्किजोफ्रेनिया) के शिकार होने के कारण भारतीय समाज में अपना न्यायोचित स्थान नहीं हो पा सके। भारतीय मुसलमान उस अपराध से मुक्त हो गया कि उसने कभी द्विराष्ट्र सिद्धान्त का समर्थन किया था और अब यह वर्तमान धर्म निरपेक्ष समाज में अपने आप को बराबरी का हकदार समझ सकता है। इसी तरह साम्प्रदायिक विचार वाले, हिन्दू जिनकों इस महाद्वीप के तनावपूर्ण इतिहास के गत कई वर्षों से बल मिलता आ रहा था। अपने तरीकों को बदलने के लिए बाध्य हो गये। यदि वे ऐसा नहीं करते तो भारतीय संस्कृति के सन्दर्भ में एकदम ही बेमानी हो जाते। भारत को अपने समाज को पूर्णतः धर्म निरपेक्ष बनाने की चेष्टा पाकिस्तान और बाँग्लादेश के लोगों की तत्सम्बन्धी चेष्टाओं से प्रभावित होना स्वाभाविक था। दूसरे बाँग्लादेश के उदय का समस्त उपमहाद्वीप की राजनीति के आधुनिकीकरण पर प्रभाव पड़ना अवश्यम्भावी था। बाँग्लादेश स्वयं क्रान्ति से जन्मा और बाँग्लादेश के लोग तब तक चैन नहीं पायेगें जब तक वे अपनी राष्ट्रीय स्वतन्त्रता की प्राप्ति के पश्चात एक नये सुदृढ़ समाज की स्थापना नहीं कर लेते। उन्होंने यह दिखा दिया कि जनता एक अन्याय पूर्ण तानाशाही को समाप्त कर सकती है और इस भूखण्ड में शासन करने वाले लोग बाँग्लादेश से सबक लेगें।[35]

बाँग्लादेश के अभ्युदय के उपरान्त 1972 में भारत के साथ 25 वर्षीय शांति मित्रता और सहयोग की एक संधि हुई जिसमें एक दूसरे पर आक्रमण न करने का संकल्प लिया गया।[36] 1975 में बाँग्लादेश की राजनीति ने एक अजीब और आश्चर्यजनक मोड़ लिया जब शेख मुजीबुर्रहमान और उनके परिवार के सदस्यों तथा उनके सहकर्मियों की नृशंस हत्या कर दी गयी।

इसके उपरांत, भारतीय उच्चायुक्त के आवास पर विस्फोटक ग्रेनेड ही नहीं रखा गया, वरन् नवम्बर 1975 में उन पर घातक प्रहार भी किया गया। वह गम्भीर घटना से बाल– बाल बचे। उसके बाद से बाँग्लादेश, के प्रशासन में अनेक परिवर्तन हुए। अनेक बार तो बाँग्लादेशीय प्रेस और रेडियों में भारत के विरुद्ध अनर्गल और अनियंत्रित प्रचार हुए। भारत की यह आशा कि बाँग्लादेश की आन्तरिक स्थिति में स्थिरता आने पर उसके साथ धर्म निरपेक्षता, गुटनिरपेक्षता, शान्तिपूर्ण सहअस्तित्व के आधार पर भारत के सम्बन्ध सुधरेगें, अभी तक फलवती नहीं हो पायी।[37]

1976 के दौरान गंगा जल के वितरण को लेकर दोनों देशों के मध्य तनातनी रही। भारतीय क्षेत्र के अन्दर, गंगा के आर–पार निर्मित फरक्का बाँध से ही कलकत्ता बन्दरगाह की रक्षा हो सकती है। इसी के प्रवाह से हुगली में जमा मिट्‌टी को दूर किया जा सकता है। और कलकत्ता बन्दरगाह को काम लायक बनाये रखा जा सकता है। कलकत्ता बन्दरगाह न केवल पूर्वी भारत का एक मात्र "रक्षा रेखा" है, वरन् नेपाल और भूटान के लिए भी एक मात्र बन्दरगाह है। लगभग एक करोड़ जनसंख्या का नगर कोलकाता (कलकत्ता) भारत का औद्योगिक हृदय है। इस बन्दरगाह के पृष्ठ प्रदेश में लगभग 15 करोड़ लोग रहते हैं। गंगा की कुल लम्बाई का 90 प्रतिशत भारत में ही है। गंगा के जल पर निर्भर रहने वाला भारतीय क्षेत्र लगभग 21 करोड़ एकड़ है तथा लगभग 35 करोड़ भारतवासी गंगा के पानी पर आश्रित हैं। इससे दोनों देशों में इसके तुलनात्मक महत्व का अनुमान लगाया जा सकता है।[38]

फरक्का बांध और उसकी सहायक नहर को अप्रैल 1975 में बाँग्लादेश के साथ समझौता होने के पश्चात चालू किया गया परन्तु कतिपय मतभेदों के फलस्वरूप उस दिशा में प्रगति नहीं हो सकी। भारत ने यह सुझाव रखा कि समस्त मतभेदों को द्विपक्षीय वार्तालाप से सुलझाया जाये। जब कि, जहां बाँग्लादेश ने कुछ द्विपक्षीय वार्ताओं में भाग लिया वहीं उसने इस मामले को अन्तर्राष्ट्रीय रंग देने की भी चेष्टा की। कतिपय गुटनिरपेक्ष राष्ट्रों

के सुझाव पर 1976 में बाँग्लादेश ने द्विपक्षीय बातचीत के क्षेत्र में लौट जाना स्वीकार कर लिया। इससे पूर्व यू0एन0 ओ0 की 21वीं बैठक में इस मामले पर बहस हो चुकी थी।[39]

बाँग्लादेश की आन्तरिक स्थिति का लाभ उठाते हुए कतिपय बाहरी तत्वों ने बाँग्लादेश की भारत विरोधी शक्तियों को भारत के विरूद्व सक्रिय करने की चेष्टा की। यह वास्तव में अत्यंत दुर्भाग्य का विषय था कि दक्षिण एशिया के दो पड़ोसी राष्ट्रों के पारस्परिक संबंध, बाँग्लादेश की मुक्ति के पाँच वर्षो के भीतर ही इतने कटू और तिप्त हो गये। जबकि इस नवीन गणराज्य के अधिकांश लोग उस मुक्ति में भारत के योगदान को सकृतज्ञ भाव से स्वीकार करते रहे। बाँग्लादेश के घटना चक्र पर भारत की अप्रसन्नता और असन्तोष का अभास 1975–76 में प्रकाशित भारत सरकार के रक्षा मंत्रालय की इस रिपोर्ट से मिलता है।" यद्यपि एक निकटतम पड़ोसी के नाते, हम बाँग्लादेश की राजनीतिक उथल पुथल से प्रभावित हुए बिना नहीं रह सकते, फिर भी हमने बाँग्लादेश की दुःखद घटनाओं का उस देश की अन्दरूनी घटनाओं के ही रूप में लिया है। उस अंचल में पैदा की गयी अस्थिरता और भारतीय सुरक्षा के लिए उत्पन्न संकट में ही भारत की चिंताओं का श्रोत है। विशेषतः यदि बाँग्लादेश में रहने वाले लगभग एक करोड़ अल्पसंख्यकों को शरण और सुरक्षा के लिए अपना देश छोड़ कर भारत भाग आने को बाध्य करे।[40]

'चकमा शरणार्थी' समस्या भी भारत और बाँग्लादेश के मध्य मतभेद गहराने का कारण बनी। भारत सरकार ने अगस्त 1988 में बाँग्लादेश की सीमा पर काँटेदार तार लगाने का फैसला किया जिस पर प्रतिक्रिया व्यक्त करते हुए बाँग्लादेश सरकार ने कहा "भारत का यह कदम बाँग्लादेश का अपमान है।[41]

बाँग्लादेश की खाड़ी में नवोदित एक छोटे से द्वीप 'न्यू मूर' पर अधिपत्य के प्रश्न पर भी दोनों देशों के बीच मतभेद पैदा हुए।[42]

पाकिस्तानी खुफिया एजेंसी आई0एस0 आई0 ने बाँग्लादेश में अपना मजबूत आधार कायम कर रखा है। आई0एस0आई0 को वहां जमाते इस्लामी तथा अन्य इस्लाम के कट्टरपंथियों का पूरा सहयोग मिल रहा है। आई0एस0 आई0 ने पूर्वोत्तर भारत के उग्रवादी गुटों को मिलाकर 'अल्फास' ''यूनाइटेड लिबरेशन फंड आफ सेवेन सिस्टर्स'' का गठन किया है। इसके अलावा वह बाँग्लादेश की खुफिया एजेंसी डी0जी0एफ0आई0 (डाइरेक्टर जनरल आफ फील्ड इन्टेलिजेंस) के साथ मिलकर पूर्वोत्तर भारत में व्यापक पैमाने पर गड़बड़ी फैलाने और इस समूचे क्षेत्र को भारत से अलग करने की खतरनाक साजिश का काम कर रही है।[43] 'अल्फास' के तहत आई0एस0आई0 ने पूर्वोत्तर के जिन उग्रवादी संगठनों को गोलबन्द करने में सफलता हासिल की है उनमें उल्फा और एन०डी०एफ०वी० (नेशनल डेमोक्रटिक फ्रंट आफ् बोडो लैण्ड) के अलावा मल्टा, ए०वी०एफ, आइ०एल०ए० जेसे मुस्लिम उग्रवादी संगठन और पी०एल० ए०, यु0एन0एल०एफ0 पी०यू०एल०एफ०, के०बी०डी०एफ०, एन०एल०एफ०टी०, ए०एन०वी०सी०, टी०डी०पी०एफ० और हरकत उल मुजाहिदीन शामिल है।

असल में आई०एस०आई० ने पूर्वोत्तर को शेष भारत से अलग करने के लिए दो तरफा रणनीति अपनायी है। एक तरफ वह उस क्षेत्र के प्रमुख जनजातीय उग्रवादी गुटों को मदद करके उनके माध्यम से गड़बड़ी फैला रही है तो दूसरी तरफ पूर्वोत्तर में बड़े पैमाने पर मुस्लिम बाँग्लादेश घुसपैठियों के बीच अनेक इस्लामी चरमपंथी गुट खड़े कर लिए है। इन संगठनों को आई०एस०आई० बाँग्लादेशी में नियमित प्रशिक्षण दे रही है। वहां इन्हें अत्याधुनिक हथियारों के अलावा आर० डी० एक्स जैसे विस्फोटकों के इस्तेमाल की ट्रेनिंग आई०एस०आई० द्वारा नियुक्त रिटायर्ड मेजर रूस्तम अली की देख रेख में दी जा रही है। केन्द्र सरकार को प्राप्त रिपोर्टो के अनुसार बाँग्लादेश में तीन चार वर्ष पहले तक जहां पूर्वोत्तर के उग्रवादियों के 99 शिविर चल रहे थे वही अब इनकी संख्या बढ़कर 195 हो गयी है। इसकी सूची हाल ही में भारत ने बाँग्लादेश को सौपीं भी है।[44]

इस परिप्रेक्ष में बाँग्लादेश का रवैया बेहद नकारात्मक है। वह इन शिविरों के अपने जमीन पर होने की बात नहीं मानता। भारत ने बाँग्लादेश में मौजूद देश के 127 वांछित अपराधियों/आतंकवादियों की सूची बाँग्लादेश सरकार को दी है। लेकिन वहां की सरकार इस मामले में भी कोई सहयोग नहीं कर रही है। भूटान में शाही सेना के सहयोग से भारत ने जब वहां मौजूद उल्फा और बोडो उग्रवादियों के विरूद्व सैन्य अभियान चलाया तो वहां से भागे उग्रवादियों ने बाँग्लादेश में पनाह ली। हालाँकि इनके उग्रवादी शिविर बाँग्लादेश में पहले से ही थे। इन शिविरों में इस्लामी जेहादियों की भर्ती और प्रशिक्षण में तेजी 11 सितम्बर 2001 को अमेरिकी वर्ल्ड ट्रेड सेन्टर एवं पेण्टागन पर हुए हमले के बाद से आयी है खुफिया सूत्रों का अनुमान है कि इन शिविरों में अब तक 5000 से ज्यादा उग्रवादियों को गुरिल्ला युद्व के लिए प्रशिक्षित किया गया है। इनमें से बड़ी संख्या में उग्रवादी सीमा पार कर पूर्वोत्तर राज्यों में आ चुके है। पूर्वोत्तर में हुई हिंसा की कुछ ताजा घटनाओं में इनकी संलिप्तता के पुष्ट प्रमाण मिल चुके है। इनके सम्बन्ध पाकिस्तान की खुफिया एजेंसी आई०एस०आई० से भी है और आई०एस० आई० इनको तथा ये आई०एस०आई० को उग्रवाद फैलाने के लिए उर्वर जमीन प्रदान कर रहे है।[45]

बाँग्लादेश और भारत के सम्बन्धों में अब तक 36 वर्षो में अनेक उतार चढ़ाव आये। यद्यपि भारत एक नवोदित पड़ोसी राष्ट्र को उसके विकास के लिए वांछित सुविधाएं एवं सहयोग पद्रान करता रहा है परन्तु बाँग्लादेश की तरफ से अन्तर्राष्ट्रीय मर्यादाओं का सदैव उल्लंघन ही किया जाता रहा है। बाँग्लादेश की धरती से भारत विरोधी गतिविधियों को बढ़ावा देना द्विपक्षीय सम्बन्धों को मधुर बनाने में तथा भारत की आन्तरिक सुरक्षा की दृष्टि से हमेशा बाधक सिद्ध हुआ है।[46]

यदि बाँग्लादेश भारत द्वारा किए गये उपकारों को ध्यान रखकर व्यवहार करता तो भी उसे भारत के साथ मित्रतापूर्ण व्यवहार करना चाहिए था। परन्तु

अभी तक तो उसकी तरफ से ऐसा कोई संकेत नहीं मिला है। भारत के लिए अनेक प्रकार की आन्तरिक सुरक्षा समस्याएं पैदा करने और आई०एस०आई० की गतिविधियों को बढ़ावा देने वाली करतूतों को नजरअंदाज किया जाना राष्ट्रीय सुरक्षा, आन्तरिक शान्ति एवं आर्थिक सुदृढ़ता के लिए घातक सिद्व होगा। एक छोटा घाव नासूर बन जायें उससे पहले उसका उपचार आवश्यक हो जाता है। भारतीय सुरक्षा एवं अर्थव्यवस्था के लिए भी बाँग्लादेश द्वारा पैदा की जाने वाली अनेक प्रकार की समस्याओं का नासूर बनने से पहले ही उपचार किया जाना आवश्यक है। ऐसा भारतीय नेतृतव को दृढ़ता के साथ करना होगा। द्विपक्षीय सम्बन्धों को सहज एवं सामान्य बनाने के लिए दोनों देशों की ओर से समान प्रयास होने चाहिए। दोनों देशों को एक दूसरे की राष्ट्रीय सम्प्रभुता, एकता एवं अखण्डता बनाये रखने में आपसी सूझ बूझ और सहयोग का वातावरण सृजित करने का सच्चे मन से प्रयास करना होगा। तभी भारत – बाँग्लादेश सम्बन्ध मधुर होगे और दोनों देशों की जनता सम्मानजनक जीवन जी सकेगी। राष्ट्रीय सुरक्षा के सन्दर्भ में किसी भी प्रकार की ढील देना और उसकी अनदेखी करने वालों को आने वाली पीढ़ियाँ कभी क्षमा नहीं करेंगी।

सन्दर्भ– सूची

1. डा0 सुरेन्द्र कुमार मिश्र एवं आकाश मिश्र, भारत –पाक सम्बन्ध (नई दिल्ली 2003) पृ0 संख्या 32
2. वही पृ0 34
3. डा0 सुरेन्द्र कुमार मिश्र, युद्ध का अध्ययन (नई दिल्ली), पृ0 148
4. वही, पृ0 149
5. बी0एन0खन्ना, भारत की विदेश नीति, संस्करण 1998–99, पृ0 109–110
6. द टाइम्स आफ इण्डिया, 8 मार्च, 1971
7. द टाइम्स आफ इण्डिया, 10 मार्च, 1971
8. बी0एन0 खन्ना, भारत की विदेश नीति, संस्करण 198–99, पृ0 110–111

9. दया प्रकाश रस्तोगी, भारत एवं आधुनिक विश्व, पृ0 82
10 बी0एन0 खन्ना, भारत की विदेश नीति, संस्करण 1998–99, पृ0 111–113
11. दीनानाथ वर्मा, अन्तर्राष्ट्रीय संबंध संस्करण 2000 पृ0 362
12. दी मिलिट्री बैलेंस, 1970–71
13. परमेश्वर पाण्डेय, भारत एवं आधुनिक विश्व, संस्करण 1992–पृ0 116–117
14. दीनानाथ वर्मा, अन्तर्राष्ट्रीय संबंध, संस्करण 2000 पृ0 362
15. बाँग्लादेश डाक्यूमेंन्ट्स, वाल्यूम 2, 1973, पृ0 205
16 डी0एन0 वर्मा, अन्तर्राष्ट्रीय संबंध, 19 पृ0348
17. दी इंडियन एक्सप्रेस, 7 दिसम्बर 1971
18. बाँग्लादेश डाक्यूमेंट्स वाल्यूम 2 1973 पृ0 208
19. डा0 एस0के0 मिश्रा, युद्ध का अध्ययन (नई दिल्ली) पृ0 157
20. डा0 सुरेन्द्र कुमार मिश्र एवं आकाश मिश्र, भारत–पाक सम्बन्ध (नई दिल्ली 2003) पृ0 53
21. बी0एन0 खन्ना, भारत की विदेश नीति, संस्करण 1998–99 पृ0 114–115
22. दी इण्डियन एक्सप्रेस 19 दिसम्बर 1971
23. दीनानाथ वर्मा, अन्तर्राष्ट्रीय संबंध, संस्करण 2000, पृ0 366–367
24. एस0एस0 श्रीवास्तव आधुनिक अन्तर्राष्ट्रीय संबंध, संस्करण 1982– पृ0 286
25. दीना नाथ वर्मा, अन्तर्राष्ट्रीय संबंध, संस्करण 2000 पृ0 367
26. बी0एन0खन्ना, भारत की विदेश नीति, संस्करण 1998–99, पृ0 115
27. कांग्रेसनल रिकार्ड वाल्यूम 117,18 अप्रैल 1971, पृ0 सं0 224
28. डा0 एम0 एल0 गुप्ता, भारतीय विदेश नीति और निकटतम पड़ोसी राष्ट्र (नई दिल्ली) पृ0 66
29. वहीं, पृ0 67
30 प्रो0 परमेश्वर पाण्डेय, भारत एवं आधुनिक विश्व (नई दिल्ली) पृ0 154

31. ट्वेर लिंग ''क्रिएटिव ए न्यू स्टेट, दि बंगालीज आफ बांग्लादेश'' साउथ एशियन रिब्यू खण्ड 5, अप्रैल 1971 पृ0 सं0 221–9

32. वही

33. बी0जी0 बर्गीज दी अदर साइड आफ दि हिल, दि ओवरसीज हिन्दुस्तान टाइम्स, 27 मार्च, 1972

34. स्ट्रैटेजिक रिंइश्योरेंस फार इण्डिया, सर्वाइवल' जुलाई–अगस्त 1972

35. विंग कमाण्डर एच0 के पटेल, 'इलस्ट्रेटेड वीकली आफ इण्डिया, अक्टूबर 24, 1972, पृ0 30

36. दि ईयर बुक आफ वर्ल्ड अफेयर, लंदन, 1971

37. गुप्ता डी0सी0 अन्तर्राष्ट्रीय सम्बन्ध मेट्रोपोलिटन बुक कम्पनी, नई दिल्ली (1988), पृ0 100

38. हिन्दुस्तान टाइम्स, 21 जुलाई 1975 नई दिल्ली।

40. घोष, एस0के0,पाकिस्तान आई0एस0आई0 नेटवर्क आफ टेरर इन इण्डिया, न्यू दिल्ली, 1980

41. इण्डियन एक्सप्रेस, 16 अगस्त, 1998, नई दिल्ली

42. गुप्ता डी0सी0 अन्तर्राष्ट्रीय सम्बन्ध, मेट्रोपोलिटन बुक कम्पनी, नई दिल्ली, 1988, पृ0 100

43. सहारा समय, 16 अक्टूबर 2004

44. वही

45. वही

46. डब्ल्यू एच0 मौरिस जोंस इण्डिया इलेक्टस फार चेन्ज एण्ड स्टेबिलिटी एशियन सर्वे (जुलाई 1971) पृ0 719–41

6

शिमला समझौता और उसके बाद

सन् 1971 में बाँग्लादेश को लेकर जो युद्ध लड़ा गया, वह निर्णायक युद्ध था पाकिस्तान को अपना पूर्वी भाग खोना पड़ा और स्वतंत्र बाँग्लादेश के रूप में एक प्रभुत्व संपन्न लोकतांत्रिक राज्य की स्थापना हुई। 16 दिसम्बर सन् 1971 को ढाका में एक सैनिक समारोह में जनरल नियाजी के नेतृत्व में 90 हजार पाकिस्तानी सैनिकों द्वारा भारत के ले0 जनरल जगजीत सिंह अरोड़ा के सम्मुख आत्मसमर्पण[1] के साथ 16 दिसम्बर, सन् 1971 की रात पौने आठ बजे भारत ने एक तरफ युद्ध विराम की घोषणा कर दी। उधर पाकिस्तान ने जनरल याह्या खाँ की सत्ता जुल्फिकार अली भुट्टों की हाथ में आ गयी।[2] उन्हें विरासत में एक टूटा हुआ पाकिस्तान मिला, सत्ता संभालते ही भुट्टों ने यह वादा किया कि वह शीघ्र ही बाँग्लादेश को फिर से पाकिस्तान में शामिल करवा लेंगे। पाकिस्तानी सेना के अनेक अधिकारियों, को देश की पराजय के लिए उत्तरदायी मान कर बरखास्त कर दिया गया। अनेक उद्योगपतियों के पारपत्र रद्द कर दिए गये।[3] उन्होंने दोहरी नीति अपनायी। एक तरफ तो वे पाकिस्तान में भारत विरोधी भाषण देकर अपनी लोकप्रियता बढ़ाने में जुट गये तो दूसरी ओर भारत की प्रधानमंत्री श्रीमती इन्दिरा गाँधी जी से वार्ता की पहल जारी रखी।[4]

'सोनार बाँग्ला' को पाकिस्तान के चंगुल से मुक्त करवाने के बाद और भारत की शानदार विजय की इस पुनीत बेला में भारतीय कूटनीति ने गौरवशाली परम्परा का निर्वाह करते हुये पाकिस्तान के साथ उदारता का व्यवहार किया। भारतीय विदेश नीति का यह प्राथमिक लक्ष्य था कि पाकिस्तान में लोकतंत्र को सुदृढ़ करके वहाँ "स्वामित्व" लाया जाये, ताकि पाकिस्तान एक बार फिर पश्चिमी जगत के ""नवउपनिवेशवाद' का शिकार न बन पाये। भारत के नेतृत्व में इस बात की दृढ़ आस्था थी कि स्थिर पाकिस्तान ही उसके लिए लाभदायक होगा। अतः भारत निरन्तर इस बात की पहल करता रहा कि भारत और पाकिस्तान दोनों देश मिलकर द्विपक्षीय वार्ताओं द्वारा सभी समस्याओं का शान्तिपूर्ण हल निकाल सके।

भारत की ओर से पाकिस्तान से बातचीत हेतु निरन्तर पहल की जाती रही, लेकिन प्रारम्भ में भुट्टो ने उसके प्रति उदासीनता दिखाई तथा ये प्रयास करते रहे कि महाशक्तियाँ भारत पर अपने प्रभाव का प्रयोग इस तरह से करें कि पाकिस्तान को बातचीत से अधिक से अधिक लाभ हो। किन्तु दोनों देशों (अमेरिका व चीन) ने भारत पर कोई दबाव नहीं डाला और न वे इस स्थिति में थे।[6] भारत की प्रधानमंत्री श्रीमती इंदिरा गाँधी ने भुट्टो के समक्ष पहले अधिकारी स्तर की बातचीत का प्रस्ताव रखा, जबकि भुट्टों सीधे वार्ता चाहते थे। श्रीमती गाँधी का तर्क था कि शीर्ष वार्ता की असफलता के बाद कोई विकल्प शेष नहीं बचेगा जबकि इस विष में भुट्टो प्रारम्भ में इसे समय नष्ट करने की संज्ञा देते रहे।[7] इस बीच समय व्यर्थ करते हुए, भारत पर दबाव डलवाने के प्रयासों में अमेरिका व चीन से मिली असफलता के बाद भी भुट्टो मास्को गयें। उन्हे विश्वास था कि मास्को की बात भारत पर प्रभावी होगी।[8] वहाँ भी असफल रहने पर उन्होनें युद्ध में तटस्थ रहे ब्रिटेन से सम्पर्क हेतु अपने विशेष दूत को लन्दन भेजा तथा उससे दोनों पक्षों में मध्यस्थता का आग्रह किया। भुट्टो के इस प्रयासों की तीव्रता का कारण मुख्यतः युद्धबन्दी थे जिन्हें मुक्त करवाने के लिए भुट्टो पर बहुत दबाव देश भर से आ रहा था। श्रीलंका से भी पाकिस्तान मध्यस्थता के लिए

प्रयास कर रहा था। पाकिस्तान के ये समस्त प्रयास असफल रहे।

भारत के इस सन्दर्भ में बहुत स्पष्ट नीति थी। भारत किसी भी स्थिति में केवल द्विपक्षीय वार्ता का पक्षधर था। ताशकन्द के कड़वे अनुभवों के कारण उसका निष्कर्ष था कि जब तक दोनों पक्ष खुले मन से एक दूसरे से बातचीत नहीं करते, समस्यायें हल नहीं होगी। श्रीमती गाँधी ने भुट्टों को पत्र लिखते हुये पुनः इस बात पर बल दिया कि वार्ता पहले अधिकारी स्तर पर होनी चाहिए तथा वार्ता स्थल भारतीय उपमहाद्वीप में ही होना चाहिए, चाहे भारत या पाकिस्तान।[9]

भारत, दृढ़ता पूर्वक यह घोषित करता रहा कि किसी तीसरे पक्ष की मध्यस्थता या सौजन्य के बिना ही वार्ता होगी। इसी आधार पर भारत ने मध्यस्थता के लिए मास्को, लन्दन तथा कोलम्बों के चयन के पाक सुझाव को अस्वीकार कर दिया। अतः भुट्टों ने श्रीमती गाँधी के प्रस्ताव को स्वीकार कर लिया तथा अधिकारी स्तर की वार्ता के शीघ्र आयोजन हेतु अपनी स्वीकृति भेज दी। भुटटो ने एक वक्तव्य में जानकारी देते हुये तीन बातें कही[11]

1. शीर्ष वार्ता का आधार तैयार करने के लिये अधिकारी स्तर की वार्ता का प्रस्ताव स्वीकार कर लिया है।[10]
2. उन्होंने तिथि व स्थान के निर्णय का भार भारत पर छोड़ दिया है।
3. इस बात की स्वीकृति दे दी है कि वार्ता भारत या पाकिस्तान में ही होनी चाहिए, तीसरे देश विशेष कर किसी बड़ी शक्ति की राजधानी में नहीं।[12]

शिमला शिखर वार्ता के संबंध में वार्ता करने के लिए डी0पी0 धर ने पाकिस्तान की यात्रा की। मरी नामक स्थान पर धर की वार्ता पाकिस्तान के विदेश मंत्री अजीज अहमद से हुई। अहमद का मत था कि शिखर वार्ता में युद्ध बन्दियों की मुक्ति तथा फौजों की वापसी मात्र पर वार्ता होनी चाहिए परन्तु धर का कथन था कि सभी मुद्दों इस सम्मेलन में सुलझाने का प्रयत्न किया जाना चाहिए। वाद–विवाद के पश्चात् यह निश्चित हुआ कि कुछ सीमित मुद्दों पर ही इस सम्मेलन में वार्ता की जायेगी।[13] इस वार्ता के

दौरान यह निश्चित किया ताकि दोनों देशों के शासनाध्यक्ष आपस में मिलकर समस्याओं का समाधान को निकालने की दिशा में बातचीत करें। वार्ता में यह भी निश्चित किया गया कि दोनों देशों के शासनाध्यक्ष जून, 1972 को शिमला में एक शिखर सम्मेलन का आयोजन करेंगे। इस बीच राष्ट्रपति भुट्टो ने डी0पी0 धर को बुलाकर उनसे 75 मिनट तक वार्तालाप किया। यह वार्ता बहुत ही लाभदायक रही तथा इससे शिखर वार्ता लगभग निश्चित हो गयी।[14] वार्ता के अन्त में प्रकाशित संयुक्त विज्ञप्ति में घोषणा की गयी कि राष्ट्रपति भुट्टों व प्रधानमंत्री श्रीमती गाँधी मई के अन्त में तथा जून के प्रारम्भ में महत्वपूर्ण समस्याओं पर वार्ता करेंगे, जिसमें भारत पाक युद्ध से उत्पन्न समस्यायें तथा स्वतंत्रता के बाद से उत्पन्न समस्यायें भी शामिल होंगी।[15] इस वार्ता के बारें में लंदन के "पत्र 'टाइम्स' ने लिखा था कि भारत–पाक युद्ध के पश्चात् समस्याओं के कुछ मुद्दे कार्यसूची में उभर कर सामने आये थें। जिसमें दोनों ही सीमाओं पर तैनात फौजों को हटा लेना, पाकिस्तानी युद्धबन्दियों की रिहाई और पश्चिमी मोर्चे पर पकड़े गये सैनिकों को मुक्त कराना, आपसी देशों के अतिक्रमण के क्षेत्र में कब्जा हटाना, बांग्लादेश को पाकिस्तान द्वारा मानयता प्रदान करना, भारत–पाक संबंधों को फिर से स्थापित करना तथा कश्मीर विवाद भी शामिल है।[16]

इसके बाद शिमला वार्ता का आयोजन अन्ततः कुछ और व्यवधानों के बाद जून के अन्तिम सप्ताह में हुआ। भुटटो ने विश्व की प्रमुख राजधानियों में अपने दूत इस उद्देश्यों से भेजने कि बड़ी शक्तियाँ भारत पर उदार दृष्टिकोण अपनाने के लिए दबाव डालने के लिए तैयार कर सके।[17]

भारत ने विखण्डित तथा पराजित पाकिस्तान का कोई अनुचित लाभ न उठा कर इस बात का प्रयत्न किया कि दोनों देश पारस्परिक वार्ता द्वारा अपने सभी विवादों का शान्तिपूर्ण समाधान कर उपमहाद्वीप में एक नये युग का सूत्रपात करें।[18] भुटट्ो 28 जून, 1972 को 87 सदस्यों का एक दल लेकर भारत पहुँचें। पाकिस्तानी प्रतिनिधिमण्डल का समुचित राजनयिक

शिष्टाचार के साथ स्वागत् किया गया। इस अवसर पर भुट्टो ने एक वक्तव्य में कहा कि वे अतीत की समस्त कड़वाहट को भूलकर सम्मान के साथ शान्तिपूर्ण संबंधों की नींव डालने के लिए प्रयत्नशील रहेंगे।[19] परिणाम स्वरूप 28 जून, 1972 को दोनों देशों के मध्य शिमला में एक सम्मेलन हुआ। जो कि "शिमला शिखर सम्मेलन" के नाम से जाना जाता है। यह सम्मेलन 3 जुलाई सन् 1972 तक चला, 3 जुलाई 1972 के मध्य ऐतिहासिक शिमला समझौते पर हस्ताक्षर किये गये।[20]

भारत और पाकिस्तान के बीच द्विपक्षीय सम्बन्धों पर प्रधानमंत्री श्रीमती इन्दिरा गाँधी और पाकिस्तान के राष्ट्रपति श्री जुल्फिकार अली भुट्टो ने शिमला में 3 जुलाई 1972 को "शिमला समझौते" पर हस्ताक्षर किये। समझौते के द्वारा संकल्प लिया गया कि भारत सरकार और पाकिस्तान सरकार दोनों देशों के संबंधों में टकराव और संघर्ष को खत्म करने, तथा मैत्रीपूर्ण एवं सदभावनापूर्ण सम्बन्ध बनाने व उपमहाद्वीप में स्थाई शांन्ति कायम करने का संकल्प लेती है, ताकि भविष्य में दोनों देश अपने संसाधनों और शक्ति का उपयोग अपनी जनता के कल्याण कार्यों को तेज करने के लिये कर सकें।[21]

सम्मेलन में तत्कालीन भारतीय प्रधानमंत्री श्रीमती गाँधी तथा पाकिस्तान के राष्ट्रपति श्री भुट्टो के मध्य प्रत्यक्ष वार्ता तथा दोनों पक्षों के पदाधिकारियों के मध्य कूटनीतिक मंत्रणा के पश्चात् शिमला समझौते की घोषणा एक संयुक्त वक्तव्य में की गई।[22] अनेक मुद्दों पर वाद–विवाद तथा मतभेद प्रकट होने के पश्चात् अन्त में दोनों पक्ष प्रमुख मुद्दों पर सहमत हो गये। इस समझौते को एक या दूसरे पक्ष की विजय या पराजय कहना उचित होगा। वास्तव में यह समझौता भारत सरकार की उदारता का परिचय था, जिसमें वे क्षेत्र जो 1971 में युद्ध के कारण भारत व पाकिस्तान के अधीन आ गये थे उनको रिक्त कराने, दोनों ही देशों द्वारा कश्मीर में 1971 के युद्ध से उत्पन्न वास्तविक युद्ध विराम रेखा को मान्यता प्रदान करने और उस वातावरण को उत्पन्न करने का प्रयास, जिससे यह रेखा सुस्थापित हो जाये, दोनों ही

देशों के मध्य द्विपक्षीय संबंध स्थापित करने हेतु सभी समस्याओं को पारस्परिक वार्ता द्वारा सुलझाने, दोनों ही देशों के मध्य संचार, व्यापार तथा आवागमन आदि संचार स्थापित करने हेतु अनुकूल वातावरण उत्पन्न करने की व्यवस्थायें की गई थी तथा यह भी सुनिश्चित किया गया था कि किसी भी तृतीय देश अथवा संयुक्त राष्ट्र को दोनों देशों के परस्पर विवादों में हस्तक्षेप करने का अधिकार नहीं होगा।[23] इस समझौते के मुख्य उपबन्ध निम्न हैः–

दोनों पक्षों ने निश्चित किया कि वे परस्पर संघर्ष को समाप्त करेंगे, जिससे दोनों देशों के संबंध खराब हुये थे तथा उपमहाद्वीप में स्थायी शान्ति की स्थापना के लिये संबंधों को सामान्य बनायेगें, जिससे दोनों देशों में जनकल्याण कार्यो में गति लाई जा सकें। उपयुक्त उद्देश्य के लिए दोनों सरकारों ने निम्न मुद्दों पर अपनी सहमति दी।[24]

1. दोनों देश सभी विवादों और समस्याओं के शान्तिपूर्ण समाधान के लिए सीधी बातचीत करेंगे और स्थिति में एक तरफा कार्यवाही करके कोई परिवर्तन नहीं करेंगे। वे एक दूसरे के विरूद्ध न तो बल प्रयोग करेंगे, न प्रादेशिक अखण्डता की अवहेलना करेंगे और न एक दूसरे की राजनीति स्वतंत्रता में कोई हस्तक्षेप करेंगे।[25]
2. दोनों देशों के संबंध संयुक्त राष्ट्र प्रस्ताव के सिद्धान्तों व उद्देश्यों के अनुरूप चलेंगे।
3. दोनों देशों द्वारा अपने तमाम मतभेदों को आपसी बातचीत या आपसी सहमति द्वारा खत्म करने का संकल्प लेना। दोनों देशों के बीच किसी भी समस्या का अन्तिम समाधान होने तक हर पक्ष द्वारा यथास्थिति बनाये रखना और शान्तिपूर्ण – सद्भावनापूर्ण संबंधों को बिगाड़ने वाला कोई भी काम नहीं करना।
4. दोनों समानता और आपसी लाभ के आधार पर शान्तिपूर्ण सह–अस्तित्व बनाये रखेंगे, पारस्परिक क्षेत्रीय अखण्डता और प्रभुसत्ता के प्रतिसम्मान रखेगें और एक दूसरे के आन्तरिक मामलों में हस्तक्षेप नहीं करेंगे दोनों देश आपसी मतभेदों को सुलह–सफाई से खत्म करके स्थाई शान्ति के वास्ते अच्छे पड़ोसी की तरह अपने संबंधों को बनाये रखने के प्रति प्रतिबद्ध रहेंगे।

5. पिछलें 25 वर्ष से (यहाँ तक कि अवधि की गणना है) दोनों देशों के आपसी संबंधों को बिगाड़ रखने वाले तमाम बुनियादी मसलों को शान्पूिर्ण ढ़ंग से हल किया जायेगा।
6. दोनों देश एक–दूसरें की राष्ट्रीय एकता, क्षेत्रीय अखण्डता, राजनीतिक स्वतंत्रता और संप्रभु समानता का सदैव सम्मान करेंगे।
7. दोनों सरकारें एक दूसरें के खिलाफ शत्रुतापूर्ण प्रचार को रोकने के लिए अपनी तमाम शक्तियों का इस्तेमाल करेंगी। दोनों देश आपसी दोस्ताना संबंधों को बढ़ानें में सहायक सूचनाओं के प्रसार को प्रोत्साहन देंगे।

दोनों देशों के संबंधों को बहाल करने और उन्हें सामान्य बनाने की दिशा में उत्तरोत्तर प्रयास जारी रखने के लिए निम्न बिन्दुओं पर सहमति हुई थी :–

1. संचार, डाक–तार व जल–थल परिवहन सेवाओं को बहाल करने की दिशा में कदम उठाये जायेंगे, सीमायें खोलने व आपसी अन्तर्राष्ट्रीय उड़ानों को बहाल करने का प्रयास भी किया जायेगा।
2. एक दूसरे के नागरिकों को अधिकाधिक यात्रा सुविधाएँ प्रदान करने के लिए समुचित कदम उठायें जायेगे।
3. व्यापार और आर्थिक व आपसी सहमति के अन्य क्षेत्रों में सहयोग को यथासम्भव बहाल किया जायेगा।
4. विज्ञान एवं संस्कृति के क्षेत्र में आदान–प्रदान बढाया जायेगा।

स्थायी शान्ति कायमकरने की प्रक्रिया शुरू करने के लिए दोनों देशों के बीच तीन बातों पर सहमति हुई थीः–

1. भारतीय और पाकिस्तानी सेनायें अन्तर्राष्ट्रीय सीमा पर वापस बुला ली जायेगी।
2. जम्मू–कश्मीर में 17 दिसम्बर, 1971 की युद्धबन्दी के बाद की नियन्त्रण रेखा का दोनों पक्ष बिना किसी पूर्वाग्रह के सम्मान करेंगे दोनों में से कोई भी पक्ष इस स्थिति को नहीं बदलेंगे, भेले ही दोनों के बीच आपसी मतभेद और दोनों की कानूनी व्यवस्थाओं में अन्तर बरकरार रहें। दोनों देश इस नियन्त्रण रेखा उल्लंघन करने के लिय ताकत का इस्तेमाल नहीं करेंगे

और न ही उसकी धमकी देंगे।

3. सेनाओं की वापसी और युद्ध बन्दियों की अदला–बदली की प्रक्रिया, समझौते के अमल में आते ही शुरू हो जायेगी तथा 30 दिन के अन्दर पूर्ण हो जायेगी।

दोनों देशों की सरकारें अपनी संवैधानिक व्यवस्थाओं के अनुरूप इस समझौते की पुष्टि करेंगी और यह समझौता पुष्टि के बाद संबंधित दस्तावेजों के आदान–प्रदान के साथ ही अस्तित्व में जायेगा।

दोनों सरकारें इस बात पर सहमत थीं कि उनके अध्यक्ष आपसी सुविधा के अनुसार उपयुक्त समय पर फिर मिलेंगे और इस बीच दोनों पक्षों के प्रतिनिधि स्थायी शान्ति कायम करने और आपसी संबधों पर विचार करने के लिए मिलते रहेंगे। दोनों पक्षों के प्रतिनिधि युद्ध बन्दियों व एक–दूसरे की जेलों में कैद नागरिकों की अदला–बदली, जम्मू–कश्मीर समस्या के उचित समाधान तथा कूटनीतिक संबंधों की बहाली से जुड़े सवालों पर भी विचार–विमर्श करेंगे।[26]

इस तरह एक बार पुनः दोनों पक्ष पहले युद्ध और फिर शान्ति की स्थायी खोज के लिए एक समझौते तक पहुँचे। उल्लेखनीय यही है कि इस बार यह मुलाकात प्रत्यक्ष तथा द्विपक्षीय थी। किसी तीसरी शक्ति की कोई भूमिका इस वार्ता में नहीं रहीं। इस बार पुनः भारत ने उदारता का परिचय देते हुये एक बार और अपने पड़ोसी के शान्ति और मैत्री के साथ रहने का अवसर दिया।

भारत तथा पाकिस्तान के बीच शिमला में संपन्न हुई द्विपक्षीय वार्ता दक्षिण एशिया के राजनैतिक विकास की प्रणाली में महत्वपूर्ण स्थान रखती है। यह प्रथम अवसर था कि बिना किसी बाहरी पंच के आपस में विवाद हल कर लिया गया था जबकि ताशकंद से सद्भावनापूर्ण समझौते में सोवियत संघ के मैत्रीपूर्ण संबंध का उपयोग किया गया था। इन विवादों के दायरों में यह भी खास बात थी कि दोनों ही पक्षों की आपसी समझौता हेतु रजामंदी थी।[27]

इस समझौते पर लेख में भारतीय प्रधानमंत्री श्रीमती इन्दिरा गाँधी ने प्रसन्नता व्यक्त करते हुए लिखा था –"2 जुलाई 1972 को भारत और पाकिस्तान के बीच समझौता हुआ था जिसमें यह निश्चय किया गया था कि सारे आपसी विवाद बातचीत के दौरान ही तय किया जाये, स्थायी शान्ति तथा आर्थिक व सांस्कृतिक सहयोग के लिए परस्पर सदभाव के साथ बिना किसी दबाव के मिलकर काम किया जाय। कश्मीर तथा सीमा विवाद को सद्भावना से आपस में वार्ता करने की प्रतिबद्धता का भारत की जनता ने स्वागत किया था। श्री भुट्टो के साहस और यथार्थ नीति की प्रशंसक हूँ।"[28]

इस समझौते का महत्व मुख्यतः इसके द्विपक्षीय होने तथा भारत पाक विवादों के प्रति यथार्थवादी दृष्टिकोण अपनाने में निहित था–"भारत तथा पाकिस्तान के बीच शिमला में द्विपक्षीय वार्ता दक्षिण एशिया के राजनैतिक विकास की प्रणाली में महत्वपूर्ण स्थान रखती है। इस समझौते में यह उल्लेख है कि गत 25 वर्षों से चला आ रहा विवाद शान्तिमय तरीके से आपस में द्विपक्षीय वार्ता द्वारा सुलझाया जा सकता था। अन्य मामलों में भी दोनों देश यही रास्ता शान्तिपूर्ण ढ़ग से अपनाने हेतु वचन बद्ध है।"[29]

इस समझौते पर 13 जुलाई 1972 को अपने भाषा में श्रीमती गाँधी ने लोकसभा में विश्वास प्रकट किया कि –"शिमला समझौते में दोनों देशों का भला मिलकर चलने में ही हैं भारत को शान्ति के लिए लड़ना है और उसे ऐसे कदम उठाने चाहि जो शान्ति की ओर हो कर चले। भारत किसी भी आक्रमण का सामना करने को तैयार है किन्तु इस बात पर भी अवश्य विचार करना चाहिए कि क्या शान्ति संभव नहीं है।[30]" जबकि समझौते पर बोलते हुए भारत के तत्कालीन विदेश मंत्री सरदार स्वर्ण सिंह ने कहा कि" यह समझौता उपमहाद्वीप में स्थायी शान्ति की स्थापना की दिशा में पहला कदम है। यह वह ढ़ाँचा प्रदान करता है, जिसके अन्तर्गत निष्ठापूर्वक कार्य करने पर भारत व पाकिस्तान के मध्य बहुआयामी संबंधों की स्थापना की जा सकती है। विगत 25 वर्षो का अनुभव बताता है कि बाह्रय तथा तीसरी

शक्तियों ने भारत तथा पाकिस्तान की समस्याओं का हल बहुत अधिक कठिन बना दिया था।"[31]

शिमला समझौते पर राष्ट्र में तथा विदशों में मिश्रित प्रतिक्रियाएँ व्यक्त की गयी। कुल मिलाकर अधिकांश क्षेत्रों में शान्ति के इस प्रयास का स्वागत हुआ, किन्तु समझौते मात्र का स्वागत करने से समझौते की वास्तविकता का पता नहीं चलता। वास्तविक अंदाजा तो समझौते के कार्यान्वयन से लगता है। जहाँ एक ओर भारत ने समझौते के बुनियादी तथ्यों को हमेशा सम्मान की दृष्टि से देखा है, वहीं दूसरी ओर पाकिस्तान समझौते के बुनियादी तथ्यों के भूल गया और सदैव इसे उपेक्षा की दृष्टि से देखता रहा है। पाकिस्तान की इस उपेक्षा के कारण दोनों देशों के संबंध अच्छे नहीं हो पा रहे है।

सामान्यतः भारत में शिमला समझौते का समर्थन ही किया गया इसे एक अनुपम और सफल समझौता बताया गया पर कुछ क्षेत्रों में इसकी कटु आलोचना भी हुई। जनसंघ ने इस समझौते पर तीव्र प्रहार करते हुये उसकी कटु आलोचना की।[33] भारत में शिमला समझौते के आलोचकों ने कहा कि यह समझौता तो एक प्रकार से पाकिस्तान के सामने भारत का समर्पण था क्योंकि भारत की सेनाओं ने पाकिस्तान के जिन प्रदेशों पर अधिकार किया था अब उन्हें छोड़ना पड़ा। परन्तु शिमला समझौते का सबसे बड़ा लाभ यह हुआ कि दोनों देशों ने अपने विवादों को आपसी बातचीत से निपटने का निर्णय किया, इसका अर्थ यह हुआ कि कश्मीर विवाद को अन्तर्राष्ट्रीय रूप न देकर, अन्य विवादों की तरह आपसी बातचीत से सुलझाया जायेगा।[34] समझौते पर अपनी तीव्र प्रतिक्रिया व्यक्त करते हुए जनसंघ के नेता अटल बिहारी वाजपेयी ने कहा कि "शिमला समझौते से जनसंघ को आघात पहुँचा है शिखर सम्मेलन से पूर्व प्रधानमंत्री ने राष्ट्र को आश्वासन दिया था कि एक समन्वित समझौता किया जायेगा, पर ऐसा न करके वह भी भुट्टो की चाल मे फँस गयी। समझौते के अनुसार भारत को पाकिस्तान की 5,000 वर्गमील भूमि खाली करनी पड़ेगी जबकि पाकिस्तान कश्मीर में

भारत की 30,000 वर्गमील भूमि पर अवैध कब्जा यथापूर्ण कायम रखेगा। यह भारत के जवानों द्वारा किये गये बलिदानों के साथ विश्वासघात है।''[35]

जनसंघ ने विशाल पैमाने पर समझौते का विरोध करने का निश्चय करते हुये सरकार को चेतावनी दी कि सारे देश में समझौते के विरोध में प्रदर्शन तथा हड़ताल किया जायेगा। जनसंघ का समर्थन करते हुये महारानी विजयराजे सिंधिया ने कहा कि –''भारत की अनेक महिलाओं के सपूतों का और भारत की अनेक ललनाओं के सिन्दूरों का बलिदान इस समझौते द्वारा ठुकरा दिया गया।'' मेनन का भी यही विचार था कि भारत के सम्पूर्ण कश्मीर प्राप्त करने के पश्चात् ही युद्ध बन्द करना था मेनन के मत में पाकिस्तान को भारत की अपेक्षा अधिक लाभ हुआ है। आचार्य कृपलानी ने समझोते की आलोचना करते हुए, उसे भारत की सबसे बड़ी गलती बताया। कृपलानी का विचार था कि भारत ने रूस के दबाव में आकर समझौता किया है। पाकिस्तान की जमायतें उल उलमा नामक पार्टी द्वारा भी समझौते का विरोध किया गया।[36]

पाकिस्तान में शिमला समझौते का आम तौर पर स्वागत किया गया और कहा गया कि उपमहाद्वीप में स्थायी शान्ति–स्थापना की दिशा में यह समझौता एक अच्छी शुरूआत है। उत्तर पश्चिमी सीमा प्रान्त की असेम्बली के अध्यक्ष मुहम्मद असलम खाँ खहक ने कहा कि हारा हुआ देश इससे अधिक कुछ भी प्राप्त नहीं कर सकता था।[37] कुछ अपुष्ट समाचारों के अनुसार दोनों नेताओं ने कश्मीर के बारे में यह योजना बनाई कि थोड़े–बहुत परिवर्तनों के साथ वास्तविक नियंत्रण रेखा को स्थाई सीमा रेखा का रूप दे दिया जाये। परन्तु 1971 में पारस्परिक विश्वास उत्पन्न करने वाले उपायों की आवश्यकता अधिक थी। ऐसा अनुमान लगाया गया कि यदि कश्मीर में युद्ध विराम रेखा को स्थायी अन्तर्राष्ट्रीय सीमा मानने का प्रस्ताव सचमुच होता तो भी भुट्टो उस समय कोई वचन देने की स्थिति में नहीं थे। आवश्यकता इस बात की थी कि दोनों देशों के नेता प्रबल जनमत तैयार करे ताकि इस

प्रकार समझौता हो सके। परन्तु 25 साल बाद भी ऐसा कुछ नहीं हुआ।[38]

शिमला सम्मेलन में जिस बात पर समझौता नहीं हो सका वह भी महत्वपूर्ण है। यह युद्ध बन्दियों की वापसी के मामले से सम्बन्धित था। सभी रिपोर्टों से यह साफ हो गया था कि एक ओर भारत कश्मीर की समस्या के स्थाई हल पर जोर दे रहा था तो पाकिस्तान का जोर इस बात पर था कि भारत उसके 93,000 युद्धबन्दी मुक्त करें। भुट्टो तो पाकिस्तान से यह कह कर चले थे कि वे युद्धबन्दियों को रिहा करने के काम को सर्वोच्च प्राथमिकता देगें और ऐसा उन्होने किया भी होगा लेकिन शिमला समझौते में इस प्रश्न पर केवल एक पंक्ति थी जिसमें कहा गया था कि इन सवालों पर दोनों देशों के प्रतिनिधि आगे बातचीत करेंगे।

युद्धबन्दियों के बारे में भारत का रूख स्पष्ट है। चूँकि युद्धबन्दियों ने भारत और बाँग्लादेश के संयुक्त कमान के सामने आत्मसमपर्ण किया था, इसलिए बाँग्लादेश की राय कि बिना उनके बारे में कोई फैसला नहीं हो सकता। इसके लिए यह जरूरी है कि पाकिस्तान बांग्लादेश को मान्यता दे। पाकिस्तान के विदेश विभाग के प्रवक्ता ने शिमला समझौते पर हस्ताक्षर के बाद विदेशी संवाददाताओं के समक्ष कहा कि पाकिस्तान अगस्त में बाँग्लादेश को मान्यता देगा। फिर उसके बाद ही युद्ध बन्दियों पर तीनों देशों के बीच चर्चा हो सकेगी।[39] इसमें कोई सन्देह नहीं कि भारत ने शिमला में कश्मीर समस्या के सामाधान का पूरा प्रयास किया। टी०एन०कौल का कहना है कि "श्रीमती इन्दिरा गाँधी की अनुमति से मैंने राष्ट्रपति भुट्टो को याद दिलाया कि पाकिस्तान के विदेशमंत्री के रूप में उन्होंने कहा था कि हमारे बीच मतभेदों का मूल कारण कश्मीर विवाद है। मैंने पूछा कि इस पर बात करने से वे अब क्यों हिचकिचा रहे है किन्तु भुट्टो चाहते थे कि कश्मीर पर बातचीत स्थगित रखी जाये क्योंकि इस विषय पर बातचीत करने से पहले वे पाकिस्तानी जनता की राय भी जानना चाहेंगे। 17 नवम्बर 1971 को युद्ध विराम के उपरान्त नियन्त्रण रेखा का सम्मान करने के सम्बन्ध

में भुट्टों ने स्वयं बताया था कि इसे बिना किसी पूर्वाग्रह के मान्यता दी जायेगी। वे अत्यन्त सर्तकता के साथ राजनीति करना चाहते थे तथा कश्मीर के बारे में किसी तरह की नीति नहीं होने देना चाहते है।''

भारत में अनेक लोगों को सन्देह है कि कश्मीर के मामले में भुट्टो और इन्दिरा गाँधी के बीच कोई गोपनीय समझौता हुआ था। अन्यथा इस समझौते में इन्दिरा गाँधी कैसे सफल हो सकती थी। स्वयं उन्होंने कश्मीर समस्या को स्थाई तौर पर सुलझाने का प्रस्ताव रखा था। इस सन्दर्भ में पूर्व विदेश मंत्री अटल बिहारी वाजपेयी ने अनुमान लगाते हुए कहा था कि ''भुट्टो ने शिमला में श्रीमती इन्दिरा गाँधी से वायदा किया था कि कश्मीर समस्या वर्तमान युद्ध विराम रेखा के आधार पर संसाधनों के साथ सुलझा ली जायेगी। यही कारण है कि श्रीमती गाँधी शिमला समझौते पर सहमत हो गई किन्तु भुट्टो अपने वायदे से मुकर गये।'' आज इन दोनों नेताओं में से कोई भी इस कल्पना की पुष्टि करने या इन्कार करने के लिए जीवित नहीं है। इस वार्ता के एक प्रतिभागी प्रेक्षक टी एन कौल ने एक साक्षात्कार में साफ साफ बताया कि जब भुट्टो को उनकी ताशकंद वाली बात याद दिलाई गई तो उन्होने अपनी समर्थता व्यक्त की । किन्तु आशा व्यक्त की कि ''इंशाल्लाह, हम इस विवाद को एक दूसरे की मान्य स्थितियों के प्रति पूर्वाग्रह के बिना द्विपक्षीय आधार पर शान्तिपूर्ण ढ़ंग से सही समय पर अन्ततः सुलझा लेगें।'' उनका यह विचार अत्यन्त चातुर्यपूर्ण था, जिसमें संयुक्त राष्ट्र संघ में वापस जाने के विकल्प को खुला रखा गया था और भुट्टो ने यही बात पाकिस्तान लौटने के तुरन्त बाद कही थी। ऐसे कोई संकेत नहीं मिलते जिनके आधार पर यह माना जाये कि कश्मीर के बारे में कोई गोपनीय समझौता किया गया था। टी.एन. कौल के अनुसार शिमला समझौता खुले तौर पर किया गया, एक खुला समझौता था। किन्तु पाकिस्तान लौटने पर भुट्टो ने शिमला समझौते के प्रति उदासीनता व्यक्त की तथा संयुक्त राष्ट्र प्रस्ताव पर अधिक जोर दिया। इससे इस बात की और अच्छी

तरह पुष्टि होती है कि भुट्टो के लिए यह समझौता तभी तक सार्थक था जब तक कि उन्हें भू क्षेत्र तथा युद्धबन्दी वापस पाने के लिए इससे सहायता मिल सकती थी। इससे आगे यह बात कागज का एक टुकड़ा था।[40]

कुल मिलाकर प्रथम भारत–पाकिस्तान शिखर वार्ता के परिणाम कुछ कम महत्वपूर्ण नहीं माने जा सकते। यह बात अलग है कि सभी समस्यायें हल नहीं हो पायी। सम्मेलन के पूर्व किसी कुशल प्रक्षेक को यह गलतफहमी नहीं है कि शिमला में भारत तथा पाकिस्तान के बीच की सभी समस्याओं का समाधान हो जायेगा। केवल यही आशा की गयी थी कि शिखर सम्मेलन से दोनों देशों के संबंधों में एक नये युग का सूत्रपात होगा और वही हुआ।

समझौते पर टिप्पणी करते हुए एक समीक्षक ने ठीक ही लिखा था, इस समझौते में न तो भारत की विजय थी और न पाकिस्तान की। यह दोनों देशों की समझदारी की विजय थी। इस समझौते से सबसे अधिक चोट विदेशों षड्यन्त्रकारियों तथा साम्राज्यवादी शक्तियों को जो इस महाद्वीप के देशों को आपस में लड़ाकर अपना स्वार्थ सिद्ध करते रहे थे, को पहुँची है।[41]

संक्षेप में कहा जा सकता है कि यह समझौता भारतीय उपमहाद्वीप में शान्ति स्थापना की दिशा में महत्वपूर्ण कदम था। यह दूसरा ताशकन्द समझौता नहीं था, वरन् यह ऐसा समझौता था जिससे जहाँ एक ओर भारत ने पाकिस्तान को दुबारा आक्रमण न करने की चेतावनी दी थी और ऐसी भूल फिर न करने के बारे में समझाया था, वहीं उसे यह अहसास करा दिया था कि पाकिस्तान विखण्डित निर्बल राष्ट्र है तथा इसकी भलाई भारत के अच्छे पड़ोसी और मित्र के रूप में रहने में ही है।[42]

शिमला समझौते के बाद का परिदृश्य

16 दिसम्बर 1971 की ऐतिहासिक विजय के अगले दिन अर्थात् 17 दिसम्बर को नवेदित राष्ट्रपति बांग्लादेश के मुसलिम समुदाय के साथ

हिन्दू, एवं ईसाई अल्प संख्यकों ने भी बड़ी उम्मीदों से दूसरी आज़ादी का सूरज देखा था। "सोनार बाँग्ला" जैसे उनके सपनों का देश बन गया था। पाकिस्तानी शासन के दुःस्वप्न पीछे जा चुके थे और अगले सुख और समरसता का उजाला था। लेकिन किसे पता था कि दूसरी आजादी के दो दशक बीतते बीतते जुल्मो सितम के वहीं मंजर फिर सामने आने लगेंगे? किसे पता था कि यह मुल्क भारत विरोधियों की शरणस्थली बन जायेगा? आजादी के उस सुनहरे दौर में ऐसा लगा था कि बाँग्लादेश रवीन्द्र संगीत और नजरूल इस्लाम के गीतों की छांव में संस्कृतियों के समागम का आदर्श स्थल बनने की ओर बढ़ रहा है लेकिन ऐसा नहीं हुआ।

जो हुआ, उसका अंदाजा भी नहीं था। आजादी के सभी नायक 1975 के सैन्य राजनीतिक षड्यंत्र में मार डाले गये। नये शासक मानने को तैयार नहीं कि उनकी स्वतंत्रता में भारतीय सेना की भूमिका मुख्य थी। वे अब अपना अलग इतिहास गढ़ रहे है। उनके हुक्मरानों के यहां इतिहास वह है, जो वे तय कर रहे हैं। वे भूल गये हैं, सन् 1971 के दौर के कत्लोगारत के दहला देने वाले दृश्यों को, सामूहिक कब्रों और लाशों की मीनारों को। उनके लिए भारत से दोस्ती, भारत की गरज है, उनकी नहीं। अल्पसंख्यकों की समस्याएं, उनके पर अत्याचार उनके यहां कोई मुद्दा नहीं है। लेखिका तसलीमा नसरीन को एक छत के लिए दर दर की ठोकरें खाते सारा जमाना देख रहा है। यह कतई उम्मीद नहीं थी कि आजादी के आन्दोलन में पाकिस्तानी सेना के हाथों 25 लाखों लोगों के मारे जाने के बाद वे फिर से मजहब परस्त हो जायेगें।[4]

16 दिसम्बर, आजादी के बाद भारतीय इतिहास का महानतम दिवस है, जिसकी उपलब्धि को उनके वहाँ लगभग नकार दिया गया हैं। आज 37 वर्षों के बाद हम उस मुकाम पर हैं जब "विजय दिवस" की हमारे लिए कोई राजनीतिक अर्थवत्ता नहीं रह गई है। सेना की महान विजय को कमजोर राजनीति ने गवाँ दिया है। यह महान सैनिक विजय आगे आकर क्रमशः

राजनैतिक हार में तब्दील हो गई। भारतीय राजनीति की आन्तरिक अस्थिरता और कुरसी–दौड़ की आपाधापी में राष्ट्रीय हित के प्रति नासमझ हम लोग सही समाधान नहीं खोज सकें। हमने उसे भारत विरोधी गतिविधियों का केन्द्र बन जाने दिया।

लेकिन अब रास्ता क्या है ? राष्ट्रीय हित के सरोकारों की मूल मशीनरी राजनीतिक परिवर्तनों से प्रभावित हुए बगैर अपना कार्य कर सके, इस प्रकार की व्यवस्था क्यों नहीं है? राज्य के संचालन हेतु संविधान के मूल सिद्धान्त तो हमारे पथ प्रदर्शक हैं, लेकिन राष्ट्रहित के संचालन हेतु कोई मूल सिद्धांत न तो बने, न तो विकसित किये गये। सन् 1971 मे बाँग्लादेश को आजाद करना विश्व की बड़ी ताकतों के हितों के विपरीत जाकर राष्ट्रहित में एक बड़ा निर्णय था। अमेरिकी सातवें बेड़ें से दबाव की कूटनीति निष्फल हो गई थी। इसके फलस्वरूप हमारी शक्ति व क्षमता को मात्र दक्षित एशिया तक सीमित रखना अमेरिका के लिए संभव नहीं रह गया था। पाकिस्तान को आणविक शास्त्र संपन्न होने से रोकना भी राष्ट्रीय हित में ऐसा ही निर्णय होता। इस अवसर को हम विजय दिवस में नहीं बदल सके। कितनी ही बार हमारी वायुसेना के हवाबाज अपने मिग, जगुआर और मिराजों की कैनोपी के नीचे इंजन ऑन कर आदेश के इंतजार में बैठे रहें होंगे। कितनी ही मिसाइलों, एंटी एयरक्राफ्ट गनों के बावजूद वे उस शैतानी संयंत्र के धुआँ–धुआँ कर देते, लेकिन उन्हें ऐसा कोई आदेश नहीं मिला। हमारा नेतृत्व सोचता होगा कि ऐसा हुआ, तो हमारे आणविक संयंत्र ट्रांबे का क्या होगा? ऐसी सोच प्रायः आकर्मण्यता की ढाल बन जाती है। नतीजा आज दुनिया आतंकियों के हाथ एटम बम पड़ जाने की आशंका में जी रही है। यह मात्र हमारे ही नहीं, सम्पूर्ण दक्षिण एशिया के हित में और विश्व के हित में होता, लेकिन यहाँ हम चूक गये।[44]

सन् 1971 की महान सैनिक विजय का कालांतर में राजनैतिक हार में बदल जाना राष्ट्रहित के नियमन की प्रभावी व्यवस्था के अभाव का

परिणाम है। 16 दिसम्बर 1971 के बाद हमने अगले विजय दिवस के लिए कोई प्रयास नहीं किया। हम फिर घुटनों के बल चलते गयें। विजय दिवस की अगली कड़ी में हमने इजरायल के ओशरिक अभियान का अनुसरण किया होता, तो ऐसे देशों को भारत ही क्या, दक्षिण एशिया में आतंकवाद प्रयोजित करने का साहस ही न होता।

शिमला समझौते के पश्चात् दोनों देशों के मध्य सम्बन्धों में सामान्यीकरण की प्रक्रिया शुरू हुई। युद्धबन्दियों तथा मानवीय समस्याओं पर दोनों पक्षों में अनेक स्तर पर वार्ताएँ हुई और अन्त में 28 अगस्त, 1973 को इस सन्दर्भ में एक समझौता हो गया। इसके बाद 9 अप्रैल, 1974 को नई दिल्ली में भारत–पाक और बांग्लादेश के मध्य एक समझौता हुआ, जिसमे युद्धबन्दियों को छोड़ने का निर्णय किया गया। इस प्रकार संबंधों में सुधार का सिलसिला शुरू हुआ ही था, कि जब 18 मई 1974 को भारत ने अपना प्रथम परमाणु परीक्षण किया तो पाक ने भारत के विरूद्ध तीव्र प्रतिक्रिया की और स्वयं परमाणु शाक्ति हासिल करने की कसम ली और कहा कि ''अपने देश को अणु ब्लैक मेल का शिकार नहीं होने देंगे।'' तत्कालीन भारतीय प्रधानमंत्री श्रीमती इन्दिरा गाँधी ने पाक को स्पष्ट किया कि अणु शक्ति का विकास भारत अपने रचनात्मक उद्देश्य से कर रहा हैं भारत ने अनाक्रमण सन्धि का प्रस्ताव रखा, किन्तु पाकिस्तान ने उसे ठुकरा दिया।[45]

1 सितम्बर 1974 को इस्लामाबाद में दोनों पक्षों ने डाक, दूरसंचार और यात्रा सुविधा के सन्दर्भ में समझौता हस्ताक्षर करके तत्काल शुरू करने का निर्णय लिया इसके बाद 1975 में एक समझौते के द्वारा व्यापारिक जलयानों से दोनों देशों ने बन्दरगाहों में प्रवेश पर लगे प्रतिबन्ध हटा दिये। सन् 1976–77 के दौरान दोनों देशों के सम्बन्धों के सामान्यीकरण की कार्यवाही में कुछ सुधार हुआ और राजनीतिक सम्बन्धों को पुनः स्थापित करने का निश्चय किया गया। 14 मई, 1976 को दोनों देशों में रेल और सड़क परिवहन व्यवस्था पुनः शुरू हो गयी जिससे व्यापार सरल हो गया।

मार्च, 1977 में भारत में सत्ता परिवर्तन हुआ और मोरारजी देसाई के नेतृत्व में जनता पार्टी की सरकार बनी तो दोनों देशों में सम्बन्ध सुधारने के प्रयास तेज हुए। 1977 में पाक के सामने 'युद्ध न करने के समझौते' को रखा, किन्तु पाकिस्तान इसे ठुकरा दिया। फरवरी, 1978 में भारत के तत्कालीन विदेश मंत्री अटल बिहारी वाजपेयी ने वर्ष 1978 में पाकिस्तान के वैदेशिक मामलों के सलाहकार आगाशाही के आने पर सलाल पन बिजली परियोजना सम्बन्ध में एक समझौते पर हस्ताक्षर किये। मार्च, 1979 में पाक विदेश मंत्री शाहनवाज ने चार दिवसीय भारत यात्रा की।

भारत में 1980 में श्रीमती इन्दिरा गाँधी के नेतृत्व में कांग्रेस पार्टी पुनः सत्ता में आयी और इसी बीच अफगानिस्तान में सोवियत हस्तक्षेप ने पाकिस्तान की सुरक्षा और राष्ट्रीय अखण्डता पर प्रश्न चिन्ह लगा दिया। सम्बन्धों के सामान्यीकरण की प्रक्रिया में एक नया मोड़ आया जब पाक राष्ट्रपति जनरल जिया– उल–हक ने सितम्बर, 1981 में भारत के साथ 'युद्ध न करने की सन्धि' का प्रस्ताव रखा, लेकिन भारत ने इसे अस्वीकार कर दिया और स्पष्ट किया कि भारत पाकिस्तान के मध्य "शिमला समझौता" अयुद्ध समझौता ही है। अतः अलग से इस सन्धि का औचित्य नहीं है जबकि इसके पूर्व भारत ने 'युद्ध न करने के सन्धि की पेशकश पाकिस्तान के साथ अनेक बार की, किन्तु वह उसे लगातार ठुकरा देता था। पाकिस्तान ने सम्बन्धों में सुधार की प्रक्रिया को ऊपरी तौर पर ही लिया। जिम्बाम्बे की स्वतंत्रता दिवस के अवसर पर श्रीमती इन्दिरा गाँधी और जनरल जिया से सेल्वरी में 10 मार्च, 1980 को मुलाकात हुई तो दोनों देशों ने सम्बन्धों में सुधार करने का इरादा बनाया। अप्रैल, 1981 में भारत के तत्कालीन विदेश मंत्री पी0वी0 नरसिम्हा राव ने पाकिस्तान की यात्रा की जिसमें पाक ने स्पष्ट किया कि अमेरिकी हथियारों के आयात में कोई कटौती नहीं करेगा, जिससे सम्बन्धों में कड़वाहट बनी ही रही। 29 जनवरी, 1982 में अनाक्रमण सन्धि एवं सम्बन्धित प्रश्नों पर पाकिस्तान और भारत की विदेश मंत्रियों के स्तर पर नयी दिल्ली

में वार्ता हुई। मार्च, 1983 में दोनों देशों के मध्य संयुक्त आयोग का गठन हुआ सद्भाव तथा मैत्री की दिशा में पुनः बहाली का एक प्रयास हुआ। 31 अक्टूबर, 1984 को श्रीमती इन्दिरा गॉधी की हत्या के बाद राजीव गॉधी ने सत्ता की बागडोर संभाली। अप्रैल, 1985 में भारत ने पाकिस्तान को स्पष्ट कर दिया कि जब तक वह पंजाब के आतंकवादियों को सहायता देना बन्द नहीं करेगा तब तक संबंधों में सुधार होने की कोई सम्भावना नहीं होगी। 4 अप्रैल, 1985 को दोनों देशों में सम्बन्धों को सामान्य बनाने के लिए भारत के विदेश सचिव ने इस्लामाबाद की यात्रा की।

4 जुलाई, 1985 को दोनों देशों के मध्य विदेश सचिव स्तर पर वार्ता। हुई तथा एक अनुबन्ध पर हस्ताक्षर किये गये जिसके अन्तर्गत दोनों देश आर्थिक विकास, पर्यटन, रेलवे, संचार, सूचना, कृषि एवं सांस्कृतिक सहयोग बढ़ाने का निश्चय किया। 17 दिसम्बर, 1985 को जनरल जिया–उल–हक भारत आये और दोनों देशो ने इस बात की पुष्टि की कि परमाणु बम बनाने का उनका कोई विचार नहीं है। 18 जनवरी, 1986 को दोनों देशों ने एक–दूसरे के परमाणु संयंत्रों पर आक्रमण न करने सम्बंधी का आदान प्रदान किया। वर्ष 1987 के आरम्भ में भारत–पाक सीमा पर तनाव बढ़ा तथा पाक द्वारा परमाणु बम बनाने की प्रक्रिया तथा कश्मीर में हस्तक्षेप तथा पंजाब के आतंकवादियों की सहायता ने सामान्य सम्बन्धों को पुनः बिगाड़ दिया। इसी दौरान 17 अगस्त, 1987 को जनरल जिया की एक विमान दुर्घटना में मृत्यु हो गई और 1988 में श्रीमती बेनजीर भुट्टो पाक की प्रधानमंत्री बनीं।

इस्लामाबाद में आयोजित सार्क के शिखर सम्मेलन में राजीव गाँधी एवं बेनजीर भुट्टो के मध्य सार्थक विचार–विमर्श हुआ जिसमें सामान्य सम्बन्धों को सुधारने पर बल दिया गया। वर्ष 1988 दिसम्बर से जून, 1989 तक भारत–पाक सम्बन्धों में उल्लेखनीय प्रगति हुई। 2 सितम्बर, 1989 को भारत में वी0पी0 सिंह प्रधानमंत्री बनें। उन्होंने भी सम्बन्धों को सामान्य बनाने पर बल दिया, किन्तु पाकिस्तान ने कश्मीर के प्रश्न पर वहाँ की जनता

को आत्मनिर्णय के संघर्ष को पूर्ण समर्थन देकर सम्बन्धों को तनावपूर्ण बना दिया। पाकिस्तान की विरोधी गतिविधियों ने सम्बन्धों में सुधार होने पर बिगाड़ करने का सिलसिला जारी रखा।

15 सितम्बर 1990 को पाकिस्तान के कार्यवाहक प्रधानमंत्री श्री जतोई ने कहा कि कश्मीर के आतंकवादियों को उनकी सहायता जारी रहेगी। 24 मई, 1992 को भारतीय राजनायिक का पाकिस्तान द्वारा निष्कासन के जबाब में दो पाकिस्तानी राजनायिकों का भारत द्वारा निष्कासन किया गया, 14 जून, 1992 को पाक प्रधानमंत्री नवाज शरीफ को भारत की प्रधानमंत्री पी0वी0 नरसिम्हा राव के मध्य बातचीत एवं सचिव स्तर की वार्ता के लिए रजामंदी हुई। 19 अगस्त, 1992 को सचिव स्तर की तीन दिवसीय वार्ता हुई जिसमें रासायनिक हथियारों एवं राजनयिक की आचार संहिता पर हस्ताक्षर हुए। इस प्रकार व्यापारिक दृष्टि से कुछ समझौते तो लागू रहे, किन्तु पाकिस्तान के अपने स्वार्थों ने कभी भी सम्बन्धों को सही रूप से सुधारने नहीं दिया।[46]

भारत–पाक सम्बन्धों को सामान्य बनाने के जो प्रयास किये जाते हैं, उन्हें पाक की नापाक गतिविधियाँ, राजनीतिक दबाव, कूटनीतिक इरादे, अमेरिका की चाल, चीन का सहयोग, कश्मीर का लगाव, शासकों की अस्थिरता तथा आर्थिक खोखलेपन के कारण उन्हें सही आयाम नहीं मिल पाता। इसी कारण पाकिस्तान को 'दूरस्थ पड़ोसी' भी कहा गया है।

पाकिस्तान के हुक्मरान अपने अस्तित्व की सुरक्षा के साथ राष्ट्र की सुरक्षा के लिए सौदेबाजी करने का सर्वोत्तम साधन भारत विरोधी अभियान को ही मानते हैं। एक ध्रुवीय व्यवस्था स्थापित हो जाने के साथ ही पाकिस्तान ने अपना पलड़ा भारी मान लिंया है क्योंकि आरम्भ में ही पाक के अमेरिकी पक्षधर होने के नाते और सोवियत संघ के पतन के साथ ही भारत की स्थिति नाजुक होने के कारण अपनी राजनयिक चाल को भुनाने के लिए प्रयत्नशील हैं। यही कारण है कि अमेरिका को कश्मीर एवं पंजाब में मानवाधिकार के हनन की बात याद आ गयी। आज कश्मीर में जो आतंकवादी गतिविधियाँ जारी है,

उनको विश्व स्तर पर पाकिस्तानी साज़िश के रूप में जाना जाता है। इसका खुलासा हज़रतबल काण्ड के समय हो गया था। इन सबके बावजूद स्वयं अमेरिका प्रतिनिधि सभा की रिपब्लिकन रिसर्च ने भी स्वीकार किया है कि कश्मीर में चर्चित पाकिस्तानी गुप्तचर संस्था आई.एस.आई. कार्यवाहियों को प्रोत्साहित कर रही है और इसके लिए उसने 'के–2' नामक एक विशेष गुप्त योजना भी तैयार की है। अमेरिका की यह अनदेखी आखिर किसलिए ?

पाकिस्तान के पास सात परमाणु बम होने का रहस्योद्‌घाटन वर्ष 1992 में ही हो गया था, जिसका एक बम हिरोशिमा जैसे शहर को नष्ट करने में सक्षम हैं आश्चर्य की बात तो यह है कि परमाणु अप्रसार सन्धि पर हस्ताक्षर के लिए बाध्य करने वाले अमेरिका तथा अन्य पश्चिमी राष्ट्रों की सहायता से ही पाकिस्तान को यह क्षमता प्राप्त हुई हैं। अमेरिका के वाणिज्य विभाग ने पाकिस्तान के लिए एजेण्ट का काम किया हैं यह बात उल्लेखनीय है, कि एक ओर अमेरिकी काँग्रेस पाकिस्तान द्वारा बम बनाने पर प्रतिबन्ध लगा रही थी, तो दूसरी ओर अमेरिकी वाणिज्य विभाग के सहयोग से पाकिस्तान लाखों डालर की कीमत से परमाणु बम तकनीकी खरीद रहा था।

जनरल याह्या खाँ से सत्ता पाकर और विभाजित पाकिस्तान को स्वीकार करके स्वर्गीय भुट्टो ने अपने देशवासियों व सशस्त्र नेताओं के टूट हुए मनोबल की जोड़ने के लिए यह घोषणा की थी कि वे पाकिस्तान को एशिया की सबसे बड़ी सैन्य शक्ति बनायेगें। सत्ता में आने के तुरन्त बाद ही भुट्टो अरब राष्ट्रों के दौरे पर गये जहाँ उन्होंने इस्लामी एकता व इस्लामी बम का नया सूत्र छोड़ा। इसमें कोई सन्देह नहीं कि भुट्टों ने अपने प्रयोसों से पाकिस्तान की सैन्य क्षमता को उच्चतर स्तर प्रदान किया और सन 1971 के युद्ध की हानि को पूरा कर दिया। भुट्टो के पतन के बाद पाक राष्ट्रपति जनरल जिया उल हक उसी इस्लामीकरण, इस्लामी बम और सैनिकीकरण की नीति पर चल रहे थे।

बांग्लादेश के पृथक हो जाने के बाद वास्तव में पाकिस्तान का रक्षा

उत्तरदायित्व भी उसी अनुपात में कम हो गया था और उसी अनुपात में उसकी सैनिक क्षमता व सैनिक बजट में कटौती भी होनी चाहिए थी। सन् 1972– 73 में पाक रक्षा बजट 40.55 करोड़ डालर के बराबर था जबकि 1980–81 में यह 140 करोड़ डालर हो गया। इससे स्पष्ट है कि पाक सरकार निरन्तर और विभिन्न स्रोतों से अपनी सैन्य–क्षमता विकसित करने में लगी है। यदि पाकिस्तान की सन् 1980 की सैन्य क्षमता पर दृष्टि डाली जाए तो यह स्पष्ट हो जायेगा कि गुण व मात्रा दोनों दृष्टि से पाक सेना की क्षमता में पर्याप्त वृद्धि हुई। उसकी कवचित सेना के स्वतंत्र ब्रिगेड गठित किये गये। तोपखाने में विमानभेदी ब्रिगेड तैयार किए गये। एस.ए. एस. स्क्वैड्रन के अलावा सैनिक उड्डयन स्क्वैड्रन भी गठित किये गये। इससे पाक सेना की प्रहारक क्षमता 1972 की तुलना में कई गुना बढ़ गयी। स्थल सेना के साथ–साथ पाक वायु सेना को भी अत्याधुनिक किस्म के विमानों एवं रडार व इलेक्ट्रानिक संचार प्रणाली से युक्त किया गया। प्राचीन किस्म के विमानों को हटाकर नये मिग– 19, एफ–6 और मिराज आदि विमानों की संख्या में पर्याप्त वृद्धि की गयी।

इसके साथ ही पाकिस्तान ने विमानों के निर्माण, मरम्मत तथा हेलीकाप्टरों के निर्माण की स्वदेश में ही सुविधायें प्राप्त करने में प्रगति की है। अटक जिले में स्थित काबरा में करोडों डालर की लागत से एक विमान निर्माण परियोजना प्रारम्भ की गयी, जिसमें स्वीडन के सहयोग से हल्के प्रकार के विमानों के निर्माण व संयोजन की व्यवस्था है। कैम्बलपुर में विमान व हेलीकाप्टर निर्माण के लिए दो बड़ी इकाईयाँ स्थापित करने की योजना लगभग पूरी हो चुकी है। पाकिस्तान की दूसरी विशाल विमान निर्माण यूनिट में मिराज विमानों के पुनर्निर्माण की व्यवस्था की गयी। इस यूनिट में मिराज–3 व मिराज–5 प्रकार के विमानों की मरम्मत की सुविधा है। एक अन्य विमान निर्माण इकाई से पुनर्निमित पहला एफ–6 जैट विमान नवम्बर, 1980 में पाक वायुसेना की सौंप दिया गया। इसके साथ ही रडार पुनः निर्माण के कारखाने की योजना भी विचारधीन थी।[47]

अफगानिस्तान में सोवियत सैनिक हस्तक्षेप ने पाकिस्तान को अपनी सैन्य क्षमता बढ़ाने का एक और अवसर प्रदान कर दिया। जनरल जिया ने सोवियत विस्तारवाद का भय दिखाकर अमेरिका से अत्याधुनिक सैनिक साज–सामान प्राप्त करने के लिए सौदबाजी की। उनकी न्यूनतम माँग 1.5 विलियन डालर मूल्य की सैनिक सहायता प्राप्त करने की थी। रीगन प्रशासन ने भी पाकिस्तान को पूर्णतः शस्त्र सुज्जित करने का और उसकी सैन्य–आवश्यकताओं को पूरा करने का निश्चय कर लिया था उधर चीन ने भी स्थिति का लाभ उठाकर पाकिस्तान को अपनी सैनिक सहायता में वृद्धि कर दी है। नाटो सन्धि के देश तथा कुछ अरब देश भी पाकिस्तान को तरह–तरह की सैनिक सहायता प्रदान कर रहे थे।[48]

भारतीय परमाणु विस्फोट :–भारत ने शान्तिपूर्ण उद्‌देश्यों के लिए अपना पहला भूमिगत परमाणु विस्फोट 18 मई 1974 को प्रातः 8 बजकर 5 मिनट पर राजस्थान के जोधपुर व जैसलमेर जिले के बीच पोखरण रेंज में किया और इस प्रकार भारत ने परमाुण ऊर्जा के क्षेत्र में पाँच बड़े राष्ट्रों का एकाधिकार समाप्त कर दिया।[49]

इस परीक्षण के दो लक्ष्य थे–एक यह देखने के लिए कि कितना गहरा क्रेटर बन सकता है। दूसरा यह कि किस हद तक पत्थरों को तोड़ा जा सकता है। इन दोनों ही लक्ष्यों की प्राप्ति में यह विस्फोट सफल रहा। इस वातावरण में रेडियो सक्रियता भी नहीं बढ़ी। विस्फोट के लगभग 200 मीटर की दूरी तक गई। रेडियो सक्रियता में वृद्धि नहीं पायी गई। विस्फोट के तुरन्त बाद जो पत्थर और रेत उड़ा उसका हेलीकाप्टर द्वारा 10–15 किलोमीटर तक पीछा किया गया लेकिन रेडियो सक्रियता सामान्य से अधिक नहीं पायी गई। अतः इस विशेष को स्वच्छ विस्फोट की संज्ञा दी गई। भारतीय ऊर्जा आयोग की घोषणा के अनुसार इस परीक्षण का उदद्‌ेश्य परमाणु हथियार बनाने का नहीं है। भारत ने शान्तिपूर्ण कार्यों के लिए परमाणु शक्ति के उपयोग ओर विशेषकर उत्खनन तथा मिट्‌टी उठाने के काम के लिए एक

कार्यक्रम के अंतर्गत यह भूमिगत परीक्षण किया है।

पाकिस्तान का प्रोज़ेक्ट 706

स्व0 श्री जुल्फिकार अली भुट्टो को पाकिस्तान परमाणु कार्यक्रम का जनक कहा जा सकता है। परमाणु ऊर्जा आयोग का कार्यभार उन्हें तब सौंपा गया था जबकि वे एक कनिष्ठ मंत्री थें। इस दिशा में वे काफी सक्रिय रहें। सन् 1950 में ही कुद पाकिस्तानी वैज्ञानिकों और इंजीनियरों को परमाणु शक्ति के शान्तिपूर्ण उपयोग से समबन्धित प्रशिक्षण के लिए अमेरिका भेजा गया। 1965 में पाकिस्तान ने कनाडा विशेषज्ञों की सहायता से अपना पहला परमाणु संयन्त्र तथा फ्रांसीसी विशेषज्ञों की सहायता से चश्मा में दूसरा स्थापित किया।[51]

भुट्टो ने फ़ासी की कला ठोकरी में पाकिस्तानी परमाणु कार्यक्रम की प्रगति से सम्बन्धित जानकारी देते हुए लिखा कि "जब 1958 में मैंने पाकिस्तान परमाणु ऊर्जा आयोग का कार्यभार संभाला तो वह केवल एक सरकारी कमरे के बाहर लगे बोर्ड के बराबर था। उस समय पाकिस्तान इस बारे में भारत से 20 वर्ष पीछे था। जिस समय मैं प्रधानमंत्री पद से हटा तो हम भारत से पाँच से छः वर्ष ही पीछे रह गये थे। जब मुझे इस कोठरी में फेंका गया तो हम पूर्ण परमाणु क्षमता प्राप्त ही करने वाले थे। इस परमाणु कार्यक्रम को अब जनरल जिया परवान चढ़ा रहे है।"

1965 में ही भुट्टो ने स्पष्ट कर दिया था कि "यदि भारत बम का निर्माण करता है, तो चाहे हमें घास खानी पड़ें या पत्तियाँ, हम अपना बम अवश्य प्राप्त करेगें। इसके अतिरिक्त हमार पास कोई विकल्प नहीं है" पाकिस्तान की यह झल्लाहट उस समय और भी बढ़ गयी जब कि 1971 में उस भारत के हाथों बुरी तरह पराजित होना पड़ा। इसी युद्ध के मुश्किल से तीन सप्ताह बाद ही जनवरी 1972 में उन्होंने मूर्धन्य पाकिस्तानी वैज्ञानिकों की एक गोपनीय बैठक मूलतान में की। इस बैठक में उन्होंने परमाणु बम तैयार करने के अपने कार्यक्रम

को स्पष्ट करते हुए कहा कि 'पाकिस्तान के पास ऐसा परमाणु हथियार हों कि भारत को उस पर हमला करने की कभी जुर्रत ही न हो। यहूदी, ईसाई और हिन्दू सब परमाणु बमों से लैंस हैं तो इस्लाम पीछे क्यों ? इसी बैठक में भुट्टों के प्रेस सचिव थे, और वही भी उस बैठक में भुट्टो ने पाकिस्तान को परमाणु बम से युक्त करने का निर्णय लिया (इसकी घोषणा श्री खालिदा हसन, जो कि कभी भुट्टों के प्रेस सचिव थे, और वह भी उस बैठक में शामिल थे। ने बी0बी0सी0 से प्रसारित एक टी0वी0 कार्यक्रम में की) लेकिन यह कार्य अकेले पाकिस्तान के बस का तो था नहीं अतः इस काम के लिए उन्होंने लीबिया, ईरान व अरब आदि देशों की सहायता ली। इस्लाम के नाम पर बनी इस बम योजना को गुप्त नाम दिया गया–प्रोजेक्ट 706।

पाकिस्तानी परमाण बम–योजना में शामिल होने के पीछे इन मुस्लिम राष्ट्रों के अपने–अपने स्वार्थ थे। वर्षो से इजरायल ने उनकी नाक में दम कर रखा था। ऐसा अनमान है कि इजरायल के पास काफी परमाणु हथियार भी है। लेकिन इसके बावजूद सके पड़ोसी इस्लामिक देश अपनी यहाँ परमाणु बम का विकास नहीं कर सकते क्यों कि इजरायल ने धमकी दी है कि पश्चिमी एशिया में कोई भी देश अगर परमाणु हथियार बनाने के लिए संयन्त्र लगायेगा, तो उस संयन्त्र को तहस–नहस कर दिया जायेगा। (ईराकी परमाणु प्रतिष्ठानों को नष्ट करके उसने अपनी इसी धमकी को सही सिद्ध करके दिखा दिया है)। अतः इस काम के लिए पाकिस्तान ही सर्वाधिक उपयुक्त था। इजरायल के बमबर्षक विमान वहाँ तक नहीं पहुँच सकते थे और फिर पाकिस्तान के पास जानकर वैज्ञानिक भी तो थे।

18 मई, 1974 को राजस्थान के पोखरन क्षेत्र में भारत ने अपना पहला परमाणु विस्फोट किया। भारत की इस सफलता पर विश्वव्यापी प्रतिक्रिया हुई। इससे चीन तो मौन रहा लेकिन पाकिस्तान की बौखलाहट बढ़ गई। पाकिस्तान के कर्णधारों ने प्रत्येक राष्ट्रीय मंच पर भारत के विरूद्ध अभियान छेड़ दिया। श्री भुट्टों ने पाकिस्तान की राष्ट्रीय असेम्बली में कहा '"हमें इस

बात की गारन्टी मिलनी चाहिए कि भारत अपनी परमाणु शक्ति को सैनिक उद्देश्यों के लिए प्रयोग नहीं करेगा। जब तक यह गारन्टी नहीं मिलती, भारत और पाकिस्तान के सम्बन्ध सामान्य नहीं करेंगे। जब तक यह गारन्टी नहीं मिलती, भारत और पाकिस्तान के सम्बन्ध सामान्य नहीं हो सकते। जिन पाँच राष्ट्रों के पास परमाणु क्षमता है, वे घोषणा करें कि वे पाकिस्तान के लिए परमाणु–छाते की व्यवस्था करेंगें। भारत हमें ब्लैकमेल करना चाहता है, मगर हम उसके आगे नहीं झुकेंगे। हम भूखे रहेंगे, मगर परमाणु बम जरूर बनायेंगे।''[52]

सन् 1975 में लीबिया से नकद 10 करोड़ डालर की सहायता एक विशेष विमान द्वारा पाकिस्तान भेजी गई। पैसा मिलते ही पाकिस्तान ने कनाडा से परमाणु रिऐक्टर खरीदा और फ्रांस से पुनः शोधन संयन्त्र खरीदने की बात चलायी। सारे यूरोप में बम बनाने का साज सामान खरीदने के लिए चौतरफा जाल फैलाया गया। हालाँकि पश्चिमी सरकारों ने परमाणु उपकरणों के निर्यात पर प्रतिबन्ध लगा रखा था, फिर भी पाकिस्तान ने इस्लामाबाद के पास काहुटा में परमाणु ऊर्जा–विकास, केन्द्र की स्थापना शुरू कर दी। यह जगह भारतीय सीमा से केवल पाँच मिनट की उड़ान–दूरी पर है और इसके चारों ओर फ्रांसीसी विमान भेदी मिसाइलें लगी है। इस भय से कि कहीं इजरायली विमान इस संयन्त्र को नष्ट न कर दें। पाकिस्तान ने इसे सागर तट से दूर लगाया है।

प्लूटोनियम रीप्रोसेसिंग प्लांट का सौदा करने के लिए भुट्टो अक्टूबर 1975 में पेरिस पहुँचे। जहाँ अमेरिकी विरोध के बावजूद राष्ट्रपति जिस्कार देस्ते ने 20 वर्ष तक अन्तर्राष्ट्रीय आणविक ऊर्जा प्राधिकरण की निगरानी में रखने की शर्त पर प्लांट देने के लिए अपनी स्वीकृति दी। उस समय भुट्टो का यह सोचना सही था कि यदि पाकिस्तान रीप्रोसेसिंग प्लाट खरीदने का प्रयास करेगा तो यह सोचा जायेगा कि इस्लामाबाद बम के लिए प्लूटोनियम प्रक्रिया को अपनाये हुए है। इसी बीच पाकिस्तान के एक प्रमुख भौतिकशास्त्री डा0 अब्दुल कादिर खाँ 'आल्मेलों' (यूरेन्को परमाणु भुट्टी) का काम खत्म

करके पाकिस्तान पहुँचे। यह 'आल्मेलों' संस्थान हॉलैण्ड में है, जो ब्रिटेन, हॉलैण्ड व पश्चिमी जर्मनी के लिए सेन्ट्रयूज पद्धति द्वारा यूरेनियम को समृद्ध करने के लिए नये–नये अनुसंधान करती हैं डा0 खान 1972 से यहाँ न केवल एक कार्यरत वैज्ञानिक रहे वरन् उनका 'आल्मेलों' सेन्ट्रीयूज के निर्माण में प्रत्यक्ष योगदान भी रहा है। अतः डा0 खान पाकिस्तान के लिए अत्यधिक महत्वपूर्ण साबित हुए।[53]

सन् 1977 के मध्य तक पाकिस्तान कुल मिलाकर एक करोड़ दस लाख डालर का सामान खरीद चुका था। सभी कम्पनियों ने तो बिना किसी संदेह के ये साज–सामान दे दिये, लेकिन ड्रसेल्डोफ्र नामक एक कम्पनी ने यू0एफ0–6 (यूरेनियम हैक्सीलोराइड) देने से इन्कार कर दिया। इस कम्पनी का संबंध सोवियत संघ की टेक्नोएक्सपोर्ट से है। खरीददारी का यह कार्यक्रम भुट्टो के शासन के अन्तिम दिनों में कुछ सुस्त पड़ गया, क्योंकि भुट्टो आंतरिक राजनीतिक संकट में उलझे हुए थे। लेकिन जिया ने सत्ता संभालते ही पुनः इस कार्य को तेज कर दिया। पाकिस्तान अपने लक्ष्य में निश्चित ही सफल हो जाता लेकिन ब्रिटेन के एक औद्योगिक विवाद ने पाकिस्तानी मंसूबे का रहस्योद्घाटन कर दिया। सितम्बर 1978 में इमर्सन व स्वीडन कम्पनी पाकिस्तान द्वारा दिये गये तीसरे खरीददारी के आर्डर पर काम कर रही थी। 1.25 लाख पौण्ड की कीमत के सौ एक्यूसेपेड ए0एस01604 एच0एफ0 इन्लर्स्टर व स्पेयर पार्टस के ये आर्डर थे और चार दिसम्बर से माल पाकिस्तान को जाने वाला था। लेकिन सितम्बर में इमर्सन कम्पनी में एक छोटा सा औद्योगिक विवाद उठ खड़ा हुआ। लेबर पार्टी के सांसद फ्रैंक को किसी ने यह बताया कि स्वीडन कम्पनी के इन्वर्र पर संकेत के रूप में "पाकिस्तान स्पेशल प्रोजेक्ट" लिखा हुआ है। फ्रैंक ने इस तथ्य की महत्ता को पहचान कर ब्रिटेन के तत्कालीन ऊर्जा मंत्री रोनी बैन को इसकी सूचना दी। बैन ने तुरन्त हस्तक्षेप करके इमर्सन की सप्लाई पर प्रतिबन्ध लगवा दिया लेकिन बियरगेट लि0 मई तक पाकिस्तान की यन्त्रों की सप्लाई करती रही। बैन द्वारा उठाये गये

कदम से पश्चिमी जर्मनी व अमेरिका की भी आँखें खुली तथा इन दोनों ने इस पाकिस्तानी मामले पर विशेष जासूसों को लगाया और मार्च 1979 में सी0आई0ए0 ने अमेरिकी सरकार को सूचित किया कि पाकिस्तान बम हेतु समृद्ध यूरेनियम के उत्पादन के लिए सेन्ट्रीयूज का निर्माण कर रहा है।[54]

पाकिस्तान ने इस्लामाबाद से कोई 25 किलोमीटर दूर काहुटा में जो यूरेनियम परिष्कृत करने का एक बहुत बड़ा संयन्त्र लगाया है। पता चला है कि वहाँ पाकिस्तान के भौतिक शास्त्री ने हॉलैण्ड के परमाणु–शक्ति–केन्द्र से जो कागजात प्राप्त किये थे, उनसे ही इस संयन्त्र का संचालन किया जा रहा हैं यूरेनियम को परिष्कृत करने का एक गैस संयन्त्र पश्चिमी जर्मनी ने पाकिस्तान को यहाँ उपलब्ध कराया हैं आधुनिकतम संयन्त्र आदि यहाँ के लिए तुर्की ने पाकिस्तान की ओर से खरीदें है। अब यह बात एकदम स्पष्ट हो चुकी है कि पाकिस्तान को परमाणु बम बनाने में चीन बड़े पैमाने पर सहायता देता रहा है। परमाणु बम के सिलसिले में चीन और पाकिस्तान की इस मिली भगत को बेनकाब किया अमेरिकी सिनेटर एलन क्रेन्स्टन ने अमेरिकी सीनेट में एक विस्तृत दस्तावेज प्रस्तुत करके उन्होंने आशंका व्यक्त की कि पाकिस्तान 1986 में अमेरिका से मिलने वाली शेष 3.2 अरब डालर की आर्थिक और शस्त्रास्त्र सहायता प्राप्त करने तक प्रतीक्षा कर रहा है, इसके बाद वह परमाणु विस्फोट कर देगा और बम बना लेगा। क्रेन्स्टन ने माँग की है कि पाकिस्तान को दी जाने वाली शेष आर्थिक और शस्त्रास्त्र सहायता तब तक के लिए रोक दी जाए, जब तक कि वह अपने सभी परमाणु संयन्त्र अन्तर्राष्ट्रीय निगरानी के लिए खोल नहीं देता। उन्होने रीगन से कहा कि वह इस सहायता की देने के पूर्व यह प्रमाण पत्र दें कि अमेरिका की पूर्ण विश्वसनीय जानकारी के अनुसार पाकिस्तान ने परमाणु हथियार बनाने की न तो क्षमता हासिल की है और न ही इसे प्राप्त करने का प्रयास कर रहा है।[55]

फरवरी 1984 में डॉ0 अब्दुल कादिर खाँ ने लाहौर के समाचार पत्र नवाई वक्त को दिए गये साक्षात्कार में यहाँ तक कह डाला कि यदि पाकिस्तान सरकार ने आदेश दिया तो हम परमाणु बम बनाकर पेश कर देंगे। उन्हीं के शब्दों में,

''पाकिस्तान ने कुछ ही वर्षो के दौरान यूरेनियम सम्बर्धित करने की टेक्नोलॉजी प्राप्त कर ली है, जबकि पश्चिमी देशों को इसे हासिल करने मे पूरे बीस वर्ष लगे थे। हमने इस क्षेत्र में भारत को भी बहुत पीछे छोड़ दिया हैं। हम हाइड्रोजन बम भी बना सकते है।'' उल्लेखनीय है कि संबंधित यूरेनियम का इस्तेमाल हाइड्रोजन बम का ट्रिगर दबाने में होता है। सिनेटर एलन क्रेन्स्टन ने 21 जून, 1984 को अमेरिकी सीनेट में प्रस्तुत दस्तावेज में कहा था कि पाकिस्तान ने इस्लामाबाद के निकट काहुटा में गोपनीय रूप से सेन्ट्रीयूज विधि से यूरेनियम समवर्धित करने का संयन्त्र लगा लिया है, जिसकी एक हजार इकाईयां कार्यरत हैं। ये इकाईयां शस्त्र ग्रेड का 16 किलो अत्यन्त संवर्धित यूरेनियम का उत्पादन करने की क्षमता रखती है। इस संयन्त्र की वर्तमान क्षमता हर वर्ष तीन परमाणु हथियार (वारहैड्स) बनाने की हैं। पाकिस्तान ने काहुटा संयन्त्र का विस्तार ही नहीं किया है वरन् वह मुल्तान के पास यूरेनियम सम्बर्धित करने का एक भूमिगत संयन्त्र भी बनाना चाहता है।

एलन क्रेन्स्टन के अनुसार पाकिस्तान का 'बाह्यग्रुप' एक अन्य दल के साथ मिलकर परमाणु हथियारों का डिजाइन बनाने के कार्य में सक्रिय हैं। यह समाचार गलत है कि 'बाह्यग्रुप' खत्म कर दिया गया हैं सच्चाई यह है कि इस दल का न केवल विस्तार हुआ है वरन् वह बम बनाने की डिजाइन के बारे में तेजी से प्रयास कर रहा है।

अमेरिका के सरकारी सूत्रों का तो यहाँ तक कहना है कि चीन व पाकिस्तान में दूसरे के लाभ के लिए परमाणु सहयोग भी चल रहा हैं। चीन 'सेन्ट्रीयूज' बनाने में उठ खड़ी हुई इन्जीनियरिंग समस्याओं को दूर करने में पाकिस्तान की सहायता कर रहा है, तो पाकिस्तान ने इसके बदले में चीन को वे डिजाइन सम्भवतः उपलबध करा दिये है जो डॉ0 अब्दुल कादिर खाँ ने हॉलैण्ड की यूरेन की कम्पनी की परमाणु भट्टी से चुराये थे पाकिस्तान ने पिछलें कुछ वर्षों में परमाणु जानकारियाँ चुराने के लिए जो सफल प्रयास किये हैं उससे वह परमाणु मामलों के बारे में अधिक जानकार

हुआ हैं और चीन उससे इसका लाभ उठा सकता हैं पर्यवेक्षकों का यह भी विचार है कि चीन ने अब तक जो 22 परमाणु परीक्षण किये है।, उनमें आधे से अधिक 'बम डिजाइन' परीक्षण थे और उनसे चीन के पास काफी परीक्षण आँकड़े एकत्र हो गये हैं। चीन के इन परीक्षणों से प्राप्त डिजाइन आँकड़ों के आधार पर पाकिस्तान खुला परीक्षण किये बिना भी परमाणु हथियार बना सकता हैं। सिनेटर क्रेन्स्टन की उक्त रिपोर्ट की शब्दशः पुष्टि रीगन प्रशासन के डिफेंस न्यूक्लीयर एजेन्सी के तत्वावधान में जार्ज टाउन यूनिवर्सिटी के सेन्टर फार स्ट्रेटेजिक एण्ड इन्टरनेशनल स्टडीज द्वारा तैयार रिपोर्ट से भी हुई? जिसमें 90 विशेषज्ञों ने भाग लिया। इस रिपोर्ट में यह भी बताया गया है कि पाक ने 6 सी–130 विमान भी परमाणु बम डिलीवरी के लिए ही अमेरिका से खरीदे।[56]

इस्लामाबाद से प्रकाशित अंग्रेजी दैनिक ''मुस्लिम'' में छपे पाकिस्तान के भूतपूर्व राजदूत सज्जाद हैदर के लेख ''ए न्यूक्लियर पाकिस्तान'' में जनरल जिया की नीति की सराहना करते हुए कहा गया कि तमाम दबावों के बावजूद उन्होनें परमाणु विकास के अपने कार्यक्रम को छोड़ा नहीं। पेट्रोल के भण्डार खत्म होते जा रहे हैं और यह बात खासकर पिछड़े हुए मुल्कों के लिए, जिसमें पाकिस्तान भी शामिल है, फिक्र की है।[57] अगर पाकिस्तान अगले कुछ वर्षों में अपनी ऊर्जा के बारे में आगे चलकर आत्मनिर्भर नहीं होता तो शायद उसके सामने वही मुश्किल आये तो 1976 में तब आयी थी जब कनाडा ने पाकिस्तान से अपना करार निभाने से इन्कार करके ईंधन देना रोक दिया था। इस लेख में अस्त्र प्रसार निषेध सन्धि पर भी बहस थी लेकिन अधिक आपत्ति इस बात पर थी कि हिन्दुस्तान के विस्फोट के बाद बड़ी शक्तियों ने उसको सही मायनों में एक परमाणु शक्ति मान लिया, लेकिन शेष को रोने की कोशिश जारी है और इसलिए बड़ी ताकतों ने उन मुल्कों की मदद भी बन्द कर दी, जिन्होंने अस्त्र विस्तार निरोध सन्धि को मान रखा था। इसी लेख में आगे कहा गया कि पाकिस्तान की सुरक्षा के लिए

यह तो जरूरी है कि सामाजिक कल्याण, विदेश नीति आदि के विभिन्न पहलुओं पर जोर दिया जाये। लेकिन उसके साथ ही यह अत्यंत आवश्यक है कि फौजी ताकत मजबूत हो और जो हमारे विरोधियों को फौजी इरादों से बाज रखे, क्योंकि पाकिस्तान एक छोटा मुल्क है तथा उसके बड़े पड़ोसियों की ताकत ज्यादा है, इसलिए पाकिस्तान के लिए जरूरी है कि वह परमाणु शक्ति को अपनाकर शक्ति संतुलन को कायम रखे।

अयुद्ध संधि प्रस्ताव

भारत–पाकिस्तान के मध्य इस सन्धि के तहत यह प्रस्ताव रखा गया था कि वे आपसी विवादों को मित्रतापूर्ण तरीके से हल करेंगे। विवादों का हल शान्तिपूर्ण तरीके से होना चाहिए और आपसी बातचीत के द्वारा। हथियारों का प्रयोग तो इस सन्धि के तहत एक दम वर्जित है।

24 सितम्बर, 1981 को भारत ने एक सात सूत्रीय रचनात्मक प्रस्ताव पाकिस्तान सरकार के पास विचारार्थ भेजा, जिसमें निम्नलिखित सिद्धान्त सम्मिलित किये गये थे–[56]

1. शिमला सन्धि की प्रतिबद्धता।
2. दोनों देशों के बीच तनाव रहित वातावरण पैदा करना, जिससे कि दोनों देश अपने आर्थिक विकास के दृढ़ संकल्प की ओर आगे बढ़ सकें और दोनो देशों के लोगों का जीवन स्तर सामान्य बनाया जा सकें
3. गुटनिरपेक्ष नीति का पालन करते हुये शक्ति एवं हथियारों के प्रयोग का परित्याग करना।
4. पंचशील सिद्धान्तों के आधार पर शान्तिपूर्ण सह–अस्तित्व।
5. आपसी मामलों का द्विपक्षीय वार्ता के माध्यम से समाधान।
6. दक्षिण–पूर्व एशियाई क्षेत्र में बड़ी शक्तियों के प्रभाव क्षेत्र को बढ़ाने में सहयोग न करना एवं अपने क्षेत्र में किसी विदेशी शक्ति को सैनिक उपस्थिति की सुविधा न प्रदान करना।

7. कश्मीर में नियन्त्रण रेखा को अन्तर्राष्ट्रीय सीमा का दर्जा दे दिया जाये।

भारत तथा पाकिस्तान की स्वतंत्रता का इतिहास जितना पुराना है, उससे कम पुराना दोनों देशों के मध्य युद्ध अयुद्ध सन्धि के प्रस्ताव का इतिहास भी नहीं है। भारत के प्रथम प्रधानमंत्री पं0 जवाहरलाल नेहरू ने सर्वप्रथम दिसम्बर 1949 में युद्ध वर्जन संन्धि का प्रस्ताव भारत में पाकिस्तान के उच्चायुक्त के माध्यम से किया। पं0 जवाहर लाल नेहरू ने पाकिस्तान के तत्कालीन प्रधानमंत्री को एक पत्र लिखकर यह आग्रह किया कि दोनों देशों को चाहिए कि वे इस आशय की, कि दोनों देश आपसी विवादों के समाधान शान्तिपूर्ण तरीके से करेंगे, यह दृढ़ घोषणा करें। सन् 1956 में एक बार फिर पं0 नेहरू ने युद्ध वर्जन सन्धि की अपील की। 1962 में पुनः पं0 नेहरू ने पाकिस्तानी राष्ट्रपति अयूब खाँ को एक पत्र लिखो कि दोनों देशों के लोगों के जीवन को सुधारने के लिए एवं उभय राष्ट्र की प्रगति एवं आधुनिकीकरण को एक दिशा प्रदान करने के हमारे दृढ़ संकल्प के लिए यह आवश्यक है कि दोनों राष्ट्र मित्रता एवं सहयोग का सूत्रपात करें।[59]

सन् 1964 में प्रधानमंत्री लालबहादुर शास्त्री ने तीन बार पाकिस्तान के राष्ट्रपति अयूब खाँ से युद्ध वर्जन सन्धि का प्रस्ताव रखा, परन्तु अयूब खाँ ने हर बार भारतीय प्रस्ताव की अनदेखी की। जून, 1969 में प्रधानमंत्री इन्दिरा गाँधी ने पाकिस्तानी के राष्ट्रपति श्री अयूब खाँ को एक पत्र लिखकर दोनों देशों के नागरिकों के बीच सम्पर्क के अभाव एवं व्यापारिक सांस्कृतिक और आर्थिक सम्बन्ध–विच्छेद होने पर विचार करने की और आपसी सम्बन्धों को सुधारने के उपायों का विचार के लिए संयुक्त आयोग के गठन पर विशेष वल दिया। उत्तर में याह्या खाँ ने एक संयुक्त आयोग के गठन को व्यर्थ बताते हुये कहा कि सभी विवादों के हल 'पंचाद' द्वारा निकाला जाना चाहिये, न कि द्विपक्षीय वार्ता द्वारा। इस प्रकार भारत के प्रत्येक प्रस्ताव को पाकिस्तान ने सदैव आशंका की दृष्टि से देखा और सदा ही इसका उसने राजनैतिक लाभ उठाने का प्रयास किया।

ठीक इसी उद्देश्य से पाकिस्तानी राष्ट्रपति स्व0 जनरल जिया उल हक ने भी 15 सितम्बर 81 को मौखिक रूप से तथा 22 नवम्बर 81 को लिखित रूप से भारत के साथ अनाक्रमण सन्धि की पेशकश की। इस पेशकश का राजनैतिक उद्देश्य यह था कि पाकिस्तान अमेरिकी जनमानस में फैली हुई यह आशंका थी कि वह अमेरिका द्वारा दी जाने वाली आर्थिक और सैनिक सहायता का उपयोग भारत के विरूद्ध कर सकता है, निराधार सिद्ध करना चाहता है ताकि अमेरिका द्वारा हथियारों की सप्लाई का विरोध न हो। पाकिस्तान के इस प्रस्ताव पर भारत की प्रतिक्रिया रचनात्मक ही रही और विदेश मंत्री नरसिम्हा राव ने संसद के समक्ष यह बयान दिया कि भारत अपने 1949 के युद्ध वर्जन संधि प्रस्ताव को जीवित मानता है और भारत पाकिस्तान के प्रस्ताव को मानने के लिए तैयार है, यदि पाकिस्तान 1949 के अयुद्ध सन्धि मसविदे एवं शिमला समझौते के सिद्धान्तों को पूर्ण रूप से स्वीकार करता है।[60]

पाकिस्तान सरकार ने अपने 12 जनवरी, 1982 के उत्तर में कई आपत्तियाँ प्रकट की और विदेश सचिव श्री आगा शाही ने कहा कि पाकिस्तान यदि अनाक्रमण सन्धि प्रस्ताव कार्य रूप में चाहता है, तो शिमला समझौते के सिद्धान्तों को पुनर्स्थापित करें। जनवरी के अन्तिम सप्ताह में विदेश सचिव आगा शाही सन्धि ने मसविदे पर बातचीत के लिए भारत की यात्रा की। इस अवसर पर भारतीय प्रधानमंत्री ने संयुक्त आयोग गठित करने का सुझाव प्रस्तुत किया। आगाशाही की इस यात्रा का कोई निश्चित परिणाम तो नहीं निकला, किन्तु इतना तो अवश्य कहा जा सकता है कि दोनों देश जेनेवा विवाद पैदा हुई गलतफहमियों को दूर करने में सफल हुये।

पाकिस्तान की ओर से भारत के साथ जिस अनाक्रमण संधि की पेशकश की गई है, उसके प्रमुख नायक पाकिस्तान की ओर से जनरल जिया– उल –हक तथा आगाशाही और भारत के मोरारजी देसाई, अटल बिहारी बाजपेयी और श्रीमती इन्दिरा गाँधी रही हैं। इस प्रस्ताव के ही

कारण भारत और पाकिस्तान की तरफ सम्पूर्ण विश्व की नजर है। कुछ सूत्रों का कहना है कि इस अयुद्ध सन्धि की जरूरत ही क्या है ? क्या इस तथ्य को भुलाया जा सकता है कि युद्ध न करने का समझौता तो 1972 में शिमला समझौता के अन्तर्गत ही हो चुका था।

शायद यह कहना समीचीन होगा कि जनरल जिया उल हक इस तथ्य से भली–भाँति परिचित होंगे कि :–

1. अयुद्ध सन्धि की बात भारत और पाकिस्तान के सम्बन्धों में कोई नई बात नहीं है।
2. इस प्रकार की सन्धि के लिए सम्यक मैत्रीपूर्ण वातावरण की आवश्यकता होती है।
3. एक ओर पाकिस्तान अमेरिका से एफ–16 जैसी आधुनिकीकृत विमानों का आयात कर रहा है तथा दूसरी ओर यह भी कह रहा है कि पाकिस्तान इन हथियारों का उपयोग भारत के विरूद्ध नहीं करेगा, किन्तु ऐतिहासिक वास्तविकतायें ठीक इसके विपरीत हैं।

भारत की तरफ से तीन बार पृथक–पृथक प्रधानमंत्रियों द्वारा अयुद्ध सन्धि की पेशकश शान्ति एवं मैत्री सन्धि के रूप में पाकिस्तान से की जा चुकी हैं, किन्तु पाकिस्तान ने कभी इसे उचित महत्व नहीं दिया।

सन् 1979 में जब अफगानिस्तान में सोवियत रूस से हस्तक्षेप किया था, उस समय एक स्वर्णिम अवसर था जबकि सामान्य खतरे के आधार पर दोनों देश एक दूसरे के करीब आ सकते थे। यदि वास्तव में ऐसा हो जाता है और चीन भी अपना सहयोग दे दे, तो एशिया में गैर महाशिक्त का हस्तक्षेप समाप्त हो जायेगा। इससे एक फायदा ओर भी होता कि दोनों देश विश्व के समक्ष एक क्षेत्रीय शक्ति के रूप में उभर कर सामने आ सकते थे, किन्तु हुआ कुछ उल्टा ही। पाकिस्तान अमेरिका की विश्व परक कूटनीति में शामिल हो गया और शीघ्र ही मिलियनों डालर के शस्त्रास्त्र समझौते को

अन्तिम रूप दे दिया।

दिसम्बर, 1981 को पाकिस्तान के विशेष दूत ए0के0 वारोही ने नई दिल्ली में इस बात की विशेष पुष्टि की, कि पाकिस्तान ने अपनी अधिकतर सेना भारतीय सीमा पर तैनात कर रखी हैं उन्होंने इस कार्यवाही को इस आधार पर उचित ठहराया कि अगर पाकिस्तान ऐसा नहीं करता है तो उसकी सरकार पर लापरवाही का आरोप लग जाता। डा0 अवरोही ने ही कहा कि पाकिस्तान ने यह कार्यवाही तब किया, जबकि भारतीय प्रधानमंत्री श्रीमती इन्दिरा गाँधी ने युद्ध की बात करनी शुरू की। भारत के रक्षा मंत्री श्री शिवराज पाटिल, ने उस समय लोकसभा में कहा था पाकिस्तानी सेना अफगानिस्तानी मोर्चे पर कम भारतीय सीमा पर अधिक है। दैनिक आज के एक समाचार पाकिस्तान द्वारा लगाई गई 17 डिविजन सेनाओं में से केवल 28 डिविजन सेनायें ही अफगानिस्तानी सीमा पर है, जबकि 15 डिविजन सेनायें भारतीय सीमाओं पर क्या कर रही थीं ? इस सब बातों से यह स्पष्ट होता है कि पाकिस्तान अपनी सैन्य शक्ति को बढ़ा रहा है और वह प्रचुर मात्रा में सैन्य संगठित होने पर वह अवश्य ही भारत पर हमला करेगा, जैसा कि उसने पिछले तीन युद्धों में किया था यहाँ एक बात और भी अधिक स्पष्ट है कि पाकिस्तान, अफगानिस्तान के रास्ते रूस आक्रमण कर ही नहीं सकता ओर उसके कथनानुसार उसे भारत पर आक्रमण करना ही नहीं है, तो वह फिर अपने आपको हथियारों से सुसज्जित क्यों कर रहा है?[62]

जनवरी 1980 में जब श्रीमती गाँधी पुनः सत्ता में आयी तो उनका विचार था कि दक्षिण एशिया को शीत युद्ध से बचाने के लिए पाकिस्तान का सहयोग आवश्यक है। अतः उन्होने इस उद्देश्य के लिए विदेश सचिव आ0 डी0 साठे को इस्लामाबाद भेजा। श्री साठे से पाकिस्तान में जो वार्ता हुई उससे पाकिस्तान इस बात के लिए सहमत हो गया कि यदि हमारा यह क्षेत्र दो महाशक्तियों रूस और अमेरिका का युद्ध अखाड़ा बन गया तो यह बात भारत एवं पाकिस्तान दोनों के हित में नहीं होगी। श्रीमती गाँधी ने पुनः

भूतपूर्व विदेश मंत्री सरदार स्वर्ण सिंह को अपने विशेष दूत के रूप में इस्लामाबाद भेजा। उन्होने भी भारत की स्थिति को काफी विस्तार के साथ पाकिस्तानी शासकों के समक्ष स्पष्ट किया। इसके बाद 18 मार्च 1980 को जिम्बाम्बे के स्वतंन्त्रता दिवस के अवसर पर सोलस्वरी में प्रधानमंत्री श्रीमती गांधी और जनरल जिया की भेंट हुई। दोनों नेता इस बात पर सहमत थे कि दोनों देशों के मध्य सम्बंधो को सामान्य बनाने की प्रक्रिया को तेजी से आगे बढ़ाया जाय। इसके बाद 15 जुलाई 1980 को आगाशाही भारत की राजकीय यात्रा पर आये। इस सम्बंध में यह बात उल्लेखनीय है कि श्री शाही के नई दिल्ली आने के 24 घण्टे पूर्व से ही पाकिस्तानी समाचार पत्रों में भारत के विरूद्ध प्रचार आरम्भ हो गया था। भारत ने बार–बार कहा कि वह पाकिस्तान के लिए किसी भी प्रकार का कोई खतरा नहीं है। अब हमारे समक्ष यह प्रश्न मुँहफाड़े खड़ा था कि पाकिस्तान आखिर क्यों अपने निकटतम पड़ोसी देश भारत के साथ अपने सम्बंध सुधारने का इच्छुक नहीं है? पाकिस्तान संसार भर से जहाँ से हथियार प्राप्त हो सकता है, प्राप्त करने की कोशिश में लगा हुआ है और साथ ही साथ वह यह भी कह रहा है कि उसे भारत से खतरा है। पाकिस्तान का तर्क है कि वह भारत के मुकाबले एक नन्हा सा देश है। मगर वह तो अपना जखीरा हटाने के स्थान पर बढ़ता ही चला जा रहा है। अमेरिका, चीन, ब्रिटेन सभी शक्तियाँ उसे हथियार दे रही हैं। इससे शस्त्र–संतुलन का पलड़ा भारत के विपरीत हो गया है।[63]

भारत को छः देशों से लगी 15,200 किलोमीटर स्थल तथा 6000 किलोमीटर समुद्री सीमा की रक्षा करनी है। भारत को तो 1954 में ही अपनी सुरक्षा के प्रति आंशका हो गई थी जबकि पाकिस्तान ने अमेरिका के साथ गठबंधन किया था। पाकिस्तान को अमेरिका से जो हथियार अभी हाल ही में प्राप्त हो रहे हैं, उसके बारे में अमेरिका स्थिति भारतीय राजदूत श्री आर0 के0 नारायण ने यह भण्डाफोड़ कर दिया था कि अमेरिका, चीन व ब्रिटेन का ये दावा व्यर्थ है कि उक्त हथियार पहाड़ी क्षेत्र पाकिस्तान को अलग

करने वाले अफगानिस्तान में रूसी घुसपैठ को रोकने के लिये दिये गये हैं। श्री नारायण का कहना है कि ये हथियार पंजाब के मैदानों में ही प्रस्तुत हो सकते हैं। कितने दुःख की बात है कि अभी भी पाकिस्तान के शासकों ने यह नहीं समझा कि विदेशी शक्तियों के चंगुल में आकर भारत से भिड़ने से न तो उन्हें अब तक कोई लाभ हुआ है और न ही कभी भविष्य में होगा। इन परिस्थितियों में भी भारतीय प्रधानमंत्री श्रीमती गांधी ने पुनः 9 अप्रैल 1982 को सांसद में यह घोषणा की कि उन्होने पाकिस्तानी कर्णधारों से बातचीत के लिये भारत के विदेश मंत्री को इस्लामाबाद भेजने का निश्चय किया है।

पाकिस्तान ने इस प्रस्ताव को स्वीकार कर लिया। अतः भारत के विदेश मंत्री पाकिस्तान गये। उन्होने पाकिस्तान जाकर भी वही बात कही कि भारत पाकिस्तान के साथ मैत्री के लिये सदा वचनबद्ध है। भारत सदा ही पाकिस्तान के विकास एवं कल्याण के लिये चिन्तनशील रहा है। अनेक मामलों पर दोनों देशों के दृष्टिकोण भिन्न होते हुये भी इस क्षेत्र की स्थिरता में भारत की सामान्य रूचि है। अतः पाकिस्तान को चाहिये कि वह भारतीय दृष्टिकोण को समझे और हमारे हितों का आदर करें।

भारत के विदेश मंत्री तो पाकिस्तान के कर्णधारों को भारत की सद्भावना का आश्वासन देने में लगे हुए थे और इधर पाकिस्तानी विदेश मंत्री आगाशाही और राष्ट्रपति जनरल जियाउल हक ने उनसे प्यार भरी बातें करके दोनों देशों की संयुक्त विज्ञप्ति में यह बात लिखा ली कि भारत और पाकिस्तान को अपनी प्रतिरक्षा के लिए हथियार प्राप्त करने का अधिकार है। उस समय हम पाकिस्तान की चाल को समझ सकें और पाकिस्तान ने इसका पूरा लाभ उठाया। आज जब हम पाकिस्तान द्वारा अमेरिका से हथियार मंगाने पर आपत्ति कर रहे हैं तो वह हमें हमारी संयुक्त विज्ञप्ति दिखाकर कहता है कि उसका यह अधिकार तो हम पहले ही स्वीकार चुके हैं। यह राजनैतिक भूल तो हमसे हो गई, परन्तु इसका मतलब यह तो नहीं कि हम भविष्य में आने वाले खतरों के प्रति हमेशा के लिए उपेक्षित दृष्टि अपनायें। इसी बीच नरसिम्हा राव

(भारतीय विदेश मंत्री) ने कहा कि भारत सरकार को पाकिस्तान सरकार की ओर से 'अयुद्ध संधि' की कोई लिखित पेशकश प्राप्त ही नहीं हुई है। पाकिस्तान ने भी इसे स्वीकार किया, किन्तु 11 नवम्बर 1981 को पाकिस्तान ने अपने नई दिल्ली स्थित दूतावास से एक वक्तव्य जारी किया कि "अयुद्ध संधि की पेशकश को मौखिक तौर पर ही प्रस्तुत किया गया है। इस संदर्भ में लिखित कुछ नहीं दिया है। "पाकिस्तान इरादे स्पष्ट है, क्योंकि ऐसा कुटनीतिक प्रक्रिया के अन्तर्गत चलता रहा है। पाकिस्तान का एक कथन और है कि "हमारे रचनात्मक विचार अयुद्ध संधि का भारत की तरफ से कोई उत्तर नहीं नही दिया गया है।[63]

शिमला समझौता और अयुद्ध संधिः–भारत एवं पाकिस्तान दोनों पक्षों की ओर से प्रायः शिमला समझौते का उल्लेख किया जाता रहा है। इस समझौते के अन्तर्गत यह स्पष्ट व्यवस्था है कि आपसी विवादों का हल शांतिपूर्ण ढंग से निकाला जायेगा। इस समझौते के अन्तर्गत द्विपक्षीय विवादों में किसी तीसरे दल की कोई गुन्जाइश ही नहीं है। इस समझौते के अन्तर्गत यह भी तय किया गया था कि कश्मीर के मामले को किसी तीसरे पक्ष के समक्ष नहीं किया जायेगा, किन्तु पाकिस्तान ने जाने कितने ही मंचों पर कश्मीर का प्रश्न उठा चुका है।

भारत सरकार को इस बात की आपत्ति है कि पाकिस्तान जिन बातों को बार–बार दोहरा रहा है और अयुद्ध सन्धि की पेशकश करता है, वे सब बातें शिमला समझौते के अन्तर्गत हैं। यदि शिमला समझौता जीवित है तो फिर आयुद्ध संधि की क्या आवश्यकता है? क्या पाकिस्तान के पास इस प्रश्न का कोई उत्तर है? जाहिर है कि पाकिस्तान शिमला समझौते को गहरा हुआ मानता है। और कभी इसका उल्लंघन कर सकता है। यदि वास्तव में ऐसा करता है तो हम निश्चित तौर पर कह सकते है कि पांकिस्तान शिमला अयुद्ध सन्धि में ठीक वही कार्य करना चाहता है, जैसा कि 1962 में चीन ने हिन्दी चीनी भाई–भाई के नारे की आड़ में किया था। एक तरफ तो पाकिस्तान न इस तरह के सन्देहास्पद इरादे रखता है और दुसरी तरफ पाकिस्तानी

कर्णधार आये दिन विश्व के समक्ष यह प्रकट करते है कि शिमला समझौता जीवित है और पाकिस्तान इस पर अमल करता है।[65]

परन्तु तथ्य यह है कि पाकिस्तानी राष्ट्रपति जिया उल हक की तरफ से यह घोषणा हुई कि पाकिस्तान कश्मीर की नियन्त्रण रेखा को मानने के लिए तैयार नहीं है क्यों कि इस समझौते अन्तर्गत यह स्पष्ट शब्दों में कहा गया है कि इस नियंत्रण रेखा को बदलने के लिये कभी भी शक्ति का प्रयाग या धमकी नहीं दी जायेगी। हमें यह बात को समझना होगा कि जनरल जिया आखिर क्यों शिमला समझौते की अवहेलना कर रहे हैं, जिसके अन्तर्गत भारत और पाकिस्तान के सम्बंधों को निर्धारित करने की पूरी रूप रेखा की व्यवस्था है? स्पष्ट है कि कश्मीर मसले पर पाकिस्तान कभी भी 1962 वाली चीनी कूटनीति का प्रयाग अयुद्ध संधि की आड़ में भारत पर कर सकता है।

पाकिस्तान ने कई बार शिमला समझौते का उल्लंघन किया है। अयुद्ध संधि की इस पेशकश से कहीं भारत इन तमाम लाभों से तो वंचित नहीं होगा, जो उसे शिमला समझौते के अन्तर्गत प्राप्त है? इस नई अयुद्ध संधि से शिमला समझौता पीछे रह जायेगा। साफ जाहिर है कि यह एक पेशकश नहीं मात्र एक प्रचार है। इसका एक अर्थ यह भी निकला है कि पाकिस्तान बार–बार अयुद्ध संधि की बात इसलिए दोहरा रहा है कि विश्व के अन्य राष्ट्र यही समझें कि पाकिस्तान भारत के साथ अयुद्ध संधि के लिये तरस रहा है, किन्तु वह भारत ही है जो इसका उचित उत्तर नहीं दे रहा है। पाकिस्तान यह भी उपेक्षा करता है कि इससे उन लोगों का मुँह बन्द हो जायेगा, जो अमेरिका द्वारा पाकिस्तान को शस्त्र आपूर्ति के विरूद्ध है। पाकिस्तान यह सिद्ध करने का हर सम्भव कोशिश कर रहा है कि उसका हथियार खरीदना जायज है, नाजायज नहीं है। अनाक्रमण संधि प्रस्ताव और शिमला समझौते में कोई विशेष अन्तर नहीं है। यदि आज पाकिस्तान शिमला समझौते पर विश्वास न करके उसे भूल रहा है तो इस बात की क्या गारण्टी है कि वह अयुद्ध संधि को भी मानेगा ही? इस विषय पर जनरल

जिया कुछ निराधार और बेकार बातें भी कह चुके है।

गत वर्षो में जितने आश्वासन और स्पष्टीकरण दिये गये हैं उससे जनरल जिया व पूर्ववर्ती पाकिस्तानी प्रतिनिधियों को संतोष नहीं हुआ। वे अब भी यह कहने की धृष्टता करते है। कि श्रीमती गांधी पाकिस्तान के अस्तित्व को ही नहीं तो वे स्वतन्त्र देश की तरह अलग नहीं करते हैं। जिया ने भारत पाकिस्तान को हानि पहुँचाना चाहते है। जैसा कि कथन से स्पष्ट है कि यह बात कितनी हास्यास्पद है। क्या भारत और रूस पाकिस्तान जैसे अदने राष्ट्र से इतने कमजोर है कि वे एक दूसरे की सहायता से पाकिस्तान को नुकसान पहुँचायेगें? जबकि सही बात तो ये है कि भारत और रूस अलग–अलग एक साथ, दो–दो पाकिस्तान के साथ मुकाबला करके उन्हे पराजित कर सकते हैं।

अपने राष्ट्रपति कार्यकाल के दौरान जनरल जिया ने लिखा था कि ''युद्ध न करने के समझौते का उतना मूल्य नहीं है, जितना कि उस कागज का जिस पर वह लिखा हुआ है''। जिया के इस कथन से स्पष्ट रूप से उनकी मक्कारी टपकती है। अतः उनकी पेशकश पर विश्वास करना उचित नहीं पनपना स्वाभाविक ही था। फिर भी यदि मान लिया जाये कि जनरल जिया उल हक की नीयत साफ है, तो इस बात की क्या गारण्टी थी कि वह पाकिस्तान की गद्धी पर बने रहते।

पाकिस्तान के साथ भारत की बातचीत का नवीनतम दौर के क्रम में अगस्त 1982 के अन्तिम सप्ताह में एस सचिव स्तरीय वार्ता सफलतापूर्वक समाप्त हो गया। भारत के विदेश सचिव एम0 के0 रसगोत्रा इस्लामाबाद में पाकिस्तान विदेश सचिव नियाज नायक के साथ बातचीत के बाद काफी खुश होकर लौटे। इससे भी ज्यादा महत्वपूर्ण थी कि पाक विदेश मंत्री नवाबजादा याकूब अली खाँ और खुद जनरल जिया से श्री रसगोत्रा की मुलाकात। श्री रसगोत्रा के प्रति जनरल जिया की गर्मजोशी और मैत्रीपूर्ण व्यवहार उन पर प्रभाव छोड़

गया कि जिया की भारत के साथ अच्छे सम्बन्ध बनाने की इच्छा है।[66]

शुरू में पाकिस्तानी अपने अयुद्ध संधि के मसौदे पर बातचीत के लिए ज्यादा जोर दे रहे थे, किन्तु श्री रसगमेत्रा के दबाव डालने पर वे बिना किसी परेशानी के संयुक्त आयोग, शांति मैत्री और सहयोग संधि के भारत प्रस्तावों पर भी साथ–साथ बातचीत के लिए सहमत हो गये। श्री रसगोत्रा ने कहा कि "हमें एक दूसरे की निष्कपटता को स्वीकार करना चाहिये तथा एक दूसरे के दृष्टिकोण को जांचना और उसके अनुकूल होना चाहिए" इसके अतिरिक्त दोनों पक्ष इस बात पर सहमत हो गये कि वे अपने प्रस्तावों को गोपनीय रखेंगे और अखबारों के जरिये किसी भी प्रकार का विवाद नहीं छेड़ेगें।

यह सब बताने का यह मतलब नहीं है कि हम लम्बी और अंधेरी सुरंग के दूसरे सिरे के पास पहुँच रहे है। कश्मीर मामले पर आधारभूत मतभेद अभी भी मौजूद है और विवाद की जड़ बने हुए है। पाकिस्तान सोचता है कि शांति, मैत्री और सहयोग की व्यापक संधि के भारतीय प्रस्ताव कुछ ज्यादा ही महत्वकांक्षी हैं। जबकि पाकिस्तान चाहता है कि दोनों देश एक बार में ही कदम आगे बढ़ने की कोशिश करें, जैसा कि पहले ताशकंद और बाद में शिमला समझौते में हुई थी। इस पर भारत की भी कोई आपत्ति नहीं है, पर साथ ही साथ वह यह भी चाहता है कि पहला कदम पाकिस्तान का अयुद्ध संधि हो भारत का प्रस्ताव बाद में आये।

भारत आयुद्ध संधि प्रस्ताव के विरूद्ध नहीं है, पर उसका विचार है कि सार रूप में अयुद्ध संधि एक नकारात्मक धारणा है इसलिए भारत चाहता है कि दोनों देश ज्यादे सकारात्मक कदम उठायें। भारतीय दृष्टिकोण से अयुद्ध संधि का मसौदा शिमला समझौते से भी पीछे की चीज है। पाकिस्तान द्वारा प्रतिपादित अयुद्ध संधि प्रस्ताव में दोनों देशों के मध्य कश्मीर जैसे विवाद के मसलों को हल करने के तरीकों या साधनों की व्यवस्था नहीं है बेशक पाकिस्तानी मसौदा शिमला समझौते से प्रतिबद्धता की पुष्टि करता

है, किन्तु इसे पर्याप्त नहीं माना गया। भारतीय नेताओं के विचार से दोनों देशों के बीच किसी भी सकारात्मक समझौते में कश्मीर तथा अन्य विवादों के लिए संयुक्त राष्ट्र संघ को माध्यम बनाने की बजाय आपसी बातचीत के माध्यम से ही हल निकालना चाहिये।

इसलिए भारत पाकिस्तान से बार–बार यह आग्रह कर रहा है कि वह भारत के शांति, मैत्री एंव सहयोग के संन्धि प्रस्ताव को स्वीकार कर लें। भारत के मसौदे मे कहा गया था कि दोनों देशों को चाहिये कि वे अपने बकाया विवादों को केवल आपसी बातचीत से ही हल करें। किन्तु पाकिस्तान इसको स्वीकार नहीं करता है जैसा कि कश्मीर के मामलों में दोनो देशों के मध्य मतभेदों से स्पष्ट हो जाता है पाकिस्तान मानता है कि शिमला समझौते में दोनों देशों ने शान्तिपूर्ण। तरीकों से आपसी बातचीत के द्वारा अपने मतभेदों को हल करने की बात मान ली थी, परन्तु पाकिस्तान का तर्क यह था कि इससे उसके हाथ तो नहीं बंध गये या मामला शिमला में अंतिम रूप से तय हो गया था।

शिमला समझौता के मसौदे में भारत ने प्रस्ताव रखा था कि दोनों देश अपने मतभेदों को शांतिपूर्ण तरीके से केवल आपसी बातचीत के द्वारा हल करेंगे, किन्तु पाकिस्तान ने विरोध किया और 'केवल' शब्द हटा दिया गया। आखिरकार दोनों पक्ष अपने मतभेदों को शान्तिपूर्ण तरीके से जिस पर दोनों देशों की सहमति हो, सुलझाने में सहमत हो गये। पाकिस्तान यह तर्क देता है कि "शिमला समझौते के प्रावधान के अनुसार यदि हम कश्मीर के मामले पर किसी स्वीकृत अंतिम समझौते पर पहुँचने में असफल रहे तो क्या होगा?" निश्चित रूप से इस गतिरोध को तोड़ने का कोई तरीका होने चाहिये। इस पर भारत उत्तर देता है कि "यदि हम मित्र हैं तो सभी मसलों को आपस में हल करना होगा। हम अपने मामलें में किसी तीसरे को हस्तक्षेप करने नहीं दे सकते"।[67]

अपने दावे के पक्ष में पाकिस्तान दो बातों कहता है कि यदि कोई

गतिरोध पैदा होता है तो उसके प्रस्ताव में आपसी मामलों का हल करने के लिए दूसरे शांतिपूर्ण तरीके खोजने की छूट है। एक तो यह कि शिमला समझौता जम्मू– कश्मीर में 17 दिसम्बर 1971 की युद्धबन्दी के समय की नियंत्रण रेखा मान लेते इस शर्त के साथ अनुबंधित करता है कि किसी भी पक्ष की पूर्ण मान्य स्थिति बरकरार बनी रह सकती है। ऐसी स्थिति में पाकिस्तान को संयुक्त राष्ट्र संघ में इस उप महाद्वीप में स्थाई शांति की अपनी बात कहने और शिमला समझौते के अनुरूप कश्मीर समस्या के अन्तिम समाधान की प्रतीक्षा से कैसे रोका जा सकता है।

एक चीज और है कि अनाक्रमक संधि का प्रस्ताव बिल्कुल ही नकारात्मक है। इसकी तुलना में श्रीमती गांधी की मैत्री संधि का प्रस्ताव दोनों देशों के रिश्तों को कहीं अधिक व्यापक आधार दे सकता है। मैत्री संधि दोनों देश की जनता के मध्य सक्रिय सहयोग की भूमिका बनायेगी और भारत–पाकिस्तान के सम्बंधों में सबसे महत्वपूर्ण भूमिका दोनों देशों की जनता को ही निभानी है। बात भले ही कड़वी लगे, किन्तु यह एक कटु सत्य है कि दोनो देशों की जनता के मध्य अविश्वास की एक गहरी खाई है। आवश्यकता है इस खाई को पाटने की। यह कार्य कैसे हो? इस प्रश्न का उत्तर भारत और पाकिस्तान दोनों को ही मिलकर खोजना है।

संदर्भ सूची

1 बी0एल0 फाड़िया, अन्तर्राष्ट्रीय संबंध, संस्करण 1990, पृ0 331

2 दीनानाथ वर्मा, अन्तर्राष्ट्रीय संबंध, संस्करण 1991, पृ0 433

3 बी0एन0 खन्ना, भारत की विदेश नीति, संस्करण 1998–99, पृ0 115–116

4 परमेश्वर पाण्डेय, भारत एवं आधुनिक विश्व, संस्करण 1998–99, पृ0 220–221

5 जया के0 बटेन–फ्रोम शिमला टू देलही : ए कैश स्टडी ऑफ सब सिस्टम डिपलोमेंसी इण्डियन जर्नल आफ पालिटिकल साइंस, अप्रैल–जून 1977 पृ0 218–20

6 अमृत बाजार, पत्रिका, 13 मार्च, 1972

7 टाइम्स ऑफ इण्डिया, 22 अप्रैल 1972

8 इण्डियन एक्प्रेस, 17 मार्च, 1972

9 पीटर, गील–हैलो टेलीग्राफ, लंदन के लिए, 7 अप्रैल 1972

10 द हिन्दुस्तान टाइम्स, 26 अप्रैल, 1972

11 स्टेटमेण्ट, 13 अप्रैल, 1972

12 नवभारत टाइम्स, 26 अप्रैल, 1972

13 दया प्रकाश रस्तोगी, भारत एवं आधुनिक विश्व, पृ0 88

14 स्टेटमेण्ट, 3 मई 1972

15 इण्डियन एक्प्रेस, 1 मई 1972

16 गोपाल कृष्ण शर्मा, भारतीय विदेश नीति की बदलती अवधारणायें, 1974, पृ0 128

17 द हिन्दू, 23 जून 1972

18 डॉ मथुरा लाल शर्मा, प्रमुख देशों की विदेश नीतियाँ, संस्करण 1983, पृ0 143

19 हिन्दुस्तान टाइम्स, 29 जून, 1972

20 महावीर सिंह त्यागी, अन्तर्राष्ट्रीय संबंध संस्करण 1983, पृ0 175

21 जगमोहन, कश्मीर समस्या एवं विश्लेषण, नई दिल्ली पृ0 459–460

22 दिनेश चन्द्र पाण्डेय, द्विध्रवीय में गुटनिरपेक्षता (2 खण्ड), 1978, पृ0182

23 वही

24 समझौते का मूल प्रारूप, भार्गव, जी0एस0 सक्सेस ऑफ सरेंडर, द शिमला सेमिनार, 1972

25 बी0एन0 खन्ना, भारत विदेश नीति, संस्करण 1998–99 पृ0 116

26 क्रानिकल, अप्रैल 1999

27 पी0डी0 शर्मा, अन्तर्राष्ट्रीय राजनीति, संस्करण 1988, पृ0 459

28 बलवन्त मनेजा, पालिटिक्स ऑफ ट्रैगिल, दि एलाइमेंट पेन्टर्स ऑफ साउथ एशिया रिसर्च, नई दिल्ली, 1973, पृ0 178

29 फारेन अफेयर्स रिकार्ड जुलाई 1972, पृ0 149

30 पी0डी0 शर्मा, अन्तर्राष्ट्रीय राजनीति, संस्करण 1988, पृ0 459

31 फारेन अफेयर्स रिकार्ड जुलाई 1972, पृ0 149

32 आर0जी0 साहनी, रियाज पाकिस्तान, संस्करण 1985, पृ0 93

33 परमेश्वर पाण्डेय, भारत की विदेश नीति, संस्करण 1992 पृ0 122

34 बी0एन0खन्ना, भारत विदेश नीति, संस्करण 1998–99 पृ0 117

35 परमेश्वर पाण्डेय, भारत की विदेश नीति, संस्करण 1992 पृ0 122

36 दया प्रकाश रस्तोगी, भारत एवं आधुनिक विश्व, पृ0 88

37 परमेश्वर पाण्डेय, भारत की विदेश नीति, संस्करण 1992 पृ0 122

38 बी0एन0खन्ना, भारत विदेश नीति, संस्करण 1998–99 पृ0 117

39 दीनानाथ वर्मा, अन्तर्राष्ट्रीय सम्बंध संस्करण 2000, पृ0 376–377

40 डी0डी0 खन्ना, रक्षार्थ (पीस रिसर्च सोसायटी) 1999 पृ0 29–30

41 दीनानाथ वर्मा, अन्तर्राष्ट्रीय सम्बंध संस्करण 2000, पृ0 377

42 परमेश्वर पाण्डेय, भारत की विदेश नीति, संस्करण 1992 पृ0 124

43 आर. विक्रम सिंह का लेख "लड़ाई सरहद पर जीती, राजनीति में हारी" अमर उजाला (दैनिक), 15 दिसम्बर 2007, पृ0 16

44 वही

45 डा0 सुरेन्द्र कुमार मिश्र, राष्ट्रीय रक्षा व सुरक्षा, नई दिल्ली 2005, पृ0 199

46 वही, पृ0 200

47 चौ0 नरेन्द्र सिंह, भारतीय उपमहाद्वीप में शीत युद्ध (बरेली), पृ0 159

48 वही–

49 डा0 परशुराम गुप्त, परमाणु निरस्त्रीकरण, (बरेली), पृ0 77

50 –वही–

51 डा0 परशुराम गुप्त, परमाणु निरस्त्रीकरण, (बरेली), पृ0 61

52 वही, पृ0 62

53 चौ0 नरेन्द्र सिंह, भारतीय उपमहाद्वीप में शीत युद्ध (बरेली), पृ0 63

54 वही, पृ0 65

55 वही, पृ0 66

56 वही, पृ0 67

57 दिनमान, 15 जनवरी 1983

58 कृष्णानन्द शुक्ल, अयुद्ध संधि प्रस्ताव, पृ0 1–2

59 रक्षा अध्ययन आलेख कोश, पृ0 109

60 वही, पृ0 110

61 क्रमांक 58, पृ0 5

62 धर्मयुग, जनवरी 1982

63 दैनिक जागरण, 16 जुलाई 1980

64 दी टाइम्स आफ इण्डिया, 12 नवम्बर 1981

65 रक्षा अध्ययन आलेख कोश, पृ0 117

66 कम्पटीशन सक्सेस रिव्यू, सितम्बर 1982

67 रक्षा अध्ययन आलेख कोश, पृ0 121

7

पोखरण द्वितीय परमाणु परीक्षण और उसके बाद

भारत ने अपने पहले भूमिगत परमाणु परीक्षण के 24 वर्ष बाद राजस्थान के पोखरन क्षेत्र में 11 मई 1998 को एक बार फिर सफलता पूर्वक तीन भूमिगत परमाणु परीक्षण करके देश को परमाणु क्षमता के क्षेत्र में एक और कदम आगे बढ़ा दिया। ये परीक्षण अपराहन् 3 बजकर 45 मिनट पर किये गये। रक्षा विशेषज्ञों के अनुसार इन परीक्षणों के बाद भारत परमाणु क्षमता के क्षेत्र में अमेरिका और रूस के बाद तीसरे नम्बर पर आ गया है।[1] केन्द्र में भारतीय जनता पार्टी की गठबंधन सरकार द्वारा मार्च, 1998 में सत्ता संभालने के बाद ऐसा एहसास नहीं हुआ कि सरकार परमाणु परीक्षण का जल्दबाजी में कोई फैसला करेगी। हालांकि भाजपा गठबंधन सरकार ने नेशनल एजेंडा मे परमाणु विकल्प का इस्तेमाल करने की बात कही गई गयी थी लेकिन सत्ता ग्रहण करते ही सरकार सबसे पहला फैसला यही लेगी ऐसा किसी ने नहीं सोचा था। 11 मई 1998 का यह दिन भारतीय इतिहास का एक नया अध्याय है। इस दिन भारत ने दुनिया के पाँच बड़ी परमाणु ताकतों के परमाणु एकाधिकार को तोड़ने की सनसनीखेज घोषणा की थी। सम्पूर्ण विश्व के राजनयिक व सामरिक हल्कों में 'भूकम्पीय' असर पैदा करने वाले भारत के इन परमाणु परीक्षणों की खबर ने सारे देश में सुखद आश्चर्य

पैदा किया तो कुछ देशों को छोड़कर बाकी दुनिया खासकर अमेरिका उसके सहयोगी देशों तथा औद्योगिक राष्ट्रों ने अचम्भे के साथ–साथ नाराजगी का इजहार किया। भारत द्वारा परमाणु परीक्षण की खबर से अमेरिका व उसके मित्र राष्ट्र सकते मे आ गए। आखिर इतनी गोपनीयता कैसे बरती जा सकी कि देश के लोगों को ही पता नहीं चला बाकी दुनिया भी अवाक् रह गई। यहाँ तक की अरबों डॉलर की इलेक्ट्रानिक उपग्रह खुफिया प्रणाली तैनात कर पृथ्वी के चप्पे–चप्पे की जानकारी रखने वाला अमेरिका भी यह पता नहीं लगा सका। स्वयं अमेरिकी राष्ट्रपति बिल क्लिटंन को इसकी जानकारी अमेरिका टेलीविजन सी0एन0एन0 से ही मिल सकी।

11 मई को प्रधानमंत्री अटल बिहारी वाजपेयी ने अपने अति संक्षिप्त बयान में यही कहा कि "भारत ने आज पौने चार बजे तीन परमाणु परीक्षण किए।" इन परीक्षणों के लिए परमाणु वैज्ञानिकों को बधाई देते हुए उन्होंने कहा कि इनसे किसी प्रकार की रेडियोधर्मिता नही फैली है। इसके अलावा उन्होंने इन परीक्षणों के बारे में केवल यही जानकारी दी कि एक परीक्षण कम क्षमता वाला (लो ईल्ड डिवाइस), एक विखंडनीय (फिशन) परीक्षण और तीसरा थर्मोन्यूक्लीयर (हाइड्रोजन बम) परीक्षण था[2] विश्व समुदाय भारत द्वारा 11 मई को किये गये तीन सफल परमाणु परीक्षणों के झटके से उबर भी नहीं पाया था कि भारत ने 13 मई 1998 को पोखरण में दो और परमाणु परीक्षण कर दिया। 13 मई को सम्पन्न परमाणु परीक्षण श्रृंखला कार्यक्रम के साथ ही भारत के पाँच परमाणु शक्ति सम्पन्न राष्ट्रों की योग्यता वाला छठा देश बन गया।[3] इन परीक्षणों के बाद संक्षिप्त सरकारी बयान में केवल यही कहा गया कि परीक्षण इसलिए किए गये है कि डिवीजन के बेहत्तर और उन्नत कम्प्यूटर सीमूलेशन (अनुकरण) और अपक्रांतिक या सबक्रिटकल परीक्षण करने के लिए क्षमता विकसित की जा सकें। रोचक और आश्चर्यजनक तथ्य है कि भारत ने भी 11 मई और 13 मई को पोखरण परमाणु परीक्षणों के बाद कम्प्यूटर अनुसरण के आधार पर अपक्रांतिक परमाणु परीक्षण की तकनीक

करने की बात दुनिया को बता दी और अब वह इस मामले में अमेरिका के समकक्ष होने का दावा कर सकता है। अमेरिका व अन्य परमाणु ताकतों के लिए चिंता की बात यही है। फिर भी प्रयोगशाला में इस परमाणु परीक्षण क्षमता के बावजूद भारत इसलिए सी०टी०बी०टी० पर दस्तखत नहीं कर रहा है कि इस संधि के लागू होने के बाद जिन देशों के पास पहले से परमाणु हथियार है उनका इन हथियारों पर तो एकाधिकार बना रहेगा। जबकि बाकी देश इन हथियारों को रखने का अधिकार नहीं हासिल कर सकेंगे। इसी आधार पर भारत अभी भी सी०टी०बी०टी० को भेदभावपूर्ण मानता है हालांकि सी०टी०बी०टी० के समर्थक कहते है कि यह संधि भेदभावपूर्ण नहीं है क्योंकि इस संधि के लागू होने के बाद दुनिया के सभी देशों परमाणु परीक्षणों पर प्रस्तावित प्रतिबंध समान रूप से लागू होगा। जहाँ तक परमाणु अप्रसार संधि का सवाल है ये तो भेदभावपूर्ण है इस संधि में उन पाँच देशों को ही परमाणु हथियार रखने का अधिकार दिया गया है जिन्होंने सन् 1968 तक ये हथियार हासिल कर लिये थे।

भारत द्वारा किये गये पाँच परमाणु परीक्षणों के सन्दर्भ में रक्षा अनुसंधान ने कहा, ''भारत द्वारा पोखरण में किए गए पाँच परमाणु परीक्षणों से भारत का परमाणु शस्त्रीकरण पूरा हो गया है। इन शस्त्रों के संचालन के लिए भारत के पास कमांड व नियंत्रण प्रणाली है, लेकिन अब इसे ठोस रूप देकर स्थापित करना होगा।[4] प्रधानमंत्री अटल बिहारी ने कहा कि परीक्षणों के बाद इस बात की पुष्टि हुई है कि वायुमण्डल में रेडियोधर्मिता के संकेत नहीं मिले हैं। उन्होंने बताया कि किये गये परीक्षण मई 1974 में किये गये प्रथम परीक्षण के समान ही थे। राष्ट्रपति के०आर० नारायणन ने एक संदेश में कहा कि राष्ट्रीय सुरक्षा के परिप्रेक्ष्य में यह एक महत्वपूर्ण घटना है। पोखरण में पाँच नाभिकीय उपकरणों के सफल परीक्षण से भारतीय विज्ञान ने एक और उपलब्धि हासिल कर ली है।[5] इन विस्मयकारी विस्फोटों के बाद जैसा कि तय था पूरी दुनियाँ में हंगामा मच गया सबसे पहले तीखी प्रतिक्रिया ब्रिटेन और अमेरिका की तरफ से आयी। ब्रिटेन ने इसकी कड़े शब्दों में न केवल आलोचना की बल्कि

उसने आनन–फानन मे यूरोपीय कम्यूनिटी की आपात बैठक बुलायी। इस बैठक में भारत के विरूद्ध संगठित कार्यवाही करने का फैसला किया गया। लेकिन सर्वप्रथम इस तरह की कार्यवाही की शुरूआत जर्मनी की तरफ से हुई है। जर्मनी ने किसी भी तरह की विकास मदद को रद्द करने का फैसला किया।[6]

परीक्षणों के प्रति चीन की प्रतिक्रिया उम्मीद के मुताबिक 'गम्भीर चिन्ता' तक ही सीमित थी। उसने परीक्षणों को अन्तर्राष्ट्रीय समुदाय के प्रति 'घोर घृष्टता' करार देते हुए उनकी 'कड़ी' निन्दा' की, बीजिंग में तैनात भारत के एक राजनयिक का कहना है कि चीनियों की नाराजगी राष्ट्रीय सुरक्षा को लेकर भारत के प्रयासों से कम, उसके तौर तरीकों से ज्यादा थी।[7] रूस ने अपेक्षा से ज्यादा कड़ी टिप्पणी की। रूस के राष्ट्रपति बोरिस येल्तिसिन ने कहा कि उनके मित्र देश भारत ने रूस को नीचा दिखाया है लेकिन राष्ट्रपति की इस कड़ी टिप्पणी के तुरन्द बाद रूसी विदेश मंत्री येवागिनी प्रीमाकोव ने साफ किया कि इस सबके बावजूद रूस नहीं चाहता कि भारत के विरुद्ध अन्तर्राष्ट्रीय आर्थिक प्रतिबन्ध लागू किये जाये।[8]

पाकिस्तान द्वारा जवाबी परीक्षण :–आलोचकों ने शान्तिपूर्ण परमाणु विस्फोट की उपयोगिता को चुनौती दी। पश्चिम आलोचकों ने यह आरोप लगाया कि क्योंकि शान्तिपूर्ण परमाणु विस्फोट तथा सैन्य परमाणु विस्फोट के बीच सीमा रेखा बहुत क्षीण है अर्थात इसमें अन्तर बहुत कम है इसलिए भारत का शान्तिपूर्ण परमाणु विस्फोट वास्तव में परमाणु प्रसार में वृद्धि है। जिसमे सैन्य तथा अशांति की प्रकृति की सम्भावनाएँ छिपी हुई है।[9]

उल्लेखनीय है कि 12 मई, सन 1998 को पाकिस्तान के विदेश मंत्री गौहर अयूब खान ने भारत पर इस उपमहाद्वीप को नाभिकीय हथियारों की होड़ में झोंक देने का आरोप लगाते हुए यह संकेत दिया था कि उनका देश भी परमाणु परीक्षण करने को तैयार है। गौहर अयूब खान ने भारत द्वारा तीन परमाणु परीक्षण किये जाने के एक दिन बाद इन्टरव्यू में ये बातें कही।

उन्होंने कहा ''हम भारत को जवाब देने के लिए तैयार हैं। हमारे पास इसकी क्षमता है। हम भारत के साथ हर क्षेत्र में सन्तुलन बनाये रखेंगे।''[10] उन्होंने कहा कि भारत ने परमाणु परीक्षण करके अन्तर्राष्ट्रीय समुदाय के मुंह पर तमाचा मारा है। उन्होंने कहा कि भारत ने पश्चिमी देशों और अमेरिका को बता दिया है कि वह उनकी परवाह नहीं करता। पाकिस्तान पर भी भारत जैसा ही विस्फोट करने के लिए देश के सभी राजनीतिक दलों की ओर से दबाव है। इन विस्फोटों पर पाकिस्तानी प्रधानमंत्री नवाज शरीफ ने कहा कि भारत के परमाणु परीक्षणों के बारे में उनकी प्रतिक्रिया विदेशी ताकतों द्वारा निर्देशित नहीं होगी। नवाज शरीफ ने कहा कि पाकिस्तान को ऐसा कोई भी कदम उठाने का अधिकार है जो उसकी सुरक्षा के लिए जरूरी है। शरीफ ने कहा कि भारत द्वारा किये गये, 11 मई को तीन परमाणु परीक्षणों पर पाकिस्तान को कोई आश्चर्य नहीं हुआ है। हमें भाजपा नेतृत्व वाली सरकार के इरादों की अच्छी तरह जानकारी थी। उन्होंने कहा ऐसे मामले में हम किसी से निर्देश नहीं लेंगे, मैं पूरे देश को आश्वासन देना चाहता हूँ कि हम पाकिस्तान की सुरक्षा जरूरतों को अच्छी तरह जानते है और अपने फैसले स्वयं कर सकते है। पाकिस्तान के परमाणु वैज्ञानिक डा० अब्दुल कादिर खान ने कहा कि हम हमेशा तैयार है और सरकार जो फैसला करेगी वही हम करेंगे। डा० खान ने भारत द्वारा किए गये विस्फोट के 15 दिन पूर्व घोषणा की थी कि पाकिस्तान परमाणु विस्फोट कर सकता है और उसे ऐसा करने के लिए सरकार की इजाजत चाहिए।[11]

भारतीय परमाणु विस्फोट पर पाकिस्तानी राष्ट्रपति मोहम्मद रफीक तरार ने प्रतिक्रिया व्यक्त करते हुये कहा, कि भारत द्वारा किये गये परमाणु परीक्षण से विश्व शान्ति को खतरा उत्पन्न हो गया है। उन्होंने कहा कि पाकिस्तान भारत को जवाब देने में सक्षम है मोहम्मद रफीक तरार ने कहा कि पाकिस्तान को उचित समय आने पर ही परमाणु परीक्षण करना चाहिए। उन्होंने यह भी कहा कि भारत ने तो जल्दबाजी में परमाणु परीक्षण किये हैं इस परमाणु परीक्षण से न केवल दक्षिण एशिया की शान्ति भंग हुई बल्कि

इसका असर विश्व शान्ति पर भी पड़ेगा।[12] राजस्थान के पोखरण क्षेत्र में 11 मई 1998 को किये गये परमाणु विस्फोटों को लेकर अन्तर्राष्ट्रीय स्तर पर हुई तीव्र प्रतिक्रिया और बड़ी ताकतों की पूर्ण प्रतिबन्धों की धमकियों को नजरअंदाज करते हुए भारत ने 13 मई 1998 को भी इसी क्षेत्र में दो और धमाके कर परमाणु परीक्षणों की मौजूद श्रृंखला पूरी कर ली। अपराहन् 12.22 पर किये गये इन विस्फोटों की शक्ति एक किलो टन से भी कम थी। परमाणु परीक्षणों की इस श्रृंखला को पूरी करने के बाद भारत अब विश्व की पाँचों बड़ी परमाणु ताकतों (अमेरिका, रूस, ब्रिटेन, फ्रांस व चीन) की बराबरी पर आ खड़ा हुआ है। भारत की इस महान उपलब्धि पर विशेषकर पाकिस्तान में भारी बौखलाहट का माहौल बना हुआ था। भारत द्वारा दूसरे चरण के नाभिकीय परीक्षणों की खबर पहुंचते ही पाकिस्तान की राजधानी के राजनीतिक गलियारे में अफरा–तफरी गच गई। प्रधानमंत्री नवाज शरीफ ने रक्षा समिति की आपात बैठक में भाग लेने के साथ–साथ अपने मंत्रियों, शीर्ष अधिकारियों और रक्षा सलाहकारों के साथ कई दौर की बातचीत की। इसमें सबसे महत्वपूर्ण वार्ता देश के परमाणु वैज्ञानिक डा० कादिर खान के साथ रही। तथा सेना के तीनों अंगों के प्रमुखों के साथ भी विस्तृत विचार–विमर्श किया। बैठकों की कवायद देर रात तक चली। इस बीच पाकिस्तान ने दो परमाणु विस्फोटों की निन्दा की और आशंका व्यक्त की कि एशिया घातक परमाणु अस्त्रों की होड़ की ओर बढ़ रहा है। पाकिस्तान के विदेश मंत्रालय के वक्ता नदीम कियानी ने कहा कि "उनका देश आज (15 मई 1998) के दो विस्फोटों की निंदा करता है और स्थिति पर गौर करता है। जैसे ही भारत द्वारा दो और परमाणु विस्फोट किये जाने की खबर पहुँची, विदेश मंत्री गौहर अयूब खान विदेश सचिव शमशाद अहमद के साथ शरीफ के आवास पर पहुँचे, जहाँ उनके अनेक केन्द्रीय मंत्री पहले से ही थे। शरीफ ने अपने मंत्रीमंडल सहयोगियों और उच्चाधिकारियों के साथ स्थिति पर समीक्षा की। 13 मई, सन् 1998 को भारतीय परमाणु विस्फोट के दिन ही नवाज शरीफ की अध्यक्षता में रक्षा समिति की बैठक बुलायी गयी। जिसमें आत्मरक्षा के मूल अधिकारों के तहत देश की सुरक्षा के लिए सभी

उपाय करने की वचनबद्धता दोहराई गयी। रक्षा समिति ने इन परीक्षणों को मनमाना और उत्तेजनात्मक बताया। समिति ने कहा कि भारत ने इस समय बहुत ही गैर–जिम्मेदाराना रवैये का परिचय दिया है और क्षेत्र में तनाव की स्थिति में वृद्धि करने के लिये जानबूझ कर ऐसी पहल की है।

एक सरकारी विज्ञप्ति के अनुसार समिति ने भारत पर अस्त्रों की होड़ को बढ़ावा देने का आरोप लगाया। अपनी रक्षा तैयारियों के गहन मूल्यांकन के बाद नवाज शरीफ ने कहा कि उनका देश किसी भी परिस्थिति का सफलतापूर्वक सामना करने में पूरी तरह सक्षम है। बैठक में सेना प्रमुख जहाँगीर करामात, रक्षा सचिव और सेनाओं के प्रमुखों ने भाग लिया।[13] उल्लेखनीय है कि भारतीय परमाणु विस्फोटों के उपरान्त अमेरिका के राष्ट्रपति क्लिंटन के समक्ष नवाज़ शरीफ ने स्पष्ट कर दिया था कि देश की संप्रभुता और सुरक्षा के लिए उपयुक्त उपाय करने के अलावा अब उसके पास कोई विकल्प नहीं है। शरीफ ने कहा कि भारत द्वारा किये जा रहे परीक्षणों से गम्भीर खतरे उत्पन्न हो गये हैं और विश्व समुदाय ने भारत को इन परीक्षणों से रोकने के लिए कुछ नहीं किया। पाकिस्तान के विदेश मंत्री ने कहा कि ऐसा लगता है कि भारतीय नेतृत्व मदांध हो गया है। भारत को पाँच परमाणु परीक्षण किए तो पाकिस्तान ने छः (6) परीक्षण करने की घोषणा की। और इसलिए नवाज शरीफ ने 28 मई को घोषणा की, कि पाकिस्तान ने भारत के साथ हिसाब बराबर कर लिया है और वह एक 'कायर देश' के नेता नहीं है। पाकिस्तान ने 30 मई को एक और परीक्षण करने की घोषणा की और अपनी जनता में यह मनोवैज्ञानिक अहसास पैदा करने की कोशिश की कि पाकिस्तान ने भारत से छह–पाँच की बढ़त हासिल कर ली है।

सर्वविदित है कि 28 मई 1998 को जब पाकिस्तान परमाणु परीक्षण करने वाला पहला 'इस्लामी' देश बना तब दुनिया भर में भय की लहर दौड़ गई। तेल बेचकर अमीर बने इस्लामी देशों ने 70 और 80 के दशकों के दौरान परमाणु हथियार बनाने में दिलचस्पी दिखाई थी लेकिन कुछ ज्यादा नहीं कर सके। लेकिन अब तक ऐसे गरीब देश ने उनकी शान बढ़ाई है जिसकी

औद्योगिक क्षमता नगण्य है। पाकिस्तान के परमाणु परीक्षणों के बाद इस्लामाबाद पहुंचने वाले पहले बड़े नेता ईरानी विदेश मंत्री कमाल खराजी ने घोषणा की "पाकिस्तान के परमाणु बम बनाने पर दुनियाँ भर के मुसलमान खुश है।" बधाईयां कट्टरपथियों ने भी दी, इजराइल अधिकृत पश्चिमी तट के हमास नेता शेख अहमद मासीन और जार्डन ने इस्लामी विपक्ष ने भी जार्डन में कहा गया कि "इस्लामी विस्फोट" से जुल्म और तानाशाही खत्म होगी। लेकिन परीक्षण खत्म होने के बाद पाकिस्तान ने पैंतरा बदलते हुये इस बात का खण्डन किया कि उसकी परमाणु क्षमता बिकाऊ है। हैरानी की बात यह है कि तेल अबीब विश्वविद्यालय के जफी सेन्टर ऑफ स्ट्रेटेजिक स्टडीज के उपनिदेशक इफ्रेम कैस सरीखे इजराइली विश्लेषक स्वीकार करते है कि 28 मई को हुआ परीक्षण "इस्लामी बम नहीं बल्कि पाकिस्तानी बम था" लेकिन इजराइल के बार इलन विश्वविद्यालय के बेसा इंस्टीटयूट ऑफ स्ट्रेटजिक स्टडीज के विशेषज्ञ बैरी रूबिन जैसे जानकारों को इस बात की चिंता है कि पाकिस्तान और भारत के परमाणु विस्फोटों से कट्टरपंथी ईरान के हौसले बुलंद हो सकते हैं। बहरहाल, यह विचार खास आकर्षक है कि परमाणु हथियार समूचे उम्मा को साझा तौर पर सुरक्षा प्रदान कर सकते हैं सबसे पहले जुल्फिकार अली भुट्टों ने इस्लामी चाहत का नाम देकर मदद जुटाने के वास्ते अरब देशों के दौरे पर निकले थे, और पाकिस्तान को सऊदी अरब और खाड़ी के अमीर देशों से करोड़ों डालर की मदद भी मिली थी।[14]

उल्लेखनीय है कि वाशिंगटन 11 अप्रैल सन् 2000 को अमेरिका की डिफेंस टेक्नोलॉजी सिक्यूरिटी एडमिनिस्ट्रेशन के पूर्व प्रमुख ने कहा कि हो सकता है कि पाकिस्तान अपने लिए या फिर औरों के लिए रेडिएशन बम बना रहा है अमेरिकी अखबार वाशिंगटन टाइम्स में एक रिपोर्ट में स्टीफन डी० ब्रयान ने लिखा, कि उजबेकिस्तान के अधिकारियों द्वारा पाकिस्तान जा रहे एक ट्रक से पकड़े गए सीसे के 10 कन्टेनरों में पाए गए रेडियाधर्मी पदार्थ इस बात का साबूत है कि पाकिस्तानी इस तरह की गतिविधियों में संलिप्त

है उन्होनें अपने लेख में कहा कि पाकिस्तान तो पहले से परमाणु शक्ति सम्पन्न देश है इसलिए उसे रेडियोधर्मी सामग्री की कोई जरूरत नहीं है। ऐसे में उसकी इन गतिविधियों से यही लगता है कि या तो वह अपने लिए रेडिएशन बम बना रहा या दूसरों के लिए[15] गौरतलब है कि उजबेकिस्तान के अधिकारियों ने गत 30 मार्च 2000 को कजाकिस्तान से सटी अपनी सीमा से पाकिस्तान जा रहे एक ट्रक में से भारी मात्रा में रेडियोधर्मी सामग्री जब्त की थी श्री ब्रायन ने बताया है कि पाकिस्तान जिन देशों के लिए रेडिएशन बम बना रहा है उनमें ईरान शामिल हो सकता है क्योंकि जब्त की गई सामग्री या तो कोबाल्ट–60, सिजीयम– 137, या फिर स्ट्रोंशियम– 90 हो सकती है ये सभी रेडियेशन बम बनाने के लिए आवश्यक प्रमुख तत्व है इन बमों का कोई भी आतंकी आसानी से प्रयोग कर सकता है और इसके परिणाम अत्यन्त विनाशकारी होता है उन्होनें कहा कि रेडिएशन बम भी एक ऐसा खतरनाक हथियार है जिसे किसी भी देश कि खिलाफ प्रयोग किया जा सकता है।[16]

चीन के सहयोग से चश्मा में स्थापित होने वाले एक अन्य परमाणु संयंत्र के 1998 के अंत तक चालू हो जाने की उम्मीद जतायी गयी थी। इसकी क्षमता 300 मेगावट होगी। यह हल्के पानी वाल रिएक्टर होगा और इसमें अल्पवर्द्धित यूरेनियम का इस्तेमाल होगा। यह अंतर्राष्ट्रीय आणविक ऊर्जा एजेंसी के मापदंड के अनुरूप काम करेगा। 'डान' के अनुसार पाकिस्तान इस संयत्र के लिए कुछ हिस्से स्थानीय रूप से बना रहा है। इससे इस क्षेत्र में भी उसका अनुभव बढेगा। निलोर स्थित पाकिस्तान परमाणु विज्ञान एवं प्रौद्यौगिकी संस्थान में भी तीन मैगावाट क्षमता का एक अनुसंधान रिएक्टर (पार्ट–1) स्थापित किया गया है।[17] उसका पार्ट–2 भी उसी परिसर में कार्यरत है और उसका अंतर्राष्ट्रीय स्तर का कोई भी विशेषज्ञ निरीक्षण कर सकता है। पाकिस्तान ने देश में परमाणु ऊर्जा के उत्पादन की 20 वर्षीय योजना बनाई थी, परन्तु अतर्राष्ट्रीय दबाव में उस पर अमल नहीं किया जा सका। इस बीच अमेरिका चीन द्वारा पाकिस्तान को परमाणु हस्तांतरण के मामले पर चिंतित है, परन्तु

इस मुद्दे पर कोई कदम उठाने पर एकमत नहीं है। वाणिज्य मंत्री रोन ब्राउन ने संवाददाताओं को बताया, कि इस मुद्दे पर कार्यवाही के बारे में अमेरिका विचार कर रहा है, जबकि विदेश राज्यमंत्री विंस्टन लार्ड ने 'यू0एन0ए0 टुडे' पत्रिका में छपे लेख में यह मत प्रकट किया है, कि इस मुद्दे पर कदम उठाने में अमेरिका क्यों हिचकिचा रहा है। लार्ड का कहना है, कि अमेरिका चाहे जो भी नीति अपनाए, परन्तु अगली सदी में चीन ही क्षेत्रीय अंतर्राष्ट्रीय बड़ी शक्ति के रूप में उभरेगा। पाकिस्तान की परमाणु परियोजना अन्तर्राष्ट्रीय नियमों एवं सिद्धान्तों को धता बता कर अबाध गति के साथ बढ़ रही है। अमेरिका अपनी रणनीति एवं चीन की कूटनीति को देखते हुए पाकिस्तान पर दबाव देने से घबराता हैं इस स्थिति में बुरी तरह अमेरिकी प्रशासन स्वयं फँस गया है, यदि विरोध नहीं करता तो अगामी राष्ट्रपति के चुनाव में परिणाम घातक होगा और यदि दबाव देता है, तो चीन के प्रति पाकिस्तान की दोस्ती और अधिक गहरी हो सकती है। वह अमेरिका के लिए और घातक होगी। पाकिस्तान के परमाणु बम ने इस उपमहाद्वीप को ही नहीं, अपितु अमेरिका को भी संकट के घेरे में खड़कर दिया है।[18]

भारत एवं पाकिस्तान के सम्बन्धों में एक तनाव का प्रमुख कारण पाक का परमाणु बम या इस्लामिक बम भी है। पाकिस्तान ने अपनी परमाणु क्षमता में अप्रत्यषित वृद्धि की है। अभी हाल में चीन से प्राप्त 5000 चुम्बकीय रिंग्स का प्रयोग परमाणु हथियार बनाने के काम में आने वाले यूरेनियम को सवंर्द्धित करने में करेगा, जबकि पाकिस्तान यह कह रहा है, कि उसने अपने परमाणु कार्यक्रम को रोक रखा है। इस प्रकार की पाकिस्तान की कथनी व करनी का अन्तर भारत सतत् सतर्क रहने की चेतावनी देता रहा है। आखिर पाकिस्तान को इन चुम्बकीय छल्लों की क्या आवश्यकता थी? इससे यह स्पष्ट अनुमान लगता है, कि पाकिस्तान के काहुटा के अलावा वहां दूसरा यूरेनियम संवर्द्धन गोलरा स्थान पर भी है। जो इस्लामाबाद के अत्यन्त निकट है जहाँ परमाणु हथियार बनाने के लिए उपयुक्त यूरेनियम का उत्पादन होता है। काहुटा

संयत्र आवश्यक कुछ उपकरणों की कमी के कारण कम क्षमता से कार्य कर रहा था, अब दिन–रात तेजी से कार्य कर रहा है वहां उपयुक्त यूरेनियम उत्पादन शुरू है। एक सूचना के अनुसार पाकिस्तान चीन से एक टेस्ट किया हुआ यूरेनियम बम भी प्राप्त कर लिया है। पाक परमाणु कार्यक्रम में 1980 से अब तक बराबर चीन का सहयोग मिला है, इसी के तहत खुशाब में एक गुप्त प्लेटोनियम निर्माण रिएक्टर भी तैयार है[19] इस प्रकार पाक परमाणु बम परियोजना एवं क्रियान्वयन ने भी दोनों देशों के सम्बन्धों को निरन्तर तनावपूर्ण बनाये रखा है। पाकिस्तान का स्पष्ट कहना है, कि नाभिकीय हथियार घातक है, परन्तु जहां तक पाकिस्तान का प्रश्न है, हम नहीं सोचते, कि इस तरह के दबाव हम पर लागू होते है जैसा भारत करेगा वैसा हम करेंगे जैसी बातें करके पाक अन्तर्राष्ट्रीय नियमों को ताक पर रखकर निरन्तर तनाव बढ़ाने की प्रक्रिया में प्रयत्नरत रहता है।

लाहौर घोषणा:– आखिर वह समय आ ही गया, जब भारत एवं पाकिस्तान के शासकों ने अतीत की भूल को समझते हुए इस महाद्वीप को एक नया स्वरूप प्रदान करने के लिए नये कदम उठाये। यह संकेत 20 फरवरी, 1999 की दिल्ली–लाहौर बस यात्रा से मिला और वह भी एक ऐसे तनावपूर्ण परिवेश में मिला जब भारत व पाकिस्तान एक–दूसरे को पछाड़ने की होड़ में लगे हुए थे। परमाणु परीक्षणों के पश्चात् दोनों देशों में सैन्य शक्ति को सुदृढ़ बनाने की होड़ सी लगी हुई थी। अमेरिका सहित पश्चिमी राष्ट्रों ने परमाणु हथियारों को होड़ लगाने के लिए तथा दक्षिण एशिया में शान्ति–व्यवस्था को भंग करने के लिए भारत–पाक को दोषी ठहराते हुए कड़े आर्थिक प्रतिबन्ध लगा दिया और अपनी कुट चालों से इन देशों का शिकार करने को वृहद योजना बना डाली। परमाणु परीक्षणों को लेकर अमेरिका ने असंयत भाषा का प्रयोग करना ही प्रारम्भ नहीं किया बल्कि दोनों देशों को आर्थिक घेरे में घेरकर घसीटने के भी हर हथकंडे अपनाने आरम्भ कर दिया। आखिर बन्दरबांट से बचने के लिए भारतीय प्रधानमंत्री श्री अटल बिहारी वाजपेयी ने दिल्ली व लाहौर की बढ़ती कड़वाहट

को कम करने के लिए साहसिक, सराहनीय एवं सामायिक कदम उठाकर स्वर्णिम इतिहास लिखने की व्यवस्था कर दी।

अपनों को मिलाने वाली ''बस'' भले ही बेबसी में चली हो, किन्तु पाकिस्तानी प्रधानमंत्री नवाज शरीफ ने जिस तरह स्वयं सरहद पर फाटक खोलकर भारतीय प्रधानमंत्री अटल बिहारी वाजपेयी का गर्मजोशी से स्वागत किया, वह इस बात का स्पष्ट प्रमाण है, कि उनके दिलों में भी दोस्ती की लहरें हिलोरे लेती दिखायी दे रही थी।[20]

शीतयुद्व अथवा परोक्ष युद्व के हिमखण्ड पिघलते हुए देखे गये, किन्तु दोनों देशों के बीच विगत 51 वर्षो से जमी विरोधी विचारधारा की नदी का प्रवाह एकदम से नहीं मोड़ा जा सकता है। यह प्रयास एक समुचित दिशा अवश्य दे सकते है। कट्टरपंथी एवं विरोधी ताकतों के मन्सूबों में भारत–पाक रिश्तों की मजबूती पानी फेर रही है। अतः उनकों यह जल्दी पच नहीं रहा है इसी कारण अपनी उग्रवादी गतिविधियों को भी जारी रखे हुए है किन्तु अवाम की दिली ख्वाइश के सामने इनका जोर नहीं चलेगा। वाजपेयी एवं शरीफ की वार्ता को कूटनीतिक दृष्टि से नहीं अपितु आर्थिक व ऐतिहासिक दृष्टि से देखने की आवश्यकता है। इस बात से कोई इंकार नहीं कर सकता कि दोनों देशों की सांस्कृतिक, ऐतिहासिक, सामाजिक एवं भाषायी पृष्ठभूमि एक है। निस्संदेह दिल्ली–लाहौर बस सेवा का समाचार सुखद, सराहनीय एवं शुभ संकेत का सूचक है। यह सदी का अन्तिम सर्वोच्च उपहार है जिसे संजोये रखने की जरूरत है। यह एक मित्रता का प्रतीक है, जिसकी शुरूआत की जा चुकी है और भारत व पाकिस्तान राष्ट्रीय तथा अन्तर्राष्ट्रीय स्तर पर एक–दूसरे से अधिक लाभ प्राप्त कर सकेंगे। प्रधानमंत्री वाजपेयी का यह कथन कि'' राष्ट्रों का इतिहास बदलता है किन्तु भूगोल नहीं बदलता। हाँ मित्र एवं शत्रु बदले जा सकते है किन्तु पड़ोसी नहीं बदले जा सकते। दोनों देशों ने अर्द्धशती से अधिक समय आपसी दुश्मनी में गुजारा है, किन्तु अब आपसी भाईचारे के साथ मिलकर दोनों राष्ट्र अपनी अवाम को एक नया अहसास देंगे, ऐसा मेरा विश्वास है।''

भारत–पाक मैत्री के लिए जो संवाद प्रक्रिया शुरू हुई है। उससे तनाव की बढ़ती खाई की दूरी को कम ही नहीं किया जा सकेगा बल्कि समय के साथ इसको भर दिया जायेगा। व्यापार के क्षेत्र में निश्चित रूप से नयी सम्भावनायें भी बढ़ेंगी। पाकिस्तान की अर्थव्यवस्था परमाणु परीक्षण के पश्चात् दयनीय दशा की ओर बढ़ती जा रही है अतः इस पर अंकुश लगाने के लिए दोनों देशों का हित दोस्ती से भी सम्भव है। शायद अमेरिका ने भी यह देख लिया है कि भारत और पाकिस्तान के विशाल बाजार का लाभ उठाना है तो भारत और पाकिस्तान के बीच के रिश्तों में तनाव दूर करना होगा। दोनों देशों के प्रधानमन्त्रियों ने भी वक्त की नज़ाकत को पहचाना और दोस्ती के हाथ बढ़ाये। अटल बिहारी वाजपेयी ने पाक यात्रा के दौरान लाहौर में स्पष्ट शब्दों में कहा कि दक्षेस देशों के साथ मैत्रीपूर्ण सम्बन्धों का विकास जरूरी है। ढाका से कलकत्ता की बस यात्रा शुरू होनी आवश्यक है और श्रीलंका से हमारे सम्बन्ध मजबूत हुए हैं। पड़ोसी देशों के साथ दोस्ती जरूरी भी है और मजबूरी भी है।

लाहौर घोषणा पत्र[21] दुनिया के दो नये परमाणु सम्पन्न राष्ट्र भारत व पाकिस्तान ने ऐतिहासिक लाहौर घोषणा पत्र पर हस्ताक्षर कर दक्षिण एशियाई देशों के इतिहास के नये अध्याय का आरम्भ कर दिया। इस ऐतिहासिक घोषणा के तहत दोनों देशों ने तय किया कि–

- दोनों देश परमाणु युद्ध को रोकने के लिए प्रयासरत रहेंगे।
- भविष्य में परमाणु परीक्षणों पर स्वैच्छिक रूप से अंकुश लगायेंगे।
- परमाणु शस्त्रों का दुर्घटनावश या अनधिकृत इस्तेमाल नहीं होने देंगे।
- जम्मू–कश्मीर के मामले में सभी लम्बित मुद्दों का समाधान करने की दिशा में तेजी लायेंगे।
- शिमला समझौते को मूर्त रूप देने के लिए दोनों देश एक–दूसरे के आतंरिक मामलों में हस्तक्षेप नहीं करेंगे।
- प्रत्येक प्रकार के आतंकवाद को रोकने के लिए प्रयत्नशील रहेंगे तथा एक–दूसरे पर दोषारोपण से हटकर काम करेंगे।

- संयुक्त राष्ट्र संघ चार्टर की शांतिपूर्ण व्यवस्था के तहत दोनों देशों सहयोग की भावना से कार्य करेंगे।

कश्मीर विवाद ऐसा घाव है जिस पर मरहम लगाकर जल्दी नहीं भरा जा सकता। इस 'नासूर' को ठीक करने के लिए आपसी सहयोग, उदार ह्रदय, त्याग की भावना एवं कठोर व दृढ़ निर्णय क्षमता की जरूरत है। जब तक इन बातों के आधार पर नासूर रूपी कश्मीर का सही आपरेशन नहीं किया जाएगा तब तक वास्तविक मित्रता एवं दोनों देशों के विकास को गति नहीं प्रदान की जा सकती। इस घोषणा एवं मैत्री के बढ़ते कदम से कश्मीर के घाव का दर्द कम भले हो गया हो, किन्तु नासूर की आन्तरिक परत में घातक कीटाणु अभी सक्रिय हैं। इसके लिए स्वाद रहित व स्वास्थ्यवर्धक एण्टीबायटिक दवा तथा सर्जरी की भी जरूरत है। अन्यथा सारी मित्रता एवं सम्बन्धों की बनी बनायी नयी दीवार क्षण भर की संवेगपूर्ण स्वार्थी घटना से कभी भी ध्वस्त हो सकती है।

वर्तमान स्थिति :–भारत–पाक सम्बन्धों को सामान्य बनाने के लिए दोनों देशों के नेताओं एवं उच्च अधिकारियों द्वारा समय–समय पर द्विपक्षीय समस्या के समाधान हेतु वार्ताओं के अनेक दौर हो चुके हैं। दोनों देशों के परमाणु परीक्षण के पश्चात् तनाव का तना और अधिक फैला, किन्तु अमेरिका के आर्थिक प्रतिबन्ध और बुनियादी जरूरतों ने एक बार पुनः व्यावहारिक पक्ष को समझने के लिए दोनों देशों को मजबूर किया। भारत एवं पाकिस्तान की आजादी के उत्साह को विभाजन एव विवाद का दर्द छलनी कर गया। दो राष्ट्र के सिद्धान्त ने अखण्ड भारत में साम्प्रदायिक घृणा की ऐसी विष बेल बो दी, जो कि अब भी प्रत्यक्ष अथवा अप्रयक्ष रूप से अपना असर दिखाती रहती है। पच्चीस वर्षों के अन्दर ही भारतीय उपमहाद्वीप में तीसरे देश का उदय हुआ और 'द्विराष्ट्र' सिद्धान्त सार्वजनिक रूप से निर्मूल एवं निरर्थक सिद्ध हुआ। 'द्विराष्ट्र सिद्धान्त' की ऐतिहासिक भूल से इस अखण्ड भारत का भूगोल ही नहीं बदला, बल्कि दिल और दिमाग में भी दरारें आ गयीं। भारतीय उप–महाद्वीप का विभाजन एक बात थी, किन्तु उस बटवारे को आधार

मानकर धर्म एवं साम्प्रदायिकता के नाम पर विघटन करने की कुटिल चालें आज भी हमारे सामाजिक ताने–बाने को छिन्न–भिन्न करती रहती हैं। भारत–पाक सम्बन्धों में व्यापारिक दृष्टि से दिल्ली वार्ता के साथ ही आर्थिक आयाम भले ही स्थापित हो गये हैं और इसे एक बड़ी उपलब्धि भी कहा जा सकता है। किन्तु राजनीतिक एवं सामाजिक मामलों में सैद्धान्तिक सहमति शायद सम्भव भी हो जाये, परन्तु व्यावहारिकता से अभी भी कोसों दूर है। भारत–पाक सम्बन्धों को सुधारने के लिए जिस नये अध्याय का आरम्भ किया गया है, निःसन्देह एक प्रशंसनीय प्रयास है, क्योंकि जब से भारत–पाक विभाजन हुआ, तब से अब तक दोनों देशों के बीच कटुता एवं तनाव का सिलसिला जारी है। इस विवाद को समाप्त करने के लिए जो भी वार्ताएं एवं प्रयास किये गये उन्हें अभी तक व्यावहारिक रूप में विराम नहीं मिला। भारत के साथ तनाव रखना शायद पाक प्रशासन की नीति एवं नियति बन गयी है व अमेरिका से इस कार्य के लिए सतत् सहायता भी मिलती रहती है। भारत–पाक सम्बन्धों की समस्या एवं समाधान कश्मीर का ही असली मसला है। इसके साथ ही अनेक सामयिक, सामरिक, आर्थिक, राजनीतिक एवं राजनयिक समस्यायें उभरी हैं। दोनों देशों के विवादों को हल करना जितना अधिक कठिन है उससे भी कहीं अधिक लाभ दोनों देशों को सम्बन्ध सुधारने से मिल सकते हैं।

भारत–पाक विवादों को निपटाने के लिए चल रही में सचिव स्तर की वार्ता हेतु जो प्रमुख मुद्‌दे शामिल किये गये हैं उनमें सियाचिन विवाद, तुलबुल नौ वाहन परियोजना, सरक्रीक समुद्री सीमा विवाद, आतंकवाद एवं मादक पदार्थों की तस्करी समस्या तथा व्यापारिक सहयोग प्रमुख रूप से हैं। सामरिक समस्याओं का मामला सचिव स्तर पर सुलझ नहीं पाया है और न ही इस पर दोनों देशों की आम सहमति बनी है। आतंकवाद को निरूत्साहित करने एवं मादक पदार्थों की तस्करी पर अंकुश लगाने के लिए पाक को एक भारी दबाव उठाना पड़ेगा क्योंकि आतंकवाद एवं तस्करी की जड़ें वहां की राजनीति में प्रवेश कर चुकी है। इसके बावजूद इन जटिल समस्याओं के निराकरण हेतु जो प्रयास किये जा रहे है, निःसन्देह रूप से सराहनीय हैं।

पाकिस्तानी परमाणु शस्त्र और भारतीय नीति :–1965 तथा 1971 के युद्धों में भारतीय सैन्य श्रेष्ठता ने पाकिस्तानी नेतृत्व को ''नाभिकीय विकल्प'' हासिल करने के लिए प्रेरित किया। 1965 में पाकिस्तान के तात्कालिक प्रधानमंत्री जुल्फिकार अली भुट्टो ने पहली बार नाभिकीय बम बनाने का आह्वान किया। अपने एक प्रसिद्ध वक्तव्य में उन्होंने कहा था कि ''यदि भारत परमाणु शस्त्र बनाता है, तो हम भी ऐसा ही करेंगे, भले ही हमें घास अथवा पत्तियाँ खानी पड़े, या भूखे ही रहना पड़े क्योंकि नाभिकीय शस्त्र का कोई विकल्प नहीं है।[22] तत्पश्चात् पाकिस्तान ने विभिन्न उचित–अनुचित तरीकों से 80 एवं 90 के दशकों के दौरान एक काम चलाऊ, नाभिकीय भयादोहन स्थापित कर लिया जिसके चलते भारतीय उपमहाद्वीप में जो राजनैतिक परिवर्तन आये उससे न केवल भारतीय सुरक्षा, वरन् समस्त क्षेत्रीय सुरक्षा एवं स्थायित्व के लिए एक गंभीर खतरा उत्पन्न हो गया है। निश्चित रूप से पाकिस्तानी नेतृत्व भी समय–समय पर इस बात की पुष्टि करता रहा है। नाभिकीय भयादोहन की क्षमता ने ही पाकिस्तानी नीति निर्धारकों को इस बात के लिए प्रेरित किया कि वे ''नाभिकीय ब्लैकमेल'' के जरिये भारत के विरुद्ध 'निम्न तीव्रता युद्ध' के द्वारा सामरिक एवं स्त्रातेजिक लक्ष्यों को प्राप्त करें। पाकिस्तानी नेतृत्व ने इस प्रकार की नीति की शुरूआत 1990 के दौरान शुरू किया। खबरों के अनुसार मिर्जा असलम बेग ने इस बात को स्वीकार किया था एक–दूसरे के विरुद्ध नाभिकीय भयादोहन स्थापित कर लिया था तथा यदि नाभिकीय शस्त्र नहीं होते तो दोनों में तभी युद्ध प्रारम्भ हो चुका होता।[23]

मई 1998 के भारत द्वारा नाभिकीय परीक्षणों ने भारतीय उपमहाद्वीप को नाभिकीय शस्त्र प्रसार के एक नये युग में प्रवेश करा दिया। दोनों विपक्षी राष्ट्रों द्वारा क्रमबद्ध परीक्षण एक जलजले के समान था जो लगभग दो महीनों में शांत तो हो गया, किन्तु उस जलजले के पश्चात् नाभिकीय प्रसार एवं उससे सम्बन्धित विचार एवं विश्लेषण का एक ज्यादा गम्भीर एवं गहरा प्रवाह शुरू हुआ, जो अब तक जारी है। परीक्षणों ने दोनों राष्ट्रों के नाभिकीय शस्त्र क्षमताओं पर पड़े पर्दे को हटाकर इस क्षेत्र में नाभिकीय प्रसार के तस्वीर को

ज्यादा स्पष्ट करने का कार्य किया। किन्तु साथ ही साथ इसने भारतीय उप महाद्वीप में एक ऐसे संतुलन को जन्म दे दिया जो किसी भी प्रकार से इस क्षेत्र के स्थायित्व एवं सुरक्षा के लिए हितकर नहीं है। पाकिस्तानी नाभिकीय क्षमता ने परम्परागत सैन्य क्षमता की अपूर्णीय श्रेष्ठता पर काफी हद तक अंकुश लगा रखा है तथा जिसके चलते आज पाकिस्तानी नेतृत्व के पास भारत के विरुद्ध सीमित युद्धों के द्वारा अपनी नीतियों को प्रतिपादिन करने का एक अतिरिक्त विकल्प प्राप्त हो गया है। 1999 के दौरान पाकिस्तान का "कारगिल दुस्साहस" इसी बात का परिचायक है। अतः ऐसी परिस्थिति में भारत के पास एक मात्र विकल्प यही रह जाता है ऐसे 'नाभिकीय बल संरचना" का निर्माण करे जो न केवल भारतीय उपमहाद्वीप में उत्पन्न हुए इस नाभिकीय गत्यावरोध को भंग कर सके, अपितु चीन एवं अन्य बाहरी शक्ति के विरुद्ध भी एक कारगर भयादोहन को स्थापित करने में सक्षम हो। यह पत्र पाकिस्तानी परिप्रेक्ष्य में भारतीय नाभिकीय रणनीति की एक रूपरेखा तैयार करने का एक प्रयास है।

भारतीय नाभिकीय नीति के एकदम विपरीत पाकिस्तानी नाभिकीय कार्यक्रम शुरू से ही नाभिकीय अस्त्रों के निर्माण का एक सूत्रीय कार्यक्रम मात्र है। पाकिस्तान कार्यक्रम की शुरूआत 1956 में पाकिस्तानी "परमाणु ऊर्जा आयोग" के गठन के साथ ही शुरू हो गया था। किन्तु इस दिशा में गंभीर प्रयास पाकिस्तानी प्रधानमंत्री जुल्फीकार अली भुट्टो के नेतृत्व में 1970 के पश्चात् प्रारम्भ हुआ। 1971 का भारत–पाक युद्ध एवं पाक विभाजन, 1974 में भारत द्वारा प्रथम पोखरण परीक्षण एवं उस काल में पाकिस्तान की आंतरिक, राजनैतिक, आर्थिक एवं सामाजिक परिस्थितियों ने वहाँ के प्रत्येक वर्ग में भारत के विरुद्ध एक बदले की भावना उत्पन्न कर दी। पाकिस्तान के विदेश मंत्री आगाशाही ने कहा कि "पाकिस्तान का नाभिकीय कार्यक्रम वहाँ की संप्रभुता, स्वतंत्रता एवं सुरक्षा से जुड़ा है। यह पाकिस्तान की सैन्य क्षमता को बराबर करने एवं सैन्य असंतुलन की क्षतिपूर्ति करने की आवश्यकता पर आधारित है जो राष्ट्र के सिर पर उस दुधारी तलवार की तरह लटका हुआ है जिसने हमारे देश को 1971 में दो खण्डों में तोड़ दिया है।[24] ऐसे

में पाकिस्तानी सेना एवं राजनीतिक नेतृत्व ने अपने परमाणु शस्त्र कार्यक्रम को 'इस्लामिक बम' का नाम देकर यह प्रचारित किया कि यह उसके अस्तित्व हेतु एक मात्र विकल्प है। 'पाकिस्तान ने 1977 से 1980 के मध्य तक पश्चिमी जर्मनी से ''यूरेनियम हेक्सलोराईड प्लांट'' प्राप्त कर लिया था।[25] तथा 1980 से 1985 तक इस्लामाबाद के निकट स्थित अपने ''काहूटा रिसर्च लैब'' में शस्त्र बनाने योग्य (वेपन ग्रेड) यूरेनियम का उत्पादन शुरू कर दिया था। 1980 से 1990 के मध्य तक पाकिस्तान लगभग 20 गुप्त नाभिकीय परीक्षण (कोल्ड टेस्ट) कर चुका था। एक सी०आई०ए० कार्यकर्ता रिचर्ड बार्लो के अनुसार 1987 में पाकिस्तान एक नाभिकीय बम संयोजित कर चुका था[26] किन्तु गोपनीयता को बनाये रखा था। जब भारत ने मई 1998 में अपना द्वितीय आणविक परीक्षण किया तो प्रतिक्रिया स्वरूप विवश होकर उसने परीक्षण किये, जिससे उसकी नाभिकीय क्षमता उजागर हो गयी। उसका समस्त नाभिकीय कार्यक्रम व्यापक कूटनीति एवं अवैध अन्तर्राष्ट्रीय सहयोग का प्रतिफल है। इस मामले में पाकिस्तान जैसे छोटे से गरीब राष्ट्र की सफलता, एक आश्चर्यजनक एवं काबिले–तारीफ सफलता है।

पाकिस्तान ने शुरू से ही अपने नाभिकीय कार्यक्रम को ''इस्लामिक बम'' का नाम दिया जिसके दो प्रमुख उद्‌देश्य थेः–

1. इस्लामी दुनिया में अपने आपको मुखिया का दर्जा प्राप्त करने की मंशा, तथा
2. इस्लामी जगत में अपने कार्यक्रम के प्रति सहानुभूति प्राप्त कर इस कार्य हेतु आर्थिक सहयोग प्राप्त करना।

1971 के युद्ध में करारी शिकस्त के पश्चात् से ही इस्लामी दुनिया का ध्यान एवं आर्थिक सहयोग प्राप्त करने की खातिर ''इस्लामी बम'' का फलसफा रखा।[27] 1973 में लीबिया पाकिस्तान को नाभिकीय कार्यक्रम में आर्थिक सहायता प्रदान करने को तैयार था। 1973 से 1976 के मध्य तक पाकिस्तान ने पाँच अरब राष्ट्रों तथा ईरान से लगभग 1 खरब अमरीकी डालर की आर्थिक सहायता एवं ऋण प्राप्त हुआ। सन् 1973 से 1979–80 तक पाकिस्तान को ईरान, लीबिया,

अबूधाबी, कतर, सऊदी अरब एवं ओपेक राष्ट्रों (तेल उत्पादक राष्ट्रों) से 122.25 करोड़ अमरीकी डालर की आर्थिक सहायता मिली।[28] 1981 में कुवैत ने 13 करोड़ अमेरिकी डालर एवं इस्लामी बैंक ने 1.94 करोड़ तथा सऊदी अरब से 50 करोड़ डालर का ऋण प्राप्त हुआ।[29] किन्तु सहायता एवं ऋण ही पर्याप्त नहीं थे। अतः पाकिस्तानी नेतृत्व ने इन नाभिकीय तकनीकों का व्यापार करना प्रारम्भ कर दिया। इस व्यापार से प्राप्त धन को न केवल अपने कार्यक्रम में लगाया अपितु अपनी निजी जेबें भी गरम की। प्राप्त खबरों के अनुसार इस सम्पूर्ण व्यापार के प्रमुख संचालक डा० अब्दुल कादिर खान ने ''बेशुमार धन संचित किया तस्करी की इस कमाई को उन्होंने कई धन्धों में निवेशित किया।''[30] हाल ही में अमेरिकी मीडिया ने ईरान, उत्तरी कोरिया एवं लीबिया को परमाणु तकनीकी के हस्तानंतरण का आरोप लगाया गया। प्रारम्भिक टालमटोल के पश्चात् पाकिस्तान नेतृत्व ने अंतर्राष्ट्रीय समुदाय के दबाव में अंततः यह स्वीकार तो कर लिया कि उसके एक या दो वैज्ञानिक स्वतंत्र रूप से इस कार्य में संलग्न थे।[31] किन्तु बाद में जब अमेरिकी प्रशासन के दबाव के चलते 'पाकिस्तान की गुप्तचर संस्था आई०एस०आई० ने जब सात व्यक्तियों से इस सन्दर्भ में पूछताछ किया तो स्वतः ही सिद्ध हो गया कि यह सारा खेल पाकिस्तानी सेना की जानकारी में खेला जा रहा है। जाँच के दायरे में आये ये व्यक्ति थे। यासीन चौहान, नजीर अहमद, मेजर इस्लामुल हक, ब्रिगेडियर ताजवार, ब्रिगेडियर साजबाल, मोहम्मद फारूख तथा डाक्टर सई जो पाकिस्तान विमान 'सी–130 ट्रांसपोर्ट विमान' से नाभिकीय बम का डिजाइन लीबिया ले गये थे।[32] हाल ही में, वाशिंगटन से ''यूनाइटेड प्रेस इण्टरनेशनल'' ने खबर प्रकाशित किया था कि पाकिस्तान एवं सऊदी अरब ने एक गुप्त नाभिकीय समझौता किया है।[33] बाद में श्री खान ने कहा कि उन्होंने परमाणु तकनीक को अन्य देशों के साथ इसलिए बाँटा क्योंकि पश्चिमी राष्ट्रों का ध्यान पाकिस्तान के नाभिकीय कार्यक्रम से हट सके।[34]

जहाँ तक पाकिस्तान के नाभिकीय कार्यक्रम में तकनीकी सहयोग का प्रश्न है तो इसमें उसे यूरोप तथा चीन का व्यापक सहयोग प्राप्त हुआ। जहाँ

तक चीन का प्रश्न है तो चीनी नीति निर्धारकों के अनुसार "येनकेन प्रकारेण" पाकिस्तान की शक्ति भारत के समतूल्य बनाये रखा जाना चाहिए ताकि भारत अपनी समस्त ऊर्जा स्रोतों को दक्षिण एशिया तक ही सीमित रखें। यद्यपि चीन–पाक का नाभिकीय सहयोग 1989 से ही शुरू हो गया था किन्तु इसका खुलासा 1991 में ही हो सका। यह पता चला कि चीन ने पाकिस्तान को पहले ही 300 किमी० तक मार कर सकने वाले (जमीन से जमीन) प्रक्षेपास्त्रों को मुहैया करा दिया था[35] जो दिल्ली तक मार कर सकने में सक्षम हैं। ये प्रक्षेपास्त्र सम्भवतः 34 चीनी एम–11 प्रक्षेपास्त्र थे जो पाकिस्तान के सरगोधा वायुसैनिक अड्डे पर स्थापित किये गये थे। तभी से पाकिस्तान ने इन प्रक्षेपास्त्रों का निर्माण "हत्फ" श्रेणी के देशी नाम से शुरू कर दिया था। अक्टूबर 2003 के प्रथम सप्ताह में पाकिस्तान द्वारा किये गये प्रक्षेपास्त्र परीक्षणों ने एक और रहस्य पर से पर्दा उठाया। जिन विशेषज्ञों ने उस परीक्षण के वीडियो फिल्म का विश्लेषण किया, उन्होंने यह दावा किया कि ये प्रक्षेपास्त्र चीनी प्रक्षेपास्त्र 'एम–9 (DF-15) माडल–2" के तकनीक पर आधारित था।[36] जनवरी 2002 में सी०आई०ए० के निदेशक श्री जार्ज टिनेट ने यह स्पष्ट रूप से कहा कि 2001 के प्रथम पखवाड़े में चीन ने पाकिस्तान को उसके बैलिस्टिक प्रक्षेपास्त्र परियोजना विशेषकर शाहीन–2 परियोजना में व्यापक सहायता प्रदान किया।[37] चीन ने पाकिस्तान को न केवल प्रक्षेपास्त्र बेचा अपितु उसे प्रक्षेपास्त्र उत्पादन सुविधाओं, प्रणोदक सुविधायें के अतिरिक्त तीसरी दुनिया से प्रतिबन्धित अवयवों को खरीदने में भी सहायता पहुँचाई। साथ ही साथ पाकिस्तान में अपने कार्यक्रमों में उत्तरी कोरिया से भी सहयोग प्राप्त किया। इस सहयोग के तहत पाकिस्तान ने प्रक्षेपास्त्रों के बदले कोरिया को उसके नाभिकीय अस्त्र परियोजना में व्यापक सहायता प्रदान किया। "ईजरायली तथा अमेरिकी खुफिया एंजेसियों के अनुसार चीन ने ईरान को उसके प्रक्षेपास्त्रों "शाहाब–3 एवं शाहाब–4" नामक माध्यम दूरी के प्रक्षेपास्त्रों जो उत्तरी कोरियाई तकनीक पर आधारित है, के लिए टेलीमीटर उपकरण उपलब्ध कराया है, जिससे यह पता चलता है कि चीन–पाकिस्तान–उत्तरी कोरिया' का एक व्यापक नेटवर्क

व्याप्त है जो नाभिकीय प्रसार में लिप्त है।[38] इतना ही नहीं, चीन ने पाकिस्तान को नाभिकीय अस्त्र का सम्पूर्ण डिजाईन तथा इतना सवंर्धित यूरेनियम उपलब्ध कराया जो दो नाभिकीय परीक्षणों के लिए पर्याप्त थे। तत्पश्चात् चीन ने पाकिस्तान तकनीशियनों एवं वैज्ञानिकों को विविध नाभिकीय तकनीकों एवं प्रक्रियाओं से परिचित कराया एवं व्यापक प्रशिक्षण भी दिया।[39] अमेरिका के खुफिया विभाग सी०आई०ए० के अनुसार, अप्रैल 1998 में पाकिस्तान द्वारा प्रक्षेपित गौरी प्रक्षेपास्त्र उत्तरी कोरिया के ''नो डोंग'' प्रक्षेपास्त्र के तकनीक पर आधारित था।[40] पाकिस्तान ने अपने नाभिकीय अस्त्र कार्यक्रम के लिए संवेदनशील प्रौद्योगिकी को अवैध तरीके से छिपकर आयात किया। इसने पश्चिमी देशों से हार्डवेयर प्राप्त करने के लिए तस्करी एवं कालाबाजारी का सहारा लिया, जिसमें उनके निर्यात नियन्त्रक नियमों का अक्सर उल्लंघन किया गया था। सन् 1976 तथा 1979 के मध्य में हॉलैण्ड के तिलबर्ग की वैन डरनेट्रांसमिशी ने पाकिस्तान को साढ़े छः हजार ट्यूबे भेजीं। डच की एक सरकारी रिर्पोट के अनुसार हार्ड स्टील निर्मित ये ट्यूबें गैस सेंट्रीयूज तंत्र का ही एक भाग थी।[41] ऐसे अनेक डील विभिन्न यूरोपीय राष्ट्रों से हुए जो पाकिस्तानी नाभिकीय कार्यक्रम को आगे बढ़ाने में अत्यन्त उपयोगी सिद्ध हुए। इस प्रकार हम देखते हैं कि पिछले तीन दशकों से पाकिस्तान वैश्विक नाभिकीय प्रसार की एक धुरी का कार्य कर रहा है जो न केवल भारत अथवा एशिया की शान्ति एवं स्थायित्व के लिए, अपितु सम्पूर्ण खतरे के लिए एक गम्भीर खतरा है।

इन सब में जहां तक अमेरिकी प्रशासन की भूमिका का प्रश्न है तो पाकिस्तान के प्रति उसका दृष्टिकोण विरोधाभासपूर्ण, छोटे एवं तात्कालिक लाभ प्राप्त करने की भावना से प्रेरित रहा है, जिसके नाते उसकी नाभिकीय अप्रसार की दीर्घकालिक नीति खतरे में पड़ गई। अतः वह पाकिस्तानी नाभिकीय कार्यक्रम के प्रति एक तटस्थता बनाये रखा। वर्तमान समय में यह काफी हद तक स्पष्ट है कि पाकिस्तान ने आज भारत के विरूद्ध एक सफल नाभिकीय भयादोहन स्थापित कर लिया है। यह बात मई 1998 के पाकिस्तानी परमाणु विस्फोटों

के पश्चात् डॉ० अब्दुल कादिर खान के उस वक्तव्य से भी सिद्ध हो जाता है जिसमें उन्होंने कहा था कि पाकिस्तान कुछ दिनों के भीतर ही "हाइड्रोजन बम का निर्माण कर सकता है, यदि राजनीतिक नेतृत्व उन्हें इसकी अनुमति दे दें।[42]

जहाँ तक पाकिस्तान के वर्तमान नाभिकीय अस्त्रागार का प्रश्न है, तो यह एक अत्यन्त विवादास्पद विषय है। पाकिस्तानी वैज्ञानिकों के अनुसार 'भारत के विरुद्ध भयादोहन क्षमता को पूर्णतः रूप से स्थापित करने के लिए 60 से 70 नाभिकीय अस्त्रों की आवश्यकता होगी।[43] किन्तु उसकी वर्तमान क्षमता को लेकर व्यापक मतभेद व्याप्त हैं जैसे–

- आई०एस०आई० के एक आँकलन के अनुसार पाकिस्तान के पास 1996 में 335 से 400 किग्रा० तक "वेपनग्रेड" यूरेनियम था। इससे वह 20 किलोटन तक की क्षमता वाले 16 से 20 बारहेड्स का निर्माण कर सकता था। 1998 तक यह भंडारण 600 किग्रा० तक हो गया होगा तथा प्रतिवर्ष 110 किग्रा० की दर से वृद्धि करेगा। जिससे पाँच बम प्रतिवर्ष बनाये जा सकते हैं।[44]
- भारतीय मीडिया के अनुसार पाकिस्तानी नाभिकीय शस्त्रों की वर्तमान क्षमता 15 से 20 अथवा 15 से 24 तक हो सकती है।[45]
- ब्रिगेडियर विजय के० नायर के अनुसार पाकिस्तान की नाभिकीय अस्त्रों की क्षमता निम्न प्रकार की हो सकती है।[46]

1998–99 में: 2 से 4 प्रारम्भिक प्रकार के एन–ग्रेविटी बम।

1990–2001 में : 10 से 15 "फर्स्ट जेनरेशन" गईडेड, विमान द्वारा गिराये जाने वाले एन ग्रेविटी बम तथा कम दूरी तक प्रहार करने वाले प्रक्षेपास्त्रों पर संयोजित कम क्षमता के नाभिकीय युद्धशीर्ष। 2002–2010 में : 25 से 30 बमवर्धक विमानों तथा कम दूरी एवं माध्यम दूरी के प्रक्षेपास्त्रों पर आधारित

नाभिकीय अस्त्र।

दूसरी तरफ 'एन०बी०सी०टी०बी०' ने 7 जून 2000 को अपने एक सनसनीखेज रिपोर्ट में सी०आई०ए० के हवाले से यह दावा किया था कि पाकिस्तान के पास 25 से 100 तक नाभिकीय अस्त्र हैं जो भारतीय क्षमता के पाँच गुना है।[47]

किन्तु यदि हम पाकिस्तान के नाभिकीय रियेक्टर की क्षमता का आंकलन करें तो 1986 से अब तक 30 से 50 बम से ज्यादा की क्षमता उसके पास किसी भी हालत में नहीं हो सकती। ऐसे में हम एक भारतीय रक्षा विशेषज्ञ आर० प्रशासन के आंकलन को ज्यादा यथार्थपूर्ण माना जा सकता है जिन्होनें "कार्नेगी– एण्डावमेंट फॉर इंटरनेशनल पीस के अनुमान के आधार पर यह माना है कि भारत के पास 90 तथा पाकिस्तान के पास 15 नाभिकीय अस्त्र हो सकते है।[47] अतः यह मानना उचित प्रतीत होता है कि वर्तमान समय में पाकिस्तान के पास अधिक से अधिक 30 नाभिकीय बम हो सकते हैं। जहाँ तक पाकिस्तानी नाभिकीय वाहक प्रणालियों का प्रश्न है तो यह पूर्णतः माध्यम दूरी के लड़ाकू विमानों, कम एवं माध्यम दूरी तक के जमीन से जमीन पर मार कर सकने वाले बैलिस्टिक प्रक्षेपास्त्रों पर आधारित है। वर्तमान में पाकिस्तानी नाभिकीय वाहक क्षमता कुछ इस प्रकार की है–

सारणी संख्या –1 **(वायुयान)**

वायुयान (प्रकार)	रेंज (कि०मी०)	संख्या
1. मिराज III ई०पी०	< 600 किमी०	16
2. मिराज II ओ०	< 600 किमी०	43
3. मिराज V	< 600 किमी०	52
4. एफ– 16 ए/बी	< 600 किमी०	

स्रोत – मिलिटरी बैलेंस– (1999–2000)

सारणी संख्या : 2 (प्रक्षेपास्त्र)[49]

प्रक्षेपास्त्र का नाम	रेंज (किमी०)	वाहन क्षमता	ईंधन (किग्रा०)	चरण	एजेंसी	वर्तमान स्थिति
हत्फ– I	80	500	तरल	एक	SUPARCO	निरस्त
हत्फ–1ए	100	500	ठोस	एक	PAEC/NDC	विकासशील
हत्फ– II	300	500	तरल	एक	SUPARCO	निरस्त
हत्फ– III	600–800	900	ठोस	एक	NDC	सेना में शामिल
हत्फ– I	500–750	1000	ठोस	एक	NDC	सेना में शामिल
शाहीन– I	1150–1500	1000	तरल	एक	AQLRL	परीक्षण चरण
गौरी– I	600	800	ठोस	एक	चीन	निरस्त
एम– 9	300	900	ठोस	एक	चीन	शामिल
एम– II	1500	1000	तरल	एक	AQKRL	शामिल

सारणी संख्या : 2 (प्रक्षेपास्त्र)[49]

प्रक्षेपास्त्र का नाम	रेंज (किमी०)	वाहन क्षमता	ईंधन (किग्रा०)	चरण	एजेंसी	वर्तमान स्थिति
गौरी– II	3000	–	तरल	एक	**AQKRL**	शामिल
गौरी– III	2500	1000	तरल	दो	**NDC**	विकासशील
शाहीन– II	–	500	तरल	दो	**AQKRL**	विकासशील
अब्दाली	2000+	–	–	–	**AQKRL**	–
टीपू	550	–	–	–	–	–
गजनवी	550	–	–	–	–	–
तरमुक	–	–	–	–	–	–
बाबरी	–	–	–	–	–	–

भारतीय नीति

पाकिस्तानी नाभिकीय कार्यक्रम के एकदम विपरीत भारतीय नाभिकीय कार्यक्रम का प्रारंभिक उद्देश्य अपनी ऊर्जा क्षमता में वृद्धि कर इस क्षेत्र में आत्मनिर्भरता प्राप्त करना था। किन्तु 1962 के चीनी आक्रमण के पश्चात् भारतीय समाज वैज्ञानिक एवं सैनिक हल्कों में नाभिकीय भयादोहन स्थापित करने हेतु बहस का प्रादुर्भाव हो गया। 1980 के दशक की दक्षिण एशियाई क्षेत्र की राजनैतिक एवं सैनिक वातावरण ने भारत को नाभिकीय शस्त्रीकरण को मजबूर कर दिया। यद्यपि इसके पश्चात् भी भारतीय नेतृत्व ने लगातार नाभिकीय शस्त्रीकरण के प्रति अपनी अनिच्छा ही जताई तथा वैश्विक मचों पर नाभिकीय निःशस्त्रीकरण की पुरजोर वकालत ही करता रहा। किन्तु 1998 में अन्ततः नाभिकीय परीक्षण कर शस्त्रीकरण के विकल्प को अपना ही लिया। इसके पश्चात् पिछले 6 वर्षो में भारत ने नाभिकीय बल संरचना पर तेजी से कार्य किया है तथा एक प्रारंभिक संरचना को स्थापित भी कर दिया हैं किन्तु इस नाभिकीय शस्त्रीकरण ने दक्षिण एशिया में एक खतरनाक स्पर्द्धा को उत्पन्न कर दिया है। इतिहास इस बात का साक्षी रहा है कि युद्व से कभी भी शांति स्थापित नहीं हो सकी हैं। हाँ एक अल्पकालिक सन्नाटा अवश्य थोपा जा सकता है। युद्व विंध्वस की प्रक्रिया है जो वर्तमान के साथ– साथ भविष्य के विध्वस के बीज भी बो देता है। किन्तु इसका अर्थ यह नहीं कि हम अपने राष्ट्र की शांति एवं स्थायित्व की कीमत पर शांति की बात करें।

आज के भारत–पाक नाभिकीय क्षमता के परिदृश्य में जो नाभिकीय संतुलन स्थापित हुआ है उसने भविष्य में युद्वों की संभावना को काफी हद तक क्षीण तो अवश्य कर दिया है किन्तु इसी नाभिकीय गत्यावरोध के चलते भारतीय सेना अनवरत् रूप से अपनी ही जमीन पर छाया युद्व लड़ रही है जो प्रत्येक प्रकार से उसी के लिये घातक रहा है। इसका एकमात्र कारण यही है कि पाकिस्तान की नाभिकीय क्षमता ने इस क्षेत्र में एक ऐसा सैन्य संतुलन स्थापित कर दिया है जो प्रत्येक दशा में पाकिस्तान के पक्ष में नहीं

होना चाहिए। इससे भारतीय सेना को पाकिस्तान प्रायोजित युद्ध को ज्यादा कारगर तरीके से लड़ने के लिए अतिरिक्त विकल्प (जैसे–सीमा पार सीमित सैन्य कार्यवाही) प्राप्त होंगे तथा पाकिस्तान सही मायने में शांति स्थापित करने को मजबूर होगा। अतः इस हेतु भारत को एक ऐसे नाभिकीय अस्त्र बल संरचना का विकास करना चाहिए जो इतना प्रभावी हो कि पाकिस्तान नाभिकीय युद्ध की बात भी करना भूल जायें। साथ ही साथ एक कूटनीतिक प्रक्रिया को भी सतत् जारी रखना चाहिए। जो आपसी मतभेदों को कम करके शांति एवं सह अस्तित्व का मार्ग प्रशस्त करें। इस कूटनीतिक प्रक्रिया में नाभिकीय राजनयिक एक प्रमुख मुद्दा होना चाहिए। स्पष्ट रूप से नाभिकीय राजनय का लक्ष्य दो तरह के परिणाम प्राप्त करना चाहिए–

1. नाभिकीय वातावरण में ज्यादा स्थिरता कायम करना।
2. ऐसा राजनयिक रूख हासिल करना जिससे न सिर्फ नाभिकीय प्रतिरोधक की राजनीतिक–आर्थिक लागत घटे अपितु नाभिकीय दुविधा का भी ज्यादा स्थायी समाधान निकल सके।[50]

(क) नाभिकीय अस्त्र बल संरचना

आज यह सर्वविदित तथ्य है कि नाभिकीय अस्त्र सैन्य महत्व से कहीं ज्यादा राजनैतिक महत्व रखते है। ''इनकी प्रचण्ड विनाशकारी क्षमता की वजह से द्वितीय विश्वयुद्ध के पश्चात इनकी राजनीतिक भूमिका, नीति निर्धारण के किसी एक कारक से बहुत बड़ी हो गई।[51] नाभिकीय भयादोहन के संदर्भ में यदि हम इन अस्त्रों की विवेचना करें तो पायेंगे कि जहाँ शीतयुद्ध के दौरान दोनों महाशक्तियों ने अपने आपको संतुष्ट करने के लिए एक–दूसरे के विरूद्ध एक सफल भयादोहन स्थापित कर लिया जिसके लिए हजारों युद्धशीर्षो एवं स्त्रातेजिक वाहन प्रणालियों को विकसित एवं स्थापित करना पड़ा।[52] वही दूसरी तरफ चीन ने इन अस्त्रों को ''राजनीतिक उपकरण'' के रूप में ज्यादा सफल प्रयोग किया। शायद यही कारण है कि ''चीन यद्यपि अमेरिका एवं सोवियत नाभिकीय सिद्धान्तों के ठीक विपरीत अपना सिद्धान्त

''न्यूनतम प्रतिरोध'' के सिद्वान्त पर आधारित किया था[53] किन्तु फिर भी उसके मात्र 20 अन्तर्महाद्वीपीय प्रक्षेपास्त्रों ने अमेरिका के 1500 से भी ज्यादा प्रक्षेपास्त्रों पर एक सफल भयादोहन स्थापित कर लिया जिसके चलते अमेरिका को अपने ''राष्ट्रीय प्रक्षेपास्त्र सुरक्षा (एन० एम०डी)'' को तेजी से विकसित करने को विवश होना पड़ा। इस बात से एक तथ्य यह भी उभर कर सामने आता है कि किसी राष्ट्र के विरूद्व भयादोहन की सफलता इस बात पर निर्भर करेगा कि लक्ष्य राष्ट्र के किस हद तक के विध्वंस को झेलना स्वीकार कर सकता है जो उस राष्ट्र के नेतृत्व एवं राष्ट्रीय विचारधारा पर निर्भर करता है। इस परिप्रेक्ष्य में जहां तक पाकिस्तान का प्रश्न है, तो वहां के नागरिकों का ऊपरी तौर पर सरकारी क्रियाकलाप में भूमिका तो अवश्य है किन्तु वहां के समस्त नाभिकीय संरचना का कमान एवं नियंत्रण पर सेना का आधिपत्य है, जिसमें जेहादी मानसिकता के लोगों का एक मजबूत गुट है। अतः भारत पाकिस्तान के विरूद्व एक सफल भयादोहन यह विश्वास दिला देगा कि भारत की द्वितीय प्रहारक क्षमता उसके सफल विनाश के लिए सक्षम होगी। भारतीय नाभिकीय बल संरचना की सर्वप्रथम आवश्यकता यह है कि वह भारत के नाभिकीय सिद्वान्तों एवं उद्देश्यों को संतुष्ट कर सके। इस सन्दर्भ में हमें किसी भी संरचना पर विचार करते समय नाभिकीय सिद्धान्त को ध्यान में रखना होगा जिसके चार प्रमुख स्तम्भ है।[54]

क भारत कभी भी नाभिकीय अस्त्रों का प्रथम प्रयोग नहीं करेगा।

ख नाभिकीय नीतियों के समस्त मामलों में नागरिक सरकार का सेना पर पूर्ण नियंत्रण हो।

ग भारत कभी भी ऐसे शस्त्रों की होड़ में शामिल नहीं होगा।

घ नाभिकीय नीति निर्धारण में नौकरशाहों, कूटनीतिज्ञों, सैन्य कमाण्डरों तथा शीर्ष वैज्ञानिकों को समान रूप से हिस्सेदारी मिलनी चाहिए।

इन्हीं स्तम्भों को आधार मानकर भारत ने जो ''ड्राट न्यूक्लियर डाक्ट्रीन'' तैयार किया उसके प्रमुख तत्व इस प्रकार से हैः-

(अ) प्रथम प्रहार न करना।

(ब) भारत पर हुए किसी भी प्रकार के नाभिकीय आक्रमण के विरूद्व दण्डात्मक द्वितीय प्रहारक क्षमता प्राप्त करना जो शत्रु को अपूर्णीय क्षति पहुँचाने में सक्षम हो।

अतः इस सिद्वान्त का स्पष्ट उद्‌देश्य यही है कि शत्रु के विरूद्व एक ऐसा भयादोहन स्थापित हो, जो शत्रु को अपनी नीति निर्धारण में युद्व का विकल्प ही छोड़ देने को विवश कर दे। इस आधार पर भारतीय नाभिकीय अस्त्र बल संरचना की निम्नलिखित विशेषता होनी चाहिएः–

1. शत्रु के भीषणतम प्रथम प्रहार से द्वितीय प्रहारक क्षमता की अधिकतम सुरक्षा सुनिश्चित हो।
2. द्वितीय प्रहारक क्षमता इतना विध्वसकारी हो कि शत्रु की युद्ध करने की सम्पूर्ण क्षमता ही नष्ट हो जाये तथा उसके नागरिक प्रतिष्ठानों एवं सैन्य क्षमता को भी अकल्पनीय क्षति पहुँचाई जा सके। पाकिस्तान विशेष के लिए तो इतना विध्वंसक हो कि पाकिस्तान का एक राष्ट्र के रूप में अन्त हो जाये।
3. इस संरचना में पर्याप्त तकनीक एवं संरचनात्मक लचीलापन हो ताकि उत्तरोत्तर तकनीकी विकास को इसमें आसानी से समायोजित किया जा सके जिससे न्यूनतम लागत में संरचना को समयानुसार ज्यादा सटीक एवं विध्वंसकारी बनाया जा सके तथा आवश्यकता पड़ने पर इन्हें आसानी से नियोजित करके शांतिपूर्ण उपयोग के योग्य भी ढाला जा सके। अतः यह संरचना समय के साथ– साथ परिवर्तनशील अन्तर्राष्ट्रीय राजनैतिक परिस्थितियों में अपने आपको ढालने में सक्षम हो।
4. संरचना ''न्यूनतम प्रतिरोधक क्षमता'' वाला तथा पूर्णतः विश्वसनीय हो।
5. इसका प्रथम घटक ''सुरक्षात्मक'' हो जो शत्रु के प्रथम प्रहार से जन–धन की अधिकतम सुरक्षा कर सके। इस ''सुरक्षात्मक परत'' में सैन्य अवयवों के अतिरिक्त एक सुप्रशिक्षित एवं कार्यकुशल ''नागरिक सुरक्षा एवं आपदा प्रबन्धन तन्त्र'' भी हो जो राहत एंव बचाव कार्य कर सकने में सक्षम हो।
6. संरचना की कमाण्ड एवं कंट्रोल प्रणाली राष्ट्र के नागरिक सरकार के अधीन हो जिसकी अध्यक्षता प्रधानमंत्री करे तथा सारे नीति निर्धारण प्रक्रिया में सैन्य एवं नागरिक तन्त्र के कुछ ''वरिष्ठ अधिकारी शामिल हों। यह भी आवश्यक है कि यह

समिति बहुत बड़ी न हो ताकि विवाद कम से कम एवं निर्णय प्रक्रिया त्वरित हो।

7. तीनों सेनांगों का एक संयुक्त कमान जो "चीफ ऑफ डिफेंस स्टाफ" के अधीन कार्यरत हो। इसका कार्य सरकार को स्त्रातेजिक नाभिकीय बल के समस्त क्रियाकलापों पर समय–समय पर सलाह देना होगा। सी0 डी0एस0 के अन्तर्गत ही राष्ट्र के समस्त सूचना तन्त्र जैसे रॉ, आई0 बी0 इत्यादि का एक संयुक्त मंच हो जो निर्विवाद, सटीक एवं त्वरित सूचनाएं प्रदान कर सकें।

8. वर्तमान में नाभिकीय बल संरचना थल सेना एवं वायुसेना पर आधारित है तथा एक 'मंदित प्रतिरोध' स्थापित किये हुए है।[55] इस संरचना को उत्तरोत्तर क्षमता' वाले तन्त्र के रूप में विकसित करना होगा। इस 'ट्रायड' में थलसेना के सभी प्रकार के बैलिस्टिक प्रक्षेपास्त्र तथा क्रूज प्रक्षेपास्त्र, वायुसेना के सभी प्रकार के स्त्रातेजिक बमवर्षक विमानों, इलेक्ट्रानिक युद्व कर्म विमानों, अवाक्स (AWACS) प्रणाली युक्त टोही विमानों एवं प्रक्षेपास्त्र प्रतिरोधक प्रणाली एवं नौसेना के पनडुब्बी प्रक्षेपित बैलिस्टिक प्रक्षेपास्त्रों (एल०एल०बी०एम०), से लैस परमाणु चालित पनडुब्बियों (एस०एस०एन०) पर होना चाहिए।

(ख) **कूटनीतिक प्रक्रिया**:–भयादोहन के माध्यम से हम सैन्य परिप्रेक्ष्य में कुछ अल्पकालिक शांति तो अवश्य प्राप्त कर सकते किन्तु इस सत्य से किसी भी दशा में मुंह नहीं मोड़ा जा सकता कि स्थाई शांति व्यापक कूटनीतिक प्रयासों के माध्यम से ही प्राप्त होगी। मई 1998 के पश्चात् जो सबसे सुखद बात सामने आई है वह है दोनों राष्ट्रों द्वारा "विश्वासोत्पादक उपायों" पर विचार करना एवं उसे क्रियान्वित करने का प्रयास करना। किन्तु यह विडम्बना ही रही है कि प्रत्येक बार ये प्रयास व्यर्थ सिद्ध हुए जिसके मूल में नाभिकीय साया सदैव ही कार्यरत् रहा है। इस प्रकार के प्रयास किसी भी नतीजे पर पहुँचने के पहले पर्याप्त समय एवं राजनैतिक क्रियाशीलता मांगता है[56] जो भारत–पाक के प्रयासों में नदारद रहे है। प्रत्येक बार यही देखने को मिला है कि दोनों पक्ष एक अस्पष्ट एवं अपूर्ण एजेंडे को लेकर विश्वासोत्पादक उपायों की प्रक्रिया का प्रारम्भ कर देते है किन्तु ऐसे में सैन्य गतिविधियों से सम्बन्धित ठोस कार्यवाही नहीं होती। साथ ही साथ मीडिया के माध्यम से दोनों पक्ष के नेतृत्व द्वारा ऐसी गैर जिम्मेदाराना बयानबाजी की जाती है कि एक संशय का कुहरा समस्त प्रयासों

पर पर्दा डाल देता है तथा माहौल में गर्मी एवं तनाव पैदा कर देता है। लाहौर समझौते के पश्चात् कारगिल संघर्ष तथा आगरा शिखर वार्ता के पश्चात् सम्बन्धों में कटुता इस अदूरदर्शिता के दुखद परिणाम रहे है। अतः इस परिप्रेक्ष्य में यह आवश्यक हो जाता है कि विश्वासोत्पादक उपायों के क्रियान्वयन के दौरान दोनों पक्षों द्वारा संयम का परिचय दिया जाये तथा बातचीत के पूर्व एक निश्चित लक्ष्य निर्धारित करके चला जाए। इस परिदृश्य में भारत–पाक के मध्य सम्बन्धों को सुधारने का वर्तमान प्रयास ज्यादा परिपक्व नजर आता है। किन्तु जब तक यह प्रयास किसी सार्थक निष्कर्ष तक न पहुंच पायें, तब तक कोई भी टिप्पणी करना गलत होगा। इसके अलावा दोनों राष्ट्रों को अपना–अपना एक "न्यूक्लियर रिस्क रिडक्सन सेंटर" स्थापित करना चाहिए जिसमें वैज्ञानिक, सैन्य अधिकारी, प्रक्षेपास्त्र विशेषज्ञ एवं राजनयिक शामिल हो। इनका कार्य राष्ट्र के नाभिकीय संस्थानों जैसे– प्रयोगशालाओं रियेक्टरों, रक्षा मंत्रालय एवं मुख्यालयों तथा राष्ट्रीय सुरक्षा समिति के मध्य एक संचार तन्त्र स्थापित कर राष्ट्र की नाभिकीय संस्थाओं में दुर्घटनाओं, अफवाहों ताकि गलतफहमियों पर नजर रखकर उनको दूर करना हो। साथ ही साथ दोनों राष्ट्रों के सेंटरों (एन०आर०आर०सी०) के मध्य 24 घंटों का हॉटलाईन सम्पर्क स्थापित हो ताकि अफवाहों एवं गलतियों को कम से कम किया जा सके।

नाभिकीय अस्त्रों को नैतिक आधार पर कभी भी सही नहीं कहा जा सकता। अतः भारत का अन्तिम लक्ष्य वैश्विक स्तर पर समग्र नाभिकीय निःशस्त्रीकरण होना चाहिए।"निःसंहेद यद्यपि आज भारत के पास एक सीमित नाभिकीय शस्त्रागार हैं, किन्तु आज वह इसी के चलते वैश्विक नाभिकीय निःशस्त्रीकरण के लिए पहले से कहीं ज्यादा समर्थन जुटा पा रहा है।[57]

भारत में अमेरिकी राजदूत रह चुके रॉबर्ट ब्लैकविल ने आतंकियों द्वारा भारतीय शहरों पर एटमी हमले की आशंका जताई है। ब्लैकविल का कहना है कि अगर ईरान परमाणु हथियार बना लेता है तो उसके आतंकवादियों के हाथों पड़ने का खतरा है। इस प्रकार एटमी हथियारों से लैस आतंकी भारतीय शहरों

को भी निशाना बना सकते हैं। इंडिया इकोनॉमिक समिट में अपने वक्तव्य में ब्लैकविल ने कहा कि ईरान का परमाणु कार्यक्रम किसी भी रूप में पूरी दुनिया और खास तौर पर भारत के लिए हितकर नहीं है।[58]

पूर्व राजदूत ने ब्लैकविल ने कहा कि अगर ईरान एटमी हथियार बना लेता है तो कुछ अरब देश भी इस होड़ में शामिल होंगे और ऐसा हुआ तो क्या पता कुछ पश्चिमी शहर या नई दिल्ली–मुंबई जैसे भारतीय शहर इनका निशाना बन जाएं। उन्होंने कहा कि वार्ता और प्रतिबंधों जैसे तमाम उपायों के नाकाम रहने के बाद तेहरान के खिलाफ कड़ी कार्रवाई किए जाने की जरूरत है। उन्होंने कहा कि विश्व जनमत की अनदेखी करते हुए ईरान जबरन अपना परमाणु कार्यक्रम जारी रखे हुए है। ब्लैकविल ने ईरान मुद्दे को तेल की कीमतों के साथ जोड़ते हुए कहा कि अगर ईरान लगातार छह महीने तक तेल की कीमतें 10 डॉलर प्रति बैरल की दर से बढ़ाता रहे तो इससे भारत की आर्थिक विकास दर एक फीसदी तक गिर सकती है। हांलाकि भारत को विश्वास है कि पाकिस्तान का परमाणु हथियार पूरी तरह से सुरक्षित है। इस मसले पर अमेरिका भी गंभीरता से नजर रखे हुए है। ऐसे में इन हथियारों के गलत हाथों में पड़ने की संभावना बहुत कम है। इस बारे में एक निजी टेलीविजन के साथ साक्षात्कार में राष्ट्रीय सुरक्षा सलाहकार एम.के. नारायणन ने कहा कि यह आसान बात नहीं है कि कोई भी व्यक्ति चहलकदमी करते हुए जाए और परमाणु हथियार लेकर चल दे। इसके साथ ही उन्होंने कहा कि इस तरह की कोई बात होती है भी तो भारत सरकार के पास इससे निपटने के लिए आपात योजना है।[59]

उन्होंने यह भी कहा कि एक दो व्यक्ति के लिए परमाणु हथियार को संचालित करना आसान नहीं है। नारायणन ने कहा कि राष्ट्रीय सुरक्षा सलाहकार होने के बावजूद भी मैं अपने बूते पर इसे एक्टीवेट नहीं कर सकता। इस तरह से हम कह सकते हैं कि पाकिस्तानी परमाणु हथियार सुरक्षित है। नारायणन ने कहा कि पाकिस्तान के परमाणु हथियार आतंकियों के हाथ में पड़ने की आशंका ने अमेरिका को इस पर नजर रखने के प्रति गंभीर कर दिया है। पाकिस्तानी परमाणु

हथियारों से भारत को किसी प्रकार के खतरे की आशंका को खारिज करते हुए नारायणन ने कहा कि ऐसी स्थिति से निपटने की पूरी तैयारी कर चुकी है।

नई दिल्ली स्थित दूतावास में पत्रकार वार्ता में फ्रांस के विदेश मंत्री बर्नार्ड काउचनर ने 21 दिसम्बर 2007 को कहा कि भारत के साथ असैन्य परमाणु ऊर्जा सहयोग स्थापित करने में पेरिस की खासी दिलचस्पी है। लेकिन इसको लेकर कोई ठोस कदम उठाने से पहले फ्रांस फिलहाल भारत की आई.ए.ई.ए. से जारी वार्ता के नतीजे का इंतजार करेगा। उन्होंने कहा कि फ्रांस भारत के आई.ए.ई.ए. और एनएसजी से बातचीत के पक्ष में है।[60]

फ्रांस रूस एवं अमेरिका के साथ हुए असैनिक परमाणु करार ने तो अब यह सिद्ध कर दिया है कि भारत एक जिम्मेदार परमाणु क्षमता सम्पन्न राष्ट्र है। भारत विश्व का इकलौता ऐसा राष्ट्र है, जिसने एन.पी.टी. पर हस्ताक्षर किये बिना ही परमाणु क्लब की सदस्यता हासिल कर ली है। भारत की इस उपलब्धि से बौखला कर पाकिस्तान ने भी अमेरिका से असैनिक परमाणु समझौते की माँग की, किन्तु अमेरिका द्वारा इसे ठुकरा दिया गया। जिसके पश्चात् प्रतिशोध अथवा प्रतिक्रियावश पाकिस्तान ने चीन के साथ परमाणु गठजोड़ किया है। हाँलाकि इसे शांति व सुरक्षा के नजरिये से उचित नहीं बताया जा रहा है।

सन्दर्भ सूची

1. अमर उजाला, 14 मई, 1998
2. अमर उजाला, 20 अप्रैल 1998
3. रंजीत कुमार, परमाणु बम रक्षा और राजनीति, संस्करण 1998, पृ० 15,16,17
4. द, एम०एन०एम० मैगजीन, जुलाई 1998 पृ० 60
5. रंजीत कुमार, परमाणु बम रक्षा और राजनीति, संस्करण 1998, पृ० 19, 35, 36, 20
6. दैनिक जागरण, 12 मई 1998
7. माया, मई 1998, पृ० 4

8. इण्डिया टुडे, जून 1998, पृ०सं० 16

9. यू०आर० घई, भारतीय विदेश नीति, संस्करण 1997, पृ० 657

10. राष्ट्रीय सहारा, 13 मई 1998

11. नवभारत टाइम्स, 13 मई 1998

12. राष्ट्रीय सहारा, 13 मई 1998

13. अमर उजाला, 14 मई 1998

14. इंडिया टुडे, हिन्दी मासिक पत्रिका, 15 सितम्बर 1994, पृ० 48

15. दैनिक जागरण हिन्दी समाचार पत्र, 12 अप्रैल–2000

16. वही

17. डॉ० सुरेन्द्र कुमार मिश्र एवं आकाश मिश्र, भारत–पाक सम्बन्ध, पृ०–158

18. वही

19. वही, पृ०– 159

20. डॉ० सुरेन्द्र कुमार मिश्र, राष्ट्रीय रक्षा व सुरक्षा, पृ०–205

21. वही, पृ०– 206

22. जुल्फीकार अली भुट्टो : "अवेकनिंग दी पीपुल– स्पीचेज ऑफ जे.ए. भुट्टो (1950–1969) पाकिस्तान पब्लिकेशन, रावलपिंडी–1970, पृ०21

23. रीयर एडमिरल राजा मेनन (रिटायर्ड): रिलैक्शनस ऑन इण्डियाज न्यूक्लियर डॉक्ट्रीन, कमाण्ड एण्ड कंट्रोल" जर्नल ऑफ यू०एस०आई०, वाल्यूम–XXXIII नम्बर– 552, अप्रैल–जून 2003

24. फसाहल एच सैय्यद (संपादक) : 'न्यूक्लियर डिसआर्मामेंट एण्ड कन्वेंसनल आर्म्स कंट्रोल, इन्क्लूडिंग लाईट वेपंस" (इस्लामाबाद प्रेस–1997) पृ० 421

25. डॉ०आर० के० उपाध्याय : "पाकिस्तान न्यूक्लियर पॉलिसी एण्ड प्रोग्राम" आई०जे०एस० इलाहाबाद विश्वविद्यालय वाल्यूम–XXIV 2003, पृ०–99

26. गुरमीत कंवलः 'इण्डियाज न्यूक्लियर फोर्स स्ट्रटेजिक एनालेसिस (आई०डी० एस०ए०) वाल्यूम – XXIV नम्बर–6, पृ०– 1046

27. हृदयनारायण दीक्षितः ''इस्लामी बम का खतरा', दैनिक जागरण 10 जनवरी 2004

28. सुमित कुमार : 'पाकिस्तान का नाभिकीय अस्त्र कार्यक्रम', 'भारतीय परमाणु शस्त्र' (जसजीत सिंह द्वारा संपादित) – प्रभात प्रकाशन, नई दिल्ली 1999, पृ०–186

29. वही

30. शेखर गुप्ता : ''पाकिस्तान का नाभिकीय खेल'' दैनिक जागरण–9 फरवरी 2004

31. मुरलीधर रेड्डी : ''पाकिस्तान कनफर्म्स ट्रांसफर ऑफ न्यूक्लियर टेक्नोलॉजी, दि हिन्दू (नई दिल्ली) 27 जनवरी 2004

32. आदित्य सिंह : ''पाक आर्मी न्यू न्यूक गेमप्लान'' हिन्दुस्तान टाईम्स, 8 फरवरी 2004

33. रिपोर्ट क्लेम्स ए सीक्रेट सऊदी–पाक न्यूक्लियर पैक्ट दी टाईम्स ऑफ इण्डिया' 16 मार्च 2004

34. रक्षत पुरीः ''पाकिस्तान की नाभिकीय कारगुजारी'' दैनिक जागरण–6 फरवरी 2004

35. के० शास्त्रीः ''दी ड्रैगन्स मिसाईल्स'' पृ०–11, सहारा टाईम्स 6 मार्च 2004

36. वही

37. वही

38. वही

39. के० सुब्रमण्यमः ''गारपेल एकार्डिंग टू लुसीफर'' द इकॉनामिक टाईम्स 10 जुलाई 1998

40. पाक एन–प्लान डिपेंडस ऑन फारेन एंड'' सी०आई०ए०, दी हिन्दुस्तान टाईम्स, 4 फरवरी, 2004

41. पी०के०एस० नबूंदिरी : ''न्यूक्लियर मिथ एण्ड रियलिटीज'', के० सुब्रहमण्यम द्वारा सम्पादित पुस्तक का लेख। (नई दिल्ली–ए०बी०सी०पब्लिशिंग–1981) पृ०–190

42. एच०ब्राम्ब व्हेनएवर गवर्नमेंट विशेज–खान'' दी इकॉनामिक टाईम्स, 9 जून 1998

43. गुरमीत कंवल : ''इण्डियाज न्यूक्लियर फोर्स स्ट्रक्चर'' स्ट्रैटजिक एनालिसिस (आई०डी०एस०ए०) वाल्यूम – XXIV नम्बर–6 पृ०– 1047

44. अजीज हनीफा : ''पाक कैन मेक 16–20 न्यूक्स आटर दी टेस्ट्स'' आई० एस०आई०एस०–अब्जर्वर ऑफ बिजनेस एण्ड पालिटिक्स, 5 जून 1998

45. गुरमीत कंवल : ''इण्डियाज न्यूक्लियर फोर्स स्ट्रक्चर'' स्ट्रैटजिक एनालेसिस (आई०डी०एस०ए०) वाल्यूम – XXIV नम्बर–6 पृ०– 1047

46. ब्रिग० बी०के० नायरः ''दी स्ट्रक्चर ऑफ इण्डियाज न्यूक्लियर डेटेरेन्ट'' इण्डियाज न्यूक्लियर डेटरेंट, पोखरन–II एण्ड बियाण्ड सम्पादक–अमिताभ मान, आनंद पब्लिकेशन 1999, पृ०– 35, 36

47. रमेश चंद्रन : ''पाकिस्तान न्यूक्लियर माईट बिगर दैन इण्डियाज'' सेज यू० एस० दी टाइम्स ऑफ इण्डिया, 8 जून 2000

48. आर० प्रशासन : ''इन्स्टालिंग ए न्यूक्लियर आर्सनल'', दी वीक, 9 जुलाई 2000

49. प्रो० आर०बी०सिंह एवं स्क्वाड्रन लीडर आर० के० सिंह ''इण्डियाज मिसाईल प्रोग्राम'' आई०जे०एस०एस०, (इलाहाबाद विश्वविद्यालय) पृ०–21, 22, वाल्यूम– XXIII 2002

50. जसजीत सिंहः ''नाभिकीय हथियार क्यों?'' ''नाभिकीय राजनय'', भारतीय परमाणु शस्त्र, प्रभात प्रकाशन, नई दिल्ली– 1999 पृ० 335

51. जसजीत सिंहः भारतीय परमाणु शस्त्र, प्रभात प्रकाशन, नई दिल्ली– 1999, पृ०–13

52. वही पृ० 360

53. वही पृ० 362

54. रीयर एडमिरल राजा मेनन (रिटायर्ड) : ''रिलैक्शन्स ऑन इण्डियाज न्यूक्लियर डॉक्ट्रीन, कमान एण्ड कंट्रोल'' जर्नल ऑफ यू०एस०आई०, वाल्यूम– XXXIII संख्या– 552, अप्रैल–जून 2003

55. जसजीत सिंह पृ०– 362

56. बी०आर०राघवन : ''न्यूक्लियर नेबर्स'' दी हिन्दू, 24 दिसम्बर 2003

57. एम०आर० श्रीनिवासनः रामन्ना एण्ड न्यूक्लियर प्रोग्राम,दी हिन्दू, 28 सितम्बर 2003

58. अमर उजाला, 4 दिसम्बर, 2007, पृ० 01

59. अमर उजाला, 17 दिसम्बर 2007, पृ० 02

60. दैनिक जागरण, 22 दिसम्बर 2007, पृ ० 18

8

कारगिल संघर्ष तथा भारत-पाक सम्बन्ध

हिमालय पर्वत की ऊँची चोटियों से घिरी काश्मीर घाटी सुंदरता, संस्कृति एवं सुरक्षा के लिए भारत का अति महत्वपूर्ण स्थान है। इन्हीं घाटियों में लद्दाख स्थित है जो कि भारत का उत्तरी सीमा प्रांत है। हिमालय पहाड़ियों की दुर्गम घाटियों में स्थित लद्दाख सामरिक दृष्टि से अत्यन्त महत्वपूर्ण है। लद्दाख जम्मू कश्मीर के कुल क्षेत्रफल से लगभग दोगुना क्षेत्र है। इसका क्षेत्रफल 97.782 वर्ग किमी० है जिसकी ऊँचाई 4000 मीटर है। यह सम्पूर्ण क्षेत्र भारतीय सुरक्षा एवं सामरिक दृष्टि से महत्वपूर्ण है। इसकी सीमायें उत्तर में चीन से, पूर्व में तिब्बत से मिलती है दक्षिण में इसकी सीमायें हिमालय पर्वत श्रृखलाओं से मिलती हैं। लद्दाख का कारगिल जिला, जिसे 'गेटवे ऑफ हिमालय'[1] कहा जाता है। सुरू और वाखा नदियों के संगम पर बसा है। यह समुद्र तट से 14000 फुट ऊँचाई पर स्थित है। सुरू घाटी के आसपास बसा कारगिल अति सुन्दर स्थान है इस घाटी को सूरज, बर्फ और शांति की घाटी कहा जाता हैं। इसके उत्तर पूर्व में हिमालय पहाड़ की दीवार है। यह श्रीनगर लेह–राष्ट्रीय मार्ग पर स्थित है। लद्दाख जाने वाले लोगों के लिए यही एक मात्र पहाड़ी क्षेत्रीय शहर है जहाँ लोग आराम कर सकते है। यहीं पर प्रसिद्ध जोजीला दर्रा है। जिसने भी इस स्थान को देखा है वही इसकी सुन्दरता व रमणीकता को महसूस कर सकता है। यहाँ बर्फ के जंगल,

रंग बिरंगे नगें, ढके हुये पर्वत, कहीं बर्फ कहीं झरने हैं।

यहाँ से श्रीनगर 204 किमी0 तथा लद्दाख 234 किमी दूर स्थित है। जसकार, द्रास, बटालिक जैसे सुन्दर शहर यहीं स्थित है। विश्व में इससे अधिक प्राकृतिक सौंदर्य वाला कोई और स्थान नहीं है। कारगिल में राष्ट्रीय राजमार्ग और भारत पाक नियंत्रण रेखा साथ–साथ चलते हैं। कई जगह इनके बीच की आपसी दूरी दो किमी से भी कम रह जाती है इसके उत्तरी छोर पर अंतिम भारतीय चोटी प्वाइन्ट एन0जे0 72985 के आगे कोई भी आबादी नहीं है। यही है वह छोर, उस नियंत्रण रेखा का जो भारत और पाक के बीच युद्ध का कारण है इसकी लम्बाई 814 किमी है। यही वह बर्फीला इलाका है, जिसे बर्फ का रेगिस्तान भी कहा जाता है सियाचिन को भारत से जोड़ने वाला यही एक मात्र स्थान है। बर्फीला रेगिस्तान कहलाये जाने वाले लद्दाख का कारगिल महत्वपूर्ण क्षेत्र रहा है। डोगरा शासन काल में जनरल जोराबर सिंह 1846 ई0 में यहाँ अपनी सेना लेकर पहुँचे थे। जम्मू कश्मीर में जोराबर सिंह एक महान योद्धा के रूप में जाने जाते हैं; कश्मीर के उत्तर पूर्व में बसे कारगिल की 99 प्रतिशत आबादी आदिवासी है। बेहद सीधे और शरीफ कारगिलवासी 1947 से ही पाकिस्तानी आक्रमणों का शिकार होते रहे हैं। कारगिल नियंत्रण रेखा के करीब होने के कारण हमेशा पाकिस्तानी तोपों के निशाने पर रहता है। पाकिस्तानी सेना हमेशा कारगिल के ऊपर गोले छोड़ती रहती है। इस क्षेत्र के राजनैतिक एवं सामरिक महत्व को समझते हुये ही जनरल जोराबर सिंह ने लगभग 160 साल पहले यहाँ किला बनवाया था।[2]

पाकिस्तान अपने जन्म के बाद से ही कश्मीर क्षेत्र में घुसपैठ की हरकतें करता रहा है। कभी कबाइली घुसपैठियों को भेजता है तो कभी उग्रवादी संगठनों के द्वारा यह कार्य करता रहा है। कश्मीर को लेकर पाकिस्तान की नीयत हमेशा खराब रही है। फरवरी 99 में भारत के प्रधानमंत्री जब दोस्ती का गुलदस्ता लेकर बस द्वार लाहौर पहुँचे थे, तब नवाज शरीफ ने उनका गर्मजोशी से स्वागत किया था उस समय किसी भी भारतीय को यह अहसास नहीं

हुआ होगा कि इसी पाकिस्तान ने हजारों घुसपैठियों एवं अपने सैनिकों को नये हथियारों के साथ भारतीय सीमा में घुसा दिया है।[3] 5 मई 1999 की प्रातः जब भारतीय सेना की 121वीं ब्रिगेड के अधिकारियों ने सीमा रेखा के पास काक्सर क्षेत्र में पेट्रोलिंग के लिए अपने गश्ती दल के सैनिकों को इस उद्देश्य से भेजा कि वो जाकर जायजा लें कि सीमा के पास ऊँची पहाड़ियों पर जो कि सर्दियों मे बर्फ से ढक जाती है, सेना की चौकियाँ स्थापित करने योग्य है या नहीं। सर्दियों में यहां अत्याधिक मात्रा में बर्फ जम जाती है। यहाँ का तापमान शून्य से 60 डिग्री तक नीचे पहुंच जाता है ऐसी स्थिति में यहाँ कोई परिन्दा भी पर नहीं मार सकता। ऐसी कठिन, अमानवीय परिस्थितियों में यहाँ रहना अत्यन्त मुश्किल कार्य है। इसी कारण 1972 में भारत–पाक के अधिकारियों ने यह फैसला लिया था कि इस क्षेत्र में नियंत्रण रेखा के पास बनी अपनी–अपनी चौकियों को भारत तथा पाक के सैनिक सर्दियों प्रारम्भ होने पर छोड़कर नीचे आ जायेंगे तथा बर्फ पिघलने के बाद अप्रैल–मई में पुनः अपनी–अपनी चौकियों पर स्थिति ग्रहण कर लेंगे। यह एक आपसी समझौता था, जिसका दोनों देशों के सैनिक पालन करते आ रहे थे। इसी के तहत् यह भारतीय गश्ती दल स्थिति का अवलोकन करने के लिये आगे गया था। इस गश्तीदल को गड़रियों से ज्ञात हुआ कि 10–15 काले कपड़ों में घुसपैठियों का उन्होंने आते जाते देखा है।[4] लेफ्टिनेन्ट कालिया और उनक पांच सहयोगी सैनिक स्थिति का जायजा लेने के लिये आगे गये थे। इनका पहली बार घुसपैठियों से सामना हुआ था। ये सभी घुसपैठिये आधुनिक हथियारो से लैस थे। उन्होंने लेफ्टिनेन्ट कालिया एवं उनके सैनिकों को घेर लिया और उन्हें पकड़ लिया।[5]

कारगिल में पाकिस्तान समर्थित भाड़े के सैनिकों की घुसपैठ एवं षड्यंत्र का आभास भारतीय सेना को 6 मई 1999 को हो गया था और 9 मई को स्थल सेना ने इन घुसपैठियों पर जवाबी कार्यवाही करनी आरम्भ कर दी थी। इस दौरान पाकिस्तानी घुसपैठियों ने मशकोंह, द्रास, कारिगल तथा बटालिक क्षेत्र की सुरक्षा की दृष्टि से अत्यन्त संवेदनशील भारत

चौकियां पर अधिकार जमा लिया था। कारगिल की दुर्गुम पहाड़ियों पर आधुनिक शस्त्रों से सज्जित ये घुसपैठिये बड़ी संख्या में प्रवेश कर गये और भारतीय सेना के गुप्तचर एवं सुरक्षा बल के जवान आखिर इस ओर से इतने उदासीन क्यों रहें? यह भी समझना अत्यन्त आवश्यक है। यहाँ यह भी उल्लेखनीय है कि 16000 से 18000 फुट की ऊँचाई पर अपने मजबूत बंकर बनाने वाले और बड़ी मात्रा में आधुनिक शस्त्रास्त्र व विस्फोटक पहुँचाना साधारणतया सम्भव नहीं है। यह एक सुनियोजित योजना के तहत पाक के नियमित सैनिक और भाड़े के अफगान उग्रवादी गुटों की कार्यवाही है।[6]

इस क्षेत्र की नियन्त्रण रेखा की निगरानी रखने हेतु भारत व पाकिस्तान ने अपनी–अपनी स्थायी सीमा चौकियाँ स्थापित कर रखी है। इसके साथ ही साथ इस दुर्गम पहाड़ी क्षेत्र में कुछ अस्थायी आउटपोस्ट भी बनी हुई है जिन पर भारतीय एयर डिफेन्स आर्टिलरी के सैनिक तैनात रहते हैं। वास्तव में दोनों देशों के बीच अभी तक इस सीमा पर एक अधोषित समझौता मान्य रहा है, जिसके तहत हिमपात बन्द होता और मौसम खुलने लगता था, दोनों देश के प्रहरी अपनी–अपनी चौकियों पर चौकसी करने लगते थे। इस बार भी भारतीय सेनाओं ने अपनी आउटपोस्ट को खाली करके पूर्ववत् मौसम खुलने अर्थात् हिमपात कम होने का इन्तजार करते हुए अप्रैल के अन्तिम सप्ताह में जब अपनी आउटपोस्ट की ओर प्रवेश किया तो वहाँ का अलग ही नजारा नजर आया । भारतीय आउटपोस्ट की चौकियों पर पाकिस्तान समर्थित उग्रवादी घुसपैठियों ने अपने मजबूत मोर्चे बना लिये थे। इस बार जैसे ही भारतीय सैनिकों ने अपनी आउटपोस्ट हिमपात होने के कारण खाली की थी, उसी समय पाक सैनिकों ने भी अपनी आउटपोस्ट खाली करने का नाटक करके जनवरी व फरवरी के घोर हिमपात के दौरान ही एक सुनियोजित षड्यंत्र के तहत बड़ी संख्या में घुसपैठियों को काबिज करा दिया था।[7] यही है इस क्षेत्र में पाक समर्थित घुसपैठियों की पैठ व मजबूत बंकर बनाने की पृष्ठ भूमि।

अब प्रश्न उभरता है कि इस दुर्गम एवं मानव परिस्थितियों के विपरीत मौसम वाले इस क्षेत्र पर घोर हिमपात के दौरान आखिर इस क्षेत्र पर अधिकार करने की पाक योजना क्या रही होगी? पाकिस्तान कारगिल क्षेत्र की संवेदनशील सुरक्षा श्रृँखला पर कब्जा करके लेह–कारगिल–श्रीनगर राजमार्ग को अपने अधिकार क्षेत्र में करना चाहता था। इससे भारत के लिए सियाचिन हिमनद की रक्षा व्यवस्था अस्थिर हो जायेगी। इसके साथ ही कारगिल पर अधिकार होने पर जम्मू–कश्मीर कों लद्दाख डिवीजन से भी अलग करने में सहयोग मिलता। ऑपरेशन टोपैक की योजना भी सफल हो जाती। भारतीय सीमा से सटे कारगिल क्षेत्र में पाकिस्तानी सेना ने एक सुनियोजित षड्यन्त्र के तहत बड़ी संख्या में घुसपैठियों को प्रवेश कराया, किन्तु भारतीय सेना ने 'आपरेशन विजय' के तहत पाकिस्तानी सेना के इरादों को पूर्ण विफल कर दिया। पाकिस्तानी सेना ने कारगिल में जो घुसपैठ की, उसके निम्नलिखित प्रमुख उद्देश्य थे[8]:–

(1) पाकिस्तान भारतीय ज़मीन पर कब्जा करके नियन्त्रण रेखा में बदलाव करना चाहता था। चूँकि यह क्षेत्र सामारिक दृष्टि से अत्यन्त महत्वपूर्ण व संवेदनशील था।

(2) पाकिस्तान ने द्रास तथा बटालिक के ऊंचे पर्वत शिखरों पर अपने घुसपैठियों बिठाये जहाँ से वह लेह श्रीनगर मार्ग पर नियन्त्रण कर सकते थे, भारतीय सेनाओं का आवागमन रोक सकते थे और इस पर कब्जा कर लेह को भारतीय सम्पर्क से अलग कर सकते थे।

(3) दस हजार फीट से अधिक ऊंचे क्षेत्र पर अपना कब्जा करके पाकिस्तान श्रीनगर से लेह राजमार्ग, जो कि लद्दाख की जीवन रेखा है, उसे अपने अधिकार में करना चाहता था।

(4) ऊँचे क्षेत्र पर अधिकार होने के कारण भारतीय सेना उन्हें जल्दी से वापस खदेड़ नहीं सकेगी। चूँकि वे नीचे होगें जहां से ऊंचाई पर बैठे पाकिस्तानी घुसपैठियों से लड़ना उनके लिए बहुत कठिन कार्य होगा।

(5) ऊंचाई पर होने के कारण घुसपैठियों की रसद और युद्धक साजो सामान की आपूर्ति भी पहाड़ के पीछे से नियमित पाकिस्तान सेना द्वारा जारी रखी जा

सकेगी।

(6) यदि यह संघर्ष लम्बे समय तक जारी रहेगा तो, इसका अन्तर्राष्ट्रीयकरण होगा और पाकिस्तान कश्मीर मामले को प्रचारित करते रहने में सफल होगा।

(7) इस क्षेत्र पर पाकिस्तान नियन्त्रण करके 'एशिया के काकपिट' यानी सियाचिन ग्लेशियर पर पहुँचने की योजना बना रखी थी। जिससे सामरिक महत्व के इस संवेदनशील सियाचिन क्षेत्र की आवश्यक आपूर्ति पर सरलता से अंकुश लगा सके।

(8) पाकिस्तान ने बहुत कम कीमत पर आई०एस०आई० के माध्यम से भारत को सामरिक एवं आर्थिक रूप से निरस्त करने की एक व्यापक योजना के तहत यह कार्यवाही की।

(9) मुजाहिदीन के लिए मशकोह घाटी के रास्ते घुसपैठ का नया एवं अधिक सुरक्षित मार्ग ढूँढ निकलना।

(10) पाकिस्तान यदि इन अनधिकृत क्षेत्रों पर अपना कब्जा कर सका तो शिमला समझौता व्यर्थ हो जायेगा। भारत पर स्थिति का तनाव बढ़ जायेगा और कश्मीर समस्या का अन्तर्राष्ट्रीयकरण भी हो जायेगा।

सैनिक कार्यवाही– भारतीय स्थल एवं वायु सेना ने एक संयुक्त अभियान 'आपरेशन विजय' के तहत कारगिल सैक्टर में पाकिस्तानी घुसपैठियों के विरूद्व सैनिक कार्यवाही की। जिससे इस मोर्चे पर पाकिस्तान को एक बार फिर अपमानजनक पराजय का मुँह देखना पड़ा। भारतीय सेना के शौर्य, अदम्य साहस तथा दृढ़ निश्चय ने दुश्मन को कारगिल की दुर्गम बर्फीली पहाड़ियों से खदेड़ बाहर किया। सैनिक घटनाक्रम संक्षिप्त इस प्रकार रहा–

तुर्तुक और इसके आसपास के इलाके पर कब्जा करने की पाकिस्तानी चाल का पर्दाफाश हो गया, 12 घुसपैठियों और बड़ी मात्रा में हथियार और गोला–बारूद पकड़े जाने से एक की यह योजना सफल न हो सकी, पकड़े गए घुसपैठियों से पूछताछ के दौरान मालूम हुआ कि इस योजना को पाकिस्तान ने चार चरणों में पूरा करने का मंसूबा बनाया था। 8 मई को भारत सरकार ने बटालिक क्षेत्र में हजार सैनिकों का एक अतिरिक्त दल भेजा इस

भारतीय दल के साथ घुसपैठियों की पहली सशस्त्र मुठभेड़ हुई। उधर पाक सीमा से गोलाबारी प्रारम्भ हो गई जिसका उद्देश्य भारतीय सेना को आगे बढ़ने से रोकना था। 12 मई 1999 को भारतीय सेना ने माना कि सीमा पर युद्ध जैसे हालात बन चुके हैं तथा पाकिस्तान ने भारी मात्रा में उग्रवादियों को भारतीय सीमा में प्रवेश करा दिया है। 17 मई को स्थिति की गम्भीरता को देखते हुये श्रीनगर से 15वीं कोर की सैन्य टुकड़ी के सैनिकों को हैलीकाप्टर से कारगिल में उतारा। 18 से 26 मई के मध्य भारतीय सेना ने माना कि कारगिल, द्रास, बटालिक सैकटरों में लगभग 600 से 800 तक पाकिस्तानी घुसपैठियों प्रवेश कर चुके हैं। भारतीय वायुसेना की कार्यवाही से शत्रु हैरान था। 27 मई को भारतीय मिग 27 में आग लग गई फ्लाइट ले० के० नचिकेता को पाकिस्तानी सेना ने युद्ध बन्दी बनाया। 29 मई को भारतीय सेना ने कारगिल में घुसपैठियों के खिलाफ सफलता पाई और सेना द्रास सेक्टर में नियंत्रण रेखा के पास पहुँच गई यहाँ 125 पाक सैनिकों सहित लगभग 400 घुसपैठिये मारे गये।[9] कारगिल में भारतीय वायु सेना के युद्धक जेट विमानों के हमले एक जून तक लगातार जारी रहे। सेना ने श्रीनगर लेह राष्ट्रीय राजमार्ग पर बाधा पहुँचाने व द्रास में एक दूरदर्शन केन्द्र को नष्ट करने का पाक सेना का प्रयास विफल कर दिया।[10]

द्रास सेक्टर में घुसपैठियों के साथ सशस्त्र संघर्ष में मैकेनाइज्ड इन्फैन्ट्री के मेजर राकेश सिंह शहीद हो गये। कारगिल में आपरेशन विजय लगातार जारी था। 31 मई को प्रधानमंत्री बाजपेयी ने कहा कि कारगिल में युद्ध जैसी स्थिति बन चुकी है। हम शत्रु का सफाया करेंगे।[11] 8 जून को भारतीय वायुसेना और थल सेना ने तुर्तुक एवं बटालिक क्षेत्र मे घुसपैठियों पर तोपों और मोर्टारों से हमला किया इस हमले से शत्रु के रसद मार्ग नष्ट हो गये। 13 जून को तोतोलिंग की दो चोटी प्वाइन्ट 4590 और प्वाइन्ट 5140 को 18 ग्रेनेडियर्स के 20 कमाण्डों को रात में पाक घुसपैठियों से मुक्त कराने का कार्य सौंपा गया इन कमाण्डों ने 18 घुसपैठियों को मार कर प्वाइन्ट 4590 पर कब्जा कर लिया।[12] 19 जून को नियंत्रण रेखा से आठ

नौ सौ मीटर दूर स्थित तोतोलिंग की सबसे ऊँची चोटी प्वाइन्ट 5140 जिस पर पाक ने कब्जा कर रखा था को मुक्त करा लिया गया। भारतीय सेना ने 24 घण्टे की लड़ाई के बाद टाईगर हिल की 10 चोटियों पर पुनः कब्जा कर लिया। 21 जून तक भारतीय सैनिकों ने द्रास क्षेत्र को घुसपैठियों से पूर्ण रूप से मुक्त करा लिया जबकि मश्कोह घाटी में घुसपैठियों को नियंत्रण रेखा से काफी पीछे तक धकेल दिया गया यहां 13 पाक सैनिकों सहित 22 पाक घुसपैठिये मार गिराये गये।[13]

23 जून को भारतीय सेना ने जवाबी गोलाबारी करते हुये पलानवाला सेक्टर में पाकिस्तानी सेना की एक सीमा चौकी तथा चार बंकर नष्ट कर दिये। इस कार्यवाही में 20 पाक सैनिक मारे गये तथा जम्मू सेक्टर में रिमोट नियंत्रित एक पाकिस्तानी जासूसी विमान मार गिराया गया।[14] भारतीय सेना ने आपरेशन विजय के 42वें दिन टाईगर हिल के कुछ महत्वपूर्ण इलाकों से घुसपैठियों को खदेड़ दिया। तुर्तुक सब सेक्टर को पुर्नगठित करके उसका भारतीय कैप्टन हनीफद्दीन के नाम पर नामकरण कर दिया गया जो कि सात जून को इस क्षेत्र को पाक सैनिकों द्वारा हथियाने के प्रयासों को विफल करते हुये शहीद हो गये थे।[15] 27 जून तक भारतीय सेना ने टाईगर पर्वत श्रृंखला को चारों ओर से घेर लिया। यहाँ लगभग 40 घुसपैठिये मार गिराये गये। इस कार्यवाही में भारत के दो जवान भी शहीद हो गये। 30 जून को भारतीय जवानों ने सुनियोजित ढंग से हमला करते हुये द्रास और बटालिक क्षेत्रों में प्वाइन्ट 5100 सहित पाँच प्रमुख ठिकानों पर पुनः कब्जा कर लिया और 40 से ज्यादा घुसपैठियें सैनिक मार गिराये। किन्तु भारतीय सेना को भी अपने तीन अधिकारियों सहित 30 सैनिक खोने पड़े।[16] एक जुलाई तक भारतीय सेना ने सामरिक दृष्टि से महत्वपूर्ण तीन ठिकानों पर कब्जा कर लिया तथा 12 पाकिस्तानी सैनिक मार गिराये।

भारतीय सेना जैसे जैसे नियंत्रण रेखा के नजदीक पहुँच रही थी। पाक घुसपैठियों के साथ उनकी लड़ाई लगातार तेज होती जा रही थी।

टाइगर हिल्स पर अधिकार के लिए अब यहाँ सबसे बड़ी लड़ाई लड़ी जा रही थी। इस लड़ाई में लगभग तीस पाक सैनिक तथा कई बंकर नष्ट हुये। 23 भारतीय सैनिक व अधिकारी भी शहीद हुये। चार जुलाई तक टाइगर हिल्स पर अधिकार कर लिया गया।[17] यहाँ के साथ–साथ वायुसेना ने भी अपना विशेष योगदान दिया। टाइगर हिल्स पर काफी मात्रा में हथियार व युद्ध सामग्री प्राप्त हुई। सात जुलाई तक भारतीय सैनिकों ने बटालिक सेक्टर में सामरिक दृष्टि से महत्वपूर्ण जुब्बार हिल्स और तीन मध्य प्रमुख चोटियाँ प्वाइन्ट 4812, प्वाइन्ट 4927 तथा प्वाइन्ट 4268 पर पुनः कब्जा कर लिया। यहाँ भारतीय सेना को बड़ी मात्र में शस्त्र भण्डार प्राप्त हुआ तथा इस लड़ाई में शत्रु के 100 से अधिक सैनिक मारे गये। इस जुलाई तक भारतीय सैनिकों ने आमने सामने की भीषण लड़ाई के बाद काकसर क्षेत्र की बजरंग चौकी को पाक सैनिकों से मुक्त करा लिया। भारतीय वायुसेना के मिराज 2000 लड़ाकू विमानों ने द्रास में एक एक हजार पौण्ड के 40 लेजर संचालित बम बरसाकर एक पाक आपूर्ति केन्द्र को नेस्तानाबूद कर दिया।[18]

ग्यारह जुलाई से कारगिल क्षेत्र में नियंत्रण रेखा के पास से पाकिस्तानी सैनिकों का लौटना शुरू हो गया।[19] इसी बीच पाकिस्तानी विदेशमंत्री सरताज अजीज ने इस्लामाबाद में कहा कि भारतीय और पाकिस्तानी अधिकारियों के बीच कश्मीर में क्षेत्रवार युद्ध विराम की प्रक्रिया शुरू हो चुकी है। भारत ने इस बात का खण्डन करते हुये कहा कि युद्ध विराम जैसी कोई बात नहीं है भारत के प्रधानंमत्री श्री वाजपेयी ने कहा कि हमारी ओर से युद्ध विराम जैसी कोई बात नहीं है। चाहे वह आंशिक हो या सीमित अथवा किसी भी तरह का। भारत ने पाकिस्तानी सैनिकों को 16 जुलाई की सुबह तक नियंत्रण रेखा के भारतीय क्षेत्र में पाये गये किसी भी घुसपैठिये को शत्रु मानकर उसी तरह बर्ताव किया जायेगा।[20] घुसपैठियों ने वापस हटने के लिए सुरक्षित रास्ता माँगा। घुसपैठियों को वापसी का सुरक्षित रास्ता देने से इंकार करते हुये भारत ने स्पष्ट किया कि कारगिल सेक्टर अथवा अन्य किसी स्थान से भारतीय सैनिक पीछे नहीं हटेंगे, साथ ही 'आपरेशन विजय' जारी रखा

जायेगा। वापसी की अवधि में भारत ने लड़ाकू विमानों तथा भारी हथियारों के प्रयोग पर रोक लगा दी काकसर और मश्कोह से घुसपैठियों की वापसी शुरू हो गई थी। किन्तु बटालिक और कारगिल में आमने सामने की लड़ाई जारी थी। तेरह जुलाई तक संघर्ष विराम के बाबजूद पाकिस्तानी सेना ने कारगिल द्रास तथा श्रीनगर लेह राष्ट्रीय राजमार्ग पर नये सिरे से 24 घण्टे के अन्दर लगभग 2000 से अधिक गोल फायर किये। 14 जुलाई को भारतीय सैनिक बटालिक और द्रास सब सेक्टरों में पाकिस्तानी सैनिकों द्वारा खाली किये गये स्थानों की छानबीन करते हुये नियंत्रण रेखा के एकदम नजदीक पहुँच चुके थे।[21] जबकि मश्कोह घाटी में प्वाइन्ट 5660, एवं 5663 स्थित ठिकानों पर पाक सैनिक अभी जमे हुये थे।

थल सेनाध्यक्ष मलिक ने कहा कि कारगिल से पाक सैनिकों की वापसी के लिए तय 16 जुलाई की समय सीमा में 48 घण्टे की ढील अंतिम है। यदि पाक सैनिक 18 जुलाई की सुबह तक वापस नहीं लौटे तो उनपर गोलाबारी शुरू कर दी जायेगी। भारतीय सेना ने दो माह के भीतर ही दो सेक्टरों बटालिक तथा द्रास को पूरी तरह मुक्त करवा लिया था जबकि मश्कोह तथा काकसर के क्षेत्रों में भारतीय सेना आगे की ओर बढ़ रही थी। 18 जुलाई तक कारगिल क्षेत्र में अंततः पाकिस्तानी घुसपैठियों से पूर्ण तरह से मुक्त करा लिया गया था नियंत्रण रेखा के पास भारतीय क्षेत्र में एक भी घुसपैठिया शेष नहीं था। रक्षा मंत्री जार्ज फर्नांडिस ने घोषणा की कि आखिरी पाकिस्तानी सैनिक भी कारगिल से वापस लौट चुका है। अब यह इलाका पूरी तरह से घुसपैठियों से खाली हो चुका है।[22] रक्षा मंत्री ने इस विषम एवं कठिन क्षेत्र में सफलतापूर्वक शत्रु से लड़ने के लिए थल सेना व वायुसेना की सराहना की तथा पाकिस्तान को चेतावनी दी कि पश्चिमी सीमाओं से भारत में घुसपैठिये भेजना बन्द करे अन्यथा उसके खिलाफ भारत कोई भी उचित कार्यवाही कर सकता है।

दो माह के भीषण घमासान के बाद भारतीय सेना ने पाक घुसपैठियों

को खदेड़ने के लिये चलाऐ जा रहे 'आपरेशन विजय' को सफलतापूर्वक पूरा कर लिया। सेना ने दावा किया कि अंतिम पाकिस्तानी घुसपैठिये को मार भगाने के साथ ही 26 मई में शुरू हुआ ''आपरेशन विजय'' का मूल लक्ष्य प्राप्त कर लिया गया।[23] सैन्य कार्यवाही के महानिदेशक लेफ्टिनेन्ट जनरल एन0सी0विजय ने जानकारी देते हुये कहा कि थल सेना और वायु सेना के दो माह तक चले आपरेशन विजय में 400 से ज्यादा भारतीय सैनिक और अधिकारी शहीद हुये जबकि पाकिस्तानी सैनिक घुसपैठियों के मरने की संख्या लगभग 700 से अधिक थी।[24]

कारगिल का युद्ध आखिर समाप्त हुआ। 52 दिन तक चले इस अभियान में भारतीय सेनाओं के 400 से अधिक सैनिक अधिकारी एवं जवानों ने अपने प्राणों की आहुति दी। इस अभियान में लगभग 10 हजार करोड़ रूपये व्यय हुआ। जाति, धर्म और सम्प्रदाय के राजनीतिक विभाजन के बावजूद पूरा देश एक राष्ट्र के रूप में उठ खड़ा हुआ और सभी ने एक स्वर से भारतीय सेनाओं के अप्रतिम शौर्य और बलिदान को सम्पूर्ण समर्थन किया। राष्ट्रीय चेतना, देशभक्ति एवं एकजुटता का उद्घोष देश में चारों और गूंज उठा। यह युद्ध सब से दुर्गम और कठिन इलाके में लड़ा गया। स्थल सेना एवं वायु सेना की समन्वित कार्यवाही के कठिन परिश्रम से ऊँचे क्षेत्र के इस संघर्ष में भारत को सफलता मिली। आपरेशन विजय के दौरान भारतीय स्थल सेना को उस समय महत्वपूर्ण सफलता मिली, जब 13 जून को उसने महत्वपूर्ण तोलोलिंग और प्वाइण्ट 4590 चोटियों पर कब्जा कर किया। इसके बाद 23 जून को प्वाइन्ट 5203 पर अधिकार करके आगे बढ़ते हुए 29 जून को प्वाइण्ट 4700 और ब्लैक रॉक पर पुनः अपना कब्जा जमा लिया। इसी संघर्ष के दौरान 5 जुलाई को भारतीय जवानों ने अपनी 'टाइगर हिल' चोटी पर अपना ध्वज फहराया जिससे श्रीनगर–लेह राजमार्ग का खतरा पूरी तरह समाप्त हो गया। 6 जुलाई को जुबार पहाड़ी पर भी अधिकार कर लिया। अंततः 26 जुलाई, 1999 को सेना की 15वीं कोर के सेनानायक ले0 जनरल कृष्णपाल ने सम्पूर्ण कारगिल को पाकिस्तान सैनिकों से मुक्त घोषित

कर दिया। अपने शौर्य एवं बलिदान से भारतीय सैनिकों ने एक बार फिर नया इतिहास रचा। उन्होंने दुनिया के सामने पाकिस्तान के झूठ, उदण्डता और आतंकवाद को उसके नंगे स्वरूप को प्रदर्शित कर दिया। इस प्रकार भारतीय रक्षा व्यवस्था को एक और नयी चुनौती का सामना करना पड़ा।[25]

पाकिस्तान पर जन्म से ही कश्मीर हड़पने की सनक सवार रही है। इस संघर्ष के माध्यम से उसका इरादा 1971 की करारी हार तथा देश के विभाजन का बदला चुकाना चाहता था। वहाँ की राजनीतिक पार्टियों के लिए कश्मीर एक विशेष मुद्दा रहा है। इस्लामी कट्टरपंथियों के ऐसे 14 संगठन हैं जिनके मुजाहिदीन कश्मीर में सक्रिय है और जिन्हें न केवल सरकार, बल्कि सेना तथा आई0एस0आई0 का पूर्ण संरक्षण प्राप्त है। इस अभियान में पाकिस्तान ने बहुत कम कीमत पर आई०एस०आई० के माध्यम से भारत को सामरिक तथा आर्थिक रूप से निरस्त करने की व्यापक योजना बनायी। इस युद्ध में पराजय के कारण पाकिस्तान को एक बार पुनः करारा झटका लगा। इस युद्ध ने स्पष्ट संकेत दे दिया कि 300 किमी0 लम्बी वास्तविक नियन्त्रण रेखा पर उपग्रह इमेजरी पर आधारित व्यापक एवं अभेद्य सरविलेंस सिस्टम स्थापित किया जाये। इससे घुसपैठियों के छोटे–छोटे दल को भी सीमा पार से देखा जा सकता है। इसके साथ ही हमारी वायुसेना का दुर्गम पहाड़ी में अधिक कारगर लड़ाकू विमानों तथा लेसर नियन्त्रित आयुद्धों की व्यवस्था की जाए। इसके अलावा भारतीय पैदल सेना का हल्के रडारों, रात में देखने वाले उपकरणों, आधुनिक प्रक्षेपात्रों तथा शुन्य से कम तापमान में रहने वाले जरूरी साधनों से सज्जित किया जाए। गुप्तचरों सेवाओं का व्यापक पुनर्गठन किया जाए। ऊँचे क्षेत्र में कारगर मार करने वाली तोपों की व्यवस्था की जाये। सफल कूटनीति तथा सक्षम सशस्त्र सेनाओं के माध्यम से कठिन से कठिन चुनौती का बखूबी सामना किया जा सकता है।

कारगिल में पाकिस्तान की घुसपैठ के साहस की न केवल अन्तर्राष्ट्रीय स्तर पर आलोचना की गई वरन् स्वयं पाकिस्तान के अंदर भी इसे मूर्खतापूर्ण

आत्मघाती कदम बताया गया है। पाकिस्तान के अखबार डॉन के टीकाकार ने लिखा है कि कारगिल में पाकिस्तान को बहुत हानि हुई है तथा भारत को अमेरिका के और निकट आने का अवसर प्रदान हुआ है। कारगिल में पाकिस्तानी घुसपैठ से अमेरिका की नीति बदली है और अब अमेरिकी विश्वास करते हैं कि कारगिल में भारतीय सेना से लड़ रहे सभी लोग पाकिस्तान की तरफ से आये हैं और हम चाहते हैं कि वे वापस चले जायें। पाकिस्तानी प्रधानमंत्री नवाज शरीफ न केवल पाकिस्तानी सेना की कारगिल कार्यवाही से वाकिफ थे, बल्कि उन्होंने ही इस मसौदे को मंजूरी दी थी। हालांकि पाकिस्तान के कुछ लोग यह मानते हैं कि पाकिस्तानी सेना ने नवाज़ शरीफ के पर कतरने के लिए इस दुस्साहिक कार्यवाही की योजना बनाई थी और जब सेना को अवसर प्राप्त हुआ, तो उसने इसे अंजाम दिया। किन्तु सच्चाई यह है कि नवाज़ शरीफ को कारगिल योजना की जानकारी प्रारम्भ से ही थी उन्होंने इस सन्दर्भ में होने वाली प्रत्येक बैठक में भाग लिया था। विश्वसनीय सूत्रों से ज्ञात हुआ कि 1998 के अंतिम समय व 1999 के प्रारम्भ में तीन महीनों में कश्मीर को लेकर पाकिस्तान में तमाम बैठकें हुई थीं। इन सभी बैठकों में नवाज़ शरीफ, सेना व गुप्तचर ऐजेन्सियों के अफसर, मंत्री तथा विभिन्न विभागों के सचिव भी शामिल हुये थे। इन बैठकों में कश्मीर को लेकर पाकिस्तानी नीति व उसे लागू करने के तरीकों पर भी विचार विमर्श हुआ था।[26]

भारतीय राजनीतिकारों का विचार है कि पाकिस्तान ने कारगिल में यह घुसपैठ व आक्रमण अपने निम्न उद्देश्य को पूर्ण करने के लिए किया था –

1. नियंत्रण रेखा को बदलने एवं शिमला समझौते को खत्म कर कश्मीर को अन्तर्राष्ट्रीय मंचों पर पुनः उठाना।
2. द्रास एवं कारगिल पर कब्जा कर उसे नियंत्रण रेखा खुलवाने के लिए चारे के रूप में प्रयोग करना।
3. कारगिल के पास मश्कोह घाटी के नाले पर नियंत्रण करके वहाँ से घुसपैठ के लिये खुला रास्ता बनाना।

4. सामरिक महत्व वाले श्रीनगर–लेह राष्ट्रीय मार्ग पर अधिकार कर एवं उसे बन्द करके शीतकाल में लद्दाख को पहुँचने वाली रसद–आपूर्ति को रोकना।
5. तुर्तक, बटालिक, चूघ, मश्कोह घाटियों पर कब्जा करके भारत को सियाचिन से पीछे हटने के लिए मजबूर करना और सियाचिन पर कब्जा किये रहना।

मूलरूप से पाकिस्तान की योजना नियंत्रण रेखा के वास्तविक रूप को बदलने की थी तथा इस कार्यवाही से वह भारत को मजबूर कर दे कि वह कश्मीर पर पुनः वार्ता के लिए तैयार हो जाये क्योंकि पाकिस्तान इसी तरह कश्मीर को प्राप्त कर सकता है, क्योंकि पाकिस्तानी यह जानता है कि आमने–सामने की लड़ाई में वह कभी भी भारत से नहीं जीत सकता। अतः वह घुसपैठियों को तथा पाकिस्तान समर्थित उग्रवादियों को सहायता देकर घाटी पर अधिकार करना चाहता है। लन्दन के समाचार पत्र 'दी इंडिपेन्डेन्ट' ने पाकिस्तान की इस साजिश की सूचना छापते हुये लिखा था कि– 'जम्मू–कश्मीर के कारगिल क्षेत्र में घुसपैठ करने वाले विदेशी भाड़े के सैनिकों को नियंत्रण रेखा के निकट लगभग 50 शिविरों में प्रशिक्षण दिया गया है तथा नवीनतम हथियारों से सुसज्जित किया गया है।''[27]

इस घटना के बाद प्रधानमंत्री अटल बिहारी वाजपेयी ने कहा कि 'नवाज शरीफ ने उनकी पीठ में छुरा घोंपा है, क्योंकि जब पाक प्रधानमंत्री लाहौर में वाजपेई से गले मिल रहे थे और शांति के लिए लाहौर घोषणा पत्र पर हस्ताक्षर कर रहे थे, उसके पूर्व वे अपने सेना प्रमुख को कारगिल में कार्यवाही करने के आदेश पर हस्ताक्षर कर रहे थे, उसके पूर्व वे अपने सेना प्रमुख को कारगिल में कार्यवाही करने के आदेश पर हस्ताक्षर कर चुके थे, यही कारण है कि हमारी सेना आश्चर्य चकित रह गई थी।[28]

पाकिस्तान ने नवम्बर 1998 में ही भारतीय क्षेत्र की वास्तविक नियंत्रण रेखा पर स्थित ऊँची पहाड़ी चोटियों पर कब्जा करना शुरू कर दिया था। एक अंग्रेजी पत्रिका 'टाइम्स' ने अपने अंक में लिखा था कि नवम्बर 1998 में ही पाकिस्तानी सेना की नॉर्दन लाइट इन्फैन्ट्री रेजीमेन्ट एवं खैबर राइफल्स

के जबानों की एक टुकड़ी 3500 मीटर ऊँची पहाड़ियों के लिए कूच कर चुकी थी। किसी भी तरह की आशंका से बचने के लिए यूनिट को बिना किसी हथियार के पहाड़ियों के बंकर बनाने के लिए भेजा गया था। पाकिस्तान अपनी पूर्व सुनियोजित रणनीति के तहत् वास्तविक नियंत्रण रेखा को बढ़ाकर श्रीनगर –लेह मार्ग को अवरुद्ध करना चाहता था। 'टाइम्स' के अनुसार भारतीय भू–भाग में जो पाकिस्तानी फौजें हैं दरअसल वे मुजाहिदीन है जिनका पाकिस्तानी सेना ने अपने फायदे के लिये प्रयोग दिया।[29]

शत्रु हमेशा शत्रु रहता है और परिस्थितियों के अनुसार उसका व्यवहार बदलता रहता है। फिर पाकिस्तान जैसा शत्रु जोकि गिरगिट की तरह रंग बदलता है पर आँखे मूँद कर विश्वास तो स्वप्न में भी नहीं करना चाहिये। आज जब कारगिल युद्ध समाप्त हो चुका है, और कारगिल, द्रास व बटालिक खामोश हैं किन्तु इस युद्ध से भारत ने यह महसूस कर लिया कि पाकिस्तान के प्रति उसे कड़ा रुख अपनाना ही होगा। कारगिल युद्ध ने कम से कम भारत के लिये यह पक्का कर दिया है कि राष्ट्रीय सुरक्षा का केन्द्र पाकिस्तान ही रहेगा। भारतीय खुफिया विभाग की खामियाँ भी उजागर हुई हैं। पाकिस्तान तथा पड़ोसी शत्रुओं पर नजर रखने के लिए खूफिया एजेन्सियों का सुस्त होना हानिकारक होगा। एक तरह से कारगिल लड़ाई भारत के लिए सबक है। भारतीय सेना अपना फर्ज़ पूर्ण ईमानदारी से निभा रही है। आज भारत को ऐसी शक्ति बनने की आवश्यकता है कि कोई भी पड़ोसी देश उसे चुनौती देने का साहस न कर सके। अब पाकिस्तान कितनी ही कसम खाता रहे कि हम भारत विरोधी कार्यवाही नहीं करेंगे किन्तु हमें ध्यान रखना चाहिये। 'न विश्वसेत् पूर्व विरोधितस्य' अर्थात् जो पहले विरोधी रह चुका है उसका पूर्ण विश्वास नहीं करना चाहिये।

कारगिल का युद्ध समाप्त हो चुका है किन्तु भारत को पाकिस्तान की ओर से हमेशा सचेत रहना चाहिये। भारत को कारगिल के युद्ध के बाद अमेरिका के व्यवहार पर नजर रखना होगी, क्योंकि अमेरिका अवश्य अपने

उस प्रभाव की कीमत वसूलना चाहेगा जिसके कारण पाकिस्तान के प्रधान मंत्री सीमाओं से पाकिस्तानी सैनिकों और घुसपैठियों को वापस बुलाया है। अमेरिका की यह कीमत हो सकती है– भारत के बिना शर्त सीटीबीटी पर हस्ताक्षर करने की। भारत को कारगिल मिशन के बाद भी इस बात पर नजर रखना होगी कि कश्मीर मुद्दे का अन्तर्राष्ट्रीयकरण न हो पाये। भारत को इस ओर भी ध्यान देना होगा कि कारगिल में पुनः ऐसी स्थिति न उत्पन्न हो। अतः यहाँ चौकसी की व्यवस्था तो करनी ही होगी, साथ ही साथ नवीनतम् उच्चस्तरीय तकनीकी के उपकरण भी तैनात करना होंगे क्योंकि इसके अभाव के कारण ही हमें कारगिल में पाकिस्तानी साजिश की जानकारी तत्काल प्राप्त नहीं हो सकी थी।

भारत–पाक सम्बन्धों पर प्रभाव : निस्संदेह कारगिल युद्ध ने भारत और पाकिस्तान के परस्पर सम्बन्धों को बुरी तरह से झिंझोड़ कर रख दिया। हालांकि इस युद्ध के पूर्व दोनों देशों के सम्बन्ध पोखरण विस्फोट के बावजूद शान्ति की पटरी पर चलते हुए प्रतीत हो रहे थे, किन्तु इस प्रकरण ने एक बार फिर तनाव की स्थिति उत्पन्न कर दी। भारतीय प्रधानमंत्री ने तो यहाँ तक कह डाला कि दोस्ती की आड़ में पाकिस्तान ने भारत की पीठ पर छुरा घोंप दिया है। दोनों पक्षों में कटु वचनों के आदान–प्रदान होने लगे और परस्पर सम्बन्धों के सभी दरवाजे लगभग बन्द हो चुके थे। ऐसे में विश्व समुदाय का चिंतित होना लाजिमी था और उसके बाद यह स्थापित करने का प्रयास किया जाने लगा कि भारत और पाकिस्तान के मध्य सम्बन्धों को पुनः सामान्य व बहाल किया जाना शान्ति व सुरक्षा के हित में है।

भारत–पाकिस्तान के आपसी सम्बन्धों के बीच कटुता की जमी बर्फ की पर्तें आखिर आहिस्ता–आहिस्ता पिघलने लगी और आखिरकार अवाम की आवाज़ को अन्जाम मिलने लगा। यही कारण है कि दोनों के बीच आपसी रिश्तों को सुधारने के क्रम में श्रीनगर और मुजफ्फराबाद के बीच प्रस्तावित बस सेवा की शुरूआत से यह बात अवश्य स्पष्ट हो गई है कि भारत और पाकिस्तान दोनों यह समझने लगे कि शान्ति प्रक्रिया में कश्मीर से जुड़े

किसी भी मामले पर कश्मीरी आवाम की आकांक्षाओं और आवाज की ओर ध्यान देना बेहद जरूरी हो गया है। पाकिस्तान की राजधानी इस्लामाबाद में भारत के विदेश मन्त्री कुँवर नटवर सिंह और पाकिस्तान के विदेश मन्त्री खुर्शीद महमूद कसूरी द्वारा इस बहुप्रतीक्षित बस सेवा के शुरू किए जाने का जब ऐलान किया जा रहा था, तो उसी समय सरहद के दोनों ओर अनायास ही जश्न का जोरदार माहौल सरेआम दिखाई दिया। इस बस सेवा की सकारात्मक पहल से कश्मीर के लोगों को निश्चित ही सबसे अधिक राहत महसूस हुई है। बस सेवा की शुरूआत करने की इस सकारात्मक पहल से इतिहास की आधी सदी से अधिक पुरानी एवं उलझी गाँठ को खोलने का प्रयास किया गया। आखिर आतंकवादी हमलों के बावजूद भारत ने दृढ़ता एवं उत्साह के साथ श्रीनगर–मुजफ्फराबाद के बीच कारवां ए अमन के रूप में बस सेवा की पहल हो गयी।[30] बस सेवा शुरूआत स्पष्ट रूप से यह संकेत दे रही थी कि नियंत्रण रेखा के आर–पार बसने वाले कश्मीरियों के लिए यह एक बहुत बड़ा उपहार है। इसे समृद्धि की सौगात कहा जाए तो कोई अतिश्योक्ति नहीं होगी। जम्मू–कश्मीर को नियन्त्रण रेखा के जरिये अलग करने वाली अवश्य रेखा के दोनों ओर की राजधानियों श्रीनगर और मुजफ्फराबाद के बीच की दूरी 183 किलोमीटर है। इसमें भी चकोटी (पाकिस्तान अधिकृत कश्मीर की अन्तिम सैनिक चौकी) और उड़ी के बीच का रास्ता केवल 10 किलोमीटर का ही है। इस छोटी सी दूरी को तय करने में दोनों ओर के देशों के नागरिकों को बहुत कुछ खोना पड़ा है। चकोटी बारामूला से 71 किलोमीटर तथा श्रीनगर से 121 किलोमीटर दूर है। सड़क–सेवा की शुरूआत से श्रीनगर से मुजफ्फराबाद पहुँचने में बामुश्किल पाँच घण्टे लग रहे हैं, जबकि अभी तक इस दूरी को तय करने में एक सप्ताह का समय लग जाता था। इससे न केवल समय एवं पैसे की ही बचत होगी, बल्कि विभाजित परिवारों को जो राहत, खुशी एवं रोमांच की अनूठी अनुभूमि होगी, उसकी कीमत का वास्तविक अनुमान लगा पाना भी कठिन है। बस के आगे बढ़ने के साथ ही लोगों के चेहरों पर खुशी और उमंग का अतिरेक स्पष्ट झलक रहा था। दो हिस्सों में बँटे कश्मीर और

कश्मीरियों के दरमियान दूरी पाटने वाली श्रीनगर–मुजफ्फराबाद बस सेवा का शुभारम्भ आखिर 7 अप्रैल 2004 से आरम्भ हो गया और 'कारवां–ए–अमन' चल निकला। आइये नज़र डालते हैं, कश्मीर के दो धड़ों को आपस में जोड़ने वाली श्रीनगर–मुजफ्फराबाद सड़क से जुड़ी खास–खास बातों पर।[31]:–

- 183 किलोमीटर लम्बी है श्रीनगर–मुजफ्फराबाद सड़क।
- 10 सालों में बनकर तैयार हुई इस सड़क को प्रयोग के लिए पहली दफा 1892 में खोला गया।
- यह सड़क 1947 तक यानि भारत विभाजन के पूर्व कश्मीर घाटो की बाहरी दुनियां से जोड़ने का एकमात्र जरिया थी।
- 1947–48 में भारत–पाक युद्ध के दौरान यह सड़क बन्द रही।
- श्रीनगर से शुरू होने वाली ये सड़क बारामूला और उड़ी होते हुए नियन्त्रण रेखा से गुजरती है और इसके बाद गुलाम कश्मीर के क्षेत्र कोहाला होते हुए मुजफ्फराबाद पहुँचती है।
- पाकिस्तान में यह सड़क रावलपिण्डी तक बढ़ा दी गई है।
- 16वीं सदी में अकबर ने इसी मार्ग से घाटी में यात्रा की थी।
- आजादी की लड़ाई के दौरान पं० जवाहरलाल नेहरू जी को एक बार इसी सड़क पर गिरफ्तार किया गया था।
- इसे झेलम घाटी रोड या उड़ी रोड भी कहा जाता है।
- पूर्व प्रधानमंत्री अटल बिहारी वाजपेयी ने 13 जुलाई, 2001 में इसी सड़क को खोले जाने की घोषणा की थी।

इससे पूर्व कश्मीरियों को मुजफ्फराबाद जाने के लिए पहले सड़क या वायुमार्ग से दिल्ली जाना पड़ता था। इसके बाद हवाई जहाज या बस द्वारा लाहौर। अब इस सड़क के खुल जाने से वक्त और पैसे दोनों की बड़ी बचत होगी। इसके खुल जाने पर रावलपिण्डी के बाजारों में उनके उत्पाद और सामान कुछ ही घण्टों में पहुँच जाया करेंगे। अभी तक उन्हें श्रीनगर जम्मू राजमार्ग पर आश्रित रहना पड़ता था जो बर्फबारी के कारण महीनों बन्द रहता है। अगर मौसम अच्छा हो तो सड़क द्वारा श्रीनगर से जम्मू जाने

में कम से कम 12 घण्टे लगते हैं और वहाँ से दिल्ली और उसके बाद मुम्बई, चेन्नई और कोलकाता के बाजारों में उत्पाद पहुंचाना महीनों का काम हो जाता है। इस मार्ग के खुल जाने से सबसे ज्यादा फायदा कश्मीर के सेब उद्योग को होगा। घाटी सेब के बागों के लिए मशहूर है। यदि सेब रावलपिण्डी में बेचे जा सकें तो सेबों को बाजारों तक पहुंचाने का खर्च भी आधा हो जाएगा। उड़ी–बारामूला क्षेत्र में सम्पत्तियों के दामों में खासी बढ़ोत्तरी हुई है। ऐसी ही बढ़ोत्तरी 2001 में उस वक्त हुई थी, जब भारत ने श्रीनगर–मुजफ्फराबाद सड़क को दोबारा खोलने का प्रस्ताव रखा था, किन्तु आगरा वार्ता की असफलता ने प्रस्ताव को ठण्डे बस्ते डाल दिया था। सड़क खुलने से उत्साहित जम्मू कश्मीर सरकार दिल्ली की मदद से वर्तमान हाइवे को फोर लेन एक्सप्रेस में बदलने की योजना बना रही है। राज्य के पर्यटन विभाग से उन लोगों की मदद करने को कहा गया है, जो यात्रियों को अपने घर में आश्रय देने और सड़क पर चाय की दुकानें या रेस्तरां खोलने के इच्छुक हैं।

श्रीनगर–मुजफ्फराबाद बस सेवा की शुरूआत इसलिए विशेष महत्वपूर्ण मानी जा रही है, क्योंकि कश्मीर के दोनों भागों के विभाजन के 57 वर्षों बाद पहली बार आपसी मेल–मिलाप सीधे तौर पर सन्देहों एवं आशंकाओं को विराम देने में सक्रिय सहयोग मिलेगा। पाकिस्तान अब पाक अधिकृत कश्मीर के लोगों को भारत के विरूद्ध भड़काने में अब कामयाब नहीं हो सकेगा, क्योंकि वहाँ के लोग कश्मीर एवं भारत की लोकतान्त्रिक स्थिति को स्पष्ट रूप से देख एवं अनुभव कर सकेंगे और साथ ही गुमराह होने से बच सकेंगे। इसी आशंका को अनुमानित कर अनेक आतंकवादी गुटों ने इसका विरोध करते हुए सीधे बंद की धमकी देनी शुरू कर दी है। कश्मीर के विभाजित परिवारों की दर्द भरी दास्तान लम्बी है। इसके बावजूद यह स्पष्ट है कि जम्मू कश्मीर के लोगों को भारत में जिस प्रकार स्पष्ट रूप से बात कहने की आज़ादी है। वैसा पाक अधिकृत कश्मीर (पी०ओ०के०) के लोगों के नसीब में नहीं है। सरहद पार के सब्जबाग के झाँसे में आकर अपना घर–बार छोड़कर मुजफ्फराबाद जाने वाले टकटकी लगाकर 7 अप्रैल 2004

का बेसब्री से इन्तजार कर रहे थे। इसके साथ ही आतंकवादी संगठन इस समझौते से जहाँ एक ओर हैरान थे, वहीं दूसरी ओर हरकत करके उन लोगों ने पर्यटन केन्द्र पर धावा बोलकर उसे आतंक का निशाना बनाया, इसके बावजूद भारत ने दोस्ती की दस्तक देने वाली बस सेवा को हरी झण्डी दिखाकर अपने दृढ़ इरादे जग जाहिर कर दिये।

भारत को इस बात का अहसास है कि दोनों देशों के बीच कटुता एवं वैमनस्यता का वातावरण तभी समाप्त होगा, जब आम आवाम की निकटता बढ़ेगी और इनके लोग नज़दीक आयेंगे। अपनी साझा संस्कृतियों एवं परम्पराओं को पहचानेंगे और एक–दूसरे के यहां आना–जाना बढ़े। 'पीपुल टू पीपुल कांटैक्ट' इस समझौते की एक कूटनीति का हिस्सा है। पाक अधिकृत कश्मीर के लोग जब भारत के कश्मीर में आयेगें, तो उन्हें पता लग जाएगा कि उन्हें आखिर किस तरह से बरगलाया जा रहा था। इस जन्नत की हकीकत कुछ और ही है। इसी प्रकार कश्मीर के निवासी जब पाक अधिकृत कश्मीर जाए, तो यह स्पष्ट सन्देश दें कि हमारे यहां की स्थितियाँ कितनी बेहतर और लोकतांत्रिक है। ऐसा करके ही पाक के नापाक इरादों तथा पाक–खुफिया तन्त्र आई०एस०आई० की रणनीति को पूरी तरह नेस्तनाबूद किया जा सकेगा।[32] भारत एवं पाकिस्तान ने अपनी–अपनी नीतिगत बदलाव करके आखिरकार इस समझौते को अन्जाम दिया। जहाँ भारत ने इस मार्ग की यात्रा के लिए पासपोर्ट और वीजा की औपचारिकता छोड़ दी, वहीं पाकिस्तान ने भी यह शर्त हटा दी कि बस–सेवा का इस्तेमाल केवल कश्मीरी लोग ही करेंगे। दोनों देशो के बीच इस बात पर भी सहमति हुई कि सभी भारतीय एवं पाकिस्तानी नागरिक इस प्रस्तावित बस सेवा का उपयोग कर सकते हैं। किन्तु किसी तीसरे देश के नागरिक को इस बस–सेवा में सफर की इजाजत नहीं होगी। पाकिस्तान पहले इस बात पर जोर दे रहा था कि यह सुविधा सिर्फ नियन्त्रण रेखा के दोनों तरफ रहने वाली कश्मीरियों को ही मिले। इस बस सेवा का स्पष्ट संकेत है कि भारत नियन्त्रण रेखा पर सामान्य स्थिति की ज़रूरत महसूस करता है। इस दोस्ती की बस से कश्मीर (श्रीनगर)

से पाक अधिकृत कश्मीर (मुजफ्फराबाद) तक सड़क सेवा सम्पर्क 7 अप्रैल 2004 से शुरू हो गयी, जिससे निःसन्देह मित्रता एवं प्रगाढ़ सम्बन्धों की एक नई सार्थक शुरूआत हुई और आखिर नफ़रत की दीवार गिराने की सोच भी सुदृढ़ हो गयी।[33]

सहमति के पूर्व पाकिस्तान इस जिद पर अड़ा था कि श्रीनगर एवं मुजफ्फराबाद के बीच वीजा व पासपोर्ट की औपचारिकता नहीं होनी चाहिए। आखिर भारत ने उसकी जिद को रखते हुए भारत–पाक रिश्ते को बेहतर बनाने का एक नया कदम उठाया है। जम्मू–कश्मीर में चेनाब नदी पर बनने वाली बगलिहार परियोजना पर पाकिस्तान का कहना है कि चेनाब नदी पर 475 फुट ऊँचा बाँध बनने से भारत नदी के बहाव में फेर–बदल कर सकता है। पाक के इस तर्क से आपसी मतभेद व रिश्तों की खटास के कारण तनाव चल रहा था। भारत को इस दोस्ती की दस्तक से यह लाभ होगा कि अब यह बगलिहार परियोजना पर पाकिस्तान से बेहतर स्थिति में समन्वय कर सकेगा। यह अवश्य है कि बगैर पासपोर्ट व वीजा की औपचारिकता के द्वारा आरम्भ होने वाली बस यात्रा का दुरूपयोग घुसपैठिये या आतंकवादी संगठन न कर सकें। इसके लिए जहाँ मात्रा प्रक्रिया पर कड़ी नज़र व निगरानी वाली प्रक्रिया अपनाने की ज़रूरत होगी, वहीं सुरक्षा व्यवस्था को निरन्तर सजग रखना होगा। यात्रा को सरल बनाने की प्रक्रिया के सभी पहलुओं पर पहले विश्लेषण किए जाने की विशेष जरूरत है, ताकि दोस्ती की सौगात एवं सद्भावना को शुरू होने वाली सड़क में कोई दरार न आए। इसके लिए स्थानीय स्तर पर आव्रजन जांच अनिवार्य बनाई जाए, ताकि यात्री के पूरे परिचय की पड़ताल सही रूप में की जा सके और पूरी प्रक्रिया होने के बाद ही यात्रा की अनुमति देने की ज़रूरत है। यहाँ यह बात भी उल्लेखनीय है कि दोस्ती की एक और आगे बस बढ़ने के साथ दोनों देशों के बीच मुनाबाव खोखरापार रेल लिंक पर भी सहमति बनी है। इस प्रकार दोनों देशो के आपसी रिश्तों को पटरी पर लाने का एक संवेदनशील एवं महत्वपूर्ण कदम उठाया गया, इसे आवाम की आवाज़ का अंजाम भी कहा

जा सकता है। मुन्नाबाव (भारत) व खोखरापार (पाकिस्तान) के बीच चलने वाली रेल–सेवा 1965 के युद्ध के दौरान से बन्द हो गई थी। इस रेल–मार्ग का निर्माण 1890 में जोधपुर के महाराज ने बाड़मेर से सादीपल्ली के लिए करवाया था और 22 दिसम्बर, 1900 में इस पर रेलगाड़ी की शुरूआत हुई थी। आज़ादी के बाद भारत व पाकिस्तान दोनों देश छह–छह माह अपने रेलगाड़ी इस रेलवे लाइन पर चलाते थे। आखिर दोनों देशों के बीच खिंची दीवार में एक रास्ता फिर बनाया जा रहा है। निःसन्देह वह एक सुखद सन्देश है। अमृतसर एवं लाहौर के बीच तथा ननकाना साहिब सिक्ख तीर्थों के लिए सीधे बस सेवा शुरू करने की दिशा में हुई प्रगति सम्बन्धों को और अधिक प्रगाढ़ बनाने के लिए निश्चित रूप से सक्रिय सहयोग देगी। कश्मीर देश की मुख्यधारा का हिस्सा बनेगा, अलगाव का अन्त होगा और शान्ति के साथ विकास के नये युग की शुरूआत होगी।

निःसन्देह इन उठाए गए सामयिक कदमों से जहाँ दोनों देशों के बीच पैदा हुई कटुता, वैमनस्यता, ईर्ष्या, तनाव व विरोध को विराम मिलेगा, वहीं इसका प्रत्यक्ष प्रभाव राजनयिक सम्बन्धों पर भी पड़ेगा। सच बात यही है कि दोनों देशों के बीच आपसी विश्वास बहाली का यह एक बहुत बड़ा और ऐतिहासिक कदम है। चूंकि ये समझौता केवल बस समझौता नहीं है, बल्कि सम्बन्धों की शुरूआत की एक बड़ी बुनियाद भी है। कश्मीर को सड़क मार्ग से जोड़ने के बहाने दोनों देशों ने शान्ति और मैत्री की आवश्यक पहल की है। श्रीनगर मुजफ्फराबाद के बीच बस सेवा की शुरूआत के एक हफ्ते के भीतर कश्मीर घाटी को सीधे रेल सेवा से जोड़ना इसी बदलाव की निशानी है।[34] इस सबके बावजूद में इस बात पर निरन्तर सजग एवं जागरूक रहने की भी सामयिक जरूरत रहेगी ताकि इस मार्ग का दुरूपयोग न हो। सम्बन्धों में सुधार के साथ–साथ यह बात विचारणीय है ताकि इस संवेदनशील मामले को कभी भी उपेक्षित या अनदेखा करने से भारी आघात भी उठाना पड़ सकता है। हाल ही में पाक राष्ट्रपति मुशर्रफ ने शान्ति प्रक्रिया के बीच सम्बन्धों में दरार डालने वाली बयानबाजी करते हुए कहा कि "कारगिल युद्ध से भारत को कश्मीर

विवाद को हकीकत एक झटके से अहसास हो गया।[35] इसके साथ ही भारत को प्रबल विरोधी या कट्टर दुश्मन कहकर पाकिस्तान के राष्ट्रपति ने पहले ही दोनों देशों के सुधरते सम्बन्धों की बुनियाद हिलाकर बस सेवा की शुरूआत को बेहाल बनाने का एक घातक संकेत दे दिया। पाकिस्तान में लोकतांत्रिक संस्थाओं को दमन एवं दबाव की प्रक्रिया एवं सैन्यतंत्र की बढ़ती निरन्तर दखलअन्दाजी पर भी हमें सजग एवं सतर्क रहने की सामयिक जरूरत है। इस बात को विशेष रूप से ध्यान रखना है कि विश्वास वास्तव में एक बहुत बड़ी बात है, किन्तु उसके साथ विश्वासघात होना एक बहुत बड़ा भीतरघात साबित होगा। शान्ति बहाली एवं दोस्ती के कदम सराहनीय कार्य है, किन्तु अतीत व वर्तमान स्थितियों हमें सुरक्षा के सन्दर्भ में सतत सतर्क रहने के भी स्पष्ट संकेत दे रही है। यह भी सत्य है कि दोनों देशों के लिए शान्ति का रास्ता कठिन जरूर है किन्तु इन्हीं रास्तों से गुजरते हुए ही मंजिल तक पहुंचा जा सकता है।

भारत– पाकिस्तान के साथ चल रही शान्ति प्रक्रिया की प्रासंगिकता को लेकर अनेक प्रश्न पुनः अंकित हो गये है। जब तक पाक समर्पित आतंकवादी शिविर पर पूर्ण विराम नहीं लगता, सम्बन्धों में वास्तविक सुधार की बात काल्पनिक ही रहेगी। हाल ही में जिस तरह की घटना कश्मीर के गुरेज इलाके में हुई या अयोध्या में जो आतंकवादी हमला हुआ अगर उस तरह की दो–तीन घटनाएँ हो गई तो निश्चित रूप से भारत और पाकिस्तान के बीच चल रही समग्र वार्ता प्रक्रिया प्रभावित होगी। अभी तो भारत की कोशिश यही है कि दोनों देशों के बीच बातचीत चलती रहे और शान्ति बहाली की जो मुहिम शुरू हुई है उसको आगे बढ़ाया जाए। ऐसा होना अभी जरूरी भी है। लेकिन अगर पाकिस्तान आतंकवादी के ढांचे पर प्रहार नहीं करता है और उसे खत्म करने के अपने वादे को पूरा नहीं करता है तो फिर भारत के लिए वार्ता प्रक्रिया को चलाए रखना मुश्किल हो जाएगा। वैसे भारत यह नहीं चाहेगा कि समग्र बातचीत की प्रक्रिया बाधित हो। निश्चित रूप से ऐसा पाकिस्तान भी नहीं चाहेगा क्योंकि इससे अन्तर्राष्ट्रीय स्तर पर उसकी छवि प्रभावित होगी, लेकिन अगर आतंकवादी घटनाएं जारी रही तो भारत के लिए वार्ता जारी रखना लॉजिकली सम्भव

नहीं रह जाएगा। आखिरकार भारत एक लोकतांन्त्रिक देश है और यहाँ की सरकार लोगों और संस्थाओं के प्रति जवाबदेह होती है।

आतंकवादी संगठन जिस किस्म की बातें कर रहे है, उनसे भारत के लिए खतरा बढ़ता जा रहा है। भारत के भीतर ही इस्लामी मुल्क बनाने की बात की जा रही है। जिस दिन अयोध्या में आतंकवादी हमला हुआ उस दिन हाफिज मोहम्मद सईद ने यह बात दोहराई। इसलिए भारत और पाकिस्तान के बीच जो प्यार–मोहब्बत की बातें हो रही है, वो एकदम बेकार की बातें हैं। जब तक आतंकवादी गतिविधियाँ नहीं रूकती है, पाकिस्तान द्वारा आतंकवादियों को दी जा रही मदद नहीं बन्द हो जाती है और पाकिस्तान में चल रहे आतंकवादी शिविरों पर ताला नहीं लग जाता है तब तक इन बातों से कुछ नहीं निकलना है। ऐसा लगता है कि अब तक हुई बातचीत के कारण कम से कम एक नुकसान तो अवश्य हुआ है। कि भारत ने पाकिस्तान के खिलाफ जवाबी कारवाई की क्षमता खो दी है। भारत के वहाँ जितने भी सम्पर्क थे, खत्म हो गए है। यदि मुशर्रफ ने सबको खरीद लिया है, तो सवाल है कि कितने दिनों तक इसको बर्दाश्त किया जाएगा?[36] अपने देश में जिस तरह से हो रहा है वह भी ठीक नहीं है। उधर आतंकवादी अयोध्या पर हमला कर रहे थे, तो इधर वामपंथी पार्टियों के नेता उसकी निन्दा करने की बजाय प्रधामंत्री से कह रहे थे कि पाकिस्तान से चलने वाली वार्ता बन्द नहीं होनी चाहिए। सरकार पर दबाव बनाया जा रहा था कि वार्ता की प्रक्रिया बाधित न हो। दरअसल, चीन और अपने देश की वामपन्थी पार्टियाँ चाहती हैं कि पाकिस्तान जो कर रहा है, उसे वह करने दिया जाए। हम पिछला इतिहास देखें तो पता चल जाएगा कि भारत की कम्युनिस्ट पार्टियों ने कभी भी पाकिस्तान के समर्थन से चलने वाले आतंकवाद की खुल कर आलोचना नहीं की है। यह स्थिति ठीक नहीं है। हम जो यह सोच रहे हैं कि पाकिस्तानी हुक्मरान हमारी तरफ प्यार–मोहब्बत की नजरों से देख रहे हैं, लेकिन हमारी यह सोच गलत है। वे समग्र बातचीत की प्रक्रिया का लाभ उठा रहे हैं, और आतंकवाद को खत्म करने के लिए कुछ नहीं कर रहे है। जनरल मुर्शरफ, नवाज शरीफ ने कारगिल के युद्व को अन्जाम

दिया था। इसलिए उनसे दोस्ती की बात सोचना भी गलत है। जब सतीश चन्द्र साहिब पाकिस्तान में उच्चायुक्त थे, तो उन्होंने यहाँ तक लिखा कि जनरल मुर्शरफ जितना भारत विरोधी जनरल पाकिस्तान में दूसरा नहीं हुआ। ऐसे आदमी के साथ शान्ति वार्ता से क्या हासिल होना है? देश की सीमाओं से लेकर हमारी आन्तरिक सुरक्षा तक आतंकवादियों का खतरा झेल रही है और हम शान्ति की बात कर रहे है। सियाचिन क्षेत्र से सेना हटाने की बात पर भी भारत को गंभीरता से लेना होगा। इस मामले में जल्दबाजी से निर्णय कदापि उचित नहीं होगा। भारत शान्ति का प्रबल पक्षधर रहा है और आज भी है, किन्तु सुरक्षा के संवेदनशील मामलों में समझौता सजगता से करना ही हमारे हित में होगा।

सन्दर्भ सूची

1. वाई0 वाही, कारगिल ब्लंडर, पृ0 08
2. तूणीर, प्रवेश वर्ष, अंक–2, 26 जनवरी 2004 पृ0 2
3. बी0 सरकार, कारगिल वार : पास्ट, प्रेजेंट एण्ड फ्यूचर, पृ0 17
4. तूणीर प्रवेश वर्ष अंक 2, 26 जनवरी 2004, पृ0 3
5. वही, पृ0 4
6. डा0 सुरेन्द्र कुमार मिश्र, माडर्न राष्ट्रीय रक्षा व सुरक्षा, पृ0 210
7. वही, पृ0 211
8. वही, पृ0 70
9. अमर उजाला, 30 मई 1999, पृ0 1
10. तूणीर, प्रवेश वर्ष, अंक–2, 26 जनवरी 2004, पृ0 4
11. दैनिक जागरण, 1 जून 1999, पृ0 01
12. द हिन्दू, 15 जून 1999, पृ0 2
13. राष्ट्रीय सहारा, 22 जून 1999, पृ0 1

14. अमर उजाला, 24 जून 1999, पृ01

15 अमर उजाला, 8 जून 1999, पृ01

16. दैनिक जागरण 1 जून 1999, पृ0 1

17. तूणीर, प्रवेश वर्ष अंक–2, 26 जनवरी 2004, पृ0 6

18. दैनिक जागरण, 11 जूलाई 1999, पृ0 01

19. नवभारत टाइम्स, 12 जुलाई 1999, पृ0 10

20 राष्ट्रीय सहारा, 17 जुलाई 1999, पृ0 1

21. जनसत्ता एक्सप्रेस, 17 जुलाई 1999, पृ0 10

22. अमर उजाला, दैनिक जागरण एवं राष्ट्रीय सहारा 19 जुलाई 1999, पृ0 01

23. तूणीर, प्रवेश वर्ष अंक–2 26 जनवरी 2004, पृ08

24. वही, पृ0 8 व 9

25. डा0 सुरेन्द्र कुमार मिश्र, माडर्न राष्ट्रीय रक्षा व सुरक्षा, पृ0 212

26. तूणीर प्रवेश वर्ष, अंक 2, 26 जनवरी 2004 पृ0 9व 10

27. द इंडीपेंडेंट, नवम्बर 1999

28. आउट लुक, अगस्त 1999

29. टाइम्स नवम्बर 1999

30 डा0 सुरेन्द्र कुमार मिश्र, माडर्न राष्ट्रीय रक्षा व सुरक्षा, पृ0 222

31. वही, पृ0 223

32. वही, पृ0 224

33. वही, पृ0 225

34. वही, पृ0 226

35. –वही–

36. वही, पृ0 227

9

गुरेज प्रकरण तथा भारत-पाक सम्बन्ध

मई–जुलाई 1999 के दौरान हुए कारगिल युद्ध में भारतीय सेनाओं ने अपने 'आपरेशन विजय' का परचम तो फहरा दिया, लेकिन यह युद्ध भारत–पाक सम्बन्धों की दिशा में एक सबक दे गया। यह सबक था–दोस्ती का हाथ बढ़ाओ, मगर आँखे मूंद कर नहीं।

निश्चित रूप से जो तल्खी भारत–पाक सम्बन्धों के बीच आयी थी, उसे पाटने की कार्यवाही श्रीनगर और मुजफ्फराबाद के बीच बस सेवा शुरू करके की गयी। दोनों देशों के बीच सम्बन्धों की बहाली की प्रक्रिया ने एक बार फिर तेजी पकड़ी, किन्तु अमन के दुश्मनों को यह प्रक्रिया रास नहीं आयी और उन्होंने जम्मू–कश्मीर में तोड़–फोड़, बम, विस्फोट और हिंसा की कार्यवाहियाँ शुरू कर दीं। हांलाकि दोनों पक्षों द्वारा इस प्रकार की कार्यवाहियों की जमकर भर्त्सना भी समय–समय पर की जाती रही, किन्तु किसी ने यह ख्वाब में भी नहीं सोचा कि कारगिल जैसा कोई प्रकरण पुनः दोहराया भी जा सकता है। लेकिन यह प्रकरण दोहराया गया और सुरक्षा व्यवस्था के समक्ष एक बहुत बड़ा प्रश्न चिह्न भी लग गया।

पहले दिल्ली–लाहौर बस यात्रा और लाहौर घोषणा के समय जब भारतीय प्रधानमंत्री अटल बिहारी वाजपेयी और पाकिस्तानी प्रधानमंत्री नवाज

शरीफ गले मिल रहे थे, उसी दौरान पाक घुसपैठियों ने पाकिस्तानी फौजों की मदद से भारतीय सुरक्षा के लिए अहम कारगिल की चोटियों पर कब्जा जमा लिया था। इस बार अवसर था, श्रीनगर–मुजफ्फराबाद बस यात्रा और आपसी सहमति के कुछ महत्वपूर्ण बिन्दुओं की घोषणा का। इसी दौरान गुरेज सेक्टर की कुछ चोटियों पर घुसपैठियों ने अपना कब्जा जमा लिया।

आपरेशन विजय की सफलता और आपरेशन हंट डाउन,[1] जो जम्मू क्षेत्र को उग्रवाद से मुक्त कराने के लिए जम्मू–कश्मीर सुरक्षा बल तथा सीमा सुरक्षा बल द्वारा संयुक्त रूप से चलाया गया अभियान है, एवं आपरेशन धार बब्बर[2], जो भाड़े के विदेशी सैनिकों व सक्रिय आतंकवादियों के विरूद्ध सेना द्वारा चलाया गया अभियान था, के बावजूद भी घुसपैठियों ने गुरेज सेक्टर में तुलेल क्षेत्र की चोटियों पर कब्जा जमा लिया। यह एक स्तब्धकारी घटना थी, जिसने दो तरह के प्रश्न खड़े कर दिये:–

1. या तो कारगिल युद्ध के दौरान घुसपैठियों को पूरी तरह से नहीं खदेड़ा जा सका और आपरेशन विजय की सफलता का थोथा दावा किया गया।
2. या फिर घुसपैठ के तमाम रास्तों पर सुरक्षा एजेंसियों की चौकसी नाकाफी रही।

इन प्रश्नों के उत्तर अथवा सफाई में चाहे जितने भी वक्तव्य एवं तर्क प्रस्तुत किये गये, वह सुरक्षा विश्लेषको को अभी तक संतुष्ट नहीं कर पाये हैं। आखिर कुछ तो खामियाँ रही होंगी, तभी तो कारगिल की तर्ज पर गुरेज़ प्रकरण दोहराया गया।

जुलाई 2005 में कारगिल युद्ध की छठी बरसी पर पाकिस्तानी घुसपैठियों ने इस बार भारत के गुरेज सेक्टर को अपना निशाना बनाया। एक ओर दुनियां के सबसे ऊँचें युद्ध क्षेत्र सियाचिन में जहाँ शान्ति की पहल जारी थी, वहीं दूसरी ओर पाकिस्तान कारगिल युद्ध को बिसात बिछाने में लगा था। इस घुसपैठ में पाकिस्तानी घुसपैठिये भारतीय सीमा क्षेत्र में नौ

किलोमीटर अन्दर तक घुस आये, इस बार जल्दी ही भारतीय सेना ने देख लिया और उनकी योजना को विफल कर दिया 3 जुलाई 1999 में भारत को कारगिल में युद्ध लड़ना पड़ा था। जिसमें 524 सैनिक एवं अधिकारियों की शहादत हुई 1363 सैनिक गम्भीर रूप से जख्मी हुए थे। कारगिल में हुए 'आपरेशन विजय' के बाद से सेना की दूसरी बड़ी मुठभेड़ रही। यद्यपि इन दोनों में अन्तर यह है कि पहली बार के घुसपैठ पाकिस्तान सरकार के संरक्षण में फौज ने की थी और इस बार घुसपैठियों में गैर–फौजी आतंकवादी थे, जिनको सरकारी शह मिलने की बात उजागर नहीं हुई।

गुरेज सेक्टर के 14 से 16 हजार फीड ऊँचे बर्फीले इलाके में तुलेल क्षेत्र की कुछ चोटियों पर घुसपैठियों ने कारगिल की तरह बाकायदा कब्जा जमा लिया था। कार्यवाही के दौरान सेना को 12 लाशें मिलीं, किन्तु भाग गये 20 घुसपैठियों का रहस्य बराबर बरकरार है। इस प्रकार पाकिस्तान अपने आतंक की निर्यात करने में कभी भी चूकता नहीं है। स्पष्ट है कि उसके साथ मित्रता भी सतर्कता के साथ करनी होगी। जबकि शिमला समझौते की धारा 4 (11) के अनुसार दोनों ही देश नियंत्रण रेखा का सम्मान करेंगे और उसका उल्लंघन करने की धमकी देने से बचेंगे।[4]

आपरेशन विजय के दौरान यदि भारत चाहता तो नियंत्रण रेखा के उस पार जाकर घुसपैठियों का सफाया कर सकता था, लेकिन भारत ने ऐसा नहीं करके नियंत्रण रेखा का सम्मान किया, किन्तु पाकिस्तान द्वारा ऐसा बार–बार किया गया है। उक्त घटना इसका ताजा उदाहरण है। घुसपैठियों के सफाये के लिए भारत सरकार द्वारा पुंछ जिले में कारगिल भाग दो के रूप मे जाना जाने वाला आपरेशन सर्व विनाश[5] अभियान आतंकवादियों के कब्जे से काकाहिल पहाड़ों को मुक्त करवाने की योजना के तहत शुरू किया गया। अब यदि इतनी चौकसी व सुरक्षा इंतजामातों के बाद भी यदि कारगिल और गुरेज घुसपैठ जैसी घटनाएँ होती हैं, तो भारतीय सुरक्षा की दृष्टि से निःसंदेह यह एक शोचनीय प्रश्न है।

गुरेज़ की स्त्रातेजिक स्थिति एवं महत्व – जम्मू और कश्मीर राज्य 320–15′ और 370–05′ उत्तरी अक्षांश और 720– 35′ तथा 830–20′ पूर्वी देशांतर के बीच स्थित है।[6] भारत वर्ष का शीर्ष कहे जाने वाले कश्मीर राज्य को भौगोलिक दृष्टि से चार क्षेत्रों में बाँटा जा सकता है। पर्वतीय इलाकों और अर्द्ध पर्वतीय मैदानों वाले पहले क्षेत्र को कांदी पट्टी कहते हैं। दूसरे में शिवालिक पर्वतमाला सहित पहाड़ तीसरे में कश्मीर घाटी, पीर पंजाल पर्वत श्रेणियाँ तथा चौथे क्षेत्र में लद्दाख, कारगिल, गिलकिग व स्कार्दू क्षेत्र आते है।[7] भौगोलिक तथा सांस्कृतिक रूप से राज्य के तीन जिला क्षेत्र जम्मू कश्मीर और लद्दाख है।[8]

जैसा कि सर्वविदित है भारत–पाकिस्तान के मध्य जम्मू–कश्मीर में नियंत्रण रेखा गिलगिट और कारगिल के मध्य होकर गुजरती है। नियंत्रण रेखा से सटे भारतीय अधिकार क्षेत्र से लेह–श्रीनगर राजमार्ग गुजरता है। कारगिल घुसपैठ (1999) के दौरान घुसपैठियों का एक मात्र सर्वोच्च उद्देश्य इसी राजमार्ग पर नियंत्रण रेखा के बीच उपर की तरफ द्रास, कारगिल और बटालिक के बीच गुरेज सेक्टर की स्थिति है। यह क्षेत्र लगभग सत्रह हजार फुट की ऊँचाई पर स्थित है, जहाँ पूरे वर्ष भर बर्फ जमी रहती है, जो सर्दियों के मौसम में चार से छ फुट तक मोटी हो जाती है।

गुरेज सेक्टर के लगभग 8 कि0मी0 उस तरफ पाक अधिकृत कश्मीर का क्षेत्र पड़ता है, जहां का मौसम गुरेज जैसे ही ही है। यह क्षेत्र घुसपैठियों के लिए काफी मुफीद है। गुरेज़ सेक्टर की चोटियों पर यदि कब्जा जमा लिया जाय, तो इस क्षेत्र से होकर गुजरने वाले राजमार्ग पर कब्जा जमाया जा सकता है और इलाके के नियंत्रण की कुंजी अपने हाथों में ली जा सकती है।

अपने इसी स्त्रातेजिक महत्व के कारण यह क्षेत्र घुसपैठियों की पसंदीदा जगह है। इन क्षेत्रों में गर्मियों के मौसम में सेना पहाड़ों की चोटियों पर डेरा डाले रहती है और कड़ाके की ठण्ड के दौरान ये चोटियाँ एक दम से खाली हो जाती है। इनकी देखभाल के लिए सिर्फ गश्ती दल ही यदा कदा

कार्य करते हैं। इस प्रकार वर्ष में तीन से चार महीने ये क्षेत्र सेना विहीन रहते है। इन्हीं अवसरों का लाभ उठाकर घुसपैठियों अपना काम कर जाते है। गुरेज सेक्टर में तुलेल क्षेत्र की चोटियों पर कब्जा जमाने का कार्य घुसपैठियों ने हो सकता है, इसी दौरान किया हो। कारगिल प्रकरण और गुरेज प्रकरण की प्रकृति लगभग एक सी रही, किन्तु दोनों में अन्तर मात्र इतना ही था कि पहले में पाक सेना ने घुसपैठियों को सहयोग किया, तो दूसरे में यही सहयोग प्रेरणा एवं कार्यवाही का स्रोत बना। बहरहाल, इस घुसपैठ की घटना ने जहाँ भारतीय सुरक्षा के समक्ष एक बड़ा प्रश्न खड़ा कर दिया, वहीं भारत और पाकिस्तान दोनों ने ही इस पर कोई बड़ी बयानबाजी नहीं की।

कारगिल से श्रीनगर की ओर आते हुए खरबू तक यानी 21 किलोमीटर का इलाका ऐसा है, जहाँ लेह–श्रीनगर राजमार्ग पाकिस्तान की सीमा चौकी से सीधी मार की जद में है। पीर पंजाल पर्वतमाला की काकसर पिकेट के पास अपनी सीमा चौकी से पाकिस्तानी अक्सर इस सड़क पर गोलाबारी करते रहते है। जाड़ों में हिमपात शुरू होते ही श्रीनगर– लेह राजमार्ग बन्द हो जाता है और नवम्बर से अप्रैल तक बन्द रहता है।[9] इसलिए मौसम खुलने के बाद सेना और नागरिक आबादी के लिए रसद और कुमुक सप्लाई का दौर शुरू हो जाता है। यह सारी रसद इसी सड़क से गुजरती है। रसद की इस आपूर्ति को रोकने और सेना की प्रहारक क्षमता कम करने के लिए पाक सैनिक खरबू से कारगिल तक इस सड़क पर भारी गोलाबारी करते रहते हैं। बुथ खारबू में तैनात भारतीय तोपें भी उनका मुँह बन्द करने के लिए आग उगलती रहती हैं। इस समस्या को सुलझाने के लिए दोनों देशों के सैन्य अधिकारियों के बीच कई बार लैग मीटिंग हो चुकी है, मगर पाकिस्तान अपनी हरकतों से बाज नहीं आया है।

पाकिस्तान का दूसरा निशाना कारगिल का हैलीपैड और भारतीय वायुसेना का एम्यूनेशन डम्प है। इस शस्त्रास्त्र भण्डार को नष्ट करने के लिए पाकिस्तान अक्सर कारगिल शहर पर गोलाबारी करता रहता है। वह दो बार इस आयुध भण्डार में आग भी लगा चुका है।[10] नियंत्रण रेखा की निगरानी के

लिए भारत और पाकिस्तान दोनों ने ही स्थायी सीमा चौकियाँ कायम कर रखी है। इनके अतिरिक्त कुछ अस्थायी आउट पोस्ट भी हैं, जिन पर भारत की ओर से एयर डिफेंस आर्टिलरी के जवान तैनात है। दोनों देशों में एक अघोषित समझौता है, जिसके तहत हिमपात शुरू होने के बाद दोनों देश में आउट पोस्ट खाली कर देते हैं और मौसम खुलने के बाद वापस आकर अपनी–अपनी चौकियाँ सम्भाल लेते हैं। द्रास, कारगिल, बटालिक त्रिकोण एवं गुरेज सेक्टर में मौजूदा घुसपैठ की यही पृष्ठभूमि है।

इन क्षेत्रों के सामरिक महत्व को देखते हुए ही पाकिस्तान इस पर अपनी गिद्ध दृष्टि हमेशा गड़ाये रहता है। 1947–48 के दौरान पाकिस्तानी कबायलियों और रजाकारों द्वारा पाकिस्तान ने इसी क्षेत्र से घुसपैठ कराकर कारगिल जिले का एक भू भाग हथिया लिया था, जिस पर उसका कब्जा आज भी बरकरार है। 1965 एवं 1971 के युद्धों के दौरान भी पाकिस्तानी सेना ने इस क्षेत्रों पर संकेन्द्रित प्रहार किया था। कारगिल युद्ध 1999 और गुरेज अतिक्रमण तो उसके कुकृत्यों का एक ताजा उदाहरण है। लेकिन 1999 में बढ़चढ कर वक्तव्य देने वाले दोनों देशों के शीर्ष व जिम्मेदार नेतृत्व द्वारा गुरेज प्रकरण पर रहस्यमयी चुप्पी रक्षा विश्लेषकों को चुभ रही है।

गुरेज प्रकरण और भारत–पाक सम्बन्धः जिस प्रकार कारगिल युद्ध का प्रभाव भारत–पाक सम्बन्धों पर देखने को मिला, वैसा कोई प्रभाव गुरेज़ प्रकरण के बाद देखने को नहीं मिला। बल्कि यों कहा जाय कि दोनों पक्षों ने इसे कोई खास तबज्जो नहीं दी। दोनों ही पक्ष शान्ति प्रक्रिया और परस्पर विश्वास बहाली की दिशा में निरन्तर आगे बढ़ते चले गये। गुरेज प्रकरण के कुछ समय पूर्व एवं बाद दोनों देशों के मध्य निम्नलिखित महत्वपूर्ण हलचलें देखी गयीः

27 मई 2005 : 50 वर्षों से सियाचिन ग्लेशियर के मसले से उत्पन्न तनावपूर्ण माहौल को खत्म करने के लिए रावलपिण्डी में आयोजित दोनों देशों के रक्षा सचिवों की वार्ता बेनतीजा रही।[11]

28 मई 2005 : प्रधानमंत्री डॉ० मनमोहन सिंह ने कहा कि पाकिस्तान के साथ सभी आपसी समस्याओं को बातचीत के जरिये हल करने के लिए पूर्ण और ईमानदार प्रयास किये जायेंगे। प्रधानमंत्री ने कश्मीर के एक हिस्सों को सैन्य रहित बनाने के पाकिस्तान के राष्ट्रपति जनरल मुशर्रफ के प्रस्ताव का स्वागत किया।[12]

30 मई 2005 : पाकिस्तान के एक प्रमुख राजनीतिज्ञ ने आरोप लगाया कि भारतीय थल सेना के एक सेवानिवृत्त अधिकारी ने 1965 में फील्ड मार्शल अयूब खान के नेतृत्व वाली पाकिस्तान सरकार को एक गोपनीय सैन्य योजना बेची थी।[13]

31 मई 2005 :रक्षा मंत्री प्रणव मुखर्जी ने पाकिस्तान के पूर्व विदेश मंत्री और पूर्व राष्ट्रपति अयूब खान के पुत्र गौहर अयूब खान द्वारा किये गये इस दावे की जाँच के आदेश दिये कि 1965 में एक भारतीय सेना ब्रिगेडियर ने 20 हजार रूपये में युद्ध की योजना सम्बन्धी कागजात पाकिस्तान को बेचे थे।[14]

4 जून 2005 : अयोध्या में विध्वंस और मुहम्मद अली जिन्ना के बारे में पाकिस्तान में भाजपा अध्यक्ष लालकृष्ण आडवाणी की टिप्पणियों पर संघ परिवार में गहरा आक्रोश फैला और आर०एस०एस० ने कहा कि इस प्रकार टिप्पणियाँ उसके सिद्धान्तों के खिलाफ हैं।[15]

6 जून, 2005 : पाकिस्तान से नई दिल्ली लौटने पर भाजपा अध्यक्ष लालकृष्ण आडवाणी ने कहा कि पाकिस्तान के संस्थापक मुहम्मद अली जिन्ना के बारे में उनकी टिप्पणियों पर बहस करायी जानी चाहिए।[16]

12 जून, 2005 : प्रधानमंत्री डा० मनमोहन सिंह ने विश्व के सर्वोच्च युद्ध–स्थल सियाचिन का दौरा किया। ऐसा करने वाले वे प्रथम प्रधानमंत्री हैं। ग्लेशियर के पास उन्होंने कहा कि भारत इस युद्ध क्षेत्र को 'शान्ति के पर्वत' के रूप में बदल डालना चाहता है।[17]

13 जून, 2005 : जम्मू और कश्मीर के पुलवामा जिले में एक कार विस्फोट में दो स्कूली बच्चे और सी०आर०पी०एफ० के तीन जवान मारे गये और 100 से अधिक घायल हो गये।[18]

16 जून, 2005 : हुर्रियत कांफ्रेंस के नौ नेता पाकिस्तान और पाकिस्तान अधिकृत कश्मीर की एक पखवाड़े की यात्रा के बाद जम्मू और कश्मीर लौट आये

और उन्होंने यह बात स्वीकार की कि उनका मिशन नाकामयाब रहा।[19]

29 जून, 2005 : सरकार ने भारतीय मूल के ऐसे व्यक्तियों को नागरिकता प्रदान करने के लिए अध्यादेश लागू किया, जो पाकिस्तान और बाँग्लादेश की नागरिकता के अलावा हो।[20]

02 जुलाई, 2005: पालम हवाई अड्डे पर हमले की योजना नाकाम। इस सिलसिले में कश्मीर युवा काँग्रेस महासचिव सहित चार साजिशकर्ता गिरफ्तार हुए।[21]

05 जुलाई, 2005 : अयोध्या में आतंकवादी हमला नाकाम, 16 आतंकवादी मारे गये। पूरे देश में हाई अलर्ट लागू।[22]

10 जुलाई, 2005 : अयोध्या हमले में शामिल आतंकवादियों के तार सऊदी अरब व दुबई से जुड़े होने की जानकारी मिली।[23]

11 जुलाई 2005 : सरकार ने छात्र वीजा जारी करने के लिए उदार नियमों की घोषणा की। कोई विदेशी छात्र कई पाठ्यक्रमों में शामिल हो सकता है और इस मामले में कोई प्रतिबंध नहीं होगा और हर बार वीजा की अवधि की गणना नये सिरे से की जायेगी।[24]

13 जुलाई, 2005 : भारत और पाकिस्तान वर्ष 2010 तक गैस पाइप लाइन परियोजना चालू करने पर सहमत हुए।[25]

15 जुलाई, 2005 : उत्तर प्रदेश पुलिस ने अयोध्या हमले में लश्कर–ए–तैयब्बा का हाथ होने की बात कही।[26]

15 जुलाई, 2005 : सेना ने सियाचिन ग्लेशियर पर सेवा करने वाले सैनिकों के लिए चार्टर उड़ान शुरू की।[27]

15 जुलाई 2005 : एल०ओ०सी० के पास गुरेज सेक्टर में सुरक्षाबलों व आतंकियों के बीच 100 घंटे चली मुठभेड़ में नौ आतंकी ढेर।[28]

17 जुलाई, 2005 : गुरेज सेक्टर में 6 दिनों तक चली मुठभेड़ में कुल 16 आतंकी मरे। सीमा के अन्दर घुसे आतंकियों को सेना ने घेरा।[29]

19 जुलाई, 2005 : हुर्रियत कांफ्रेंस के नरमपंथी गुट और कश्मीरी पंडितों के प्रतिनिधियों के विचार–विमर्श की निर्णायक प्रक्रिया 16 वर्षों में पहली बार

शुरू हुई। दोनों पक्ष कश्मीर घाटी के बाहर रहने वाले हजारों पंडित परिवारों की सुरक्षित और सम्मानजनक वापसी सुनिश्चित करने के प्रयासों को जारी रखने पर सहमत हुए।[30]

20 जुलाई 2005 : श्रीनगर में बम विस्फोट 1 मेजर सहित चार लोग मरे।[31]

25 जुलाई, 2005 : राष्ट्रीय मानवाधिकार आयोग ने जम्मू व कश्मीर के कुपवाड़ा में सुरक्षा बलों द्वारा तीन मासूम बच्चों की हत्या के बारे में रक्षा मंत्रालय से तथ्य सम्बन्धी रिपोर्ट माँगा।[32] गौरतलब है कि 24 जुलाई, 2005 को आतंकवादियों के धोखे में सुरक्षा बलों ने तीन किशोरों को गोली मारकर हत्या कर दी थी।[33]

26 जुलाई, 2005 : भारत और पाकिस्तान के बीच सड़क होकर बाघा बार्डर पर व्यापार 50 वर्षों के बाद फिर शुरू हुआ।[34]

29 जुलाई, 2005 : जम्मू के राजौरी में आतंकवादियों ने पाँच हिन्दुओं की हत्या कर दी।[35]

29 जुलाई, 2005 : मनमोहन सिंह ने वाम दलों को चुप कराते हुए देश के स्वनियंत्रित परमाणु हथियार कार्यक्रम को जारी रखने का ऐलान किया।[36]

5 अगस्त, 2005 : भारत और पाकिस्तान ने नई दिल्ली में परमाणु सी०बी०एम० पर विशेषज्ञ स्तर की तीसरे दौर की बातचीत शुरू कर दी।[38]

6 अगस्त, 2005 : भारत और पाकिस्तान इस बात पर सहमत हुए कि वे एक तैयार प्रारूप में बैलेस्टिक मिसाइल परीक्षणों के बारे में एक दूसरे को जानकारी देंगे और गलतफहमी रोकने के लिए जल्दी ही विदेश मंत्रियों के बीच सीधी बातचीत के लिए हाटलाइन चालू की जायेगी।[39]

8 अगस्त, 2005 : भारत और पाकिस्तान सीमा पर नई चौकियों का निर्माण करने पर सहमत हो गये हैं। विश्वास निर्माण उपायों के रूप में नियंत्रण रेखा पर चार स्थानों पर फारमेशन कमाण्डरों के बीच ध्वज बैठकें की जायेंगी।[40]

14 अगस्त, 2005 : सरकार ने अपहरण विरोध कड़ी नीति अपनाई, जिसमें यदि कोई विमान संवेदनशील क्षेत्र में घुसपैठ करता है, तो अपहृत विमान को

मारकर गिरा देने का अधिकार है।[41]

15 अगस्त, 2005 : स्वतंत्रता दिवस पर प्रधानमंत्री ने अपने सम्बोधन में आतंकवाद के मुद्‌दे पर पाकिस्तान को सीधी चेतावनी दी।[42]

21 अगस्त, 2005 : वरिष्ठ भारतीय नेता अटल बिहारी वाजपेयी ने जिन्ना मुद्‌दे पर मुँह खोला, कहा–जिन्ना धर्मनिरपेक्ष नहीं थे।[43]

23 अगस्त, 2005 : लश्कर–ए–तैयब्बा का दुबई चीफ रज्जाक मसूद दिल्ली में गिरतार हुआ।[44]

26 अगस्तर, 2005 : पाकिस्तान में मौत की सजा पाये भारतीय कैदी सरबजीत सिंह को भारतीय अफसरों से मिलने की इजाजत मिली।[45]

27 अगस्त, 2005 : प्रधानमंत्री डा० मनमोहन सिंह ने कहा कि सरबजीत सिंह के मसले पर पाकिस्तान को उपयुक्त संदेश भेज दिया गया है।[46]

30 अगस्त, 2005 : पाकिस्तान के आन्तरिक मामलों के सचिव सैयद कमाल शाह के नेतृत्व में वहाँ के 11 सदस्यों का एक प्रतिनिधि मंडल दो पाकिस्तानी बंदियों से मुलाकात करने के लिए तिहाड़ जेल जाएगा।[47]

30 अगस्त, 2005 : भारत और पाकिस्तान के बीच गृह सचिव स्तर की बातचीत का दूसरा दौर पूरा होने के बाद जारी संयुक्त बयान में कहा गया कि दोनों देशों की जेलों में सभी गैर–सैनिक बंदियों को, जिन्होंने अपनी सजा पूरी कर ली है और जिनकी राष्ट्रीयता की पुष्टि की जा चुकी है, इस वर्ष 12 सितम्बर को छोड़ दिया जायेगा।[48]

31 अगस्त, 2005 : हुर्रियत कांफ्रेंस के उदारवादी गुट ने बातचीत सम्बन्धी प्रधान मंत्री का आमंत्रण स्वीकार किया।[49]

5 सितम्बर, 2005 : भारत पाकिस्तान में मृत्युदण्ड का सामना कर रहे पंजाब के सबरजीत सिंह से कहा कि उसे फाँसी की सजा नहीं होने दी जायेगी।[50]

5 सितम्बर, 2005 : प्रधानमंत्री डा० मनमोहन सिंह ने हुर्रियत नेताओं के साथ महत्वपूर्ण बातचीत की और वायदा किया कि यदि जम्मू–कश्मीर में हिंसा थम जाती है और घुसपैठ बन्द हो जाती है, तो राज्य में सशस्त्र सेनाओं

की संख्या में कमी लाने की स्थिति बन सकती है।[51]

6 सितम्बर, 2005 : पाकिस्तान की जेल में बन्द सरबजीत सिंह ने अपने परिजनों को चिट्‌ठी व खुद की फोटो भेजी।[52]

07 सितम्बर, 2005 : दो आतंकियों ने श्रीनगर में सचिवालय भवन पर हमला करने की कोशिश की।[53]

10 सितम्बर, 2005 : श्रीनगर में तैनात सीमा सुरक्षा बल के सैनिकों को शहर में आतंकवाद के मुकाबले की कार्रवाइयों को रोक देने का आदेश। केन्द्रीय रिजर्व पुलिस बल अब जम्मू–कश्मीर पुलिस के साथ तालमेल करते हुए राज्य की राजधानी की सुरक्षा के लिए अकेली जिम्मेदार होगी।[54]

10 सितम्बर, 2005 : श्रीनगर–जम्मू राजमार्ग पर लश्कर ए तैयब्बा आतंकवादियों ने सैन्य काफिले पर हमला किया, 5 जवान शहीद हुए।[55]

10 सितम्बर 2005 : प्रधानमंत्री डा० मनमोहन सिंह पेरिस और न्यूयार्क की सात दिन की यात्रा पर रवाना हुए। भारत और पाकिस्तान के बीच समग्र वार्ता की समीक्षा के अतिरिक्त वे न्यूयार्क में संयुक्त राष्ट्र महासभा के 60 वें अधिवेशन को सम्बोधित करेंगे।[56]

12 सितम्बर, 2005 : भारत और पाकिस्तान ने 583 बंदियों की आपसी अदला–बदली करके एक ऐतिहासिक कार्य सम्पन्न किया। शान्तिकाल के दौरान हुई यह सबसे बड़ी अदला बदला की कार्रवाई है।[57]

29 सितम्बर, 2005 : रक्षा मंत्री प्रणव मुखर्जी ने कहा कि भारत और पाकिस्तान सियाचिन ग्लेशियर में अपनी मौजूदा स्थितियों से सैनिकों को पीछे हटाने पर सहमत हो गये हैं। इस सिलसिले में तौर तरीके तैयार किये जा रहे हैं, हालाँकि कुछ मामलों में असहमति है।[59]

30 सितम्बर, 2005 : भारत ने 6800 मेगावाट क्षमता वाले चार परमाणु संयंत्र स्थापित करने की घोषणा की।[60]

02 अक्टूबर, 2005 : विदेश मंत्री नटवर सिंह पाकिस्तान के चार दिवसीय दौरे पर गये। नटवर सिंह की यात्रा का मकसद पड़ोसी देश के साथ दोनों देशों के तटरक्षक बलों के बीच दूरभाष सम्पर्क स्थापित करने से जुड़े समझौतों पर

विचार–विमर्श करना था। भारतीय विदेश मंत्री ने पाकिस्तानी विदेश मंत्री खुर्शीद महमूद कसूरी के साथ मुलाकात की तथा पाकिस्तान में रह रहे 20 सर्वाधिक वांछित आतंकवादियों को भारत को सौंपने के लिए प्रत्यर्पण संधि और पारस्परिक वैधानिक सहायता समझौते पर हस्ताक्षर के लिए भी दबाव बनाया।[61]

03 अक्टूबर, 2005 : भारत द्वारा जमीन से 'हवा में मार करने वाले प्रक्षेपास्त्र' 'आकाश' का चाँदीपुर स्थित एकीकृत परीक्षण रेंज से दो बार सफल परीक्षण किया गया।[62]

08 अक्टूबर, 2005 : भूकम्प से जम्मू–कश्मीर में भारी तबाही। कई लोगों की मौत।[63]

उक्त घटनाक्रमों से यह स्पष्ट होता है कि भले ही सुरक्षा विश्लेषक गुरेज़ अतिक्रमण की घटना को सुरक्षा सम्बन्धी एक चुनौती के रूप में देख रहे हों, किन्तु भारत और पाकिस्तान दोनों ही पक्ष इसे एक बरसाती झोंके के रूप में 'आया राम, गया राम' की तर्ज पर ले रहे हैं और दोनों ही पक्षों के बीच जो परस्पर सहमति के मुद्दे उभर कर सामने आये हैं, वे इस प्रकार हैं :–

1. सभी आपसी समस्याओं का हल परस्पर बातचीत के जरिये हो।
2. सियाचिन ग्लेशियर को युद्ध क्षेत्र की बजाय शान्ति क्षेत्र के रूप में परिणित किया जाना चाहिए।
3. सरल वीजा प्रणाली को लागू करना।
4. वर्ष 2010 तक गैस पाइप लाइन परियोजना चालू हो।
5. बाधा बार्डर के जरिये व्यापारिक लेन–देन की शुरूआत।
6. परमाणु विश्वास बहाली की आवश्यकता।
7. मिसाइल परीक्षण सम्बन्धी सूचनाओं का आदान–प्रदान हो।
8. सजा पूर्ण कर चुके असैनिक बंदियों का आदान–प्रदान
9. प्रत्यर्पण संधि की आवश्यकता।

उक्त अतिरिक्त दोनों ही पक्ष अपने संयुक्त वक्तव्य को लागू करने के प्रति काफी संजीदा दिखे। संयुक्त वक्तव्य के मुख्य बिन्दु इस प्रकार हैं –

1. दोनों देश इस बात पर सहमत हैं कि शांति प्रक्रिया के तहत अब पीछे

मुड़ना सम्भव नहीं।

2. जम्मू–कश्मीर पर बातचीत जारी रहेगी।

3. श्रीनगर–मुजफ्फराबाद बस सेवा की फ्रीक्वेंसी में वृद्धि। इस मार्ग पर व्यापार बढ़ाने के लिए ट्रकों को चलाने की भी अनुमति।

4. भारत–पाक के बीच नई बस सेवाओं की सम्भावना। पुंछ रावलकोट, अमृतसर, लाहौर व अमृतसर – ननकाना साहिब तथा अन्य तीर्थ स्थलों तक।

5. खोखरापार–मुनाबाओ के बीच 1 जनवरी 2006 तक रेल सम्पर्क पुनः स्थापित करने का प्रयास।

6. मुम्बई और कराची में दोनों देशों के कन्सुलेट जनरल इस साल (2005) के अन्त तक प्रारम्भ।

7. सरक्रीक और सियाचिन मुद्दे पर दोनों पक्षों में बातचीत जारी रहेगी।

8. दोनों देशों के पेट्रोलियम व प्राकृतिक गैस मंत्रियों की पाइपलाइन सहित तेल क्षेत्र में सहयोग पर बातचीत के लिए भेंट।

9. संयुक्त आर्थिक आयोग को पुनः सक्रिय करने पर सहमति। संयुक्त व्यवसाय परिषद की बैठक जल्द से जल्द होगी।

शान्ति एवं विश्वास बहाली की प्रक्रिया को धक्का लगाने का हर सम्भव प्रयास जहाँ एक ओर आतंकी संगठन कर रहे थे, वहीं प्रकृति ने भी कोई कसर नहीं छोड़ी। 8 अक्टूबर 2005 को सबेरे 9.25 बजे रिक्टर पैमाने पर 7.3 तीव्रता वाले भूकम्प ने कश्मीर के दोनों तरफ के इलाकों को झकझोर कर रख दिया। सर्वाधिक क्षति पाक अधिकृत कश्मीर के इलाकों में हुई। पिछले 120 वर्षों में कश्मीर में आया यह सबसे तगड़ा भूकम्प था, जिसने पाकिस्तान के करीब 20 लाख लोगों को बेघर कर दिया और करीब 80 हजार लोग काल के गाल में समा गये। मुजफ्फराबाद तो जैसे मलबे का शहर बन चुका था। भारतीय कश्मीर में भी 2500 लोगों ने अपनी जानें गँवाईं और करीब दो लाख लोग बेघर हो गये।[64] भारतीय कश्मीर के बारामूला, सोपोर, उड़ी कुपवाड़ा, करनाह और पुंछ के सैकड़ों

गाँवों में भूकम्प ने अपना कहर बरपाया। सबसे अधिक तबाही उड़ी में हुई।

जम्मू–कश्मीर एवं सीमावर्ती क्षेत्रों में तैनात सेना को भी इस भूकम्प के कारण भारी तबाही का सामना करना पड़ा। भूकम्प के बाद 720 कि०मी० लम्बी नियंत्रण रेखा पर तैनात जवानों को काफी दिक्कतों का सामना करना पड़ा। भूकम्प ने उनके बंकरों को तबाह कर दिया। उड़ी और करनाह में सेना की चौकियाँ, बैरक, बंकर और रिहाइशी इलाके जमीन्दोज हो गये।[65] लेकिन इन सबके बावजूद सेना ने राहत अभियान की कमान सम्भाल ली। आपरेशन इमदाद[66] के नाम से चलाये जा रहे राहत अभियान के अन्तर्गत सेना के जवान दूर दराज के गाँवों में राहत पहुँचाने का हर सम्भव प्रयास कर रहे थे। केन्द्र सरकार ने भूकम्प प्रभावित क्षेत्रों के लिए विशेष पैकेजों की घोषणा तो की ही, 12 गाँवों को गोद लेने का भी ऐलान किया। इसी तर्ज पर सेना ने भी छः और राष्ट्रीय मानवाधिकार आयोग ने भी छः गाँव गोद लेने की हामी भरी।

पाकिस्तान और पाक अधिकृत कश्मीर के इतिहास में भीषणतम भूंकप में जान गँवाने वालों की संख्या लगभग 80 हजार, जबकि घायलों की संख्या लगभग पाँच लाख रही। इन क्षेत्रों में भूकम्प का प्रभाव इतना तीव्र था कि कई इलाकों में एक पूरी पीढ़ी ही समाप्त हो गयी। पाक अधिकृत कश्मीर की राजधानी मुजफ्फराबाद 70 प्रतिशत तक नष्ट हो गया, जबकि रावलकोट का अधिकांश इलाका मलबे के रूप में तब्दील हो गया। बाग और बालाकोट समेत कई गाँव–नक्शे से ही गायब हो गये। संकट की इस घड़ी में भारत ने दिल खोलकर पाकिस्तान को हर सम्भव मदद करने की अपनी मंशा जाहिर की, परन्तु भारत के सहायता भरे इस प्रस्ताव पर पाकिस्तान ने आनाकानी की। भारत ने भूकम्प के दो दिन बाद यानी 10 अक्टूबर, 2005 को ही पाकिस्तान को भूकम्प पीड़ितों के लिए तत्काल 25 टन आपदा राहत सामग्री भेजने की घोषणा कर दी थी। साथ ही भारत ने यह भी कहा था कि अगर पाकिस्तान पाक अधिकृत कश्मीर में भारत के साथ मिलकर संयुक्त राहत कार्यक्रम चलाने की मंशा दर्शाता है, तो भारत को यह सहर्ष स्वीकार्य होगा, लेकिन पाकिस्तान द्वारा इसे ठुकरा कर इस बात

का स्पष्ट संकेत दे दिया गया कि भूकम्प राहत के लिए वह भारत से कोई सहायता नहीं लेगा। इसकी शायद दो वजह थी। पहली–यह कि वह भारत की मदद को शंका की निगाह से देख रहा था और दूसरी–यह कि उसे यह विश्वास था कि उसे व्यापक अन्तर्राष्ट्रीय मदद मिल जायेगी।

हालाँकि इस भूकम्प ने पाकिस्तान के आपदा प्रबन्धन की सारी पोल खोलकर रख दी और सारी अन्तर्राष्ट्रीय सहायता के बावजूद कश्मीर के दुर्गम इलाकों में राहत पहुँचना सम्भव न हो सका। ऐसे में केवल भारत के रास्ते ही पाकिस्तान पाक अधिकृत कश्मीर में राहत सामग्री भेजी जा सकता था। पाकिस्तान इस बात को जल्दी ही समझ गया और ऐसे में पाक अधिकृत कश्मीर में भूकम्प पीड़ितों को त्वरित राहत पहुँचाने के लिए भारत ने तीन राहत केन्द्र खुलवाने का प्रस्ताव पाकिस्तान को भेजा, जिस पर पाकिस्तान ने तत्काल हामी भर दी। जम्मू कश्मीर की ओर से नियंत्रण रेखा पर तीन स्थलों पर राहत केन्द्रों ने 25 अक्टूबर 2005 से काम करना शुरू कर दिया।[67] बाद में इनकी संख्या बढ़कर पाँच हो गयी। उड़ी सेक्टर में अमन सेतु के निकट, तीथवाल (तंगधर) और पुंछ में चक्कन दंगवाल स्थलों में राहत केन्द्र खोले गये। भारत की ओर से स्पष्ट किया गया कि राहत केन्द्र दोनों ओर के रिश्तेदारों के कुशल क्षेम जानने तथा उस पार के लोगों को राहत सहायता देने हेतु है। नियंत्रण रेखा पर दिन के समय ही केन्द्रों से राहत सामग्री देने की घोषणा हुई। भारतीय पक्ष ने यह स्पष्ट किया कि रात में न तो कोई सामग्री वितरित होगी और न ही कोई पाक अधिकृत कश्मीरी को वहाँ ठहरने की अनुमति होगी।

वर्ष 2005 भारत–पाक रिश्तों के लिहाज से मिला–जुला रहा। जहाँ जनता के स्तर पर पारस्परिक सम्बन्धों में उल्लेखनीय प्रगति हुई, वहीं राजनीतिक स्तर पर कहीं सफलता, तो कहीं असफलता का मुँह देखना पड़ा। कश्मीर के दोनों हिस्सों में आये भूकम्प ने दोनों देशों को पास आने का सुनहरा अवसर प्रदान किया था, किन्तु पाकिस्तान की हठधर्मिता के चलते ऐसा सम्भव नहीं हो सका। दूसरी ओर मुशर्रफ के आश्वासन के बावजूद भी भारत में घुसपैठ व आतंकी गतिविधियाँ जारी रहीं।

सन्दर्भ–सूची

1. क्रानिकल ईयर बुक, 2006, पृष्ठ– 589
2. –वही–
3. डा० सुरेन्द्र कुमार मिश्र, माडर्न राष्ट्रीय रक्षा व सुरक्षा, पृष्ठ – 102
4. वही, पृष्ठ – 215
5. क्रानिकल ईयर बुक – 2006, पृष्ठ – 589
6. भारत– 2006, पृष्ठ – 904
7. जागरण वार्षिकी– 2006, पृष्ठ – 605
8. भारत – 2006, पृष्ठ – 704
9. दैनिक आज, 1 जून 1999, पृष्ठ – 6
10. वही
11. जागरण वार्षिकी– 2006, पृष्ठ – 14
12. भारत– 2006, पृष्ठ – 1045
13. वही
14. वही
15. वही, पृष्ठ – 1046
16. वही, पृष्ठ – 1047
17. वही, पृष्ठ – 1048
18. –वही–
19. –वही–
20. वही, पृष्ठ – 1049
21. जागरण वार्षिकी– 2006, पृष्ठ– 188
22. –वही–

23. –वही–

24. भारत– 2006, पृष्ठ – 1051

25. वही, पृष्ठ – 1052

26. जागरण वार्षिकी– 2006, पृष्ठ – 189

27. भारत– 2006, पृष्ठ – 1052

28. जागरण वार्षिकी – 2006, पृष्ठ – 189

29. –वही–

30. भारत– 2006, पृष्ठ – 1053

31. जागरण वार्षिकी – 2006, पृष्ठ – 189

32. भारत– 2006, पृष्ठ – 1054

33. जागरण वार्षिकी – 2006, पृष्ठ – 189

34. भारत– 2006, पृष्ठ – 1054

35. जागरण वार्षिकी – 2006, पृष्ठ – 190

36. –वही–

37. –वही–

38. भारत– 2006, पृष्ठ – 1056

39. –वही–

40. वही, पृष्ठ – 1057

41. वही, पृष्ठ – 1058

42. जागरण वार्षिकी– 2006, पृष्ठ – 191

43. वही, पृष्ठ – 192

44. –वही–

45. वही, पृष्ठ – 193

46. भारत– 2006, पृष्ठ – 1060

47. वही, पृष्ठ – 1061

48. –वही–

49. जागरण वार्षिकी– 2006, पृष्ठ – 193

50. भारत– 2006, पृष्ठ – 1062

51. –वही–

52. जागरण वार्षिकी– 2006, पृष्ठ – 194

53. –वही–

54. भारत– 2006, पृष्ठ – 1063

55. जागरण वार्षिकी– 2006, पृष्ठ – 194

56. भारत– 2006, पृष्ठ – 1063

57. –वही–

58. जागरण वार्षिकी– 2006, पृष्ठ – 194

59. भारत– 2006, पृष्ठ – 1065

60. जागरण वार्षिकी– 2006, पृष्ठ – 196

61. वही, पृष्ठ – 169

62. वही, पृष्ठ – 196

63. वही, पृष्ठ – 197

64. इंडिया टुडे, नवम्बर 2005

65. आउटलुक, अक्टूबर द्वितीय, 2005

66. जागरण वार्षिकी– 2006, पृष्ठ – 26

67. राष्ट्रीय सहारा, 26 अक्टूबर 2005, पृष्ठ – 1

10

शस्त्रीकरण एवं प्रतिद्वंद्विता की प्रवृत्ति

भारत की निरन्तर बढ़ती सैन्य क्षमता और विकास से ईर्ष्या रखने के कारण पाकिस्तान दक्षिण एशिया को हथियारों की होड़ का अखाड़ा बना देना चाहता है। अमेरिका जहाँ उसे दिल खोल कर मदद दे रहा है, वहीं उसका प्रयोग वह हथियार जुटाने के लिए कर रहा है।

भारत की बढ़ती सैन्य ताकत के मुकाबले अपनी सैन्य शक्ति में बढ़ोत्तरी का एक और पाकिस्तानी प्रयास रंग ला सकता है। इस्लामाबाद में इजरायल से फाल्कन हासिल करने के बाद हवा में पूर्व चेतावनी देने वाले अवाक्स विमान तथा एसएसबी 2000 विमान खरीदने के लिए स्वीडन से समझौता कर सकता है।[1]

बताया जाता है कि अपनी यात्रा में मुशर्रफ ने पहले ही 14 एसएसबी 2000 विमानों की खरीददारी संबंधी समझौते को अंतिम रूप दे दिया है। ये विमान अत्याधुनिक पूर्व चेतावनी एवं नियंत्रण प्रणाली (एडब्यूई एंड सीएस) से सुसज्जित है। उम्मीद जतायी जा रही है कि सादात 50 सीटों वाले कम से कम छह 'एसएसबी 2000' विमानों की खरीददारी के बारे में समझौता कर सकते हैं। पाकिस्तानी अखबार 'आब्जेवर' ने अधिकारियों के हवाले से

कहा कि स्वीडन के अधिकारी सैद्धांतिक तौर पर मुर्शरफ की यात्रा के दौरान ही पाकिस्तान को विमान और रडार प्रणाली की आपूर्ति पर सहमत हो गये थे। इस सौदे के लिए पाकिस्तान को एक अरब सत्तर करोड़ डॉलर खर्च करने होंगे। अभी तक यह स्पष्ट नहीं है कि स्वीडन ने बिक्री का फैसला कर लिया है अथवा नहीं।[2] भारत द्वार खरीदे जा रहे नयी पीढ़ी के लड़ाकू विमानों से मुकाबले के लिए पाकिस्तान ने ग्रिपन लड़ाकू विमानों का अनुरोध किया था जिसे स्वीडन ने ठुकरा दिया था। अभी तक अमेरिका पाकिस्तान को एफ 16 देने से मना करता रहा है और बताया जाता है कि उसने स्वीडन को ग्रिपन विमान बेचने से भी रोका है जो कि आंशिक तौर पर अमेरिकी प्रौद्योगिकी का इस्तेमाल कर निर्मित हुए हैं। पाकिस्तान द्वारा सौदे के लिये की जा रही बातचीत के अनुसार सात एसएबी विमानों का इस्तेमाल पाकिस्तान इंटरनेशनल एअरलाइंस यात्री सेवा के लिए करेगा, जबकि अन्य को एरेयी रेडार से सुसज्जित कर वायु सेना में शामिल करगा, जो करीब 350 किलोमीटर की दूरी से दुश्मन के विमानों की टोह लेने में सक्षम होंगे। एरियी रडार हालाँकि फाल्कन के टक्कर के नहीं है, लेकिन वे लंबी दूरी तक टोह लेने वाले हैं, जिन्हें अपेक्षाकृत छोटे व्यावसायिक और सैनिक टर्बोप्रोप विमान में लगाया जा सकता है।

दूसरी ओर पाकिस्तान में स्वीडन के राजदूत एन० विल्किंस के हवाले से पाकिस्तानी समाचार पत्रों में प्रकाशित एक समाचार पत्र के अनुसार स्वीडन पाकिस्तान को रडार प्रणाली देने पर सहमत हो गया है लेकिन दक्षिण एशिया की स्थिति को देखते हुए लड़ाकू विमानों की आपूर्ति की संभावनाओं को फिलहाल नकार दिया है।[3] विल्किंस ने इस बात से इंकार किया कि पाकिस्तान के राष्ट्रपति जनरल परवेज मुशर्रफ की स्वीडन यात्रा के दौरान जेएएस–39 ग्रिपेन लड़ाकू विमानों की बिक्री एजेंडे में प्रमुख रूप से शामिल थी। पाकिस्तानी मीडिया में स्वीडन के संसद द्वारा इस प्रस्ताव को नामंजूर किये जाने संबंधी छपी खबरों के बारे में श्री विल्किंस ने कहा, 'यह सुझाव पूरी तरह गलत है क्योंकि स्वीडन की संसद ने कभी भी इस मुद्दे पर चर्चा नहीं की है।' यह पूछे जाने पर कि क्या स्वीडन पाकिस्तान को

'ग्रिपेन' विमानों को बेचने के बारे में विचार करेगा। सुश्री विल्किंस ने वर्तमान समय में ऐसा किये जाने से इनकार कर दिया। उन्होंने कहा कि यह दक्षिण एशिया क्षेत्र की स्थिति में सुधार से जुड़ा मुद्दा है और इस क्षेत्र में सकारात्मक सुधार होने पर इसे एजेंडे में दोबारा शामिल किया जा सकता है। रडार प्रणाली की बिक्री के बारे में उन्होंने कहा कि संसद ने यह प्रस्ताव पारित कर दिया है लेकिन दोनों पक्षों के अधिकारी अभी इसे अंतिम रूप देने के बारे में बातचीत कर रहे हैं।

पाकिस्तान अमेरिकी रक्षा समूह रेथियान से हवा से हवा मार करने वाले 28 करोड डालर से अधिक की लागत की 700 मिसाइल खरीद रहा है। पाकिस्तान ने रेथियान के साथ औपचारिक रूप से इसका खरीद से संबंधित समझौते पर हस्ताक्षर कर दिए।[4] रेथियान ने एक बयान में बताया कि पाकिस्तान हवा से हवा मार करने वाले मध्यम दूरी वाले 500 अत्याधुनिक मिसाइल 'एएमआरएएएम' खरीद रहा है और यह इस मिसाइलों का विश्व का अब तक का सबसे बड़ा आर्डर है। इसके अलावा वह कम दूरी की मारक क्षमता वाले 200 एआईएम 9एम साइडविंडर मिसाइल भी खरीद रहा है। कंपनी ने बताया है कि एएमआरएएएम मिसाइलों की आपूर्ति 2008 से शुरू होकर 2011 तक जारी रहेगी। अमेरिकी वायु सेना और नौसेना के अलावा 32 अन्य देशों की सेनाएँ भी एएमआरएएएम का इस्तेमाल करती है। जबकि 20 देशों के सेनाओं के पास एआईएम 9एम साइडविंडर मिसाइल है। बयान में बताया गया है कि कम्पनी ने पाकिस्तान को ये मिसाइल बेचने की मंजूरी दे दी है और पाकिस्तान ने भी इन दोनों वर्गों के कुल 700 मिसाइल खरीदने की सहमति पत्र पर हस्ताक्षर कर दिए हैं। इसमें बताया गया है कि 28 करोड 40 लाख अमेरिकी डालर की लागत से जाने वाली इस खरीद से पाकिस्तान की मिसाइलों की जरूरतें काफी हद तक पूरी होंगी।

अमेरिका द्वारा 2003 में डेढ़ अरब डालर की सैन्य सहायता की घोषणा के तहत पाकिस्तानी नौ सेना को आठ पी–3 सी ओरियोन पोत रोधी

टोही विमानों की खेप का पहला विमान 18 जनवरी 2007 को मिलेगा।[5] पाकिस्तान की नौसेना के अध्यक्ष एडमिरल मोहम्मद अफजल ताहिर ने 14 जनवरी 2007 को कराची में आयोजित सेना परेड में कहा कि देश अपनी रक्षा जरूरतों के प्रति बेपरवाह नहीं हो सकता और उसे अपनी रक्षा रणनीति के तहत उन्नत हथियारों की खरीद के लिए भारतीय योजनाओं को ध्यान में रखना होगा। उन्होंने कहा कि अगले कुछेक सालों में नौसेना अपनी क्षमता बढ़ाएगी और उसकी मारक क्षमता को मजबूत किया जाएगा। नौसेना प्रमुख ने कहा कि सभी प्रकार के मौसम में काम करने में सक्षम पी--सी ओरियोन हासिल करने से नौसेना की टोही क्षमता, पनडुब्बी रोधी और जलयान संचालन रोधी क्षमता में इजाफा होगा। इसके पूर्व 9 दिसम्बर 2006 को पाकिस्तान की सेना ने परमाणु क्षमता युक्त मध्यम दूरी के प्रक्षेपास्त्र हत्फ तीन गजनबी का सफल परीक्षण किया। इस प्रक्षेपास्त्र की मारक क्षमता 290 किलोमीटर है। सेना के एक बयान में कहा गया कि पिछले कुछ सप्ताहों में किसी बैलेस्टिक प्रक्षेपास्त्र का वह तीसरा परीक्षण है। सेना ने कहा कि प्रशिक्षण कार्यक्रम के अंतिम चरण में गजनबी प्रक्षेपास्त्रों युक्त सामरिक प्रक्षेपास्त्र समूह को सैन्य गतिविधियों के लिए तैयार करने की मंजूरी मिलने के बाद इसका परीक्षण किया गया है।[6] गौरतलब है कि पाकिस्तान की हत्फ श्रृँखला के इन प्रक्षेपास्त्रों का नाम इस्लामी पुस्तकों में वर्णित एक प्राचीन तलवार पर आधारित है। पिछले 23 दिनों के दौरान पाकिस्तान का यह तीसरा प्रक्षेपास्त्र परीक्षण है। सेना के एक बयान के अनुसार यह परीक्षण सेना की रणनीतिक कमान के स्ट्रेटेजिक मिसाइल ग्रुप ने किया। बयान में कहा गया है कि परीक्षण सेना के नियमित अभ्यास का एक हिस्सा है। परम्परागत तथा परमाणिविक मुखास्त्र ले जाने में सक्षम इस प्रक्षेपास्त्र को कुछ सालों पहले ही एएसएफसी को सौंपा जा चुका है।[7]

परीक्षण के समय वायुसेना प्रमुख एयर चीफ मार्शल तनवीर महमूद अहमद सहित बड़ी संख्या में वरिष्ठ सैन्य अधिकारी रणनीतिक कमान के वैज्ञानिक तथा इंजीनियर मौजूद थे। वायुसेना प्रमुख ने कहा, सेना की नेशनल कमांड अथारिटी और रणनीतिक योजनाओं के अंतर्गत पाकिस्तानी सेना के

सभी अंगों के बीच समन्वय बनाने की जरूरत है जिससे देश की परमाणु प्रतिरोधक क्षमता को बढ़ाया जा सके। इससे पहले 16 नवम्बर 2006 को एएसएफसी ने मध्यम दूरी की 1300 किमी तक मार करने वाले हत्फ 5 गौरी प्रक्षेपास्त्र का परीक्षण किया गया था और इसके बाद 29 नवम्बर 2006 को परमाणु क्षमतायुक्त मध्यम दूरी के 700 किमी मारक क्षमता वाले बैलेस्टिक प्रक्षेपास्त्र हत्फ 4 शाहीन 1 का परीक्षण किया। हत्फ 3 गजनवी, हत्फ 5 गौरी, हत्फ 4 शाहीन 1 को पहले ही पाकिस्तानी सेना के रणनीतिक कमान को सौंपा जा चुका है। पाकिस्तान ने मार्च 2005 तथा अगस्त 2005 में क्रमशः सतह से सतह पर मार करने वाले लंबी दूरी के शाहीन–2, हत्फ–6 तथा जमीन से छोड़े जाने वाला क्रूज प्रक्षेपास्त्र बाबर का परीक्षण किया था। पाकिस्तान ने सतह से सतह पर कम दूरी तक मारक क्षमता वाले प्रक्षेपास्त्र 'हत्फ–दो अब्दाली' का परीक्षण किया। रक्षा विभाग ने एक बयान में कहा कि स्वदेशी तकनीक से विकसित यह मिसाइल 200 किलोमीटर तक मार करने में सक्षम है और यह परीक्षण सफलतापूर्वक हासिल वांछित तकनीकी मानदंडों की सटीकता परखने मकसद से किया गया।[8] इस प्रक्षेपास्त्र का नाम 18वीं सदी के अफगान शासक अहमद शाह अब्दाली के नाम पर रखा गया है जिसने भारत के कुछ हिस्सों पर हमला किया था। इससे पहले इसका परीक्षण फरवरी 2006 में किया गया था। पाकिस्तान ने कहा है कि उसने परीक्षण के बारे में पूर्व सूचना देने संबंधी दोनों देशों के बीच हुए समझौते का पालन करते हुए भारत को पहले ही इस आशय की जानकारी दे दी थी। इस परीक्षण के महज आठ दिन पूर्व पाकिस्तान ने शाहीन–दो का परीक्षण किया था, जिसे हत्फ–दो के नाम से भी जाना जाता है और उसके बारे में अधिकारियों का दावा है कि उसकी मारक क्षमता 2000 किलोमीटर है।

ये परीक्षण ऐसे समय पर किए गए जब पाकिस्तान आतंकवाद पर संयुक्त प्रणाली के बारे में भारत के साथ बैठक की तैयारी कर रहा था, जो छः और सात मार्च 2007 को होनी निर्धारित थी। साथ ही दोनों देशों के बीच समग्र बातचीत प्रक्रिया के चौथे दौर की औपचारिक शुरूआत के लिए 13–14 मार्च 2007 को विदेश सचिव स्तर की बातचीत होनी भी निर्धारित

थी। परीक्षण इन खबरों के बीच किया गया है कि पाकिस्तानी सेना और अफगान राष्ट्रीय सेना के बीच 3 मार्च 2007 को कल मोहम्मद एजेंसी के कुदाखेल इलाके में गोलीबारी हुई। अफगान सेना ने यहाँ से करीब 20 किलोमीटर दूर कुदाखेल में पाकिस्तानी सेना की एक सीमाई चौकी पर कई राकेट दागे जहां सेना और अर्द्धसैनिक बल के जवान संयुक्त रूप से पहरे पर रहते हैं। स्थानीय मीडिया ने बताया कि इसके बाद दोनों पक्षों के बीच गोलीबारी हुई।

यह परीक्षण इन खबरों के बीच भी किया गया है कि पाकिस्तान और अफगानिस्तान के बीच तालिबान की घुसपैठ को लेकर विवाद गहराता जा रहा है। अमेरिका और नाटो के बढ़ते दबाव के बीच पाकिस्तान ने तालिबान के नम्बर दो मुल्ला ओबादिउल्ला अखुद को गिरतार करने का दावा किया। परीक्षण के समय को लेकर एक पहलू यह भी है कि उस बीच ऐसी भी रिपोर्ट आई कि ईरान ने अपनी सीमा पर विशाल दीवार बनाने का काम शुरू कर दिया, जिसके बारे में ईरानी अधिकारियों का कहना है कि इसका मकसद पाकिस्तान से अवैध रूप से आने वालों को रोकना है। ईरान से लगी पाकिस्तान की सीमा की लंबाई करीब 700 किलोमीटर है।

पाकिस्तान ने सतह से सतह तक 2000 किलोमीटर की मारक क्षमता वाले प्रक्षेपास्त्र हत्फ–छः का सफल परीक्षण किया, जिसकी जद में भारत के प्रमुख शहर आ सकते हैं। हत्फ छह (शाहीन–दो) को एक अज्ञात जगह से छोड़ा गया। पाकिस्तानी सेना ने बताया कि परीक्षण जमीन पर स्थित विभिन्न सामरिक मिसाइल प्रणालियों की मजबूती और उनकी सटीकता रखने की दृष्टि से तकनीकी संबर्द्धन एवं सटीकता आकलन की सतत प्रक्रिया का हिस्सा है। सेना ने एक बयान में कहा कि यह परमाणु एवं परम्परागत बारहेडों को सटीकता से लक्ष्य तक पहुँचाने में सक्षम है।[9] इस परीक्षण से दो दिन पहले ही भारत व पाकिस्तान ने दोनों देशों की बीच दुर्घटनावश किसी परमाणु युद्ध के शुरू होने के जोखिम को कम करने के लिए नई दिल्ली में एक समझौते पर हस्ताक्षर किए थे। दो चरण में ठोस ईधन से संचालित होने वाला हत्फ

छह पाकिस्तान की सर्वाधिक दूरी तक मारक क्षमता वाली मिसाइल है जो 2000 किलोमीटर तक लक्ष्य भेद सकती है। बयान के अनुसार आज का यह परीक्षण सेनाध्यक्षों की संयुक्त समिति के अध्यक्ष जनरल एहसान उल हक की मौजूदगी में हुआ। उन्होंने दक्षिण एशिया में सामरिक संतुलन हासिल करने की पाकिस्तान की इच्छा को पूरा करने की दिशा में यह महत्वपूर्ण मील का पत्थर स्थापित करने के लिए पाकिस्तान के सामरिक संगठनों के कर्मचारियों, वैज्ञानिकों व इंजीनियरों को बधाई दी। परीक्षण के बाद जनरल हक का कहना था कि पाकिस्तान विश्वसनीय न्यूनतम–प्रतिरोधक क्षमता हासिल करने की नीति अपनी जगह पर कायम है और वह क्षेत्र में शांति का हामी है। सेना ने एक बयान में कहा कि यह परमाणु एवं परम्परागत हथियारों को सटीकता से लक्ष्य तक पहुँचाने में सक्षम है।[10] उन्होंने दक्षिण एशिया में सामरिक संतुलन हासिल करने की पाकिस्तान की इच्छा का पूरा करने की दिशा में महत्वपूर्ण मील का पत्थर स्थापित करने के लिए पाकिस्तान के सामरिक संगठनों के कर्मचारियों, वैज्ञानिकों और इंजीनियरों को बधाई दी।

पाकिस्तान शक्ति की राजनीति में विश्वास करता है और प्रारम्भ से ही उसका उद्देश्य भारत की सैन्य क्षमता की बराबरी करना है, किन्तु पाकिस्तान यह भी जानता है कि वह मात्र अपने बलबूते पर भारत को चुनौती नहीं दे सकता है। उसके पास भारत जितनी विशाल शक्ति भी नहीं है तथा उसकी सैन्य क्षमता भी इतनी नहीं है कि वह मात्र अपने बल–बूते पर भारत लम्बे समय तक युद्ध लड़ सके। इसलिए उसने विश्व की बड़ी शक्तियों और उनसे मिलने वाली सैन्य आपूर्ति पर निर्भरता के विकल्प को चुना। ब्राह्य आर्थिक व सैन्य सहायता ने उसकी भारत विरोधी भावना को और भी प्रबल किया हैं जिसकी अभिव्यक्ति समय–समय पर उसकी कार्यवाहियों तथा वक्तव्यों से होती रहती है। पाकिस्तान मध्यवर्ती क्षेत्र के प्रक्षेपास्त्रों के विकास के लिए प्रयत्नशील रहा है और 1998 में उसने गौरी का परीक्षण किया तथा 28 नवम्बर 2004 को गजनबी का परीक्षण किया जो भारत के किसी भी नगर तक परम्परागत और परमाणु अस्त्रों को ले जा सकता है।[11] पाकिस्तान के प्रक्षेपास्त्रों के नाम, (गौरी, गजनवी, गजनी, अब्दाली) भारत पर प्राचीन काल में आक्रमण करने

वाले मुस्लिम शासकों के नाम पर रखे गये हैं, जो दर्शाता है कि पाकिस्तान के शस्त्र संबंधी सारे कार्यक्रम भारत के विरूद्ध ही हैं।

1950 के दशक में जब भारत विश्वशान्ति तथा निशस्त्रीकरण के सक्रिय अभियान पर था, पाकिस्तान ने शस्त्र प्राप्त करने का अत्यन्त महत्वाकांक्षी अभियान चलाया और अमेरिका से हथियार प्राप्त करने हेतु एक अविश्वसनीय समझौता कर डाला क्योंकि 50 के दशक में केवल अमेरिका ही अपनी तकनीकी क्षमता द्वारा आधुनिक हथियार निर्मित कर रहा था। इस संधि से उसे अमेरिका से काफी संख्या में पटैन टैंक, स्टारफाइटर, सेवर जेट और कैनबरा युद्धक विमान प्राप्त हुए। पाकिस्तान के इस सौदे का प्रमुख लक्ष्य भारत जैसा सैन्य सामर्थ्य प्राप्त करना था। अपनी इसी नीति पर चलते हुए पाकिस्तान ने 1954 में सीटों व 1955 में सेंटें जैसे सैन्य संगठनों की सदस्यता ग्रहण की जिसका वह श्रेष्ठ भारतीय सेना व शस्त्रास्त्रों का प्रतिकार कर सके।[12] उद्‌देश्य सम्भावित युद्धों में सदस्य देशों से सैन्य व आर्थिक सहायता प्राप्त करना था, ताकि अमेरिका द्वारा संपोषित गठबन्धन सीटो व सेन्टों में पाकिस्तान के शामिल होने के बदले में अमेरिका ने उसकी सशस्त्र सेनाओं को सुसज्जित करना प्रारम्भ कर दिया। पाकिस्तान की सैन्य सहायता के रूप में एफ–86, सैबर जेट, बी–57 कैनबरा, एफ–104 स्टार फाइटर व हल्की मिसाइलें प्रदान की। साथ ही 1964 में पाकिस्तान को गाजी नामक एक पनडुब्बी भी प्रदान की।[13] पाकिस्तान के शस्त्रीकरण हेतु अमेरिका ने न केवल शस्त्रों की आपूर्ति की वरन् यूरोप से जहाज व अन्य शस्त्रास्त्र खरीदने के लिए धन भी प्रदान किया जाय। पाकिस्तान द्वारा अमेरिकी टैकों व विमानों को प्राप्त करने पर भारत को 1950 के दशक में ब्रिटेन तथा फ्रांस से शस्त्रास्त्र खरीदने पर विवश होना पड़ा। इस दौरान भारत का रक्षा व्यय 2 प्रतिशत के आस–पास पहुँच गया।[14]

1962 में चीन के हाथों भारत को पराजय का सामना करना पड़ा तथा 1962 के युद्ध के पश्चात चीन तथा पाकिस्तान के मध्य हुए समझौते ने भारत की चिन्ता को और अधिक बढ़ा दिया। चीन न केवल भारत से युद्ध की स्थिति

में पाकिस्तान की सहायता करने का आश्वासन दिया अपितु उसे भारी मशीनरी तथा औद्योगिक सामग्री हेतु एक मिलियन डालर का ऋण भी दिया।[15] चीन तथा अमेरिका से प्राप्त आर्थिक तथा सैन्य सहायता के बल पर पाकिस्तान ने भारत पर 1965 में आक्रमण कर दिया, जो पाकिस्तान की भारत के प्रति घृणा तथा द्वेष का एक और स्पष्ट प्रमाण था। 1965 के युद्ध में भारत से पराजित होंने के पश्चात पाकिस्तान ने टर्की, ईरान तथा यूरोपीय देशों से भारी मात्रा मे शस्त्रास्त्र तथा सैन्य साजो सामान खरीदे तथा इन सब के लिए उसने सउदी अरब से आर्थिक सहायता प्राप्त की।[16] पाकिस्तान ने फ्रांस से पनडुब्बियाँ, मिराज– 5 विमान, हैलीकाप्टर तथा यूरोप से 90 सैबरफाइटर्स व एम–48 पैटन टैंक प्राप्त किए और यह सब अमेरिका द्वारा स्वयं पाकिस्तान के विरूद्ध शस्त्रापूर्ति रोक के बावजूद हुआ। अक्टूबर 1970 में अमेरिका पाकिस्तान को सैन्य– सामग्री बेचे जाने से पूर्व ही सम्बन्धित रोक समाप्त कर दी थी तथा पाकिस्तान को पुनः सैन्य व आर्थिक सहायता बहाल कर दी। इस सैन्य व आर्थिक सहायता ने उसे पुनः 1971 में भारत पर आक्रमण करने के लिए प्रेरित किया।

1971 में पाकिस्तान की हार और उसके विभाजन के परिणामस्वरूप वह आणविक शस्त्र क्षमता विकसित करने में लग गया। 1974 में भारत द्वारा शान्तिपूर्ण कार्यो के लिए किये गये परमाणु परीक्षण ने पाकिस्तान को परमाणु क्षमता प्राप्त करने के लिए और भी प्रेरित किया। तत्कालीन पाकिस्तानी प्रधानमंत्री जुल्फिकार अली भुटटो ने इस्लामी बम बनाने की बात कही। इस्लामी बम का नामकरण पश्चिम एशियाई देशों से आर्थिक सहायता प्राप्त करने के उद्देश्य से किया गया था।[17] दिसम्बर 1979 में अफगानिस्तान में सोवियत हस्तक्षेप को रोकने के लिए अमेरिका ने पाकिस्तान को भारी मात्रा में आर्थिक व सैन्य सहायता प्रदान की, जिसका प्रयोग पाकिस्तान ने अपने परमाणु कार्यक्रम को तेज करने तथा कश्मीर में आतंकवाद फैलने के लिए किया। अमेरिका ने परमाणु अप्रसार कानूनों से बचने के लिए 1985 में प्रेसलर संशोधन किया ताकि पाकिस्तान को सहायता जारी रखी जा सके और यह सब भारत द्वारा पाकिस्तान के परमाणु कार्यक्रमों की प्रगति के बारे में व्यापक सूचना उपलब्ध कराकर बार

बार अमेरिका से पाकिस्तान को दी जा रही सहायता से कटौती करने की मांग करने के बावजूद हुआ, जिसने भारत को अपने परमाणु कार्यक्रम तथा प्रक्षेपास्त्र कार्यक्रम के बारे में गम्भीरता से सोचने के लिए विवश कर दिया, क्योंकि पाकिस्तान की प्रमुख योजना आणविक शस्त्र क्षमता विकसित करने की थी। आज अब पाकिस्तान ने परमाणु बम बनाने में सफलता प्राप्त कर ली है तथा वह पहला देश जिसने परमाणु हथियार हासिल करने की बात को सांस्कृतिक अर्थो से जोड़ा और पाकिस्तान जैसे इस्लामी देश के पास परमाणु हथियार रहने को तर्कसंगत ठहराने की कोशिश की। इसके अतिरिक्त परमाणु हथियार सम्पन्न देशों में पाकिस्तान अकेला देश जिसने ढके रास्ते के जरिये परमाणु हथियार हासिल किया है। पाकिस्तान ने चगाई पहाड़ियों में परमाणु हथियारों के जो परीक्षण किए वे चीन द्वारा उपलब्ध ड्राइंग डिजाइन और तकनीकी सप्लाई के परिणाम स्वरूप ही संभव हो पाए। यदि पेरिस के गैर सरकारी संगठन आब्जर्वेटयर गीपोलिटिक दी द्रोग्स की 1998 की रिपोर्ट में उल्लखित निष्कर्षों को स्वीकार करें तो परमाणु सम्पन्न देशों में पाकिस्तान एक मात्र देश है, जिसके परमाणु कार्यक्रम का मादक पदार्थ–माफिया ने वित्तीय सहायता दी है।[18] इसके अतिरिक्त पाकिस्तान एकमात्र परमाणु हथियार सम्पन्न देश है जहां के परमाणु हथियारों की कमान और नियंत्रण सेना के पास हैं।

जहाँ भारत ने परमाणु हथियार का प्रथम उपयोग न करने की घोषणा की है वही दूसरी तरफ पाकिस्तान इस तरह के सार्वजनिक वायदे से अनिच्छुक रहा है। इसकी जगह उसने अपने परमाणु हथियारों को व्याख्या करने के लिए एक नया मुहावरा दिया है, अंतिम उपाय वाले हथियार। पाकिस्तान ने कारगिल युद्ध के दौरान यह मंशा पहली बार जाहिर की और उसके बाद वह इस भाषा में सात बार अपनी बात कह चुका है।[19] इसके अतिरिक्त वह एक मात्र ऐसा परमाणु हथियार सम्पन्न राष्ट्र है, सार्वजनिक तौर पर यह कह रहा है कि दक्षिण एशिया पर **परमाणु यद्ध** की छाया दूर तक मंडरा रही है। वास्तव में पाकिस्तान यह सोचता **है कि कश्मीर मुद्दे** के हल के लिए एक और भारत–पाक युद्ध की स्थिति का **सामना करता है** तो वह परमाणु हथियार प्रयोग करने

में नहीं हिचकिचाएगा। उसने भारत का चिन्तित होना आवश्यक है। पाकिस्तान के गैर जिम्मेदाराना रवैये से सारी दुनिया भी चिंतित है। यह बात सही कि पाकिस्तान का कोई पागल राजनेता या पागल सैनिक अधिकारी ही यह दुःसाहस करेगा। परन्तु पाकिस्तान जैसे देश के लिए, जो आर्थिक रूप से जर्जर हो गया है इस तरह का दुःसाहस करना कोई आश्चर्य की बात नहीं होगी।

पाकिस्तान आणविक क्षमता युक्त प्रक्षेपास्त्रों के निर्माण में संलग्न है क्योंकि उसके अनुसार आने वाले कुछ वर्षों में उसकी प्रक्षेपास्त्रों की संभावित संख्या अपेक्षाकृत कम होगी और उसके लड़ाकू विमान भारतीय विमानों की तुलना में काफी कम होने के कारण भारतीय आक्रमण का सफलतापूर्वक सामना नहीं कर सकेंगे। वाशिंगटन टाइम्स अमेरिका ने खुफिया एजेंसी सी0 आई0ए0 की 7 से 9 अगस्त की रिपोर्ट के कुछ अंश प्रकाशित किए हैं जिनके अनुसार चीन ने 1999 में पूरे वर्ष और 2004 के प्रारम्भ में पाकिस्तान को अपना प्रक्षेपास्त्र सम्बन्धी निर्यात बढ़ा दिया था। उसे आणविक, रासायनिक व जैविक हथियारों की सप्लाई जारी रखी है।[20] इसके अतिरिक्त पेरिस में चीन ने अपने देश में बने रक्षा उपकरणों की प्रदर्शनी में कहा गया कि वह पाकिस्तान के साथ मिलकर आधुनिकतम लड़ाकू हवाई जहाज बनाएगा।[21] यह स्थिति और भी भयावह हो जाती है जब हम देखते हैं कि पाकिस्तान द्वारा परमाणु तकनीक को लीबिया, ईरान व उत्तर कोरिया को प्रदान करने का स्पष्ट प्रमाण मिलने के बावजूद अमेरिका द्वारा उस तरफ से आँखें मूँद लिया गया है। 11 सितम्बर 2001 को अमेरिका पर हुए आतंकवादी हमले के बाद अमेरिका द्वारा पाकिस्तान को आतंकवाद विरोधी अभियान का प्रमुख सहयोगी बताना तथा इराक युद्ध के बाद पाकिस्तान को गैर नाटो सहयोगी राष्ट्र दर्जा प्रदान करना, जिससे कि उसे अमेरिका से शस्त्र व आर्थिक सहायता प्राप्त करने में आसानी होगी। भारत के लिए यह अत्यन्त शोचनीय बात है क्योंकि हाल में अमेरिका ने उसे एफ–16 लड़ाकू विमान प्रदान करने की भी घोषणा की थी।

पाकिस्तान अपनी सैन्य क्षमता में वृद्धि भारत से अपनी शत्रुता को ध्यान

में रखते हुए कर रहा है। आज जहां पाकिस्तान पर ब्राह्य और अंदरूनी दोनों प्रकार का ऋण इसके सकल घरेलू उत्पाद का 99.3 प्रतिशत है।[22] अन्तर्राष्ट्रीय मुद्रा कोश एवं विश्व बैंक उसे तब तक नए ऋण देने से मना कर रहे हैं जब तक वह उनके द्वारा सुझाए गए सुधार कार्यक्रमों को नहीं अपनाता। इसके अतिरिक्त पाकिस्तान की प्रमुख समस्या गरीबी, भुखमरी, अशिक्षा, विकास की कमी, बेरोजगारी व निम्न जीवन स्तर है। मानव विकास सूचकांक की दृष्टि से दक्षेस देशों में पाकिस्तान सबसे निचले पायदान पर है। इन सबके बावजूद वह अपनी सकल घरेलू उत्पाद का 4.5 प्रतिशत रक्षा पर खर्च करता है। साथ ही पाकिस्तान द्वारा एक के बाद एक प्रक्षेपास्त्रों का परीक्षण तथा शस्त्रीकरण में वृद्धि करना यह दर्शाता है कि उसकी सोच में कोई बदलाव नहीं आया है और वह शान्ति वार्ता की बात मात्र अमेरिकी सहायता एवं शस्त्रापूर्ति को लगातार पाते रहने के लिए करता है। आज दुनिया में शस्त्रों की होड़ में जिस प्रकार बढ़ रही है तथा जिस तेजी से भयंकर शस्त्र निर्मित एवं एकत्रित किये जा रहे हैं, उससे दुनिया का अस्तित्व ही समाप्त होने का खतरा पैदा हो गया है। इसलिए दुनिया के जीवन का अस्तित्व बचाने के लिए यह नितान्त आवश्यक माना जा रहा है कि शस्त्रीकरण तथा शस्त्र संग्रह पर अंकुश लगाया जाये। वैसे तो महाशक्ति अमेरिका निशस्त्रीकरण तथा घातक हथियारों के निर्माण तथा संग्रह पर अंकुश लगाने की जमकर बातें कहा रहा है। परन्तु स्वयं का आचरण विपरीत रखता है।[23]

पाकिस्तान शुरू से ही भारत का विरोधी रहा है। उसकी मंशा सन 1947 से ही सैन्य शक्ति के मामले में भारत को नीचा दिखाने की रही है। इसी के परिणामस्वरूप उसने सन 1947 में कबाइलियों के वेश में घुसपैठ करवाई। सन 1965 में अकारण ही आक्रमण किया और सन 1971 में निर्णायक जंग लड़ी। सभी लडाईयों में हुई पराजय का बदला लेने के लिए वह आज भी उतावला दिखाई पड़ रहा है। यही उतावलापन उसे शान्त नहीं बैठने दे रहा है और पाकिस्तान विभिन्न देशों से हथियारों की खरीदारी करके अपनी सैन्य शक्ति बढ़ रहा है। इन देशों में चीन प्रथम स्थान पर है और पाकिस्तान

को 70 प्रतिशत सैन्य सहायता चीन दे रहा है।

वर्तमान में पाकिस्तान चीन के सहयोग से जिस तरह अपनी सैन्य शक्ति को बढ़ाने मे लगा हैं, उससे यह बात स्पष्ट होती है कि वह निश्चित रूप से युद्ध की तैयारी कर रहा है। चीन से रिंग मैग्नेट प्राप्त करना, मिसाइलें खरीदना, अपने परमाणु व प्रक्षेपास्त्र कार्यक्रम में चीन से सहायता लेना एवं चीनी सहयोग से मिसाइल कारखाने लगाना आदि ऐसी प्रमुख बातें है। जिनसे पाकिस्तान की सैनिक शक्ति निरंतर बढ़ रही है। यहाँ गौरतलब बात यह है कि ऐसा करते समय अमेरिका द्वारा चीन को अनेक चेतावनियाँ दी गयीं, लेकिन चीन पर इसका कोई प्रभाव नहीं पड़ा। यही नहीं पाकिस्तान को भी कई प्रकार की धमकियाँ मिली, परन्तु उस पर कोई असर नहीं हुआ, बल्कि प्रभाव उलटा हुआ। जब प्रेसलर संशोधन के तहत पाकिस्तान को अमेरिकी हथियारों की आपूर्ति रोकी गयी तो पाकिस्तान ने चीन से हथियारों की खरीदारी तेज कर दी और अनेक प्रकार की हथियारों की खरीद के साथ–साथ विभिन्न प्रकार के हथियारों के विकास कार्यक्रम में एक दूसरे की सहायता की। यह बात अलग है कि अमेरिका ने बाद में ब्राउन संशोधन के तहत सन 1997 में लगभग 37 करोड़ डॉलर के हथियार पाकिस्तान को दे दिये।[24]

दक्षिण एशिया में अपनी सैन्य शक्ति को बढाने के इरादे से पाकिस्तान ने चीन के साथ दोस्ती का हाथ जो बढ़ाया है, उससे भारत का सुरक्षा हित काफी हद तक प्रभावित हुआ है। वर्षो पहले पाकिस्तान ने चीन को 'कराकोरम हाईवे' बनाने की अनुमति दे दी थी। इससे भारत की सुरक्षा चुनौतियाँ काफी बढ़ गयीं। पाक अधिकृत कश्मीर में पड़ने वाले इस सामरिक महत्व के मार्ग को अब और चौड़ा करने की योजना दोनों देशों की है कराकोरम हाईवे रावलपिण्डी को सीधे बीजिंग से जोड़ता है। दूसरे चीन व पाकिस्तान के बीच कराची बन्दरगाह तक यातायात व्यवस्था अधिक आसान हो जायेगी तथा दोनों देशों का व्यापार भी बढ़ सकेगा।

सन 1990 में पाकिस्तान ने चीन के साथ पूरे दस वर्षो के लिए इस

आशय का समझौता किया था कि दोनों देशों की आपसी सूझबूझ व तालमेल से रक्षा संबंधी सहयोग बढायेंगे और हथियारों की खरीद रक्षा अनुसंधान, शस्त्रों के विकास में सहयोग तथा रक्षा तकनीक का भी हस्तान्तरण करेंगे। सन 1993 में चीन ने 300 मेगावाट का बिजली रिएक्टर पाकिस्तान को बेच डाला। वर्तमान में इसका निर्माण सिन्धु नदी के किनारे चश्मा में हो रहा है। चीन के सहयोग से ही हिमालय के दामन में स्थित कहूटा में यूरेनियम संवर्द्धन संयत्र लगा है। फरवरी सन 1996 में इस बात का खुलासा हुआ था कि चीन ने पाकिस्तान के कहूटा नाभिकीय केन्द्र के लिए 5,000 चुम्बकीय छल्ले भेजे थे। ये चुम्बकीय छल्ले यूरेनियम को परिष्कृत करने के काम आते हैं तथा नाभिकीय बम तैयार करने में इसकी मुख्य भूमिका होती है।

पाकिस्तान चीन की सहायता से युद्धक टैंक भी बना रहा है। वर्तमान में दोनों देशों के तकनीकी सहयोग से मुख्य युद्धक टैंक (एम0बी0टी0)–2000 की संयुक्त उत्पादन विकास प्रक्रिया चालू है। चीन अब तक पाकिस्तान को 1,700 टैंक दे चुका है और यूक्रेन से 320 टी–80 यू0डी0 मुख्य युद्धक टैंक खरीद दिया है। इससे पाकिस्तानी सेना का बख्तरबन्द डिविजन और मजबूत हो गया है। ये टैंक पुराने पड़ गये टैंकों स्थान लेंगे। टी–80 यू0डी0 टैकों में 125 मिमी0 की तोप लगी है, इसलिए ये टैंक काफी अत्याधुनिक है। चीन ने पाकिस्तान की धरती पर टैंकों के निर्माण हेतु एक कारखाना खोल दिया है। इस टैंक कारखाने में प्रतिवर्ष 200 अत्याधुनिक टैकों का निर्माण किया जायेगा। इन टैंकों में 105 मिमी0 की तोप लगी होगी। इसके अतिरिक्त टैंकरोधी एरो–8 प्रक्षेपास्त्र के विकास के लिए चीन पाकिस्तान को आर्थिक व तकनीकी सहयोग प्रदान कर रहा है। पाकिस्तानी जल सेना के लिए चीन द्वारा 30 जलयान दिये जा चुके हैं। प्रतिरक्षा पत्रिका डिफेंस न्यूज के एक अंक के अनुसार "पाकिस्तान चीन से खरीदना चाह रहा है। चीन के पास अत्याधुनिक पनडुब्बियाँ भी हैं। इन पनडुब्बियों में समुद्र के नीचे से छोड़े जाने वाले सी0एस0 एस0–4 प्रक्षेपास्त्र लगे हैं, जिसकी मारक क्षमता 1200 किमी0 है। आशा है कि भविष्य में चीन इन पनडुब्बियों को भी पाकिस्तान को प्रदान करेगा।

अगोस्ता श्रेणी की नवीनतम पनडुब्बियाँ पाकिस्तान ने फ्रांस से थी। अक्टूबर 1996 एक समझौते के तहत फ्रांस पाकिस्तान को पनडुब्बियों से छोड़े जाने वाले अत्याधुनिक किस्म के ए0एस0एम0–39 प्रक्षेपास्त्र देगा। ये प्रक्षेपास्त्र पानी के अन्दर व बाहर दोनों तरीके से छोड़े जा सकते हैं।

17 अगस्त, 1996 को यह बात भी जग जाहिर हो गई कि पाकिस्तान ने चीन कर मदद से नाभिकीय जलयान बनाना प्रारम्भ कर दिया है। 300 मेगावाट क्षमता के इस नाभिकीय यान का वजन 215 टन और उँचाई 30 फुट होगी। इसका नाम अभी निश्चित नहीं किया गया है। चीन इस नाभिकीय जलयान को सुदूरात्तर प्रांत के हेइलोंग चियांग में तैयार कर रहा है। पाकिस्तानी नौ सेना के प्रवक्ता ने नौ सेना दिवस पर 9 दिसम्बर, 1996 को बोलते हुए बताया कि चीन ने पाकिस्तान को सतह से सतह पर तथा सतह से हवा में मार करने वाले प्रक्षेपास्त्रों से लैस चार नए युद्धपोत और लम्बी दूरी की क्षमता वाले सोनार उपकरण देने की पेशकश की हैं चीन इन हथियारों व उपकरणों की प्रौद्योगिकी भी पाकिस्तान की नौ सेना को दे रहा है।

पाकिस्तानी अस्त्र–शस्त्र और हथियार क्षमता

थल सेना

क्र.सं.	हथियार का नाम	संख्या
1	मुख्य युद्धक टैंक	2120
2	बख्तरबन्द सैनिक वाहन	850
3	सचल तोपें	1590
4	स्वचालित तोपें	240
5	बहुउद्देशीय राकेट लांचर	45
6	मोर्टार	करीब 500
7	सतह से सतह पर मारने वाली	

	निर्माणधीन मिसाइल हत्फ–1 एवं हत्फ–2	निर्माणाधीन
8	टैंक रोधी शस्त्र	कोबरा, ग्रीप, एयरो एवं रेड एयरो
9	राकेट लाँचर	89 एम0एम0/ एम0–202.5
10	रिक्वायललेस लांचर (आर0सी0एल0)	75 एम0एम0
11	हवाई सुरक्षा तोपें	करीब 2000
12	सतह से आसमान में मार करने वाली मिसाइलें	करीब 350
13	युद्धक विमान (संरक्षण और सम्पर्क)	2
14	आक्रमणकारी हैलीकाप्टर	20
15	परिवहन विमान	12

नौ सेना –

क्र.सं.	हथियारों के नाम	संख्या
1	पनडुब्बियाँ	9
2	अस्त्र–शस्त्र एवं युद्धक विमान से लैस जहाज	10
3	निगरानी एवं तटरक्षक जहाज	10
4	बारूदी सुरंग के संयत्र	2
5	अन्य सहायक समाज	9
6	नौ सेना विमान	करीब 90
7	मिसाइल	मैंजिक एवं सी ईगल
8	नौ सैनिक बेड़ा	करीब 1200

वायु सेना

कुल युद्धक विमान	करीब 410

आसमान से जमीन पर मार करने वाले युद्धक विमान	7
सामान्य आक्रमण करने वाले युद्धक विमान	–
टोही विमान	12
सामुद्रिक आक्रमण विमान	7
खोजी आत्मरक्षंक विमान	1
परिहवन विमान	12
अन्य परिवहन विमान	42
अन्य विमान	करीब 200
मिसाइल	मिसाइलों के मामले में पाकिस्तान से भारत हर क्षेत्र में आगे

स्रोत : रक्षार्थ, 1999, पृ०सं० 141–142

इन सबके अतिरिक्त पाकिस्तान अन्य देशों से भी अत्याधुनिक हथियार खरीद रहा है। ब्राउन संशोधन के तहत मिले अमेरिकी हथियार व उपकरणों के बाद पाकिस्तान पहले से ही मिराज–3 व मिराज–5 लड़ाकू विमानों को फ्रांस की सहायता से आधुनिकीकरण करके अत्याधुनिक बना रहा है वह फ्रांस से मिराज–2000 भी खरीद रहा है।[25]

कारगिल में हार का स्वाद चखने के बाद पाकिस्तान के सैनिक अधिकारी बौखलाए हुए हैं और जनता में हार को लेकर काफी मायूसी और आक्रोश है। हालाँकि भारत के साथ युद्ध का दुस्साहस नहीं करेगा, लेकिन वहाँ का प्रशासन कब कौन सा कदम उठा लें, कुछ नहीं कहा जा सकता। अयूब खाँ और याह्वया खाँ इसके उदाहरण हैं। कारगिल में पाकिस्तान ने फिर सैनिक गतिविधियां तेज करने की सुगबुगाहट तेज कर दी, कश्मीर में आतंकवाद बढ़ाता जा रहा हैं और कुख्यात आतंकवादी ओसामा–बिन–लादेन ने भारत में आतंकवाद फैलाने की खुली घोषणा कर दी है। पाकिस्तान को आशंका

है कि आतंकवाद से निपटने के लिए भारत पाकिस्तान की सीमा में घुसकर भी सैनिक कार्यवाही कर सकता हैं। इसलिए युद्ध की आशंका से दोनों देशों के बीच हथियारों की खतरनाक होड़ है और चूँकि आज के युद्ध में मिसाइलों की भूमिका निर्णायक होगी, इसलिए मिसाइल स्पर्धा में दोनों देश अपना ग्राफ उंचा रखना चाहते हैं। इसी कोशिश में पाकिस्तान ने गौरी और गजनवी मिसाइलों को और खतरनाक ढंग से विकसित करने का फैसला किया है और भारत ने पृथ्वी और अग्नि को। ये चारों जमीन पर लंबी दूरी तक मार करने वाली मिसाइलें हैं।

भारतीय अस्त्र–शस्त्र/हथियार क्षमता

थल सेना

मुख्य युद्धक टैंक	3414
हल्के टैंक	90
टोही टैंक	100
सशस्त्र लड़ाकू विमान (पैदल सेना)	1350
बख्तरबंद सैनिक वाहन	157
सचल तोपें	4175
स्वचालित तोपें	80
बहुउद्देश्य राकेट लांचर	150
मोटार्र	1500
सतह से सतह पर मार करने वाली मिसाइल	पृथ्वी (3–5 लांचर)
टैंक नाशक शस्त्र	मिलन, एटी–3, सागर, एटी–4 स्पीगाट (स्वचालित), एटी–5
रिक्वायललेस लांचर (आसीएल)	करीब 1500
हवाई सुरक्षा तोपें	2400

सतह से आसमान में मार करने वाली मिसाइलें	करीब 1800
हेलीकाप्टर (चेतक, चीता)	199
नौ सेना	
पनडुब्बियाँ	19
अस्त्र–शस्त्र एवं युद्धक विमानों से लैस जहाज	25
निगरानी एवं तट रक्षक जहाज	49
बारूदी सुरंग के संयत्र	20
जल–जमीन दोनों पर चलने वाले युद्धक वाहन	10
अन्य सहायक भारी उपकरण	20
नौ सैनिक विमान	5 हजार
मिसाइल	मेंजिक एवं सी ईगल
नौ सैनिक बेड़ा	1200
वायु सेना	
कुल युद्धक विमान	850
मिग–21, मिग–23? मिग–27, जगुआर, मिराज–2000,	कैनवरा आदि
युद्धक विमानों से लैस आसमान से जमीं पर मार करने वाले	17 स्क्वाड्रन
सामान्य आक्रमण वाले	20 स्क्वाड्रन
इलेक्ट्रानिक प्रतिरोधी विमान	4
इलेक्ट्रानिक जासूसी विमान	4
पूर्व संवेदी विमान	4
तेल वाहक विमान	6
सामुद्रिक आक्रमण हेलीकाप्टर	3 स्कवाड्रन (32 हेलीकाप्टर)
टोही विमान	2 स्कवाड्रन (14 हेलीकाप्टर)

परिवहन वाहन	12 स्कवाड्रन
तटीय निगरानी–सर्वेक्षण विमान	4
अन्य विमान एवं हेलीकाप्टर	करीब 400
मिसाइल	जमीन से जमीन पर, जमीन से आसमान पर
जमीन और	आसमान से आसमान पर मार करने वाली

स्रोत – रक्षार्थ, संस्करण 1999, पृ०सं०–139–140

भारत के गुप्तचर संस्थाओं ने खबर दी है कि पाकिस्तान, इस्लामाबाद से दक्षिण–पश्चिमी में 50 किमी० दूर फतहगंज में चीन की मदद से मिसाइलें तैयार कर रहा है। चीन के वैज्ञानिक मुख्य रूप से पाकिस्तान को मिसाइल गाइड एवं कंट्रोल सिस्टम ठोस इंधन के उपयोग तथा कुछ मिसाइलों में और अच्छी तकनीक इस्तेमाल करने में मदद कर रहे हैं। गौरी को परीक्षण से पहले पाकिस्तान ने इंटीग्रेटेड मिसाइल डेवलपमेंट प्रोग्राम के अन्तर्गत हत्फ–1 (रेंज 80 किमी०, 500 किग्रा० विस्फोटों के साथ), हत्फ–2 (रेंज 300 किमी0, 500 किग्रा विस्फोटों के साथ) और हत्फ–3 (रेंज 800 किमी0, 500 किग्रा० विस्फोटो के साथ) मिसाइलों का विकास किया था। हत्फ–5, जिसे गौरी नाम दिया गया है, 1500 किमी0 के रेंज 700 किग्रा विस्फोट पदार्थों के साथ आक्रमण कर सकती है।

इसके अतिरिक्त भारतीय रक्षा मंत्रालय के सूत्रों के अनुसार पाकिस्तान ने चीन से 84 एम–11 मिसाइलें भी खरीदी हैं। साथ में 20 लाँचर भी खरीदें हैं। एम–11 मिसाइलें 800 किग्रा0 विस्फोटों के साथ 944 किमी० रेंज में प्रहार कर सकती है। अमेरिका पाकिस्तान को एक समझौते के अन्तर्गत अत्याधिक शक्तिशाली युद्धक विमान पी०सी०–3 ओरियस भी देने वाला है। इन युद्धकों से मिसाइल भी छोड़े जा सकते है।

इंस्टीटयूट आफ डिफेंस स्टडीज एंड एनालिसिस के भूतपूर्व उपनिदेशक

मेजर जनरल बनर्जी का कहना है कि पाकिस्तान ने चीन से एम–15 मिसाइलें भी खरीदी है। जो पश्थ्वी से ज्यादा आधुनिक है। अनुमानतः पाकिस्तान ने 80 एम–15 मिसाइलें गुप्त रूप से चीन से खरीदी है। पाकिस्तान लगभग अपनी सभी मिसाइलों को आणविक हथियारों में लैस कर रहा है। मिसाइलों के निर्माण में पाकिस्तान को सबसे ज्यादा मदद चीन से मिल रही है। चीन ने मिसाइलों की तकनीकी रूस से ली थी।[26]

पाकिस्तान द्वारा प्रमुख हथियार आयात

प्राप्ति वर्ष	देश	हथियारों की संख्या/प्रकार
1990–92	आस्ट्रेलिया	50 मिराज ।।। एयरक्राफट
1991–81	चीन	40–100 एम–11 छोटी दूरी का बैलिस्टिक प्रक्षेपास्त्र
1991–99	चीन	250+टी–69–।। एम0बी0टी0 को उत्पादन करने की प्रौद्योगिकी का लाइसेंस
1991–99	अमेरिका	725+एम–11, 3 ए 2 ए0पी0सी0 की तकनीक
1992–97	चीन	264टी–85।।, 3टी'65।।एपी, और 1टी–85।।।ए0बी0टी0
1992–98	फ्रांस	3 एरीडेन क्लास माइबारफर्र जलयान
1993	चीन	40एफ–7पी एयरक्राफट
1993–95	ब्रिटेन	6 अमेंजोन – क्लास टाइप–21 फ्रीगेटस
1994	चीन	6के 8 फाइटर/ट्रेनर एयरक्राफट
1994	फ्रांस	4 एस0ए0 316 एलयुटट ।।। हेलीकाप्टर
1994	नीदरलैण्ड	1 फलीट टैंकर, मायवीन

1994–96	ब्रिटेन	3 लइनेक्स एफ–27–2000 एयरक्राफट
1994–96	नीदरलैण्ड	3 फोक्कर एफ–27–2000 एयरक्राफट
1994–99	चीन	के–8 फाइटर/ट्रेनर एयरक्राफट उत्पादन करने की तकनीक
1995	ब्रिटेन	5 काम्वेट वाहन
1995	चीन	20 हथियार लैस काम्वेट वाहन
1996	चीन	हत्फ–2 कम दूरी के प्रक्षोपास्त्र के उत्पादन के तकनीक
1996	फ्रांस	3 ब्रेरगुट एटलेन्टीक्यू–1 एयरक्राफट
1996–97	चीन	6एल0वाई0, 60एन जल से वायु में भार करने वाले प्रक्षेपास्त्र लांचर
1996–97	अमेरिका	3पी0 3सी एयरक्राट
1996–97	अमेरिका	28 हारपून–एंटी जलयान प्रक्षेपास्त्र
1996–97	अमेरिका	498 ए0आई0एम0–9 एल0 प्रक्षेपास्त्र
1997	चीन	जलालत क्लॉस प्रक्षेपास्त्र वोट की तकनीक
1997	चीन	78 एंटी–जलयान प्रक्षेपास्त्र
1997	अमेरिका	10 बेल–209/ए0एच0–1एस0एयरक्राफट
1997–99	बेलारूस	1400 एंटी–टैंक प्रक्षेपास्त्र
1997–99	उत्तरी कोरिया	गौरी आई0आर0वी0एम0 का तकनीक
1997–99	उक्रेन	215 टी–80 यूडी मुख्य युद्धक टैंक
1998	चीन	27 130 एम0एम0 भारी बन्दूकें
1999	चीन	100एफ–7 एम0जी0 काम्वेट एयरक्राफट
1999	फ्रांस	1 अगोस्टे–90बी सबमैरिन–जलयान प्रक्षेपास्त्र
1999	फ्रांस	20 एस0एम0–39 एस्कोकेट एन्टी

2000	उक्रेन	105 टी–80 यू0डी0 मुख्य युद्धक टैंक
2000–01	बेलारूस	520–एटी–1, एन्टी–टैंक प्रक्षेपास्त्र
2000–01	चीन	2 जलालत–क्लास–प्रक्षेपास्त्र की तकनीक
2000–01	चीन	3सी–801/802 जलयान–आधारित प्रक्षेपास्त्र लांचर
2000–03	चीन	80 टी–69 ।। एम0बी0टी0 की
2000–01	अमेरिका	30 एम–113 ए–2 ए0पी0सी0 की तकनीक
2000–01	फ्रांस	3 अगोस्टे 90–वी, सवमैरिन
2000–05	चीन	100 एफ–7–एम0जी0 काम्वेट एयरक्राफट
2000–08	चीन	76–100 के 8 फाइटर/ट्रेनर एयरक्राफट
2002	ब्रिटेन	3 लाइनेक्स ए0एस0डब्लू–हेलीकाप्टर
2002–03	फ्रांस	3 अगोस्टे 90–वी, सवमैरिन
2002–03	फ्रांस	40 एस0एम0–39–सवमैरिन (प्रक्षेपास्त्र)
2002–06	चीन	4 जिन्नावेल ।।क्लास फ्रीगेट्स
2005	चीन	अल खलीद एम0वी0टी0 के उत्पादन के तकनीक
2005	चीन	150 एफ0सी–1 एयरक्राफट

स्रोतः सिविल सर्विसेज क्रानिकल, मई 2000, पृष्ठ 45

भारत ने प्रक्षेपास्त्र प्रणाली और परमाणु परीक्षण का विकास करके रक्षा के क्षेत्र में नए आयाम स्थापित किए हैं वही हल्की श्रेणी के विमानों एवं पनडुब्बी श्रेणी के पोत का कार्यक्रम भी प्रगति में है। स्थल सेना के मुख्य हथियार के रूप में अब पूर्ण स्वचालित 5.56 मिमी0 राइफल्स आ गई है रात्रि के अंधेरे में देखने की क्षमता वाले चश्मे तथा दूरबीन भी भारतीय सैनिकों की साज–सज्जा

के साधन बन गये हैं। मशीनगनों में आवश्यकतानुसार परिवर्तन करके अत्याधुनिक तथा पोर्टेबल बनाया गया है। भारत ने अति आधुनिक मल्टी बैरल राकेट लांचर 'पिनाक' को विकसित कर दिया है। आधुनिक स्थल युद्धों में युद्धक टैंको की सक्रिय भूमिका को मद्देनजर रखते हुए भारत ने प्रमुख युद्धक टैंक के रूप में अर्जुन टैंक का निर्माण किया है। यह टैंक दुनिया के अति आधुनिक समझे जाने वाले एम्बाम्स, लियोपर्ड, लेसलर्स, चैलेन्जर और कार्वा टैंको की तुलना में भी कहीं अधिक शक्तिशाली माना जाता है। अर्जुन टैंक जहाँ भारत की भौगोलिक परिस्थितियों के अनुकूल माना जाता है, वहीं यह गहन अन्धंकार धुन्ध और धुँए के बावजूद प्रत्येक प्रकार के मौसम में तीन किलोमीटर के दायरे में स्थित शत्रु के टैंकों एवं उपकरणों को देख सकने की अद्वितीय क्षमता रखता है। इसके साथ ही टी–90 टैंक भी रूस से प्राप्त करने की प्रबल सम्भावना है। हमारे वैज्ञानिकों द्वारा 'विजयन्त', टी–72 तथा टी–55 टैंकों का भी आधुनिकीकरण किया जा रहा है। हमारी वायु सेना की उड़ान एक साधारण श्रेणी के डकोटा विमान के साथ शुरू हुई थी, जो कि अब अति आधुनिक विमान सुखोई –30 तक पहुँच गई है। भारत द्वारा भावी रणनीति को दृष्टि रखते हुए हलके लड़ाकू विमान (एल0सी0ए0) के साथ ही पायलट रहित लक्ष्य भेदी विमान (पी0टी0ए0) निशांत की परीक्षण उड़ानें भी पूरी की जा चुकी है। भारतीय नौसेना के पास इस समय विमान वाहक पोत–1 पनडुब्बी–18, विध्वंसक–6, फ्रिगेट्स–16, कार्वेट्स–20,गश्तीपोत–8, सुरंगनाशक पोत–22, जल व थल पोत–17, सर्वेक्षण पोत–10 तथा सेवा सहायक पोत–21 तैनात है।[27]

वर्ष 1990–2000 के दौरान भारत के प्रमुख हथियार आयात

वर्ष	देश	संख्या और हथियारों के प्रकार
1992	ब्रिटेन	जल सेना के लिए तीन समुद्री हैरियर्स
1996–96	रूस	323 130 एम0एम0 बन्दूकें
1995	किर्गीस्तान	15 आक्रमक हेलिकॉप्टर
1995	रूस	10 मिग–29 हेलिकाप्टर

1996	रूस	12 प्रक्षेपास्त्र और प्रक्षेपास्त्र लांचर
1997	रूस	8 सुखोई एस0यू0 30एम के काम्वेट एयरकाफ्ट
1997	रूस	2 टाइप 877 ई0के0एम0 किलो सवमैरीन
1997	रूस	68 प्रक्षेपास्त्र और प्रक्षेपास्त्र लांचर

स्रोत : सिविल सर्विसेज क्रानिकल, मार्च 2000, पृ0 58

चीन की तुलना में भारत में मिसाइल कार्यक्रम देर से शुरू हुआ। सन 1993 में भारत सरकार ने देश में मिसाइल निर्माण के लिए इंटीग्रेटेड गाइड मिसाइल प्रोग्राम के अन्तर्गत 380 करोड रूपये का बजट स्वीकृत किया गया था। सन 1983 में चार मिसाइल सिस्टम विकसित किये गये। इसके बाद भारत ने मिसाइल क्षेत्र में जबरदस्त सफलता प्राप्त की। इस समय भारत में अग्नि, नाग, पृथ्वी, आकाश, त्रिशूल आदि मिसाइलें तैयार है। आकाश 25 कि०मी० के क्षेत्र में जमीन से आकाश में प्रहार करने वाली मिसाइल है। इसके विषय में विशेषज्ञों का कहना है कि पाकिस्तान के एफ–16 युद्धक विमानों पर इसका निशाना अचूक होगा और पाकिस्तान की 'हत्फ' मिसाइलों की ये काट है।

भारत के मशहूर वैज्ञानिक और भारत सरकार के प्रधान वैज्ञानिक डॉ0 ए0पी0जे0 अब्दुल कलाम के अनुसार आकाश तीन लक्ष्यों पर प्रहार कर सकती है। नाग टैंकों पर प्रकार करने वाली मिसाइल है। यह 4 से 6 कि०मी० के रेंज पर प्रहार कर सकती है।

पृथ्वी–1, पृथ्वी–2 और पृथ्वी–3 जमीन से जमीन पर प्रहार करने वाली मिसाइलें हैं पृथ्वी–1, 1000 कि0ग्राम विस्फोटों के साथ 150 किमी0 के रेंज में, पृथ्वी–2, 500 कि0ग्राम विस्फोटों के साथ 250 कि०मी० के रेंज में पृथ्वी–3,500 कि०ग्राम विस्फोटों के साथ 350 कि०मी० के रेंज में प्रहार करने वाली मिसाइलें हैं। पृथ्वी आणविक हथियारों को ले जाने में सक्षम है। मिसाइल विशेषज्ञों के अनुसार स्थिर लक्ष्य जैसे कमाण्ड केंन्द्र, हवाई अड्डे तथा सैनिक ठिकानों पर इसका प्रहार काफी प्रभावी होगा। अच्छे किस्म के युद्धक विमानों को भी मारने में भी यह सक्षम हैं। यह 8.5 मीटर लम्बी है। अमेरिकी

विशेषज्ञों के अनुसार भारत अपने सभी मिसाइलों की क्षमता के बारे में कुछ छुपा रहा है। पृथ्वी की कोई भी मिसाइल 300 किमी0 से अधिक क्षेत्र में प्रहार कर सकती है। 'अग्नि' 18.4 मीटर लम्बी है। इसमें ठोस ईंधन प्रयोग होता हैं। यह 1000 कि0ग्राम विस्फोट के साथ 2500 कि0मी0 रेंज में प्रहार कर सकती है। इसे भी आणविक हथियारों से लैस किया जा सकता है।

पाकिस्तान ने अपनी सबसे खतरनाक 'गजनबी' मिसाइल के परीक्षण की तैयारी की घोषणा की है तो इधर भारत 'सूर्या' के विकास में लगा हुआ है। यह भारत का प्रथम इंटरकांटीनेंटल बैलास्टिक मिसाइल (अर्न्तमहाद्वीपीय प्रक्षेपास्त्र) होगा। इसके अतिरिक्त रूस के सहयोग से समुद्र से 200 कि०मी० के रेंज में प्रहार करने वाली सागारिका मिसाइलों के परीक्षणों में भी जुटा है।[28]

11 और 13 मई सन 1998 को भारत द्वारा पोखरन में पाँच और परमाणु परीक्षण करने के बाद पाकिस्तान ने 28 और 30 मई को छः परमाणु परीक्षण किए।[29] भारत और पाकिस्तान द्वारा किये गये परमाणु परीक्षणों से इस उपमहाद्वीप में हथियारों की जो खतरनाक होड़ शुरू हो गयी है उसे अगर समय रहते नहीं रोका गया तो इसके चपेट में समूचा दक्षिण एशिया आ जायेगा। इन देशों की सरकारों ने धार्मिक उन्माद अन्धराष्ट्रवाद को अपनी राजनीति का आधार बना लिया है और अपनी सत्ता को बरकरार रखने के लिए एक अजीब तरह का युद्धोन्माद फैलाया जा रहा है। राजनीतिक समस्याओं के सैनिक समाधान ढूंढ़ें जा रहे हैं और हथियारों के सौदागरों के लिए बजट में प्रावधान किये जा रहे हैं।

भारत की रक्षा नीति एवं सैन्य क्षमता :—यद्यपि भारत की इच्छायें किसी पड़ोसी राष्ट्र पर कब्जा करने की नहीं है, तथापि हमें अपने आक्रामक पड़ोसियों को देखते हुए सजग रक्षा नीति अपनानी चाहिए। भारत की सामरिक अवस्थिति संसार के मानचित्र में चाहे जैसी भी हो, किन्तु उसकी तत्कालीन चिन्ता अपने पड़ोसी राष्ट्रों की निरन्तर बढ़ती सैन्य क्षमता के कारण ही है। चीन जहां एशिया की शक्ति बनने की इच्छा से अपने हथियारों का तेजी से उत्पादन खड़ा करके शस्त्रों के ढेर लगा रहा है। पाक भले ही क्षेत्र का आबादी की दृष्टि से छोटा

है, परन्तु भारत के प्रति शत्रुता के मामले उसका कद सबसे बड़ा व भारी भरकम है। पाकिस्तान द्वारा परमाणु हथियारों के निर्माण का कार्यक्रम और उसकी अपनी सुरक्षा आवश्यकताओं से परे वायुवाहित पूर्व सूचना उपकरण जैसे अतिआधुनिक हथियार प्राप्त करने के लगातार प्रयास हमारे लिए चिन्ता का विषय है।

पाकिस्तान ने अपनी सशस्त्र सेनाओं की संख्या में काफी बढ़ोत्तरी कर ली है और उसका यह भी प्रयास है, कि अत्याधुनिक हथियार जैसे प्रक्षेपास्त्र एम–11, एम–12 तथा एफ–16 विमानों की एक और खेप प्राप्त करके वह इस क्षेत्र में तकनीकी दृष्टि से भारत से आगे बढ़ जाये। इसके पीछे उसके क्या इरादे हैं, सभी जानते हैं। भारत की आत्म–निर्भरता की ओर बढ़ती शक्ति 'अग्नि' प्रक्षेपास्त्र का पाँचवा सफल प्रक्षेपण और पृथ्वी प्रक्षेपास्त्र का पन्द्रहवाँ सफल परीक्षण उसकी आँखों की किरकिरी बना है। पाकिस्तान की सदैव विरोधात्मक कार्यवहियाँ रही हैं जैसे परमाणु हथियारों का निर्माण करना, अपनी सुरक्षा आवश्यकताओं से परे 'अवाक्स' एफ–16 विमान, एम–11 प्रक्षेपास्त्र प्राप्त करना, सियाचिन क्षेत्र में उसकी आक्रामक कार्यवाही, भारत में आतंकवाद एवं अलगावादी गतिविधियों में उसका हाथ होना आदि।

रक्षा के क्षेत्र में भारत की सैन्य–क्षमता एवं प्रगति का अनुमान 'अर्जुन' टैंक एवं प्रक्षेपास्त्र प्रणाली के विकास से लगाया गया जा सकता है। भारत अब 'पृथ्वी–2' प्रक्षेपास्त्र का पन्द्रहवाँ सफल परीक्षण भी कर चुका है। आकाश, अग्नि, नाग एवं त्रिशूल प्रक्षेपास्त्रों के परीक्षण के साथ ही अनेक बैरल प्रणाली वाला राकेट पिनाक को भी सेना में शामिल किया जा रहा है। हल्के लड़ाकू विमानों को बनाने में भी भारत ने सफलता प्राप्त कर ली है। किन्तु नेपाल, अफगानिस्तान, बाँग्लादेश, वर्मा और पाकिस्तान में जो चीनी हथियारों का जखीरा जमा हो रहा है, वह सामान्य शक्ति की कभी भी युद्ध में बदल सकता है।[30]

यदि भारत इन हथियारों की होड़ को अनदेखा करता है, तो सुरक्षा के लिए एक गम्भीर संकट खड़ा हो जायेगा और संतुलन बनाये रखने के लिए हथियारों में बढ़ोत्तरी करता है, तो रक्षा–व्यय निश्चित तौर पर बढ़ जायेगा।

राष्ट्रीय विकास में व्यय होने वाला धन अब रक्षा–व्यय में मजबूरन लगाना पड़ेगा, क्योंकि इस प्रकार की परिस्थितियां तैयार होती जा रही हैं। सबसे बड़ी चीन–पाक की गुप्त सैनिक गठजोड़ से है, क्योंकि चीन न सिर्फ आधुनिक हथियारों की आपूर्ति पाकिस्तान को कर रहा है, बल्कि उसे सामयिक तकनीकी, संशोधित परिष्कृत कल–पुर्जे, उपकरण, उपस्कर तथा प्रशिक्षण दे रहा है।

चीन और पाक युद्ध ने जो सीख दी, उसने रक्षानीति के कई अवयवों को पुष्ट किया और उसी कारण भारत के पास एक सबल और स्पष्ट रक्षा नीति तैयार हो पायी। परन्तु पिछले कुछ वर्षों से हमारी रक्षा नीति अपने सिद्धान्तों पर नियत रहने के बावजूद बाहय तौर पर इतनी विचलित हुई कि कभी कभी उसके मूल सिद्धान्तों से भटक जाने का भय लगता है। दरअसल, रक्षानीति अर्थ एवं वित्त नीति के साथ साथ विदेश नीति से बहुत गहरे तौर पर जुड़ी हुई होती हैं। इन दोनों नीतियों में किसी प्रकार के बदलाव का सीधा असर रक्षा नीति पर पड़ता है। पिछले चार बरसों में अर्थ और वित्त विषयक नीतियों के नये प्रयोगों ने हमारे वैदेशिक रिश्तों पर भी नजर डाला, फिर सोवियत संघ के टूटने के साथ साथ जो राजनीतिक परिस्थितियाँ उत्पन्न हुई, उससे भी इस पक्ष पर अच्छा खासा असर पड़ा है।[31]

भारतीय रक्षा–नीति निर्धारण पर आज कई तरफ से दबाव हैं। कमजोर आर्थिक स्थिति से देश अभी भी उबर नहीं सका है। यदि भारतीय सेना अपने तीनों अंगों का नवीनीकरण करना चाहे, यानी अपने वायुयानों, टैंकों, जलपोतों इत्यादि की मरम्मत करना चाहे तो भी इस कार्य को मुकम्मल तौर पर सम्पन्न करने के लिए ही तकरीबन पच्चीस करोड़ रूपये चाहिए। रक्षा अनुसंधान एवं विकास के मद में खर्चे के लिए पर्याप्त धन की आवश्यकता है। ऐसी स्थिति में सैन्य हथियारों और उपकरणों, उपस्करों की तरफ आत्मनिर्भरता की बात काफी कठिन लगती है। आंतरिक मुद्दे से निबटने के लिए सेना का प्रयोग कोई बहुत बुरी नहीं। लेकिन यह अनिवार्य और विकासहीनता की स्थिति में ही उचित है। रक्षा नीति को न सही, पर रक्षा व्यय को निःसंदेह इस आंतरिक दबाव से गुजरना पड़ रहा है।

हमारी रक्षानीति पर दबाव आंतरिक है तो बाहरी भी। बाजारोन्मुख व्यवस्था के तहत परमाणु अप्रसार सन्धि (N.P.T.) प्रक्षेपास्त्र तकनीकी नियन्त्रण व्यवस्था (M.T.C.R.) व व्यापक परमाणु प्रक्षेपास्त्र परीक्षण प्रतिबन्ध सन्धि (C.T.B.T.) के मुद्‌दे पर अमेरिकी दबाव तो है ही, वह भी कम परेशानी का सबब नहीं बनने वाला हैं। इसके अलावा भी महाशक्तियों का दबाव कई ऐसी सन्धियों के लिए पड़ रहा है। जिसे भारत या तो निरर्थक समझता है अथवा भेदभावपूर्ण। कूटनीतिक और राजनीतिक कारणों से वह बहुत सख्त रवैया नहीं अपना सकता। भले ही वह साफ दिखता दबाव अमेरिका का हो अथवा परोक्ष रूप से चीन का हो। सम्भावित शत्रुओं की सैन्य क्षमता को देखते हुए राष्ट्र की सीमा की रक्षा हेतु तुलनात्मक समाघात शक्ति के विकास की जरूरत है। अतः हमारी रक्षा नीति में आर्थिक, वित्त और विदेश नीति के समीकरणों का उचित संयोजन जरूरी है।

देश की सुरक्षा के लिए आगामी करीब 25 वर्ष के लिए एक दीर्घकालीन प्रभावी रक्षा योजना तैयार की जा रही है। सेना को भविष्य में किसी प्रकार के खतरे से निपटने के लिए अत्यन्त शक्तिशाली एवं अत्याधुनिक बनाया जा रहा है। योजना में देश के लिए सम्भावित खतरों, हथियारों के क्षेत्र में विकसित होने वाली नवीनतम एवं परिष्कृत तकनीकी, परमाणु जीवाणु एवं रासायनिक युद्ध आदि का विशेष ध्यान रखा जा रहा है। इसके साथ ही सेना की प्रहार शक्ति बढ़ाने तथा रात्रि युद्ध कला को बढाने पर भी विशेष बल दिया जायेगा। इसके लिए देश में इंफरारैड प्रणाली लगायी जा रही है, जिससे अन्धेरी रात में भी शत्रु को देखा जा सके। योजना में लडाकू विमानों एवं पनडुब्बियों के निर्माण की योजना पर विशेष ध्यान दिया गया है। आधुनिक विभिन्न प्रकार के प्रक्षेपास्त्र बनाने में भी सफल रहा है।[32]

भारत की रक्षा तैयारी:– पाकिस्तान व चीन की निरन्तर बढ़ती हथियारों की भूख, सैन्य प्रगति एवं आसपास के सुरक्षा परिवेश को ध्यान में रखकर भारत ने अपनी थल सेना, वायुसेना एवं नौ सेना को आधुनिक शस्त्रास्त्रों से लैस किया है। प्रतिरूप के क्षेत्र में आत्मनिर्भरता के भी प्रशंसनीय प्रयास किये

हैं यद्यपि यह सत्य है कि आधुनिक समय में जिस प्रकार की रक्षा व्यवस्था की आवश्यकता है, वैसी व्यवस्था अपने बलबूते पर कर पाना भारत के लिए फिलहाल है, संभव. नहीं है, फिर भी युक्ति संगत आत्मनिर्भरता का अर्थ है, उन उपकरणों एवं हथियारों का निर्माण कर लेना, जिनका निर्माण हम कर लेने में सक्षम् हैं। यद्यपि हम रक्षा के सन्दर्भ में अमेरिका, रूस, फ्रांस, बिट्रेन या चीन की तरह शतप्रतिशत आत्मनिर्भर नहीं हो सके, किन्तु 80 प्रतिशत तक तो आत्मनिर्भर प्राप्त करने की सामर्थ्य हमारे पास है। उस सामर्थ्य के अनुरूप कार्य नहीं हो पाया है।

दक्षिण एशिया में भारत की महत्वपूर्ण स्थिति को देखते हुए हमारी स्थल, वायु एवं नौ सेना का सशस्त्र होना अत्यन्त आवश्यक है। आज हमारी स्थल सेना विश्व की सेनाओं में चौथे स्थान पर, हमारी वायुससेना चौथे स्थान पर तथा नौसेना सातवें स्थान पर आंकी जाती है। भारतीय स्थल सेना के पास अनेक कवचित डिवीजन, मैकेनाइज्ड डिवीजन, आरमर्ड ब्रिगेड भी है। हमारी स्थल सेना पास टी–55, टी–72 विजयन्त एवं हल्की श्रेणी के टैंको के दस्ते है और इसी वर्ष के आरम्भ में मुख्य युद्धक टैंक अर्जुन को भी सम्मिलित कर लिया गया है। यह टैंक अपनी ही देश में विकसित तकनीकी की देन है। यह टैंक विश्व के अत्याधुनिक समझने जाने वाले टैंकों जैसे– लियोपार्ड, लेसलर्स, एम्ब्राम्स, चैलेन्जर और मर्कावा की तुलना में अत्याधुनिक विशेषताओं से परिपूर्ण है। इस टैंक की दृष्टि प्रणाली इस प्रकार से विकसित की गयी है, कि यह गहन अन्धकार, धुँध या धुँए की स्थिति में भी तीन किलोमीटर के दायरे में शत्रु को देख सकता है और हर वातावरण व मौसम में कुशलता से कार्य कर सकता है। यह 35 डिग्री के ढलान वाले टीले को रौंदता हुआ अपने लक्ष्य की ओर तेजी से बढ़ सकता है तथा डेढ़ मीटर गहरे पानी की खाइयों से होकर आसानी से बाहर निकल जाता है। यह 58 टन वजन का होते हुए भी 70 किलोमीटर प्रति घण्टा की रफ्तार से रेगिस्तानी क्षेत्र में दौड सकता है। पिनाक नामक अति आधुनिक राकेट प्रणाली का भी विकास किया जा चुका है। यह 40 किलोमीटर की दूरी तक मार करने में

सक्षम है। जहाँ तोपें कारगर सिद्ध नहीं होती वहाँ इसका सटीक प्रयोग किया जा सकता है। आज के सन्दर्भ में रक्षा के क्षेत्र में प्रक्षेपास्त्रों का बहुत अधिक महत्व बढ़ गया है। प्रक्षेपास्त्र केवल आक्रामक हथियार ही नहीं वे प्रतिरक्षात्मक हथियार भी हैं। आने वाले समय में भारत जैसे विशाल देश की रक्षा मुख्यतः प्रक्षेपास्त्रों से भी संभव हो सकेगी। भारत ने कम दूरी, मध्यम दूरी तथा लंबी दूरी के और जमीन से जमीन एवं जमीन से आकाश में मार कर सकने वाले प्रक्षेपास्त्रों के निर्माण में उल्लेखनीय प्रगति की है, लेकिन विगत में इस प्रगति को और अधिक बढ़ावा देने के स्थान पर जानबूझ कर शिथिल किया गया। अग्नि और पृथ्वी प्रक्षेपास्त्रों के विकास और निर्माण तथा इन्हें सेना को सौंपने के मामले में भारत सरकार जिस तरह अमेरिका के दबाव में आई उसका कहीं कोई औचित्य नहीं था। उचित यह होगा कि अग्नि और पृथ्वी प्रक्षेपास्त्र जितनी जल्दी संभव हो सके, सेना को सौपे दिए जाए। प्रतिरक्षा के मामले में किसी भी देश के दबाव को स्वीकार नहीं किया जाना चाहिए–भले ही यह दबाव अमेरिका की ओर से हो। प्रतरिक्षा मोर्चो पर एक बार विदेशी दबाव में आ जाने का मतलब है, आगें और अधिक दबाव का सामना करना। वर्तमान में भारत के लिए आधुनिक कोटि के प्रक्षेपास्त्रों का निर्माण अत्यन्त आवश्यक हो चुका है, क्योंकि पाकिस्तान ने चीन से आधुनिक कोटि के तमाम प्रक्षेपास्त्र हासिल कर लिए हैं और अमेरिका ने न तो चीन के खिलाफ कोई कार्रवाई की और न ही पाकिस्तान के खिलाफ। भारत सरकार को यह भी नहीं भूलना चाहिए, कि अमेरिकी प्रशासन ने पाकिस्तान को 37 करोड़ डालर के अत्याधुनिक हथियार देने का फैसला किया है।

जहाँ तक युद्धक टैंक अर्जुन की बात है यह एक श्रेष्ठ कोटि का टैंक है, पर आने वाले समय में लड़ाई टैंकों से कम, प्रक्षेपास्त्रों से अधिक लड़ी जाएगी, अतः प्रक्षेपास्त्रों के निर्माण पर अधिक ध्यान दिया जाना चाहिए। वैसे तो जल, थल और वायु सेना का अपना अपना महत्व है और भारत की सेना के तीनों अंग सशक्त होने चाहिए, फिर भी वर्तमान युग में प्रतिरक्षा की दृष्टि से वायु सेना को सर्वाधिक वरीयता प्राप्त है। फिलहाल भारतीय वायु

सेना पूरी तौर पर आत्मनिर्भर बन सकने की स्थिति में नहीं। यद्यपि हमारे रक्षा वैज्ञानिकों ने अत्याधुनिक हल्के लड़ाकू विमान का नमूना तैयार कर लिया है, लेकिन इस विमान को सेना को सौंपने में अभी पांच छह वर्ष का समय लगेगा। जहां तक थल सेना की बात है, थल सेना भी लगभग उसी तरह की समस्याओं का सामना कर रही है, जिस तरह की समस्याओं का सामना वायु सेना कर रही है। भारत की प्रतिरक्षा वैज्ञानियों के लिए एक चुनौती यह भी है कि वे श्रेष्ठ कोटि के तोपखाने का विकास कैसे करें जो बोफोर्स तोपें खरीदी गयीं थीं, वे अब न केवल पुरानी पड़ चुकी हैं, बल्कि वे कल पूर्जो की कमी की भी सामना कर रही है। इस सब से उनकी मारक क्षमता में कभी आ चुकी है और यह कोई छिपी बात नहीं कि थल सेना के जवान उस तरह से गोला बारूद चलाने का अभ्यास नहीं कर पा रहे हैं, जो कि अपेक्षित है।[33]

भारत में प्रक्षेपास्त्रों के विकास का एक समन्वित कार्यक्रम चल रहा है। इसकी सफलता से पाकिस्तान और अमेरिका नाराज ही नहीं, बल्कि धमकी भी दे रहे हैं। जमीन से जमीन पर मार करने वाले पृथ्वी प्रक्षेपास्त्र को तैनात करने के प्रयास जारी है और इसके अब तक पन्द्रह सफल परीक्षण किये जा चुके हें और इसकी प्रहारक क्षमता 250 किलोमीटर तक है। यह एक हजार किलोग्राम तक का 'पेलोड' ले जा सकता है।

अग्नि प्रक्षेपास्त्र मध्यम मार की दूरी वाला प्रक्षेपास्त्र है। इसकी प्रहारक क्षमता 2500 किलोमीटर तक है। एक ही समय में अनेक लक्ष्यों पर प्रहार करने वाले प्रक्षेपास्त्र 'आकाश' जमीन से आसमान में 25 किलोमीटर उँचाई तक अचूक निशाना दागने में समर्थ हैं। यह अमेरिका की बहुचर्चित मिसाईल प्रेटियाट से भी कई मायनों में बेहतर हैं। इसमें एक ऐसा रडार लगा होता है, जो एक समय में तीस लक्ष्यों पर अपनी नजर रखने में सक्षम है। जमीन से हवा में मार करने वाले 'त्रिशूल' प्रक्षेपास्त्र भी एक उच्च श्रेणी का प्रक्षेपास्त्र है। इसका रडार भी बहुत बडी क्षमता वाला है। यह 25 किलोमीटर के दायरे में वस्तुओं का पता लगा सकता है। इसके साथ ही टैंक भेदी

प्रक्षेपास्त्र के रूप में 'नाग' भी एक उच्च श्रेणी के प्रक्षेपण प्रणाली वाला प्रक्षेपास्त्र है। इसका रडार भी बहुत बड़ी क्षमता वाला है। इसकी प्रहारक क्षमता 5 किलोमीटर और टैंकों को तोडने में अत्यन्त कारगार प्रक्षेपास्त्र है। रक्षा के क्षेत्र में आत्मनिर्भरता बढ़ी है और प्रक्षेपास्त्र प्रौद्योगिकी में हमारी क्षमता पर्याप्त है, जो दुश्मन के हर हमले का करारा जवाब दे सकती है।

रक्षा के क्षेत्र में भारत की एक और प्रगति की है और वह है एच0ए0 एल ने एक ऐसा हेलीकाप्टर तैयार किया है, जो वायुसेना, स्थल सेना और नौ सेना तीनों की सहायता करने में सक्षम है। यह 290 किलोमीटर प्रतिघण्टे की रफ्तार से चल सकता है और आसमान में लगातार चार घण्टे तक उड़ान भरता रह सकता है। यह बहु–उद्देश्यीय हल्का हेलीकाप्टर है, जो टोह लेने, टैकों को मार गिराने, सेनाओं को सहयोग, चिकित्सा सेवा, पनडुब्यिों की लड़ाई एवं आकस्मिक व दैवी आपत्ति के समय अपनी कारगर भूमिका निभाता है। नौ सेना के क्षेत्र में पनडुब्बियों के निर्माण कार्य में भी हम आत्म निर्भरता की ओर बढ़ रहे हैं, अत्याधुनिक पनडुब्बी 'शिशुमार' इसका उदाहरण है।

किसी भी राष्ट्र में सैन्य क्षमता का अनुमान उसकी रक्षा उत्पादन की आत्मनिर्भरता से स्पष्ट रूप से लगाया जा सकता हैं। पड़ोसी राष्ट्रों की बढ़ती हुई हथियारों की भूख को देखते हुए भारत को इन हथियारों एवं रक्षा उपकरणों की भी आवश्यकता है।[34]

किसी भी देश की ओर अपनी सारी आवश्यकताओं को पूरा करने के लिए हर दृष्टि से आत्म–निर्भर बन जाना अत्यन्त कठिन है, लेकिन परिस्थितियों को ध्यान में रखते हुए, हमारा देश अपनी रक्षा की विभिन्न आवश्यकताओं के अनुरूप स्वदेशीकरण और आत्मनिर्भरता की दिशा में निरन्तर प्रयत्नशील है। समुद्र से पनडुब्बी के भीतर से छोडी जाने वाली बैलेस्टिक मिसाइल सागरिका के विकास की योजना भी चल रही है।

यह निर्विवाद सत्य है, कि भारत की सैनिक क्षमताएँ पाकिस्तान की तुलना में हर मायने में श्रेष्ठ है, फिर भी इस बात को नकारा नहीं जा सकता

कि, अब पाकिस्तान के पास आधुनिक चीनी एम–11 प्रक्षेपास्त्र है और इनका सामना करने के लिए सक्षम रूस के प्रक्षेपास्त्र एस–300 पी0एम0यू0 को हमें अपने रक्षा तंत्र से जोड़ना होगा। पाकिस्तान के परमाणु कार्यक्रम को देखते हुए हमें अपनी रक्षा क्षमता को मजबूरन मजबूत करना पडेगा।

पाकिस्तान ने आई.एस.आई. खुफिया एजेन्सी को भी बहुत अधिक बढ़ावा दिया है, जिनके पास बहुत बड़ी मात्रा में हथियार एवं साज सामग्री है। शायद रक्षा व्यय में पाक इस कारण बढ़ोत्तरी कर रहा है और यह अब उसकी मजबूरी बन गई है। लन्दन स्थित सेण्टर फार डिफेन्स के क्रिस स्मिथ की पुस्तक में लिखा है कि –''पाकिस्तान में आई.एस.आई. ने अपनी निजी राष्ट्रीय और विदेश नीति बना रखी है। जिसके तहत कश्मीर और पंजाबी आतंकवादी गुटों को 80 के दशक के आरम्भ में ही हथियार और प्रशिक्षण दिया जा रहा है। आई.एस.आई के पास अब भी भारत व पाकिस्तान को अस्थिर बनाने लायक हथियार है।[36]

पाकिस्तान ने अपनी रक्षा में अप्रत्याशित बढ़ोत्तरी करने के साथ ही आई.एस.आई का जाल जो भारत को फँसाने के लिए फैलाया, वह स्वयं अब उल्टा उसके जाल में निरन्तर फंसता जा रहा है। स्थिति यह है, कि सकल घरेलू उत्पाद के प्रतिशत में पाकिस्तान का रक्षा खर्च और उपएशियाई देशों में 15वें स्थान पर हैं पाकिस्तान का बढ़ता रक्षा व्यय अब इसकी मजबूरी भी है, क्योंकि वहाँ के शासन में सेनाओं की सक्रिय भूमिका रहती है। अमेरिका एवं कट्टरवादी मुस्लिम राष्ट्रों से धन रक्षा–मामलों को जुटाने के लिए मिलता है। पाकिस्तान पहले भी चीन से एम–11 प्रक्षेपास्त्र ले चुका है। परमाणु रियक्टर लेने को तैयार है तथा अपनी तोपों व वायुयानों का चीन की सहायता से आधुनिकीकरण कर रहा है। वर्तमान में पाक न केवल अमेरिकी एफ–16 एफ/बी/सी लडाकू विमान चीन से खरीदने की योजना बना रहा है, वरन तमाम सुरक्षा कार्यक्रमों तथा हथियारों की खरीद–फरोख्त में चीन का सहयोग ले रहा है। पाकिस्तान को चीन हथियारों के मामलों में तकनीकी तौर पर सबल बना रहा है, वह पाक को रक्षा के संदर्भ में अनेक अन्य तरह से शिक्षण प्रशिक्षण भी दे रहा है।

पाकिस्तान का रक्षा व्यय

प्रारम्भ में पाकिस्तान का रक्षा व्यय अधिक नहीं था, किन्तु 1965 के युद्ध के बाद उसने अपने रक्षा व्यय में जोरदार वृद्धि का सिलसिला प्रारम्भ कर दिया। वर्ष 1972–73 में पाकिस्तान ने कुल सकल व्यय का लगभग 52.82 प्रतिशत रक्षा पर लगाया, जो कि उसके सकल राष्ट्रीय उत्पाद का 7.23 प्रतिशत था। इस प्रकार पाकिस्तान ने हथियार बटोरने का सिलसिला शुरू किया। 1981–90 के दशक में अपने रक्षा बजट में 315.7 प्रतिशत की वृद्धि तथा इसी बीच उसे अमेरिका से 3.2 विलियन डालर की सैन्य आर्थिक सहायता भी प्राप्त की। भारत विरोधी मानसिकता से ग्रस्त होने के कारण रक्षा पर इतना भारी व्यय न केवल पाकिस्तान के आर्थिक विकास की संभावनाओं का कम करेगा, बल्कि राष्ट्रीय एकता को भी भारी खतरा पहुँचायेगा।

तुलनात्मक रूप से देखने पर पता चलता है कि 1987 से 1992 के दौरान जहाँ चीन के रक्षा व्यय में 3.83 प्रतिशत तथा पाकिस्तान के रक्षा खर्च में 7. 44 प्रतिशत की वृद्धि हुई, वहीं भारत के रक्षा खर्च में 4.68 प्रतिशत की कमी आयी। पाकिस्तान का रक्षा खर्च उसके सकल घरेलू उत्पाद जी.पी.एन. ने 7.1 प्रतिशत चीन का 5.5 प्रतिशत तथा भारत का मात्र 2.75 प्रतिशत ही है। पाकिस्तान तथा भारत 8.25 प्रतिशत व्यय रक्षा कार्यो में कर रहा है। प्रति व्यक्ति सैन्य खर्च देखने में भी भारत पाकिस्तान तथा चीन से नीचे है। 1991 में भारत द्वारा प्रति व्यक्ति 7.61 डालर खर्च किये, जबकि पाकिस्तान द्वारा 27.74 डालर तथा चीन द्वारा 20 डालर अधिकारिक रूप से 5.67 डालर खर्च किये गये।

रक्षा व्यय के मामले में विश्व में तथा एशिया के परिदृश्य पर देखने पर भी भारत का स्थान बहुत नीचे दिखाई पड़ता है। एक अनुमान के आधार पर 1991 में विश्व का कुल रक्षा व्यय 850.00 विलियन डालर था। इससे भारत का हिस्सा 1991–92 में मात्र 0.77 प्रतिशत आँका गया जबकि चीन का हिस्सा 2.5 प्रतिशत था। उपरोक्त तथ्यों के साथ ही स्पष्ट है कि पाकिस्तान की तुलना में भारत का रक्षा व्यय बहुत कम है।

पाक की रक्षा तैयारी

पाकिस्तान अब भी अपनी सैन्य शक्ति के संवर्धन हेतु, अत्याधुनिक शस्त्रास्त्रों की खरीददारी के लिए नयी मण्डियों की खोज में रत है। इस सन्दर्भ में पूर्व पाक प्रधानमंत्री स्व0 श्रीमती बेनजीर भुट्टों ने न केवल अमेरिका चीन व फ्रांस के दरवाजे खट–खटाये, बल्कि मास्को की नब्ज भी टटोलने की कोशिश की है। वर्ष 1996 के आरम्भ में पाकिस्तान की प्रधानमंत्री और फ्रांस के राष्ट्रपति की मुलाकात में 2.8 अरब डालर से 3.5 अरब डालर के बीच 30 मिराज 2000 विमानों की खरीद के सन्दर्भ में हुई प्रगति हुई। इस घोषणा के एक सप्ताह के अन्दर ही पाकिस्तान का तकनीकी शिष्टमण्डल भी फ्रांस पहुँच गया। वर्ष 1994 (दिसम्बर) में रूस का एक प्रतिनिधि मण्डल जब पाकिस्तान गया, तो उसका एक मात्र उद्देश्य था कि पाकिस्तान को अपने शस्त्रास्त्र बेचना। अभी हाल में ही पाकिस्तान द्वारा चीन से एम–11 प्रक्षेपास्त्रों की प्राप्ति कर चुका है और चोरी छिपे परमाणु बम की तैयारी भी जग जाहिर हो चुकी है। विगत सात वर्षो में पाकिस्तान ने अनेक प्रकार के चीनी रक्षा उपकरणों का आर्डर दिया है या लाइसेंस के तहत नाभिकीय क्षमतायुक्त एम–11 सहित अनेक प्रक्षेपास्त्र शामिल है। यह पाक चीन की एक गुप्त सन्धि के तहत किया गया है।

पाकिस्तान के पास इस समय लगभग 800000 सैनिक हैं, जो 17 पैदल एवं 2 कवचित डिवीजन में विभक्त है। इसके अलावा उसके पास स्वतंत्र रूप से 8 पैदल, 8 तोखाना तथा 3 विमान रोधी ब्रिगेड है। उसकी वायु सेना में लगभग 50,000 जवान हैं। जिनके पास 480 लडाकू 50 परिवहन वायुयान तथा 120 हेलीकाप्टर है। इसकी नौ सेना में 23500 जवानों के पास 3 फिग्रेड जलयान 8 विध्वंसक जलयान, 7 पनडुब्बी और 30 निगरानी जलयान है। इसके पास एफ–16 विमान, हल्फ–1, हल्फ–2, प्रक्षेपास्त्र, एम–11, प्रक्षेपास्त्र, टी–85 लडाकू टैंक इसके साथ ही 20 किलोटन के 7 से 12 परमाणु बम है।[38]

चीन से प्राप्त पाक की एम–11 प्रक्षेपास्त्रों की प्रहारक क्षमता 300

किलोमीटर है। इसकी लम्बाई 11 मीटर व वजन 6.5 टन है और इसमें 500 किलो सहारक होता है। इसकी प्रहारक क्षमता का परिवर्तन करके और बढ़ाया जा सकता हैं। इसके साथ साइडविंडर प्रक्षेपास्त्रों की पहली खेप एफ–16 विमानों के साथ मिली थी, लेकिन ये एम.एम.आई. 9 वीं श्रेणी के प्रक्षेपास्त्र थे। ब्राउन पैकेज में शामिल 'ए.एम.आई.–9' एल तीसरी पीढ़ी के साइडविंडर है, जिनका निशाना अचूक है। पाकिस्तान को 360 प्रक्षेपास्त्रों की नयी खेप मिल जाने से उनके एफ–16 विमानों के बेडे की क्षमता बढ़ जायेगी। प्रेसलर कानून के तहत इस पर अभी तक अंकुश लगा था। नौ सेना में प्रयोग होने वाले 30 हारपून प्रक्षेपास्त्र पाकिस्तान ने प्रेसलर संशोधन के लागू होने के पूर्व ही खरीद लिए थे। इसके साथ ही समुद्र टोही लडाकू विमान भी उसके पास है।

पाकिस्तान ने अमेरिका से अफगानिस्तान में साम्यवादी शासन का मुकाबला करने के लिए मुजाहिदों की सहायता के नाम पर लगभग तीन अरब डालर 105 अरब रूपये मूल्य के हथियार मुफ्त में प्राप्त कर चुका है। इजराइल और मिस्र के बाद पाकिस्तान सबसे अधिक अमेरिकी सहायता पाने वाला देश माना जाता है। पाकिस्तान सिर्फ अफगानिस्तान में ही सक्रिय नहीं है, बल्कि मध्य एशिया में भी वह सकिय होना चाहता है। वास्तव में इसका इस्तेमाल अमेरिका स्वयं करना चाहता है। इसी कारण प्रेसलर कानून की परिधि को ब्राउन संशोधन के जरिये जोड़–तोड़कर पास करके कूटनीतिक वातावरण तैयार कर रहा है। यही कारण है, कि पाकिस्तान प्रशासन की प्रतिष्ठा का प्रश्न बने बहुचर्चित एफ–16 युद्धक विमान की पूर्ति के लिए ही क्लिंटन प्रशासन ने ब्राउन संशोधन पारित करवा लिया। अखिरकार अति आधुनिक एफ–16 श्रेणी के 30 प्रक्षेपास्त्र सी–नाइट श्रेणी के 18 अत्याधुनिक कोब्रा हेलीकाप्टर, 4 आर्टिलरी लोकेटिंग राडार तथा एम. 198 श्रेणी के 24 हाउविटजर आदि का उपयोग पाकिस्तान किसके विरूद्ध करेगा? पाकिस्तान के सन्दर्भ में भारत ही एक ऐसा देश है, जिससे तीन तीन बार की पराजय का बदला लेने के निरन्तर फिराक में रहते हुए मौके की तलाश जारी है।

पाकिस्तान की अर्थव्यवस्था पिछले कुछ महीनों में बद से बदतर हुई

हैं। पाकिस्तान ने विगत वर्ष अपनी सेना के सभी अंगों के लिए 3 अरब में सात फीसदी की गिरावट और साथ साथ उत्पाद शुल्क में 10 प्रतिशत की वृद्धि से अर्थव्यवस्था को झटका लगा है। इसका मूल कारण यह है कि रक्षा तैयारी के लिए बेतहाशा व्यय किया जाना है। जहाँ आम पाकिस्तानी नागरिक पर करो का बोझ बढ़ता जा रहा है, वहीं रक्षा व्यय एवं क्रय में कोई कमी नहीं हुई है। अवमूल्यन के बाद पाक रक्षा मंत्रालय ने अपनी आवंटन में 8 से 10 प्रतिशत वृद्धि की माँग की है। पाकिस्तान अपनी आवश्यकता से अधिक रक्षा बजट में वृद्धि कर रहा हैं। 1978–93 की अवधि में पाकिस्तान का रक्षा व्यय 1016 करोड़ रूपये से बढ़कर 8910 करोड़ रूपये हो गया जो लगभग 9 गुना बृद्धि है। 1982–83 और 1988–89 के बीच रक्षा व्यय लगभग दुगुना 1995–96 के वार्षिक बजट में भी 15 प्रतिशत की वृद्धि की गयी है। उसके इस वर्ष के लिए 33472 अरब रूपये का प्रावधान है जो कुल व्यय का 34 प्रतिशत है।

अमेरिकी शस्त्रनियंत्रण व निःशस्त्रीकरण एजेन्सी की जुलाई (1995) की सूचना के अनुसार 1993 में पाकिस्तान ने अपने सकल उत्पाद 6.4 प्रतिशत भाग सेना में खर्च किया, जबकि भारत का यह खर्च मात्र 3.3 प्रतिशत रहा था। पाकिस्तान की युद्ध पिपासा इससे भी प्रकट होती है कि 1992–92 में 43 अरब डालर मूल्य के हथियार बाहर से मंगाए, जबकि भारत द्वारा हथियारों का आयात निरन्तर घट रहा हैं। प्रेसलर संशोधन में ब्राउन पैकेज के तहत पाकिस्तान को एफ–16 विमानों सहित निम्न हथियार व उपकरण भी मिलने शुरू हो गये हैं –

पाकिस्तान को पैकेज

सैन्य साजो–समान	संख्या
समुद्रटोही लडाकू विमान पी–3 सी–।। ओरियन	3
पोत भेदक हारपून प्रक्षेपास्त्र हवा से हवा कारन करने वाले	28
एआइएम–9एल साइविंडर प्रक्षेपास्त्र	360
कोबरा हेलिकाप्टर के वास्ते रात में निशाना साधने वाले	18
सी–नाइट उपकरण	24

एम 198 हाविटजर तोप तोपखाने का पता लगाने वाला	4
एएनटीपी 36 रडारएफ 16 के इंजन पुजें	–
हेलिकाप्टर के लिए टी2ए प्रक्षेपास्त्र	–

36 करोड़ 80 लाख मूल्य की सैनिक सहायता की आपूर्ति हेतु पथ प्रशस्त हो जाने से पाकिस्तान प्रशासन ने अपनी कूटनीतिक सफलता अवश्य हासिल की है, किन्तु वह संशोधन अब भी अमेरिकी प्रशासन के लिए और दक्षिण एशिया में शान्ति के लिए एक भारी चुनौती है। अमेरिका द्वारा पाक को प्राथमिकता देने का प्रमुख कारण पाकिस्तान की भू–राजनीतिक व सामरिक महत्ता है।

पाकिस्तान की रक्षा तैयारी की निःसन्देह उसकी आवश्यकता से अधिक है, किन्तु भारत के साथ उसकी तुलना की जाये, तो पाकिस्तान उसके सामने कहीं नहीं ठहरता, क्योंकि यह बात उल्लेखनीय है कि आज भारत दुनिया की चौथी सबसे बडी सैन्य ताकत है। जबकि पाकिस्तान का दूर दूर तक कोई स्थान नहीं है। अतः हमें पाकिस्तान को किसी वजह से अधिक महत्व नहीं देना चाहिए, क्योकि पाकिस्तान न केवल सैन्य शक्ति, बल्कि किसी भी मामले में हमारा प्रतिद्वन्द्वी नहीं बन सकता।

पाकिस्तान के रक्षा बजट, सैन्य तैयारियों और भारत के साथ की जा रही सैन्य प्रतिस्पर्धा को ध्यान में रखते हुए भारत में इस मुद्दे को लेकर राष्ट्रीय बहस शुरू हो चुकी है कि भारत को भी सैन्य क्षेत्र में व्यय बढ़ाना चाहिए, क्योंकि सैन्य क्षमता ही वह पहली पीढ़ी है, जो किसी राष्ट्र की प्रतिष्ठा को स्थापित कर सकती है। 1962 में चीन के विरूद्ध तथा 1971 में पाकिस्तान के विरूद्ध इस आशय का प्रमाण भारत को मिल चुका है। इधर विगत कुछ वर्षो में भारत ने भी अपने रक्षा बजट में बढ़ोत्तरी भी की है, लेकिन इसे पर्याप्त नहीं माना जा रहा है। सरकार ने देश को सामरिक जरूरतों के अनुरूप रक्षा बजट में तकरीबन 7.8 प्रतिशत की वृद्धि करते हुए वर्ष 2007–08 के लिए 96 हजार करोड की धनराशि का प्रावधान किया। पिछले वर्ष यह राशि 89 हजार करोड रूपये थी। इस तरह यह वृद्धि सात हजार करोड रूपये की है। रक्षा

बजट की यह राशि देश के कुल सकल घरेलू उत्पाद जीडीपी का मात्र 2.5 प्रतिशत है। जबकि चीन का रक्षा बजट उसके सकल घरेलू उत्पाद का 7.2 फीसदी और पाकिस्तान का 4.5 फीसदी है।[39]

रक्षा बजट में इस बढ़ोत्तरी के साथ भारत ने दुनिया की चौथी सबसे बड़ी सेना के आधुनिकीकरण की योजना जारी रखने की घोषणा की है। तत्कालीन वित्त मंत्री पी चिंदबरम ने आवश्स्त किया कि जरूरत पड़ने पर रक्षा क्षेत्र को और अधिक धन मुहैया कराया जाएगा। प्रतिक्रिया में रक्षा मंत्री एके एंटनी ने कहा कि रक्षा बजट में प्रत्येक वर्ष की जा रही बढोत्तरी इस बात की तरफ इशारा करती है कि यूपीए सरकार सेना के आधुनिकीकरण योजना को आगे बढ़ाने के लिए धन की कमी नहीं होना देना चाहती है। रक्षा बजट की 96 हजार करोड़ रूपये की राशि में 41,922 करोड की राशि पूँजीगत कार्यो के लिए तथा 54,078 करोड रूपये की राशि राजस्व खाते के लिए आबंटित की गयी है। भारतीय सेना को इस समय बडी संख्या में लड़ाकू विमानों, मालवाहकों, हेलीकाप्टरों मिसाइलों और रडारों की जरूरत है।

पूँजीगत कार्यों के लिए मिली धनराशि से इन सामरिक उपकरणों की जरूरत पूरी की जाएगी। इस समय निश्चित ही विकासशील देशों में भारत हथियारों का सबसे बड़ा खरीददार है। भारत के सामने इस समय पाकिस्तान को अमेरिका से प्राप्त एफ–16 विमानों के नए बड़े और चीन के जेएफ–17 थंडर्स तथा जे–10 युद्धक विमानों की चुनौती का सामना करने के लिए नए विमानों की महती जरूरत है। उक्त धनराशि से युद्धक विमानों की आपूर्ति भी सुनिश्चित की जाएगी। दूसरी ओर रक्षा विशेषज्ञों के मुताबिक सिक्के का दूसरा पहलू यह भी है कि हथियार खरीदने और सैन्य आधुनिकीकरण के लिए निर्णय लेने की प्रक्रिया में होने वाले विलम्ब के कारण पिछले वर्षो में बजट प्रावधान राशि पूरी तरह से रक्षा मंत्रालय खर्च नहीं कर पाया। 126 युद्धक विमानों के खरीद का कार्य पिछले वित्तीय वर्ष में भी पूरा न किया जा सका। पैसा धरा का धरा रह गया। विश्व में बढ़ते आतंकी खतरे और पडोसी देश की सैन्य ताकतों में इजाफा के मद्देनजर भारत ने रक्षा बजट

में वर्ष 2004–05 में 28 प्रतिशत की जो जबरदस्त बढ़ोत्तरी की थी, उसकी निरंतरता बनी हुई है। सरकार ने सेनाओं के आधुनिकीकरण योजना को आगे भी चलाते रहने के अपने मंसूबे का इजहार कर दिया है।

संदर्भ सूची

1. दैनिक जागरण, 20 जुलाई 2004,
2. वही
3. राष्ट्रीय सहारा, 23 जुलाई 2004,
4. राष्ट्रीय सहारा, 20 जनवरी 2004,
5. दैनिक जागरण, 15 जनवरी 2004,
6. दैनिक जागरण, 10 दिसम्बर 2004,
7. राष्ट्रीय सहारा, 10 दिसम्बर 2004,
8. राष्ट्रीय सहारा, 4 मार्च 2004,
9. राष्ट्रीय सहारा, 24 फरवरी 2004,
10. दैनिक जागरण, 24 फरवरी 2004,
11. 29 Nov. 2004, The Hindu
12. Muni S.D. : Domestic Conflict in South Asia Vol-I South Asia, New Delhi, 1986, p-67
13. Hasan Haskari Rijvi: The Military and Politics in Pakistan, 1947-86, (Lahore-1987) p-66
14. Sipri - The Arms Trade with the third world (Stockholm Almavicst) and Vikals; 1971) p-494
15. Thomos, R.G.C.: Defence of India, New Delhi, Macmillan, 1978, p-143
16. Subramnyam K. Verghees, Hazari & S C-The Kargil Review Committe Report, Sage Pub., New Delhi- 2000, p-210

17. Robart Jacson : South Asia Crisis-London, p-153

18. Gupta ji Sir : A story in Indo-Pak Relation, Bombay 1996

19. Hindustan Jan. 14, 2000

20. Hindustan Aug. 12, 2004

21. Hindustan Feb, 4, 2000

22. Hindustan Jan. 30, 2000

23. डॉ0 अशोक कुमार सिंह, राष्ट्रीय सुरक्षा संस्करण 1994–95, पृ0 154

24. प्रतियोगिता दर्पण, मार्च 1997, पृ0 1359

25. प्रतियोगिता दर्पण, मार्च 1997, पृ0 1359, 1360, 1361

26. कुसुम परख, अप्रैल प्रथम 2000, पृ0 7,25

27. प्रतियोगिता दर्पण, नवम्बर 1999, पृ0 648–649

28. कुसुम परख, अप्रैल प्रथम 2000, पृ0 25

29. रंजीत कुमार, परमाणु बम : रक्षा व राजनीति, संस्करण 1998, पृ0 7

30. डॉ0 सुरेन्द्र कुमार मिश्र एवं आकाश मिश्र, भारत – पाक, सम्बन्ध, पृ0 87

31. वही, पृष्ठ – 92

32. रक्षा मंत्रालम, भारत सरकार, वार्षिक रिपोर्ट 1995–96

33. दैनिक जागरण, 11 जनवरी 1996, सम्पादकीय लेख

34. इंडिया टुडे, 30 सितम्बर 1995

35. प्रो0 परमेश्वर पाण्डेय, भारत एवं आधुनिक वि व पृष्ठ 93

36. क्रिसस्मिथ, सेंटर फार डिफेंस, लंदन

37. डॉ0 सुरेन्द्र कुमार मिश्र एवं आकाश मिश्र, भारत–पाक, सम्बन्ध पृ0–115

38. वही, पृष्ठ 120

39. राष्ट्रीय सहारा, 1 मार्च 2007,

11

पाकिस्तान, भारतीय सुरक्षा की एक चुनौती के रूप में

भारत–पाकिस्तान के मध्य जब गुफ्तगू का कोई दौर शुरू होता है, सारे निष्कर्ष उसी दिन निकल आते हैं और इसे इतिहास बड़ी घटना बना देते हैं, पर जैसे ही थोड़ा समय बीतता है, एक छोटी सी घटना सारे परिणामों को ध्वस कर वहीं पहुँचा देती है, जहाँ से हम चले थे। यानी अंतिम परिणाम सिर्फ और सिर्फ नकारात्मक होता हैं दरअसल हम सिर्फ व्यावहारिक पक्षों के आधार पर ही निष्कर्ष निकालते हैं और सैद्धांतिक पक्षों को दरकिनार कर जाते हैं। जाहिर है ऐसे में निष्कर्ष सटीक नहीं होगे। दूसरी बात कि पाकिस्तान जब वार्ता के लिए आगे या पीछे बढ़ रहा होता है, तो हम यह देखना भूल जाते हैं कि पाकिस्तान में किस प्रकार की परिस्थितियाँ बन रही हैं या बाहय बल पाकिस्तान के सत्ता केन्द्र पर किस प्रकार दबाव बनाते हैं। इस तथ्य पर भी गौर करना चाहिए कि आबादी क्षेत्रफल या राष्ट्रीय संसाधन, किसी भी दृष्टि से पाकिस्तान भारत के मुकाबले पिद्दी सा देश है, फिर भी वह कौन सी चीज है जो उसे भारत का मुकाबला करने के लिए उकसाती रहती है ?[1]

पाकिस्तान के साथ संबंधों को आगे बढ़ाने के लिए उक्त तथ्यों पर ध्यान देना तो आवश्यक है ही, उक्त प्रश्नों के उत्तर को खोजना भी। ऐसा इसलिए आवश्यक है, क्योंकि रिश्तों को सकारात्मक गति देना दोनों देशों के अवाम के लिए जरूरी है। इस दिशा में पहला मूलभूत तथ्य यह है कि अमेरिका जैसा सशक्त देश उसकी पीठ लगातार थपथपा रहा है। दूसरा, हम पाकिस्तान से बात करते समय बज़ की तरह कठोर नहीं हो पाते। संभवतः इसका कारण पाकितान का मुस्लिम देश होना है, जिसके लिए हमारा नेतृत्व उसका तुष्टिकरण करता रहता है, क्योंकि वह इसे भारतीय मुस्लिम जनमत के साथ जोड़ देता है। यह नितांत नकारात्मक दृष्टिकोण है, क्योंकि भारतीय मुसलमान पूर्णतः भारतीय है। वे इस्लाम धर्म को मानते हैं, इसी के साथ उनका जुड़ाव है, पाकिस्तान से नहीं। इसलिए पाकिस्तान से हम कैसे पेश आते हैं, इससे भारत के मुसलमानों से अन्य समुदायों के रिश्ते प्रभावित नहीं होते। दरअसल इरागें मूल पहलू केवल अमेरिका एवं पाकिस्तान की अपनी समस्याएँ हैं, जिनको द्विपक्षीय संबंधों की स्थापना के प्रयासों के दौरान ध्यान रखना जरूरी है।

आजकल भारतीय–पाकिस्तान के बीच पुनः तनाव जैसी स्थिति बन रही है। मुजफराबाद के लिए बस सेवा पाकिस्तान के अड़ियल रवैये से एक बार पहले ही निरस्त हो चुकी थी। बगलिहार पर वह विश्वबैंक तक पहुँच गया और रही–सही कसर सीमा पर से हुई 'अज्ञात' गोलाबारी ने पूरा कर दी। इस सबके बावजूद पकिस्तान का एक अखबार लिखता है कि भारत के अड़ियल रवैये को लेकर राष्ट्रपति काफी आहत हैं। अखबार लिखता है कि दोनों देशों के बीच एक साल से भी ज्यादा समय से तमाम मुद्दे पर बातचीत चल रही है, किन्तु इस पर किसी किस्म की बढ़त नहीं होने से मुशर्रफ नाराज हैं। अगर प्रगतिवादी सोच अपना कर कश्मीर मसले को हल की कोशिश की जाए, तो किसी भी भरोसा कायम करने वाले उपायों की जरूरत न रहे। अपनी पारंपरिक नीति के चलते ही भारत ने अपने पत्ते नहीं खोले हैं और वह असल मुद्दे पर बात करने को राजी नहीं दिखता हैं। इसलिए

असल में इस डायलाग प्रोसेस में भारतीय तिकड़मों के चलते कोई उम्मीद नहीं बची है। कहीं यह पाकिस्तानी राजनय की अभिव्यक्ति तो नहीं ? दरअसल पाकिस्तान कश्मीर से आगे नहीं बढ़ना चाहता क्योंकि उसने इसे अपने जन्म–मरण का प्रश्न बना रखा है। वह हर मुद्दे को कश्मीरी चश्मे से देखने की कोशिश करता है और इससे अलग वह हटना भी नहीं चाहता। उसकी इस प्रकार की सभी कोशिशें सही मायने में संबंधों में अडंगा डालने वाली होती है। अब बगलिहार को ही लीजिए, जिसे लेकर पाकिस्तान विश्व बैंक की शरण जा पहुँचा है। यह बात अलग है कि विश्वबैंक में भारत और पाकिस्तान के बीच विवाद का कारण बनी बगलिहार जल–विद्युत परियोजना अपना रूप स्पष्ट करते हुए यह साफ कर दिया है कि वह कि सिन्धु संधि का गारन्टर नहीं है, जिसके तहत पाकिस्तान ने याचिका दायर कर उससे मामला सुलझाने के लिए मध्यस्थता का अनुरोध किया था। इसके साथ उसने यह भी स्पष्ट कर दिया कि वह कुछ विशेष उद्देश्यों के लिए संधि का अधोहस्ताक्षरी है और उनमें से ज्यादातर पूरे हो चुके हैं।

उल्लेखनीय है कि सिन्धु जल संधि 1960 में विश्व बैंक की मध्यस्थता में हुई थी जिसके तहत भारत को तीन पूर्वी नदियों सतलज, रावी और व्यास के पानी के इस्तेमाल का हक मिला और पाकिस्तान को तीन पश्चिमी नदियों–सिंधु, चिनाव और झेलम के पानी के इस्तेमाल का। इस सन्धि में यह उपबंध भी था कि दोनों देश एक–दूसरे के हिस्से की नदियों का इस्तेमाल घरेलू उपयोग और विकास के लिए कर सकते हैं, बशर्ते इससे पानी के बहाव में फर्क नहीं पड़ना चाहिए तथा विवाद की स्थिति मे कोई भी पक्ष 9(2)(ए) के तहत विश्व बैंक से मध्यस्थता की माँग कर सकता है। बगलिहार प्रोजेक्ट को भारत इसलिए संधि का उल्लंघन नहीं मानता कि इससे पानी नहीं रूकेगा और जो 450 मेगावाट बिजली उत्पादित होगी, वह कश्मीर के विकास में काम आएगी लेकिन पाकिस्तान भारत के इस तर्क को खरिज करता है, जो अनुचित है।[2]

दरअसल अमेरिका की विदेश मंत्री कोंडालिजा राइस मुशर्रफ की

पीठ बड़े प्यार से थपथपा चुकी हैं। इसलिए छुटपुट कार्यवाहियों का साहस उनमें और आ गया है। चूँकि पाकिस्तान में इस समय बलूचिस्तान में हिंसा का वातावरण है। सुई गैस प्लांट पर राकेट से हमला हो चुका है और उत्तर पश्चिमी प्रान्त में बढ़ता कट्टरपंथ राजनय के लिए संकट पैदा कर रहा है। जाहिर है, इनका रूख भारत की ओर ही मोडा जाएगा। संघर्ष विराम के बावजूद पुँछ में पाकिस्तानी सेना द्वारा की गयी गोलाबारी इसी का परिणाम है। हमारा राजनय इसे कहाँ तक समझता है, यह अलग बात है।

जनरल परवेज मुशर्रफ ने पाकिस्तान में इमरजेंसी क्यों लगाई थीं ? फिर इतनी जल्दी उसे हटा क्यों लिया ? क्या वहां के हालात सामान्य हो गये ? जिन खतरों के बहाने उन्होंने अपने देशवासियों के मौलिक अधिकारों को सेना के बूटों तले कुचला था, क्या वे दूर हो गये? यहीं, यह सवाल भी उठता है कि पाकिस्तान किस दिशा में जा रहा है ? वहीं वहां कठमुल्लापन तो पैर नहीं जमा रहा? वहां एक बार फिर सेना का शासन नाकाम रहा है, और जम्हूरियत वहाँ कभी कामयाब नहीं रही। हमारा सबसे महत्वपूर्ण पड़ोसी एक बार फिर संशय और दिशाभ्रम की अंधेरी डगर पर भटक रहा है।[3]

संशय पाकिस्तान के जन्म से ही उसका पीछा नहीं छोड़ रहा है। रहमत अली ने जब मुसलमानों के लिए एक अलग राष्ट्र की माँग उठाई थी, तो वह व्यावहारिक सिद्धान्त के बजाय लोकप्रियता की भूख से उपजी शोशेबाजी ज्यादा लगती थी। उनका मानना था कि अविभाज्य भारत के पाँच हिस्सों में बसे बहुसंख्यक मुसलमानों के लिए एक अलग राष्ट्र होना चाहिए। वह जिस राष्ट्र की बात कर रहे थे, उसमें से राष्ट्रीयता का बीज ही नदारद था। इस भू भाग के लोगों, वहां की रवायतों और रहन–सहन की उसूलों के खिलाफ था, वह सब। इसलिए अपने जन्म के साथ ही यह देश गंभीर वैचारिक विकलांगता भोग रहा था। पाकिस्तान बना जरूर, पर उसके पीछे के मकसद कभी पूरे नहीं हुए। पहला मकसद तो भी नाकामयाब हो गया, जब बड़ी संख्या में मुसलमानों ने भारत में रहना मंजूर किया। वे अपनी धरती, अपने लोग और अपनी आबोहवा छोड़ने को तैयार

नहीं थे। फिर जो लोग यह सब कुछ छोड़कर पाकिस्तान गये, उन्हें क्या मिला? 60 साल बीत जाने के बावजूद भी वे मुहाजिर कहलाते हैं। जनरल परवेज मुशर्रफ के अलावा कोई मुहाजिर कभी पाकिस्तान का कर्ता धर्ता नहीं बना। मुशर्रफ ने रावलपिण्डी में सेनाध्यक्ष की कमान संभालते ही कारगिल का षड्यंत्र क्यों रचा? बहुत से विश्लेषक मानते हैं कि ऐसा करना उनकी मजबूरी थी। वह अपने देश वासियों को इस बहाने संदेश दे रहे थे कि वह किसी मूल पाकिस्तानी से ज्यादा पाकिस्तानी हैं। वह भारत विरोध की उस चिर–परिचित ग्रन्थि को भी हवा दे रहे थे, जिसे दूर करने की कोशिश उस समय दोनों देशों की सरकारें कर रही थी। स्मरणीय है कि जब अटल बिहारी वाजपेयी दोस्ती की बस लेकर लाहौर जा पहुँचे थे तब नवाज शरीफ ने उनका भरपूर इस्तकबाल किया था। लाहौर घोषणापत्र खुशबूदार हवा के झोंके की तरह सामने आया था। यह खुशनुमा माहौल मजबूती पकड़ता, उससे पहले ही कारगिल की लड़ाई ने सब मटियामेट कर दिया। अटल बिहारी वाजपेयी को अपने देश में आलोचना का शिकार बनना पड़ा। नवाज शरीफ की तो कुरसी ही छिन गई। उन्हें जेल जाना पड़ा और जलालत भी भोगनी पड़ी। एक बार फिर उन्हें पाकिस्तान में लोकतंत्र की बहाली की लड़ाई लड़नी पड़ी। गौरतलब है कि पाकिस्तान में अकसर ऐसा हुआ है, जो भी हुक्मरान भारत के करीब आने की कोशिश करता है, उसे कभी गद्दी से, तो कभी जान से हाथ धोना पड़ता है। जुल्फिकार अली भुट्टो को भी शिमला समझौते की सजा मिली थी। पहले तख्त छिना और फिर फाँसी के तख्ते पर चढ़ा दिये गये। बाद में बेनजीर और फिर उनके सियासी दुश्मन नवाज शरीफ इस सिंड्रोम के शिकार हुए।[4]

पहले अमेरिका के धुर विरोधी इसे व्हाइट हाउस या पेंटागन की साजिश बताकर निकल लेते थे, लेकिन अब शीतयुद्ध खत्म हुए डेढ़ दशक बीत चुका है। अमेरिका नहीं चाहता कि भारत और पाकिस्तान लड़े। यह दुनिया दो परमाणु राष्ट्रों की लड़ाई झेल नहीं सकती। फिर कारगिल क्यों होता है? नवाज शरीफ क्यों जाते हैं? पाकिस्तान का कोई भी हुक्मरान दिल्ली से करीबी का

हिम्मत क्यों नहीं जुटा पाता ? दो साल पहले इस्ताम्बुल के एक सम्मेलन में कुछ शीर्ष पाकिस्तानी पत्रकारों से यही सवाल पूछा गया था। उनका कहना था कि हम आज तक तय नहीं कर पाए कि हमें जम्हूरियत बने रहना है या सेना की ताकत के सहारे चलना है। हम इस्लामिक राष्ट्र हैं, पर हम आज तक तय नहीं कर पाए कि हमें ईरान या अफगानिस्तान की तरह कट्टरपंथी बनना है या फिर सउदी अरब की तरह बीच का प्रगतिकामी रास्ता अपनाना है।

यहीं हमें इतिहास की कुछ बातें चुभती हैं। जिन्ना बहुत बाद में पाकिस्तान के समर्थक बने। पर वह कभी कट्टर मुसलमान नहीं थे। उनका जन्म खोजा संप्रदाय में यकीन रखने वाले खानदान में हुआ था, पर वह जीवन भर अपने संप्रदाय गुरू आगा खान की निंदा करते रहे। उन्होंने एक पारसी महिला से शादी की और कभी भी दबे–पिछड़े मुसलमानों से दोस्ती का नाटक करने की कोशिश नहीं की। वह वेशभूषा, खान–पान और विचार से एलीट थे। आपको यह भी जानकर आश्चर्य होगा कि कांग्रेस में हिन्दू धारा के पुरोधा माने जाने वाले गोपाल कृष्ण गोखले को वह बड़ी इज्जत से देखते थे। उन्होनें हिन्दुओं के लिए कभी अपशब्द नहीं कहें, पर वह गाँधी और उनके चेलों से नफरत करते थे। काश ! कोई दोनों महान नेताओं में सुलह करा देता, तो हम एक भीषण त्रासदी से दो–चार होने से बच जाते।[5]

भारत के प्रति पाकिस्तान का दृष्टिकोण सदैव सन्देहात्मक रहा है और जब भी भारत ने संबंध सुधारने के प्रयास एवं पहल की है, तभी पाकिस्तान ने अपने नापाक इरादे का संकेत देते हुए, मुकरने का हर सम्भव प्रयास किया है। भारत–पाक संबंध की कहानी दो पड़ोसी राष्ट्रों की विभिन्न धार्मिक, सामाजिक एवं आर्थिक विचारधाओं तथा अन्तर्राष्ट्रीय दृष्टिकोण एवं राष्ट्रीय हितों के साथ जुड़ी है। इन्हीं आपसी मतभेदों के कारण दोनों के मध्य कटु सम्बन्ध आज तक बरकरार हैं। भारतीय उपमहाद्वीप के इन दोनों राष्ट्रों के मध्य व्याप्त तनाव का लाभ बड़ी शक्तियों ने सदैव से उठाया है, क्योंकि उनको अपने हथियारों की बिक्री के लिए एक बड़ा बाजार मिलता रहा है।

पाकिस्तान सदैव से भारत–विरोधी हौवा खड़ा करके अमेरिका से सैनिक एवं आर्थिक सहायता प्राप्त करता रहा है। आर्थिक एवं सैनिक सहायता से प्राप्त धनराशि से ही अपनी राष्ट्रीय अर्थव्यवस्था का संचालन करना उसकी मजबूरी एवं नियति बन चुकी है। इसी कारण वहाँ के शासक सदैव से ही भारत– विरोधी दृष्टिकोण अपनते रहे हैं। भारत को शिकस्त देना अब पाकिस्तान की राजनीति, विदेश नीति तथा कूटनीति का एक आवश्यक उद्देश्य बन चुका है।

पाकिस्तान द्वारा नाभिकीय हथियारों के निर्माण का कार्यक्रम और उसकी अपनी सुरक्षा आवश्यकताओं से परे वायुवाहित पूर्व सूचना उपकरण, एफ–16 अत्याधुनिक विमान, एम–11 प्रक्षेपात्र तथा परमाणु छल्ले आदि अत्याधुनिक हथियार व सामग्री प्राप्त करने के प्रयास भारत के लिए एक गम्भीर चिन्ता का विषय है। इन सभी कारणों से हमारा सुरक्षा परिवेश गंभीर रूप से प्रभावित ही नहीं हुआ है, बल्कि अब हमें अपने सीमित संसाधनों को विकास कार्यक्रम से हटाकर रक्षा–व्यवस्था पर लगाने के लिए मजबूर भी होना पड़ रहा है। पाकिस्तान अपनी सशत्र सैनाओं की संख्या में निरन्तर वृद्धि करता जा रहा है और साथ ही साथ उसका यह प्रयास है, कि अत्याधुनिक हथियार खरीद कर तथा चीन से प्रक्षेपात्र तकनीकी प्राप्त करके वह इस क्षेत्र के तकनीकी दृष्टि से भारत से आगे बढ जाये। पाकिस्तान की अमेरिका एवं चीन के साथ सामरिक मित्रता भारत को सतत् सतर्क रहने के लिए मजबूर करती हैं दोनों देशों के मध्य तनाव को कम करने तथा पारस्परिक सम्बन्ध समान बनाये जाने की दिशा में पाकिस्तान की नकारात्मक कार्यवाही के कारण आज तय कोई विशेष प्रगति नहीं हुई है। पाकिस्तान की नकारात्मक कार्यवाहियाँ जो प्रमुख रूप से ही है, उनमें हैं – परमाणु हथियारों का निर्माण, अपनी सुरक्षा आवश्यकताओं से परे 'अवाक्स' 'एफ–16 विमान' एम–11 प्रक्षेपास्त्र जैसे अति आधुनिक हथियारों का प्राप्त करना, सियाचिन क्षेत्र में आक्रमणात्मक कार्यवाही, भारत में आतंकवादी तथा उग्रवादी गतिविधियों में हाथ होना और सीमा क्षेत्र का उल्लघंन करना आदि।

पाकिस्तान का दृष्टिकोण भारत के प्रति सदैव से विरोधी रहा है, जिसके कारण ही सम्बन्ध सुधारने के जो प्रयास अथवा पहल की जाती है, उसका परिणाम प्रतिकूल ही प्रमाणित होता रहा है और ऐसी स्थिति में भविष्य में भी सम्बन्ध मधुर होने की संभावना नजर नहीं आती है। इसका प्रमुख कारण है– कि पाकिस्तान के वजूद में भारत के प्रति एवं भारत के बहुसंख्यकों के प्रति नफरत पैदा करना। राजनयिक स्तर पर दोनों देशों के संबंध सुधने चाहिए, परन्तु हकीकत में, इस दिशा में एक कदम बढ़ाते ही दो कदम पीछे खींच लिए जाते हैं। इसका उदाहरण है कि 1995 के आरम्भ में पाकिंस्तान द्वारा कराची में भारतीय वाणिज्य दूतावास को बन्द करके तथा वहाँ के भारतीय अधिकारियों एवं कर्मचारियों को तुरन्त पाकिस्तान छोड़ देने के आदेश देना। इस प्रकार पाकिस्तान का दृष्टिकोण स्पष्ट है कि उसकी विदेश एवं रक्षा–नीति मुख्यतः भारत–विरोध पर ही आधारित है। पाकिस्तान के शासक वर्ग अपनी समस्याओं पर परदा डालने के लिए भारत पर आरोप लगा करके अपनी परेशानी को थोड़ा बहुत कम कर लेते हैं। पाक– शासक अपने निहित स्वार्थो और सत्ता को बनाये रखने के लिए हमेशा जुल्फिकार अली भुट्टो के इस कथन को कहते रहे कि – 'भारतीय नीति का प्रत्येक कदम पाकिस्तान का गला घोटने के लिए उठाया गया है। इस संबंध में भारत सरकार की नीति कट्टर और गैर समझौते वाली है।' शुरू से ही यह भ्रम पाकिस्तान को रहा है कि पाकिस्तान को समाप्त करना ही भारत की नीति है। वास्तविकता यह है, कि भ्रम एवं आशंका के कारण कभी पाकिस्तान ने भारत की सद्भावना को तहे–दिल से समझने की कोशिश नहीं की है।[6] यह सर्वविदित तथ्य है, कि भारत विश्व शान्ति सहअसित्व, अंहिसा व सहयोग की विश्व राजनीति का प्रबल समर्थक एवं पक्षधर है, जबकि पाकिस्तान शाक्ति, शस्त्रास्त्र एवं हिंसा पर अधिक विश्वास रखता है। 1948, 1965 तथा 1971 के भारत–पाक युद्ध तथा बाँग्लादेश में लोकतंत्र के विरूद्ध पाकिस्तानी सेनाओं द्वारा किये गये भीषण नरसंहार इसके प्रत्यक्ष उदाहरण है।

आरम्भ से ही भारत–विरोधी दृष्टिकोण ने पाकिस्तान व भारत को

एक ऐसी स्थिति में लाकर खड़ा कर दिया हैं, कि यदि संबंध सुधारने की जो भी देश पहल करता है, तो दूसरा देश उसे बड़ी आशंका एंव चौकसी से देखता है और की गयी पहल मात्र मजाक का मुद्दा बनकर रह जाती है। एक–दूसरे के प्रति घृणा एवं युद्ध ने बहुत दूरियाँ बढ़ायी है। आम भारतीय भी पाकिस्तान को बदले की भावना से देखने लगा है। इसका प्रत्यक्ष प्रभाव सैनिक एवं कूटियोजनात्मक पहल के अलावा खेलकूद में स्पष्ट झलकता दिखायी देता हैं। विगम वर्षों में सम्पन्न विश्व क्रिकेट प्रतियोगिता की श्रृँखला में भारत–पाक का मैच ऐसे देखा जा रहा था, जैसे दोनों देशों की लड़ाई जारी हो। यह सब एक दूसरे के प्रति बने दृष्टिकोण का ही परिणाम है। इस दृष्टिकोण को पाक शासक बनाये रखना चाहते हैं। अतः पाक की अवाम को अपने अमन चैन के लिए आगे आकर इस दृष्टिकोण को ही बदलना चाहिए।

भारत विरोधी षड्यंत्रकारी गतिविधियाँ: पाकिस्तान के साथ हमारे द्विपक्षीय सम्बन्धों में तनाव का एक बुनियादी कारण है, कि पाकिस्तान द्वारा भारत के विरूद्ध लगातार ऐसी गतिविधियाँ करना, जो भारत का विघटन कर सके और भारत किसी भी हालत में आत्म निर्भर रहकर विकास न कर सके। भारत–पाकिस्तान संबंध में जो भी द्विपक्षीय समस्यायें व मुद्दे हैं, उनके पीछे मूलकारण, पाकिस्तान की शक्ति संरचना, शक्ति वितरण, निरंकुशवादी एवं वाहय संवैधानिक दबाव शामिल है। माउण्टबैटन और जिन्ना ने पाकिस्तान को एक राष्ट्र का रूप अपने निहित व्यक्तिगत स्वार्थों के आधार पर दिया, जिसकी सजा अवाम आज तक भुगत रही है। पाक नेताओं ने अपने स्वार्थ एवं कुर्सी बने रहने की फिराक में भारत विरोधी गतिविधियों को सदैव तूल दिया है। आज पाकिस्तान के प्रत्येक शासक को अपने राजनीतिक आधार को मजबूत बनाये रखने एवं सत्ता में बने रहने के लिए उसे भारत विरोधी पाकिस्तानी जन समर्थन सदैव अपने पक्ष में रखना होगा। इस प्रकार पाक शासकों को अपना जन समर्थन जुटाने हेतु सामाजिक, आर्थिक, राजनीतिक, राजनयिक तथा सैनिक स्तर पर भी भारत–विरोधी गतिविधियों को तेज करना पड़ता है। पाकिस्तान आतंकवादियें एंव पृथकतावादी उग्रवादियों को निरन्तर दिये

जाने वाले सामानों की आपूर्ति तथा अन्य प्रकार की सहायता से भारत के पश्चिमी सीमा क्षेत्र में अपनी षड्यंत्रकारी गतिविधियाँ करता रहता हैं। पाकिस्तान अपने दुष्प्रचार के माध्यम से कम से कम खर्च द्वारा परोक्ष युद्ध तथा तथा–कथित मानवाधिकारों के हनन का जिक्र करके कश्मीर को अंतर्राष्ट्रीय मुद्दा बनाने के प्रयास में लगा रहता है। भारत के प्रति पाकिस्तान सदैव ऐसी गतिविधियाँ अपनाता रहा है, जिससे दोनों देशों में संबंध सुधारने की सोच भी निरन्तर कठिन होती जा रही है। संक्षेप में वर्तमान परिस्थितियों में पाकिस्तान द्वारा अपनायी जा रही भारत विरोधी गतिविधियाँ इस प्रकार है:–

1. आतंकवादियों को प्रशिक्षण एवं संरक्षण :– पाकिस्तान विगत अनेक वर्षो से भारत के आन्तरिक मामलों में किसी न किसी रूप में हस्तक्षेप करता रहा। उसने पंजाब में मुठ्ठीभर सिखों द्वारा चलाये गये आन्दोलन का प्रारम्भ से ही समर्थन दिया है। वह खालिस्तान की माँग करने वाले सिर फिरे सिख उग्रवादियों और आतंकवादियों को अपने यहाँ प्रशिक्षण देता रहा। यह उन्हें हथियार और आर्थिक सहायता देता रहा है। वह अपने सैनिकों को उग्रवादियों के साथ भारतीय सीमा पार कर पंजाब में तोड़–फोड़ करने और आतंक फैलाने के लिए भी लगातार भेजता रहा है। भारत सरकार ने पाकिस्तान को इस संबंध में भली–भाँति अवगत करा दिया है और यह सिद्ध भी हो चुका है कि पाकिस्तान में आतंकवादियों के प्रशिक्षण शिविर हैं तथा सीमाओं के विभिन्न स्थानों पर उन्हें किस प्रकार पाकिस्तानी सैनिकों के साथ भारत भेजा जाता है। पंजाब, कश्मीर और अन्य क्षेत्रों में पकड़े गये सैंकड़ों घुसपैठियों और पाकिस्तान प्रशिक्षित आतंकवादियों के द्वारा यह भी पता चला है कि पाकिस्तान भारत की अखण्डता और प्रभुसत्ता को खतरे में डालने का सुनियोजित षड़यन्त्र चला रहा है। कश्मीर में आरम्भ से ही वह आतंकवाद फैलाकर समस्याएँ खड़ी कर रहा है। पाक प्रशिक्षित घुसपैठिए कश्मीर में साम्प्रदायिकता भड़काने के प्रयासों में सैकड़ों बार पकड़े गये है। जब तक पाकिस्तान ये सब हरकतें बन्द नहीं करता, तब तक भारत और पाकिस्तान के संबंधों के सामान्यीकरण

की प्रक्रिया का तेज होना सम्भव नहीं है। 'हजरत बल दरगाह काण्ड' में पाकिस्तान के इरादे सामने खुलकर आ गये थे। चरारे–शरीफ की घटना भी इसका एक उदाहरण है।

2. आधुनिक हथियारों से अपनी सेना को सुसज्जित करना:–पाकिस्तान, अमेरिका, चीन तथा अन्य देशों के निरन्तर अधिकाधिकतम आधुनिक एम–11 प्रक्षेपात्र, लड़ाकू विमान राकेट, जलपोत, पनडुबियाँ, टैंक और तोपें प्राप्त कर रहा है। अमेरिका ने उसे अवाक्स–6–34 विमान देकर उसकी सैनिक शक्ति बढ़ा दी है। अमेरिका उसे सैनिक व आर्थिक सहायता देकर पुनः भारत के लिए खतरा उत्पन्न कर रहा है। भारत इससे चिन्तित है और अमेरिका से इस बात का निरन्तर विरोध भी करता रहा है। चीन से प्राप्त चुम्बकीय छल्ले इसके इरादे बता रहे है। पाकिस्तान द्वारा आवश्यकता से अधिक आधुनिकतम हथियारों को सुसज्जित करने के सत्त प्रयास के कारण भारत को भी कुछ सोचना और कुछ करना पड़ रहा है। पाक की इन गतिविधियों से भारत का विचलित होना स्वभाविक सा हो गया है।

3. सियाचिन ग्लेशियर पर दावा :–पाकिस्तान की गतिविधियां सदैव भारत को घेरने व संकट में डालने के लिए तेज रही है। यही कारण है, कि पाकिस्तान सियाचिन ग्लेशियर के संबंध में अपने दावे पर अडिग है। वह इस संबंध में भारत की बिल्कुल नहीं सुनना चाहता, जबकि पाकिस्तान का दावा बिल्कुल गलत और बेबुनियाद है। पाकिस्तान सियाचित ग्लेशियर सीमा पर सैनिक हलचलें और कार्यवाही कर इसका सैनिक समाधान करना चाहता है। भारत को भी विवश होकर जवाबी कार्यवाही करनी पड़ती है। पाक ने अनधिकृत रूप से हथियाये गये कश्मीर के कराकोरम क्षेत्र को 1500 वर्ग मील क्षेत्र चीन को दे दिया। इसके जवाब में चीन ने 750 मील का क्षेत्र एम0के0–2 में पाकिस्तान को प्रवेश का अधिकार दे दिया। कराकोरम मार्ग ने पाक–चीन के आवागमन को बढ़ाया। ऐसी गतिविधियाँ भारत को पाक के प्रति निरन्तर चौकन्ना बना रही है।

4. शान्ति–मैत्री संधि पर टाल मटोल :– पाकिस्तान के मन में स्थाई रूप से यह विश्वास पैदा करने के लिए कि भारत युद्ध, आक्रमण और विवाद के स्थान पर शान्ति और मैत्री पसन्द करता हैं भारत ने पाकिस्तान के समक्ष शान्ति मैत्री सन्धि का एक व्यापक प्रस्ताव रखा, किन्तु पाकिस्तान सदैव से इस मुद्दे पर टाल मटोल करता रहा है। पाक अब उस युद्धवर्जन संन्धि की बात करता है, जिसे वह भारत द्वारा पूर्व में कई बार पेश किये जने के वावजूद ठुकरा चुका है। हाल में जब कश्मीर में चुनाव प्रक्रिया शुरू हुई कि उसकी भारत–विरोधी गतिविधियाँ भी तेज कर दी और उग्रवादियों एवं घुसपैठियों को कश्मीर में षडयंत्र करने के लिए भेजना शुरू कर दिया।

5. पाकिस्तान द्वारा परमाणु बम बना लेना – पाकिस्तान अनेक वर्षों से परमाणु बम बनाने के कार्यक्रम में जुटा था। भारत एवं अन्य देशों के कहने के वावजूद भी अमेरिका पाकिस्तान को ऐसा करने से नहीं रोक सका। 1 मार्च 1987 को पाकिस्तान के प्रमुख परमाणु वैज्ञानिक डा0 अब्दुल कादिर खान ने कुलदीप नैयर को दी गयी भेंट वार्ता में कहा था, कि – 'पाकिस्तान एक परमाणु ताकत है।' परमाणु शक्ति सम्पन्न राष्ट्र कहते थे, कि पाकिस्तान कभी भी परमाणु बम नहीं बना सकता। स्पष्ट है कि पाकिस्तान ने परमाणु बम बना लिया है तथा इसका परीक्षण भी मार्च 1988 में कर लिया है।' चोरी–छिपे विदेशी मदद ओर तस्करी द्वारा परमाणु क्षमता हासिल करने वाला पाकिस्तान भारत पर परमाणु परीक्षण सन्धि पर हस्ताक्षर करने के लिए पहले अपना मुद्दा बनाता है।

उपर्युक्त बातों के साथ–साथ पाकिस्तान स्थानीय, क्षेत्रीय तथा अन्तर्राष्ट्रीय राजनीतिक मंच पर कुछ ऐसी ओछी हरकतें करता हैं, जिससे उसके प्रति भारत का संदेह निरन्तर बढ जाता है। उदाहरण के लिए अमेरिकन नौ सैनिक बेड़े को मार्च 1986 से सभी सुविधायें प्रदान करना, कारगिल में अमेरिकी अड्डा स्थापित करवाना, चीन को भारत के प्रति उकसाना, अरब देशों में भारत की छबि खराब करने की कोशिश करना, अफगानिस्तान में

हस्तक्षेप, श्रीलंका को भारत के विरूद्ध उकसाना, आतंकवादियों को पनाह देना और मध्य एशिया में सक्रिय होने हेतु उन्हें अपने यहाँ से विदेशों में जाने देना आदि। भारत के प्रति राजनयिक, राजनीतिक, आर्थिक, सैनिक एवं सामाजिक गतिविधियाँ पाकिस्तान की लगातार ऐसी रही हैं कि दोनों देशों के संबंधों की बात करना अटपटा सा लगता है, किन्तु इसका अर्थ यह 'नहीं कि पहल ही इस ओर की जाय। हर संभव प्रयास किये जाने दोनों देशों के हित में ही नहीं होंगे, बल्कि दक्षिण एशिया की शान्ति एवं विकास के भी सूचक सिद्ध होंगे।[7]

पाकिस्तान की तमाम हरकतों के लिए आज भी अमेरिका से ही शह मिलती है। शीत युद्ध की समाप्ति के बावजूद अमेरिका की पाकिस्तान में गहरी रूचि है, इसके कुछ स्त्रातेजिक कारण हैं– प्रथम पाकिस्तान आज 'इस्लामिक आतंकवाद' का नियन्त्रण केन्द्र बना हुआ है। अमेरिका नहीं चाहता कि पाकिस्तान को नाराज करके वह 'इस्लामी आतंकवाद' का विरोध अपने सिर पर उठाये। इसका अर्थ यह नहीं है कि अमेरिका पाकिस्तान से भयभीत है, बल्कि वह इस सिर दर्द से बचना चाहता है। द्वितीय इस बात से नकारा नहीं जा सकता, कि वर्तमान आर्थिक परिदृश्य विश्व का जोर है, उसमें अधिकार जमाये रखने के लिए भी दुनिया के अलग–अलग हिस्सों में अमेरिका जैसी महाशक्ति को सैन्य आधार चाहिए। इस कारण भी अमेरिका की पाकिस्तान के प्रति गहरी दिलचस्पी है। तृतीय पाकिस्तान अभी भी अमेरिकी के साथ स्त्रातेजिक गठबन्धन में है। इसका प्रमुख कारण है कि भारत अमेरिका का अनुयायी नहीं बन सकता और न ही अपने यहाँ अमेरिका को सैन्य आधार दे सकता है, जबकि पाकिस्तान ये दोनों काम सहजता से करता है और भविष्य में भी करता रहेगा। चतुर्थ सोवियत संघ के पतन के बाद रिक्त शून्यता को पूरा करने के लिए चीन तेजी के साथ एशिया में एक बड़ी ताकत के रूप में उभरकर आ रहा है जो अमेरिका का प्रत्यक्ष प्रतिद्वन्द्वी बनकर मुठभेड़ तक से समय आने पर नहीं चूकेगा। पंचम चीन एवं भारत पर निगरानी के लिए पाक

उसके लिए सर्वोत्तम सामरिक अड्डा सिद्ध होता है।

अतः उपरोक्त स्त्रातेजिक विश्लेषण से स्पष्ट है, कि पाकिस्तान से अमेरिका के अपने निजी स्वार्थ जुड़े हैं, जिससे तनाव की स्थिति, भारत व पाक के मध्य बरकरार रहने की पूरी सम्भावनायें हैं। आगामी वर्षों में भारत–पाकिस्तान के सम्बन्धों में किसी प्रकार का सुधार आयेगा, ऐसा अभी नजर नहीं आता, क्योंकि पाकिस्तान की जनता में वहाँ के शासकों ने भारत विरोध के संस्कार शुरू से ही भर रखे हैं। दोनों देशों के बीच पारस्परिक विश्वास तभी उत्पन्न होगा, जब पाकिस्तान भारत को यह पूर्ण रूप से आश्वास्त करे कि आतंकवादी एवं उग्रवादी गतिविधियों को प्रोत्साहन तथा संरक्षण नहीं प्रदान करेगा। यदि कोई समस्या है, तो दोनों आपस में ही शिमला समझौते के अन्तर्गत निपटाने का प्रयास करेगे। पाकिस्तान भारत के साथ संबंध सुधारने की बजाय तनावपूर्ण बनाये रखने में अधिक रूचि लेता है और कश्मीर में शान्तिपूर्वक चुनाव सम्पन्न के कारण पाकिस्तान भारत के साथ अपने राजनयिक सम्बन्ध तोड़ने की फिराक में घूम रहा है। अन्तर्राष्ट्रीय स्तर पर कश्मीर के मामले को इतना अधिक गर्मा दिया जाये कि युद्ध का खतरा पैदा हो जाये और अमेरिका सहित कुछ शक्तिशाली देश कश्मीर के मामले में भारत को झुकाने के लिए मजबूर कर दे। इसमें भी पाकिस्तानी मनसूबों को सफलता नहीं मिल पा रही है। पाकिस्तान कश्मीर की द्विपक्षीय समस्या को जानबूझ कर अन्तर्राष्ट्रीयकरण कर भारत को बदनाम करना चाहता हैं। इस सभी मामलों में पाकिस्तान कामयाब नहीं जो पा रहा हैं। इसके साथ ही यदि पाक तहेदिल से भारत के साथ सम्बन्ध सुधारे, तो उन्हें पाक सेना के भारत– विरोधी रवैये के विपरीत नीति अपनाने का साहसिक प्रयास उनके राजनैतिक अस्तित्व को भारी आघात पहुँचा सकता है। यद्यपि दोनों राष्ट्र जानते है कि आपसी मैत्री सम्बन्धों से ही अपने राष्ट्रों की प्रगति एवं भारतीय उपमहाद्वीप में शान्ति स्थापित की जा सकती है, इसके बावजूद पाक की राजनीतिक परिस्थितियाँ इसे माकूल नहीं समझती है। अब आम आवाम जब जोर देकर आगे इस ओर

बढ़े तभी सम्बन्ध सुधरने की संभावनायें प्रबल हो सकेगी। आज की बड़ी आवश्यकता है, कि दोनों देशों के सम्बन्ध सुधरें और इस उप महाद्वीप में शान्ति के साथ मानवीय कल्याण के लिए कदम उठाये जा सकें।

भारत विरोध की नीतिः– चंद दिनों पहलें भारत सरकार ने पाकिस्तान के वरिष्ठ नागरिकों को बीजा प्रावधानों में ढील देने का निर्णय किया किया। भारत सरकार ने यह कदम अपनी तरफ से उठाया था, जिसका मकसद 65 वर्ष से ऊपर की आयु वाले पाकिस्तानी नागरिकों को वीजा नियमों में छूट देकर उनकी भारत यात्रा को सुगम बनाना था। प्रत्यक्ष तौर पर किसी भी स्तर पर पाकिस्तान की तरफ से इस कदम के बाबत सकारात्मक प्रतिक्रिया की उम्मीद की जा रही थी। भारत द्वारा उठाये गये इस कदम के कुछ दिनों के बाद पाकिस्तान ने भी वीजा नियमों को उदार बनाने की घोषणा की। हालाँकि वीजा नियम उदार बनाने का सीधी संबंध पाकिस्तान की अर्थव्यवस्था से था इसके तहत इस्लामाबाद ने उदार व्यापारिक मित्र वीजा नीति पेश की। वहाँ के गृहमंत्री आफताब अहमद ने एक प्रेस कांफ्रेंस में कहा कि इस उदार वीजा नीति का मकसद यूरोप, अमेरिका और चीन समेत 28 देशों को पाकिस्तान में निवेष और व्यापार के लिए प्रोत्साहित करना है। इस नीति के तहत संबंधित देश के शख्स को पाकिस्तान के एयरपोर्ट पर ही तीस दिनों का नॉन रिपोर्टिंग वीजा प्रदान कर दिया जाएगा। इसके लिए संबंधित शख्स को बस अपनी सरकार के वाणिज्य उद्योग चैंबर का पत्र या पाकिस्तानी फर्म का निमंत्रण पत्र भर पेश करना होगा। गौरतलब बात यह रही कि इन 28 देशों की सूची में भारत का नाम तक नहीं था। पाकिस्तान की इस उदार व्यापारिक मित्र वाली 28 देशों की सूची में भारत का नाम न होना अपने आप में आश्चर्यजनक है।

मौजूदा परिस्थितियों में यह जानना रोचक होगा कि आखिर मुशर्रफ सरकार की उदार व्यापारिक मित्र वीजा प्रणाली में भारत को शामिल न करने के पीछे के कारण क्या रहे? हालाँकि महती आवश्यकता इस बात की है कि भारत–पाक के बीच व्यापार और आर्थिक विकास के प्रयास जारी रहें।

इसी क्रम में सेवी अध्यक्ष जी0 वाजपेयी ने एक प्रेस कांफ्रेस में कहा था कि दक्षेस के सदस्य देशों को प्रतिभूति बाजार में एकीकरण की दिशा में प्रयास में बहुआयामी आदान–प्रदान का माहौल विकसित करना होगा। अंतरबाजार वाणिज्य मंत्री के यह जरूरी भी होगा। वाजपेयी के इस प्रस्ताव पर अन्य दक्षेस सदस्य देश एकमत भी थे। इस्लामाबाद के प्रतिनिधि और स्टेट बैंक ऑफ पाकिस्तान के गर्वनर इसरत हुसैन ने इसके अलावा 2006 में साटा को अमल में लाये जाने की भी पुरजोर वकालत की थी।[8]

हालाँकि उन्होंने आगे जोड़ते हुए कहा क परमाणु मसले पर परस्पर विश्वास बहाली के क्रम में हुए तरक्की के बाद हम कह सकते हैं कि दक्षिण एशिया अब नाभिकीय संवेदनशील क्षेत्र नहीं रह गया है। इसके अतिरिक्त भारत और पाक की संयुक्त सेना ने संयुक्त राष्ट्र शान्ति मिलन के तहत काँगों में एक अभियान में भाग लिया। पाकिस्तान की सैन्य बटालियन को हवाई सुरक्षा कवच देने के लिए भारतीय वायु सेना की एक इकाई को बुकाबों में तैनात किया गया। इससे पता चलता है कि पहली बार भारतीय–पाकिस्तानी सेना ने किसी एक सैन्य वेस पर संयुक्त अभियान में साथ–साथ भाग लिया। हालाँकि एक तरफ जहाँ यह सब चल रहा है वहीं पाकिस्तान भारत विरोधी दुष्प्रचार से बाज नहीं आ रहा है। वहाँ आज भी कश्मीर को मूल मसौदा मानकर चल रहा है। भले ही पिछले वर्षों के के दौरान अलकायदा के कुछ आतंकवादियों की गिरफ्तारियाँ कर पाक प्रशासन ने वाहवाही लूटी हो। 'लेकिन वह नियंत्रण रेखा पार कर आतंकवाद फैला रहे तत्वों पर लगाम कसने में अनिच्छुक ही रहा है।[9]

अमेरिकी मदद का भारत के खिलाफ प्रयोग:– पाकिस्तान सरकार अमेरिका की ओर से अलकायदा और तालिबान जैसे आतंकवादी संगठनों से लड़ने के लिए दी जा रही आर्थिक मदद का इस्तेमाल भारत के खिलाफ हथियारों को विकसित करने के लिए कर रही है। यह दावा अमेरिका के प्रशासनिक और सैन्य अधिकारियों ने किया है। अधिकारियों का कहना है कि अमेरिका की ओर से दी जा रही राशि पर बिल्कुल नियंत्रण नहीं है। इसलिए इस मदद

पर पुनर्विचार करने की जरूरत है। अमेरिका ने आतंकवाद पर काबू पाने के लिए 'गठबंधन मदद कोश' कार्यक्रम के तहत पाकिस्तान को पाँच अरब डालर दिये। इसके अलावा अमेरिकी सेना की ओर से उसके सैनिकों को प्रशिक्षण और अस्त्र–शस्त्र मुहैया कराने के लिए प्रति वर्ष रु0 30 करोड़ डालर दिये जाते हैं। प्रतिपूर्ति के पाकिस्तान के अनुरोध पर अधिकारी ने कहा, 'मेरा मानना है कि इस राशि को बढ़ाचढ़ा कर बताया गया है। हमें पाकिस्तान को इस तरह से पैसा नहीं देना चाहिए।' पाकिस्तान की सेना के लिए पूरे बजट की करीब एक चौथाई राशि अमेरिकी मदद से आती है। अमेरिकी सांसदों ने देश की विदेश मंत्री कोंडोलिजा राइस से पाकस्तान में लोकतंत्र की बहाली का आश्वासन माँगा। अमेरिकी राष्ट्रपति जार्ज डब्ल्यू बुश आतंकवाद के खिलाफ युद्ध के लिए पाकिस्तान को अरबों डालर की मद्द दे रहे हैं, लेकिन अमेरिकी सैन्य अधिकारी सैन्य मद्द पर कड़ा नियंत्रण चाहते हैं।[10]

अमेरिका द्वारा पाकिस्तान को आतंकवाद से लड़ने के लिए दी गई पाँच अरब डॉलर की धनराशि का प्रयोग वह भारत विरोधी हथियार कार्यक्रमों में कर रहा हैं इस धनराशि का उपयोग अल–कायदा या तालिवान विरोधी योजनाओं में किया जाना था। दि न्यूयार्क टाइम्स में छपी एक खबर के अनुसार कुछ अमेरिकी अधिकारियों ने इस बाबत पाकिस्तानी सेना की कार्यप्रणाली को दुरूस्त करने के लिए अमेरिका से फिर से रणनीति तैयार कने को कहा है। अमेरिकी रक्षा मंत्रालय 'पेंटागन' ने एक समीक्षा पूरी की है, इसके तहत एक निश्चित योजना तैयार की गई हैं ताकि पाकिस्तानी सेना को आतंकवाद विरोधी कार्यबल तैयार करने में मद्द मिल सके। अमेरिकी अधिकारियों के हवाले से कहा गया है कि अमेरिका पाकिस्तान की ईंधन, हथियार और अन्य जरूरतों पर करोड़ों डालर खर्च कर चुका है। पाकिस्तानी सैन्य अधिकारी अमेरिका द्वारा कुछ विशेष उपकरण देने में देर लगाने का आरोप भी लगाते रहे हैं, जिनका प्रयोग आतंकवादियों के खिलाफ लड़ाई में किया जाना था। अलकायदा को उकसाने वाली कार्रवाई से बचने की सलाह देते हुए रिपब्लिकन पार्टी

की ओर से राष्ट्रपति पद की दौड़ में शामिल टैक्सास के सांसद रान पॉल ने बुश प्रशासन से कहा था कि 'अगर आप चाहते हैं कि अलकायदा अमेरिकी लोगों पर हमले न करे और उनकी हत्या करना बंद कर दे, तो हमें उसे उकसाने वाली कार्इवाई से बचना चाहिए।' उन्होंने कहा था कि पाकिस्तान और इस्राइल के साथ अमेरिका की नजदीकी इस आतंकी इस आतंकी संगठन को पसंद नहीं है। सऊदी अरब में हमारा एक ठिकाना है।' उन्होंने कहा कि 'मेरा मानना है कि यह उनके धर्म का अपमान है, जोकि एक धर्म निंदा की तरह हैं।' पॉल ने कहा कि इराक पर अमेरिका कई साल से बम बरसा रहा है और हम 1953 से ही ईरान में हस्तक्षेप कर रहे हैं। वहाँ सरकारें गिराने और बनाने में हमारी खुफिया एजेंसी सीआईए लगी रही है। हम आज भी ईरान को तबाह करने में लगे हैं। हम पाक और इस्राइल का अधिक पक्ष लेते हैं जो उन्हें रास नहीं आ रहा हैं। एक पत्रकार वार्ता में जब पॉल से पूछा गया कि अगर अमेरिका पश्चिमी एशिया में सेना न भेजता तो क्या लादेन अमेरिका को बख्श देता। पॉल ने कहा कि तुरंत तो नहीं, क्योंकि वह हम पर भरोसा नहीं करता है। जब भरोसा हो जाता हो यह संभव हो सकता था, लेकिन अगर हम वहाँ से सेना हटा लेंगे तो ओसामा बिन लादेन के लिए आत्मघाती हमलावरों की अपने संगठन में भरती करने का कोई बहाना नहीं रहा जाएगा।[11]

पाकिस्तान को अमेरिका से मिली आर्थिक मदद पर अब अमेरिका की नजरें ही टेढ़ी हो गई हैं वजह है। पाकिस्तान द्वारा पैसे का दुरूपयोग। अमेरिका का कहना है कि उसने पाकिस्तान को आतंकवाद से लड़ने के लिए मदद मुहैया कराई, लेकिन इसका इस्तेमाल पाकिस्तान द्वारा भारत के खिलाफ अपनी ताकत को मजबूत करने के लिए किया गया। 'न्यूयार्क टाइम्स' ने अमेरिकी अधिकारियों के हवाले से प्रकाशित रिपोर्ट के मुताबिक पाक को जारी सैन्य सहायता नीति में सुधार की जरूरत बताते हुए अधिकारियों ने कहा कि ज्यादातर धन पाक की प्रमुख सैन्य इकाईयों को मिला ही नहीं। इसके बजाय पैसों का इस्तेमाल भारत के खिलाफ जारी हथियार विकसित करने

की होड़ में खर्च कर दिया गया। हाल ही में अमेरिका ने पाकिस्तान को एक करोड़ डालर की सहायता राशि जारी की है।[12] एक वरिष्ठ अमेरिकी सैन्य अधिकारी ने कहा कि वे काफी बढ़ा–चढा कर धन माँग रहे हैं। बढा–चढ़ा कर सैन्य सहायता माँगने के आरोप में इनकार करते हुए पाक सैन्य अधिकारियों ने कहा कि पाँच अरब डालर कोलिशन सपोर्ट सिस्टम नामक कार्यक्रम के तहत दिये गये हैं। यह वह धन है तो आतंकवाद विरोधी अभियानों में पाकिस्तान ने खर्च किये हैं।

आतंकवाद का प्रयोजक : सुरक्षा के तमाम तामझाम के बावजूद भारत में आतंकी हमले लगातार जारी हैं। मुम्बई लोकल ट्रेन विस्फोट के बाद 606 यात्रियों से लदी अटारी एक्सप्रेस में कम से कम 66 लोग मारे गये। गौरतलब है कि इसमें सवार ज्यादातर पाकिस्तानी थे और अटारी एक्सप्रेस भारत–पाकिस्तान समझौते का प्रतीक है। यानी अब आतंकी शान्ति और समझौते के प्रतीक को निशाना बना रहे हैं। दरअसल, आतंकी हमलों के बाद भी भारत–पाकिस्तान के बीच लगातार संबंध बेहतर होते जा रहे हैं। एटमी खतरे को कम करने के लिए पाकिस्तान के विदेश मंत्री कसूरी समझौते पर राजी हुए और संधि पत्र पर हस्ताक्षर करने भारत आये। हालाँकि एक प्रश्न बराबर उठता है कि अटारी ट्रेन विस्फोट के पीछे किसका हाथ है? पाकिस्तानी हक्मरानों का या पाकिस्तान द्वारा पाले गये आतंकवादी संगठनों का? या हमारी सुरक्षा व्यवस्था की खामियाँ ही इसके लिए जिम्मेदार हैं?[13] इसमें एक बड़ा व्यावहारिक दृष्टिकोण तो यह बनता है कि पाक सरकार यह विस्फोट नहीं करा सकती। अपने ही देश के बेगुनाह लोगों को मार कर कहीं सियासी और सरहद की राजनीति नहीं की जाती है। हाँ, पाक द्वारा पाले गये आतंकवादी संगठनों का जरूर इसमें हाथ है, क्योंकि उनका मजहब ही आतंक फैलाना है – चाहे उसमें पाकिस्तानी मरें या हिन्दुस्तानी। आतंकवादियों से सिर्फ भारत ही नहीं विश्व के कई देश परेशान है। परन्तु सुधरते रिश्तें पर नापाक नजर के सामने हमारी खुफियाँ एजेंसी और सुरक्षा व्यवस्था कमजोर साबित हो रही है।[14]

अमेरिकी खुफिया संचालन सेवा के प्रमुख निग्रोपोंटे ने कहा कि पाकिस्तान चरमपंथी संगठन अलकायदा का पनाहगाह है। राष्ट्रीय खुफिया निदेशक जान निग्रोपोंटे ने 11 जनवरी 2007 को सीनेट की खुफिया समिति को बताया कि पाकिस्तान के कबायली इलाकों में तालिबान और अन्य अतिवादियों की जो सुरक्षित पनाहगाहें है, उन्हें नष्ट करना अफगानिस्तान में उग्रवाद को समाप्त करने के लिए पर्याप्त नहीं बल्कि आवश्यक है। अमेरिकी अधिकारियों का मानना है कि अलकायदा का नेता ओसामा बिन लादेन इसी इलाके में शरण लिए हुए हैं। यह इलाका संभवतः सीमा के पाकिस्तानी ओर कहीं स्थित है। रक्षा खुफिया एजेंसी के निदेशक लेफ्टिनेंट जनरल माइकल मेपल्स ने भी कहा हालाँकि पाकिस्तान की सहायता के कारण अनेक आतंकवादियों की गिरफ्तारी या उनकी मौत हुई है, लेकिन अफगानिस्तान के साथ लगी पाकिस्तानी सीमा अलकायदा नेतृत्व और अन्य आतंकवादियों के लिए अब भी स्वर्ग बनी हुई है। अमेरिकी खुफिया विभाग के प्रमुख जॉन निग्रोपोंटे ने दावा किया है कि चरमपंथी संगठन अलकायता का मुख्यालय अब पाकिस्तान में है। उन्होंने कहा कि पाकिस्तान स्थित सुरक्षित ठिकाने से ही अलकायदा मध्य पूर्व, यूरोप और उत्तरी अफ्रीका में अपने संगठन को मजबूती देने के प्रयास में लगा है। दुनिया भर में आतंकवादी खतरों के सिलसिले में विचार कर रही सीनेट की एक कमेटी के समक्ष निग्रोपोंटे ने पहली बार यह खुलासा किया कि पाकिस्तान में छिपे हुए अलकायदा के नेता अपने अन्तर्राष्ट्रीय नेटवर्क को फैलाने में लगे है। उन्होंने कहा कि चरमपन्थी संगठनों में अलकायदा अमेरिका के लिए सबसे बड़ा खतरा है। अमेरिका इससे पहले यह कहता रहा कि अलकायदा के नेता पाकिस्तान और अफगानिस्तान की सीमा पर कही छिपे हो सकते हैं। उन्होंने कहा कि निग्रोपोंटे ने यह नहीं बताया कि अलकायदा का ठिकाना पाकिस्तान की किस इलाके में हैं निग्रोपोंटे ने बताया कि पाकिस्तान अभी भी इस्लामी चरमपंथियों का गढ़ बना हुआ है।

आखिरकार अमेरिका ने मान ही लिया कि खूँखार आतंकवादी संगठन

अलकायदा के अन्तर्राष्ट्रीय नेटवर्क के रूप में पाकिस्तान काम कर रहा है। हालाँकि मुशर्रफ सरकार की विदेश विभाग ने दावा किया था। पाकिस्तान के किसी भी सूबे में अलकायदा कोई आतंकी मौजूद नहीं है। अमेरिकी नेशनल इन्टेलीजेंस के डायरेक्टर जॉन निग्रोपोंटे और डिफेंस इन्टेलिजेंस एजेंसी के प्रमुख लेफ्टिनेंट जनरल माइकल मैपल्स ने सीनेट की सलेक्ट कमेटी के सामने गवाही दी थी कि वाशिंगटन द्वारा आतंकवाद के खिलाफ मुहिम तेज किए जाने के बाद अलकायदा और उससे सम्बद्ध संगठनों के लिए पाकिस्तान महफूज पनाहगाह बन गया है। नई दिल्ली पहले से ही अमेरिका को इस बात का सबूत देता रहा है कि जो भी आतंकवादी कार्रवाइयाँ भारत में हो रही हैं, उसके पीछे पाकिस्तानी हुक्मरान है और इसकी कामना आई एस आई के हाथ में है, लेकिन वाशिंगटन ने इसे सजीदगी से कभी नहीं लिया है। सच्चाई पर जितना भी पर्दा डाला जाए, वह कभी नहीं छिपता। सीनेट की कार्यवाही में पहली बार पाकिस्तान का जिक्र आतंकवाद के गढ़ के रूप में हुआ है। अब यह अमेरिका पर निर्भर करता है कि वह पाकिस्तान के खिलाफ कौन से कदम उठाता है। इतिहास इस बात का गवाह है कि अलकायदा और उसके सरगना ओसामा बिन लादेन का जन्मदाता अमेरिका है। 80 के दशक में जब जिया–उल–हक पाकिस्तान के राष्ट्रपति थे, तब अमेरिका ने अफगानिस्तान से सोवियत सेना को हटाने के लिए तालिबान को पैदा किया और उसकी कमान ओसामा बिन लादेन को सौंप दी। आज स्थिति यह है कि वही ओसामा उसका दुश्मन नम्बर–1 बन गया है। उसका नेटवर्क 50 देशों में फैला हुआ है। हालात यह है कि अलकायदा दुनिया का सबसे बड़ा आतंकी संगठन है और उसका उद्देश्य जेहाद है। उसकी जड़ें अब न केवल पश्चिम एशिया के देशों में मजबूत हो रहे है, बल्कि उत्तरी अमेरिका और यूरोप में भी उसका विस्तार हो चुका है। ऐसा नहीं है कि अमेरिकी खुफिया विभाग को ओसामा बिन लादेन के ठिकाने का पता नहीं है। उसने पाकिस्तान और अफगानिस्तान की सीमा पर तोरा–बोरा की पहाड़ियों पर हवाई हमले भी किये, लेकिन न ओसामा पकड़ा गया और न ही नम्बर–2 की हैसियत रखने वाला अलजवाहिरी। इस बात की

गवाही आए दिन जारी होने वाले दोनों के वीडियो टेप हैं। ज्यादातर वेवसाइट का उदगम स्थान पाकिस्तान है। ओसामा और उसका संगठन अलकायदा दुनिया में अमेरिकी हितों के खिलाफ काम कर रहा है, इस बात की तस्दीक खुफिया विभाग के दोनों मुखिया ने की है। इसके बावजूद अमेरिका पाकिस्तान पर दबाव डालने से क्यों हिचक रहा है? यह अनबुझ पहेली है। अलकायदा के नेटवर्क को तोड़ना वेहद जरूरी है अब यह अमेरिका को तय करना होगा कि वह कैसे नेस्तनाबूद करे। अगर उसे दिल्ली के सहयोग की जरूरत है, तो वह इस बारे में बातचीत कर सकता है। आतंकवाद किसी एक देश तक सीमित नहीं है। उसके खिलाफ जंग में भारत सहयोगी साबित हो सकता है, क्योंकि उसे आये दिन इसके दंश झेलने पड़ रहे हैं।[16]

अमेरिकी खुफिया विभाग के प्रमुख जॉन निग्रोपोंटे के इस दावे पर आश्चर्य नहीं किया जा सकता, कि अलकायदा ने पाकिस्तान में अपना मुख्यालय बना लिया है। सच तो यह है कि इस बारे में यदि किसी को कोई सन्देह था तो वह अमेरिकी प्रशासन को। जॉन निग्रोपोंटे ने सीनेट की खुफिया समिति के सामने जो कुछ बयान किया, वह इसके पहले अफगानिस्तान में तैनात नाटो कमाण्डरों ने उजागर कर दिया था। देखना यह है कि अमेरिका पकिस्तान में अलकायदा के तंत्र को नष्ट करने के लिए कोई ठोस कदम उठाता है या नहीं ? यह सवाल इसीलिए क्योंकि अमेरिका पाकिस्तान को न केवल आतंकवाद के खिलाफ अपने अभियान में मुख्य सहयोगी बताता है, बल्कि जनरल परवेज मुशर्रफ की पीठ भी ठोकता रहा है। पाकिस्तान में अलकायदा के साथ–साथ तालिवान और अन्य अनेक आतंकी संगठन भी सक्रिय हैं। दरअसल पाकिस्तान अभी भी आतंकवाद का गढ़ और निर्यातक बना हुआ है। खतरनाक यह है कि पाकिस्तान के कबायली इलाके में सक्रिय आतंकी संगठन दिन–प्रतिदिन सशक्त होते चले जा रहे हैं। उनकी सक्रियता के कारण ही अफगानिस्तान में स्थितियाँ सुधर नहीं पा रही हैं अब यह एक रहस्य सा बनता जा रहा है कि अमेरिका पाकिस्तान में आतंकियों के गढ़ में हमला बोलने के बजाय इधर–उधर छापेमारी क्यों कर रहा है? क्या यह जरूरी नहीं था कि वह सोमालिया

पर निशाना साधने के पहले पकिस्तान के वजीरिस्तान इलाके को आतंकियों से मुक्त करता। आतंकवाद के सबसे बड़े स्रोत की अनदेखी एक प्रकार से आतंकी संगठनों को फलने फूलने का अवसर प्रदान करता है।[17] आतंकवाद को बढ़ावा देने के मामले में पाकिस्तान की भूमिका को लेकर अमेरिका की आँखे चाहे जब खुले भारत के लिए यह जरूरी है कि वह अपने इस पड़ोसी देशों से सतर्क रहे। वैसे जॉन निग्रोपोंटे ने यह आशंका जताई कि आतंकियों की सक्रियता पर कोई रोक न लग पाने के कारण भारत और पाकिस्तान एक और युद्ध के मुहाने पर पहुँच सकते हैं। भारत के लिए यह जरूरी है कि वह इस पर विशेष ध्यान दे कि सीमापार के उस आतंकी संगठनों पर कोई लगान लग रही है या नहीं, जो खास तौर पर भारत को अपना निशाना बनाए हुए हैं। यह सही है कि पाकिस्तान द्विपक्षीय रिश्तों में बेहतरी के संकेत देने के लिए छिटपुट उपाय करता रहता हैं, लेकिन क्या इस तथ्य की अनदेखी की जा सकती है कि उसने अपने यहाँ के आतंकी ढाचे को नष्ट करने के खुद के वायदे पर अमल नहीं किया है। भारत को यथार्थ की भी उपेक्षा नहीं करनी चाहिए कि पाकिस्तानी खुफिया एजेंसी आईएसआई का एक मात्र उद्देश्य भारत में अराजकता और आतंक फैलाना है। पाकिस्तान से दोस्ती की बातें करने में कोई हर्ज नहीं, लेकिन समझदारी इसी में है कि उसपर आँखे मूँदकर भरोसा करने से बचा जाए।

भारतीय राजनयिकों का मानना है कि अभी भारत के लिए अच्छा अवसर है, क्योंकि पाकिस्तान पर आतंकवाद को समाप्त करने को लेकर अमेरिका और यूरोपीय संघ ने दबाव बढ़ाया हुआ है। अमेरिकी उपराष्ट्रपति के पाकिस्तान दौरे के बाद वहाँ की सरकार ने जिस तरह आनन–फानन में अपने प्रमुख राजदूतों और उच्चायुक्तों की बैठक बुलाई उससे वस्तुस्थिति को आसानी से समझा जा सकता है। आतंकवाद के मुद्दे पर अभी तक कोई ठोस प्रगति नहीं हुई है। पाकिस्तान में स्थापित आतंकवादियों के अड्डे और ट्रेनिंग कैंप पूरी तरह कायम हैं जबकि भारत इन शिविरों को नष्ट करने की माँग लंबे अर्से से कर रहा है।[18] विदेश मंत्रालय के सूत्रों के अनुसार पाक के

कब्जे वाले कश्मीर (पीओके), पाक के हिस्से वाले पंजाब और पश्चिमोत्तर सीमांत प्रातों में आतंकवादी ढ़ाँचे पूरी तरह कायम और सुरक्षित हैं। इतना ही नहीं आतंकवादियों की घुसपैठ में तनिक भी गिरावट नहीं आई है।

समझौता एक्सप्रेस पर आतंकी प्रहार:–पाकिस्तान जा रही समझौता एक्सप्रेस के यात्रियों के लिए 18 फरवरी 2007 की रात कहर बन कर टूटी। पानीपत से करीब दस किलोमीटर दूर सिवाह गाँव के क्रासिंग के गेट नंबर 29 के पास इस ट्रेन के दो डिब्बे में भीषण आग लग गई। इस हादसे में 50 से अधिक लोग मारे गये। बुरी तरह से झुलसे हुए करीब 20 लोगों की पानीपत के सिविल अस्पताल में भर्ती कराया गया। प्रत्यक्षदर्षियों के अनुसार मरने वालों में काफी संख्या में महिलाएँ व बच्चे थे। इस हादसे में पाकिस्तान के फैसलाबाद के निवासी राना शौकत का परिवार पूरी तरह से तबाह हो गया। राना ने पत्रकारों को बताया कि वे अपनी गर्भवती पत्नी रूखसाना व छः बच्चों के साथ भारत आये थे। इस हादसे में उनके पाँच बच्चे डिब्बे के अंदर ही झुलस कर मर गये, जबकि उनकी पत्नी एक बच्ची व खुद बुरी तरह से जल गये। इस हादसे में बदायूँ व मुजफ्फरनगर से अपने परिजनों से मिलने पाकिस्तान जा रहे लोग भी शामिल थे।[19] समझौता एक्सप्रेस ट्रेन में विस्फोट के लिए 'अपर्याप्त' सुरक्षा व्यवस्था का जिम्मेदार ठहराते हुए पाकिस्तान ने कहा कि 'भारत को इस घटना की 'यथाशीघ्र' जाँच पूरी करनी चाहिए और उसके ब्यौरे से उसे अवगत करना चाहिए।' पाकिस्तान के प्रधानमंत्री ने कहा कि ट्रेन के लिए सुरक्षा व्यवस्था पर्याप्त नहीं थी और भारत को अपने यहाँ यात्रा करने वाले पाकिस्तानियों को पर्याप्त सुरक्षा मुहैया करानी चाहिए।[20] अटारी एक्सप्रेस में हुआ विस्फोट की सही जाँच कराने के बारे में पाकिस्तान की माँग को नामंजूर करते हुए भारत ने कहा कि जाँच संबंधी सूचनाओं को इस्लामाबाद में होने वाली आतंकवाद विरोधी संयुक्त तंत्र की बैठक में उपलब्ध करा दिया जायेगा। विदेशमंत्री प्रणव मुखर्जी ने संयुक्त संवाददाता सम्मेलन में कहा कि भारत अटारी एक्सप्रेस में बम विस्फोट जैसा जघन्य अपराध करने वाले दोषियों को सजा दिलाने के

लिए प्रतिबद्ध है। पाक विदेश मंत्री कसूरी ने अटारी एक्सप्रेस में हुए विस्फोट को घृणित अपराध बताते हुए कहा कि इसने आतंकवाद से लड़ रहे दो पड़ोसी सहयोग की जरूरत को उजागर किया है। जाँच में पाकिस्तानी एजेंसियों को शामिल करने के पड़ोसी देश के सुझाव के संदर्भ में प्रणव मुखर्जी ने कहा कि 'भारत अपने यहाँ के नियम कानून के अनुरूप जाँच कर रहा है। हम यह जांच पूरी करेंगे एवं इस घृणित अपराध को अंजाम देने वालों को धर दबोचेगे।'[21] हरियाणा में पानीपत के पास भारत व पाकिस्तान के बीच चलने वाली समझौता एक्सप्रेस ट्रेन में हुए आतंकी धमाके की जाँच पूरी हो गयी थी और इसकी रिपोर्ट रेल मंत्रालय को सौंपी जा चुकी है। रेलवे संरक्षा आयुक्त भूपेन्द्र सिंह ने पत्रकारों से विशेष बातचीत में कहा कि 'जाँच में इस बात पर खास जोर दिया गया है कि दो मिनट में 60 लोग कैसे मौत के मुँह में समा गये? समझौता एक्सप्रेस में आग कैसे लगी विस्फोट के बाद आग लगी या फिर आग फैलने के बाद विस्फोट हुआ? विगत 18 फरवरी, 2007 की रात बर्निंग ट्रेन काफी दूर जाकर क्यों दूर जाकर क्यों रूकी? इन मुद्दों की भी गहनता से जाँच की गई है।' रिपोर्ट में सभी साक्ष्यों का विस्तृत जाँच विवरण दिया गया है। आगे इस घटना की पुनरावृत्ति न हो, इसके मद्देनजर भी एक रिपोर्ट तैयार की गई है। उनके अनुसार पूरी घटना की जांच रिपोर्ट तैयार है। घटना के चश्मदीद आरपीएफ के जवान तरसेम के बयान के बाद इसे अंतिम रूप दे दिया गया। पूरे घटनाक्रम की दो रिपोर्ट तैयार की गई है। एक रिपोर्ट रेल मंत्रालय को सौंपी जाएगी, जबकि दूसरी गोपनीय रिपोर्ट होगी, जिसे मंत्रालय को सौंपा जाएगा। इस गोपनीय रिपोर्ट में सुरक्षा एजेंसियों व रेलवे की खामियाँ भी उजागर होगी। सिंह ने बताया कि घटना के संबंध में हर तरह से साक्ष्य जुटाने के लिए नई दिल्ली स्थित डीआरएम कार्यालय में 3–6 मार्च 2007 तक लोगों के बयान लिये गये। इस दौरान पुरानी दिल्ली और पानीपत में तैनात प्रमुख रेलवे कर्मचारी एवं आरपीएफ जवानों के लिखित बयान भी दर्ज किये गये।[22] जो लोग भारत और पाकिस्तान के बीच किसी सहमति को कामयाब नहीं देखना चाहते हैं, उनके लिए समझौता एक्सप्रेस पर

हमला करने से बेहतर समरनीति क्या हो सकती थी ? उन्होनें वही किया, जो उनके मंसूबों के अनुरूप था। इसलिए ऐसे बयानों को कोई मायने नहीं होते कि यह वारदात भारत–पाक वार्ता के विरोधियों का षड्यन्त्र है। जगजाहिर है, उसे दोहराने से इसके अतिरिक्त कोई उद्देश्य पूरा नहीं होता कि झेंप मिटाने के लिए कुछ तो कहना ही पड़ता है। प्रधानमंत्री का यह कहना भी पुराने रिकॉर्ड को बजाने जैसा ही है कि अपराधियों को बख्शा नहीं जाएगा। प्रधानमंत्री उन्हें माफ करने की घोषणा तो नहीं कर सकते थे। पाकिस्तान सरकार चाहती थी कि इस षड़यन्त्र की जाँच में उसे भी शामिल किया जाए। सामान्यतया इसमें न तो कोई गलत बात है और न इसके पीछे किसी षड्यन्त्र को खोजने की कोशिश करनी चाहिए। इस हादसे में जो मरे हैं, उनमें अधिकतर पाकिस्तान के नागरिक हैं। स्वाभाविक है कि पाकिस्तान सरकार की इस षड़्यन्त्र का पर्दाफाश करने में रुचि हो, ताकि किसी पक्षपात की कोई गुंजाइश न रहे और पाकिस्तान की जनता को सारे तथ्य मिल सकें। लेकिन क्या पाकिस्तान को जाँच में पक्षपात की आशंका नजर बहुत–सी बातों पर पर्दा डाले रखना चाहते है। यह कहना गलत नहीं होगा कि समझौता एक्सप्रेस की इस त्रासदी की दोषी हमारी ही सरकार है। रेल विभाग को इसलिए दोषी माना जाता है कि दिल्ली रेलवे स्टेशन पर यात्रियों की सुरक्षा का उचित प्रबंध नहीं रखा गया था। बहुत से लोगों के पारपत्र देखे बिना ही टिकट जारी किया गया, सामान की विशेष जांच नहीं की गई। यह संम्भव है कि विस्फोटक सामग्री डिटोनेटर आदि को यात्रियों के सामान, पान की टोकरियां में छिपा कर अंदर पहुँचा दिया गया हो। रेल कर्मचारियों की दलील है कि वास्तविक चेंकिंग तो अटारी में ही होती है। वहीं पर पारपत्र सही तरह जाँचें जाते हैं। उससे पहले तो रेल भारत क्षेत्र से नहीं चलती है। बहुत से यात्री तो टिकट ही अटारी से पहले किसी भारतीय स्टेशन का ही लेते हैं। आलोचना से विचलित लालू प्रसाद यादव ने दुर्घटना के बाद रेलवे स्टेशन पर फौज का बंदोबस्त करवा दिया, उसमें कुशलता से कहीं अधिक दिखावा और कुछ–कुछ घबराहट दिखाई देती है। इस तरह का प्रबंध न तो हर बार किया जा सकता है और न ही उसकी कुशलता को

बरकरार रखा जा सकता हैं रेल मंत्रालय का जो भी दोष हो, यह पूछा जाना चाहिए कि क्या समझौता एक्सप्रेस केवल एक रेल सेवाभर है कि इसका किसी तरह का राजनीतिक, राजनयिक या समरनैतिक महत्व भी है? [23]

भारत और पाकिस्तान के बीच अविश्वास की जो परम्परा रही है, उसमें किसी मामले को मिल–बैठकर सुलझाने की मनःस्थिति बन ही नहीं पाई है। आतंकवाद के बारे में भारत की शिकायत रही हैं कि इसे शह पाकिस्तान देता है और पाकिस्तान का कहना है कि जो आतंकवादी स्वयं भारत की जमीन पर ही पैदा होते हैं, उनके लिए भी पाकिस्तान को ही दोषी बताया जाता है। इस अविश्वास के माहौल में कौन जाने कि भारत सरकार इस नतीजे पर पहुँचे कि इस षड्यन्त्र को पाकिस्तान की जासूसी एजेंसी आईएसआई ने रचा और पोषित किया है।[24] इसीलिए अगर दोनों देशों के अधिकारी जाँच करें, तो तथ्य छिपाना आसान नहीं होगा। संयुक्त जाँच की माँग तो पाकिस्तान ने की है, लेकिन शायद वहा के नेताओं ने इसके नकारात्मक पहलु पर ध्यान नहीं दिया। जिस आतंकवादी गिरोह ने यह काम किया, वह ठीक तरह जानता था कि इस रेलगाड़ी में किस दिन सफर करने वालों में अधिकतर पाकिस्तानी होंगे। उस गुट को यह अंदाजा रहा होगा कि इससे जो जनरोष पैदा होगा उसकी तीव्रता भी पाकिस्तानी सरकार को ही झेलनी होगी। पाकिस्तान में जिस संख्या में अब आतंकवादी घटनाएँ हो रही हैं, उनका शिकार आम लोग भले ही हो रहे हो, लेकिन उनका राजनीतिक निशाना सरकार ही होती है। तो क्या यह सम्भव नहीं कि समझौता एक्सप्रेस पर हमला भी इसी विरोधी अभियान का एक हिस्सा हो ? अगर यह सम्भव है तो यह भी सम्भव है कि इसके पीछे पाकिस्तानी में कोई संगठित कुचक्र रचा गया हो, इसलिए आवश्यक नहीं कि पाकिस्तान की माँग के पीछे भारतीय एजेंसियों के पक्षपात का संदेह हो बल्कि हो सकता हो उन्हें अपने सुरक्षा कवच में आतंकित दरारों की खोज की इच्छा हो। संयुक्त जाँच की माँग करने के बाद उसे मनवाने का पाक विदेश मंत्री कसूरी ने कोई खास आग्रह भी नहीं किया और भारत के इस आश्वासन को

ही काफी मान लिया कि जाँच के नतीजों के बारे में पाकिस्तान को पूरी जानकारी दी जाएगी। अगर पाकिस्तान को कुछ छिपाने की आवश्यकता है, तो हम बहुत सी बातों पर पर्दा डाले रखना चाहते हैं।

हमें बताया गया है कि समझौता एक्सप्रेस भारत और पाकिस्तान के बीच दोस्ती और सहमति का माध्यम है। यह दो देशों में चल रही शान्ति वार्ता की एक राजनयिक पहल है और उसे उप महाद्वीप में शान्ति और सहमति का माहौल बनाने में मदद मिलेगी।[25] दो देशों के बीच सद्भावना एवं संपर्क की प्रतीक समझौता एक्सप्रेस पर आतंकी हमला भारत और साथ ही पाकिस्तान को यह संदेश देने वाली एक और जघन्य वारदात है कि मौजूदा तौर–तरीकों से आतंकवाद पर लगाम नहीं लगाई जा सकती। यह निराशाजनक है कि इस घटना पर एक बार फिर शोक, संवेदना और निंदा के वही घिसे–पिटे स्वर सुनाई दे रहे हैं जो अब ऊब पैदा करने लगे हैं। आखिर ऐसी घटनाओं पर कब तक यह रपट लगाई जाती रहेगी कि आतंकवादी दोनों देशों के बीच रिश्ते खराब करना चाहते हैं? क्या यह शांति वाताओं का दौर शुरू होने के पहलें से ही स्पष्ट नहीं है ? निःसन्देह यह एक बड़े खतरे का संकेत है कि आतंकी संगठन तो दिन प्रतिदिन अधिक शातिर, संगठित और दुस्साहसी होते जा रहे हैं, लेकिन हमारी सरकार आतंकवाद से निपटने के मामले में पुराने ढ़र्रे पर ही चल रही है। यही कारण है कि आतंकी बार–बार अपने कुत्सित इरादों में सफल हो जाते हैं। उन्होंने समझौता एक्सप्रेस को भी निशाना बनाया। वैसे तो यह आतंकी हमला वाराणसी, मुम्बई, मालेगाँव की ही कड़ी में नजर आता है, लेकिन कम से कम अब तो पाकिस्तान को यह स्पष्ट हो ही जाना चाहिए कि आतंकवाद मानवता का दुश्मन है, न कि केवल किसी जाति, समुदाय, मजहब या देश विशेष का। इसी तरह उन लोगों की भी आँखें खुल जानी चाहिए तो आतंकवाद के जरिये कुछ हासिल करने की फिराक में हैं या उसके प्रति नरम रवैया अपनाए हुए हैं। आतंकवाद सिर्फ तबाही लाता है और समझौता एक्सप्रेस में यात्रा कर रहे निर्दोष लोगों के शव केवल यही

बयान कर रहे हैं। यदि मासूम लोगों की लाशों के ऐसे ढेरों से बचना है, तो भारत सरकार को आतंकी संगठनों और उनके समर्थकों का समूल नाश रकने के लिए कमर कस लेनी चाहिए। आखिर कितने आतंकी हमलों के बाद हमारे नीति नियंता यह समझेंगे कि केवल नारेबाजी करते रहने से आतंकवाद को परास्त नहीं किया जा सकता। यह दुखद है कि केन्द्रीय सत्ता आतंकवाद के खिलाफ न्यूनतम कड़ाई बरतने के लिए भी तैयार नहीं।[26] समझौता एक्सप्रेस आतंकियों का आसान निशाना इसलिए भी बन गई, क्योंकि उसकी सुरक्षा के पर्याप्त प्रबंध नहीं किये गये थे। दरअसल प्रत्येक आतंकी घटना के बाद यही सामने आता है कि किसी न किसी स्तर पर जरूरी सतर्कता का परिचय नहीं दिया गया। एक के बाद एक आतंकी हमलों का सिलसिला इसलिए भी बढ़ता जा रहा है, क्योंकि भारत सरकार ने अपने ढुलमुल रवैये से देश को एक नरम राष्ट्र की छवि प्रदान कर दी है। रही–सही कसर आतंकवाद के मामले में पाकिस्तान के दोहरे आचरण ने पूरी कर दी हैं वह अभी भी भारत विरोधी अनेक आतंकी संगठनों को शरण दे रहा हैं। आखिर इन स्थितियों में समझौता एक्सप्रेस में हमले के संदर्भ में उसकी निंदा कर क्या मूल्य ? यदि समझौता एक्सप्रेस की आतंकी घटना के बाद भारत और पाकिस्तान की सरकारें आतंकवाद के मामले में कोई नई समझबूझ नहीं विकसित करती, तो ऐसी घटनाओं पर लगाम लगाना कठिन है। इसी तरह यदि इस घटना के बाद भी आतंकवाद के खिलाफ दोनों देशों का साझातंत्र सक्रिय नहीं होता है, तो फिर कुछ भी भले की उम्मीद व्यर्थ है।

जेहादियों की नर्सरी :– पाकिस्तान में मौजूद तालिबान एक केन्द्रीय संगठन खड़ा करने की कवायद में जुटे हैं। इसके पीछे उनकी मंशा अफगानिस्तान में अमेरिका नीत गठबंधन फौजों को मुँहतोड़ जबाब देना और पाकिस्तान के उत्तर–पश्चिमी क्षेत्र में इस्लामी कनून को लागू कराना हैं। पाकिस्तान के कबायली इलाकों और उत्तर–पश्चिम सीमांत प्रांत के करीब 40 तालिबान नेताओं की एक बैठक 15 दिसम्बर 2007 को हुई। दक्षिणी वजीरिस्तान के किसी

अज्ञात ठिकानें पर हुई इस बैठक में एक केन्द्रीय संगठन खड़ा करने का निर्णय लिया गया। अपनी मुहिम को 'तहरीक तालिबान–ए–पाकिस्तान' नाम देने वाले इन आतंकियों ने शीर्ष कबायली आतंकी नेता बैतुल्ला महसूद को अपना 'सदर अमीर' घोषित किया। इन आतंकी नेताओं का कहना था कि उनका उद्देश्य उत्तर–पश्चिमी क्षेत्रों में शरीयत को लागू करना है। महसूद के प्रवक्ता मौलवी उमर का इस बैठक के संबंध में कहना था" शूरा की इस बैठक का एक मात्र उद्देश्य था अफगानिस्तान में नाटो फौजों के खिलाफ तालिबान को एकजुट करना और पाकिस्तानी फौजों के खिलाफ जेहाद छेड़ना।'[27] उमर का कहना था कि पाकिस्तानी फौजों ने मदरसों पर बमबारी की है और निर्दोष लोगों की हत्या की हैं। इस कार्रवाई का तालिबान बदला लेना चाहता है। बैठक के जरिए पाकिस्तान सरकार से माँग की गई है कि स्वात घाटी और उत्तरी वजीरिस्तान में सेना के अभियान को तत्काल बंद कराया जाए। दस दिनों में सभी चेकपोस्ट हटा लिए जाने और लाल मस्जिद के मौलवी अब्दुलाह अजीज और पाकिस्तान की जेलों में बंद सभी तालिवान को रिहा किये जाने की भी माँग की गई।

स्वात घाटी एवं उत्तरी पाकिस्तानी प्रान्तों में समानान्तर तालिवानी सत्ता कायम हो चुकी है। आतंक की इस नर्सरी में हिंसा की फसल कटने के लिए जब पाकिस्तान में आतंकवाद को अपनी नीतियों में जगह दी, तो उसने यह सोचा भी नहीं होगा कि एक दिन यही उसके लिए भस्मासुर बन जायेगा। एक सुप्रसिद्ध वेवसाइट में भी पाकिस्तान को आतंकवाद की नर्सरी और सुपर आतंकवाद का विश्वविद्यालय बताया गया है।

पाकिस्तान और भारतीय सुरक्षा

पाकिस्तान भारत के लिए सदैव से परेशानियाँ खड़ी करता रहा है। प्रत्यक्ष युद्ध लड़ने में चूँकि कुछ विवशताएँ हैं, इसलिए भारत में आंतरिक हलचल मचाने में पाकिस्तान कोई कोर कसर नहीं छोड़ रहा है। पाकिस्तान

के रवैये से आज पश्चिमोत्तर भारत (विशेषकर कश्मीर) की सुरक्षा समस्या बेकाबू होती जा रही है, क्योंकि पंजाब और कश्मीर में अलगाववाद की शंख ध्वनि फूँक रहे अतिवादियों ने अब तक हजारों व्यक्तियों को मृत्यु की बलिवेदी पर चढ़ा दिया गया। लाखों परिवार पलायन कर चुके हैं। सरेआम पाकिस्तान कश्मीर में ताण्डव नृत्य कर रहा हैं। पाकिस्तान कश्मीर के प्रश्न को कई अन्तर्राष्ट्रीय मंचों पर भी उठाता रहा है। ज्ञातव्य है कि पाकिस्तान का जन्म ही साम्प्रदायिक राजनीति की कोख से हुआ है। पाकिस्तान हुकमरानों को अच्छी तरह पता है कि पाकिस्तान को विघटन से बचाने के लिए इस्लाम का नारा देना अनिवार्य है। वे हिन्दू भारत का हौवा खड़ा कर पाकिस्तान का अस्तित्व बनाये रखना चाहते हैं। यही कारण है कि 1947 से ही इस्लामाबाद के शासक साम्प्रदायिक आधार पर कश्मीर पर अपना अधिकार जताते रहे हैं। फलतः कश्मीर में भारतीय सेना अलगाववादियों के विरूद्ध एक कठिन संघर्ष में लगी हुई हैं। हाँ ! यह बात सत्य है कि पाकिस्तान की राजनीतिक अस्थिरता का पूरा फायदा अमेरिका ने उठाया है। अमेरिका ने न केवल राजनीतिक स्तर पर पाकिस्तान में अपनी पकड़ बना रखी है, बल्कि सेना पर भी उसका दबदबा बना हुआ है। अमेरिका की मर्जी के मुताबिक वहाँ एक पत्ता भी नहीं हिल सकता। वैसे पाकिस्तान अपने पड़ोसियों के साथ अच्छे सम्बन्ध बनाना तो चाहता है, मगर आंतरिक राजनीतिक स्थिति और अमेरिकी हस्तक्षेप के कारण वह अपनी नीतियों में परिवर्तन नहीं कर सकता। पाकिस्तान का इतिहास यह बताता है कि जब–जब किसी शासक ने सम्बन्ध सुधरने या अमेरिका के प्रतिकूल चलने का प्रयास किया तो उसे तुरन्त अमेरिका ने रास्ते से हटा दिया। इसमें कोई दो राय नहीं कि आज की तारीख में पाकिस्तान अमेरिका का काफी चहेता बन चुका है। आतंकवाद के खिलाफ अमरीका के अफगानिस्तान आक्रमण (7 अक्टूबर, 2001 से दिसम्बर, 2001) अभियान में पाकिस्तान ने अमेरिका को भारी समर्थन दिया है। इसलिए वह अमेरिका के साथ सैनिक व आर्थिक सहयोग का अध्ययन फिर से शुरू कर चुकी है। 11 सितम्बर 2001 को न्यूयॉर्क तथा

वाशिंगटन पर हुए आतंकवादी हमलों के बाद आतंकवाद के खिलाफ अमेरिकन अभियान को उसके राजनीतिक व सैनिक समर्थन की बदौलत विश्व के प्रमुख देशों विशेषकर अमेरिकी नजर में पाकिस्तान की राजनीतिक वैधता और मान्यता में उल्लेखनीय वृद्धि हुई है, इसलिए उसने अपनी नीतियों की स्वीकार्यता को स्वतः बढा लिया है। अफगानिस्तान से तालिबान के सफाए का काफी हद तक श्रेय जनरल मुशर्रफ द्वारा अमेरिका को सही समय पर किये गये सहयोग से मिला है। इसलिए पाकिस्तान यह देखना चाहता है कि कश्मीर मुद्दे पर उसके समर्थन देने के बाद अमेरिका से उन्हें कैसी और कितनी राजनीतिक व सैनिक सहायता मिलती है। वह इस क्षेत्र में आतंकवाद के प्रति अमेरिकी चिंता का फायदा उठाते हुए दक्षिण एशिया में सुरक्षा के वातावरण तथा सामरिक संतुलन को बिगाड़ने की ताक में है।[28]

हालाँकि अमेरिका और ब्रिटेन दोनों चाहते हैं कि भारत–पाक के बीच जो तनाव है, वह कम हो जाए, लेकिन इन देशों को यह समझना चाहिए कि पाकिस्तान में कट्टरपंथियों ने एक ऐसा माहौल बना दिया है कि उसके चंगुल से निकलना करीब करीब असम्भव है। इन कट्टरपंथियों का ऐसा मानना है कि चूँकि कश्मीर एक मुस्लिम बहुल क्षेत्र है, इसलिए पाकिस्तान को उसे 1947 में ही हड़प लेना चाहिए था। भारत–पाक के बीच बढ़ते हुए तनाव में एक और चिंता–जनक पहलू यह है कि चीन भारी मात्रा में आधुनिकतम हथियार पाकिस्तान को दे रहा है। अमेरिका भी कभी नहीं चाहेगा कि दक्षिण एशिया में चीन का हस्तक्षेप बढ़े और वह एशिया में एक ताकत के रूप में उभरे। चूँकि पाकिस्तान में कट्टरवादी इस्लाम इतना हावी है कि 14 करोड़ जनता प्रत्येक समय भारत से लोहा लेने के लिए तैयार है। आज डर इस बात का है कि कश्मीर को हड़पने के चक्कर में वे दक्षिण एशिया में परमाणु युद्ध करा सकते हैं। एक तरह पाकिस्तान दक्षिण एशिया को दूसरा हिरोशिमा बनाना चाहता है। पाकिस्तान में उग्रपंथी इस्लामी भावनाओं का दोहन जनरल जिया के कार्यकाल (1977) से शुरू हुआ, तब से जेहाद, दूसरे धर्मो के प्रति घृणा, मदरसों में

आतंकवाद की शिक्षा और कश्मीर में भेजे जाने वाले आतंकवादियों की ट्रेनिंग पाकिस्तान सरकार का मुख्य काम रह गया है और इन सबका भारत की सुरक्षा प्रभाव पड़ रहा है। जेहाद की संस्कृति भारत में भी फैलाई जा रही है। जनरल मुशर्रफ ने जब सैनिक क्रान्ति के द्वारा (अक्टूबर 1999) सत्ता की कमान अपने हाथ में ले ली तब से वे खुलेआम कहने लगे थे कि 'कश्मीर हर पाकिस्तानी के खून में समाया हुआ है। कश्मीर में आतंकवादी गतिविधियाँ नहीं, बल्कि स्वतंन्त्रता संग्राम चल रहा है। यह सच है कि गत 30 वर्षो में जिस तरह से जेहादी आई0 एस0आई0 के संरक्षण में प्रशिक्षित हुए हैं, वे सारे दक्षिण एशिया में ही नहीं, बल्कि पूरे विश्व में फैलकर जगह–जगह आतंक मचा रहे हैं। कोलकाता के अमेरिकी सेन्टर पर हमला (जनवरी 2002) एक सोची समझी राजनीति के तहत हुआ। चूँकि हाल के दिनों में भारत और अमेरिका के बीच सम्बन्ध मधुर होते जा रहे थे, इसलिए इन सम्बन्धों को तोड़ने के लिए ऐसा कराया गया। वास्तव में यह घटना आँख खोलकर देखने वाली घटना है और इसका संदेश यही है कि भारत की सुरक्षा को कभी भी और किसी समय भी पाकिस्तान चुनौती दे सकता है। पाकिस्तानी परमाणु कार्यक्रम, कश्मीर के आतंकवादियों को आर्थिक एवं हथियार सहयोग, अलगाववाद को प्रोत्साहन, अमेरिकी खुफिया जहाज को पाक हवाई अडडों से सुविधायें उपलब्ध होना आदि प्रमुख घटनाओं ने भारतीय सुरक्षा को खतरा पहुँचाया है। भारत और अमेरिका का सामरिक नीतियों में अन्तर्विरोध का सशक्त बिन्दु पाकिस्तान है। अमेरिका द्वारा पाक को शस्त्र तथा पाक परमाणु कार्यक्रम के प्रति अमेरिकी मूक समर्थन भारतीय विदेशनीति के लिए सर्वाधिक कष्टप्रद है। विश्व सैन्य सुरक्षातमक स्तर पर भारतीय उप महाद्वीप अमरिका के लिए एक महत्वपूर्ण कड़ी है। इसीलिए अमेरिका बहुराष्ट्रीय कम्पनियों, विश्व बैंक, अन्तर्राष्ट्रीय मुद्रा कोश आदि के सहारे दक्षिण एशिया को अपने प्रभाव में किये रहने की भरसक कोशिश करता है। इसकी झलक परवेज मुशर्रफ द्वारा संयुक्त राष्ट्र संघ को दिये गये बयान तथा दक्षेस सम्मेलनों में कश्मीर का मामला उठाये जाने से देखने को मिलती है।

उल्लेखनीय है कि पाकिस्तान की खुफिया एजेंसी आई.एस.आई. बाँग्लादेश और अफगानिस्तान में आतंकवादियों को प्रशिक्षित कर कश्मीर घाटी में भेज कर भारत को तहस–नहस करने की जो साजिश रच रही है वह किसी गम्भीर अनिष्ट का द्योतक है। पाक प्रशिक्षित आतंकवादियों का दुस्साहस इतना बढ़ गया है कि पहले 1993 में उन्होंने हजरत बल दरगाह में घुसकर उसे उड़ानें तक की धमकी दी और 1994 के द्वितीय सप्ताह में जम्मू–कश्मीर में स्थित वायु सेना अड्डे की सुरक्षा चौकी पर हमला कर 9 सैनिकों को मौत के घाट उतार डाला। नवाज शरीफ ने अपने कार्यकाल में भारत विरोध का जो रूख रखा, श्रीमती बेनजीर भुट्टो उससे भी दो कदम आगे निकल गई। तभी तो बेनजीर सरकार के विदेश मंत्री ने जनवरी 1994 में उज्बेकिस्तान की अपने यात्रा के दौरान कहा था कि अगर कश्मीर पर भारत के साथ पाकिस्तान का विवाद नहीं सुलझा, तो दक्षिण एशिया में परमाणु युद्ध का भारी खतरा है।[29] पाकिस्तान हमें युद्ध में पराजित न करके हमें कश्मीर में गृह युद्ध में उलझाकर सैनिक लाभ उठाने से बाज नहीं आ रहा है। इधर अमेरिका के बदलते रूख का परिणाम क्या हमारी सुरक्षा चिन्ताओं का प्रभावित करने वाला नहीं होगा? यदि एशिया में शान्ति स्थापित करनी है, तो दोनों देशों को अपने अतित को भुलाकर परस्पर एक दूसरे की सहायता करनी होगी। अविश्वास की गहरी खाई पाटने से ही सहमति और सहयोग के व्यापक सन्दर्भों को अर्थ देने की दिशा में कारगर भूमिका का निर्वाह हो सकेगा अन्यथा भारत पाक को आने वाले समय में भीषण तबाही लाने वाले किसी युद्ध का सामना करना पड़ेगा। याद रखना होगा कि इस उपमहाद्वीप में होने वाली जंग में परमाणु शस्त्रों का प्रयोग सबसे पहले वही करेगा, जो खुद को पिछड़ा महसूस करेगा। तब सैनिक श्रेष्ठता के पैमाने बेमानी हो जाएंगे।

भारत–पाक के बीच वास्तविक समस्या कश्मीर नहीं, बल्कि समस्या तो विश्वास बहाली की है। पहले उससे निपटना होगा। दोनों देशों में लोग अनभिज्ञता पूर्वाग्रह तथा आक्रोश के मनोवैज्ञानिक प्रभावों से ग्रस्त हैं, क्योंकि वस्तुतः एक दूसरे से व्यावहारिक लिहाज से कोई सम्पर्क नहीं है, इसलिए

एक अफवाह भी तथ्य मान लिया जाता है और छोटी सी बात एक बड़ी घटना कह दी जाती है। 1999 में कारगिल में पाकिस्तान की घुसपैठ को लेकर छिड़ी जंग में एक बार फिर पाकिस्तान को मुँह की खानी पड़ी और दोनों देशों में कड़वाहट के नये बीज पैदा हो गये। सन् 2000 में पाकिस्तान की शह पर इण्डियन एयरलाइन्स के विमान का अपहरण और उसके यात्रियों को छोड़ने के लिए खुँखार आतंकवादियों की रिहाई ने यह साबित कर दिया कि पाकिस्तान की भारत के प्रति सोच में आज भी कोई बदलाव नहीं आया है।

घृणा से परिपूरित, अविश्वास से ग्रस्त और ज्यादातर एक पक्षीय सी मुम्बई बम विस्फोट इसी का एक दृष्टान्त है। मुम्बई बम धमाकों में जब कुछ ही क्षड़ों में 186 व्यक्ति काल के गाल में समा गये तो किसी की बलि लिये जाने की माँग उठना स्वाभाविक है। आतंकवाद तो भस्मासुर के समान है। एक बार जब इसे आधार दिया जाता है, तो इसे नियंत्रित नहीं किया जा सकता। सम्भवतः इस प्रसंग में खलनायक अमेरिका ही है। जिसने तत्कालीन सोवियत संघ से लड़ने के लिए विगत में अलकायदा का सृजन किया। अलकायदा ने ही तालिबान को जन्म दिया। उसे 9/11 की घटना तक अमेरिका का आर्शिवाद भी प्राप्त रहा।[30] न्यूयार्क और वाशिंगटन में हुए आतंकी हमले के बाद यह सब बदला। तब अमेरिका ने प्रकटतः पाकिस्तान के कान ऐंठने शुरू किए, जबकि इसके साथ ही वह नये भस्मासुर पर नियंत्रण पाने के लिए वहाँ की सरकार पर निर्भर भी हो गया। नई दिल्ली के समक्ष अब सवाल यह है कि मसजिद और छावनी के इस नापाक गठजोड़ का मुकाबला करने के लिए उसके समक्ष क्या विकल्प है? यदि टीवी नेटवर्कों को दिशा–निर्देशक मानें तो उसके दर्शकों में से 98 प्रतिशत का कहना है कि इमें कार्रवाई अवश्य करनी चाहिए। या तो हम प्रबल दबाव बढ़ायें अथवा पाकिस्तान पर बम बरसाएँ। स्पष्ट है कि तब इस्लामाबाद भी जवाबी कार्रवाई करेगा। यह सिलसिला युद्ध भी छेड़ सकता है। दोनों पक्षों के पास ही अणु आयुध हैं। क्या हमें उसके लिए तैयार हैं ? एक सीमित युद्ध भी होता है तो वह हमारे विकास में रूकावट आएगी।

हमने अपनी सेनाओं को दूर सीमा तक पहुँचाया था और विपुल व्यय वहन करते हुए कई मास तक उन्हें वहाँ तैनात रखा था, किन्तु फिर हमें उन्हें वहाँ से वापस बुलाना पड़ा। हम उस सारी कसरत की निरर्थकता की अनुभूति करते हैं। मनमोहन सिंह ने पाकिस्तान को यह चेतावनी देकर भावनाओं के दमन का प्रयास किया हैं कि यदि आतंक के प्रेरकों को सीमा पार से समर्थन का सिलसिला जारी रहा तो शांति प्रक्रिया का कोई भविष्य नहीं। हालाँकि बेहतर यही है कि शान्ति वार्ता को टाला नहीं जाना चाहिए था। चेतावनी और संयम ही युद्ध के उद्‌घोष से बेहतर है। इस्लामाबाद ने कहा है कि आतंकवाद को समर्थन देने के आरोपों में कोई सार नहीं है, परन्तु भारत में सामान्य धारणा है कि हर आतंकी कृत्य के पीछे आईएसआई का ही हाथ है। इस्लामाबाद ने हर बार यही कहा है कि ठोस साक्ष्य दिए जाएं। ऐसे मामलों में सदैव इस तरह की माँग को पूरा नहीं किया जा सकता।

ग्यारह जुलाई 2006 एवं 26/11 की मुंबई की त्रासदी के परिप्रेक्ष्य में भारत–पाकिस्तान संबंध तनावों की गिरफ्त में जाते दिखाई दे रहे हैं। प्रधान मंत्री मनमोहन सिंह ने 18 जुलाई 2006 को सेंट पीट्सबर्ग से लौटते हुए पत्रकारों से आतंकवादी घटनाओं और पाकिस्तान के रवैये को लेकर रहस्यभरी व बहुअर्थी बात कह डाली। उन्होंने साफ शब्दों में कहा 'हम जो कुछ भी उपलब्ध विकल्प हैं, उन पर गौर करेंगे। फिलहाल तो मैं समझता हूँ कि वार्ता को नुकसान पहुँचा है। मैं यह नहीं कहूँगा कि इसे धक्का लगा है। मैं सोचता हूँ कि इस भयावह त्रासदी की पृष्ठभूमि में पाकिस्तान के साथ हमारे संबंधों पर विचार करना हमारे लिए अपरिहार्य हो गया है।' दूसरी तरफ पाक सदर जनरल परवेज मुशर्रफ ने 20 जुलाई 2006 को अपने राष्ट्रीय संबोधन में भारत को कठघरे में खड़ा करते हुए कहा कि 'हमें सबूत दें, हम मदद करेंगे।' लेकिन पाकिस्तान पर आतंकवादियों को समर्थन देने के आरोपों का खेल खत्म होना चाहिए। देश के इन दोनों शासकीय प्रमुखों के बयानों के अर्थों को समझने की जरूरत है।[31] सर्वप्रथम डा० सिंह के बयान को लें। उनका कहना है कि

'उपलब्ध विकल्पों के संबंध में सोचेगें। अब ये उपलब्ध विकल्प क्या हो सकते हैं ? दोनों देशों के संबंधों को सामान्य बनाने की दृष्टि से पहले ही भारत–पाकिस्तान वार्ता पर संपर्क बढ़ा है। नए भू मार्ग खोले गये हैं। राजस्थान और सिंध के बीच पुनः रेल मार्ग शुरू हो गया है। श्रीनगर और पाकिस्तान अधिकृत मुजफ्फराबाद के बीच बस सेवा शुरू हो चुकी है। व्यापार बढ़ा है। सांस्कृतिक आदान–प्रदान होने लगा है। भारतीय फिल्में सरहद पार दिखाई जा रही हैं और पाकिस्तानी कलाकार यहाँ आ रहे हैं। बहुस्तरीय प्रयासों के बावजूद आतंकवाद यथावत है। आतंकवादी घटनाएँ घाटी और देश के दूसरे हिस्सों में तेज हुई है। मुंबई के अलावा दिल्ली, लखनऊ, बनारस, बेंगलूरू, जैसे कई शहर इसका कहर झेल चुके हैं। ऐसे में शांति प्रयासों की सार्थकता को लेकर संशय पैदा होना अस्वाभाविक नहीं है। 1998 में तत्कालीन गृहमंत्री लालकृष्ण आडवाणी ने आतंकवाद के खात्मे को लेकर पत्रकारों से कहा था कि भारत को 'प्रोएक्टिव' होना पडेगा। इस प्रक्रिया में 'उग्र अनुसरण' है। दोनों देशों के बीच शान्ति प्रक्रिया से इन्कार नहीं किया जा सकता। इसके एक वर्ष बाद 'कारगिल लड़ाई' या सीमित युद्ध हुआ। आज जब वर्तमान प्रधानमंत्री उपलब्ध विकल्पों की बात कर रहे हैं, तो इसे गंभीरता से लिया जाना चाहिए। ज्ञात शांतिपूर्ण विकल्पों की सीमाएँ उजागर हो रही हैं–क्योंकि पाकिस्तान आतंकवाद को रोकने में असमर्थ या अक्षम या अर्द्धइच्छुक प्रतीत हो रहा है। तब क्या शान्ति–वार्ता, लंबे संबंधों का सामान्यीकरण और बेलगाम आतंकवाद एक साथ लंबे समय तक चल सकते हैं। भारत को इन बेमेल व विसंगतिपूर्ण प्रक्रियाओं से उकताहट पैदा होने लगी है। ऐसे में गैर शान्तिपूर्ण विकल्पों पर नजर आना स्वाभाविक है। अब इस श्रेणी के विकल्प क्या हो सकते हैं? इन निम्न विकल्पों को शामिल किया जा सकता है –संबंध भंग, व्यापार समाप्ति, आवाजाही पर पाबंदी, सीमा बंदी और पाक अधिकृत कश्मीर या किसी अन्य जगह आतंकवादी शिविरों पर भारत के निर्णायक हमले और भारत–पाकिस्तान में सीमित युद्ध या पूर्ण युद्ध। अब सोचना यह चाहिए कि क्या वर्तमान परिस्थिति में इन विकल्पों में से किसी एक को

अपनाना मुमकिन है?

विगत दो–तीन वर्षों में दोनों देशों के बीच शान्ति प्रक्रिया तेज हुई है। भारत ने आतंकवाद को रोकने के लिए पाकिस्तान पर अमेरिकी दबाव भी बढ़ाया है। सितम्बर 2001 के बाद अमेरिकी दृष्टि में पाकिस्तान आतंकवाद के खिलाफ खड़ा देश दिखाई देता है। अमेरिका बिल्कुल नहीं चाहेगा कि पाकिस्तान के खिलाफ कोई देश निर्णायक सैन्य कार्रवाई करे। यदि भारत कोई सख्त कदम उठाता है तो अमेरिका की ओसामा बिन लादेन और तालिबान के खिलाफ लड़ाई प्रभावित होती है। यह भी संभव है कि अमेरिका को इस क्षेत्र में 'सीधे हस्तक्षेप' का बहाना मिल जाए, जोकि दोनों देशों के लिए लगभग आत्मघाती साबित होगा। यद्यपि परोक्ष रूप से नई दिल्ली और इस्लामाबाद के नेतृत्व वाशिंगटन के निर्देशों का ही कम या ज्यादा अनुपालन करते हैं। पहले पाकिस्तान को अमेरिका का 'ग्राहक देश' माना जाता था, अब भारत को भी इस श्रेणी में देखा जा रहा है। अतः यूपीए सरकार 'सैन्य विकल्प' को चुनेगी, इसकी संभावना कम ही दिखाई देती है, क्योंकि 1965, 71 और 99 जैसी स्थितियाँ आज नहीं हैं। यदि सैन्य विकल्प को अपनाया जाता है तो इसके भीतरी व बाहरी स्तरों पर खतरनाक परिणाम निकल सकते हैं। लेकिन यह भी सही है कि आतंकवाद को और अधिक बर्दाश्त करने का अर्थ है, राष्ट्र को कमजोर करना।[32]

जहाँ तक मुशर्रफ द्वारा सुबूत माँगने का सवाल है, यह एक प्रकार से कूटनीतिक जंग का हिस्सा है। एनडीए सरकार के दौरान करीब दो दर्जन दुर्दांत अपराधियों की सूची सबूत समेत पाकिस्तान को सौपीं गई थी। इसमें दाऊद इब्राहिम भी शामिल है। लेकिन उसने एक भी अपराधी या आतंकवादी भारत को नहीं सौंपा। मुशर्रफ सरकार के एक दो मंत्रियों पर आतंकवादी शिविर चलाने के आरोप लगातार लगे हैं, लेकिन क्या उनके खिलाफ कोई कार्रवाई हुई ? शिविरों में आतंकवादी प्रशिक्षण देने के चित्र अखबारों में छपे हैं, टीवी पर फुटेज भी दिखाए गये हैं, लेकिन इन सबका क्या असर हुआ ? इस पर

सोचना चाहिए। ऐसा लगता है भारत के खिलाफ आतंकवाद के 'पूर्ण सफाया' के मामले में पाकिस्तान की नीति पारदर्शी नहीं है। पिछले दिनों पाकिस्तानी विदेश मंत्री कसूरी ने मुबई विस्फोटों को कश्मीर समस्या से जोड़ने की कोशिश की थी। हालाँकि बाद में उन्होंने इसका खण्डन कर दिया था। ऐसा लगता है कि पाकिस्तान के लिए कश्मीर समस्या के सामाधान में आतंकवाद 'दबाव' की भूमिका निभाता हुआ लगता है। इस्लामाबाद सोचता है कि भारत इसके समक्ष झुक कर कश्मीर घाटी उसकों सौंप देगा। ऐसा सोचना उसका आत्म छलावा है। यदि सरकारें ऐसे झुकने लगें, तो कोई भी राष्ट्र सबूत नहीं बचेगा। पाकिस्तान को श्रीलंका से सबक लेना चाहिए। पाकिस्तान को यथार्थवादी होने की जरूरत है। आज दोनों देश सैन्य परमाणु शक्ति से लैस हैं। अतः दोनों देश बचकानी भावनाओं से भड़कने का जोखिम नहीं ले सकते। दोनों देशों को चाहिए कि कश्मीर समस्या के संबंध में ईमानदारी दिखलाए। दोनों देश अपने लोगों को वास्तविकताओं से अवगत करा कर 1947 से चली आ रही सोच को बदलें। पाकिस्तान को इसमें विशेष प्रयास की जरूरत है क्योंकि उसने अपना पूरा वजूद ही कश्मीर पर केन्द्रित बना रखा है, लेकिन भारत को भी चाहिए कि वह आतंकवादी घटनाओं का सांप्रदायिकरण न होने दे। एक उपलब्ध विकल्प यह भी है कि हम हर कीमत पर सांप्रदायिक सौहार्द्र को बनाए रखें। आतंकवाद को शिकस्त देने में यह भी एक शस्त्रसिद्ध हो सकता है।

लखनऊ में एक आईएसआई एजेंट की गिरफ्तारी और उसके पास से अनेक महत्वपूर्ण ठिकानों के नक्शों की बरामदगी यह सिद्ध करने के लिए पर्याप्त है कि उन तत्वों का दुस्साहस पहले की तरह कायम है जो आंतरिक सुरक्षा के लिए चुनौती बने हुए हैं। इस एजेंट के पास से बरामद सामग्री में जिस तरह अनेक धार्मिक स्थानों के साथ–साथ ताजमहल और अन्य अनेक अति संवेदनशील स्थानों के मानचित्र शामिल हैं, उससे तो लगता है कि एक बड़ी साजिश रची जा रही थी। इस संदर्भ में यह भी सामने आ रहा है कि गिरफ्तार किया गया आईएसआई एजेंट प्रदेश के विभिन्न हिस्सों में लंबे समय से रह

रहा था। आईएसआई एजेंट के इस तरह सक्रिय रहने से यह सवाल उठना स्वाभाविक है कि आखिर वह पुलिस और खुफिया तंत्र की निगाहों से कैसे बचा रहा? कुछ इसी तरह का प्रश्न गाजियाबाद में पकड़े गये पाकिस्तानी नागरिक के संदर्भ में भी उठता है। सच तो यह है कि प्रदेश के विभिन्न क्षेत्रों में रह–रहकर ऐसे तत्वों की गिरतारी होती ही रहती है जो या तो पाकिस्तान से आकर सक्रिय होते हैं या वहां के इशारे पर काम कर रहे होते हैं। इस सबसे यही पता चलता है कि आतंकियों के एजेंटों की कही कोई निगरानी नहीं हो पा रही है।[33] इससे भी अधिक चिंताजनक यह है कि पाकिस्तान से आने वाले ऐसे तत्व हर तरह से प्रमाणपत्र हासिल करने में समर्थ हो जाते हैं–ड्राइविंग लाइसेंस से लेकर बैंक खाता खुलवाने तक में। यदि वे ड्राईविंग लाइसेंस बनवाने अथवा बैंक खाता खुलवाने में सफल हैं तो इसका अर्थ है कि वह तंत्र तनिक भी चौकस नहीं हैं, जिस पर पहचान संबंधी प्रमाणपत्रों की पात्रता जाँचने का दायित्व है। पाकिस्तानी एजेंटों की गिरफ्तारी खुफिया एजेंसियों के कामकाज पर फिर से निगाह डालने की जरूरत को रेखांकित करती हैं। पुलिस के ढाँचे में सुधार तथा उसे संसाधनों से लैस करने की बाते तो लंबे अर्से से की जा रही हैं, लेकिन इस पर ध्यान नहीं दिया जा रहा है कि कहीं खुफिया एजेंसियाँ काम के नाम पर केवल खानापूर्ति तो नहीं कर रही हैं? एक ओर जहाँ यह जरूरी है कि खुफिया एजेंसियों के कामकाज को चुस्त–दुरूस्त बनाया जाए वहीं यह भी आवश्यक है कि हर तरह के पहचान प्रमाण पत्र जारी करने से संबंधित तंत्र को सजग करने के उपाय किये जाएँ।

ज्ञातव्य हो कि चाहे अनचाहे प्रारूप में पाकिस्तान द्वारा आतंकवाद का प्रायोजन होता है। इस बात के पूरे पुख्ता सबूत भी भारत ने पाकिस्तान को सौप दिये हैं। सन् 2001 में संसद भवन पर हुए आतंकी हमलों के बाद 26 नवम्बर 2008 को पाक प्रायोजित आतंकवादियों ने मुम्बई में एक बार फिर आतंकी हमला किया। सूत्र बताते है कि इस बार 5000 से अधिक लोग इनके निशाने पर थे। अब कि इस कृत्य को अमेरिका ने गम्भीरता से लिया

और पाकिस्तान को सख्त निर्देश दिया कि वह आतंकवादियों के विरूद्ध कड़ी कार्रवाई करे। लेकिन इस बार भी पाकिस्तान की कार्रवाई सिर्फ दिखावे भर की रही। इस धटना से एक बार फिर रिश्तों में कड़वाहट घोल दी है।

भारत–पाकिस्तान में कड़वाहट के बीच प्रधानमंत्री डा0 मनमोहन सिंह ने वरिष्ठ मंत्रियों और तीनों सेनाओं के प्रमुखों के साथ बैठक कर हालात से सख्ती से निपटने के साथ संकेत दिये। वहीं वरिष्ठ सूत्रों ने बताया कि फौज ने अपने कर्मियों की छुट्टियाँ रद कर दी। बताया जाता है कि भारतीय प्रधानमंत्री अचानक अपने आवास से साउथ ब्लाक रक्षा मंत्रालय में पहुँचे और बैठक में शामिल गृहमंत्री पी0 चिदंबरम्, रक्षामंत्री ए0के0 एंटनी, विदेशमंत्री, प्रणव मुखर्जी राष्ट्रीय सुरक्षा सलाहकार, एम0के0 नारायणन और सेनाओं व खुफिया विभागों के शीर्ष अधिकारियों से मौजूदा हालात से से निपटने के लिए देश के सामने मौजूद सभी विकल्पों पर गहन मंथन किया।[34] करीब 4 घण्टे चली बैठक के बारे में मीडिया को जानकारी नहीं दी गई। सूत्रों से पता चला कि सेना ने अप्रैल 2009 तक सभी सैन्य कर्मियों के छूट्टियाँ निरस्त कर दी हैं, यह बैठक ऐसे समय में हुई, जब संबंधों में तल्खी बढ़ाने के साथ पाकिस्तान मुम्बई हमलों के दोषियों को कटघरे में लाने की दिशा में सक्रिय सहयोग नहीं दे रहा हैं। इससे पहले रक्षामंत्री ने तटरक्षक बल और रक्षा मंत्रालय के अधिकारियों के साथ एक बैठक कर भारतीय तटों की सुरक्षा का जायजा लिया। बैठक में उन्होंने समुद्र की सुरक्षा करने वाली एजेंसी के प्रस्ताव को मंजूरी दी। एंटनी ने देश के सामने मौजूद आतंकवाद की चुनौती से निपटने में सैन्य बलों की तैयारियों की समीक्षा भी की।

पाकिस्तान और पाक अधिकृत कश्मीर (पीओके) स्थित आतंक के कारखानों को नेस्तनाबूद करना भारतीय फौज के लिए कोई मुश्किल काम नहीं हैं। अगर भारत चाहे तो इन आतंकी ठिकानों को महज तीन मिनट में नष्ट किया जा सकता है। वेस्टर्न एयर कमाण्ड के पास इस कार्रवाई का पूरा एक्शन प्लान भी है।[35] आतंकवाद की बढ़ती घटनाओं और पाकिस्तान की ओर से आतंकी कैंपों को बंद नहीं किए जाने की सूरत में रक्षा मंत्रालय द्वारा वेस्टर्न एयर

कमाण्ड को ही यह जिम्मेदारी सौंपी जा सकती है। मंत्रालय के आधिकारिक सूत्रों के मुताबिक मुम्बई हमलों के बाद तनावपूर्ण स्थिति को देखते हुए सेंसर अपग्रेड करने, एयर डिफेंस को अधिक मजबूत बनाने और मारक शक्ति को बढ़ाने पर भी गंभीरता से विचार किया जा रहा है। इसके अलावा एयरफोर्स निजी इंटेलीजेंस के अलावा अन्य सक्रिय इंटेलिजेंस एजेंसियों से भी अंतर्राष्ट्रीय सीमा तथा नियंत्रण रेखा के उस पार की जानकारी जुटा रही है। आतंकी कैंपों पर जरूरत पड़ने पर वेस्टर्न एयर कमाण्ड शार्ट एण्ड स्विट ऑपरेशन करने में सक्षम है। ऐसा करने में महज दो से तीन मिनट लग सकते हैं। रडार रिप्लेसमेंट प्लान भी बनाया गया है। इसके तहत अधिक क्षमता वाले रडार लगाने की योजना को हरी झण्डी भी दी गई है। इसके साथ ही ऑल वेदर सेंसर, रियल टाइम पिक्चर प्रोसेसर लगाने, फाइबर ऑटिकल नेटवर्क स्थापित करने, ऑपरेशन को कम से कम समय में पूरा कर रिएक्शन टाइम नहीं देने और कोलैट्रल डैमेज कम करने से संबंधित एक्शन प्लान का खाका भी तैयार कर लिया गया है। सेटेलाइट रडार इंसटाल नहीं किए गये हैं, पर हवाई सर्वेक्षण शुरू कर दिया गया हैं। सेंसर्स और शूटर्स के बीच समन्वय बढ़ाने पर जोर देने के अलावा ग्राउण्ड सर्विलांस सिस्टम को बेहतर बनाने की कवायद भी शुरू कर दी गई है।

उधर पाकिस्तान का रवैया अभी भी टालमटोल पर ही दिखायी दे रहा है। एक तरफ तो वह दिखावे मात्र की कार्रवाई भी कर रहा है, तो दूसरी ओर वह पकड़े गये आतंकियों को भारत को सौपने से स्पष्ट इन्कार भी कर रहा है। यहाँ तक कि उसके शीर्ष नेताओं के परस्पर बयान भी एक–दूसरे के विरोधाभाषी प्रतीत हो रहे हैं।

पाकिस्तान के पूर्व प्रधानमंत्री नवाज शरीफ ने मुम्बई में पकड़े गये आतंकी अजमल आमिर कसाब के बारे में जो कुछ कहा उससे राष्ट्रपति आसिफ अली जरदारी का झूठ उजागर हो गया और उनकी चालबाजी भी। नवाज शरीफ के बयान के बाद कम से कम भारत को इस नतीजे पर पहुँच ही जाना चाहिए कि पाकिस्तानी राष्ट्रपति आतंकवाद का सामना करने के बजाय दुनिया

की आँखों में धूल झोंकने की कोशिश कर रहे हैं। यही सही समय है कि जब भारत अन्तर्राट्रीय समुदाय को इसके लिए आगाह करे कि जरदारी पर भरोसा करने का मतलब है कि पाकिस्तान से उभकर रहे खतरे की अनदेखी करना। यह तो समझ आता है कि राष्ट्रपति होने पर भी जरदारी का अपनी सेना पर ज्यादा जोर नहीं चल रहा होगा, लेकिन आखिर इसका क्या औचित्य कि वह सैन्य तंत्र के एजेंडे को आगे बढ़ाते नजर आये और वह भी बेशर्मी के साथ इतनी बेशर्मी तो वही दिखा सकता है, जो किसी की कठपुतली हो और जो छल छद्दम को अपने शासन की नीति बना चुका हो। जरदारी को न तो अजमल आमिर कसाब के पिता की स्वीकारोक्ति समझ आ रही हैं, न भारत द्वारा दिये गये अकाटय सबूत और न अन्तर्राष्ट्रीय सुरक्षा विशेषज्ञों का आकलन वह यह देखने से भी इन्कार कर रहे हैं कि अन्य अनेक परिस्थितिजन्य साक्ष्य पाकिस्तान को कटघरे में खड़ा कर रहे हैं। वह जिस तरह हर उस तथ्य से मुख मोड़ रहे हैं, जो मुम्बई में आतंकी हमले के सन्दर्भ में पाकिस्तान को जवाबदेह बनाता है, उससे तो यही लगता है कि उन्हें सच को झूठ साबित करने का सनक सवार हो गई है। यह सनक पाकिस्तानी मीडिया के एक वर्ग में भी नजर आ रही हैं और वहाँ के शासन के विभिन्न अंगों में भी इसका प्रमाण है। पाकिस्तान के उस टीवी चैनल का उत्पीड़न, जिसने यह सि़द्ध किया कि कसाब उसके ही देश का नागरिक है।[36]

नवाज शरीफ के बयान पर पाकिस्तान की सूचना मंत्री ने जिस तरह अफसोस जाहिर किया, उससे तो इसी आशंका को बल मिलता है कि यह देश विफल होने के कगार पर है। अब भारत को इस पर गम्भीरता के साथ विचार विमर्श शुरू कर देना चाहिए कि एक विफल होते राष्ट्र का सामना कैसे किया जाए। सच तो यह है कि तैयारी एक विफल राष्ट्र से जूझने की भी होनी चाहिए। भारत को पाकिस्तान पर दबाव बनाते समय इस पर भी ध्यान देना होगा कि कही आसिफ अली जरदारी पाकिस्तानी सेना के छद्म मोहरे तो नहीं हैं, क्योंकि इनके निमंत्रण में कुछ भी नहीं दिखता। भारतीय विमानों द्वारा पाकिस्तान की वायु सीमा के कथित उल्लंघन को खुद उन्होंनें नकारा था,

लेकिन बाद में विदेश मंत्रालय ने पल्टी मारते हुए भारतीय राजनयिक को तलब कर लिया। आखिर कोई राष्ट्रपति इतना निरीह कैसे हो सकता है? जरदारी या तो निरीह हैं या फिर ऐसा होने का दिखावा कर रहे हैं। दोनों ही परिस्थितियों में उसके माध्यम से पाकिस्तान के सत्ता प्रतिष्ठान पर दबाव बनाने की कोशिश करना एक प्रकार से समय जाया करना है। जरदारी भारत समेत विश्व समुदाय की अपेक्षाओं को पूरा करने के सन्दर्भ में जिस तरह नाकाम सिद्ध हो रहे हैं उससे अन्तर्राष्ट्रीय समुदाय को भी चेत जाना चाहिए। मौजूदा परिस्थितियों में इस भरोसे का कोई मतलब नहीं। पाकिस्तान में एक असैनिक सरकार है और काफी कुछ उसके नियंत्रण में है।

उपरोक्त विशलेषण के आधार पर कहा जा सकता है कि पाकिस्तान के मामले में यह कहावत ''रस्सी जल गयी, पर ऐंठन नहीं गई' और 'कुत्ते की दुम टेढ़ी की टेढ़ी' शब्दषः चरितार्थ होती है। उसकी कथनी और करनी में सदा से ही फर्क रहा हैं। वस्तुतः पाकिस्तान एक ऐसा देश है, जिस पर सहज एक आँखे मूँदकर भारत द्वारा विश्वास कर लेना, राष्ट्रीय सुरक्षा के साथ पूर्णतः खिलवाड़ है।

सन्दर्भ सूची

1 रहीस सिंह का लेखः शान्ति प्रक्रिया की ताजा अड़चनें, राष्ट्रीय सहारा 29 जनवरी, 2005

2 –वही–

3 शशि शेखर का लेख : पाकिस्तान का संशयशील राष्ट्रवाद और हम, अमर उजाला, 17 दिसम्बर, 2007

4 –वही–

5 –वही–

6 डा0 सुरेन्द्र कुमार मिश्र, भारत–पाक सम्बन्ध, पृष्ठ–229

7 वही, पृष्ठ–233

8 रक्षतपुरी का लेख : पाकिस्तान का भारत विरोधी रवैया, दैनिक जागरण 19 जनवरी, 2005

9 –वही–

10 राष्ट्रीय सहारा, 25 दिसम्बर, 2007

11 अमर उजाला, 25 दिसम्बर, 2007

12 दैनिक जागरण, 25 दिसम्बर, 2007

13 रक्षा विशेषज्ञ अफसर करीम के विचार, राष्ट्रीय सहारा, 21 फरवरी 2007

14 –वही–

15 राष्ट्रीय सहारा, 13 जनवरी, 2007

16 राष्ट्रीय सहारा, 15 जनवरी, 2007

17 दैनिक जागरण, 14 जनवरी, 2007

18 राष्ट्रीय सहारा, 12 मार्च, 2007

19 दैनिक जागरण, 19 फरवरी, 2007

20 राष्ट्रीय सहारा, 22 फरवरी, 2007

21 पी0टी0आई0 न्यूज, 21 फरवरी, 2007

22 दैनिक जागरण, 8 मार्च, 2007

23 जवाहर लाल कौल का लेख : किसका कुचक्र समझौता हादसा, राष्ट्रीय सहारा, 23 फरवरी, 2003

24 –वही–

25 –वही–

26 दैनिक जागरण, 20 फरवरी, 2007

27 दैनिक जागण, 16 दिसम्बर, 2007

28 डा0 सुरेन्द्र कुमार मिश्र, माडर्न राष्ट्रीय रक्षा एवं सुरक्षा, पृष्ठ 107

29 तूणीर, वर्ष–5, अंक–11, 15 अगस्त 2008

30 कुलदीप नैयर का लेख : संकुचित सोच का घेरा दैनिक जागरण, 26 जुलाई 2006

31 रामशरण जोशी का लेखः फिलहाल तनाव की गिरफ्त में, राष्ट्रीय सहारा, 25 जुलाई 2006

32 –वही–

33 दैनिक जागरण 21 दिसम्बर, 2008

34 अमर उजाला, 21 दिसम्बर 2008

35 –वही–

36 दैनिक जागरण 21 दिसम्बर, 2008

♦ ♦ ♦